危險活動之侵權責任

——民法一般危險責任及特別法之特殊危險責任

阮富枝 ◆ 著

序　文

　　現代科技發達，伴隨而來之危險及損害，經常為人類所無法預知，自無從就特定危險活動制定完備之特別法，以使相關受害者獲得實質補償，而經營一定事業或從事對於他人有生損害危險之活動者，因事先不知危險性，亦無從預以責任保險或由商品價格分擔其危險，因此，立法者乃增訂民法第191條之3危險活動之一般概括性侵權行為責任條款，以備特別法不足時之用。

　　本書第一篇就民法第191條之3一般危險責任之法律性質（定性）、適用主體、危險活動之界定、保護客體、因果關係與過失及違法性之推定、損害賠償之範圍等加以說明，並分析其與民法規定一般及其他特殊侵權行為，乃至特別法所定特殊侵權行為之適用關係，以供實務界及學界之參考，並進而促使高科技產業經營者得事先予以避險，被害人亦得因之獲得滿足之補償。

　　本書第二篇蒐集自民國89年5月5日起，迄98年為止，共計9年間法院處理具體個案中，與民法第191條之3相關之判決，由於主要爭點在於是否屬於危險工作或活動難以界定，本文即以之為分類之主軸，將相關判決分為四大類：第一類—判決認定非屬民法第191條之3所定之危險工作或活動（共計34件）；第二類—判決未論述是否屬民法第191條之3所定之危險工作或活動（共計7件）；第三類—判決認定屬民法第191條之3之危險工作或活動（共計19件）；第四類—當事人主張民法第191條之3，然判決完全未就此條文予以論述，而係以其他規定認定當事人間之權義關係（共計6件）。另因醫療行為得否適用民法第191條之3規定，學說與實務見解歧異，是以歸納整理為第五類—醫療行為是否有民法第191條之3之適用（共計19件）。分別臚列主要爭點、事實摘要、解析及裁判內容，期待藉由具體個案之整理分析，使學界及實務界就危險活動侵權責任之實務見解有更透澈之瞭解，而業者亦得以充分瞭解司法實務就民法第191條之3所持之見解，俾事先得以採取有效之避險措施。

　　本書之成，承謝賢璋先生協助蒐集資料、張綺婕小姐協助編輯、校對及郭宏榮先生協助接洽出版事宜，均併此致謝。

阮富枝　謹誌

序　文 i

第一篇　概　論 001

壹、前言 001

貳、民法第191條之3之法律性質（定性） 002

參、民法第191條之3之適用主體 008

肆、危險工作或活動之界定 011

伍、保護客體 020

陸、因果關係之推定 024

柒、過失之推定 026

捌、違法性之推定 027

玖、損害賠償之範圍 028

拾、民法第191條之3與民法一般及其他特殊侵權行為之適用關係 030

拾壹、民法第191條之3與特別法所定特殊侵權行為之適用關係 038

拾貳、結語 064

第二篇　民法第一百九十一條之三相關判決解析 065

壹、判決認定非屬民法第一百九十一條之三所定之危險工作
　　或活動（共34件） 065

貳、判決未論述是否屬民法第一百九十一條之三所定之危險
　　工作或活動（共7件） 267

參、判決認定屬民法第一百九十一條之三之危險工作或活動
　　（共19件） 303

肆、當事人主張民法第一百九十一條之三、然判決完全未就
　　此條文予以論述，而以其他規定認定當事人間之權義關
　　係（共6件） 462

伍、醫療行為是否有民法第一百九十一條之三之適用（共19件） 503

參考文獻 612

第一篇 概 論

壹、前言

　　民國88年4月21日增訂民法第191條之3，自翌（89）年5月5日施行後，迄今已有九年，關於其法律性質（定性）、適用之主體、危險工作或活動之界定、保護客體（即保護法益之範圍）、推定過失、推定因果關係、違法性之推定、損害賠償之範圍、與民法一般及特殊侵權行為之適用關係、與特別法所定特殊侵權行為之適用關係等問題，於甫立法之初，即引起學界及實務界廣泛之討論，甚或群起撻伐[1]，更有認為本條應予刪除者[2]，惟不論該條文是否為惡法，立法初衷仍係

---

[1]　王澤鑑教授認為，我國民法第191條之3係繼受義大利民法2050條，而繼受主要理由係因德、日、美並無相關立法例，且義大利民法之概括條款亦符合我國不精確的思考方法。然而關於義大利民法在臺灣向無研究，貿然引進一個完全陌生的條文，嚴格言之，可以說是一個有危險性的立法活動。立法之際曾否查閱該條規定的立法意旨，相關判例學說，深入分析其立法政策及解釋適用的爭議問題，不得而知。在德國，像如此重要條文，通常會委託學者提供鑑定報告，此種慎重作法，實有參考必要。見王澤鑑，侵權行為法－特殊侵權行為，三民，2006年，頁257-258。黃茂榮教授認為：「以義大利民法之規定來看，為一般危險責任之規定。以目前我國民法發展之現況，是否已達到可以承認一般危險責任制度之程度，在立法例上應加以斟酌。」見法務部法律事務司編，法務部民法研究修正委員會議第810次會議記錄，民法研究修正實錄－債編部分（四），法務部印，2000年1月，頁705。陳聰富教授認為：「解釋民法第一百九十一條之三之適用範圍，最為困難者，在於我國民法將外國立法例採取無過失責任之案例，以推定過失責任處理。在民法第一百九十一條雖有類似問題，但因該條規定客體為『土地上之建築物及其他工作物』，清楚明白，解釋空間較小，不易發生過度擴張，將外國所有關於危險責任的案例，均加以規範之問題。但民法第一百九十一條之三規定只需工作或活動之性質或其使用之工具或方法具有危險性，即可適用，具有不確定法律概念之性質，擁有較大的解釋空間，若不加以一定限制，可能無限擴張其適用範圍。然而在試圖限制本條適用範圍時，又面臨另一項問題，即本條不採外國立法例之危險責任，而採取推定過失責任。按若本條規定採取無過失責任，則大抵可依據外國立法例與法院之相關判例，作為解釋之參考，亦即以構成『危險責任』之案例作為本條適用範圍。但因本法採取推定過失責任，本質上係屬過失責任，而非危險責任。因而若將其適用範圍限縮於危險責任之案例，似有過於狹窄之虞。反之，對於本條規定之適用範圍，若不以危險責任之案例為限，則可能因為要件寬鬆，無所不包，『成為最重要的侵權行為請求權條款』，不當排擠其他侵權行為規定之適用機會，是否妥當，不無疑義。」見陳聰富，侵權歸責原則與損害賠償，元照，2008年，頁198。蘇惠卿教授認為，本條立法結果，需由法官就具體個案判斷何者為危險活動，有害法律的安定性。見蘇惠卿等，自危險責任之生成與發展論民法第一百九十一條之三－民法研討會第十九次學術研究會，法學叢刊，第46卷第1期，2001年1月，頁178。黃義豐法官認為，民法第191條之3並沒有顯示條文適用範圍，所以應加以修正。見蘇惠卿等，同本註，頁185。

[2]　陳志雄律師認為，民法第191條之3的立法是不妥當的，因為範圍不明，好像有包山包海的

本於良善，理論之爭辯已無實益，法院於審理具體個案時，妥為解釋適用，方屬正途。由法院過去九年來審理之個案加以分析，其見解或略有分歧，主要問題在於本條所謂之「危險」工作或活動，實難界定，[3]有些個案甚至規避認定是否構成「危險」，即逕行調查論斷被告之行為與原告之損害無因果關係，或原告未能舉證證明被告之行為具有過失，而駁回原告之訴，忽視個案事實之工作或活動或其使用之工具或方法如已具備「危險性」，則因法律設有舉證責任倒置之規定，推定被告過失，並推定損害與危險具有因果關係，可能異其裁判之結果，於此固可見學界之擔憂，尚非無的放矢。惟經細究中外實務案例，尤其在採判例法之國家，對於危險之認定，亦非全然一致，此從其個案中顯示頗多紛歧，可窺端倪，相信實務界必能於審理具體個案時，開展新解，異中求同，作出合理、適法及見解一致之判決，使民眾因現代社會經濟高度發展，高科技產業及其他不明原因所帶來不可預知之危險，得以適時獲得合理之補償。

　　本文第一部分主要依本條之構成要件，分就學說理論及立法理由，加以綜合整理、比較分析，第二部分則剖析九年來法院處理具體個案時所採見解之異同，提供實務界參考，以避免訴訟當事人因法院判決結果歧異，而遭受不可預知之敗訴危險，並期待能拋磚引玉，引燃最高法院庭長、法官熱烈討論之火花，進而於審理具體個案時，逐漸達成統一之見解，使民眾得以預測終審法院之法律上判斷，不致重複提起無益之訴訟，而免案件來回於二、三審法院間，遲遲未能確定，不僅免除民眾之訟累，亦可節省有限的司法資源。

貳、民法第191條之3之法律性質（定性）

　　關於本條之法律定性，學者有認係過失推定責任即中間責任者，亦有認係危險責任者，乃至有認係推定過失之一般危險責任者。茲分述如下：

味道，有破壞傳統侵權行為法體系之虞，所以主張應該要刪除。見蘇惠卿等，同前註，頁183。詹森林教授認為，在立法論上，民法第191條之3應予以刪除。見蘇惠卿等，同前註，頁189。

3　按危險本身即屬不確定之法律概念，見仁見智，甚難決定何種行為係本條所規範之「危險」。

一、過失推定責任（中間責任）說

採此說者，有陳自強、黃立、謝哲勝、黃上峰、陳忠五等教授。

（一）陳自強教授

陳自強教授認為，民法第191條之3並非純正無過失責任，應屬推定過失責任，即中間責任之規定，吾人只要比較民法第187條以下法律規定之結構，即可得明證。蓋我國通說之所以認定民法第187條以下法定代理人、僱用人、動物占有人與工作物所有人責任為「中間責任」，皆因彼等條文皆有舉證免責之規定。換言之，被害人原本就加害人之故意或過失、因果關係等負舉證責任，在彼等特別侵權行為之規定下，法定代理人等反而應就自己已盡相當之注意，或欠缺因果關係負舉證之責，實質上為舉證責任之轉換，且所謂「推定過失」，基本上，仍為以過失責任為歸責原因。債編修正後，第191條、第191條之1、之2、之3，亦有舉證免責之規定，且加害人得舉證免責之事由，皆有「於損害之發生已盡相當之注意」之規定，與第188條僱用人舉證免責之事由：「選任受僱人及監督其職務之執行已盡相當之注意」，用字遣詞基本上並無差異。如認為民法法定代理人、僱用人、動物占有人與工作物所有人責任仍為推定過失責任，何以新增民法第191條之1、之2與之3，性質上會成為危險責任。[4]

由上可知，陳自強教授應係採過失推定責任。

（二）黃　立教授

黃立教授認為，因民法第191條之3但書之規定，故該條規定屬於推定過失責任。[5]

（三）謝哲勝教授

謝哲勝教授認為，民法第191條之3，因為被告可舉證免責，故該條規定應

---

[4] 陳自強，民法侵權行為法體系之再構成（下）—民法第一九一條之三之體系地位，台灣本土法學雜誌，第17期，2000年12月，頁33。

[5] 黃立，民法債編總論，元照，2006年修正3版，頁339-340。

屬推定過失責任，職是民法第191條之3恐怕不適合將它當作是危險責任的一般規定。[6]

（四）黃上峰教授

黃上峰教授認為：「本條在解釋適用上，係採取推定因果關係和『推定過失』之設計固無疑問，所以未來學說判例上討論重點，當在何種事業、工作或活動，其工作或活動之性質或其使用之工具或方法有生損害於他人。」[7]

由上可知黃上峰教授認為民法第191條之3為推定過失責任。

（五）陳忠五教授

陳忠五教授認為：「民法第一百九十一條之三但書之規定，不管從文義上、體系結構上來看，與民法第一百八十七條第二項，第一百八十八條第一項但書、第一百九十條第一項但書，新修正第一百九十一條第一項但書、甚至新增第一百九十一條之一第一項但書等規定，並沒有什麼重大不同，『均涉及推定具有過失』及『推定因果關係存在』等雙重推定功能。」[8]可見陳忠五教授認為民法第191條之3係屬推定過失責任。

二、危險責任說

採此說者，有蘇惠卿、楊佳元等教授。

（一）蘇惠卿教授

蘇惠卿教授認為，所謂危險責任，顧名思義，係以特定危險的實現為歸責理由。申言之，即持有或經營某特定具有危險的物品、設備或活動之人，於該物品、設備或活動所具危險的實現，致侵害他人權益時，應就所生損害負賠償責

6　蘇惠卿等，同註1，頁183。

7　黃上峰，從德國危險責任論我國民法第一九一條之三之解釋適用，法學叢刊，第49卷第3期，2004年7月，頁110-111。

8　蘇惠卿等，同註1，頁187。

任，賠償義務人對於該事故之發生是否具有故意或過失，則在所不問，而民法第191條之3之立法說明，可知民法第191條之3就其條文表現，在在說明本條爲危險責任的一般條項立法。[9]

（二）楊佳元教授

楊佳元教授認爲，民法第191條之3，就立法理由、要件、比較法而言，應可認爲是危險責任並無問題。本條的立法是相當先進的，因爲跳脫了德國所謂一般危險責任與特別危險責任的分類，而直接在民法中以一般危險責任來規範。[10]

三、推定過失之一般危險責任說

採此說者，有王澤鑑、陳聰富、邱聰智等教授及研修委員錢國成、楊與齡、張特生、孫森焱、楊仁壽、蘇永欽、黃茂榮、林誠二等。

（一）王澤鑑教授

王澤鑑教授認爲：「民法第一百九十一條之三所規定的，可稱爲危險工作或活動推定過失責任」。[11]

（二）陳聰富教授

陳聰富教授認爲：「民法第一百九十一條之三規定之特色在於，雖屬危險責任之一般規定，但不採無過失責任原則，而採義大利民法之推定過失責任。」[12]「解釋民法第一百九十一條之三之適用範圍，最爲困難者，在於我國民法將外國立法例採取無過失責任之案例，以推定過失責任處理。在民法第一百九十一條雖有類似問題，但因該條規定客體爲『土地上之建築物及其他工作物』，清楚明白，解釋空間較小，不易發生過度擴張，將外國所有關於危險責任的案例，

9 蘇惠卿等，同註1，頁178。
10 蘇惠卿等，同註1，頁181-182。
11 王澤鑑，同註1，頁275。
12 陳聰富，同註1，頁156。

均加以規範之問題。但民法第一百九十一條之三規定只需工作或活動之性質或其使用之工具或方法具有危險性，即可適用，具有不確定法律概念之性質，擁有較大的解釋空間，若不加以一定限制，可能無限擴張其適用範圍。然而在試圖限制本條適用範圍時，又面臨另一項問題，即本條不採外國立法例之危險責任，而採取推定過失責任。按若本條規定採取無過失責任，則大抵可依據外國立法例與法院之相關判例，作為解釋之參考，亦即以構成『危險責任』之案例作為本條適用範圍。但因本法採取推定過失責任，本質上係屬過失責任，而非危險責任。因而若將其適用範圍限縮於危險責任之案例，似有過於狹窄之虞。反之，對於本條規定之適用範圍，若不以危險責任之案例為限，則可能因為要件寬鬆，無所不包，『成為最重要的侵權行為請求權條款』，不當排擠其他侵權行為規定之適用機會，是否妥當，不無疑義。」[13]

由上開敘述以觀，陳聰富教授認民法第191條之3為推定過失之一般危險責任，惟其認為這樣的立法似非妥適。

（三）邱聰智教授

邱聰智教授謂民法本條所規定之一般危險責任，究屬何種類型，修正理由，並未直接論及，不過，鑑於民法及民事特別法均有危險責任類型，其無類型否定或類型取代之意義，應可肯定。如是，將民法本條之規定，歸類於學理所稱之補充適用型危險責任類型，應屬可採。由本條但書免責條件之規定，其意義等同中間責任（過失推定），可知一般危險責任類型，亦具責任推定之制度內容，其情形有如工作物所有人責任及商品責任，應可肯定。[14]

（四）研修委員錢國成、楊與齡、張特生、孫森焱、楊仁壽、蘇永欽、黃茂榮、林誠二

本條研究增訂時，研修委員錢國成、楊與齡、張特生、孫森焱[15]、楊仁壽、

13　陳聰富，同註1，頁198。

14　邱聰智，新訂民法債編通則（上），瑞明，2003年新訂1版，頁241、246-247。

15　孫森焱教授謂民法第191條之3但書為舉證責任倒置規定，可見其認本條同時為推定過失責任之一種。見孫森焱，民法債編總論上冊，三民，2008年修訂版，頁325。

蘇永欽、黃茂榮[16]、林誠二等一致同意本條乃危險責任之一般原則性規定，且多數意見認爲應採推定因果關係及推定過失之衡平責任（中間責任），而不採外國立法例就危險責任所採之純粹無過失責任之理論[17]，因之立法理由即說明：「近代企業發達，科技進步，人類工作或活動之方式及其使用之工具與方法日新月異，伴隨繁榮而產生危險性之機會大增。如有損害發生，而需由被害人證明經營一定事業或從事其他工作或活動之有過失，被害人將難獲得賠償之機會，實爲社會不公平現象。且鑑於：（一）從事危險事業或活動者製造危險來源；（二）僅從事危險事業或活動者能於某種程度控制危險；（三）從事危險事業或活動者因危險事業或活動而獲取利益，就此危險所生之損害負賠償之責，係符合公平正義之要求。爲使被害人獲得周密之保護，凡經營一定事業或從事其他工作或活動之人，對於因其工作或活動之性質或其使用之工具或方法有生損害於他人之危險性，而在其工作中或活動中受損害即可，不需證明其間有因果關係。但加害人能證明損害非由於其工作或活動或其使用之工具方法所致，或於防止損害之發生已盡相當之注意者，則免負賠償責任，以期平允，爰增設本條規定（參考義大利民法第2050條）」[18]，要徵本條立法旨意係採推定過失之一般危險責任。

四、本文見解

　　本條條文之內容，不論學者賦予本條法律性質之名稱究爲過失推定責任，抑或危險責任、推定過失之一般危險責任，從條文內容之文義解釋、立法理由之載述及研修委員增訂時之初衷觀之，本條係就經營一定事業或從事其他工作或活動之人，因其工作或活動本身之性質，或其使用之工具或方法，有帶給他人損害之危險時，所規範填補他人損害之一般性危險責任條款，且由本條但書內容可得推知，加害人仍負過失責任，僅係權衡法益保護之結果，於立法技術上，以法律推定加害人原則上具有過失，但得舉證推翻而已。

---

[16] 黃茂榮委員雖認目前我國民法發展之現況，是否已達到可以承認一般危險責任制度之程度，在立法例上應加以斟酌，惟其亦認以本條所仿義大利民法之規定來看，爲一般危險責任之規定。

[17] 參見法務部法律事務司編，同註1，頁701-707；法務部法律事務司編，法務部民法研究修正委員會議第811次會議紀錄，民法研究修正實錄—債編部分（四），法務部印，2000年1月，頁712-718；法務部法律事務司編，法務部民法研究修正委員會議第812次會議紀錄，民法研究修正實錄—債編部分（四），法務部印，2000年1月，頁723-728。

[18] 立法院公報，第88卷第13期（上），1999年4月，頁280-281。

參、民法第191條之3之適用主體

本條適用之主體，是否僅以經營事業之人爲限，國內學說不一，如其答案爲肯定，即認僅限於經營事業之人方有適用，則本條應屬事業責任；反之，如認除經營事業之人外，尚包括其他一般人之危險活動者，則非僅爲事業責任。爰先就採肯定見解、否定見解之學者及實務見解分析介紹後，再提出本文看法如下：

一、肯定說（即限於從事事業之人）

採此說者，有陳自強、詹森林、陳忠五等教授。

（一）陳自強教授

陳自強教授認爲，本條之法律用語或立法意旨，雖未明定其適用範圍僅以事業爲限，但基於下列理由，本條應採取限縮解釋，而認本條爲事業責任之立法：

1. 本條用語，係以從事事業爲首，「其他工作或活動」意在凸顯從事事業，本諸體系解釋，所謂「其他工作或活動」，應以與事業同其性質之工作或活動爲限。蓋法條解釋上，概括情形應具有與例示相同之性質，經營一定事業者係例示，從事工作或活動之人，其工作或活動應具有與經營事業類似之性質。此點與義大利民法第2050之規定，並未特別限定責任主體者，有所不同。
2. 本條係針對現代科技危險的創造者及管領者所爲之規定，適用上應以利用該危險源獲利，並有能力透過保險或價格之機能，消化或分散風險之事業經營者爲限。[19]

（二）詹森林教授

民法第191條之3需從責任主體來限制本條的適用，換言之，必須眞的有製造風險、控制風險、分散風險，並且有獲利可能性的主體才是本條所要規範的對象。[20]

19　陳自強，同註4，頁38。

20　蘇惠卿等，同註1，頁189。

（三）陳忠五教授

民法第191條之3的「責任主體」，應僅限於經營一定事業或從事其他工作或活動之「事業經營者」，概念上相當於消費者保護法上的「企業經營者」，醫師或其他醫護人員，應非民法第191條之3的責任主體。[21]

二、否定說（即包括事業體及所有從事危險工作或活動之人）

採此說者，有邱聰智、王澤鑑、黃立、孫森焱等教授。

（一）邱聰智教授

邱聰智教授認為：

1. 本條文意，係經營一定事業與從事工作或活動並列，無論從文意解釋或體系解釋來說，結論應是經營事業與從事活動二者同列。
2. 本條立法理由既已具體陳明其適用對象不以經營事業為限，若解釋上援用所謂抽象而空泛之危險責任原理或本質，加以限縮，極易流於主觀恣意，法律解釋方法之準則將遭破壞。
3. 德、日之特別危險責任，多為事業責任，然美、俄之特別危險責任法則，適用範圍不以事業責任為限，而廣及所有從事特別危險活動之人。因此，以歸責原理為無過失責任之特別危險責任已不以事業責任為限，作為補充地位之推定過失責任，更無須限於事業責任之必要。
4. 非經營事業而從事危險活動，常與休閒玩賞有關。經營事業，本身寓有創造利潤，提升全體社會福利之功能，如謂其需負較重之責，休閒玩賞而致之損害，卻反無須負較重之責，則法律價值判斷，恐輕重失據。
5. 本條之增訂，係依據義大利民法第2050條，而義大利民法該條適用範圍，不以事業責任為限，則於解釋我國本條規定時，亦應不以事業責任為限，如此方符合立法史實。

---

21 陳忠五，醫療事故與消費者保護法服務責任之適用問題（上）－最高法院九○年度台上字第七○九號（馬偕紀念醫院肩難產案）判決評釋，台灣本土法學雜誌，第36期，2002年7月，頁63。

6. 從比較法之發展而言，一般危險責任適用對象，不以事業經營者為限，而廣及
　 所有從事危險活動之人，似為通例。俄、義之民法固為著例，德、日所論及之
　 危險責任，亦非盡以事業責任為依據。[22]

（二）王澤鑑教授

　　王澤鑑教授認為：「民法第一百九十一條之三的責任主體係經營一定事業
或從事其他工作或活動之人。經營一定事業，如開設礦場、爆竹廠；從事其他
工作或活動之人，例如舉行賽車活動、燃放煙火。其應負責者包括自然人及法
人[23]。」由此可知其亦認本條適用之主體不以經營事業者為限。

（三）黃　立教授

　　黃立教授認為，本條的適用主體區分成三種，並不以經營事業者為限：
1. 經營一定事業：例如經營西餐廳、化學工廠，或者從事桶裝瓦斯銷售。
2. 從事其他工作：例如經營坐月子中心或幼稚園。
3. 從事其他活動：如在海上從事浮潛活動、放天燈。[24]

（四）孫森焱教授

　　孫森焱教授兼本條之研修委員雖將本條定名為「事業經營人之責任」[25]，惟
其於解釋本條之成立要件時，認為事業經營人之範圍，不以從事事業者為限，應
包括下列之人在內：
1. 經營一定事業之人：所謂事業，涵蓋工廠、土木、電力、礦業、化學、建築等
　 事業而言。
2. 從事其他危險工作之人：所謂其他工作，如修正說明所示製造爆竹、裝填瓦斯
　 等情形。

22　邱聰智，一般危險責任與法律適用－以責任主體之爭論為中心，台灣本土法學雜誌，第60
　　期，2004年7月，頁143-145。

23　王澤鑑，同註1，頁259。

24　黃立，同註5，頁337-338。

25　孫森焱，同註15，頁321。

3. 從事其他危險活動之人：所謂活動當包括賽車、選舉造勢、露天演唱、燃放煙
火、中元搶孤等。

　　孫教授並進一步認為凡社會上可從事的工作及活動均為規範對象，因此舉辦
烽炮活動致生損害於他人者，其主辦單位（法人或團體）應依本條規定負賠償責
任，實際施放焰火鞭炮之人，其責任亦不能免。[26]

三、本文見解

　　由本條之文義解釋、立法理由及研修委員研修之旨意觀之，本條適用主體並
不以經營一定事業之人為限，從事其他工作或活動之一般人亦應有其適用。

肆、危險工作或活動之界定

　　一般而言，民法所規範之侵權行為，或多或少均帶有危險之性質，惟究竟何
種危險方屬民法第191條之3所定之危險，實乃本條最為困難解釋之處，蓋危險本
身即屬抽象之法律概念，全憑個人主觀之判斷，難免因各別承辦法官之不同，而
得相異之認定結果，是為免解釋之不確定性，爰彙整介紹學說及立法旨意，並提
出本文見解，以供參考。

一、學說

（一）王澤鑑教授

　　王澤鑑教授認為，工作或活動的「危險」範圍，包括工作或活動本身的危險
（如賽車、放鞭炮或煙火），或其使用工具的危險（如用炸藥開礦、使用強力電
流設備），或其使用方法的危險（如工廠以不當方法排放廢水）。依本條規範之
意旨，應依兩項因素判斷何謂具有危險的工作或活動：
1. 具特別足以損害他人權益的危害性。
2. 此種危險得因盡相當注意而避免之。
　　在方法上，依立法理由所舉之例及參考比較法上的立法例或判例學說歸納為

26　孫森焱，同註15，頁322-323。

數個主要類型而為認定：
　　(1)工廠排放廢水或廢氣。
　　(2)筒裝瓦斯裝填。
　　(3)賽車活動。
　　(4)炸藥開礦、開山。
　　(5)燃放焰火。
　　(6)設置變電所、高壓電線、瓦斯、油料運送管線。[27]

（二）邱聰智教授

　　邱聰智教授認為，依本條修正理由所載，此之危險根源有五：
1. 事業本身之危險。例如，筒裝瓦斯廠裝運瓦斯、爆竹廠製運爆竹、火藥廠製運火藥、工廠排放廢水或廢氣或棄置有害事業廢棄物。
2. 工作本身之危險。例如，家庭排放污水或棄置一般有害廢棄物。
3. 活動本身之危險。例如，迎神賽會活動、燃放鞭炮或煙火、舉辦賽車或烽炮、露天焚燒廢棄物。
4. 事業、工作或活動使用工具之危險。例如，使用高溫鍋爐、高壓設備或強力電流設備。
5. 事業、工作或活動使用方法之危險。例如，使用炸藥採礦或開山。[28]

（三）蘇惠卿教授

　　蘇惠卿教授認為，民法第191條之3之危險限於高度危險，因一般日常生活所可能發生的危險由民法第184條來規範；而「高度」危險所產生的損害則由本條來加以規範，才是屬於危險責任的範圍。至於高度危險或特別危險的範圍，因為從條文中無法看出來，所以要透過具體案例加以認定，可能會因為法官個人見解的不同，而造成不同的解釋。在民法第191條之3並沒有給予很明確的規範下，可參考外國立法例或實際上發生之案例。[29]

27　王澤鑑，同註1，頁260-261。

28　邱聰智，同註14，頁244。

29　蘇惠卿等，同註1，頁191。

（四）謝哲勝教授

謝哲勝教授認為，民法第191條之3在適用上應該限縮「危險」一詞的範圍，易言之，危險應指不尋常的危險或高度危險，且應以有「雙重推定」，即推定過失、推定因果關係的必要時，才適用第191條之3。[30]

（五）陳洸岳教授

陳洸岳教授認為，民法第191條之3中，所謂的「危險」應解釋為「不合理之危險」，如此將不致該條之適用範圍無所限制，至於是否為不合理之危險應以客觀標準來判定，且藉由實務之累積，其內容將可更趨明確。[31]

（六）楊仁壽教授

楊仁壽教授認為，由於科技的發達，在一般危險性的工業或活動中所帶來的危險損害，具有下列之特性：(1)危險性高。(2)災害大規模，常涉及眾多人。(3)損害巨大。(4)發生頻繁而有持續。[32]

（七）黃義豐教授

黃義豐教授認為，民法第191條之3之活動，應限於具有高度危險之活動。[33]

二、本文見解

由民法第191條之3規定：「……其工作或活動之性質或其使用之工具或方法有生損害於他人之危險者……」之文義解釋，並參考前述本條立法意旨可認工作或活動的「危險」範圍，包括從其工作或活動本身之性質來看，即具有危險性者，例如賽車、放鞭炮或煙火等是；或其使用之工具有危險性者，例如用炸藥開

---

[30] 蘇惠卿等，同註1，頁183。

[31] 蘇惠卿等，同註1，頁186。

[32] 見法務部法律事務司編，同註1，頁705-706。

[33] 黃義豐，同註1，頁185。

礦、使用強力電流設備等是；或其使用之方法有危險性者，例如工廠以不當方法排放廢水是。惟不乏同時具有上開多重危險性者，例如筒裝瓦斯廠分裝、載運瓦斯之情形，即工作本身及其使用方法均具危險性者，是分類有時並無必要，只要其中之一具有危險性，即符合「有生損害於他人之危險者」之要件。

其次應討論者，乃危險究應達到何種程度方係民法第191條之3所定之危險？本文贊同前述學者之見解，認為民法第191條之3之危險應指「高度危險」、「不合理危險」、「異常危險」或「特殊危險」，惟何謂「高度」、「不合理」、「異常」或「特殊」，仍屬相當抽象且不明確。就此問題，本文認為可藉由探求立法意旨及參考外國有關危險責任之案例，透過法官於實務運作上之實踐，逐漸達成較具體且一致性之「危險」定義。準此，尋繹本條立法理由謂：「近代企業發達，科技進步，人類工作或活動之方式及其使用之工具與方法日新月異，伴隨繁榮而產生危險性之機會大增。如有損害發生，而需由被害人證明經營一定事業或從事其他工作或活動之有過失，被害人將難獲得賠償之機會，實為社會不公平現象。且鑑於：（一）從事危險事業或活動者製造危險來源，（二）僅從事危險事業或活動者能於某種程度控制危險，（三）從事危險事業或活動者因危險事業或活動而獲取利益，就此危險所生之損害負賠償之責，係符合公平正義之要求。」參酌陳聰富教授介紹外國危險責任之案例所通常具有之特徵為：「（一）只有加害人有能力足以駕馭該損害，並得藉由成本，反應於消費者之商品及服務價格，分散危險，由大眾承擔損害。（二）加害人有能力採取注意義務，控管危險，避免意外事故發生。（三）因加害人可藉由危險行為而獲有利益，為求公平考量，該危險所造成之損害，應由加害人負責。（四）危險活動經常會破壞事件發生過程之證據，如期待被害人提出證據，證明加害人具有過失，顯屬困難。」[34]可知民法第191條之3之「危險」除具有「高度」、「不合理」、「異常」、「特殊」等特徵外，更應具有加害人有獲利能力、對該危險能掌控並得以避免、危險可藉由責任保險加以分散及由被害人舉證顯屬不公平等要件。

實務上曾有判決援引民事訴訟法第278條第1項之規定，以鐵路局使用高壓電，驅動火車高速行駛，而達經營載運客貨之目的，其所利用之高壓電如誤觸，將對人體產生巨大之損害，乃顯著之事實，無庸由被害人舉證，因認鐵路局所經營之事業，其使用之工具或方法自有生損害於他人之危險。[35]

危險之定義固可藉由上述方法，加以解釋推演，然其間或因人之主觀因

---

34 陳聰富，同註1，頁158-163。

35 見臺灣高等法院臺南分院92年上字第225號民事判決理由五（三）。

素，而得相異之結果，此乃中外皆然，非我國所獨有，此由陳聰富教授於其大作「侵權歸責原則與損害賠償」一文中所介紹之美國案例即可得知該國各法院就危險之認知亦有不同。縱以制定特別法，採取無過失責任之方式，解決被害人因公害等危險事件所遭受之損害，仍有緩不濟急之憾，蓋現代高科技發展所帶來之「高度」、「不合理」、「異常」、「特殊」之危險，往往屬突發狀況，非人類所得事先預知，如何能事先藉由制定特別法一一加以防範，不如善用業已立法之本條文，由法官於實務運作時，透過個案之解釋方式，逐漸達成一致之見解，使從事危險事業者得以責任保險及產品價格預先分散其風險，此不惟對於社會、經濟及企業不致造成過度之衝擊，同時被害人亦得即時獲得滿足之補償。

三、醫療行為是否屬民法第191條之3之危險工作或活動

由於醫療行為得否適用本條規定，學者及實務見解分歧，有特別於此加以介紹之必要，爰介紹學術及實務界之見解，再就醫療行為應如何適用民事訴訟法第277條但書規定，以免除或減輕原告之舉證責任，予以析述。

（一）學界見解

1.王澤鑑教授

王澤鑑教授認為，民法第191條之3規定不適用於醫療事業及醫療行為。蓋醫療行為具有危險性，乃其行為本質使然，非現代科技或社會經濟活動所創設，衡諸本條規範之目的，應不包括在內。且自西元1942年義大利民法第2050條施行以來，義大利法院判決甚多並未將醫療行為納入「危險活動」。[36]

2.黃 立教授

黃立教授認為，民法第191條之3可用來對付醫生個人與醫院，不應將範圍限縮。[37]

---

[36] 王澤鑑，同註1，頁269。

[37] 黃立，消保法第七條與民法第一百九十一條之三對醫療行為適用之研析，政大法學評論，第75期，2003年9月，頁65。

3.陳自強教授

陳自強教授認為，醫療行為屬於民法第191條之3之危險行為，固然有利於病患，但無論在立法政策上，或解釋論上，皆有待商榷。首先，醫療行為並不屬於現代科技危險行為，醫療侵入行為雖皆具有一定之危險性，但此非因現代科技之發展以致之。再者，醫師對醫療行為之危險，並無法管領，且也不因醫療行為而獲利，職是，將醫療行為一般性認為屬於民法第191條之3之危險行為已有不當。且大多數國家對醫療過失之推定採保留之態度，原則上，病患仍應就醫師之過失負舉證責任。但有鑑於過失之證明，對病患實有困難，法院有思緩和病患舉證之困難，如在德國，透過判例發展，科予醫師或醫院一定之記錄義務，義務違反者，發生不同程度減輕原告舉證責任的效果。紀錄不正確或不完全，則推定醫師未為記錄。[38]

4.邱聰智教授

邱聰智教授認為，受害人若基於侵權行為請求醫師為損害賠償，則受害人應就醫師之過失負舉證責任。唯若衡量醫師與患者之舉證能力，此一傳統看法，將使依侵權行為之損害賠償，陷於不可能。此蓋有關醫學之事或技能，並非一般人所能知悉，要求受害人負舉證責任，實無異強其所不能。因此一般學者認為應該採取「推定過失」之責任或無過失責任主義，其則以為以採取「推定過失」之法理較為妥當。[39]

（二）實務見解[40]

實務上，法院判決有認醫療行為並無民法第191條之3的適用者（否定說），亦有認有該條適用者（肯定說），茲摘錄判決要旨如下：

1.否定說

(1)最高法院96年度台上字第540號及95年度台上字2178號民事判決

醫療行為並非從事製造危險來源之危險事業或活動者，亦非以從事危險事業

38　陳自強，同註4，頁39-40。

39　邱聰智，醫療過失與侵權行為，民法研究（一），五南，2009年2版，頁431-432。

40　資料來源：司法院法學檢索系統http://njirs.judicial.gov.tw/Index.htm/，最後查訪日：2010年01月06日。

或活動而獲取利益爲主要目的，亦與民法第191條之3之立法理由所示之工廠排放廢水或廢氣、筒裝瓦斯場裝塡瓦斯、爆竹場製造爆竹、舉行賽車活動、使用炸藥開礦、開山或燃放煙火等性質有間，並無民法第191條之3的適用。

(2)臺灣高等法院92年度上字第85號民事判決

　　醫療行爲在性質上不同於民法第193條之3立法說明列舉之危險活動。醫療過程中之危險，肇因於未爲醫療因疾病惡化造成之風險，醫療目的乃在避免疾病本身之危險，醫師於醫療過程中並未因其工作或活動而積極增加原來所無之風險，其工作或活動並未製造危險，依一般社會通念醫療行爲非危險工作或活動，該條規定並不適用於醫療事業及醫療行爲。

(3)臺灣高等法院臺南分院93年度上字第124號民事判決

　　醫療行爲並不屬於現代科技危險行爲，醫療侵入行爲雖皆具有一定之危險性，但此並非因現代科技之發展而致。再者，醫師對醫療行爲之危險，並無法管領且其不因其管領使用而獲利，故不應將醫療行爲認爲屬於民法第191條之3之危險行爲。

2.肯定說

(1)臺灣士林地方法院91年度重訴字第580號民事判決（第二審臺灣高等法院93年度重上字第256號民事判決）

　　醫療行爲係對病患施以救治解除目前或未來可預見或不可預見之危險，於其過程中使用的工具或方法有生損害於他人之危險。此種危險之複雜性，非全然得爲施以救治者所控制，是民法第191條之3應適用於醫療行爲。

(2)臺灣高等法院93年度重上字第256號民事判決（第一審臺灣士林地方法院91年度重訴字第580號民事判決）

　　本判決肯認第一審臺灣士林地方法院91年度重訴字第580號民事判決所認民法第191條之3一般危險責任之侵權規定，對於醫療行爲並非完全排除適用之見解。

(3)臺灣士林地方法院91年度訴字第1101號民事判決

　　本判決以被告爲原告實施頭皮移植手術時，刮取千分之二十五英吋之頭皮皮膚，顯係取皮過厚之行爲，而被告無法舉證證明其對原告頭皮取皮區禿髮及右腳踝長出毛髮之發生已盡相當之注意義務，以及原告之上開後遺症並非因被告取皮過厚所致，原告自得依民法第191條之3規定，請求被告賠償其因發生上開後遺症

所受之損害，亦即認醫療行為有民法第191條之3之適用。

(4)臺灣臺中地方法院92年度醫字第12號民事判決

醫療行為本身即具有高度的危險性與不確定性，故醫療行為人所從事之醫療行為，其工作之性質或所使用之醫療器材、方法對於人之身體通常會造成一定之危險，其因此所造成之損害，自應優先適用民法第191條之3之規定。

本件嗣經上訴第二審，臺灣高等法院臺中分院以94年度醫上字第7號民事判決，認為因被上訴人即被告所為之醫療行為並無疏失之處，且其已證明上訴人即原告之損害非由於其醫療行為所致，故無須負損害賠償責任。此判決似認醫療行為有民法第191條之3之適用，僅因該醫療行為並無疏失及原告不能證明損害係被告所致，而否准原告之請求。

（三）醫療行為有無民事訴訟法第277條但書規定之適用

大部分之學說與實務見解咸認醫療行為並無民法第191條之3的適用，然誠如黃立教授所言，這樣的見解對被害人顯屬不利，因此需進一步研究的是被害人是否得依89年2月9日修正公布之民事訴訟法第277條但書規定，主張醫療機構或其醫事人員應負推定過失之責任？關於此一問題，最高法院有下列兩種不同之推論方式[41]：

1.肯定說（最高法院98年度台上字第276號民事判決）

該案醫療糾紛，原告請求被告醫院賠償損害，第一審臺灣臺中地方法院（95年度醫字第19號）及第二審臺灣高等法院臺中分院（97年度醫上字第5號）均判決駁回原告之訴，原告不服上訴於最高法院判決認為：「按八十九年二月九日修正公布施行前之民事訴訟法第二百七十七條僅規定：當事人主張有利於己之事實者，就其事實負舉證責任。就一般訴訟事件言，固可依此項舉證責任分配之原則性概括規定為其適用標準。惟關於舉證責任之分配情形繁雜，僅設原則性規定，未能解決一切舉證責任之分配問題，尤以關於公害事件、交通事件、商品製作人責任、醫療糾紛等事件之處理，如嚴守原來概括規定之原則，難免產生不公平之結果，使被害人無從獲得應有之救濟，有違正義原則，故該次修正乃於同條增訂但書，規定：但法律別有規定，或依其情形顯失公平者，不在此限。以適應實際

41　同前註。

之需要。查本件林○○係於七十九年四月十七日因中耳炎至被上訴人○○院區耳鼻喉科就診，由醫師蘇○○施行手術治療，於該日即成為植物人，此為被上訴人所不爭執，而被上訴人於九十五年六月八日所出具之林○○診斷證明書僅記載：患者因患右側慢性中耳炎併膽脂瘤，於七十九年四月十七日在本院接受右側中耳顯微鏡手術（於全身麻醉之下），術後送麻醉恢復室觀察，在術後麻醉醫師觀察中，病人突然發生呼吸困難，麻醉醫師立即施予急救，急救後，病人成為植物人等語（見第一審95年度醫字第19號卷（一）第12頁），並無關於醫師蘇○○如何為林○○施行中耳炎顯微鏡手術、麻醉醫師又如何為林○○實施全身麻醉之紀錄。如有此紀錄亦應由被上訴人保管。查林○○在被麻醉及手術過程中，全程均在被上訴人醫護人員之照護中，竟成植物人狀態，倘無此醫療過程之紀錄，或被上訴人（應係上訴人之誤繕）難以取得此項紀錄，而必欲令其負舉證責任是否有違公平原則，非無斟酌之餘地。」

2.否定說（最高法院96年度台上字2738號民事判決）

該判決認：「按當事人主張有利於己之事實者，就其事實有舉證之責任。但法律別有規定，或依其情形顯失公平者，不在此限。民事訴訟法第二百七十七條定有明文。依前開規定，並無醫院或醫師應就其醫療行為先負無侵權行為舉證責任之情形，如由主張醫院或醫師有過失者，先負舉證之責，尚無違反上開規定或有顯失公平之情形，則上訴人主張本件應由被上訴人先就其醫療行為並無侵權行為負舉證之責，顯係就消極事實先負舉證責任，違反前述舉證責任之規定，自應由上訴人先就被上訴人有過失之事實負舉證責任。上訴人既未能舉證證明被上訴人有過失，即經送鑑定結果，亦認被上訴人之醫療行為並無過失，而上訴人復未能舉證證明被上訴人之醫療行為與吳○○之死亡間有相當因果關係，其依侵權行為及僱傭關係主張被上訴人應負連帶賠償責任，自無理由。」

3.本文見解

按民國93年4月28日修正公布之醫療法第82條第2項規定，醫療機構及其醫事人員因執行業務致生損害於病人，以故意或過失為限，負損害賠償責任，尋繹其立法意旨係為明確將醫療行為所造成之損害賠償責任限於因故意或過失所致者，且不採推定過失之立法體例，是醫療行為已無適用消費者保護法所定無過失責任之餘地。至民事訴訟法第277條但書所定僅係訴訟法上為求公平，認為在具體個案中，如適用一般舉證責任法則之結果，於被害人為不可期待或顯失公平時，應

考慮減輕被害人之舉證責任，而賦予法院得視其情形，為舉證責任之分配而已，尚不得逕以該條但書遽認醫師應負推定過失責任。

本文與多數學說及實務之見解相同，認醫療行為之過程雖具危險性存在，但此項危險乃增進人類身體健康所必要，其目的係為救治人體之疾病，以避免人類因疾病所帶來之危險，依一般社會通念，究屬可容許性之危險，並非從事危險事業或活動者製造危險之來源，亦非以危險事業或活動而獲取利益為主要目的，性質上非屬民法第191條之3的危險事業，亦非該條所定之危險工作或活動，自無該條所定推定過失及推定因果關係責任之適用，且醫療法第82條第2項與民法第191條之3應無普通法或特別法之關係。

上開最高法院所採肯定說及否定說之見解，僅係其依民事訴訟法第277條但書之規定，於各別具體案件，本於不同之基礎事實，所為舉證責任之分配，其間並無見解矛盾之處。

伍、保護客體

有關本條之保護客體，觀之本條條文之內容，未如民法第184條第1項、第185條、第187條第1項、第188條第1項、第189條、第191條第1項等明白揭櫫其保護之客體為權利或利益，而僅規定「生損害於他人」，則究竟本條所保護之客體有無異於其他一般或特殊侵權行為，本條保護範圍究竟較之擴大或縮減，即有進一步研究之必要。

一、學者見解

（一）陳自強教授

陳自強教授認為，債編修正所增訂之民法第191條之1、之2與之3，立法者所以未對此三者特別強調保護之客體，並非有意擴張之。蓋現代意外事故，如現代交通工具、公害、勞動災害、產品缺陷等所造成損害，不外係因人身侵害與對物侵害而致。故將民法第191條之1、之2與之3，定性在現代科技危險所致之意外事故損害賠償法，直接侵害之對象，應係生命權、身體健康權與所有權，其他權利

或純粹財產上損害，則不與焉。立法者並未特別明示，毋寧係因事屬當然，無待贅言。[42]

（二）王澤鑑教授

王澤鑑教授認為，民法第184條第1項前段規定在於保護權利，且該權利係指私權不包括公法上權利。私權係指法律所賦予享受一定利益之法律上之力，包括人格權（所謂人格權，指一般人格權而言，係其他有關於人的價值與尊嚴的權利；由一般人格權所衍生出之個別人格權，例如健康權、名譽權、自由權、信用權、隱私權、姓名權、貞操權）、身分權（例如親權）、物權（例如所有權、所有權以外之其他物權及準物權）、智慧財產權等（例如商標專用權、專利權、著作權）。然有一特例，即債權雖屬私權，惟非民法第184條第1項前段所稱之權利，其理由有二：(1)債權係屬相對權，存在於當事人間，債權人對於給付標的物或債務人的給付行為並無支配力；更重要的是，債權不具有所謂典型的社會公開性，第三人難以知悉，同一個債務人的債權人有時甚多，如民法第184條前段所稱之權利包括債權，則加害人的責任將無限擴大，不合社會生活上損害合理分配原則。(2)民法第184條第1項後段規定，故意以背於善良風俗之方法加損害於他人者，應負賠償責任，此可作為侵害債權的規範基礎，靈活運用，足以發揮保護債權的效能。[43]

就關於民法第191條之3之保護範圍，其認為民法第184條係區別權益而設不同的保護規定，民法第184條第1項旨在保護「權利」，以故意或過失為要件，此乃侵權行為法的基本原則，不因民法第191條之1、之2、之3係採推定過失責任而有所不同。且在立法上嚴格其責任者，多縮小其受保護權益的範圍，不應一方面嚴格其責任，他方面又擴大其保護之客體，致責任要件與權益保護範圍，失其平衡。[44]

（三）詹森林教授

詹森林教授認為，需慎重考慮民法第191條之3是不是有某種要特別保護的法

---

[42] 陳自強，同註4，頁40-41。

[43] 王澤鑑，侵權行為法－一般侵權行為，三民，2005年，頁109、198。

[44] 王澤鑑，同註1，頁270-271。

益,除了人身及一般物的毀損之外,其他的法益要依據第191條之3請求時,恐怕要更加慎重。例如純粹經濟上損失,大概就不在保護範圍之內。[45]

(四)黃　立教授

關於民法第184條第1項前段保護客體之範圍,黃立教授原則上採與王澤鑑教授相同之見解,就債權之侵害部分亦與王澤鑑教授之見解相同,然黃立教授認為對「企業權」之侵害,例如某乙向丙租用店面,鄰居甲卻將建材堆置乙的展示櫥窗前,影響路人得悉展示商品內容之機會,亦在保護範圍之內。[46]至關於民法第191條之3所保護之客體,與第184條第1項前段有無不同,未見其教科書就該部分特別論述,似認保護並無不同。

(五)孫森焱教授

孫森焱教授就民法第184條第1項前段保護客體之範圍,原則上與王澤鑑教授持相同見解[47],惟就債權之侵害部分則有些許不同,孫教授認為:「債務人如侵害債權,致不能實現債權內容,為債務不履行之問題,侵害債權者,如為第三人,是否成立侵權行為,論者不一。其採積極說者認為第三人應負債權不可侵之義務。蓋債權既屬權利,即應受尊重,第三人如加侵害,自可成立侵權行為。消極說則認為,惟債務人對債權人負有債務,第三人既非債務人,即使有侵害債權之行為,亦應由債務人負債務不履行之責任,與第三人無關。蓋債權之效力僅發生於債權人及債務人之間,債權人並不得對第三人行使債權,故債權不得為侵權行為之客體。折衷說則認為在通常情形,第三人之行為固不足以構成侵害債權之結果,惟如第三人之行為足以使債權消滅,仍可成立侵權行為。通說雖採肯定說,惟依債權性質,似以折衷說為可取。」[48]至就民法第191條之3保護客體之部分,與第184條第1項前段有無不同,未見其教科書有關於該部分之論述,似認並無不同。

45　蘇惠卿等,同註1,頁189。

46　黃立,同註5,頁267-281。

47　孫森焱,同註15,頁210-224。

48　孫森焱,同註15,頁214。

（六）林誠二教授

就民法第184條第1項前段保護客體之範圍，林誠二教授所採之見解，原則上亦大致與王澤鑑教授相同[49]，惟就債權之侵害部分則認為，債權原則上無公示方法，因第三人難以查知，對債權之侵害無法預見，強求第三人依此負侵權行為責任，是有不公。惟債權亦屬法律上權利，應無可否認，因此，債權仍得為侵權行為之客體，只是應就具體情形詳加斟酌。侵害債權若係僅存在於當事人之間者，應依債務不履行處理。若是第三人侵害債權，則應依債權歸屬之被侵害、債務人應交付之標的物遭第三人毀損、第三人對債務履行本身予以侵害等情況分別判斷是否成立侵權行為[50]。至關於民法第191條之3所保護之客體，與第184條第1項前段有無不同，未見其在教科書內為該部分之論述，似認保護並無不同。

二、實務見解

實務上處理本條之具體個案時，關於被害人保護之權利範圍，多與處理一般侵權事件相同，並無特殊之處。

三、本文見解

民法一般侵權行為所保護之客體為權利或利益。所謂權利指私法上之權利，包括財產權及非財產權，至公法上之權利受侵害，不得成立民法上之侵權行為。又財產權包括物權、準物權、無體財產權及債權。非財產權則包括人格權及身分權。由民法關於侵權行為之立法體例來看，一般侵權行為與特殊侵權行為所保護之客體，應無不同，惟就民法第191條之3而言，其侵害之對象除生命、身體、健康及所有物外，殊難想像有其他權利會受侵害，此由近九年來實務上出現之案例亦可見其端倪，是有學者認為本條所保護之客體應僅限於人之生命、身體、健康及所有物，應屬的見。況本條既定位為危險責任之一般規定，由外國立法例多就危險責任課以較嚴格之責任以觀，限縮本條之保護客體，確有必要。

---

[49] 林誠二，民法債編總論（上），瑞興，2000年，頁251-265。

[50] 林誠二，同前註，頁258-262。

陸、因果關係之推定

關於民法第191條之3因果關係之推定，學者及實務見解大多相同。

一、學者見解

（一）王澤鑑教授

王澤鑑教授認為，被害人對工作或活動的危險需負舉證責任，其因果關係則由法律推定，蓋此屬加害人得控制領域，惟加害人得舉證推翻之，此種因果關係屬責任成立上事實的因果關係。[51]

（二）林誠二教授

林誠二教授認為，民法第191條之3規定被害人只需證明加害人之工作或活動之性質或其使用之工具或方法有生損害於他人之危險性，其在工作或活動中受損害即足，不需證明其間有相當因果關係。[52]

（三）孫森焱教授

孫森焱教授認為，民法第191條之3規定，被害人僅證明「其工作或活動之性質或其使用之工具或方法有生損害於他人之危險者」，即推定與損害之發生有因果關係，乃因本於此項危險即有相當程度發生損害之可能性。對於危險存在之舉證，以具有因果關係之蓋然性即足。[53]

（四）邱聰智教授

邱聰智教授認為，因民法第191條之3但書規定，損害非由於危險之事業、工作或活動或其使用之工具或方法所致者，免除其賠償責任，規範意義上，等同相

---

[51]　王澤鑑，同註1，頁271。

[52]　林誠二，同註49，頁334-335。

[53]　孫森焱，同註15，頁324。

當因果關係推定。[54]

（五）黃 立教授

黃立教授認為本條之新增理由為：「請求賠償時，被害人只需證明加害人之工作或活動之性質或其使用之工具或方法有生損害於他人之危險性，而在其工作或活動中受損害即可，不需證明其間有因果關係。」易言之，被害人只需證明加害人之工作或活動之性質或其使用之工具或方法有生損害於他人之危險性，就可推定因果關係。[55]

二、實務見解

實務上，認民法第191條之3但書推定之因果關係乃事實上的因果關係，惟被害人所受之損害與危險間，仍須具有因果關係的合理蓋然性，而非原告任意指稱之危險即可斷定因果關係。[56]

三、本文見解

依本條新增時之立法理由謂：「請求賠償時，被害人只需證明加害人之工作或活動之性質或其使用之工具或方法有生損害於他人之危險性，而在其工作或活動中受損害即可，不需證明其間有因果關係。」易言之，被害人就加害人工作或活動之性質或其使用之工具或方法具有「危險性」，需負舉證責任。至因果關係則由法律推定，因為此係加害人得控制之範圍，僅加害人有可能舉證，故因果關係之不存在，應由其舉證。

---

[54] 邱聰智，同註14，頁246。

[55] 黃立，同註5，頁339。

[56] 臺灣高等法院91年上字第932號民事判決理由認為：被害人對工作或活動「危險」應負舉證，此需以具有因果關係的合理蓋然性判斷為基礎，而非原告任意指稱之危險即可斷定因果關係。

柒、過失之推定

　　我國於民法第191條之3訂定危險責任之一般條款，並採過失推定責任，係仿義大利之立法例，而非採德國無過失責任及制定特別法之立法例，學者就此多所批評，認危險責任應採無過失責任之立法例。[57]惟法律制度之良窳，若無內國法院實證之基礎，如何能知其優劣？縱使某一法律制度在他國施行之結果，其成效頗受好評，非必即在我國可獲得同等之成效，仍須視內國國情之不同而定，有時必須仰賴法院本其道德良知，綜合各種情況，妥適解釋法律，當事人始得獲實質之公平。因之，本條推定過失責任，究竟應達到何種程度之舉證，被告方可免責，端賴法院於裁判時之解釋走向，才可得知。例如民法第188條第1項但書所定僱用人免責規定，於法院實務運作時，最高法院即有判決謂：「受僱人之行為是否與其職務有關係，允宜從廣義解釋，以資符合。其所謂受僱人執行職務，不法侵害他人權利之行為，不僅指受僱人職務範圍內之行為而定，即與執行職務相牽連之行為，不法侵害他人權利者，亦應包括在內。職務上予以機會之行為，即屬

---

[57] 陳聰富教授認為：「民法第一百九十一條之三之立法理由，與其他國家立法例採取危險責任（無過失責任）之立法理由或法院判決理由，完全相同，且所舉之事例亦均屬危險責任之案例」再者：「美國著名法官兼學者Posner所言，無過失責任係在過失責任主義無法達成侵權行為法之功能與目的時，在某些意外事件，被告無法以善盡注意義務全然避免損害發生，為使被告變更活動方式或地點，而使被告負擔損害賠償責任。換言之，在危險責任之案例，既已無法以過失責任主義達到侵權行為法規範之目的，則我國法對於危險責任之案例，採取過失推定責任，顯屬不妥。」（陳聰富，同註1，頁155、199）。孫森焱教授認為，近代企業本身因倚賴具有危險性之設備而獲得利益，對於因其危險所發生之損害，理宜由企業負責任，始屬公允，此即所謂危險責任。又企業既獲有利益，因利益所生損害，更應由其負擔，此即報償責任。基此觀念，則由企業負擔損害的制度，並不以行為人之故意過失為要件，因此確立無過失責任之原則（孫森焱，同註15，頁196）。林誠二教授認為危險責任是無過失責任之理論根據（林誠二，同註49，頁235）。楊佳元教授認為，危害責任者，謂特定物品或裝置之持有人，在一定條件下，不問其有無過失，對於因裝置、物品本身所具危害而生之損害，應負賠償之責任。危害責任在國內常被翻稱為危險責任（楊佳元，一般危害責任理論－就一般危險責任理論，探討消費者保護法之商品製造人責任與民法修正草案第一九一條若干問題，法學叢刊，第41卷第3期，1996年7月，頁103）。本條研修委員錢國成教授認為：「假使未經許可而從事危險事業致生損害，則為有過失，應屬一般侵權行為之問題，本條則不以有過失為構成要件，所欲規範之內容並非過失行為所致之損害，而係工作之危險所致之損害，如係過失行為所致之損害，當屬民法第一百八十四條之範圍，本席建議是否將文字修正為：「從事工業或其他一定工作或活動之人，其工作或活動有致人於損害之危險者……」（錢國成，同註1，民法研究修正委員會議第810次會議紀錄，頁42）。蘇惠卿教授認為，危險責任之特徵在於因為特定危險之實現，賠償義務人即需對所生損害負賠償責任，故對損害之發生行為人有無故意過失並非責任成立之要件。因此危險責任為無過失責任之一種（蘇惠卿等，同註1，頁173）。

於與執行職務相牽連之行為。」[58]則僱用人欲主張免責之機會已非常微小。

依本條但書規定加害人若不能證明其對於防止損害之發生已盡相當之注意，即應負過失責任，此相當注意的違反係指抽象的輕過失而言[59]。此種舉證責任的分配，依學者王澤鑑教授之見解，係體現了現代科技社會「過失概念」的變遷，即由「危險的規避」趨向於「危險的管控」，即企業或個人得法律允許而從事危險性的工作或活動，應對危險為必要的管理或控制，避免抽象危險具體實現而侵害他人權益。此種危險管控的觀念和認知，促成侵權行為關於危險的規範，由過失責任，經由推定過失，而趨向無過失責任。[60]惟因採無過失責任之立法例，例如德國，其危險責任之規定，有如下特色：一、受保護之法益通常限於生命、身體健康與所有權；二、原則上，不生慰撫金請求權；三、有最高賠償額之限制；四、常以特殊的責任排除事由，限制危險責任之成立。[61]反觀我國危險責任之一般條款即民法第191條之3係規定在民法債篇第1章第1節第5款侵權行為內，且歸入特殊侵權行為之一種，其損害賠償範圍於實務運作時與一般侵權及其他特殊侵權之處理均無不同，包括慰撫金亦得請求，且無最高賠償額之限制，甚至侵害之法益範圍，亦未見判決認有何差異，顯見加害人之責任高於外國所採取無過失責任之立法例，則於解釋本條但書免責條件時，是否應對加害人採取較為寬鬆之標準，即屬法院得予發揮其功能之所在，甚至何謂本條所定之「危險」，其範圍為何，應採嚴格或寬鬆之解釋，同為法院所面臨最為困難判斷之處，凡此均有待法院於實務運作時審慎衡酌，一方面須避免事業體無法預測，而未及以責任保險及商品價格分散危險，造成經濟社會之危機，另一面兼顧被害人之損害，使其得以適時獲得滿足補償。

捌、違法性之推定

民法第191條之3並未如第184條第1項須不法侵害他人之權利，方負損害賠償責任，故須否具違法性，即有疑義，學者有謂：民法第191條之3之違法性不在於

58　參見最高法院73年台上字第4580號民事裁判。

59　黃立，同註5，頁339-340。

60　王澤鑑，同註1，頁273。

61　陳自強，民法侵權行為法體系之再構成（上）－民法第一九一條之三之體系地位，台灣本土法學雜誌，第16期，2000年11月，頁56-57。

從事危險的工作或活動，其違法性是在於違反「危險避免義務」，而造成侵害他人權益的結果，換言之，即表現在危險製造者未盡但書之「相當之注意」[62]，至其所從事之危險工作或活動往往係法律所允許者，並無違法性。民法第191條之3屬於推定違法條款，只要加害人無法提出阻卻違法事由，即推定其違法，亦即屬民法第184條第2項之情形，惟民法第184條第2項係推定過失責任，而本條則採較為嚴格之推定過失及推定因果關係責任，此即二者不同之處，其源由在於本條係針對危險所為之特別規定。我國就民法第191條之3危險責任既採過失推定，行為人可歸責之原因即與一般侵權行為相同，仍係故意或過失責任，而非無過失責任。

玖、損害賠償之範圍

關於民法第191條之3加害人之損害賠償範圍，原則上依民法第216條之規定，以填補所受損害及所失利益為限。而侵權行為特別規定之損害賠償請求權，包括民法第192條至第196條等規定，亦均應適用於民法第191條之3。

值得探討者係本條之被害人可否請求慰撫金，就此學者之見解不同，例如：郭麗珍教授認為：「如果不將第一百九十一條之三解釋它是一個推定過失責任的話，它是不是還可以請求慰撫金？依德國立法或我國法也是一樣，如果是危險責任，通常就沒有必要去考慮是否有精神上痛苦之損害，也沒有慰撫金請求之必要。如果要請求慰撫金，則要回到民法上的一般規定，也就是故意或推定過失責任。」[63]可見其認為需將民法第191條之3之法律性質定性為推定過失責任，才得請求慰撫金，如係危險責任之規定，則不得請求慰撫金。又詹森林教授認為：「在成立第一百九十一條之三之案例，被害人是否得請求慰撫金？個人認為，如果已經成立第一百九十一條之三的責任，應該還是可以依第一百九十四條及第一百九十五條的規定請求慰撫金，因為慰撫金的請求，並無必要排除第一百九十一條之三的情形。國外立法例上，雖然有時會就危險責任特別明文不得請求慰撫金。但是，在我國，消保法所定之產品危險責任成立時，被害人得請求慰撫金，實務及學說已無異議，則成立民法第一百九十一條之三所定之危險責任

62　王澤鑑，同註1，頁274。王千維，民事損害賠償責任法「違法性」問題初探，政大法學評論，第76期，2001年6月，頁170-171。

63　蘇惠卿等，同註1，頁187。

時，應無不同處理之理由。」[64]，基此，可知詹森林教授認為在適用第191條之3時，仍得請求慰撫金。惟從本條相關之判決可知實務見解咸認慰撫金包括於本條請求損害賠償之範圍內。[65]

實務案例中另一高難度判斷者為被害人所有物受損之損害賠償金額認定問題。因經營或從事「高度」、「不合理」、「異常」或「特殊」之危險事業或工作或活動，往往帶來鉅大之損害，且係突發而不及取證，甚至證據因該危險之發生而滅失殆盡，於此情形，欲期待被害人舉證損害額，實係強人所難，實務上有下列判決援用民事訴訟法第222條第2項之規定[66]，以判斷其損害額者，可供參考。

一、臺灣高雄地方法院91年度重訴字第950號民事判決

本件原告主張被告公司經營各種醫療器材之製造加工買賣，其產品均為易燃之塑膠產品，廠房內儲存高壓易燃之EO（環氧乙炕）、氮氣、氧氣等鋼瓶及醫療器材，因未盡防範措施，致該公司廠房起火燃燒、爆炸，延燒達十二小時，原告之建築物、廠房、原物料、機器設備及帳冊均全毀，法院即依民事訴訟法第222條第2項之規定，審酌原告所提出經被告不爭執之照片及經濟部加工出口區、高雄市稅捐稽徵處楠梓分處、財政部高雄市國稅區楠梓加工出口區稽徵所等函件，依其心證定其數額，以期公平。

---

[64] 蘇惠卿等，同註1，頁189。

[65] 參看臺灣士林地方法院92年訴字第50號、臺灣南投地方法院90年訴字第293號、臺灣臺中地方法院93年勞訴字第68號、臺灣臺北地方法院93年訴字第2490號、臺灣板橋地方法院91年重訴字第736號及臺灣高等法院臺南分院92年上字第225號等民事判決。

[66] 按當事人已證明受有損害而不能證明其數額或證明顯有重大困難者，法院應審酌一切情況，依所得心證定其數額，民事訴訟法第222條第2項定有明文，其修正理由謂：「損害賠償之訴，原告已證明受有損害，而有客觀上不能證明其數額或證明顯有重大困難之情事者，如仍強令原告舉證證明損害數額，非惟過苛，亦不符訴訟經濟原則，爰增定第二項，規定此種情形，法院應審酌一切情況，依所得心證定其數額以期公平（最高法院21年上字第972號民事判例及德國民事訴訟法第287條第1項規定意旨參照）。至若損害數額在客觀上有證明之可能，且衡情亦無重大困難，而原告未為證明者，自無本項規定之適用，乃屬當然。」（立法院公報，第89卷第9期（四），2000年1月，頁54-55）

二、臺灣高等法院臺南分院95年度公上字第1號民事判決

　　原告主張被告公司在雲林離島新興工業區附近海域進行抽砂工程引起漂砂污染海域，致原告在鄰近海域養殖共約八百多公頃之牡蠣苗遭泥砂覆蓋，無法著床，而受有蚵條（含竹頭、長竹、鐵線）之損害，因原告於法院審理期間自承並無蚵條產銷等資料，證明其蚵條所受之損害金額為何，然原告確實受有蚵條之損害，法院乃依民事訴訟法第222條第2項審酌一切情況，判斷原告所受之損害數額為何。

三、臺灣高等法院臺南分院96年度上字第120號民事判決

　　上訴人主張被上訴人○營造公司施作雲林離島式基礎工業區麥寮區隔離水道工程時，原應設置鋼板牆卻未設置，致其挖掘部分遇雨泥沙崩塌，造成進出水路泥沙淤積，導致上訴人養殖之魚蝦、蛤蜊大量死亡。法院以上訴人確因被上訴人之施工不當而受有損害，惟欲由上訴人明確證明所受損害數額者，確有重大困難，因而參酌上訴人所養殖之文蛤因死亡而撈取之文蛤殼總重量，扣除天候、養殖技術及漁池管理等因素所造成文蛤死亡之比例，計算上訴人之損害額。

拾、民法第191條之3與民法一般及其他特殊侵權行為之適用關係

　　如前所述，民法第191條之3係危險責任的一般性（概括性）條款，採過失及因果關係推定之規範模式，惟原告起訴主張之事實，除成立本條之責任外，有可能同時成立民法上一般或其他特殊侵權責任，則本條與民法一般及特殊侵權行為之適用關係，即須進一步研究二者係請求權之競合，原告得擇一行使，抑或有優先適用順序關係之法條競合，成立其一，即排除其他。

一、學者見解

（一）王澤鑑教授

王澤鑑教授認為，民法第191條之3係一個概括條款的特殊侵權行為責任，關於其與一般侵權行為及其他特殊侵權行為的適用關係，分述如下：

1.民法第191條之3與民法第184條之適用關係

民法第184條係規定一般侵權行為，適用於一切行為，民法第191條之3係針對危險的工作或活動而設之規定，二者得發生競合關係。

2.民法第191條之3與民法第188條的適用關係

民法第191條之3係規定從事危險工作或活動者「自己責任」，不以受僱人有侵權行為為要件，惟受僱人的行為成立侵權行為時，則亦有民法第188條規定的適用。

3.民法第191條之3與民法第191條、第191條之2的適用關係

民法第191條規定「工作物」所有人責任，第191條之2規定「動力車輛駕駛人」責任，此二者均屬「物之責任」與民法第191條之3規定「工作或活動責任」，各有其責任主體。故在建築物因電線設置欠缺肇致火災，或使用汽車發生車禍，均無民法第191條之3之適用。惟工作物瑕疵或汽車使用涉及「危險的工作或活動」的，亦屬有之，例如建築物內貯存炸藥、爆裂物，工廠以汽車運送汽油，肇致事故時，應有民法第191條之3的適用。[67]

王教授並未進一步表示如成立競合關係時，究屬請求權競合，抑或法條競合。

（二）邱聰智教授

邱聰智教授認為，危險責任，以高於一般過失責任甚或無過失責任之歸責形態，使危險活動主體，負擔較重之損害賠償責任，於保障大眾安全，維護被害人權益而言，有功不可沒的時代意義。然從侵權行為之體系構成言，吾人尚不可逕

---

[67] 王澤鑑，同註1，頁276-277。

依反面解釋，認為因危險活動致生損害於他人者，只能適用危險責任，亦即不可認為危險責任與一般侵權行為沒有互涉關係，更不可全面否定被害人得依一般侵權行為請求損害賠償之空間。

　　就危險責任與一般侵權行為之互涉關係言，解釋上應認為，危險責任乃過失責任的突破，於被害人無意識或無法證明危險活動主體有故意過失，得依危險責任請求損害賠償，危險責任之制度創設意義，亦僅在此。是以，如被害人證明危險活動主體有故意或過失者，仍得主張適用一般侵權行為。[68]

　　邱教授似認如同時構成民法第191條之3的危險責任與一般侵權責任時，乃數請求權之競合，得獨立併存，惟並未進一步說明各該請求權如有舉證責任不同時，例如僅推定過失，或同時推定過失及因果關係，抑或時效期間不同者，該數請求權間有無相互影響，或得自由競合，或屬規範競合。

（三）陳聰富教授

　　陳聰富教授之見解如下：

1.民法第191條之3與民法第191條之適用關係

　　在民法第191條之3增訂前，實務及學說儘量擴大民法第191條之適用範圍，無論電線傷人或油管漏油，均屬民法第191條之適用範圍。從而在民法第191條之3施行後，極可能發生二者適用範圍衝突之問題。例如工廠蓄水池貯存污水或化學物質，發生溢漏，導致損害，應有民法第191條之3規定之適用，因本條規定本即適用於公害事件，惟通說見解亦認為，蓄水池或貯存槽係屬民法第191條之「工作物」，究以何條文優先適用，不無疑問。再如高壓電線發生傷人致死案件，依通說，係屬民法第191條之「工作物」所生之侵權責任，然高壓電線顯然亦屬民法第191條之3之「工作性質具有危險者」，若認為民法第191條之3係屬危險責任的一般規定，而第191條係屬危險行為之「特別規定」，則上述案例仍應繼續適用後者。果如此，則民法第191條之3之適用對象，將以第191條規定以外之事件為限。但如此解釋，是否符合民法第191條之3的立法本意，甚有疑問。

2.民法第191條之3與民法第184條第2項之適用關係

　　民法第191條之3亦可能與第184條第2項關於過失推定之一般規定，發生適用

68　邱聰智，同註14，頁247。

上之問題，例如：在最高法院70年度台上字第667號判決謂：「……違反前開建築法有關保護他人之規定，依民法第一百八十四條第二項規定，應推定其有過失。」然建築施工，有物件掉落之危險，亦符合民法第191條之3「工作或活動之性質具有危險性」之規定，在新法公布施行後，是否應優先適用該條，而非民法第184條第2項之一般規定，以推定被告之行為具有過失？或二者形成請求權競合，均得作為權利請求之基礎？二者適用關係如何，尚待斟酌。[69]

陳教授雖指出民法第191條與第191條之3有可能發生適用上之衝突，惟未就同時成立各該請求權時，究屬請求權競合或法條競合，予以析述，且其亦未說明同時成立民法第191條之3與民法第184條第2項時，係屬請求權之競合或法條競合。

（四）楊佳元教授

楊佳元教授認為：「我個人有一大膽建議，我們或許可以跳脫傳統責任法體系，將第191條之3視為一個普通法，其他的責任條款視為特別法。也就是說，假如發生一個危險，該危險是依一般注意義務可以避免的，適用第184條即可；反之，假如該危險是屬於『特殊危險』，依一般情形無法避免時，才適用第191條之3的規定。」[70]

楊教授似認民法第191條、第191條之1、第191條之2與第191條之3間係法條競合，而第191條、第191條之1、第191條之2係特別法應優於第191條之3之普通法。

（五）姚志明教授

姚志明教授認為：「第一百九十一條之二只推定過失而沒有推定因果關係，這樣要如何去適用它？所以第一百九十一條之三應該只在危險責任而沒有特別規定的情形下才去適用它。否則如果採取請求權競合的話，那第一百九十一條之二就沒有適用的機會了」、「還有第一九十一條之三與第一百八十四條的規定如何適用？我認為相當危險，可能很多問題都被第一百九十一條之三規範掉了。例如工程施工時，具有危險性，如果都依一百九十一條之三，那第一百八十四條

69　陳聰富，同註1，頁196-197。

70　蘇惠卿等，同註1，頁182。

就不需要用了。如果採請求權競合，在大部分情形已被第一百九十一條之三規範的情形下，第一百八十四條可能就沒有必要存在了。」[71]。

　　基上說明，其似認民法第184條、第191條、第191條之1、第191條之2與第191條之3間係法條競合，前者係特別法，應優於後者之普通法。

（六）謝哲勝教授

　　謝哲勝教授認為，如果其他法條已有規定（如第191條、第191條之1、第191條之2），就無須再適用第191條之3[72]。其亦採特別法優於普通法之法條競合說。

（七）詹森林教授

　　詹森林教授認為，如有所謂「特別推定過失責任」時，似乎也要排除第191條之3的適用，例如第191條之1，在民法上就是一個對產品責任的特別過失推定，所以如果要以民法（而非消保法）解決產品責任的問題時，即應適用第191條之1，而不能單獨或合併適用第191條之3。且若民法第191條之3與民法第184條第2項規定，產生某程度的競合時，如果民法第184條第2項有適用餘地時，似乎也沒有必要再適用第191條之3。[73]其認民法第191條之1與第191條之3，或民法第184條第2項與第191條之3同時成立時，前者之特別法優先於後者之普通法。

二、實務見解

　　實務上多認民法第191條之3與民法一般及其他特殊侵權行為規定為請求權競合，茲引下列幾則案例供參考。[74]

71　蘇惠卿等，同註1，頁182。

72　蘇惠卿等，同註1，頁183。

73　蘇惠卿等，同註1，頁189。

74　資料來源：司法院法學檢索系統，同註40。

（一）臺灣高雄地方法院89年度重訴第1074號民事判決

　　原告自來水公司主張被告等人於民國86年8月間非法貯存製程中所產生之廢溶劑，含有酚、甲苯、二甲苯、乙苯、苯乙烯等濃度、數量足以危害生命健康及污染生存環境之毒物，均屬於有害事業廢棄物，本應依廢棄物清理法之規定委託代為妥適清理，不得任意投棄、放流及排放，以避免污染空氣、土壤、河川及海洋等水體，然被告等人為節省應支出的清理費用，逕將清理不完全之廢水，倒入供公眾飲用之水源及水道，而依侵權行為之法律關係，請求被告等人負連帶損害賠償責任。法院判決認定被告等人之行為同時構成民法第184條、第191條之3及第185條前段之侵權責任，應連帶具賠償原告之損害，即採請求權競合之見解。

（二）臺灣士林地方法院91年度訴字第1101號民事判決

　　原告甲（民國87年4月1日生）主張其因右腳踝擦傷合併撕裂傷，於民國90年9月20日至被告○○醫院急診外科實施傷口縫合手術，嗣轉由同院整形外科醫師即另一被告周○○為其施行皮膚移植手術，該醫師本應注意人類皮膚厚度因性別、部位及年齡而有不同，對三歲半至四歲兒童實施頭皮分層皮膚移植手術，刮取頭皮之限制為千分之七英吋，且診治病人時，應向病人或其家屬告知病情、治療方針、處置、用藥、癒後情形及可能之不良反應，客觀上亦無不能注意之情事，詎於同年10月8日實施傷口清創及全層皮膚移植手術時，對原告甲之頭皮，取皮厚度竟為千分之二十英吋，致原告甲右側足跟瘢痕攣縮，而無法正常穿鞋，復於民國91年1月21日再實施瘢痕整形及全層植皮手術（面積為六公分乘六公分），取皮厚度仍高達千分之二十五英吋，同年2月4日出院時，未開給任何藥物，亦未告知其父母即另二原告應如何照顧及應於何時回診，同年2月7日自行回診時，竟將取皮區所覆蓋之生物敷料強行撕掉，且未為手部清潔之行為即將藥物塗抹在傷口上，因而造成右側顳部取皮區感染合併傷口癒合不良，同年3月29日始再實施傷口清創及局部皮瓣覆蓋手術縫合，然終致頭部取皮區無法長出毛髮，而右腳踝患部植皮區卻長出毛髮，而依民法第184條第1項、第191條之3、第188條侵權行為及第227條、第227條之1債務不履行等規定，請求被告連帶負損害賠償責任。法院判決認為被告周○○屬民法第188條第1項所規定被告○○醫院之受僱人，故原告林○○依民法第191條之3及第188條等規定，請求被告○○醫院與被告周○○連帶賠償其損害，應予准許，即認受僱人之行為成立民法第191條之3

的侵權行爲時，亦有民法第188條第1項規定之適用。

（三）臺灣士林地方法院92年度訴字第50號民事判決

　　原告主張被告何○○係被告張○○即○○起重工程行之受僱人，明知原告非合格之吊掛手，卻於民國91年1月3日上午8時許，原告駕駛托車載運鋼筋至被告○○營造股份有限公司承攬之建築工地時，指示原告吊掛鋼筋，而○○營造股份有限公司之現場監工人員在場監督鋼筋吊掛作業，亦違反保護他人之法律，疏未阻止及於起吊前檢視原告勾掛鋼筋之方式是否正確，適被告○○鋼鐵廠股份有限公司生產兩端有彎勾以供綑綁鋼筋用之鋼條，於吊掛時斷裂，致鋼筋掉落，砸傷原告，被告何○○、張○○、○○營造股份有限公司、○○鋼鐵廠股份有限公司之過失行爲，均爲造成原告損害之共同原因，而依民法第184條第1項、第2項、第185條、第188條、第191條之1及第191條之3等規定，請求被告負連帶損害賠償責任。法院判決認爲被告等人之行爲構成民法第191條之3、民法第184條第1項、第2項、第185條第1項前段及第188條第1項之侵權責任，且發生請求權之競合關係。

（四）臺灣高等法院臺中分院96年度上更一字第12號民事判決

　　上訴人鐵路管理局主張自強號列車於民國90年1月11日上午10時20分左右，行駛於苗栗縣通霄及苑裡站區間時，列車駕駛人發現鐵道上有工程人員揮手示意停車，同時並察覺上訴人所有之電線設備即三角架及主吊線斷落垂下有礙行車，遂立即緊急煞車並報警處理。而此疑似被上訴人電力公司委託另一被上訴人工程有限公司，由其僱用之現場負責人即另一被上訴人架設高壓輸電線掉落並碰觸上訴人所有之上開電線設備所致，並造成上訴人受有損害，而依民法第184條第1項、第2項、第185條、第191條之3、第188條，請求損害賠償。法院判決認定該工程有限公司與其受僱人應負民法第184條第1項前段、第191條之3及第188條第1項之責任，且彼此間發生請求權競合之關係。

（五）臺灣南投地方法院90年度訴字第293號民事判決

　　原告主張被告潘○○於民國89年10月28日11時40分許，向其僱主即被告○○

○股份有限公司借用堆高機，連同供堆高機上下車以連結地面與大貨車之鐵橋兩只及廢木料，一併裝載於其租用之大貨車上，載往其父住家前卸放時，疏未注意鐵橋是否已安全架設，及在場協助之原告父親是否已避開現場，即自大貨車上駕駛堆高機下車，致架設在其左側之鐵橋勾住大貨車之卡榫部分，無法承受堆高機重量而彎曲變形塌陷，堆高機由高處側翻，壓倒在旁原告之父親，經送醫途中死亡，而依民法第184條第1項、第191條之3及第188條第1項等規定，請求被告負損害賠償責任。法院認爲被告等所成立之民法第191條之3、民法第184條及第188條第1項之侵權責任發生請求權競合關係。

三、本文見解

　　除邱聰智教授於其著作內將本條列爲危險責任外[75]，幾乎大多數之學者例如孫森焱[76]、王澤鑑[77]、林誠二[78]、黃立[79]、鄭玉波（陳榮隆修訂）[80]等教授咸於其著作中將民法第191條之3列入特殊侵權行爲一節，而非另立危險責任專章。由民法債篇將本條列入侵權行爲一節內之立法體例觀之，本條應屬特殊侵權行爲之一種，且有別於民法第184條之一般侵權行爲。又觀諸民法債篇各該特殊侵權行爲之條文內容，其成立要件、舉證責任（有無推定過失或推定因果關係）、舉證免責之要件等項，非全然相同，被害人如同時具有數種特殊侵權行爲之請求權時，如採取其僅能行使其中一種請求權，而排除其他請求權之法條競合理論，對於被害人之保護恐未盡周全，是認以採取請求權競合之理論較妥。

[75] 邱聰智，同註14，頁235-251。

[76] 孫森焱，同註15，頁321-325。

[77] 王澤鑑，同註1，頁9。

[78] 林誠二，同註49，頁267。

[79] 黃立，同註5，頁329。

[80] 鄭玉波著，陳榮隆修訂，民法債編總論，三民，2002年修訂2版，頁228。

拾壹、民法第191條之3與特別法所定特殊侵權行為之適用關係

一、我特別法所規定之特殊侵權行為類型

　　我特別法所規定之特殊侵權行為類型，晚近有長足發展，其重要者包括：違反公平交易責任、違反消費安全責任、核子損害責任、鐵路責任、汽車及電車業者責任、大眾捷運系統營運機構責任、航空責任、山坡地開發利用經營責任、廢水污水及蓄水排水責任、土壤及地下水污染責任、船舶污染海域責任、水污染責任、空氣污染責任等。另有學者認礦業法第49條之規定，亦屬特別法上之特殊侵權行為，並稱之為礦害責任[81]，茲分別介紹於後。

（一）違反公平交易責任（公平交易法第30、31條）

　　公平交易法第30條規定：「事業違反本法之規定，致侵害他人權益者，被害人得請求除去之；有侵害之虞者，並得請求防止之。」本條賦予被害人請求除去侵害之權利，且有侵害之虞者，並得為防止之請求。此即被害人之除去侵害請求權及防止侵害請求權。所謂「有侵害之虞者，並得請求防止之」，依最高法院97年度台上字第746號民事判決意旨係指侵害雖未發生，就現在既存之危險狀況加以判斷，其權益有被侵害之可能，而有事先加以防範之必要者而言，並不以侵害曾經發生，而有繼續被侵害之虞為必要，是不能以被害人未能舉證其權益受有何侵害及損害，即謂無侵害被害人權益之虞。又本條關於防止侵害之規定，其目的在避免將來之侵害及損害，屬不作為之給付請求，得命加害人將來不得繼續為加害行為。

　　又同法第31條規定：「事業違反本法之規定，致侵害他人權益者，應負損害賠償責任。」本條賦予被害人有請求損害賠償之權利。

　　茲就本條之侵權主體、侵權客體（保護客體）、責任類型、損害賠償之範圍及時效分述如下：

81　邱聰智，同註14，頁252。

1.侵權主體

關於違反公平交易責任之侵權主體係「事業」本身，此乃事業之自己責任。

2.侵權客體（保護客體）

即須侵害他人之權益，始成立違反公平交易之民事責任，是其保護之客體乃他人之權益。所謂「權益」包括權利及利益。

3.責任類型

按行為人違反公平交易法之規定，即屬違反保護他人之法律，應推定其有過失，此乃採取推定過失之責任類型。事業如認其責任過重，可透過責任保險或商品價格，以分散其危險。

4.損害賠償之範圍

事業違反公平交易法之規定者，其損害賠償之範圍，該法設有特別規定，即該法第32條規定：「法院因前條被害人之請求，如為事業之故意行為，得依侵害情節，酌定損害額以上之賠償。但不得超過已證明損害額之三倍。」（第1項）、「侵害人如因侵害行為受有利益者，被害人得請求專依該項利益計算損害額。」（第2項）。

前開第1項規定之立法旨意，係由於被害人常因損害額不大或甚難證明實際之損害範圍，致不願或不能向侵害人請求損害賠償，將造成對不法侵害行為之縱容或鼓勵，而參照美國立法例，明定侵害人係屬故意者，法院因被害人之請求，得依侵害情節，酌定損害額以上之賠償，但不得超過已證明損害額之三倍。又侵害人因侵害行為受有利益，其利益如超過被害人所受之損害額時，縱賠償被害人所受之損害後，侵害人仍保有不法所得，殊屬不當，故參考美國立法例，於第2項規定被害人得請求專依侵害人因侵害行為所受之利益計算其損害額。[82]

本條乃民法侵權損害賠償之特別規定，如事業非因故意致侵害他人權益者，即無第1項之適用。至第2項之規定，則不論行為人係出於故意或過失，均有其適用。又本條不排除民法關於損害賠償一般規定之適用，是被害人亦得依民法第213條至第216條一般損害賠償之規定或民法第192條至第196條侵權行為損害賠

---

[82] 見公平交易法草案（審查修正案及行政院草案）條文對照表「說明欄」所示立法理由：立法院公報，第79卷第96期，1990年12月，頁95-96。

償之特別規定而爲請求。

又被害人向法院起訴時，依同法第34條之規定，得請求由侵害人負擔費用，將判決書內容登載新聞紙，其目的在以正視聽，亦兼具補償功效。[83]

5.時效

前開被害人請求權之消滅時效及除斥期間，依同法第33條規定自請求權人知有行爲及賠償義務人時起，二年間不行使而消滅；自爲行爲時起，逾十年者亦同。此規定與民法第197條第1項之規定相同。

（二）違反消費安全責任（商品製造者侵權責任，消費者保護法第7條第3項、第8條、第9條）

消費者保護法（下稱消保法）第7條規定：「從事設計、生產、製造商品或提供服務之企業經營者，於提供商品流通進入市場，或提供服務時，應確保該商品或服務，符合當時科技或專業水準可合理期待之安全性。」（第1項）「商品或服務具有危害消費者生命、身體、健康、財產之可能者，應於明顯處爲警告標示及緊急處理危險之方法。」（第2項）「企業經營者違反前二項規定，致生損害於消費者或第三人時，應負連帶賠償責任。但企業經營者能證明其無過失者，法院得減輕其賠償責任。」（第3項）

又消保法第8條規定：「從事經銷之企業經營者，就商品或服務所生之損害，與設計、生產、製造商品或提供服務之企業經營者連帶負賠償責任。但其對於損害之防免已盡相當之注意，或縱加以相當之注意而仍不免發生損害者，不在此限。」（第1項）「前項之企業經營者，改裝、分裝商品或變更服務內容者，視爲前條之企業經營者。」（第2項）

消保法第9條則規定：「輸入商品或服務之企業經營者，視爲該商品之設計、生產、製造者或服務之提供者，負本法第七條之製造者責任。」

從事經銷者與設計、生產、製造之企業經營者連帶負賠償之責，且改裝、分裝者視爲企業經營者，輸入者視爲提供者，均負推定過失之損害賠償責任。爰就侵權主體、侵權客體（保護客體）、責任類型、損害賠償之範圍及時效等分述於下：

1.侵權主體

消保法第7條第3項、第8條及第9條係規範：(1)從事商品設計、生產、製造或提供服務之企業經營者，(2)從事經銷之企業經營者，(3)改裝、分裝商品或變更服務內容者，(4)輸入之企業經營者之侵權責任。

上開所稱「企業經營者」，指以設計、生產、製造、輸入、經銷商品或提供服務爲營業者（第2條第2款）。違反消費安全責任之侵權主體即從事設計、生產、製造商品或提供服務之企業經營者，應負損害賠償責任，而從事經銷之企業經營者亦應與其負連帶損害賠償責任。如從事經銷之企業經營者，對於經銷之商品或服務加以改裝、分裝或變更內容，已非單純之經銷，自應視爲從事設計、生產、製造商品或提供服務之企業經營者，而負損害賠償責任。此乃係其本身應負之侵權責任，爲自己責任，非中間責任。

2.侵權客體（保護客體）

依消保法第7條3項規定，商品製造者侵權責任所保護者爲消費者或第三人。所稱「消費者」指以消費爲目的而爲交易、使用商品或接受服務者（第2條第1款）；另所稱「第三人」，消保法未設定義，應從寬解釋爲包括雖非消費者，但受損害之人，蓋如僅從製造者之立場，認定須製造者可預見其商品不具安全性而受侵害之人，才受保護，[84]則本條即無規定「第三人」之必要，且恐與消保法第1條第1項所定除爲保護消費者本人之權益外，另有促進國民消費生活安全及提昇國民消費生活品質之立法目的相違，是應認雖非消費者，但因使用商品或接受服務而受損害之第三人，亦屬本條之保護客體，始符立法原旨。至所保護之權利或利益，本條第3項法文本身並未規範，惟由第2項規定應認受保護之權益爲人之生命、身體、健康及財產。

3.責任類型

由消保法第7條第1項、第2項及第3項本文內容觀之，從事設計、生產、製造商品或提供服務之企業經營者所提供之商品或服務，如未符合當時科技或專業水準可合理期待之安全性，或具有危害消費者生命、身體、健康、財產之可能，而未於明顯處爲警告標示及緊急處理危險之方法，致生損害於消費者或第三人時，即屬違反保護他人之法律，而有可歸責之事由，應負推定過失責任。惟觀同條第

---

84 最高法院88年台上字第2842號民事裁定認爲：被害人如非屬製造者可預見商品不具安全性而受侵害之人，無消保法第七條之適用。

3項但書規定企業經營者能證明其無過失時，法院得減輕其賠償責任，可認立法意旨係欲企業經營者所負責任係無過失責任，蓋其於無過失之情況下，仍應負賠償責任，僅法院得予減輕而已。至消保法第8條第1項規定從事經銷之企業經營者與設計、生產、製造商品或提供服務之企業經營者應負連帶損害賠償之侵權責任，則採推定過失責任，即從事經銷之企業經營者如能證明其對於損害之防免已盡相當之注意，或縱加以相當之注意而仍不免發生損害者，則無庸負損害賠償之責任。蓋立法理由認經銷企業經營者危險的控制能力，較遜於設計、生產、製造者，故有關危險責任應輕於設計、生產、製造者。惟從事經銷之企業經營者，如對於經銷之商品或服務加以改裝、分裝或變更內容，已非單純之經銷，而視爲從事設計、生產、製造商品或提供服務之企業經營者，自仍負無過失責任。

又依消保法第7條之1規定：「企業經營者主張其商品於流通進入市場，或其服務於提供時，符合當時科技或專業水準可合理期待之安全性者，就其主張之事實負舉證責任。」（第1項）「商品或服務不得僅因其後有較佳之商品或服務，而被視爲不符合前條第一項之安全性。」（第2項）蓋商品或服務是否符合當時科技或專業水準可合理期待之安全性，一般消費者多無法舉證，僅企業經營者得以提出證據證明，故明定其就「符合當時科技或專業水準可合理期待之安全性」應負舉證責任。惟消費者就其損害之發生係因該商品或服務所致乙節，先負舉證責任，即於受害人證明其損害之發生與商品或服務具有相當因果關係前，仍難令企業經營人負消保法所定特殊侵權責任。[85]又商品之瑕疵必須於製造者使商品流通之際，即已存在，不能僅以嗣後有更優良之商品流通，即認定某一商品具有瑕疵，以免妨害企業經營者改善商品之意願。[86]

4.損害賠償之範圍

關於企業經營者所負損害賠償之範圍，除依消保法第50條第3項規定消費者讓與消費者保護團體之損害賠償請求權，包括：(1)民法第194條、第195條第1項非財產上之損害；(2)依消保法第51條規定因企業經營者之故意所致之損害，消費者得請求損害額三倍以下之懲罰性賠償金，但因過失所致之損害，得請求損害額一倍以下之懲罰性賠償金外，消保法並未規定，則依該法第1條第2項：「有關

85　參見最高法院97年台上字第975號民事判決。

86　見消費者保護法部分條文修正草案（審查會、行政院、各委員提案及現行法）條文對照表「說明」欄就第7條之1所示立法理由：立法院公報，第92卷第3期（一），2003年1月，頁156。

消費者之保護，依本法之規定，本法未規定者，適用其他法律。」應適用民法有關損害賠償範圍之規定。

5.時效

關於消費者損害賠償請求權之時效，消保法僅於第50條第4項規定消費者讓與消費者保護團體之損害賠償請求權之時效利益，應依讓與之消費者單獨個別計算，此外別無有關時效之規定，則解釋上亦應依同法第1條第2項規定適用民法相關時效之規定。

（三）核子損害責任（核子損害賠償法第11條、第18條）

依原子能法第29條制定之核子損害賠償法第11條規定：「核子事故發生後，其經營者對於所造成之核子損害，應負賠償責任。」

又同法第18條規定：「核子設施經營者，對於核子損害賠償之發生或擴大，不論有無故意或過失，均應依本法之規定負損害賠償責任。但核子事故係直接由於國際武裝衝突、敵對行為、內亂或重大天然災害所造成者，不在此限。」

關於核子損害賠償法之損害賠償責任，茲分別就侵權主體、侵權客體（即保護客體）、責任類型、損害賠償之範圍、時效及請求權之競合等項，分別加以說明如下。

1.侵權主體

關於核子事故發生後，應負損害賠償責任之人為其經營人。所稱經營者，依核子損害賠償法第7條規定指經政府指定或核准經營核子設施者。

又依同法第22條規定：「核子設施經營者，依本法之規定賠償時，對於核子設施經營者以外之人，僅於下列情形之一有求償權：一、依書面契約有明文規定者。二、核子損害係因個人故意之行為所致者，對於具有故意之該個人。」第23條復特別規定核子設施經營者以外之人，對於核子損害，除前條之規定外，不負賠償責任。是包括核子反應器供應商均不負賠償責任。其立法目的係將核子損害賠償責任集中於核子設施經營人，故經營人只能在有契約明文約定之情形下行使求償權，在無契約明文約定時，只能對故意造成核子損害之行為者，行使求償權。此除可避免多數責任保險，造成過多訴訟資源之浪費外，益見本法所定核子設施經營人之責任係自己本身之責任。

2.侵權客體（保護客體）

核子事故發生後，得向核子設施經營者請求賠償之人，為因核子事故致權益受損害之人。

3.責任類型

核子事故發生後，除該事故係直接由於國際武裝衝突、敵對行為、內亂或重大天然災害所造成者外，核子設施經營者不論有無故意或過失，均應負責，乃無過失責任。[87]

4.損害賠償之範圍

核子設施經營者就核子損害之賠償範圍，核子損害賠償法設有責任限額之規定。依該法第24條規定：「核子設施經營者對於每一核子事故，依本法所負之賠償責任，其最高限額為新臺幣四十二億元。」（第1項）「前項賠償限額，不包括利息及訴訟費用在內。」（第2項）故非如一般故意或過失之侵權責任無最高賠償額之限制。又縱令核子設施經營者有最高賠償額之限制，仍須透過責任保險，以分散其危險，否則被害人尚不能獲得實質補償，因之該法第25條復規定，除中央政府、省（市）政府及其所屬研究機構之核子設施經營者（第2項）外，應維持足供履行核子損害賠償責任限額之責任保險或財務保證，並經行政院原子能委員會核定，始得運轉核子設施或運送核子物料（第1項）。但核子設施之運轉或核子物料之運送，在一定限度內，得申請行政院原子能委員會酌減其責任保險或財務保證金額，其限度由行政院原子能委員會核定（第3項）。如核子設施經營者因責任保險或財務保證所取得之金額，不足履行已確定之核子損害賠償責任時，國家應補足其差額。但以補足至第24條所定之賠償限額為限（第27條第1項）。國家補足之差額，仍應由核子設施經營者負償還之責任（第27條第2項）。又如核子設施經營者不能履行賠償責任時，核子損害被害人得逕向其責任保險人或財務保證人請求賠償（第31條）。上開規定純係為保障被害人，使無端遭受損害者能確實迅速獲得賠償。惟該法第33條規定：「核子損害超過核子設施經營者之賠償責任限額或有超過之虞時，應優先就生命喪失及人體傷害予以賠償，並保留十分之一之金額，以備賠償嗣後發現之核子損害。」（第1項）「核子事故被害人以訴訟請求賠償時，法院得參酌核子事故調查評議委員會之調查報

---

[87] 見原子能委員會酈堃厚委員就核子損害賠償法草案在立法院之說明：立法院公報，第59卷第27期，1970年3月，頁7。

告及賠償建議，依損害之大小及被害人數多寡，作適當之分配。」因此被害人之損害如超過核子設施經營者之賠償責任限額或有超過之虞時，仍無法獲得滿足之賠償，僅得適用該法第1條第2項規定：「原子能和平用途所發生核子損害之賠償，依本法之規定；本法未規定者，依其他法律之規定。」另依民法損害賠償之相關規定而爲請求。

5.時效

因國內核子保險機構無力獨自承保核能責任險，且依危險分散之原理，應向國外保險機構辦理再保險，而維也納核子損害賠償公約所定核子損害賠償請求權時效期間爲十年，目前國際間適用之核能責任保險單最長期間亦僅十年，因之核子損害賠償法第28條規定核子損害之賠償請求權，自請求權人知有損害及負賠償義務之核子設施經營者時起，三年間不行使而消滅；自核子事故發生之時起，逾十年者亦同。[88]此外引起核子事故之核子物料係經竊盜、遺失、投棄或拋棄者，其損害賠償請求權消滅時效依第28條之規定。但對該核子物料所屬原核子設施經營者請求賠償時，以不超過自竊盜、遺失、投棄或拋棄之時起二十年爲限。（第29條）上開但書規定之立法理由謂：「經營人對於其被盜竊、遺失、拋海或廢棄之核子物料所引起之核子損害責任，應視該核子物料引起核子事故發生當時是否爲被盜竊、遺失、拋海或廢棄之核子物料而定。但其請求賠償之時效，不能無所限制，因之維也納公約予以二十年之規定。在二十年屆滿後，由該核子物料所引起之核子損害，經營人可不負賠償責任。」。[89]因之，原核子設施經營者之核子物料經竊盜、遺失、投棄或拋棄二十年後，始引起核子事故，縱被害人之損害賠償請求權仍在其知有損害及負賠償義務之核子設施經營者時起三年內，或自核子事故發生之時起未逾十年，原核子設施經營者依但書規定即可不負賠償責任。

6.請求權之競合

核子損害賠償法第1條第2項規定：「原子能和平用途所發生核子損害之賠償，依本法之規定；本法未規定者，依其他法律之規定。」其立法旨意係因民法爲規範損害賠償事務的普通法，如有其他法律亦規範此同類事件，應較民法優先

---

88 見1997年核子損害賠償法（聯席審查會通過委員李進勇等修正草案、行政院修正草案，現行法）條文對照表「行政院案說明」欄所示立法理由：立法院公報，第86卷第19期（上），1997年4月，頁71。

89 見1971年核子損害賠償法草案立法總說明：立法院公報，第60卷第47期，1971年6月，頁42。

適用，故在順序上實以本法第一優先，其他法律次之，民法最後適用。[90]準此，核子損害賠償法有關侵權損害賠償之規定與民法及其他特殊侵權規定競合時，並未排除民法及其他法律之適用，其請求權係屬競合關係。

（四）鐵路責任（鐵路法第62條）

鐵路法第62條規定：「鐵路因行車及其他事故致人死亡、傷害或財物毀損喪失時，負損害賠償責任。但如能證明其事故之發生非由於鐵路之過失，對於人之死亡或傷害，仍應酌給卹金或醫藥補助費。」（第1項）「前項損害賠償及補助費發給辦法，由交通部定之。」（第2項）。茲分別就本條之侵權主體、侵權客體（保護客體）、責任類型、損害賠償之範圍、時效及請求權之競合等分析如下：

1.侵權主體

本條係鐵路本身之自己責任。鐵路因行車及其他事故致人死傷或所有物受損者，被害人得依鐵路法第62條第1項規定請求鐵路賠償損害。所稱「鐵路」指以軌道或於軌道上空架設電線，供動力車輛行駛及其有關之設施（第2條第1款），此有別於民法第191條之2所定「非依軌道行駛之動力車輛」，包括國營鐵路（指國有而由中央政府經營之鐵路）、地方營鐵路（指由地方政府經營之鐵路）、民營鐵路（指由國民經營之鐵路）、專用鐵路（指由各種事業機構所興建專供所營事業本身運輸用之鐵路）、捷運系統鐵路（指供都市及其鄰近衛星市、鎮使用之有軌迅捷公共運輸系統）、電化鐵路（指以交流或直流電力為行車動力之鐵路）等（第2條第2款至第7款）。而鐵路應予賠償之「事故」，除行車事故外，包括其他事故，例如平交道，人、車皆可通過，若鐵路在工程進行中，堆放物品，致行人或車輛經過時肇事，應負損害賠償，不以行車所發生之事故為限。[91]

90　見（一）司法行政部次長江道淵於1970年3月19日在立法院司法、教育兩委員會第一次全體委員聯席會議（第45期）就審查核子損害賠償法草案之說明：立法院公報，同註87，頁9；（二）核子損害賠償法（聯席審查會通過、委員李進勇等修正草案、行政院修正草案、現行法）條文對照表第1條之「行政院案說明」欄，1997年，頁46。

91　見鐵路法修正草案審查會審查修正要點說明：立法院公報，第67卷第55期，1978年7月，頁11-12。

2.侵權客體（保護客體）

鐵路法第62條所保護之客體限於人之生命、身體、健康及財物。被害人如有其他權益受損，依鐵路法第1條後段規定，仍得依民法相關侵權之規定請求。

3.責任類型

由鐵路法第62條第1項但書規定觀之，係採推定過失責任，此為舉證責任轉換之規定，鐵路因行車或其他事故之被害人，向鐵路業者請求損害賠償，毋須依民法一般侵權行為規定舉證證明加害人有故意或過失，即得為之，而鐵路業者如舉證證明事故之發生非由於其過失者，仍應酌給卹金或醫藥補助費。

4.損害賠償範圍

關於鐵路依鐵路法第62條第1項應負之損害賠償責任，依同條第2項規定由交通部定之。又交通部依上開授權而訂定「鐵路行車及其他事故損害賠償暨補助費發給辦法」（下稱鐵路行車事故發給辦法），其第2條規定，鐵路因行車及其他事故致人死亡、傷害或財物毀損、喪失之損害賠償及補助費發給標準，除法律另有規定外，依本辦法之規定。而第3條及第4條分就事故可歸責或不可歸責鐵路機構致人死亡或傷害而訂定不同之標準賠償，並有賠償金額之上限，與民法一般或特殊侵權之損害賠償責任不同。又為分散危險責任，第6條乃規定鐵路機構依第3條及第4條應負之責任，應另投保責任保險，以分擔損失。第5條規定第3條及第4條之事故，另有應負責之人者，鐵路機構得向該應負責之人求償。茲分述如下：
(1)就死亡及傷害者之賠償
　　①事故可歸責於鐵路機構者（鐵路行車事故發給辦法第3條第1項）
　　A.受害人不能證明其損害額者（鐵路行車事故發給辦法第3條第1項第1款）
　　(A)致人死亡者
　　包括：(a)醫療費用；(b)新臺幣250萬元。
　　(B)致人重傷者
　　包括：(a)醫療費用；(b)新臺幣140萬元。
　　(C)致人傷害但非重傷者
　　包括：(a)醫療費用；(b)最高金額新臺幣40萬元。
　　B.受害人能證明其受有更大損害者（鐵路行車事故發給辦法第3條第1項第2款）
　　上開所定標準，不影響請求權人之訴訟請求權（第3條第2項），是如受害人

能證明其受有較上開賠償標準更大之損害者，得就其實際損害，請求賠償。

　　②事故不可歸責於鐵路機構者（鐵路行車事故發給辦法第4條）

　　鐵路機構因行車或其他事故，致人死亡或傷害，而能證明其事故之發生，非可歸責於鐵路機構者，對於受害人之死亡或傷害，仍應酌給䘏金或醫藥補助費。其發給標準分為二種情形：

　　A.非因受害人之過失所致者（鐵路行車事故發給辦法第4條第1款）

　　(A)受害人為旅客（鐵路行車事故發給辦法第4條第1款第1目）

　　a.死亡者：最高金額新臺幣250萬元。

　　b.重傷者：最高金額新臺幣140萬元。又依鐵路行車事故發給辦法第9條規定，所稱重傷，依刑法第10條第4項之規定。

　　c.非重傷者：最高金額新臺幣40萬元。

　　(B)受害人非旅客者（鐵路行車事故發給辦法第4條第1款第2目）

　　按第4條第1款第1目之標準減半辦理。

　　B.因受害人之過失所致者（鐵路行車事故發給辦法第4條第2款）

　　(A)受害人為旅客（鐵路行車事故發給辦法第4條第2款第1目）

　　a.死亡者：最高金額新臺幣10萬元。

　　b.受傷者：核實補助醫藥費，最高金額不超過新臺幣7萬元。

　　(B)受害人非旅客者（鐵路行車事故發給辦法第4條第2款第2目）

　　不予補助，但得按實際情形酌給慰問金；其最高金額不超過新臺幣5萬元。

　　鐵路行車事故發給辦法第3條及第4條規定之醫藥費用，依同辦法第8條規定除因急救外，以就醫之公立醫院及政府辦理或特約之保險醫療院所為限。

(2)財物毀損喪失之賠償

　　鐵路機構因行車及其他事故，致他人財物毀損、喪失者，依鐵路行車事故發給辦法第7條規定僅限於可歸責於鐵路機構之情形，始負賠償之責，如非可歸責於鐵路機構者，則不予賠償。是本條區分有契約關係及無契約關係，訂定不同賠償額之標準，茲分敘如下：

　　①託運人託運之貨物、行李、包裹（鐵路行車事故發給辦法第7條第1款前段）

　　按民法之規定賠償。

　　②旅客未託運之隨身攜帶物品（鐵路行車事故發給辦法第7條第1款後段）

　　除依照規定之免票孩童不予補償外，每一旅客最高金額不超過新臺幣1萬元。

　　③前開①、②以外之非運送財物毀損喪失者（鐵路行車事故發給辦法第7條

第2款）

由雙方協議定之。

依上開鐵路行車事故發給辦法規定，請求權人依鐵路法第62條第1項規定請求死亡、傷害或財物毀損、喪失之損害賠償，有賠償金額之上限，此與民法一般或特殊侵權責任不同。但如請求權人能證明其受有比上開賠償標準更大之損害者，自得依鐵路法第1條後段規定，就其實際損害，依民法或其他有關損害賠償之規定，請求鐵路機構賠償。

最高法院87年度台上字第959號民事裁判認為鐵路機構如能舉證證明事故之發生非由於其過失者，以酌給卹金或醫藥補助費為已足，惟受害人依鐵路行車事故發給辦法請求損害賠償，即非正當。又85年度台上字第1354號民事判決更進一步闡述其理由係因交通部依授權訂定之鐵路行車事故發給辦法係屬行政命令，則鐵路行車事故發給辦法及發給標準應於行車事故之被害人與鐵路就賠償補助金額並無爭執而能達成協議時，方有其適用，如行車事故之被害人與鐵路就賠償補助金額有爭執而不能達成協議時，即非被害人請求法院裁判之請求權依據。惟依臺灣高等法院臺中分院90年度上國字第6號民事判決則認原告即被害人（因鐵路行車事故死亡）之父母得依鐵路法第62條及鐵路行車事故發給辦法第4條第1款請求鐵路局賠償，經鐵路局上訴最高法院以92年度台上字第2052號民事判決發回原審法院，發回理由謂行車事故是否受害人之過失所致，應再調查，而就第二審上開法律見解並未加以指摘，嗣臺灣高等法院臺中分院92年度上國更（一）字第2號民事判決准原告依鐵路行車事故發給辦法第4條第2款請求，可知該辦法並非不得作為被害人請求之依據。蓋被害人如依鐵路法第62條第1項請求，依同條第2項規定，鐵路局所負之損害賠償責任，即應依該項授權交通部訂定之鐵路行車事故發給辦法給付，如被害人認其損害高於該辦法所定之標準者，自得依鐵路法第1條後段援引民法相關侵權之規定，請求損害賠償，此屬請求權之競合，被害人得擇一請求。上開鐵路行車事故發給辦法乃基於法律授權而訂定，應屬有效。另臺灣高等法院花蓮分院97年度上字第20號民事判決亦採同一見解，並進一步認為如可歸責於鐵路機構致受害人死亡或受重傷者，依上開鐵路行車事故發給辦法規定，其賠償責任分別為新臺幣250萬元及140萬元，請求權人因以其不能證明損害額，而主張其至少受有該定額之損害，而以該定額作為請求之依據時，應認該定額係最低賠償金額，應予准許。本件嗣上訴最高法院以98年度台上字第697號民事裁定駁回上訴確定。是以請求人於該定額之範圍內請求，應無庸舉證，方符衡平原則。

5.時效

　　鐵路法本身就其因事故致人死亡或傷害所負之損害賠償責任，並無請求權消滅時效之規定，僅於第54條第1款就關於運送物喪失、毀損之損害賠償請求權設有自應交付之日起因一年間不行使而消滅之規定。是請求權人就鐵路因事故致人死亡或傷害之損害賠償請求權，應依鐵路法第1條後段規定，依民法或其他法律相關時效之規定定之。

6.請求權之競合

　　鐵路法第1條規定：「鐵路之建築、管理、監督、運送及安全，依本法之規定；本法未規定者，依其他有關法律之規定。」足見鐵路法並不排除其他法律之適用。被害人依鐵路法第62條第1項請求鐵路機構賠償損害時，自得依民法第188條第1項規定，請求鐵路機構之受雇人因執行職務，不法侵害其權利，負連帶賠償責任，且因鐵路法採取限額之賠償標準，被害人如主張其損害超過該定額或最高標準者，應得依民法第184條一般侵權規定請求損害賠償。實務上最高法院亦認被害人依鐵路法第62條第1項請求鐵路為損害賠償，與其依民法第188條第1項規定請求鐵路機構之受雇人賠償，係屬二事。兩者之損害賠償成立要件，賠償金額及舉證責任並不相同，不得因鐵路法第62條之規定而排除民法第188條規定之適用。[92]此乃請求權之競合。[93]

（五）汽車及電車業者責任（公路法第64條第1項）

　　公路法第64條規定：「汽車或電車運輸業遇有行車事故，致人客傷害、死亡或財物毀損、喪失時應負損害賠償責任。但經證明其事故發生係因不可抗力或因託運人或受貨人之過失所致者，不負損害賠償責任。」（第1項）「前項貨物損毀、滅失之損害賠償，除貨物之性質、價值於裝載前經託運人聲明，並註明於運送契約外，其賠償金，以每件不超過新臺幣三千元為限。」（第2項）「人、客傷害、死亡之損害賠償辦法，由交通部另定之。」（第3項）茲分就侵權主體、侵權客體（保護客體）、責任類型、損害賠償之範圍、時效及請求權之競合等項說明如下。

---

[92]　參見最高法院75年台上字第1433號民事裁判。

[93]　參見最高法院85年台上字第1354號民事判決。

1.侵權主體

本條規定之侵權主體為汽車或電車運輸業。所謂「汽車或電車運輸業」指以汽車或電車經營客、貨運輸而受報酬之事業（公路法第2條第11款）。汽車指非依軌道或電力架設，而以原動機行駛之車輛（公路法第2條第8款）。電車指以架線供應電力之無軌電車，或依軌道行駛之地面電車（公路法第2條第9款）。汽車或電車運輸業因行車事故致人客傷害死亡或財物毀損喪失時應負之損害賠償責任，乃其本身之自己責任。

2.侵權客體（保護客體）

公路法第64條第1項所保護之客體限於人之生命、身體、健康及財物。被害人如有其他權益受損，依公路法第1條後段規定，[94]仍得依民法相關侵權之規定請求。

3.責任類型

依公路法第64條第1項但書規定，汽車或電車運輸業者須經證明其事故發生係因不可抗力或因託運人或受貨人之過失所致者，始不負損害賠償責任，足見其應負無過失之責任。

4.損害賠償範圍

公路法本身就貨物損毀、滅失部分，於第64條第2項定有賠償之基準，至人、客傷害、死亡者，則於同條第3項授權交通部訂定「汽車運輸業行車事故損害賠償金額及醫藥補助費發給辦法」（下稱汽車行車事故發給辦法），其金額採限額賠償，被害人得據此為請求權之依據。又為分散損害，另明定汽車所有人應依強制汽車責任保險法之規定，投保強制汽車責任保險（第65條第1項）；電車所有人應於申請公路主管機關發給牌照使用前，依交通部所定之金額，投保責任險（第65條第2項）；公路汽車客運業、市區汽車客運業與遊覽車客運業，皆應投保乘客責任保險，其最低投保金額，由交通部定之，未依規定投保乘客責任險者，處新臺幣10萬元以上50萬元以下罰鍰（第65條第3項）。

關於汽車運輸業因事故致人、客傷亡之損害賠償，除因不可抗力而不負賠償責任外，汽車行車事故發給辦法第3條及第4條分就事故是否由於汽車運輸業之過

---

94 公路法第1條後段規定：「本法未規定者，依其他法律之規定。」

失而訂定不同賠償之標準，並有賠償金額之限制，與民法一般或特殊侵權之損害賠償責任不同。茲就公路法及上開發給辦法有關貨物損毀、滅失及人、客傷亡之賠償標準加以分類如下：

(1)貨物損毀、滅失者（公路法第64條第2項）

　　A.原則

　　每件不超過新臺幣3千元。

　　B.例外

　　如貨物之性質、價值於裝載前經託運人聲明，並註明於運送契約者，其賠償金，由雙方協議定之（汽車行車事故發給辦法第3條第1項第4款）。

(2)人客傷害死亡者（公路法第64條第3項）

　　A.事故由於汽車運輸業之過失所致者（汽車行車事故發給辦法第3條第1項）

　　(A)受害人不能證明其損害額者（汽車行車事故發給辦法第3條第1項）

　　a.致人死亡者（汽車行車事故發給辦法第3條第1項第1款）

　　包括①醫療費用；②最高金額新臺幣250萬元。

　　b.致人重傷者（汽車行車事故發給辦法第3條第1項第2款）

　　包括①醫療費用；②最高金額新臺幣140萬元。

　　所稱重傷，依刑法第10條第4項之規定（第6條）。

　　c.致人傷害但非重傷者（汽車行車事故發給辦法第3條第1項第3款）

　　包括①醫療費用；②最高金額新臺幣40萬。

　　(B)受害人能證明其受有更大損害者（汽車行車事故發給辦法第3條第3項）

　　上開所定賠償標準，請求權人能證明實際所受損害較高者，不受其限制，且不影響請求權人之訴訟請求權，是如受害人能證明其受較上開賠償標準更大之損害，得就其實際損害，依民法或其他特殊侵權之規定，請求損害賠償。

　　B.事故非由於汽車運輸業之過失所致者（汽車行車事故發給辦法第4條）

　　事故非由於汽車運輸業之過失所致者，除因不可抗力不負損害賠償責任外，對於受害人之死亡或傷害，仍應酌給喪葬或醫藥補助費。其發給標準分為下列二種情形：

　　(A)死亡者（汽車行車事故發給辦法第4條第1款）

　　最高金額新臺幣10萬元。

　　(B)受傷者（汽車行車事故發給辦法第4條第2款）

　　按實補助醫藥費，最高金額新臺幣7萬元。

　　上開汽車行車事故發給辦法第3條及第4條規定之醫藥費用，依同辦法第5條

之規定，除因急救外，以就醫之公立醫院及政府辦理或特約之保險醫療院所爲限。

5.時效及請求權之競合

　　公路法與鐵路法相同，其本身就汽車運輸業因事故致人死亡或傷害所負之損害賠償責任，並無請求權消滅時效之規定，僅於公路法第54條第1款就關於運送物喪失、毀損或遲交之損害賠償請求權設有自應交付之日起因一年間不行使而消滅之規定。至請求權人就汽車運輸業因事故致人死亡或傷害之損害賠償請求權，應依公路法第1條後段規定，適用民法或其他法律關於時效之規定。

　　實務上，最高法院認爲公路法第64條第1項乃有關侵權行爲之特別規定，而非民法第634條運送人責任之特別規定。雖公路法於民國89年2月2日修正爲「汽車或電車運輸業遇有行車事故，致人、客傷害、死亡或財、物損毀、喪失時，應負損害賠償責任。但經證明其事故發生係因不可抗力或因託運人或受貨人之過失所致者，不負損害賠償責任。」（第64條第1項）惟所增加貨物運送人就貨物於公路事故之毀損滅失所負債務不履行之單位責任限制（同條第2項）特別規定，並不適用於旅客運送人應負之債務不履行責任。旅客運送人自不得以該規定作爲其解免民法所定運送人債務不履行責任之依據，更無從以依該法條第3項授權訂定之汽車行車事故發給辦法限制被害人之求償權。汽車運輸業者應依民法第654條第1項規定對旅客之傷亡負運送人責任，並依同法第227條之1準用同法第192條至第195條及第197條關於侵權行爲之損害賠償規定，定其賠償範圍，而不適用該發給辦法。[95]又公路法第64條第1項、第54條，固有關於汽車運輸業者行車事故致財物毀損、滅失時，損害賠償及一年短期消滅時效之規定，惟此與汽車運輸業者之受僱人因執行職務，不法侵害他人之權利，被害人得依民法第184條、第188條第1項規定，請求汽車運輸業者與其受僱人賠償損害，兩者之損害賠償成立要件、賠償金額、舉證方法及消滅時效期間，均不相同，即不得因前者之規定而排除後者之適用。則汽車或電車運輸業行車事故之一般侵權行爲損害賠償時效期間，仍應適用民法第197條第1項：「因侵權行爲所生之損害賠償請求權，自請求權人知有損害及賠償義務人起，二年間不行使而消滅；自有侵權行爲時起，逾十

---

[95]　參見最高法院83年台上字第2341號、97年台上字第357號民事裁判。

者亦同。」之規定。[96]亦即二請求權競合，時效各自進行，互不影響。[97]

（六）大眾捷運責任（大眾捷運法第46條第1項）

大眾捷運法第46條規定：「大眾捷運系統營運機構，因行車及其他事故致旅客死亡或傷害，或財物毀損喪失時，應負損害賠償責任。」（第1項）「前項事故之發生，非因大眾捷運系統營運機構之過失者，對於非旅客之被害人死亡或傷害，仍應酌給卹金或醫療補助費。但事故之發生係出於被害人之故意行為者，不予給付。」（第2項）「前項卹金及醫療補助費發給辦法，由中央主管機關定之。」（第3項）

由第1項規定可知大眾捷運系統營運機構對於有契約關係之旅客，因行車事故所造成之死傷及財物毀損喪失，應負無過失責任，[98]且採無限額之賠償責任。惟為保護被害人及分散損害，同法第47條第1項設有大眾捷運系統就旅客之運送應依交通部指定金額投保責任保險，且其部分投保金額，得另以提存保證金支付之規定。至相關保險條款、保險費率及保證金提存辦法，則由交通部會同財政部定之（第2項）。

另對無契約關係之非旅客，依第46條第2項規定採推定過失責任，且於第3項授權交通部訂定「大眾捷運系統行車及其他事故卹金及醫療補助費發給辦法」，該辦法第2條規定：「大眾捷運系統非因營運機構過失發生行車及其他事故致非旅客被害人（以下簡稱被害人）死亡、傷害之卹金或醫療補助費發給，依本辦法之規定。」其第3條規定，該辦法第2條卹金或醫療補助費之發給金額，死亡者為新臺幣40萬元；傷害者，依實際發生之必要醫療支出費用為準，其最高金額，重傷者為新臺幣30萬元，非重傷者為新臺幣20萬元。但該條第1項事故之發生，係由於被害人之過失所致者，得酌給卹金醫療補助費，其最高金額新臺幣3萬元；如係出於被害人之故意行為者，不予給付。該辦法第4條並規定第3條之醫療補助

---

[96]　參見最高法院81年台上字第1882號、82年台上字第2771號、86年台上字第2093號、87年台上字第2470號、91年台上字第1641號、92年台上字第1710號、97年台上字第2315號民事裁判。

[97]　王澤鑑教授就此有不同見解，其認為公路法第64條非僅為侵權行為的特別規定，亦為債務不履行的特別規定，乃侵權行為與債務不履行之混合責任，且該條係民法第634條貨物運送及民法第654條旅客運送之特別規定，如謂該條僅適用於貨物運送責任，勢將造成法律割裂適用，法律體系混亂。見王澤鑑，同註1，頁298-301。

[98]　見立法院交通、司法委員會77年5月26日臺通字第057號函說明二、（二十）：立法院公報，第77卷第46期，1988年6月，頁39-40。

費，除因急救外，以就醫於公立醫院及政府辦理或特約之保險醫療院所爲限。上開「發給辦法」係屬法規授權命令，如雙方協議不成時，應許被害人得據爲請求權之依據，以避免大眾捷運系統單方決定賠償金額，而被害人毫無置喙餘地，方符衡平。又因該請求權非屬公法上之權利義務關係，被害人不得循行政爭訟程序救濟。

（七）航空責任（民用航空法第89條、第90條、第99條之6）

1.航空器失事致人死傷或毀損他人財物（民用航空法第89條航空器失事責任）及操作超輕型載具而致他人死傷或毀損他人財物（第99條之6超輕型載具所有人與操作人賠償責任）

民用航空法第89條規定：「航空器失事致人死傷，或毀損他人財物時，不論故意或過失，航空器所有人應負損害賠償責任；其因不可抗力所生之損害，亦應負責。自航空器上落下或投下物品，致生損害時，亦同。」

第90條規定：「航空器依租賃、附條件買賣或借貸而使用者，關於前條所生之損害，由所有人與承租人、附條件買賣買受人或借用人負連帶賠償責任。但附條件買賣、租賃已登記，除所有人有過失外，由承租人、附條件買賣買受人單獨負責。」

第99條之6規定：「操作超輕型載具而致他人死傷，或毀損他人財物時，不論故意或過失，超輕型載具所有人應負賠償責任；其因不可抗力所生之損害，亦應負責。自超輕型載具上落下或投下物品，致生損害時，亦同。」（第1項）「超輕型載具所有人將其超輕型載具交由他人操作者，關於前項所生之損害，由所有人與操作人負連帶賠償責任。」（第2項）

以下分別就侵權主體、侵權客體（保護客體）、責任類型、損害賠償之範圍、時效及請求權之競合等項加以分析。

(1)侵權主體

因航空器失事或操作超輕型載具致他人死傷或毀損他人財物時，依民用航空法第89條、第90條及第99條之6等規定，由航空器所有人與承租人、附條件買賣買受人、借用人，或輕型載具所有人與操作人連帶負損害賠償責任。惟如航空器依租賃或附條件買賣而使用，且經登記者，除所有人有過失外，由承租人、附條件買賣之買受人單獨負責。此乃航空器所有人等自己本身侵權行爲損害賠償責任之特別規定。

　　所謂「航空器」，指任何藉空氣之反作用力，而非藉空氣對地球表面之反作用力，得以飛航於大氣中之器物（第2條第1款）。

　　所謂「超輕型載具」，指具動力可載人，且其最大起飛重量不逾510公斤及最大起飛重量之最小起飛速度每小時不逾65公里或關動力失速速度每小時不逾64公里之航空器（第2條第20款）。

　　所謂「航空器失事」，指自任何人為飛航目的登上航空器時起，至所有人離開該航空器時止，發生於航空器運作中之事故，直接對他人或航空器上之人，造成死亡或傷害，或使航空器遭受實質上損害或失蹤之情形（第2條第17款）。

(2)侵權客體（保護客體）

　　賠償義務人僅就造成他人傷亡或毀損財物之結果，負賠償責任。如被害人主張尚有其他權利或利益受損，依民用航空法第18條：「航空器，除本法有特別規定外，適用民法及其他法律有關動產之規定。」自得依民法及其他法律相關規定請求賠償。

　　又請求權人僅限於直接受害之人，未及於間接受害人。另債權乃無形之權利，並非有形之財物，法律既明定賠償範圍限於「致人死傷或毀損他人財物」而非「侵害他人權利」，前者所保護之客體範圍顯較後者為窄，足見立法者有意將債權排除於本條保護之外。[99]

(3)責任類型

　　採絕對無過失責任，縱因不可抗力所生損害仍應負責。

(4)損害賠償之範圍

　　關於民用航空法第89條、第90條及第99條之6的損害賠償範圍，並無限額責任之規定，依民用航空法第99條之規定，應適用民法一般及特別侵權損害賠償之規定。

(5)時效及請求權之競合

　　關於請求權之時效，依民用航空法第99條之規定，應適用民法之相關規定。又民用航空法第89條特殊侵權與民法第184條第1項前段及第188條第1項侵權行為

---

[99]　臺灣高雄地方法院91年訴更（一）字第4號民事判決認為：原告主張其支付薪資予被害人，本應得到被害人提供勞務作為對價，因飛機失事致被害人骨折無法提供勞務，造成原告的勞務請求權受損，原告受有相當於其所支付薪資之損失，請求被告賠償其損失。因原告僅為被害人之雇主，並非被害人本人，且原告係主張其債權（即勞務請求權）因被告所有之飛機失事而受有損害，即主張本身為間接受害人，並非因航空器失事而直接受害之人，且債權又非該條保護之客體，原告依民用航空法第八十九條請求被告負損害賠償責任，為無理由。

損害賠償請求權競合時，應採取請求權競合之理論，蓋立法理由並無以民用航空法第89條排斥民法一般或特殊侵權適用之意。

2.航空器對乘客死傷之損害賠償責任（民用航空法第91條第1項）

民用航空法第91條第1項規定：「乘客於航空器中或於上下航空器時，因意外事故致死亡或傷害者，航空器使用人或運送人應負賠償之責。但因可歸責於乘客之事由，或因乘客有過失而發生者，得免除或減輕賠償。」

關於本條之損害賠償內容，依第93條規定：「乘客或航空器上工作人員之損害賠償額，有特別契約者，依其契約；特別契約中有不利於中華民國國民之差別待遇者，依特別契約中最有利之規定。無特別契約者，由交通部依照本法有關規定並參照國際間賠償額之標準訂定辦法，報請行政院核定之。」（第1項）「前項特別契約，應以書面爲之。」（第2項）「第一項所定損害賠償標準，不影響被害人以訴訟請求之權利。」（第3項）是交通部依上開條文，就乘客或航空器上工作人員之損害賠償，訂定航空客貨損害賠償辦法，惟除航空器因故意或重大過失致生客貨之損害者，賠償責任不受本辦法賠償額標準之限制（第6條第1項）外，依該辦法第3條及第4條之賠償責任有限額之規定。

如被害人依民法第184條、第188條請求損害賠償，乃請求權之競合，不受上開辦法賠償限額之限制。

3.航空事故責任係自己責任抑代償責任

實務上有判決認爲民用航空法第89條、第90條乃就航空器失事，航空器所有人與承租人、附條件買賣買受人或借用人負侵權行爲損害賠償自己責任之特別規定。如原告同時主張其應負民法第184條之侵權責任時，其不得以民法第188條第3項規定僱用人賠償損害時，對於侵權行爲之受僱人有求償權，即僱用人與受僱人間並無應分擔部分可言，而依民法第276條第2項之規定，主張被害人對受僱人之請求權時效已完成，其亦無給付義務。[100] 蓋航空器所有人依民用航空法第89條所負之責任乃其本人自己之責任，並非中間責任之故也。且其就不可抗力亦應負責，爲結果責任或絕對無過失責任。惟觀之同法第92條規定：「損害之發生，由於航空人員或第三人故意或過失所致者，航空器所有人、承租人或借用人，對於航空人員或第三人有求償權。」此與民法第188條第3項規定類似，且民用航空法第99條復規定航空器失事之賠償責任除該法另有規定外，適用民法之規定，則得

---

[100] 參見最高法院92年台上字第960號民事判決。

否謂航空器所有人、承租人或借用人不得依民法第276條第2項之規定，主張被害人對受僱人之請求權時效已完成，其亦無給付義務，似值得再加深究。

（八）山坡地開發利用經營責任（山坡地保育利用條例第15條第2項）

　　山坡地保育利用條例第15條規定：「山坡地之開發、利用，致有發生災害或危害公共設施之虞者，主管機關應予限制，並得緊急處理；所需費用，由經營人、使用人或所有人負擔。」（第1項）「前項所造成之災害或危害，經營人、使用人或所有人應負損害賠償責任。」（第2項）故因山坡地開發、利用而造成之災害或危害，其經營人、使用人或所有人應負無過失責任。[101]

　　實務上有認為山坡地開發、利用之經營人、使用人或所有人依本條第2項所負之責任，性質上屬侵權行為之損害賠償，原告之廠房淹水受損，純因不可抗力即納莉颱風之天然災害所造成，而認被告並無故意過失，無須負本項責任，[102]似認本條項係屬故意過失責任。惟本條項依其立法文義觀之，應係無過失責任，然如被告證明原告所有廠房淹水純因颱風所造成，而與山坡地之開發、利用無因果關係，即可得被告無庸負本條項侵權責任之同一結果。

（九）廢水污水及蓄水排水責任（水利法第68條、第69條）

　　水利法第68條規定：「工廠、礦場廢水或市區污水，應經適當處理後擇地宣洩之，如對水質有不良影響，足以危害人體，妨害公共或他人利益者，主管機關得限制或禁止之，被害人並得請求損害賠償。」因之，工廠、礦場之廢水或市區之污水，造成水質不良，而有危害人體，妨害公共或他人利益之虞時，即應對被害人負無過失責任。

　　同法第69條規定：「實施蓄水或排水，致上下游沿岸土地所有權人發生損害時，由蓄水人或排水人，予以相當之賠償。但因不可抗力之天災所發生之損害，不在此限。」足見蓄水人或排水人因蓄水或排水，造成其上下游沿岸土地所有權人受損害時，除不可抗力之天災外，亦負無過失責任。所謂「排水」，依水利法第98條授權訂定之水利法施行細則第3條第4款之規定，係指用人為方法排洩足以

---

[101] 參見臺灣臺北地方法院88年訴字第5049號、89年簡上字第681號及臺灣士林地方法院89年訴字第84號民事判決。

[102] 參見臺灣高等法院93年重上字第579號民事判決「事實及理由欄」第一點。

危害或可供回歸利用之地面水或地下水；而「蓄水」依同條第7款規定，指用人為方法攔阻或蓄存、利用地面水或地下水。

（十）土壤及地下水污染責任（土壤及地下水污染整治法第47條第1項）

土壤及地下水污染整治法第47條第1項規定：「土壤及地下水污染致他人受損害者，有重大過失之污染土地關係人應與污染行為人連帶負損害賠償責任。」基此，有重大過失之污染土地關係人與負無過失責任之污染行為人應連帶負責。惟依同條第2項規定污染土地關係人依第1項規定賠償損害時，對污染行為人有求償權。

所謂「土壤」，指陸上生物生長或生活之地殼岩石表面之疏鬆天然介質（第2條第1款）；「地下水」指流動或停滯於地面以下之水（第2條第2款）；「土壤污染」指土壤因物質、生物或能量之介入，致變更品質，有影響其正常用途或危害國民健康及生活環境之虞（第2條第3款）；「地下水污染」指地下水因物質、生物或能量之介入，致變更品質，有影響其正常用途或危害國民健康及生活環境之虞（第2條第4款）；「污染行為人」指因有下列行為之一而造成土壤或地下水污染之人：（一）非法排放、洩漏、灌注或棄置污染物；（二）仲介或容許非法排放、洩漏、灌注或棄置污染物；（三）未依法令規定清理污染物（第2條第12款）；「污染土地關係人」指土地經公告為污染整治場址時，非屬於污染行為人之土地使用人、管理人或所有人（第2條第15款）。

（十一）船舶污染海域責任（海洋污染防治法第33條第1項）

海洋污染防治法第33條第1項規定：「船舶對海域污染產生之損害，船舶所有人應負賠償責任。」此係屬無過失責任，有強制船舶投保責任保險之必要，因之同條第2項規定：「船舶總噸位四百噸以上之一般船舶及總噸位一百五十噸以上之油輪或化學品船，其船舶所有人應依船舶總噸位，投保責任保險或提供擔保，並不得停止或終止保險契約或供擔保。」第3項復規定：「前項責任保險或擔保之額度，由中央主管機關會商財政部定之。」且為使被害人得確實獲得賠償，第34條規定污染損害之賠償請求權人，得直接向責任保險人請求賠償或就擔保求償之。

本條所定「船舶所有人」依同條第4項，包括船舶所有權人、船舶承租人、

經理人及營運人。又所謂「污染行為」，指直接或間接將物質或能量引入海洋環境，致造成或可能造成人體、財產、天然資源或自然生態損害之行為（第3條第10款）。而「污染行為人」指造成污染行為之自然人、公私場所之負責人、管理人及代表人；於船舶及航空器時為所有權人、承租人、經理人及營運人等（第3條第11款）。

（十二）水污染責任（水污染防治法第70條）

民國94年5月22日修正公布之水污染防治法第70條規定：「水污染受害人，得向主管機關申請鑑定其受害原因；主管機關得會同有關機關查明後，命排放水污染物者立即改善，受害人並得請求適當賠償。」基此，受害人於受水污染時，即得請求賠償。

考諸本條立法始於民國72年5月27日增訂之第29條，其原規定：「水污染物受害人，得向當地主管機關申請鑑定其受害原因；原因查明後，主管機關應命排放水污染物者立即改善。受害人並得請求適當賠償。」（第1項）「前項賠償，由當地主管機關召集雙方協商，所得協議，賠償人如不履行，受害人得逕行聲請法院強制執行。」（第2項）依其立法理由係仿空氣污染防制法第25條（民國71年5月7日所增訂）而增訂，而當時空氣污染防制法第25條增訂之立法目的係在使受害人得依本條提起民事訴訟，似無以之作為行為人應負無過失責任之意旨，則仿其增訂之水污染防治法第29條如作同一解釋，即非有關損害賠償責任之特別規定，仍應適用民法之普通規定請求損害賠償，該條即形同具文。

本條所謂「水」，指以任何形式存在之地面水及地下水（第2條第1款）；「污染物」指任何能導致水污染之物質、生物或能量（第2條第4款）；「水污染」指水因物質、生物或能量之介入，而變更品質，致影響其正常用途或危害國民健康及生活環境（第2條第5款）；「廢水」指事業於製造、操作、自然資源開發過程中或作業環境所產生含有污染物之水（第2條第8款）；「污水」指事業以外所產生含有污染物之水（第2條第9款）。

（十三）空氣污染責任（空氣污染防制法第80條）

空氣污染防制法第80條規定：「空氣污染物受害人，得向中央或地方主管機關申請鑑定其受害原因；中央或地方主管機關得會同有關機關查明原因後，命排

放空氣污染物者立即改善，受害人並得請求適當賠償」（第1項）、「前項賠償經協議成立者，如拒絕履行時，受害人得逕行聲請法院強制執行。」（第2項）

查上開條文之內容係於民國71年5月7日增訂之第25條，其原規定：「空氣污染物受害人，得向當地主管機關申請鑑定其受害原因；原因查明後，主管機關應命排放空氣污染物者立即改善。受害人並得請求適當賠償。」（第1項）「前項賠償經協議成立者，如拒絕履行時，受害人得逕行聲請法院強制執行。」（第2項），民國91年6月19日始修正如現行條文。

尋繹其立法理由係在使受害人得依本條提起民事訴訟，似無以之作為行為人應負無過失責任之旨意，則解釋時如認行為人非負無過失責任，即非有關損害賠償責任之特別規定，仍應適用民法之普通規定請求損害賠償，本條即成具文。

所謂「空氣污染物」指空氣中足以直接或間接妨害國民健康或生活環境之物質（第2條第1款）。

（十四）礦害責任（礦業法第49條）

邱聰智教授認為現行礦業法第49條規定：「因礦業工作致礦區以外之土地有重大損失時，礦業權者應給與土地所有人及關係人以相當之補償。」係首次出現之特別法上特殊侵權行為，礦業權人之此項責任，不問有無過失，均應負擔，其為危險歸責之無過失責任，應足肯定。不過法律用語，於此特別稱「損失」、「補償」，以與傳統之「損害」、「賠償」區隔。足見，相對於一般所稱損害賠償，其特色有二。其一為損害填補對象限於土地價值之貶損，至於其他損害（包括非財產損害）之賠償，回歸適用民法之相關規定；二為填補範圍，以相當程度為限，並非完全賠償。相當與否，依具體情況，客觀定之。[103]

邱教授之見解，固甚有見地，惟由礦業法第49條規定之文義觀之，其所保護者僅限於礦區外土地所有人及關係人例如土地使用人等所受土地之重大損失，而不及於其他第三人及土地以外即其他權利之損失，且本條謂土地之「損失」應給予「補償」，其原規定為應給予「相當之償金」，[104]此種立法形式與一般或特殊侵權行為不同，而與民法不動產物權人之相鄰關係類似。參以同列在「礦業用

---

[103] 邱聰智，同註14，頁252。

[104] 礦業法第49條追溯其根源始自民國19年5月26日制定公布之第79條規定：「因礦業工作致用地或礦區以外土地之價值低減或有他項之損失時礦業權者應給與土地所有人及關係人以相當之償金但其土地如失從前之效用時準用前條之規定。」（見國民政府公報，第482號，1930年5月，頁5-6）。

地」一章內之第45條第2項：「礦業權者因埋設或高架管線、索道等設施，非通過他人之土地不能安設，或雖能安設而需費過鉅者，得通過他人土地之上下而安設之。但應擇其損害較少之處所或方法爲之，並應給與相當之補償。」第47條：「土地之使用經核定後，礦業權者爲取得土地使用權，應與土地所有人及關係人協議；不能達成協議時，雙方均得向主管機關申請調處。」（第1項）「土地所有人及關係人不接受前項調處時，得依法提起民事訴訟。但礦業權者得於提存地價、租金或補償，申請主管機關備查後，先行使用其土地。」（第2項）第48條第2項：「租用或通過之土地使用完畢後或停止使用完成前項措施後，仍有損失時，應按其損失程度，另給土地所有人以相當之補償。」第52條：「因前條之情形，土地所有人、土地使用人或障礙物所有人如受損失，覓礦人、礦業申請人或礦業權者，應按實際價值給與補償。」等規定，均稱損失補償，而非損害賠償，益徵第49條之規定，係屬不動產物權人間相鄰關係之規定。況第8條已明文：「礦業權視爲物權，除本法有特別規定外，準用民法關於不動產物權之規定。」足見第49條之規定，並非特殊侵權行爲之一種，而係民法不動產物權人相鄰關係之補償規定。至礦業權人因礦業工作，而有侵害他人權益之情事者，例如使用爆裂物開礦，造成他人生命、身體、健康或財物受損，自得依一般或其他特殊侵權規定，請求損害賠償，自不待言。

　　經以司法院法學檢索系統蒐尋結果，尚未發見實務上有關於礦業法第49條之案例可供參考。

二、民法第191條之3與特別法規定特殊侵權行為類型之適用關係

（一）學說

1.邱聰智教授

(1)個別責任類型規定，未盡周延者，應允許就該責任類型擴張解釋或類推適用，如汽車責任、航空責任之使用或飛航之文句，應依各該責任類型擴張解釋而包括停車不當或飛機降落後或起飛前之滑行，而非直接適用民法第191條之3。

(2)未及立法之危險事故，得類推適用性質相類之危險責任類型。例如，空氣污染損害、水污染損害如規定爲危險責任損害（如日本），在遇有土

壞污染損害，則宜類推適用空氣污染及水污染之危險責任之規定，而非直接適用民法本條（即民法第191條之3）。

(3)個別責任類型規定所未及，亦非擴張解釋或類推適用所可解決之危險事故，適用民法本條（即民法第191條之3）之規定。[105]

由上可知，邱教授認爲如果各個特別規定之危險責任，例如汽車責任、航空責任、空氣污染及水污染責任等如已有可擴張解釋或類推適用於其他相類之危險責任類型時，並無民法第191條之3一般危險責任之適用，亦即採特別法優先於普通法之法條競合理論。

2.詹森林教授

詹森林教授認爲，「首先，如果已經有特別的危險立法時，第一百九十一條之三似乎就沒有再適用的空間了。所謂的特別立法，消保法當然是其中之一，民用航空法、核子損害賠償法也是。因爲這些規定的構成要件比較具體，適用範圍比較特定，所以應優先於第一百九十一條之三而適用。例如牽涉到產品責任時，我認爲只能依消費者保護法或依民法第一百九十一條之一來主張，而不能併行或只主張第一百九十一條之三，因爲這顯然不是第一百九十一條之三的立法意旨」[106]。

詹森林教授與邱聰智教授相同，採認特別規定應優先於普通規定之民法第191條之3適用，即採法條競合說。

3.王澤鑑教授

特別法上無過失責任的規範內容，不同於民法上的過失責任，較受限制（如賠償限額、短期消滅時效），因而發生一個值得研究的問題，即特別法上的無過失責任與民法上的過失責任究具有何種適用關係？關於此問題，應肯定過失責任（或推定過失責任）與無過失責任具有競合關係，被害人得選擇行使之，併爲主張[107]。

由上可知，王澤鑑教授採請求權競合說。至各該請求權間究係請求權自由競合、相互影響或規範競合，則視特別法制定之理由定之。

---

[105] 邱聰智，同註14，頁241。

[106] 蘇惠卿等，同註1，頁189。

[107] 王澤鑑，同註1，頁287。

（二）本文見解

　　關於民法第193條之3與特別法所定特殊侵權行為之適用關係究應採法條競合、請求權自由競合、請求權相互影響或請求權規範競合理論，固各有其立論基礎，本文認為除非特別法已明文排除民法一般或特殊侵權之適用，原則上宜採請求權競合說，至於各該請求權之間究係各自獨立併存，即於成立要件、舉證責任、賠償範圍、抵銷、時效等，均就各個請求權判斷，債權人得擇一行使，若其中一個請求權已達目的，其餘請求權隨之消滅；抑或相互影響，即兩個請求權可以相互作用，以克服兩個獨立請求權所發生之不協調或矛盾；甚或該數個請求權並非獨立，應論其本質，實質僅產生一個請求權等，則應探究當初立法之目的定之。

拾貳、結語

　　民法第191條之3增訂時，雖學界頗多批評，惟探究我國一般侵權行為之立法體系，原則上必須由被害人舉證證明加害人有過失、加害行為與損害間有相當因果關係，僅在特殊情況下例如公害事件等，認為由被害人負舉證責任，顯屬不公平時，才有藉由制定特別法，採推定過失責任或無過失責任之特例，以求衡平。而我國就有關公害等危險事件之損害賠償，或未制定特別法或雖制定特別法而未完備，且立法者縱使制定特別法，有時對現代科技危險產生之損害緩不濟急，而無法使受害者得到賠償，況科技所帶來之危險，往往無法為人類預先知悉，致無從事先立法加以防範。為促使經營一定事業或從事對於他人有生損害危險之工作或活動之人，得預以責任保險或商品價格分擔危險，真實補償被害人損失，立法增設民法第191條之3一般危險責任，有其必要性。惟為避免學者所憂慮該條於法律適用上之不確定性，司法實務界於辦理具體個案，解釋本條關於危險之定義、加害人免責之適用範圍及被害人損害額之認定（特別在物之損害方面）等困難度較高之部分，應權衡法益保護選擇之結果，本於良知及法律素養，妥適解釋何謂「危險」、加害人得否依但書規定免責及計算被害人所有物之損害，以達實質公平。解釋適用時，尤應注意避免前後矛盾，有礙法律適用之安定性，導致當事人遭受不可預知法院裁判結果之危險，造成一方面企業不及透過責任保險制度或產品價格之控管承擔風險，另一方面被害人亦不能獲得確實之補償，如此恐失立法者當初訂定本條之初衷，辜負學界及國人之期待。

第二篇　民法第一百九十一條之三相關判決解析

壹、判決認定非屬民法第一百九十一條之三所定之危險工作或活動（共34件）

一、非「高度」、「不合理」之危險

（一）臺灣基隆地方法院九十一年度瑞小字第四九號小額民事判決

【主要爭點】

在遊覽車上擔任車長，以服務乘客及注意車前狀況，是否構成民法第一百九十一條之三所定之危險工作。

【事實摘要】

原告戴○○主張被告陳○○受僱於被告○○遊覽車公司擔任司機，該公司董事長被告汪○○則身兼車長，竟疏未注意要求被告陳○○確實遵守交通安全規則，致陳○○於民國九十年七月七日駕車時，違規行駛內側第一快車道，且行近行人穿越道前，未注意前方狀況及減速慢行，致撞及由訴外人所駕駛之原告所有自用小客車，原告因而自行墊付該車之修理費新台幣八萬五千元，爰依民法第一百八十四條第一項、第一百八十八條第一項前段及第一百九十一條之三之規定，請求被告負連帶損害賠償責任。

【解析】

一、在遊覽車上擔任車長一職，其工作內容主要係服務乘客，縱認其須注意車前狀況，並負有告知司機不得違反交通安全規則之義務，客觀上其工作之本身仍不具高度危險性，無從適用民法第一百九十一條之三所定一般危險責任之

　　規定。

二、本判決認上開條文係一般危險責任之規定，為無過失責任之一種。惟觀之民法第一百九十一條之三但書規定，與民法第一百八十四條第二項（違反保護他人法律之責任）、第一百八十七條第一項第二項（法定代理人責任）、第一百八十八條第一項但書（僱用人責任）、第一百九十條第一項但書（動物占有人責任）、第一百九十一條第一項但書（工作物所有人責任）、第一百九十一條之一第一項（商品製造人責任）及第一百九十一條之二但書（動力車輛駕駛人責任）等規定之立法體例相同，應認係屬推定過失之危險責任。

三、本件原告主張被告遊覽車公司負責人兼車長即被告汪○○負有告知其僱用之司機即被告陳○○不得違反交通安全規則之義務，竟於陳○○違規行駛第一快車道，且行近行人穿越道前未注意前方狀況及減速慢行時，未予制止，此事實如果成立，則車長被告汪○○本身應負自己責任，構成民法第一百八十四條第一項前段一般侵權之過失責任及第二項違反保護他人法律之推定過失責任，而司機被告陳○○除成立上開各條責任外，另成立同法第一百九十一條之二（動力車輛駕駛人之責任），彼二人間復有第一百八十五條第一項共同侵權責任之適用（最高法院六十六年台上字第二一一五號及六十七年台上字第一七三七號判例）。至○○遊覽車公司則負第一百八十八條第一項之僱用人責任。其間產生之競合關係，實務上認係請求權之競合，乃各自獨立之請求權，原告得擇一行使。

【判決內容】

　　臺灣基隆地方法院九十一年度瑞小字第四九號小額民事判決

　　　　原　　　　告　戴○○
　　　　被　　　　告　陳○○
　　　　　　　　　　　○○通運有限公司
　　　　兼　法　定
　　代　理　人　汪○○
　　右當事人間請求損害賠償事件，本院判決如左：
　　　　主　　　文
　　被告陳○○、○○通運有限公司應連帶給付原告新臺幣壹萬伍仟壹佰捌拾元，及自民國九十一年八月十三日起至清償日止，按年息百分之五計算之利息。

原告其餘之訴駁回。

訴訟費用新臺幣壹仟貳佰貳拾　元，由被告陳○○、○○通運有限公司連帶負擔新臺幣貳佰壹拾陸元，餘由原告負擔。

本判決原告勝訴部分得假執行。

原告其餘假執行之聲請駁回。

事實及理由要領

一、原告起訴主張被告陳○○係受僱於被告○○通運有限公司（以下簡稱○○公司）之大客車司機，於民國九十年七月七日駕駛……遊覽車，被告汪○○則為○○公司之董事長兼上開遊覽車之車長，嗣陳○○於當天……違規行駛內側第一快車道，並於劃有行人穿越道前未注意前方狀況減速慢行，而攔腰撞及由訴外人陳水信駕駛原告所有之……自用小客車……，原告已於九十年九月十七日……修繕完畢，並先行墊付修理費新臺幣（下同）八萬五千元，為此依民法第一百八十四條第一項、第一百八十八條第一項前段、第一百九十一條之三、第一百九十六條之規定，請求被告連帶給付損害賠償。

二、被告則以被告陳○○確曾……撞及訴外人陳水信所駕駛原告所有之自用小客車，但當時係陳水信違規左轉……鑑定結果，均認被告陳○○無肇事因素，被告等人自無過失，且被告○○公司所有上開遊覽車亦因車禍毀損而支出修理費九萬元，爰就此部分主張抵銷等語，作為抗辯。

三、原告主張被告陳○○於前揭時間、地點駕駛……遊覽車撞及原告所有由訴外人陳水信所駕駛之系爭自用小客車，致該車受損之事實，……為被告所不爭執，堪信原告此部分之主張屬實。被告雖否認有任何過失，然查：

（一）按「行車速度，依標誌或標線之規定……」、「汽車行駛時，駕駛人應注意車前狀況及兩車併行之間隔，並隨時採取必要之安全措施。」、「汽車行近行人穿越道前，應減速慢行……」，道路交通安全規則第九十三條第一項、第九十四條第三項及第一百零三條分別定有明文。……被告陳○○係通過行人穿越道後才踩煞車，是其通過行人穿越道時未有減速慢行，仍以高於時速四十五至五十公里之高速疾駛之行為，洵堪認定。

（二）……被告陳○○當時並無不能注意車前狀況，隨時採取必要安全措施之情事，而竟駕駛遊覽車行經行人穿越道時未減速慢行，……致不及注意車前狀況，……而致肇事。……被告陳○○顯有過失。

（三）……原告所有系爭自用小客車因本件車禍碰撞受損，與被告陳○○之過失行為間顯有相當因果關係，原告主張被告陳○○應負過失侵權行為損害賠償責任，自屬有據。

四、按因故意或過失，不法侵害他人之權利者，負損害賠償責任；受僱人因執行職務，不法侵害他人之權利者，由僱用人與行為人連帶負損害賠償責任；民法第一百八十四條第一項前段、第一百八十八條第一項前段分別定有明文。本件被告陳○○係被告○○公司之受僱人……陳○○駕車行經行人穿越道確未減速慢行和未注車前狀況，難認被告○○公司選任受僱人及監督職務之執行已盡相當之注意，或縱加以相當之注意而仍不免發生損害，自不得免除其連帶賠償責任。原告依侵權行為之法律關係，請求被告陳○○、○○公司應連帶負賠償之責，自屬有據。……。

五、次按損害之發生或擴大，被害人與有過失者，法院得減輕賠償金額或免除之；前二項規定，於被害人之使用人與有過失者，準用之；民法第二百十七條第一項及第三項分別定有明文。又後座之人係因藉駕駛人載送而擴大其活動範圍，駕駛人為之駕駛汽車，應認係後座之人之使用人（參照最高法院七十四年度臺上字第一一七○號判例）。經查本件車禍之發生，固係被告陳○○駕車行經行人穿越道未減速慢行和未注意車前狀況所致，然……陳○○之違規駕駛行為對於本件事故之發生亦與有過失。原告既藉駕駛人陳○○載送而擴大其活動範圍，揆諸前揭判例意旨，應認陳水信係原告之使用人，本院自得減輕被告之賠償金額或免除之。……。

六、另原告以被告汪○○係○○公司之負責人，……擔任車長職務，疏未要求被告陳○○確實遵守道路交通安全規則……，致被告陳○○違規行駛……撞及原告所有由陳○○駕駛之系爭自用小客車，應依民法第一百九十一條之三規定，與被告陳○○、○○公司負連帶賠償責任云云。然民法第一百九十一條之三之立法理由為：「近代企業發達，科技進步，人類工作或活動之方式或其使用之工具與方法日新月異，伴隨繁榮而產生危險性之機會大增。如有損害發生，而須由被害人證明經營一定事業或從事其他工作或活動之人有過失，被害人將難獲得賠償機會，實為社會不公平現象。且鑑於：（一）從事危險事業或活動者製造危險來源。（二）僅從事危險事業或活動者於某種程度控制危險。（三）從事危險事業或活動者因危險事業或活動而獲取利益，就此危險所生之損害負賠償之責，係符合公平正義之要求。」，基上所述，所謂危險責任，指從事危險活動、經營危險設施、或占有危險設備或物品之人，因該活動、設施、設備或物品之危險實現，致生損害於他人，於歸責上應負之無過失或較過失責任為重之損害賠償責任。本件被告汪○○係在被告陳○○之遊覽車上擔任車長，其工作內容主要係服務乘客，縱使尚須注意車前狀況，然上開工作本身客觀上並不具有一定之危險性，即無從適用民法第

一百九十一條之三一般危險責任之規定，而令被告汪○○負無過失或較過失
責任為重之損害賠償責任。原告復未舉證證明其所受損害與被告汪○○之工
作性質間有何因果關係，則其請求被告汪○○與被告陳○○、○○公司負連
帶賠償責任，顯屬無據。

七、……被告○○公司以對他人之債權主張抵銷，自不合抵銷要件，所為抵銷抗
辯，洵不足採。

八、綜上所述，原告基於侵權行為之法律關係，請求被告陳○○、○○公司連帶
給付一萬五千一百八十三元，及自起訴狀繕本送達翌日即九十一年八月十三
日起至清償日止，按年息百分之五計算之利息，為有理由，應予准許，逾此
部分之請求則無理由，應駁回之。……。

中　華　民　國　九　十　一　年　十　月　二　日
臺灣基隆地方法院瑞芳簡易庭

（二）臺灣士林地方法院九十年度重訴字第六七五號民事判決

【主要爭點】

土地所有人在其所有臨近馬路邊緣之土地上架設鐵絲網，並以細鐵線、鐵
管圈圍，隔開施工填土之土地與道路，以利其使用怪手整地，是否屬於民法第
一百九十一條之三所定之危險工作。

【事實摘要】

原告蔡杏○、蔡佩○及李○○主張被告周○○以怪手整地時，在馬路邊緣之
土地上，架設鐵絲網，並以鐵線、鐵管圈圍，隔開施工填土之土地與道路，因該
鐵絲網粗糙雜亂，擋住道路，形同絆馬索，致原告李○○之夫（即原告蔡杏○、
蔡佩○之父）蔡光○於民國九十年十一月四日騎乘重型機車行經該處時，機車受
牽絆，而被拉向路邊鐵絲網，雖經緊急煞車，仍遭鐵柱刺中胸部，造成血氣胸內
出血，不治死亡，爰依民法第一百九十一條及第一百九十一條之三等規定，請求
被告負損害賠償責任。

【解析】

一、民法第一百九十一條之三所定之「危險」須具有「高度」、「不合理」、

「特殊」及「異常」等特徵。架設鐵絲網，並以細鐵線、鐵管圈圍，隔開施工填土之土地與道路，以利使用怪手整地，其目的係在維護人車往來之道路交通安全，此乃社會一般日常生活中所常見之工作，客觀上本身不當然具有危險性，自不具上開危險之特徵，非屬民法第一百九十一條之三所規範之情形。

二、由本條但書規定可知，被害人僅須證明加害人之工作或活動之性質或其使用之工具或方法，有生損害於他人之危險性，而其在工作或活動中受損害即可，無須證明其間有因果關係。加害人則於證明損害非由於其工作或活動或其使用之工具方法所致，或於防止損害之發生已盡相當之注意者，得免負賠償責任（見本條立法理由），是本條係推定過失及推定因果關係責任。

三、民法第一百九十一條之工作物所有人責任，依其但書規定觀之，係屬推定過失責任，原告仍須舉證證明其損害與工作物之設置、保管欠缺間，具有因果關係。本判決認為被害人因己身駕車不慎，衝撞路旁鐵條，乃偶然之因素，非被告所得預見，是被害人之死亡與被告工作物之設置行為間無因果關係，不構成民法第一百九十一條之三之責任。

【判決內容】

臺灣士林地方法院九十年度重訴字第六七五號民事判決

原　　　　告　蔡杏○
　　　　　　　蔡佩○
法定代理人　李○○
被　　　　告　周○○
右當事人間請求損害賠償事件，本院判決如左：
　　　　主　　　文
原告之訴及假執行之聲請均駁回。
訴訟費用由原告負擔。
　　　　事　　　實
甲、原告方面：
一、聲明：
（一）被告應給付原告李○○新臺幣（以下同）三百十二萬元、原告蔡杏○二百十三萬元、蔡佩○二百二十三萬元，並均自補充理由狀繕本送達之翌日起至清償日止，按週年利率百分之五計算之利息。

（二）願供擔保請准宣告假執行。

二、陳述：

（一）坐落於臺北縣石門鄉下角段尖子鹿小段一八五、一八五之八、一八五之二十地號土地及海埔新生地為訴外人即被告之父周清池……所有，被告於其上以怪手進行整地，並在……馬路邊緣土地上，架設鐵絲網及細鐵線、鐵管，圈圍隔開施工墳土之土地與道路。嗣九十年十一月四日下午一時五十分許，訴外人即原告李○○之夫蔡光明騎乘……機車……行經該處，因被告施工之鐵絲網粗糙雜亂，舊鐵絲擋路，形同絆馬索，牽絆上開機車，機車受外力拉向路邊刺鐵絲網，訴外人蔡光明緊急煞車後，仍遭鐵柱刺中胸部，致血氣胸內出血，於同日下午四時在馬偕醫院不治死亡。

（二）按……民法第一百九十一條第一項、第一百九十一條之三分別定有明文。被告於……偵查中，坦承上開鐵絲網、鐵柱為其所架設，為工作物所有人，其從事整地墳土活動，以使用雜亂舊刺鐵絲圈圍土地之方法，有生損害於他人之危險，對於他人之損害，應負賠償責任。如被告主張……免責事由，應由被告負舉證責任。爰依民法第一百九十一條、第一百九十一條之三、第一百九十二條、第一百九十三條、第一百九十四條之規定，訴請被告賠償原告……以上合計請求賠償二百二十三萬元。……

乙、被告方面：

一、聲明：求為判決如主文所示，並陳明如受不利之判決，願供擔保免予假執行。

二、陳述：

（一）……。

（二）原告述之鐵絲網圍籬，實乃……周清池生前為防止自己之土地遭外人侵入亂倒廢棄物，而於自己所有之土地上以鐵絲網作圍籬，其目的在於維護自身財產安全、防止他人侵入，屬合法正當權利之行使，所施作之圍籬亦無產生任何之危險。……

（三）……事故現場道路平坦、視線良好，上開圍籬雖簡陋，但完全無影響行車安全之可能。倘訴外人蔡光明未擅自闖入訴外人周清池所有之土地內，當亦不會發生任何之意外；縱訴外人蔡光明擅自闖入，亦不當然會有此意外之結果發生，故訴外人蔡光明之死亡，係其本身騎乘機車之過失所致，與訴外人周清池或被告無涉。

（四）訴外人周清池死亡後，被告與其他繼承人繼承本件事實發生地之土地，管理上亦未有任何違法或過失之處。關於被告涉嫌過失致死部分，業經臺灣

士林地方法院檢察署認定被告並無過失而不起訴在案，雖原告……聲請再議，然……再議無理由，是被告實無任何之過失可言。

（五）民法第一百九十一條之三……其責任主體須為經營一定事業或從事其他工作或活動之人，且所從事或工作上有危險之虞，始足當之，本件被告及訴外人周清池均非危險製造者……自無適用餘地。……

　　　　理　　　由

甲、程序方面：……。

貳、實體方面：

一、本件原告起訴主張：……。被告則以：……。

二、……。

三、……又……民法第一百九十一條第一項前段固有明文規定，惟上開賠償責任係以他人權利之損害與土地上工作物之設置保管有欠缺間有因果關係為要件，即他人權利之損害係由土地上工作物之設置保管有欠缺所造成。另民法第一百九十一條之三前段規定……，係以經營一定事業或從事其他工作或活動之人為規範對象，被害人應證明加害人之工作或活動之性質或其使用之工具或方法，有生損害於他人之危險性，而在其工作或活動中受損害。經查，本件被告……偵訊時已自承：系爭鐵條為其所設置等語，……，然縱使系爭工作物為被告所設置，……，原告仍應舉證證明訴外人蔡光明之死亡與上開工作物之設置保管有欠缺間，具有相當因果關係。查本件原告主張被告所施作之鐵絲橫阻慢車道牽絆機車，將機車拉向鐵柱云云，惟……原告此部分空言主張，未舉證以實其說，要無可採。……況依現場照片所示，肇事路段前方為一大彎道，訴外人蔡光明或因己身駕駛不慎，衝撞路旁鐵條，此乃偶然之因素所致，非被告所得預見，難認與被告工作物之設置行為間有何相當因果關係。至民法第一百九十一條之三規範情形與本件有間，原告復未舉證證明上開工作物之設置有生損害於他人之危險。綜上所述，本件原告就自己主張之事實既未能舉證證明，不能證明為真實，其主張即無可採。

四、是以，原告依侵權行為法律關係，訴請被告給付原告李○○三百十二萬元、原告蔡杏○二百十三萬元、蔡佩○二百二十三萬元，及法定遲延利息，為無理由，應駁回之。其假執行之聲請亦失所附麗，併予駁回。……。

中　華　民　國　九　十　一　年　十　月　二　十　三　日

臺灣士林地方法院民事第○庭

（三）臺灣高等法院九十二年度保險上字第五五號民事判決──第一審：臺灣士林地方法院九十一年度保險字第二五號民事判決【見肆、一】

【主要爭點】

經營貨物運輸業者運送鼓風扇馬達，是否屬於民法第一百九十一條之三所定之危險工作。

【事實摘要】

上訴人○○產物保險公司主張其承保訴外人中華汽車公司即被保險人所有鼓風扇馬達之海上貨物運輸險，陸上運送部分委託被上訴人明○交通事業有限公司由其履行輔助人即被上訴人東○運輸倉儲股份有限公司負責。該馬達於民國九十年十月八日自德國漢堡港啓航，同年十一月四日在高雄港卸貨，交由東○運輸倉儲股份有限公司運送至明○交通事業有限公司之汐止貨櫃場。因被上訴人於運送前未盡貨物檢查義務，途經高速公路北上抵達明○交通事業有限公司之汐止貨櫃場後，檢視倉庫，始發現平板貨櫃上綑綁馬達之繩索斷裂，其中一馬達於途中自貨櫃車上掉落路肩，造成嚴重受損，可歸責於被上訴人，經上訴人依保險契約賠付中華汽車公司後，爰依保險法第五十三條、民法第六百三十四條、第六百三十五條、第二百二十四條、第一百九十一條之三及第一百八十五條等規定，請求被上訴人連帶負損害賠償責任。

【解析】

一、運送鼓風扇馬達之工作本身並無危險性，其所使用之工具雖爲大型車輛，然只要遵守交通規則，依社會上一般日常生活之經驗判斷，並不致生損害於他人之危險，亦不會被視爲日常生活之危險來源，此明顯與民法第一百九十一條之三所載立法理由例示之工作性質有間。

二、本件運送之車輛係屬非依軌道行駛之動力車輛，縱原告併引民法第一百九十一條之二及第一百八十八條之規定而爲請求，依本判決其他理由觀之，本件鼓風扇馬達受損係因託運人德國廠商於包裝貨物、裝櫃封櫃之際，疏未注意適當捆綁固定所致，被上訴人亦不負該條之賠償責任。

【裁判內容】

臺灣高等法院九十二年度保險上字第五五號民事判決

　　　　上　訴　人　　○○產物保險股份有限公司
　　　　法定代理人　　陳忠○
　　　　訴訟代理人　　陳祈嘉
　　　　　　　　　　　陳兆雄
　　　　　　　　　　　楊志剛
　　　　被 上 訴 人　　明○交通事業有限公司
　　　　法定代理人　　蔡○○
　　　　訴訟代理人　　吳世清
　　　　被 上 訴 人　　東○運輸倉儲股份有限公司
　　　　法定代理人　　歐○○
　　　　訴訟代理人　　黃冠壹

　　右當事人間損害賠償事件，上訴人對於中華民國九十二年七月二十三日台灣士林地方法院九十一年保險字第二五號第一審判決提起上訴，本院於九十三年四月六日言詞辯論終結，判決如左：

　　　　主　　　文

上訴駁回。

第二審訴訟費用由上訴人負擔。

　　　　事　　　實

甲、上訴人方面：

一、聲明：

（一）原判決廢棄。

（二）被上訴人應連帶給付上訴人新台幣（下同）二百二十三萬七千二百零三元及自原起訴狀繕本送達之翌日起至清償日止按年息百分之五計算之利息。

（三）願供擔保請准予宣告假執行。

二、陳述：除與原判決記載相同者，茲予引用外，補稱略以：

（一）關於鼓風扇馬達掉落之事實，上訴人認為係因綑綁之繩索斷裂，從羅便士公證公司提出之照片比對，應是鼓風扇馬達機心與支架同時掉落，再搬運回貨櫃上。……

（二）本件貨物之繩索及其綑綁方式係從外表所易見，依民法第六百三十五條，運送人於接該貨物時未為保留，不得事後藉口於運送物之喪失毀損，係因

包裝之瑕疵所致。……

（五）被上訴人以從事運送專業運送爲業，對於貨物運輸自應依專業的要求，確保貨物能完整及安全抵達目的地。貨物運送人若能於運送途中檢查，對於鬆動繩索再加以綑綁，甚至於有任何一條有磨損現象時加以處理，貨物應不至於掉落，本件顯可歸責被上訴人。……

乙、被上訴人明○交通事業有限公司（下稱明○公司）方面：

一、聲明：

（一）上訴駁回。

（二）若受不利之判決，願供擔保請准宣告免於假執行。

二、陳述：除與原判決記載相同者，茲予引用外，補稱略以：

（一）依被上訴人所委託之傑信公證有限公司勘驗損失後，確認貨物發生受損原因爲運送人於行駛途中貨物綑綁固定鬆脫導致翻落，因其貨櫃裝載固定均爲國外原廠所爲，在運送車輛未發生意外碰撞等之情況下，此一事故應不屬運送人之責任。

（二）上訴人所出具之羅便士公證公司（GABRobins）之公證報告，將鼓風扇馬達之損失歸責於被上訴人於卡車運送過程未適當牢固所致。惟……上訴人持如此草率之公證報告而訴請被上訴人負起損害賠償責任，顯然頗有可議之處。

（三）……被上訴人就其保管注意義務並無任何過失。

（四）本件貨損原因並非被上訴人所提供之運送車輛發生機件故障或駕駛不當而導致鼓風扇馬達掉落路面，依民法第一百九十一條之三但書之規定，自無賠償責任可言。

（五）被上訴人僅係一般普通之貨運公司，對於加固包裝業務並非專業，概精密儀器若無專業包裝廠商協助加固，易有毀損儀器本體之虞，貨櫃運輸業者不得再行加以綑綁，以免損及所運送之貨物，……今貨損雖發生於被上訴人運送途中，惟焊接瑕疵係屬德國原廠之過失，上訴人強將此一過失要求被上訴人負起損害賠償責任，已與民法第六百三十四條但書之規定相悖，實屬無理由。……

丙、被上訴人東○運輸倉儲股份有限公司（下稱東○公司）方面：

一、聲明：

（一）上訴駁回。

（二）若受不利之判決，願供擔保請准宣告免於假執行。

二、陳述：除與原判決記載相同者，茲予引用外，補稱略以：

（一）本件只有鼓風馬達掉落於高速公路上，同一車輛之另兩件貨物卻完好放置著，且繩索牢靠沒有鬆動，在高速公路上無發生任何車禍或碰撞之情事，如果鼓風馬達之包裝上眞的沒有結構上的瑕疵，依經驗法則斷然不會發生掉落的情況。……

　　　理　　由

一、上訴人起訴主張：上訴人承保訴外人即被保險人中華汽車公司所有鼓風扇馬達之海上貨物運輸險，……陸上運送委由被上訴人東○公司所屬履行輔助人被上訴人明○公司負責由高雄卸貨港，……運送至目的地汐止東○貨櫃場，中華汽車公司於目的倉庫檢視時發現該保險標的物鼓風扇馬達嚴重毀損，而鼓風扇馬達掉落之原因，係綑綁之繩索斷裂，被上訴人於運送前未盡貨物檢查義務，本件貨物毀損顯可歸責被上訴人。而上訴人依保險契約賠付中華汽車公司……後，依保險法第五十三條之規定取得代位求償權……爲此依保險法第五十三條、民法第六百三十四條、第六百三十五條、第二百二十四條及民法第一百九十一條之三、第一百八十五條之規定，請求被上訴人連帶給付……。

二、被上訴人則抗辯如左：

（一）被上訴人東○公司部分：

　　1.東○公司並未與上訴人之被保險人中華汽車公司訂立運送契約，亦未簽發提單，並非運送契約之當事人，亦未實際運送或在運送貨物交運時接受或點交運送物，故東○公司並非侵權行爲損害賠償之義務人……。

　　2.本件綑綁貨物的繩索因磨擦而斷裂導致貨物掉落，應是德國公司託運人之過失，而非運送人所能掌控，上訴人以此向運送人求償並非正當。又……保險標的物之不良或不當包裝所引起之損害或費用，係爲上訴人不承保的範圍，……以此代位向被上訴人求償，實非正當。

（二）被上訴人明○公司部分：

　　1.……導致鼓風扇馬達損壞之原因爲德國原廠焊接不良……，明○公司並無任何歸責事由或故意過失之侵權行爲。又本件貨損原因並非被上訴人所提供之運送車輛發生機件故障或駕駛不當而導致鼓風扇馬達掉落路面，依民法第一百九十一條之三但書之規定，自無賠償責任可言。

　　2.本件提單運送條件係「FCL/FCL」之運送方式，……運送人只負責貨櫃之保管及運送，至於貨櫃內貨物之堆置包裝，運送人無從置喙。……被上訴人就其保管注意義務並無任何過失。……

三、兩造不爭執之事實：

　　上訴人承保中華汽車公司所有三件鼓風扇馬達之海上貨物運輸險，……自德國漢堡港啓航運送至台灣基隆港汐止貨櫃場。……陸上運送由被上訴人東○公司委託明○公司於九十年十一月四日由高雄卸貨港經高速公路北上，運送至被上訴人東○公司之汐止東○貨櫃場。而被上訴人明○公司司機……運送途中，於當日二時二十分許……原裝載綑綁於平板貨櫃……上之其中一件鼓風扇馬達（下稱系爭鼓風扇馬達）自貨櫃車上掉落路肩。嗣中華汽車公司於目的地倉庫檢視時，發現系爭鼓風扇馬達嚴重毀損，乃向上訴人請求給付保險金，上訴人業已賠付……而取得代位求償權之事實，為兩造所不爭執，……自堪信為真實。

四、兩造之爭點及論斷：

　　……經查：

（一）……難認中華汽車公司就系爭貨櫃之陸上運送，與被上訴人東○公司或明○公司間有運送契約關係存在。……則上訴人以被上訴人為相繼運送人為由，代位中華汽車公司逕依運送契約關係對被上訴人主張運送人責任，已有未合。

（二）按……民法第一百九十一條之三固有明文。惟此乃指所經營之事業或從事之工作或活動之性質或使用之工具或方法有生損害於他人之危險，例如工廠排放廢水或廢氣、筒裝瓦斯廠裝塡瓦斯、爆竹廠製造爆竹、舉行賽車活動、使用炸藥開礦等情形，故被害人於請求賠償時，須證明加害人之工作或活動之性質或其使用之工具或方法有生損害於危險性。本件被上訴人東○公司及明○公司均係經營貨物運輸業務，尚難認被上訴人所從事之工作或活動之性質，於一般正常營運之情形有何生損害於他人之危險。況系爭鼓風扇馬達並非東○公司實際運送，……此外，上訴人亦未舉證證明被上訴人明○公司提供運送之車輛或方法有何機件故障或駕駛不當導致貨損之危險，則其依民法第一百九十一條之三之規定，請求被上訴人賠償，即屬無據。

（三）……惟查，系爭鼓風扇馬達發生掉落地點是在高速公路二百五十八公里五百公尺處，當時路況正常，車輛係正常行駛中，並無任何碰撞意外發生，且系爭貨櫃另兩件鼓風扇馬達完好未掉落，……是尚難認系爭鼓風扇達運送途中有上開公證人所指路面不平、司機駕駛不當之情形。參以傑信公證有限公司……勘查公證報告記載：「……應屬原廠於裝櫃時固定綑綁不牢固，導致被保險人於運輸途中其貨物不堪正常運輸過程中之搖晃導致摔落。」等語，……其評估結論較為可採。是被上訴人辯稱系爭鼓風扇馬達之掉落非因司機之粗魯駕駛行為所致，堪以採信。

（四）……是被上訴人明○公司辯稱：其不得碰觸系爭貨櫃之貨物，無法知悉包裝內之貨物情形，亦無更改貨物包裝之權等情，堪以採信。……則系爭鼓風扇之包裝未適當捆綁固定並非被上訴人所能任意改變的及易見之瑕疵，是被上訴人所辯鼓風扇馬達之毀損係託運人德國廠商之過失所致，衡情堪以採信。則上訴人以被上訴人明○公司未盡汽車運輸業管理規則第一百十九條第二項規定之包裝檢查義務為由，主張被上訴人明○公司乃違反保護他人之法律致造成系爭貨損云云，尚不足採。

（五）綜此，系爭鼓風扇馬達之毀損係因託運人（德國廠商）過失行為所致，並非可歸責於運送人被上訴人明○公司之故意或過失所致，……則上訴人……依運送契約及侵權行為之法律關係，請求被上訴人連帶給付上訴人二百二十三萬七千二百零三元，為無理由，不應准許。

五、綜上所述，本件上訴人依保險法第五十三條、民法第六百三十四條、第六百三十五條、第二百二十四條及民法第一百九十一條之三、第一百八十五條之規定，請求被上訴人連帶給付上訴人二百二十三萬七千二百零三元及自起訴狀繕本送達翌日起至清償日之法定遲延利息，為無理由，不應准許。原審為上訴人敗訴之判決並駁回其假執行之聲請，於法並無不合。上訴人上訴意旨指摘原判決不當，求予廢棄改判，為無理由，應予駁回。……。

中　華　民　國　九十三　年　四　月　二十　日
民事第○庭審判長　法　官
　　　　　　　　　法　官
　　　　　　　　　法　官

（四）臺灣桃園地方法院九十一年度重訴字第八三號民事判決

【主要爭點】

倉儲業者單純提供存放處所，是否屬於民法第一百九十一條之三所定之危險工作或活動。

【事實摘要】

原告主張其承保之訴外人台基○公司於民國八十九年四月間進口精密設備，委由被告甲公司運送，卸貨後進入另一被告乙公司倉庫保管，因該二被告公

司運送、搬移及保管之疏失，致其中二箱設備遭受嚴重撞擊之損害，其依約理賠後，受讓訴外人台基○公司之損害賠償請求權，爰依債權讓與、保險法第五十三條及第一百八十四條第二項、第一百八十八條、第一百九十一條之三等侵權行為之規定，暨債務不履行，請求被告負不真正連帶之損害賠償責任。

【解析】

一、倉儲業者點收貨物進倉前，既已申請「不拆盤進倉」，而僅單純提供存放處所，並未使用機具進行拆理系爭貨物之動作，則依社會上一般日常生活之經驗判斷，單純提供存放處所並不致有生損害於他人之危險，亦不致被視為危險源，從而非屬民法第一百九十一條之三所定之危險工作或活動。

二、關於系爭貨物進倉保管之性質或其使用之工具或方法有生損害「危險」，應由原告負舉證責任。原告就倉儲業者進倉保管系爭貨物之行為，其性質或使用之工具或方法有生損害於他人之「危險」，未能舉證以實其說，自無民法第一九一條之三的適用。

【裁判內容】

臺灣桃園地方法院九十一年度重訴字第八三號民事判決

原　　　告	中○產物保險股份有限公司	

原　　　告　中○產物保險股份有限公司
法定代理人　宋○○
原　　　告　富○產物保險股份有限公司
法定代理人　石○○
原　　　告　○台產物保險股份有限公司
法定代理人　陳○○
共　　　同
訴訟代理人　林昇格律師
複 代 理 人　李念國律師
　　　　　　黃維倫
被　　　告　○○Express Corp.（U.S.A）
法定代理人　ALBERT CHI
被　　　告　華○股份有限公司
法定代理人　鍾○○
訴訟代理人　金旭東

　　右當事人間請求損害賠償事件，於民國九十三年八月十日辯論終結，本院判決如左：

　　　　主　　　文

原告之訴暨假執行之聲請均駁回。

訴訟費用由原告負擔。

　　　　事　　　實

甲、原告方面：

壹、聲明：

一、被告○○Express Corp.（U.S.A.）或被告華○股份有限公司應給付原告中○產物保險股份有限公司新台幣（下同）一千四百九十四萬五千元，原告富○產物保險股份有限公司、○台產物保險股份有限公司各三百二十萬二千五百元，及自本起訴狀繕本送達之翌日起至清償日止，按週年利率百分之五計算之利息。任一被告已爲給付者，他被告於給付範圍內，免給付之義務。

二、願供擔保，請准予宣告假執行。

貳、陳述：

一、緣訴外人台灣積體電路股份有限公司（下稱台積電公司）於民國八十九年四月間進口精密設備一組，委由被告○○Express Corp.（U.S.A.）（下稱被告○○公司）以長榮航空股份有限公司（下稱長榮航空公司）……班機運送，被告○○公司並簽發……清潔空運分提單予台積電公司。系爭貨物於同年四月十八日抵達中正機場，卸貨後進被告華○股份有限公司（下稱華○公司）倉儲。查被告○○公司爲系爭貨物之運送人，即應盡善良管理人之注意義務以保管、搬移及運送貨物，卻疏未注意；而被告華○公司亦因保管、搬移不慎，致其中第二箱貨物遭受嚴重撞擊之損害，嗣於領貨放行時，台積電公司所委之報關行發現貨物外觀上已有嚴重破損，乃要求被告華○公司出具進口貨物放行異常報告表。經被告○○公司之代表會同公證，認定系爭貨物因遭嚴重撞擊，無法供原定之用途，已達全部損害之程度，……。原告中○產物保險股份有限公司（下稱中○產險公司）、富○產物保險股份有限公司（下稱富○產險公司）及○台產物保險股份有限公司（下稱○台產險公司）爲系爭貨物之共同保險人，……原告僅得依上開承保比例理賠台積電公司，並受讓台積電公司對於系爭貨物之一切損害賠償請求權，爲此，爰依保險法第五十三條及民法債權讓與相關規定，請求被告賠付……。

二、被告○○公司應負運送契約債務不履行及侵權行爲責任：

（一）原告所代位之台積電公司，係被告○○公司所簽發US○三○七一三二號

空運提單上所記載之受貨人，且為提單持有人，嗣並提領該受損貨物，則其與被告○○公司間成立運送契約，兩公司並非同國籍，則應適用行為地即提單簽發地美國法。而美國關於航空運送係適用華沙公約，……只要貨物有毀損、滅失，運送人即須先負責；……瞭解到某行為可能導致損害發生、或是輕忽該行為之可能後果而竟仍為之。……系爭貨物經公證人會同被告○○公司代表及原廠技師檢驗，確認系爭貨物之控制室及各模組已有移位、鬆脫、裂開、碎裂等受損及喪失功能，而不值得修復，故被告○○公司或其履行輔助人之輕忽，顯屬有失當之行為，即應負全部賠償之責任。

（二）又系爭編號第二箱之受損貨物，……該分提單上並無任何貨物或外包破損或短少之不潔註記，況依貨物於貨運站放行出倉時所拍相片顯示該木箱多處扭曲鬆脫，倘交付運送時已是如此，一般運送人必不願載運、至少亦會要求於運送文件為破損之註記，當不致出具清潔提單，是以，系爭貨物於交付被告○○公司時係屬完好，足堪認定。

（三）本件侵權行為地發生於中正機場，係我國領土，原告主張侵權行為部分之準據法，依涉外民事法律適用法第九條規定，自應適用我國法。……

三、被告華○公司應負侵權行為責任：

（一）……航空貨運站管理規則第四條前段……我國實務咸認：該規定均係為保護貨物所有人之權益而設，如有違反上述保護他人之法規，即應推定其有過失，是僅需貨物「出倉時」發現貨損，依法即應推定「航空站倉庫」有過失，至倉庫營業人如欲主張自己並無過失，應自負舉證之責。

（二）系爭貨物交付予分提單簽發人即被告○○公司時，係屬完好，是以，被告○○公司簽發清潔提單。被告華○公司復未能切實舉證證明有何裝運前貨物已受損之情形，亦足見貨物於交付運送人後乃至進倉前應屬完好。

（三）……系爭貨物於點交出倉前，已有嚴重受損，依上揭規定，應推定被告華○公司本身有過失，而可認係因被告華○公司或其僱用之員工對貨物照管之疏失所致，自應依民法第一八四條第二項及第一八八條之規定，負損害賠償之責。此外，被告華○公司經營倉儲業，保管貨物之期間必然對貨物進行搬移、移動、起卸之作業，其活動方式及工具對於貨物即有造成損害之虞，系爭貨物果在被告華○公司管領中發生損害（或損害更有擴大），被告華○公司自應依民法第一九一條之三規定，負侵權行為損害賠償之責。

（四）……被告華○公司已收悉上開貨損通知函，且就系爭機器受損之情形亦已

瞭解，自不得臨訟諉爲不知或爭執。

（五）……系爭貨物於抵達我國中正機場自班機卸貨時摔落，致貨主台積電公司之權利受有損害，台積電公司自得向被告華○公司依侵權行爲規定求償之。

四、因系爭貨物……已無殘餘價值可言。……原告難以找到願意報價收購之其他殘值商。因此，系爭機器作爲全損，應屬合理。……

六、對被告華○公司抗辯之陳述：

（一）被告華○公司辯稱該貨物於進倉前已有受損云云，惟仍不解免貨物在其管領中毀損之責任：……。

（二）……倘被告華○公司就上述貨損之發生有何意見，亦應慮及事故係發生於其管理之下，與相關證據之距離最近，易於提出，而由被告華○公司負舉證之責，證明其並無過失、或貨物並非在其保管下受損爲是。……

乙、被告○○公司方面：

　　……依原告主張貨損發生於八十九年四月十八日，起訴日期爲九十一年二月八日，其間相差一年十個月，請求權已罹於時效。

丙、被告華○公司方面：

壹、聲明：

一、原告之訴及假執行之聲請均駁回。

二、如受不利判決，願供擔保，請准宣告免爲假執行。

貳、陳述：

一、……系爭貨物之毀損非於被告應負保管責任之期間發生。

二、……貨損之發生與被告保管行爲無涉，原告執詞貨損係被告保管期間所致，顯與事實不符。

三、又系爭貨物於被告點收進倉前即已申請「不拆盤進倉」，是被告僅單純提供系爭貨物之存放處所，未對系爭貨物使用堆高機具等進行拆理動作，……原告所稱系爭貨物於被告保管期間因保管不當，而有擴大損害之情，原告應就此負舉證之責。……

四、被告對於點收進倉之貨物，僅能審視外包裝是否完整，至於內裝物品是否損壞，或因外包裝而受有損害，因被告無法拆裝檢視，固非被告所得負責之範圍，被告或被告之受僱人遇受損貨物卸入進口貨棧後，依規定填載「損失、變質或損壞貨物清單」（即接收異常報告表），並將該清單送由載運該貨物進口之運輸工具管理貨物人員副署後，送交海關駐貨棧人員，即已盡被告應盡之義務……。

五、……原告……無法證明被告與被告○○公司有何加害行為，是被告與被告○
　　○公司應無該當共同侵權行為之可能。末查，被告僅係倉儲業者，負責儲存
　　未完成海關放行手續之進口貨物，工作內容並無生損害於他人之危險性，是
　　原告追加民法第一百九十一條之三之請求，亦屬無據。……

　　　　　理　　　由

一、……。

五、原告主張依保險代位取得台積電公司對被告○○公司依運送契約及侵權行為
　　之損害賠償請求權，經查

　（一）……被告○○公司為系爭貨物之運送人，系爭貨物於交付受貨人台積電公
　　　　司前發生損害，依前開華沙公約規定，被告○○公司對台積電公司應負運
　　　　送人損害賠償責任。……系爭貨物係於八十九年四月十八日運抵我國機
　　　　場，而原告則於九十一年二月八日起訴，……被告○○公司抗辯原告請求
　　　　權已罹於時效，並非可採。

　（二）……原告主張被告○○公司應對台積電公司負侵權行為損害賠償責任，應
　　　　屬有據。……

　（三）……按以外國通用貨幣定給付額者，債務人得按給付時給付地之市價，以
　　　　中華民國通用貨幣給付之，但訂明應以外國通用貨幣為給付者，不在此
　　　　限，民法第二百零二條定有明文。據此，債務人得行使選擇給付外國貨幣
　　　　或中華民國通用貨幣之權利，債權人並無行使選擇權之權利。……被告○
　　　　○公司依運送契約或侵權行為之法律關係對台積電公司應負擔之給付，依
　　　　華沙公約之計算標準係以申報價值之美金為據，……原告請求被告○○公
　　　　司給付新台幣，自非正當，應予駁回。

六、……本院認原告未能舉證被告華○公司就系爭貨物之損害應負侵權行為損害
　　賠償責任，理由如后：

　（一）……應由原告就被告華○公司對系爭貨物之損害有故意或過失負舉證責
　　　　任……原告前揭所提出……尚不足據為證明系爭貨物係在被告華○公司倉
　　　　庫中發生受損之事實。

　（二）……系爭貨物於進入被告華○公司之倉庫存放前，業已發現有損害異常情
　　　　形……被告華○公司抗辯系爭貨物受損之情形係發生於進入其倉庫之前，
　　　　應屬可採。……

　（三）原告復主張系爭貨物於出倉時發生損害，被告華○公司依航空貨運站管
　　　　理規則第四條前段推定有過失，如被告華○公司否認，應自證其無過失
　　　　云云。按航空站對於進倉儲存之貨物，除另有約定外，自貨物點收入倉

時起至貨物點交出倉為止，負保管責任，航空貨運站管理規則第四條前段定有明文。依該條文規定我國實務固有認係為保護貨物所有人之權益而設，是貨物如於進倉時完好，出倉時發生有貨損情形，依法應推定航空站倉庫營業人有過失，倉庫營業人如欲主張自己並無過失，應自負舉證之責。惟查，本件系爭貨物於進入被告華○公司倉庫前已存有嚴重貨損情形，……，系爭貨物之損害既非發生於航空貨運站倉庫之內，核與前開規定之情形有別，是原告主張被告華○公司應舉證證明其就系爭貨物之保管無過失云云，顯非可採。原告復主張被告華○公司依民法第一百九十一條之三規定負損害賠償之責云云，……且查，系爭貨物於被告華○公司點收進倉前即已申請「不拆盤進倉」，被告華○公司就系爭貨物僅單純提供存放處所，並未對系爭貨物使用器具進行拆理動作，……是以系爭貨物進入被告華○公司存倉期間，被告華○公司僅單純提供處所存放，並未使用任何機具進行拆理、搬移。又原告就其主張被告華○公司就系爭貨物之進倉保管之性質或其使用之工具或方法有生損害之危險乙節，並未能舉證以實其說，故其主張被告華○公司應依民法第一九一條之三等規定負侵權行為損害賠償之責云云，亦非有據。……

七、綜合上述，原告主張依運送契約及侵權行為之法律關係，請求被告○○公司損害賠償部分，固非無據，惟其未以美金為據，逕予主張被告○○公司依新台幣給付，自非正當，應予駁回；至原告主張依侵權行為法律關係，請求被告華○公司損害賠償部分，未能證明被告華○公司就系爭貨物之損害有故意或過失情事，此部分之請求，亦屬無據，應予駁回。原告之訴既經駁回，其假執行之聲請亦失所附麗，應併予駁回。

中　華　民　國　九十三　年　八　月　三十一　日
臺灣桃園地方法院民事第○庭

（五）臺灣新竹地方法院九十年度小字第一號民事判決

【主要爭點】

特約商店接受信用卡簽帳，以代消費款項現金清償，其方式是否屬於民法第一百九十一條之三之所定之危險工作或活動。

【事實摘要】

　　原告主張其為VISA/MASTERCARD國際發卡組織之會員銀行，有權發行信用卡，提供信用與持卡人，及為持卡人代償其於特約商店之刷卡消費債務。被告廖○○於民國八十七年六月間向原告申請信用卡，經原告准予發卡。另被告○○通訊行及○○企業公司為訴外人上海商業銀行即收單銀行之特約商店，提供VISA/MASTERCARD持卡人持卡信用消費。詎被告廖○○未依約於失卡二十四小時內通知原告，其餘被告復違反一般交易上之必要注意義務，於同年十二月二十二日疏未審查持卡消費者之身分及其簽名與信用卡上之簽名是否一致，即將該消費誤為真正持卡人之消費，向原告請求代償，致原告受有金錢之損害。爰依民法第一百八十四條第一項前段、後段侵權行為、第一百七十九條不當得利、第二百二十六條債務不履行、第一百九十一條之三危險事業經營責任、公平交易法第二十四條及三十一條影響交易秩序之欺罔且顯失公平行為等規定，暨代位收單銀行之損害賠償請求權，請求持卡人即被告廖○○及特約商店負損害賠償責任。

【解析】

一、民法第一百九十一條之三係於八十九年五月五日公布施行，而本件發生在八十七年十二月二十二日，應無該條之適用。惟本件判決並未以此著眼，而對發卡銀行以特約商店未審查持卡人之身分及詳細比對持卡人之簽名，致為非正當權利人所盜用，造成發卡銀行無端付款之危險，特約商店即應負民法第一百九十一條之三所定之一般危險責任之主張，認為特約商店接受信用卡簽帳，以代消費款項現金清償，縱其疏未審查持卡人之身分及簽名，依社會上一般日常生活之經驗判斷，此種行為尚非得視為危險來源。

三、依多數學者之見解，認為民法第一百九十一條之三所保護客體之範圍，僅限於人身及一般物的毀損，並不包括純粹經濟上損失，故特約商店接受信用卡簽帳，以代消費款項現金清償，其方式並無民法第一百九十一條之三的適用，惟此見解尚待實務觀察是否為法院所採納。

【裁判內容】

　　臺灣新竹地方法院九十年度小字第一號民事判決

　　　　原　　　告　○○國際商業銀行股份有限公司
　　　　法定代理人　謝○○
　　　　訴訟代理人　陳楚君

　　　被　　　告　廖○○
　　　　　　　　　陳○○即全○通訊行
　　　　　　　　　可○企業有限公司
　　右　一　人
　　法定代理人　許○○
右當事人間請求清償債務事件，本院判決如左：
　　　主　　　文
原告之訴駁回。
訴訟費用新臺幣壹仟參佰元由原告負擔。
　　　事　　　實
甲、原告方面：
一、聲明：
（一）被告廖○○應給付原告新台幣（下同）七萬八千元，及自民國八十八年一
　　　月二十一日起至清償日止，按週年利率百分之五計算之利息。
（二）被告陳○○即全○通信行應給付原告三萬八千七百元，及自起訴狀繕本送
　　　達之翌日起至清償日止，按年息百分之五計算之利息。
（三）被告陳○○即全○通信行應給付訴外人上海商業儲蓄銀行（即收單銀行）
　　　第二項金額，並由原告代位受領。
（四）被告可○企業有限公司應給付原告四萬元，及自起訴狀繕本送達之翌日起
　　　至清償日止，按年息百分之五計算之利息。……
二、陳述：
（一）被告廖○○於八十七年六月間向原告申請信用卡使用，……八十八年一
　　　月十二日十八時十四分許來電向原告掛失信用卡，並表示八十七年十二
　　　月二十二日共有四筆簽帳消費款，金額計七萬八千七百元，非其所消
　　　費，……拒絕清償。……原告於接獲被告廖○○信用卡掛失聲明非其所消
　　　費後，分別透過聯合信用中心向各信用卡收單銀行調閱系爭消費簽帳單影
　　　本，經核對簽帳單上之簽名，與被告於聲明書上之簽名相符，是原告於
　　　處理系爭信用卡交易款項實已盡善良管理人之注意義務。……依兩造間
　　　之約定，被告僅須在失卡之二十四小時內查覺，其即無需負擔失卡之風
　　　險。……失卡後之二十四小時風險劃歸予持卡人，應可認為公平合理。
（二）……在被告與收單銀行所簽訂之特約商店合約書中，均嚴格要求被告應詳
　　　細審查比對持卡人之簽名是否與信用卡上之簽名相符，以防詐偽，亦用以
　　　確保原告之權益，此等模式，不但為促進信用卡交易圓滑順暢所必要，亦

係現行信用卡制度運作使然。……被告廖○○聲明並無此等消費，原告乃轉向被告請求返還已給付之金額，未料被告竟予拒絕，迫於無奈，原告乃依據下列請求權基礎，請求被告返還。

1.侵權行為損害賠償請求權：

按本件被告違反一般交易上之必要注意義務，疏未審查持卡消費者之身分及簽名與信用卡之簽名是否一致，而將其消費者誤為劉彥君之消費，向原告請求代償，致使原告遭受如訴之聲明之金錢權利損害，其行為已構成民法第一百八十四條第一項前段……被告竟不顧造成原告損失之危險，輕率的同意簽名完全不符之交易，此等行為深具違反商業秩序之可苛責性，應認已成立民法第一百八十四條第一項後段……

2.不當得利請求權：

……被告廖○○既未在被告處交易而對其負有債務既明，原告所為之給付即屬非債清償，……。

3.契約上之損害賠償請求權：

被告與其收單銀行所簽訂之特約商店合約書中……原告之發卡銀行在此並非一單純之反射利益獲得者，反之，係利於利益第三人契約中之第三人，享有獨立直接請求權之地位。……本件被告可○公司及全○通行既未依債之本質履行其契約上之義務，致生損害，已屬給付不能，依民法第二百二十六條之規定，自應負損害賠償責任。

4.危險事業經營責任：

被告以接受信用卡簽帳代消費款項現金清償之方式，為其事業之經營方法之一，而接受信用卡簽帳本身，如未審查持卡人之身分並詳細比對持卡人之簽名，而為非正當權利人所盜用，將造成如原告之發卡銀行無端付款之危險，被告果接受非正當權利人之簽帳消費，並造成原告無端給付如訴之聲明所示金額之損害，依民法第一百九十一條之三，自應對原告負損害賠償責任，又此為危險責任，不論被告有無故意、過失皆應負責。至本條所示之免責事由，應由被告負舉證責任。

5.影響交易秩序之欺罔且顯失公平行為之損害賠償請求權：

……被告不正利用現存信用卡制度中發卡銀行必須信任其係正確請款之交易實務，輕率（或因過失，或因未必故意）同意簽名不符之信用交易，將其本應負擔之風險，不當的移轉於發卡銀行，即係以欺罔且顯失公平之方法增加其交易機會，對於其他落實持卡人之身分查核及詳細比對持卡人簽名之特約商店形成不正競爭，造成發卡銀行之損失，並嚴

重破壞整體信用卡交易秩序，依公平交易法第二十四條、第三十一條規定，自應負損害賠償責任。

6.代位收單銀行之損害賠償請求權：

實務尚有認原告與收單銀行間有委任契約之存在，故原告之不當得利請求權應向收單銀行行使，且收單銀行與特約商店間要求特約商店應審查持卡人之身分並詳細比對持卡人之簽名之約定亦非為原告利益之見解……則原告與收單銀行間存有不當得利請求權，收單銀行與特約商店間又有違反應審查持卡人之身分詳細比對持卡人之簽名約定之損害賠償請求權，……，原告為保全債權，自得依民法第二百四十二條、以原告之名義，行使收單銀行對於特約商店之損害賠償請求權……

乙、被告方面：

壹、被告廖○○方面：

一、聲明：原告之訴駁回。

二、陳述：

（一）……八十八年一月十二日被告以電話向原告掛失信用卡，並表示八十七年十二月二十二日共有六筆簽帳消費款……，非由被告所消費，經原告同意暫停付款並靜待原告查證。……八十八年四月十七日經原告查證六筆消費金額中之二筆計三萬八千四百七十八元，非為被告所消費，並自動對被告予以停止此二筆簽帳款之請求。另於同年十月二十九日、十一月一日經原告查證前述六筆消費金額中之其餘四筆計七萬八千七百元，亦非被告所消費，並自動對被告予以停止此四筆簽帳款之請求。

（二）……原告經調查後，已採信此帳款並非由被告所簽，並對被告表示停止追償之意。……被告不易查覺竊情事，未能當日掛失，實非被告應注意而未注意。……經核本人多張歷來簽帳單上之簽名，均可明顯區分出其相異之處，特約商店應足以辨認為非本人使用信用卡而取消交易。

（三）……豈可事後又對被告索賠。原告……應能承擔此種第三人冒用行為，故對確定非本人消費之帳款，兩造間雖有定型化契約以掛失後二十四小時為風險劃分，亦應彈性作優於消費者之解釋，不受二十四小時限制。……，故原告系爭之帳款，應為原告與特約商店間之糾紛，與被告無關。……

貳、被告全○通訊行：

一、聲明：原告之訴駁回。

二、陳述：

目前信用卡已遺失，無法證明當時被告未盡核對義務，且被告即特約商店係

以信用卡上之簽名與簽單上之簽名核對，原告亦無法證明信用卡上之簽名和申請書上之簽名相同。被告確實已盡核對信用卡簽名之義務，系爭消費款項之損失應由銀行即原告負擔。

參、被告可○企業有限公司：

一、聲明：原告之訴駁回。

二、陳述：

原告既主張簽單上之簽名與信用卡上之簽名相符，復主張該簽名不相符而認被告未盡核對持卡人簽名之義務，其主張顯有矛盾，且被告確實已善盡核對持卡人簽名之義務，此風險應由原告承擔，況且被告亦僅與收單銀行間有契約關係。……

理　　由

一、原告起訴主張……。

二、被告廖○○則以……。

被告全○通訊行及可○公司則分別以……。

三、原告主張其為VISA/MASTERCARD國際發卡組織之會員銀行，有權發行信用卡，提供信用與持卡人，為持卡人代償其餘特約商店之刷卡消費債務。被告廖○○於八十七年六月間向原告申請信用卡使用，並經原告發卡在案。而被告全○通訊行及可○企業公司為收單銀行之訴外人上海商業銀行特約商店，提供VISA/MASTERCARD信用卡持卡人持卡信用消費。嗣原告向被告廖○○請求其於八十七年十二月二十二日持上開信用卡於被告全○通訊行及可○企業公司所消費之系爭消費款項，被告廖○○聲明該信用卡遺失，系爭消費款非其所消費，而向原告掛失上開信用卡，並拒付系爭消費款之事實……堪信為真實。

四、經查，……原告已於信用卡帳單上顯示被告廖○○已毋庸為付款之表示，依上開說明，應認原告就系爭消費款有為免除對被告廖○○債權之意思表示，……故原告此部分之主張，即乏所據。

五、原告復主張對被告全○通訊行及可○公司就系爭消費款有下列請求權得以行使，茲就原告此部分之請求，審究如下：

（一）按侵權行為所發生之損害賠償請求權，以有故意或過失不法侵害他人權利為其成立要件……。又民法第一百八十四條第一前段規定，以權利之侵害為侵權行為要件之一……，被告全○通訊行及可○公司所負義務即係於持卡人持信用卡消費時，應核對信用卡上之簽名與持卡人於消費簽單上之簽名是否相符，然本件持以消費之信用卡業已遺失，則已無法證明本件系爭

消費款信用卡簽帳單上之簽名顯與信用卡上之簽名是否顯不相符……。應認本件原告就被告有何故意過失行為之舉證不足。縱認本件被告確有故意或過失，……原告所蒙受者應為財產上之損失，即所謂『純粹經濟上之損失』，尚難謂有何權利受損可言，……應予駁回。至原告另依據民法第一百八十四條第一項後段規定，……惟……原告亦無法舉證證明被告有其所謂之違法以及不當行為，或有違反保護個人法益之法規，或廣泛悖反規律社會生活之根本原理的公序良俗行為，尚難僅憑原告片面之詞而認被告應負擔系爭損害賠償責任。

（二）不當得利請求權：……被告全○通訊行及可○公司係依據其與收單銀行間所簽定之契約關係取得收單銀行所給付之系爭消費款，尚難謂其取得款項屬無法律上之原因而領受給付，……，不應准許。

（三）契約上之損害賠償請求權：查依信用卡特約商店合約書約定條款……信用卡，並非由收單銀行本身所發行，而係接受與收單銀行間另有契約關係之國際信用卡組織如VISA或MASTERCARD所授權發行之信用卡，而透過收單銀行處理簽帳單據後先行支付款項與特約商店，取得系爭簽帳單據後持以向發卡銀行請求給付帳款，是就特約商店與收單銀行所簽訂之特約商店合約書中，要求被告應詳查持卡人之身分並詳細比對持卡人之簽名之注意義務，應係契約一方之收單銀行為確保其給付系爭款項後向發卡銀行請求給付之權利，而約定使特約商店負擔善良管理人之注意義務，並未有使發卡銀行成為利益第三人契約中之第三人地位，……，難認發卡銀行得享有獨立直接請求權之地位。是原告主張依契約之法律關係請求被告全○通訊行及可○公司給付原告所受之損害，於法無據，不應准許。

（四）危險事業經營責任：……按民法第一百九十一條之三規定係指經營一定事業或從事其他工作或活動之人，其工作或活動之性質或其使用之工具或方法有生損害於於他人之危險者，對他人之損害應負賠償責任。本條之規範意旨，依據立法理由書，鑑於『一、從事危險事業或活動者製造危險來源；二、僅從事危險事業或活動者於某種程度控制危險；三、從事危險事業或活動者因危險事業所生之損害負賠償之責，係符合公平正義之要求』是經營一定事業或從事任何工作或活動，其工作或活動之性質，或其使用之工具或方法，具有一定危險性者，例如：電力公司裝設電線、自來水公司裝設地下水管、瓦斯公司裝設瓦斯管等行為，具有某種程度發生損害之危險，始應適用本條負責。本件原告主張被告（特約商店）以接受信用卡簽帳代消費款項現金清償之方式，為其事業之經營方法之一，惟接受信用

卡簽帳代消費款項現金清償並不具有民法第一百九十一條之三規定之危險，原告尚難以此主張特約商店如未審查持卡人之身分並詳細比對持卡人之簽名，而為非正當權利人所盜用，將造成如原告之發卡銀行無端付款之危險，而認被告全○通訊行及可○公司應依民法第一百九十一條之三規定負擔危險責任，是原告此部分請求，尚非可採。

（五）影響交易秩序之欺罔且顯失公平行為之損害賠償請求權：……按公平交易法第二十四條、三十一條規定係指係規定於同法第三章不公平競爭，……發卡銀行與收單銀行及特約商店相互間，係屬共生共榮之商業體系，蓋發卡銀行所核發之信用卡得在較多之特約商店使用，方能提供較高之便利性與持卡人，進而吸引消費者辦理信用卡使用消費，尚難謂特約商店藉此有何不正競爭之行為……原告亦未舉證證明被告全○通訊行及可○公司確有以欺罔且顯失公平之方法增加交易機會之情，是其此部分主張，自不足採。

（六）代位收單銀行之損害賠償請求權：……原告未能舉證證明被告有何違反善良管理人注意義務之情形，則收單銀行對被告全○通訊行及可○公司即難認有何請求權，是原告所據以主張代位行使之請求權既不存在，自無從代位請求，此部分主張，亦屬於法無據，應予駁回。……。

七、綜合上述，原告主張依運送契約及侵權行為之法律關係，請求被告○○公司損害賠償部分，固非無據，惟其未以美金為據，逕予主張被告○○公司依新台幣給付，自非正當，應予駁回；至原告主張依侵權行為法律關係，請求被告華○公司損害賠償部分，未能證明被告華○公司就系爭貨物之損害有故意或過失情事，此部分之請求，亦屬無據，應予駁回。原告之訴既經駁回，其假執行之聲請亦失所附麗，應併予駁回。

中　華　民　國　九十　年　一　月　三十一　日
臺灣新竹地方法院新竹簡易庭

（六）臺灣新竹地方法院九十二年度訴字第一一七號民事判決

【主要爭點】

　　大貨車司機駕駛大貨車送貨之行為，是否屬於民法第一百九十一條之三所定之危險工作或活動。

【事實摘要】

原告主張被告謝○○受僱於被告○興鋼鐵股份有限公司，駕駛該公司所有大貨車，於民國八十九年十二月二十一日清晨五時許，由南往北行經西濱公路鳳鼻隧道口前，突然自外側變換車道，煞停在內側車道等紅燈，致原告之子所駕駛之小貨車閃避不及，車頭撞擊大貨車右後車尾，造成頭部外傷、顱內出血、胸部挫傷、雙下肢夾壓骨折之傷害，經送醫急救，不治死亡，爰依民法第一百八十四條第一項前段、第二項及第一百九十一條之三等規定，請求被告連帶負損害賠償責任。

【解析】

一、本判決認為受僱於貨運公司之大貨車司機，並非經營事業者，且其平時工作內容為送貨，而送貨之本質及使用貨車送貨之行為，難認係有生損害於他人之危險，否則所有駕車之交通行為，即均在民法第一百九十一條之三的適用範圍，應非立法本旨，此觀同法第一百九十一條之二已就動力車輛駕駛人之侵權責任另為規定即明。

二、依吾人一般日常生活之經驗判斷，以貨車送貨，若該貨物本身並無類似爆裂物、汽油等之危險性者，尚非屬有致生損害於他人之高度、特殊、不合理或異常危險，亦不致視其為危險來源，應無民法第一百九十一條之三的適用。

三、本判決認為僅限於經營事業者始有上開法條之適用，惟依該條文內容觀之，從事其他工作或活動之一般人亦應包括在內，並不以經營事業者為限。另本件被告如同時成立民法第一百九十一條之三與第一百九十一條之二動力車輛駕駛人之責任，究為請求權競合或法條競合（本判決似認法條競合），值得進一步探究。

【裁判內容】

臺灣新竹地方法院九十二年度訴字第一一七號民事判決

原　　　　告　呂萬○
　　　　　　　呂紀○○
訴訟代理人　李文傑律師
　　　　　　　林建鼎律師
複 代 理 人　戴志宇
被　　　　告　謝○○

　　　　　○興鋼鐵股份有限公司
　　法定代理人　黃○○
　　複 代 理 人　游淑修
右當事人間請求損賠償事件，本院判決如左：
　　　　主　　　文
原告之訴及假執行之聲請均駁回。
訴訟費用由原告負擔。
　　　　事　　　實
甲、原告方面：
一、聲明：
（一）被告應連帶給付原告呂萬○新台幣（下同）七十二萬六千七百七十一元、
　　　原告呂紀○○五十八萬六千四百四十七元，及均自起訴狀繕本送達翌日
　　　起，至清償日止，按年息百分之五計算之利息。
（二）原告各願提供擔保，請求宣告假執行。
二、陳述：
（一）被告謝○○係受僱於被告公司，於民國八十九年十二月二十一日清晨五時
　　　許，駕駛○興公司所有……大貨車，由南往北行經西濱公路鳳鼻隧道口
　　　前，突自外側車道變換至內側車道，致同向行駛於內側車道，由原告之子
　　　呂春雄所駕駛之……小貨車閃避不及，車頭撞擊被告謝○○所駕大貨車右
　　　後車尾，造成被害人呂春雄……於當日上午六時二十分不治死亡。
（二）……被害人呂春雄曾試圖趨避至外側車道，惟因距離不足，仍撞擊被告謝
　　　○○所駕大貨車之右後方，……因被告謝○○違反前揭規定，未保持安全
　　　距離，任意由外側車道變換至內側車道所致，是被告謝○○當時並無超越
　　　前車或左轉彎之需要，卻行駛於內側車道，違反右揭保護他人行車安全之
　　　規定，對本件車禍之發生，難辭其咎，殆無庸疑。……
（四）……依民法第一百九十一條之三之規定，被告謝○○以駕駛大貨車為業，
　　　自係深悉其駕駛行為，隨時可致他人身體生命於危險，
（五）按……民法第一百八十四條及第一百八十八條定有明文。又……亦為民法
　　　第一百九十二條、第一百九十四條所明定。今本件車禍肇因於被告謝○○
　　　之違規駕駛行為，已如前述，其應負賠償責任灼然甚明……。
乙、被告方面：
壹、謝○○方面：
一、聲明：

（一）原告之訴及假執行之聲請均駁回。

（二）如受不利判決，願供擔保免為假執行。

二、陳述：本件車禍係被告謝○○在送貨的途中，被害人自己撞上其所駕駛正停下來等待紅燈之貨車，……主要是因被害人未保持安全距離，又未注意車前狀況，……沒有辦法預防被害人來追撞其所駕駛之車輛。……

貳、○興鋼鐵股份有限公司（以下簡稱○興公司）方面：

一、聲明：

（一）原告之訴及假執行之聲請均駁回。

（二）如受不利判決，願供擔保免為假執行。

二、陳述：被告謝○○係受雇於被告公司，平日工作內容即係送貨，事發當日是於送貨途中行經肇事路段時，被告謝○○在等待紅燈而遭被害人所追撞，被害人確未注意車前狀況，且其所駕駛之車輛已遭註銷，又未注意車前狀況，車禍之發生是被害人之過失所致，且被害人為無牌照違規行駛，被告謝○○與被告公司應無庸對原告負連帶賠償責任。……

理　　由

一、本件原告起訴主張……。

二、被告謝○○與被告○興鋼鐵股份有限公司則辯稱……。

三、原告主張被告謝○○係受雇於被告○興公司，平日以駕駛大貨車送貨為業，於八十九年十二月二十一日清晨五時許，其駕駛被告○興公司所有車號六G一七○八號之大貨車，由南往北行經西濱公路鳳鼻隧道口前，與原告之子呂春雄所駕駛之系爭車輛發生撞擊，被害人呂春雄因而受有頭部外傷、顱內出血、胸部挫傷、雙下肢夾壓骨折之傷害，並於當日上六時二十分不治死亡之事實，……，自堪信原告此部分之主張為真實。

四、按……民法第一百八十四條定有明文。……次按……道路交通安全規則第九十八條第一項第一款、第六款亦定有明文。……經查：

（一）……道路交通安全之規定，其應不得行駛在內側車道。……應屬於保護他人之法律甚明，則被告謝○○有此部分違反保護他人之法律之情事，堪以認定。……

（三）……被告謝○○雖有違反道路安全規則第九十八條第一項第一款規定之行為，然在一般情形下，大貨車行駛於內側車道，倘非系爭車輛未注意車前狀況而自後追撞，通常亦不會有本件車禍結果之發生，是亦難認被告謝○○一有上開行為，即與本件車禍有因果關係。

（四）至原告復主張被告謝○○有違民法第一百九十一條之三之規定一節，……

被告謝○○係受雇於被告○興公司，故非經營事業者，又其平時工作內容為送貨，而送貨之本質及使用貨車送貨之行為，尚難認係有生損害於他人之危險，蓋倘此解釋，則所有駕車之交通行為，即均在此法律條文規範範圍，顯非立法之本旨，此觀同法第一百九十一條之二已就動力車輛駕駛人之侵權責任有另為規定即明，是被告謝○○以貨車送貨之行為應非在危險製造人之侵權責任規範範圍內，原告此部分之主張，亦非可採。

六、綜上所述，本件被告謝○○於事故發生當時，雖有違反保護他人法律之行為，然其違規行為，與被害人呂○○之死亡間，尚難認有因果關係，是被告謝○○自無庸就本件車禍負損害賠償責任。被告謝○○既無需就本件車禍負損害賠償責任，則被告○興公司即無依民法第一百八十八條之規定與被告謝○○負連帶損害賠償責任之餘地。

七、從而，本件原告主張依侵權行為之法律關係，訴請被告連帶給付原告呂萬○七十二萬六千七百七十一元、原告呂紀○○五十八萬六千四百四十七元，及均自起訴狀繕本送達翌日起，至清償日止，按年息百分之五計算之利息，即乏所據，不應准許。……。

中　華　民　國　九十二　年　六　月　十一　日
臺灣新竹地方法院民事第○庭

（七）臺灣臺中地方法院九十年訴字第二五三三號民事判決

【主要爭點】

大樓管理委員會及管理維護公司管理維護公寓大廈之行為，是否屬於民法第一百九十一條之三所定之危險工作或活動。

【事實摘要】

原告主張被告宗○世貿廣場大樓管理委員會於民國九十年七月十七日委託被告旭○公寓大廈管理維護公司洽請訴外人大榕電機股份有限公司進行大門修繕工程，卻疏未通知全體住戶，且未於施工時在大門公共出入區域作安全隔離設施，亦無警示標語，致原告行經該大樓電動安全門時，不慎撞及大門旁之透明固定玻璃，受有左眼瞼裂傷，爰依民法第一百八十四條第一項前段、第一百八十五條、第一百九十一條之三及公寓大廈管理條例第六條第一項第一款之規定，請求被告

連帶賠償損害。

【解析】

　　民法第一百九十一條之三所定之「危險」工作或活動，除須具有「高度」、「不合理」、「特殊」及「異常」等特徵外，更應具有能獲利、加害人對該危險得予掌控及避免、危險可藉由保險分散及由被害人舉證顯屬不公平等要件。公寓大廈之管理維護行為，依社會上一般人之生活經驗判斷，並不生損害於他人之危險性，亦不會被視為危險來源，從而公寓大廈管理維護行為並不具有高度危險性，非屬該條所規範之從事危險事業或活動者，自無民法第一百九十一條之三的適用。

【裁判內容】

　　臺灣臺中地方法院九十年訴字第二五三三號民事判決
　　　　原　　　告　黃○○
　　　　訴訟代理人　孫○○
　　　　被　　　告　宗○世貿廣場大樓管理委員會
　　　　法定代理人　蘇○○
　　　　被　　　告　旭○公寓大廈管理維護有限公司
　　　　法定代理人　賴東林
　　右當事人間請求損害賠償事件，本院判決如左：
　　　　主　　　文
　　原告之訴及其假執行之聲請均駁回。
　　訴訟費用由原告負擔。
　　　　事　　　實
甲、原告方面：
一、聲明：（一）被告應向原告道歉。（二）被告應連帶給付原告新台幣（下同）十萬元，及自起訴狀繕本送達翌日起至清償日止，按年息百分之五計算之利息。（三）就前項聲明部分，原告願供擔保請准宣告假執行。
二、陳述：
（一）被告宗○世貿廣場大樓管理委員會（下稱宗○管委會）於民國九十年七月十七日委託被告旭○公寓大廈管理維護有限公司（下稱旭○公司）洽請訴外人大榕電機股份有限公司（下稱大榕公司）進行大門修繕工程，被告卻

疏未通知全體住戶，且於施工當時未於大門公共出入區域作安全隔離設施，亦未有警示標語，造成原告行經該大樓電動安全門時，不慎撞及大門旁之透明玻璃壁，致原告受有……傷害……。

（二）事發之後，被告對原告不聞不問，爰依民法第一百八十四條第一項前段、第一百八十五條、第一百九十一條之三、第一百九十三條、第一百九十五條、公寓大廈管理條例第六條第一項第一款之規定，請求：被告應向原告道歉，被告應連帶給付原告……。

三、對被告所為抗辯之陳述：

（一）……原告誤認大門旁邊之透明玻璃壁亦為門，乃轉由旁邊往外走，遂撞及大門旁之透明玻璃壁而受傷，之後原告又退回去由大門走出，當時原告不知自己已經受傷，是出去後由他人告知。

（二）原告……平日均由後門進入該大樓，對前門比較不熟悉。

四、證據：提出診斷證明書、調解不成立證明書、統一發票、勞工保險卡、畢業證書各一份、公司基本查詢資料、醫療費用收據各二份為證。

乙、被告方面：

一、聲明：（一）駁回原告之訴及其假執行之聲請。（二）如受不利之判決，願供擔保請准免為假執行。

二、陳述：

（一）台中市宗○世貿廣場大樓玻璃大門之公共設施，並非被告宗○管委會及旭○公司所有，係該大樓全體住戶區分共有玻璃大門之公共設施，該大樓玻璃大門於九十年七月十七日需要維修，由玻璃大門區分共有人委託被告宗○管委會，再委託被告旭○公司找人維修，被告旭○公司則請訴外人大榕公司派人進行維修，於進行維修時，玻璃大門打開，每人均可通行出入，當時原告要走出該大樓，可由已開啟玻璃門之大門走出，惟原告因走路有過失，……自行撞及玻璃壁，並無受傷，再轉向已開啟之玻璃大門走出。被告……並無使……告自行撞及玻璃牆之侵權行為，原告依民法第一百八十四條第一項前段及第一百八十五條規定請求被告負損害賠償責任及向原告道歉，均於法不合。

（二）原告於起訴狀自認於台中市宗○世貿大樓進行施行工程之人，係訴外人大榕公司，被告並非宗○世貿大樓進行施行工程之人，且亦無使用工具或方法損害原告，原告依民法第一百九十一條之三規定請求被告負損害賠償責任及向原告道歉，亦於法不合。……

（四）……定作人並非被告二人，係就該玻璃大門有區分共有權之住戶為定作

人，被告二人……亦非承攬人，原告訴請被告負損害賠償責任，於法不合，且爲當事人不適格。……

　　　理　　由

甲、程序方面：……。

乙、實體方面：

一、原告主張：……。被告則以：……。

二、原告主張被告宗○管委會於九十年七月十七日委託被告旭○公司洽請訴外人大榕公司進行大門修繕工程之事實，爲被告所自認，堪信爲眞實。本件所應審究者，乃原告得否依民法第一百八十四條第一項前段、第一百八十五條、第一百九十一條之三、第一百九十三條、第一百九十五條、公寓大廈管理條例第六條第一項第一款之規定，請求被告負共同侵權行爲之連帶賠償責任。經查：

（一）……依原告陳述之情節觀之……該大門仍可正常開啓以供出入，且原告已見該大門正進行維修工程，則原告本身理當注意當時四周情況，乃竟疏於注意，誤認大門旁之玻璃壁爲門而自行撞傷，此應係原告本身之過失所致，非被告所能預見其發生。……當時大榕公司人員正進行維修工作，從外觀上應足以提醒原告應謹愼通過該大門。是本件被告就原告所受之傷害及損失，實難認有何故意或過失責任可言，自不得課其應負侵權行爲之損害賠償責任。

（二）其次，民法第一百九十一條之三所規定：……乃針對從事危險事業或活動者，例如桶裝瓦斯廠裝填瓦斯、爆竹廠製造爆竹、使用炸藥開礦或燃放焰火等，就其危險所生之損害應負賠償任，而訂定之特別規定。本件被告宗○管委會、旭○公司均非屬該條所規範之從事危險事業或活動者，自無該條之適用。

（三）至公寓大廈管理條例第六條第一項第一款之規定……，並非請求侵權行爲損害賠償之依據，併予敘明。

三、綜上所述，本件原告主張被告應負共同侵權行爲之損害賠償責任，爲不足採；被告抗辯其無故意或過失，應屬可信。從而，原告本於侵權行爲之法律關係請求被告向原告道歉，暨應連帶給付醫療費用五百十元、鏡片損失費用一千二百六十元、非財產上之損害九萬八千七百四十元，及自起訴狀繕本送達翌日起至清償日止，按年息百分之五計算之利息，爲無理由，不應准許；其假執行之聲請，亦因而失所依附，應併予駁回。……

中　華　民　國　九十　年　十一　月　二十三　日

臺灣臺中地方法院民事第〇庭

（八）臺灣高雄地方法院九十三年度重訴字第二八三號民事判決

【主要爭點】

　　經營鋼管粉體塗裝事業者，未於機械之電動傳動軸上方加裝防護罩及於適當位置豎立明顯標誌之緊急制動裝置，致其員工於作業時，手臂被捲入傳動軸內而截肢，是否屬於民法第一百九十一條之三所定之危險工作或活動。

【事實摘要】

　　原告主張被告係從事鋼管粉體塗裝業務公司之負責人，應遵守勞工安全衛生法第二條第二項所定雇主應注意防止機械、器具、設備等引起之危害，竟疏未注意於工廠內作業機械之電動傳動軸上方裝置防護罩及於適當位置豎立明顯標誌之緊急制動裝置，致受僱於該公司任作業員之原告於民國九十一年九月二十四日十一時許，實施鋼管粉體塗裝作業時，因電動傳動軸故障旋轉不順暢，而以腳踢鬆動滾輪，並以手推動直管助其旋轉，適其穿戴之手套沾上塗料具有黏性，於推動直管時碰及傳動軸而遭沾黏，手臂隨之捲入傳動軸內，身體被拋過作業平台，造成左手第二關節以上被扯斷、左前臂完全截肢之重傷害，爰依民法第一百八十四條及第一百九十一條之三等規定，請求被告負損害賠償責任。

【解析】

　　民法第一百九十一條之三所定之「危險」工作或活動，除須具有「高度」、「不合理」、「特殊」、「異常」等特徵外，更應具有能獲利、加害人對該危險得予掌控及避免、危險可藉由保險分散及由被害人舉證顯屬不公平等要件。本判決認為從事鋼管粉體塗裝之業務，並無民法第一百九十一條之三的適用。惟其未依社會上一般人日常生活之經驗，詳加分析判斷從事鋼管粉體塗裝業務者所使用之工具或方法即其所利用之機具是否具有危險性。本件作業員使用之機械轉軸倘未具危險性，何以本判決認定該機具應注意設置防止危害之必要安全設備即機具上應加裝防護罩以避免危險，因被告未設置而據此認定經營鋼管粉體塗裝事業者就其作業員所受截肢之重傷害應負過失責任。

　　又本判決如同時構成民法第一百八十四條第一項、第二項及民法第

一百九十一條之三之侵權責任，其間應有請求權競合之關係。

【裁判內容】

臺灣高雄地方法院九十三年度重訴字第二八三號民事判決

原　　　告　司○○
訴訟代理人　江雍正律師
　　　　　　許乃丹律師
　　　　　　張清雄律師
被　　　告　曾○○
訴訟代理人　蔡東賢律師
　　　　　　馮基源律師
　　　　　　戴仲懋律師
受告知人　徐忠銘

右當事人間請求損害賠償事件，經本院於民國九十三年十月十三日言詞辯論終結，判決如下：

　　　　　主　　文

被告應給付原告新臺幣貳佰捌拾壹萬肆仟肆佰陸拾捌元，及自民國九十三年五月一日起至清償日止，按年息百分之五計算之利息。

原告其餘之訴駁回。

訴訟費用由被告負擔二十分之九，餘由原告負擔。

本判決關於原告勝訴部分，於原告以新臺幣玖拾肆萬元為被告供擔保後，得假執行。

但被告如以新臺幣貳佰捌拾壹萬肆仟肆佰陸拾捌元為原告預供擔保，得免為假執行。

原告其餘假執行之聲請駁回。

　　　　事實及理由

一、原告起訴主張：被告係……「萬蕙企業有限公司」（下稱萬蕙公司）之負責人，其係從事鋼管粉體之塗裝業務並為勞工安全衛生法第二條第二項所稱之雇主而應注意防止機械、器具、設備等引起危害之義務，對於機械之原動機、轉軸、齒輪、帶輪、飛輪、傳動輪、傳動帶等有危害勞工之虞之部分，應注意設護罩、護圈、套胴、跨輪等設備，另對於使用動力運轉之機械而具有顯著危險者，應於適當位置暨有明顯標誌之緊急制動裝置，立即遮斷動力

並與制動系統連動，使能於緊急時快速停止機械之運轉，而其依當時之情形並無不能注意之情狀，竟疏未注意於該工廠內作業機械之電動傳動軸上方裝置防護罩及緊急制動裝置，致受僱於該公司之作業員即原告於民國九十一年九月二十四日十一時許，在為鋼管粉體塗裝作業時，因電動傳動軸故障旋轉不順暢，經原告以腳踢鬆動滾輪，並以手推動直管助其旋轉，惟因原告穿戴之手套沾上塗料具有黏性，在推動直管時因碰及傳動軸而遭沾黏，致手臂因而遭捲入傳動軸內，身體被拋過作業平台而使左手第二關節以上被扯斷因致左前臂完全截肢之重傷害，……，依民法第一百八十四條、第一百九十一條之三之規定，其自應負侵權行為損害賠償之責任，而原告……受有下列損害：……。

二、被告則以：伊固係萬蕙公司之負責人，惟訴外人昕合美工業股份有限公司（下稱昕合美公司）前因積欠萬蕙公司債務，該公司乃將其上開工廠之機器設備及生產技術出租及轉移予萬蕙公司，而被告於案發當時並非該工廠之負責人，該工廠仍屬訴外人昕合美公司所有，其負責人自仍應為受告知人徐忠銘，且原告實際上亦受受告知人徐忠銘之指揮監督而非受被告管理，故原告之實際雇主應為訴外人昕合美公司，被告自無違反勞工安全衛生法可言，而被告亦無於傳動軸上加裝防護罩之義務，本件工安事故之發生係因原告自身操作機械不當以致受傷，縱認被告有過失，原告亦與有過失等語資為抗辯，……。

三、……經查：

(一) ……包括原告在內之原訴外人昕合美公司之十二名員工，自九十一年九月一日起，正式成為訴外人萬蕙公司之員工……，況本件事發之後，被告負責之萬蕙公司即曾……通知原告前往辦理強制退休及領取殘障補償金等……被告何須以訴外人萬蕙公司之名義處理本件工安之善後問題，原告於事發時自屬訴外人萬蕙公司所屬之員工甚明，……。

(二) 按「本法所稱雇主，謂事業主或事業之經營負責人。」、「雇主對於防止機械、器具、設備等引起之危害，應有符合標準之必要安全衛生設備」、「雇主對於機械之原動機、轉軸、齒輪、帶輪、飛輪、傳動輪、傳動帶等有危害勞工之虞之部分，應有護罩、護圍、套胴、跨橋等設備」、「雇主對於使用動力運轉之機械，具有顯著危險者，應於適當位置設置有明顯標誌之緊急制動裝置，立即遮斷動力並與制動系統連動，能於緊急時快速停止機械之運轉」，勞工安全衛生法第二條第二項、第五條第一款及勞工安全衛生設施規則第四十三條第一項、第四十五條分別定有明文。……被告

既為勞工安全衛生法第二條第二項所稱之雇主，……其對該工廠之勞工安全問題自不能罔為不顧，……自應注意設置必要安全之防止機械引起危害之設備，……被告對於所屬工廠內之機械轉軸上應加裝防護罩乙事並非不能知悉），其於原告之受傷自存有過失應堪認定，……。

五、按……民法第一百八十四條第二項前段、第一百九十三條第一項、第一百九十五條第一項前段分別定有明文。本件工安事故之發生乃因被告未注意依法維護工廠內機械設備之安全，並原告未注意依程序操作機器所造成，而原告業因本件事故致受上開傷害，且其所受之傷害與被告之過失行為亦顯有相當因果關係，故原告依據侵權行為之法則請求被告予以賠償，自屬有據。茲就原告所得請求被告賠償之金額分述如下：……。

六、末按民法第一百九十一條之三之規範對象乃係經營一定事業或從事其他工作或活動之人，且其工作或活動之性質或其使用之工具或方法有生損害於他人之危險者，例如工廠排放廢水或廢氣、筒裝瓦斯場裝填瓦斯、爆竹廠製造爆竹、舉行賽車活動、使用炸藥開礦、開山或燃放焰火等始有適用餘地，而本件被告所經營之萬蕙公司係從事鋼管粉體之塗裝之業務，此非屬危險之工作或活動，自與上開規定不合，是原告爰引該條規定而為請求，於法尚有未合，……。

七、兩造均陳明願供擔保，請准宣告假執行或免為假執行，關於原告勝訴部分，經核均無不合，爰各酌定如主文所示之擔保金額，併予准許。至原告敗訴部分，其假執行之聲請，已失所附麗，應併予駁回。……。

中　華　民　國　九十三　年　十　月　二十二　日
臺灣高雄地方法院民事第○庭

（九）臺灣高等法院九十五年度上字第九九一號民事判決—第一審：臺灣基隆地方法院九十五年度訴字第七二號民事判決【見肆、六】；第三審：最高法院九十七年度台上字第五八三號民事裁定【見壹、一、（十）】；再審裁判：最高法院九十七年度台聲字第六七三號民事裁定【見參、三、（一）】

【主要爭點】

營造公司動用大型機械（怪手）施作工程，是否屬於民法第一百九十一條之

三所定之危險工作或活動。

【事實摘要】

　　上訴人主張系爭房屋原為其女即三名訴外人所共有,被上訴人○吉營造股份有限公司承攬另一被上訴人經濟部○○署所屬第九河川局之「基隆河整體治理計畫(前期計畫)碇內—七堵區段堤防工程」時,因經濟部○○署之定作指示錯誤,致該公司將系爭房屋中不應拆除之部分予以拆除,且該公司於民國九十三年七月二十七日動用大型機械(怪手)強力震動拆除房屋時,因施工不良導致未拆除部分受有牆壁龜裂及屋頂漏水等損害。又該公司施作堤防工程前本應先作好防護措施,卻漏未施作,造成河岸開挖基礎時邊坡滑動,除房屋內之生財器具裝載機一部及古早時特種磚一批滑落河中外,該屋亦傾斜受損,爰以其受讓訴外人之該屋所有權及損害賠償請求權,依民法第一百八十四條、第一百八十九條、第一百八十五條及第一百九十一條之三等規定,請求被上訴人連帶負損害賠償責任。

【解析】

一、民法第一百九十一條之三所定之「危險」除具有「高度」、「不合理」、「特殊」及「異常」等特徵外,更應具有能獲利、加害人對該危險能予掌控並避免、危險可藉由保險分散及由被害人舉證顯屬不公平等要件。本判決認為工程施作並非從事危險事業或活動者製造危險之來源,亦非因危險事業或活動而獲取利益為主要目的,自非得適用該條之規定。惟工程施作所使用之工具例如挖土機、怪手等,依社會上一般日常生活之經驗判斷,若一有疏失即會造成重大傷亡與財產上損失,故尚非不得認係屬高度危險,且業者可藉此獲利,並得以責任保險來分散風險,似非得全然認無民法第一百九十一條之三的適用。

二、本判決之見解嗣為最高法院九十七年度台上字第五八三號所採認,而裁定駁回原告之上訴,惟經原告聲請再審,最高法院九十七年度台聲字六七三號民事裁定補充說明:營造公司所從事經營之事業,依其工作或活動之性質若使用不當之工具或方法致有生損害於他人之危險者,有民法第一百九十一條之三之適用,惟以本件被上訴人於防止損害之發生已盡相當之注意,依該條但書規定自無損害賠償責任可言,而駁回上訴人之聲請再審。

【裁判內容】

臺灣高等法院九十五年度上字第九九一號民事判決

　　上　訴　人　王○○
　　訴訟代理人　陳福寧律師
　　被 上 訴 人　○吉營造股份有限公司
　　法定代理人　黃○○
　　訴訟代理人　何朝棟律師
　　被 上 訴 人　經濟部○○署
　　法定代理人　陳○○
　　訴訟代理人　陳隆政
　　　　　　　　張雙華律師

上列當事人間請求損害賠償事件，上訴人對於中華民國95年10月12日臺灣基隆地方法院95年度訴字第72號第一審判決提起上訴，，本院於96年12月11日言詞辯論終結，判決如下：

　　主　　文

上訴駁回。

第二審訴訟費用由上訴人負擔。

　　事　　實

甲、上訴人方面：

壹、聲明：

一、原判決廢棄。

二、被上訴人應連帶給付上訴人新台幣（下同）228萬2660元及自起訴狀繕本送達之翌日起至清償日止按年息百分之5計算之利息。

三、上訴人願供擔保，請准宣告假執行。

　　貳、陳述：除與原判決記載相同者外，補稱略以：

一、上訴人未拒絕○吉營造公司施工前作房屋現況鑑定。

二、○○署所提監工日報表不實在。

三、○○署所提92.10.24會勘紀錄所載「上方樓房地面嚴重龜裂」該房屋是上訴人房屋。

四、上訴人明知有損害及賠償義務人係台北市土木技師公會完成鑑定報告書之日即94年6月13日。

五、○吉營造公司於施工前未做防護措施。

六、本件損害之舉證責任，依民法第191條之3規定，應由○吉營造公司負責。

七、被上訴人經濟部○○署，對於○吉營造公司未依承攬契約於施工前做防護措施，且依會勘記載，未作好土質鑑定，設計適當之施作方式，又未作鄰屋現況鑑定，於拆屋占用水道治理線內房屋時，以大型機具拆屋，震動波造成非拆部分之房屋龜裂，顯然係有定作或指示有過失，依法應負定作人之責任。

乙、被上訴人方面：

A、被上訴人○吉營造股份有限公司（下稱○吉公司）方面：

壹、聲明：

一、上訴駁回。

二、如受不利判決，被上訴人願供擔保，請准宣告免為假執行。

貳、陳述：除與原判決記載相同者外，補稱略以：

一、若92.10.24會勘紀錄所載「上方樓房地面嚴重龜裂」之房屋係上訴人所有系爭房屋，被上訴人為時效抗辯。

B、被上訴人經濟部○○署（下稱○○署）方面：

壹、聲明：

一、上訴駁回。

二、如受不利判決，被上訴人願供擔保，請准免為假執行。

貳、陳述：除與原判決記載相同者外，補稱略以：

一、上訴人上訴雖仍指摘被上訴人身為定作人，對承攬人即○吉公司之指示或定作有過失，但卻未提出任何證據以證其說，是其上訴顯乏依據。

二、若92.10.24會勘紀錄所載「上方樓房地面嚴重龜裂」之房屋係上訴人所有系爭房屋，被上訴人為時效抗辯。

理　　由

一、……。

二、

（一）上訴人主張：緣訴外人王慧燕向國有財產局承租坐落基隆市七堵區工建段1-19地號土地，面積195平方公尺。王慧燕、王慧靜及王佩絹三人（下稱王慧燕等人）所共有，坐落1-19等地號土地上之房屋（門牌號碼基隆市明德一路338號，下稱系爭房屋）並未劃在基隆河水道治理計劃線範圍內。被上訴人○○署擅自變更基隆河道治理計劃，將王慧燕承租之1-19地號土地面積195平方公尺，其中28平方公尺劃入治理計劃線範圍內。被上訴人○吉公司承攬被上訴人○○署所屬第九河川局「基隆河整體治理計畫（前期計畫）碇內-七堵區段堤防工程」（下稱系爭堤防工程），因○○署之指

示錯誤，致○吉公司將王慧燕等人所有系爭房屋一部不應拆除而拆除，且○吉公司於施工前未作鄰房現況鑑定及防護措施，○吉公司於93年7月27日動用大型機械（怪手）拆除該部分房屋時，因強力震動、施工不良導致系爭房屋未拆除部分受有牆壁龜裂、屋頂漏水等損害；又○吉公司施作堤防工程前本應先做好防護措施，卻漏未施作，導致河岸開挖基礎時邊坡滑動，致系爭房屋內之生財器具裝載機一部及古早時特種磚一批滑落河中外，系爭房屋亦因而傾斜、漏水。王慧燕等人受……損害……王慧燕等人業於95年5月將系爭房屋所有權移轉予上訴人，並於95年6月9日將系爭房屋損鄰賠償請求權讓與上訴人。○○署於系爭堤防工程之定作或指示有過失，致○吉公司將系爭房屋不應拆之部分拆除，○吉公司違法將系爭房屋不應拆除部分拆除，且施工前未施作防護措施致上訴人受有上述損害，○○署與○吉公司應負共同侵權行為損害賠償責任，爰依民法第184條、第189條、第185條、191條之3等規定請求被上訴人○吉公司、○○署連帶給付228萬2660元並加計遲延利息。

（二）被上訴人○○署……謂「基隆河治理基本計劃（南湖大橋至暖暖八堵橋）」及「基隆河治理計劃用地範圍圖」早於78年12月26日即……公告，上訴人所有系爭房屋……增建部分占用1-41地號土地而需拆除之面積為「住宅15平方公尺、陽台6.75平方公尺」，在拆除前經基隆安樂地政事務所鑑界，確認界樁點，○吉公司始為拆除，並無上訴人所稱有越界拆除之情事。被上訴人○○署對於○吉公司之選任及指示並無過失，○○署……絕無定作或指示過失可言，上訴人未舉證證明○○署有何過失之情，其主張○○署應負定作人責任，顯無足取。又上訴人不能證明系爭房屋之損害乃○吉公司施工所致……。又上訴人……於95年2月24日提起本件請求，其請求權已罹時效消滅等語。

（三）被上訴人○吉公司……辯以上訴人於施工前以系爭房屋未占用河川地非拆除標的為由拒絕房屋現況鑑定，其早於拆除系爭房屋越界部分之前即已做好H型鋼筋之防護措施，拆除及施工時亦時時監測，並利用經緯儀避免房屋傾斜。……○吉公司為時效抗辯。又依台灣省土木技師公會鑑定報告、台北市土木技師公會鑑定報告均認系爭房屋係往道路方向傾斜，足認○吉公司已作好施工防護工程。上訴人未證明系爭房屋之損害與○吉公司之施工有因果關係，其訴自屬無據。

（四）原審為上訴人敗訴之判決，上訴人提起上訴。

三、本件兩造不爭執事項……。

四、……茲審酌如下：

（一）被上訴人○○署有無擅自變更水道治理計畫線？○吉公司拆除系爭房屋有無違法？

　　……被上訴人○○署為實施系爭堤防工程，令承攬系爭工程之○吉公司將占用1-41地號部分之房屋拆除，自無違法或不當可言。

（二）被上訴人○吉公司拆除系爭338號房屋占用1-41地號水利地部分，及施作堤防工程有無上訴人所指施工不當或未作防護措施之情形？

　　……事實上系爭堤防工程之全部防護措施亦不可能於開工前完成，是上訴人此一主張即非可採。……尚難認○吉公司於拆除系爭房屋前未就房屋為現況鑑定，有何違反義務之情。……堪認○吉公司在拆除上訴人房屋、施作堤防工程前確已進行施打鋼板樁、H型鋼之防護措施。……亦證○吉公司於系爭工程確為防護措施。……上訴人指○吉公司以怪手拆除房屋，強力震動，造成未拆除部分之房屋牆壁龜裂、屋頂漏水等，即難認為真正。……。

（三）上訴人主張系爭房屋傾斜、龜裂、漏水、生財器具及古早磚滑落河中之損害，是否因○吉公司之施工不當所致？

　　……自難認上訴人系爭房屋傾斜、龜裂係被上訴人○吉公司施工不當所致。……台灣省土木技師公會94-0911號損害及安全鑑定報告書……亦無法證明系爭房屋之傾斜、牆壁龜裂是因○吉公司施工不當所致。……台北市土木技師公會鑑定報告（案號：9400226）……亦無從……認系爭房屋所受損害乃○吉公司施工所致。按民法第191條之3規定……本條規定係民國88年新增，其立法理由：「近代企業發達……且鑑於：(1)從事危險事業或活動者製造危險來源；(2)僅從事危險事業或活動者能於某種程度控制危險；(3)從事危險事業或活動者，因危險事業或活動而獲取利益，就此危險所生之損害負賠償之責，係符合公平正義之要求。──（例如：工廠排放廢水或廢氣、桶裝瓦斯場填裝瓦斯、爆竹場製造爆竹、舉行賽車活動、使用炸藥開礦、開山或燃放焰火。）」等語。查工程施作並非從事危險事業或活動者製造危險來源，亦非因危險事業或活動而獲取利益為主要目的，亦與民法第191條之3之立法理由所例示之工廠排放廢水或廢氣、桶裝瓦斯場填裝瓦斯、爆竹場製造爆竹、舉行賽車活動、使用炸藥開礦、開山或燃放焰火等性質有間，可知工程施作行為並無民法第191條之3之適用。上訴人指○吉公司應負民法第191條之3責任，亦非可採。……。

（四）被上訴人○○署之定作或指示有無過失？

……上訴人復未舉證證明○○署於定作或指示有過失，其主張○○署應負民法第189條之責，自無理由。……上訴人未能證明系爭房屋之損害與○吉公司之施工間有相當因果關係，已如前述，則上訴人此部分主張亦無可探。

（五）綜上所述，上訴人既未能證明其所有系爭房屋傾斜、漏水、生財器具及古早磚滑落河中之損害與○吉公司所為施工行為間具有相當因果關係，或係因被上訴人○○署指示不當所致，則上訴人依侵權行為法律關係請求被上訴人連帶賠償損害，即無理由，應予駁回。……。

五、綜上所述，上訴人主張為不足採。上訴人依民法第184條、第185條、第189條、第191條之3等規定，請求被上訴人○○署、○吉公司連帶給付228萬2660元及自起訴狀繕本送達翌日起至清償日止按年息百分之5計算之利息為無理由，不應准許。其假執行之聲請亦失所附麗，應併予駁回。原審為上訴人敗訴之判決，及駁回其假執行之聲請，並無不合。上訴意旨指摘原判決不當，求予廢棄改判，為無理由，應予駁回。……。

中　　華　　民　　國　　九十六　　年　　十二　　月　　二十五　　日

民事第○庭審判長　法　官

　　　　　　　　　　法　官

　　　　　　　　　　法　官

（十）最高法院九十七年度台上字第五八三號民事裁定─第一審：臺灣基隆地方法院九十五年度訴字第七二號民事判決【見肆、六】；第二審：臺灣高等法院九十五年度上字第九九一號民事判決【見壹、一、（九）】；再審裁判：最高法院九十七年度台聲字第六七三號民事裁定【見參、三、（一）】

【主要爭點】

　　營造公司動用大型機械（怪手）施作工程，是否屬於民法第一百九十一條之三所定之危險工作或活動。

【事實摘要】

　　上訴人主張系爭房屋原為其女即三名訴外人所共有，被上訴人○吉營造股

份有限公司承攬另一被上訴人經濟部○○署所屬第九河川局之「基隆河整體治理計畫（前期計畫）碇內－七堵區段堤防工程」時，因經濟部○○署之定作指示錯誤，致該公司將系爭房屋中不應拆除之部分予以拆除，且該公司於九十三年七月二十七日動用大型機械（怪手）強力震動拆除房屋時，因施工不良導致未拆除部分受有牆壁龜裂及屋頂漏水等損害。又該公司施作堤防工程前本應先作好防護措施，卻漏未施作，造成河岸開挖基礎時邊坡滑動，除房屋內之生財器具裝載機一部及古早時特種磚一批滑落河中外，該屋亦傾斜受損，爰以其受讓訴外人之該屋所有權及損害賠償請求權，依民法第一百八十四條、第一百八十九條、第一百八十五條及第一百九十一條之三等規定，請求被上訴人連帶負損害賠償責任。

【解析】

一、本判決肯認第二審所為認定：施作工程無民法第一百九十一條之三之適用。

二、本件上訴人嗣聲請再審，經最高法院九十七年度台聲字第六七三號民事裁定補充說明：營造公司所從事經營之事業，依其工作或活動之性質若使用不當之工具或方法致有生損害於他人之危險者，有民法第一百九十一條之三之適用，惟以本件被上訴人於防止損害之發生已盡相當之注意，依該條但書規定自無損害賠償責任可言，而駁回上訴人之聲請再審。

【裁判內容】

　　最高法院九十七年度台上字第五八三號民事裁定

　　上　訴　人　王○○

　　訴訟代理人　陳福寧律師

　　被 上 訴 人　○吉營造股份有限公司

　　法定代理人　黃○○

　　被 上 訴 人　經濟部○○署

　　法定代理人　陳○○

　　訴訟代理人　陳隆政

　　複 代 理 人　張雙華律師

　　上列當事人間請求損害賠償事件，上訴人對於中華民國九十六年十二月二十五日台灣高等法院第二審判決（九十五年度上字第九九一號），提起上訴，本院裁定如下：

　　　　主　　　文

上訴駁回。

第三審訴訟費用由上訴人負擔。

　　　　理　　　由

　　按上訴第三審法院，非以原判決違背法令為理由，不得為之。又提起上訴，上訴狀內應記載上訴理由，其以民事訴訟法第四百六十九條所定事由提起第三審上訴者，應於上訴狀內表明，原判決所違背之法令及其具體內容，暨依訴訟資料合於該違背法令之具體事實。……本件上訴人對於原判決提起第三審上訴，雖以該判決違背法令為由，惟核其上訴理由狀所載內容，係就原審取捨證據、認定事實及解釋契約之職權行使所論斷：……工程施作並非從事危險事業或活動者製造危險來源，亦非因危險事業或活動而獲取利益為主要目的，與民法第一百九十一條之三之立法理由所例示之工廠排放廢水或廢氣、桶裝瓦斯場填裝瓦斯、爆竹場製造爆竹、舉行賽車活動、使用炸藥開礦、開山或燃放焰火等性質有間，並無該條規定之適用……等情，指摘為不當，並就原審命為辯論及已論斷者，泛言謂為違法，而非表明該判決所違背之法令及其具體內容，暨依訴訟資料合於該違背法令之具體事實，更未具體敘述為從事法之續造、確保裁判之一致性或其他所涉及之法律見解具有原則上重要性之理由，難認其已合法表明上訴理由。依首揭說明，應認其上訴為不合法。……。

中　華　民　國　九十七　年　　三　　月　二十七　日

　　最高法院民事第○庭審判長　法　官

　　　　　　　　　　　　　　　法　官

　　　　　　　　　　　　　　　法　官

　　　　　　　　　　　　　　　法　官

　　　　　　　　　　　　　　　法　官

（十一）臺灣新竹地方法院九十二年度訴字第五二六號民事判決─第二審：臺灣高等法院九十二年度上字第九五四號民事判決【見壹、一、（十二）】

【主要爭點】

　　經營保全事業以維護管理公司行號或一般住家環境安全之行為，是否屬於民法第一百九十一條之三所定之危險工作或活動。

【事實摘要】

原告主張訴外人受僱於被告保全股份有限公司擔任外勤勤務主任，於民國九十年三月二十一日晚間九時至十時止，身著被告公司保全制服，駕駛被告公司之勤務車，與公司主管等在海產店和公司客戶飲酒至已達酒醉之狀態，訴外人之主管明知酒醉不得駕車，卻指示訴外人駕駛另一主管之自小客車返回被告分公司拿取資料，車沿新竹市忠孝路往光復路方向，途經忠孝路與東光路口時，本應隨時注意車前狀況，並遵守燈光號誌及在市區道路行車應減速慢行，時速不得超過四十公里，以隨時採取必要之安全措施，詎因酒醉而疏未注意，貿然以時速六十公里之高速，闖紅燈超速疾駛，適原告之子騎乘重機車往東光陸橋方向行駛，見狀煞避不及，而遭直接衝撞，致左側肋骨骨折及氣胸呼吸衰竭，經送醫急救不治於同日三時二十分死亡，爰依民法第一百八十四條、第一百八十五條、第一百八十八條及第一百九十一條之三等規定，請求被告公司賠償損害。

【解析】

民法第一百九十一條之三所定之「危險」除具有「高度」、「不合理」、「特殊」、「異常」等特徵外，更應具有能獲利、加害人對該危險能予掌控並避免、危險可藉由保險分散及由被害人舉證是顯屬不公平等要件。依社會上一般人日常生活之經驗判斷，經營保全事業者係負責維護及管理公司行號或一般住家環境之安全，並不致有生損害他人之危險，亦不會被視為危險的來源，難認此事業之性質，或其使用之工具或方法有損害他人危險。雖保全公司之部分員工須至哨點督導而有駕車之交通行為，然此尚非屬其事業之性質及使用之工具或方法，否則任一事業，均有可能在此法律條文規範之範圍，從而應無民法第一百九十一條之三的適用。

【裁判內容】

臺灣新竹地方法院九十二年度訴字第五二六號民事判決

　　原　　　告　陳○○
　　原　　　告　朱○○
　　訴訟代理人　吳妙白律師
　　複 代 理 人　鍾兆馨律師
　　右 二 人
　　訴訟代理人　鍾兆馨律師

　　　　被　　　　告　　嘉○保全股份有限公司
　　　　法定代理人　　黃○○
　　　　訴訟代理人　　鍾志宏律師
　右當事人間事件，本判決如左：
　　　　主　　　文
　原告之訴及假執行之聲請均駁回。
　訴訟費用由原告負擔。
　　　　事　　　　實
甲、原告方面：
一、聲明：
（一）被告應給付原告陳○○新台幣（下同）三百五十九萬六千七百五十六元及
　　　給付原告朱○○三百七十一萬六千三百一十一元，並均自起訴狀繕本送達
　　　翌日起至請償日止，按年息百分之五計算之利息。
（二）原告願供擔保，請准宣告假執行。
二、陳述：
（一）查訴外人宋三良係被告公司之外勤勤務主任，為被告公司之受僱人，平日
　　　需駕車至各地督勤，係以駕駛為其附隨業務，於民國九十年三月二十一日
　　　晚間九時至十時止，身著被告公司保全制服，並駕被告公司之勤務車與公
　　　司主管李岳奇、洪維良等在新竹市公道五附近海產店和公司客戶飲酒，宋
　　　三良……已達酒醉之狀態，……宋三良之主管洪維良明知其酒醉不得駕
　　　車，卻指示宋三良返回被告新竹分公司……拿取被告公司各哨點人員電話
　　　資料，宋三良乃駕駛向公司主管李岳奇借得之自小客車，……因酒醉駕車
　　　竟疏未注意，猶貿然闖紅燈以時速六十公里之速度超速疾駛上開路段，適
　　　有原告之子陳丁立騎乘重機車往東光陸橋方向行駛，孰料被告宋三良違規
　　　酒醉駕車超速闖紅燈且未煞車直接衝撞已煞車之陳丁立，致陳丁立左側肋
　　　骨骨折及氣胸呼吸衰竭，經送醫急救不治於同日三時二十分死亡。
（二）被告公司受僱人宋三良係在執行職務中酒醉駕車肇事，致原告之子陳丁立
　　　死亡……。
（三）……當日宋三良確實為公司業務前往應酬，且當時尚在其執行勤務當
　　　中，……顯然當日係被告公司業務上之應酬；……宋三良既是因執行職務
　　　而返回公司拿各哨點保全人員聯絡電話，因酒醉駕車而於途中撞死原告之
　　　子陳丁立，其所為自係於執行被告公司職務時肇事致原告之子陳丁立死亡
　　　至明。

（四）……被告公司主管明知宋三良已酒醉卻仍叫其開車回公司拿資料以致肇事，就此被告公司顯亦具有過失至明。

（五）……宋三良因酒醉駕車過失致陳丁立死亡，而被告為宋三良之僱用人，其公司主管明知宋三良已酒醉不能安全駕車猶指非其駕車指示其駕車回公司，顯見有過失，對於宋三良執行職務時因過失致原告之子陳丁立死亡，依上開民法第一百八十四條第一項、第一百九十一條之三、第一百八十五條及第一百八十八條第一項規定應與宋三良負連帶損害賠償責任。……。

（九）對被告抗辯之陳述：

　　1.……。

　　2.……被告之受僱人宋三良與被告公司主管李岳奇、洪維良等一起與客戶洽商業務喝酒已酒醉，被告公司仍指示宋三良駕車回新竹分公司取資料而發生本件車禍，而其酒醉駕車乃為本件車禍肇車原因，從而被告公司就宋三良酒醉駕車執行職務，非但未盡監督之責，且指示其為之，就此被告公司顯具有過失，從而依民法第一百八十四條第一項及第一百九十一條之三規定被告公司應負損害賠償責任。

　　3.……當日其係為被告公司而與公司其他主管與客戶旺宏公司洽商業務確為事實。……。

乙、被告方面：

一、聲明：除如受不利判決，願供擔保免為假執行外，餘如主文所示。

二、陳述：

（一）訴外人宋三良於本件車禍肇事時並非執行職務，被告無須負連帶賠償責任：

　　1.……。

　　2.民法第一百八十八條第一項前段……僱用人對受僱人不法侵害他人權利而應與受僱人負連帶賠償責任之前提須受僱人係執行職務之情形下始可適用，本件車禍……事發當時已……已屬下班時間，故宋三良當時並非為被告執行職務，自無民法第一百八十八條第一項之適用……事發當時係宋三良與公司人員李岳奇、洪維良於新竹市公道五之附近海產店餐敘後所發生，宋三良當時並非執行職務……。

（二）……被告主張時效抗辯。

（三）……。

（四）原告所請求之金額除應受其與訴外人宋三良和解金額之限制外，另訴外人宋三良已給付之賠償金及強制汽車責任險保險金亦應扣除：……。

（五）原告請求給付扶養費應自其不能維持生活時起始能請求且應扣除其他應負
　　扶養義務人應分擔部份：……。
（六）原告請求給付殯葬費應扣除非必要費用：……。
（七）原告請求之撫慰金過高應予酌減……。
　　　　理　　　由
一、……。
二、原告起訴主張……。
三、被告則以……。
三、兩造不爭執之事實：……。
四、兩造之爭點：
（一）訴外人宋三良駕車肇事是否為執行職務之行為，致被告公司應負民法第
　　　一百八十八條之受僱人連帶責任？
（二）原告於訴訟中追加依民法第一百八十四條第一項前段、民法第一百九十一
　　　條之三，是否已罹於時效？倘未罹於時效，則原告依上開規定請求被告應
　　　與訴外人宋三良負連帶賠償責任，是否有理由？
（三）倘被告應與訴外人宋三良負連帶賠償責任，則訴外人宋三良已與原告和解
　　　所生之法律上效力為何？又原告已領取之保險金一百四十萬元，被告是否
　　　得主張扣抵？
（四）原告請求損害賠償各項金額，是否有理由？
五、兩造爭點之判斷：
（一）……民法第一百八十八條第一項所謂受僱人因執行職務不法侵害他人之權
　　　利，不僅指受僱人因執行其所受命令，或委託之職務自體，或執行該職務
　　　所必要之行為，而不法侵害他人之權利者而言，即受僱人之行為，在客觀
　　　上足認為與其執行職務有關，而不法侵害他人之權利者，就令其為自己利
　　　益所為亦應包括在內。最高法院四十二台上字第一二二四號判例可資參
　　　照。民法第一百八十八條第一項所謂由僱用人與行為人（即受僱人）連帶
　　　負損害賠償責任，係指受僱人不法侵害他人之權利，在客觀上足認與執行
　　　職務有關者而言，故如受僱人因非與執行職務有關之行為不法侵害他人之
　　　權利時，殊無適用該條項令僱用人連帶負損害賠償責任之餘地；受僱人之
　　　行為，在客觀上足認為與其執行職務有關者，固屬於民法第一八八條第一
　　　項所謂因執行職務之範圍，但仍以有客觀之事實足據以認定者為必要。最
　　　高法院亦著有四十四年台上字第一七〇〇號、五十二年台上字第一〇六九
　　　號判決可參。是在受僱人係基於僱用人之指示而為職務上之行為，或依客

觀之事實可認為與其執行職務有關之行為，致不法侵害他人權利者，僱用人始與受雇人負連帶損害賠償責任。再刑法上所謂業務，係指個人基於其社會地位繼續反覆所執行之事務，其主要部分之業務固不待論，即為完成主要業務所附隨之準備工作與輔助事務，亦應包括在內。最高法院七十一年台上字第一五五〇號判例可資參照。故依上開判例、判決意旨可知，刑法「業務」之概念核與民法第一百八十八條「執行職務」之意涵不同，且業務之涵攝範圍較執行職務寬廣，是在刑事判決中雖認定當事人為從事業務之人，惟不當然於行為時，當事人即係處於執行職務中。

（二）本件原告主張係被告公司之主管洪維良於肇事前指示訴外人宋三良回公司拿取資料，而宋三良係於拿完資料自公司出來時，始發生本件車禍，故宋三良肇事時係在執行職務中等語，然為被告所否認。經查：……實難認訴外人宋三良於案發前回公司拿資料係出被告公司主管洪維良之職務上指示，故原告此部分之主張，尚難採信。

（三）原告另主張訴外人宋三良案發當時係穿著制服，且案發前又駕駛勤務車前去與業務上往來之旺宏公司聚餐等語，……倘認身著制服者即係執行職務，則規定上班時身著制服之公司行號，於下班後可能亦身著制服從事其他社交活動，而於下班後之私人活動而肇事，僅因身著制服即認係執行職務，而該公司即須付僱用人之連帶責任，顯過於擴張雇用之責任。故肇事當時之情形，亦難認宋三良在客觀上有執行職務之行為。

（四）至刑事判決雖認定訴外人宋三良之行為肇致被害人陳丁立死亡，係犯業務過失致死罪，然刑法上之業務與民法第一百八十八條所稱執行職務之行為，乃不同之意涵……無從認被告應依民法雇用人連帶責任之規定負損害賠償責任。

（五）至原告復主張被告有違民法第一百九十一條之三之規定一節，然上開規定「經營一定事業或從事其他工作或活動之人，其工作或活動之性質或其使用之工具或方法有生損害於他人之危險者，對他人之損害應負賠償責任。但損害非由於其工作或活動或其使用之工具或方法所致，或於防止損害之發生已盡相當之注意者，不在此限。」，而被告公司乃一保全公司，負責維護公司行號或一般住家環境安全之維護及管理，尚難認此事業之性質或使用之方法有損害他人危險，雖被告公司員工部分須至哨點督導而有駕車之交通行為，然此尚非屬其事業之性質及使用之工具或方法，否則任一事業，均有可能在此法律條文規範範圍，顯非立法之本旨，是原告此部分之主張，亦非可採。……。

六、綜上所述，原告主張依侵權行為之法律關係，訴請被告給付原告陳○○三百五十九萬六千七百五十六元及給付原告朱○○新台幣三百七十一萬六千三百一十一元，並均自起訴狀繕本送達翌日起至請償日止，按年息百分之五計算之利息，尚乏所據，不應准許。……。

中　華　民　國　九十二　年　八　月　五　日
臺灣新竹地方法院民事第○庭　法　官

（十二）臺灣高等法院九十二年度上字第九五四號民事判決—第一審：臺灣新竹地方法院九十二年度訴字第五二六號民事判決【見壹、一、（十一）】

【主要爭點】

經營保全事業以維護及管理公司行號或一般住家環境安全之行為，是否屬於民法第一百九十一條之三所定之危險工作或活動。

【事實摘要】

上訴人主張訴外人受僱於被上訴人保全股份有限公司擔任外勤勤務主任，於民國九十年三月二十一日晚間九時至十時止，身著被上訴人公司保全制服，駕駛被上訴人公司之勤務車，與公司主管等在海產店和公司客戶飲酒至已達酒醉之狀態，訴外人之主管明知酒醉不得駕車，卻指示訴外人駕駛另一主管之自小客車返回被上訴人分公司拿取資料，車沿新竹市忠孝路往光復路方向，途經忠孝路與東光路口時，本應隨時注意車前狀況，並遵守燈光號誌及在市區道路行車應減速慢行，時速不得超過四十公里，以隨時採取必要之安全措施，詎因酒醉而疏未注意，貿然以時速六十公里之高速，闖紅燈超速疾駛，適上訴人之子騎乘重機車往東光陸橋方向行駛，見狀煞避不及，而遭直接衝撞，致左側肋骨骨折及氣胸呼吸衰竭，經送醫急救不治死亡，爰依民法第一百八十四條、第一百八十五條、第一百八十八條及第一百九十一條之三等規定，請求被上訴人公司賠償損害。

【解析】

民法第一百九十一條之三所定之「危險」除具有「高度」、「不合理」、「特殊」及「異常」等特徵外，更應具有能獲利、加害人對該危險能予掌控並避

免、危險可藉由保險分散及由被害人舉證顯屬不公平等要件。依一般人日常生活之經驗判斷，經營保全事業者係負責維護及管理公司行號或一般住家環境之安全，並不致有生損害他人之危險，亦不會被視為危險的來源，難認此事業之性質，或其使用之工具或方法有損害他人危險。雖保全公司之部分員工須至哨點督導而有駕車之交通行為，然此尚非屬其事業之性質及使用之工具或方法，否則任一事業，均有可能在此法律條文規範之範圍，從而應無民法第一百九十一條之三的適用。

【裁判內容】

臺灣高等法院九十二年度上字第九五四號民事判決

上　訴　人　陳○○
　　　　　　朱○○
右二人共同
訴訟代理人　吳妙白律師
被上訴人　怡盛保全股份有限公司
法定代理人　黃○○
訴訟代理人　鍾志宏律師
複代理人　楊山池律師

右當事人間損害賠償事件，上訴人對於中華民國九十二年八月五日臺灣新竹地方法院九十二年度訴字第五二六號第一審判決提起上訴，經本院於九十二年三月十日言詞辯論終結，判決如左：

主　　文

上訴駁回。

第二審訴訟費用由上訴人負擔。

事　　實

甲、上訴人方面：

一、聲明：

（一）原判決廢棄。

（二）右廢棄部分，被上訴人應給付上訴人陳○○新臺幣（下同）二百八十二萬零一百二十六元及給付上訴人朱○○二百八十一萬二千四百六十一元，並均自起訴狀繕本送達翌日起至清償日止，按年息百分之五計算之利息。

（三）第一、二審訴訟費用均由被上訴人負擔。

（四）上訴人願供擔保，請准宣告假執行。

二、陳述：除與原判決記載相同者外，補稱略以：

（一）被上訴人之受僱人宋三良確實係在執行被上訴人公司職務中肇事，致上訴人之子陳丁立死亡：

 1.……宋三良於本件事故發生時仍在執行勤務中。……肇事當日宋三良係開車巡視新竹地區之哨點執行其督導勤務。

 2.宋三良執行職務之時間並非如被上訴人所稱之上午七點至下午七點，而是不固定……被上訴人在宋三良駕駛執照已被扣押不得駕車之情形下，仍將勤務車交付宋三良使用，足認被上訴人對受僱人之執行職務未盡監督之注意義務。

 3.……被上訴人之主管於下屬酒醉駕車有危險情形下，仍指示下屬駕車以致發生車禍致陳丁立死亡，被上訴人公司就本件車禍具有過失，且被上訴人任由受僱人宋三良於上班時間餐敘飲酒駕車以致肇事，被上訴人係未盡僱用人監督受僱人職務執行之注意義務。

 4.……保全公司之勤務人員至各哨點督導係駕車執行職務，宋三良於勤務期間之駕車行為屬被上訴人事業之性質及使用工具或方法，原法院認定無民法第一百九十一條之三規定之適用，有欠妥當。

乙、被上訴人方面：

一、聲明：

（一）上訴駁回。

（二）如受不利判決，請准供擔保宣告免為假執行。

二、陳述：除與原判決記載相同者外，補稱略以：

（一）……。

（二）訴外人宋三良於本件車禍肇事時並非執行職務，被上訴人無須負連帶賠償責任：

 ……宋三良並非執行職務中，……且宋三良所使用之車輛本即供其通勤使用，宋三良事後仍駕駛車輛之事實，無法證明宋三良於本件事發時係執行職務。

（三）民法第一百九十一條之三的立法理由係謂「近代企業發達，科技進步，人類工作或活動之方式及其使用之工具與方法日新月異，伴隨繁榮而產生危險性之機會大增。如有損害發生，而須由被害人證明經營一定事業或從事其他工作或活動之人有過失，被害人將難獲得賠償機會，實為社會不公平現象。且鑑於：1.從事危險事業或活動者製造危險來源；2.僅從事危險事

業或活動者於某種程度控制危險；3.從事危險事業或活動者因危險事業或活動而獲取利益，就此危險所生之損害負賠償之責，係符合公平正義之要求。為使被害人獲得周密之保護，凡經營一定事業或從事其他工作或活動之人，對於因其工作或活動之性質或其他使用之工具或方法有生損害於他人之危險（例如工廠排放廢水或廢氣、筒裝瓦斯廠裝填瓦斯、爆竹廠製造爆竹、舉行賽車活動、使用炸藥開礦、開山或燃放焰火），對於他人之損害，應負損害賠償責任」。本件係因宋三良駕車肇事所造成上訴人之損害，與民法第一百九十一條之三之立法意旨並不相符。

　　　理　　　由

一、……。

二、上訴人起訴主張：……。

三、被上訴人則以：……。

四、兩造不爭執之事實：……。

五、兩造之爭點：

（一）宋三良駕車肇事時，是否仍在執行被上訴人公司之職務，被上訴人是否應負民法第一百八十八條之僱用人連帶賠償責任？

（二）上訴人依民法第一百九十一條之三規定請求，有無理由？

六、兩造爭點之判斷：

（一）宋三良駕車肇事時，是否仍在執行被上訴人公司之職務？

　　1.按……民法第一百八十八條第一項定有明文。而民法第一百八十八條第一項所謂受僱人因執行職務不法侵害他人之權利，不僅指受僱人因執行其所受命令，或委託之職務自體，或執行該職務所必要之行為，而不法侵害他人之權利者而言，即受僱人之行為，在客觀上足認為與其執行職務有關，而不法侵害他人之權利者，就令其為自己利益所為亦應包括在內。（最高法院四十二年台上字第一二二四號判例參照）。民法第一百八十八條第一項所謂由僱用人與行為人（即受僱人）連帶負損害賠償責任，係指受僱人不法侵害他人之權利，在客觀上足認與執行職務有關者而言，故如受僱人因非與執行職務有關之行為不法侵害他人之權利時，殊無適用該條項令僱用人連帶負損害賠償責任之餘地。民法第一百八十八條第一項所加於僱用人之連帶賠償責任，以其受僱人因執行職務所加於他人之損害為限，若受僱人因個人之犯罪行為而害及他人之權利者，即與該條項規定之責任要件不符，殊無該他人據以請求連帶賠償餘地。（最高法院四十九年度台上字第一四六九號判決參

照）。刑法上所謂業務，係指個人基於其社會地位繼續反覆所執行之事務，其主要部分之業務固不待論，即爲完成主要業務所附隨之準備工作與輔助事務，亦應包括在內。（最高法院七十一年台上字第一五五〇號判例參照）。依上開實務見解可知，刑法「業務」之概念核與民法第一百八十八條「執行職務」之意涵不同，且業務之涵攝範圍較執行職務寬廣，是在刑事判決中雖認定當事人爲從事業務之人，並不當然於行爲時，當事人即係處於執行職務中，合先敘明。

2.上訴人主張係被上訴人公司之主管洪維良於肇事前指示宋三良回公司拿取資料，而宋三良於拿完資料自公司出來時發生本件車禍，故宋三良肇事時係在執行職務中等情，爲被上訴人所否認。經查：

(1)宋三良於事發後在刑事案件偵查中及原法院刑事庭審理時，均未曾提及其回公司拿電話紀錄，係因受到洪維良之指示，核與洪維良在原法院之證詞相符……洪維良既爲宋三良事發當時之主管，洪維良陪同宋三良洽談和解事宜，於公於私均不違常情，上訴人執此作爲係洪維良指示宋三良回被上訴人公司拿電話簿之證據，實無理由。

(2)按「原告就其主張之事實，不能爲確切之證明者，除法院因有必要，得依職權調查證據而得心證外，不得僅以其主張與社會一般常情相合爲理由，認該未經證明之事實爲眞實，而爲有利於原告之判決。」（最高法院五七年度台上字第六一二號判決參照）。……「認定事實應憑證據，法院採爲認定事實之證據，必於訟爭事實有相當之證明力者而後可，若一種事實得生推定證據之效力者，亦必於現行法規有根據，即於現行法規所明認者而後可，斷不能以單純論理爲臆測之根據，而就訟爭事實爲推定判斷。」（最高法院九十二年度台上字第一九八五號判決參照）。……宋三良回被上訴人公司拿電話簿與督導勤務無必然之關係；而在公司停留或在市區駕駛多久，與是否在執行督導勤務之工作亦不能劃上等號；至於宋三良告知證人朱銘祥其尚在工作，有可能係明知朱某要求和解所爲之推托之詞，不能盡信；至於本件事發之後，宋三良在凌晨仍使用被上訴人公司之車輛，更不能證明本件事發時，宋三良是否在執行職務。

(3)……宋三良固然證稱有時下班以後也會去督導勤務，如果份內事未做完而睡在公司等語（前揭卷第一二三、一二八頁），此應屬個人工作之態度，仍無礙於依被上訴人之規定，宋三良上班時間爲十二小時之認定。

(4)宋三良事發當時雖身著制服，然其每天上班均會身著制服，下班後亦係身著制服回家，且發生事故當時，宋三良並非駕駛公司之勤務車，故倘認身著制服者即係執行職務，則規定上班時身著制服之公司行號，於下班後可能亦身著制服從事其他社交活動，而於下班後之私人活動而肇事，僅因身著制服即認係執行職務，而該公司即須負僱用人之連帶責任，顯過於擴張雇用之責任。

3.綜上所述，上訴人未能舉證證明宋三良於肇事時尚在執行被上訴人之職務，宋三良下班後酒醉駕車之不法行為，非被上訴人所能監督，上訴人請求被上訴人依民法第一百八十八條第一項規定，負連帶賠償責任，尚屬無據。

（二）上訴人依民法第一百九十一條之三規定請求，並無理由：

民法第一百九十一條之三的立法理由係謂「近代企業發達，科技進步，人類工作或活動之方式及其使用之工具與方法日新月異，伴隨繁榮而產生危險性之機會大增。如有損害發生，而須由被害人證明經營一定事業或從事其他工作或活動之人有過失，被害人將難獲得賠償機會，實為社會不公平現象。且鑑於：1.從事危險事業或活動者製造危險來源；2.僅從事危險事業或活動者於某種程度控制危險；3.從事危險事業或活動者因危險事業或活動而獲取利益，就此危險所生之損害負賠償之責，係符合公平正義之要求。為使被害人獲得周密之保護，凡經營一定事業或從事其他工作或活動之人，對於因其工作或活動之性質或其他使用之工具或方法有生損害於他人之危險（例如工廠排放廢水或廢氣、筒裝瓦斯廠裝填瓦斯、爆竹廠製造爆竹、舉行賽車活動、使用炸藥開礦、開山或燃放焰火），對於他人之損害，應負損害賠償責任」。本件係因宋三良駕車肇事造成被害人陳丁立死亡，且肇事駕駛之車輛非屬被上訴人所有，被上訴人乃保全公司，負責維護公司行號或一般住家環境安全之維護及管理，尚難認此事業之性質或使用之方法有損害他人危險，若謂使用車輛有生損害他人之危險，任何一種事業，均有可能在此法律條文規範範圍，顯非立法之本旨。上訴人此部分之主張，亦非可採。

（三）本件既無法證明訴外人宋三良於案發時係在執行職務當中，亦無事證可資證明被上訴人對被害人陳丁立有何故意或過失之侵權行為，則被上訴人自無侵權責任可言。……。

七、綜上所述，上訴人之主張為不足採，被上訴人抗辯尚屬可信。是則上訴人執此主張被上訴人應負侵權行為責任云云，自屬無據。從而，上訴人陳

○○、朱○○主張本於民法第一百八十條第一項、第一百九十一條之三規定，請求被上訴人分別給付二百八十二萬零一百二十六元、二百八十一萬二千四百六十一元及遲延利息為無理由，不應准許。其假執行之聲請亦失所附麗，應併予駁回。原審為上訴人敗訴之判決，及駁回其假執行之聲請，並無不合。上訴意旨指摘原判決不當，求予廢棄改判，為無理由，應予駁回。……。

中　華　民　國　九十三　年　三　月　二十四　日
民事第○庭審判長　法　官
　　　　　　　　　法　官
　　　　　　　　　法　官

（十三）臺灣桃園地方法院九十三年度重訴字第四○號民事判決─第二審：臺灣高等法院九十五年度重上字第五二八號民事判決【見壹、一、（十四）】

【主要爭點】

自來水公司設置之水管破裂，導致路面積水、塌陷、坑洞，致他人駕車行經該地而打滑失控，衝撞電線桿，受有截肢之重傷害，是否構成民法第一百九十一條之三所定之危險工作或活動。

【事實摘要】

原告主張其於民國九十二年三月十六日下午二時許，駕駛自小客車南下時，因對向北上車道上被告自來水公司所設置之自來水管破裂，致其行經之南下車道積水嚴重，路面併有塌陷之坑洞，復因對向車輛濺起水花，視線不清，其車因而打滑失控，衝撞電線桿後，再撞上橋墩，造成其頭部外傷併頭皮撕裂傷、左橈股骨折、右脛腓骨骨折、左小腿外傷性截肢，爰依民法第一百八十四條第一項前段、第二項及民法第一百九十一條之三等規定，請求被告公司負損害賠償責任。

【解析】

民法第一百九十一條之三所定之危險除具有「高度」、「不合理」、「特

殊」及「異常」等特徵外，更應具有能獲利、加害人對該危險能予掌控並避免、危險可藉由保險分散及由被害人舉證顯屬不公平等要件。本判決認自來水公司之事業活動內容為取水、貯水、導水、淨水、送水及供水，均係一定設備完成後即自動為之，且其所取供之水，均被拘束於一定之管線內，例如供水使用之水管深埋在路面下1公尺至1.2公尺，如無外力介入，管線內之水不致流出於外，故此事業活動並非危險事業。且按自來水公司埋設水管之行為，依社會上一般人日常生活之經驗判斷，並不致有生損害他人之危險，亦不會被視為危險的來源，從而該行為並不具有危險性，無民法第一百九十一條之三的適用。

【裁判內容】

臺灣桃園地方法院九十三年度重訴字第四〇號民事判決

原　　　　告　陳〇〇
訴訟代理人　蔡慧玲律師
被　　　　告　台灣省〇〇〇股份有限公司
法定代理人　徐〇〇
訴訟代理人　邱秀珠律師
複 代 理 人　溫俊富律師

上列當事人間損害賠償事件，於民國95年8月29日言詞辯論終結，本院判決如下：

主　　　文

原告之訴及假執行之聲請均駁回。

訴訟費用由原告負擔。

事實及理由

壹、程序方面：

一、……。

二、……。

貳、實體方面：

一、本件原告主張：

（一）92年3月16日下午2時許，原告駕駛……自小客車由觀音往新竹方向南下，行經台十五線永安段士林紙廠附近，因對向北上車道被告之自來水管破裂而致原告行經之南下車道積水嚴重，同時併有塌陷之坑洞，因而造成原告遭對向車輛濺起之水花影響而視線不清，致原告所駕駛之自小客車打滑失控衝撞電線桿後又撞上橋墩，原告因此受有……傷害。

（二）被告不法侵害原告之財產權、身體健康權有過失：

1.被告為自來水管設備之設置者與管理者，就自來水管等設備即應負管理責任，自來水管破裂被告依法即應立即為搶修，又或無法立即修復亦應於該路段放置警告告示牌，或派人指揮令行經之車輛減速慢行避免發生危險，惟被告卻未有任何防護之措施，直至原告發生車禍後始派員前往搶修，被告之行為顯然已有過失，被告之管理疏失造成原告之身體及財產受有損害，自應依民法第184條第1項前段、第193條第1項、第195第1項前段之規定負賠償責任。

2.又民法第184條第2項規定……。查自來水法第42條及台灣省自來水工程設施標準……第5條第3項規定自水來設備具有嚴格之標準……又溢流口、排泥口及養護道路均屬被告之責任，被告之溢流口如未發生功能未能排水預免事故發生，即屬被告之過失……被告顯然埋設深度不足而有過失。又自來水法及相關授權命令均為保護人民之法律，被告違反上開設施標準埋設位置及深度等相關規定，顯為違反保護他人之法律，依民法第184條第2項規定，被告即應負損害賠償責任……。

3.又民法第191條之3規定：……被告經營自來水之事業，負有避免其供水工作使用之工具或方法損害他人之危險，自有此法條之適用。

（三）被告之行為、不行為與原告之損害有相當因果關係：

……發生車禍確係因被告埋設於該路段之大水管破裂致路面積水所致，兩者間有因果關係……，且鑑定報告已載明水管破裂造成路面積水與車禍發生有相當因果關係。

（四）原告所受財產及非財產損害合計為12,755,850元：……。

（五）依逢甲大學2份鑑定報告書內容分析，縱原告有超速駕駛，肇事責任比例亦應以原告30%、被告70%較為妥適：……。

（六）並聲明：

1.被告應給付原告12,755,850元，及自92年3月16日起至清償日止，按年息5%計算之利息。

2.原告願供擔保，請准宣告假執行。

二、被告則抗辯：

（一）被告並無故意或過失之侵權行為（假設認定原告因車輛打滑而肇事，但被告否認之）：……：

1.原告稱：自來水工程各項設備必須耐土壓、水壓、載重甚至要耐地震力，又本件水管應至少埋設於1.5公尺，被告之埋設深度不足而有過失云

云。惟查：

(1)依台灣省自來水工程設施標準，本件水管覆土深度為1公尺，而被告埋設水管於地下1至1.2公尺，自無埋設深度不足之過失。

(2)……本件係重車行經該路肩，為避免下坡車速過快而煞車減速，因煞車點造成荷重振動集中，久而久之造成水管破裂漏水……通行車輛之超載、超速及行駛路肩等，並非被告所能取締，故被告並無過失。

2.原告稱：實務上從未見因道路被車輛壓損而使水管破裂，反倒常見因自來水管破裂，導致道路形成坑洞或搶修施工發生事故者云云，惟原告所舉之例，自72年至91年20年間，僅僅不過4例而已，自不能謂為常見；且……與本件完全不同，自不得資為被告就本件應負過失責任之參考。

3.……本件水管乃送水管，係輸送清水至配水設備之管線，自無適用前開導水渠規定之餘地。

4.……被告接獲水管破裂之通知後立即派員前去搶修，並無延誤，又按其情節在接獲水管破裂通知之前，被告既無從知悉水管破裂之事，自無從前往搶修或放置警告告示牌或派人指揮車輛慢行，自無過失可言。

5.原告所指自來水法等規定均非民法第184條第2項規定所稱之保護他人之法律，更何況被告亦未違反該等規定，自無依民法第184條第2項負賠償責任之餘地。

(二)原告主張「水管破裂」、「道路積水」與其所謂之損害間有相當因果關係云云，其主張並不可採：

1.「水管破裂」與「道路積水」均係自然現象，不能作為討論相當因果關係之對象。……本件所應探討者，乃被告有無過失，及如有過失，則該過失與損害之發生間有無相當因果關係。

2.本件水管破裂並非被告所為，……僅能以事變視之，不能認被告有過失。……水管破裂與路面積水二者間，亦無相當因果關係，而路面積水與原告車禍受傷二者間，尤無相當因果關係：

3.本件路面縱有積水，「路面積水」與「水管破裂」間亦無相當因果關係：

(1)查公路路面應有排水設計，其設計應達到……此有交通部頒布之「公路排水設計規範」可稽（見本院卷2第101至103頁）。

(2)……本件水管破裂處乃供水區之末端，水壓較低，出水量有限，從而本件路面縱因水管破裂出水，依前開交通部規範，其排水設計應有「不使積水侵入車道、不妨礙行車安全」之功能，亦不應有足以侵入

車道或有足以妨礙行車安全之積水。

(3)按「損害賠償之債，以有損害之發生及有責任原因之事實，並二者之間，有相當因果關係爲成立要件，……本件水管破裂處旁不到1公尺處即有未加蓋之排水溝，自來水本應流入該水溝，並無流經路面穿越中央分隔島流往對向車道旁之排水溝之理，……二者之間顯無相當因果關係（退萬步言，……亦屬道路排水設施設計不良或養護不實，致未能發揮應有排水功能之問題，然此均非被告所應負責，被告亦無過失可言）。

4.本件路面縱有積水，「路面積水」與「原告車禍受傷」間亦無相當因果關係：

(1)……由其撞擊之猛，可見原告車速之快。……駕駛人在極遠之距離外即可即時採取減速慢行等必要之安全應變措施，……是原告如有遵守交通安全規定，則縱令路面積水及併有塌陷之坑洞，亦不致發生車禍。……。

(3)……何況水管破裂乃重車輾壓所致，並非被告所造成，被告就之既無過失，本即毋庸進而討論有無相當因果關係。

5.逢甲大學之鑑定意見並不足採，本件車禍應非原告車輛打滑所致，而係因原告超速行駛撞擊電線桿及橋墩所致：

(1)逢甲大學之鑑定意見有下述嚴重瑕疵：……。

(2)……故該鑑定意見認車禍係原告車輛打滑所致，並認水管破裂造成路面積水與車禍發生應有相當之因果關係云云，不足作爲不利被告之參考。……。

6.證人焦惠群之證言不實，不足資爲有利原告之認定：……。

（三）本件並無民法第191條之3規定之適用：

1.被告乃自來水公司，與本條修正理由所舉之排放廢水、廢氣、裝塡瓦斯等從事危險事業或活動者，完全不相當，被告並非危險事業，自無本條之適用。

2.被告設置之水管均深埋在路面下，而水管有一定之使用年限，本件水管……使用年限尚未屆滿，事實上被告亦無從巡視水管，故被告對水管之設置及維護並無欠缺。本件水管係因重車輾壓而破裂出水，其破裂並非被告造成，……亦屬路面排水設施設計不良或施工、養護不實……，致未能發揮應有排水功能之問題，因果關係早被切斷，均非被告所應負責，依上開條文但書之規定，被告亦無賠償責任。

（四）被告並不應負任何賠償責任，對原告主張之損害提出下列抗辯：……。

（五）並聲明：

　　1.如主文所示。

　　2.如被告受不利判決，願供擔保請准宣告免為假執行。

三、本件兩造不爭執之事實為：……。

四、本件爭點如下：

（一）本件有無民法第191條之3規定之適用？

（二）被告之水管破裂致路面積水與原告之發生車禍間有無因果關係？

（三）被告是否有侵權行為之過失？

（四）被告是否成立民法第184條第2項違反保護他人法律之侵權行為？

（五）被告就原告之損害是否須負賠償責任？如被告須負賠償責任，則賠償之範圍為何？

五、得心證之理由：

（一）就「本件有無民法第191條之3規定之適用」乙節，經審認本件並無民法第191條之3規定之適用：

　　1.原告係主張：……。

　　2.被告則抗辯：……。

　　3.按民法第191條之3係規定：……而此條文係88年4月21日公布，89年5月5日施行，增訂此條文之立法理由為：「為使被害人獲得周密之保護，請求賠償時，被害人只須證明加害人之工作或活動之性質或其使用之工具或方法，有生損害於他人之危險性，而在其工作或活動中受損害即可，不須證明其間有因果關係。但加害人能證明損害非由於其工作或活動或其使用之工具或方法所致，或於防止損害之發生已盡相當之注意者，不在此限」。故有關從事具有危險性活動之侵權行為，請求損害賠償之舉證責任，在89年5月5日前，原則上應由被害人就損害之發生、可歸責之原因事實、及兩者間有因果關係負舉證責任，在89年5月5日之後，被害人只須證明其受有損害及加害人之事業具有民法第191條之3所定之危險性，加害人之工作或活動之性質或其使用之工具或方法，有生損害給他人之危險性，且在其工作或活動中受損害即可，不須證明加害人有可歸責之故意或過失及其間之因果關係。即係由被告證明原告所受之損害非因自己之行為所致，或證明自己之無過失，為舉證責任倒置之規定。

　　4.再查，民法第191條之3規範之對象乃「其工作或活動之性質或其使用之

工具或方法有生損害於他人之危險者」，亦即「從事危險事業或活動者」，係為經營危險事業或從事危險活動者賠償損害之依據。而所謂「危險事業與危險活動」，依該條修正說明所舉之例為工廠排放廢水或廢氣、筒裝瓦斯廠裝填瓦斯、爆竹廠製造爆竹、舉行賽車活動、使用炸藥開礦、開山或燃放焰火等，故該條適用之事業，涵蓋工廠、土木、電力、礦業、化學、建築等事業。惟查，水乃人類生存不可缺少之物質，自來水本身並無危險性，與電力、原子能、化學溶劑、汽油、天然氣等本身具有相當程度危險性之物質並不可等同而論，原告主張自來水之危險性等同於電力云云自非有理。而被告為○○○公司，其事業活動內容為取水、貯水、導水、淨水、送水及供水，均係一定設備完成後即自動為之，且被告所取所供之水，均被拘束於一定之管線內，例如供水使用之水管深埋在路面下1公尺至1.2公尺，如無外力之介入……，管線內之水不致流出於外，故被告之此事業活動，與本條修正理由所舉之排放廢水、廢氣、裝填瓦斯、製造爆竹、賽車、以炸藥開礦或燃放焰火等從事危險事業或活動者，並不相當，是被告並非危險事業，自無上開條文之適用。至於有自來水法之制定係因水乃民生重要物資，且自來水事業具有自然獨占之本質，故有立法規範之必要，而非因其屬一定危險源之事業單位之由，而自來水法規定「不得有水污染之虞」之目的，則在確保水之可飲用性，故要求自來水設備不得使水受污染，另水污染防治法之制定則係針對污水之處理及排放，非謂水乃污染源或危險源而必須加以管制，以防自來水滲漏而污染於人，故亦不得以有自來水法或水污染防治法之制定而認被告即屬從事危險事業活動。

5.綜上，被告抗辯：其非屬民法第191條之3所規範之對象，故無該條適用等語為有理由……。

(二) 就「被告之水管破裂致路面積水與原告之發生車禍間有無因果關係」乙節，經審認兩者間有因果關係：

1.原告係主張：……。

2.被告則抗辯：……。

3.按侵權行為之成立須加害行為與損害發生間有因果關係……。

4.本件據證人即車禍發生當時與原告對向行駛之另1部自小客車駕駛焦惠群已到庭證稱：……足證車禍當日現場積水係因被告之水管破裂，而由證人焦惠群之上開證詞則得知，原告發生車禍當時因被告埋設於該路段之水管破裂致路面積水，原告之車輛有搖晃失控之情形。

5.……被告之水管破裂致路面積水與原告之發生車禍間應認有因果關係。僅係原告自己之超速行駛行為與被告之水管破裂致路面積水有其所各應負之責任比例。

6.被告雖抗辯：……亦為道路排水設施設計不良或養護不實之問題，故路面積水與原告車禍受傷間即無相當因果關係云云。惟查……為另認定本件道路設施是否不良或道路養護單位是否就事故發生有過失之問題，並不會影響本件因果關係之認定。

7.綜上，原告主張：被告之水管破裂致路面積水與原告之發生車禍間有因果關係即為有據。

（三）就「被告是否有侵權行為之過失」乙節，經審認被告並無侵權行為之過失：

1.原告主張：……。

2.被告則抗辯：……。

3.按侵權行為以行為人有故意或過失為要件……。

4.經查，……發生事故之路段有積水，路況與正常之乾燥路況明顯不同，……原告在相當之距離外即可查覺，而其即應適時採取減速慢行等必要之安全措施，以避免危險之發生，其注意義務並不因現場無事先設置警告牌示，或現場無人指揮車輛慢行而可免除。

5.又……被告抗辯：其就埋設水管之深度已足夠，並無過失等語即為有理。

6.……原告主張：被告未於自來水管線裝置警示或通報系統，有未管理維護之過失並非有據，被告抗辯：本件水管未逾使用年限，被告對水管之管理維護並無欠缺等語即為可採。

7.再者，本件水管破裂之原因具被告陳稱：係因重車輾壓致破裂出水，其破裂並非被告造成，被告並無過失等語，而原告於辯論終結前就被告於水管破裂有何過失亦未舉證以實其說……。

（四）就「被告是否成立民法第184條第2項違反保護他人法律之侵權行為」乙節，經審認被告並未成立違反保護他人法律之侵權行為：

1.原告係主張：……。

2.被告則抗辯：……。

3.按民法第184條第2項係規定：……被害人如對於已遵守保護他人之法律者，主張其有過失，仍應就加害人有應注意，能注意而不注意之事實負舉證責任。

4.經查,原告所指之自來水法及台灣省自來水工程設施標準均非民法第184條第2項規定所指一般防止危害權益,或禁止侵害權益之法律。……。

5.再查,就原告主張:依前揭設施標準第參章第2條就導水渠之第5項規定……原告援引上開規定指稱被告違反保護他人之法律亦無所據。

6.……本件事故發生於92年3月16日,而自來水設備檢驗辦法係於92年8月13日始行發布……,是本件情形並無該辦法規定之適用,附此敘明。

7.綜上,被告抗辯:原告所指之自來水法等均非民法第184條第2項規定所指保護他人之法律,且被告亦未違反該等規定,自無依民法第184條第2項規定負賠償責任可言等語為有理……。

（五）就「被告就原告之損害是否須負賠償責任?如被告須負賠償責任,則賠償之範圍為何」乙節,經審認被告就原告之損害無須負賠償責任:

1.原告係主張:……。

2.被告係抗辯:……。

3.經查,本件原告之受傷與被告之水管破裂存有因果關係,但本件並無民法第191條之3及第184條第2項規定之適用,故原告須就事故之發生被告有侵權行為之過失負舉證責任,然原告就被告有過失並未盡其舉證責任,而被告已就事故之發生被告無過失為證明已如上述。

4.復查……原告當時之時速為88公里,已超出當時本件路段限速之時速60公里,而事故發生時為白日,天候良好,視線清楚,事故路段有積水,原告在相當距離外即可得知亦如前述,原告如有遵守上開交通安全規則之規定,則縱遇路面積水,亦不致於該處失控打滑發生車禍,然因原告並未注意車前狀況,採取必要之減速慢行措施,並作隨時停車之準備,仍然超速通過積水路段,致肇事故,是原告之行為亦肇致本件事故之發生。

5.綜上,被告抗辯:其就事故之發生無過失,無須就原告之損害負賠償責任即為有理。……。

六、從而,原告本於侵權行為之法律關係,請求被告應給付原告12,755,850元,及自事故發生日即92年3月16日起至清償日止,按年息5%計算之利息即無所據,應予駁回。又原告之訴既經駁回,其假執行之聲請亦失所附麗,應併予駁回。……。

中　華　民　國　九十五　年　九　月　十九　日

民事第○庭　法　官

（十四）臺灣高等法院九十五年度重上字第五二八號民事判決─第一審：臺灣桃園地方法院九十三年度重訴字第四○號民事判決【見壹、一、（十三）】

【主要爭點】

自來水公司設置之水管破裂，導致路面積水、塌陷、坑洞，致他人駕車行經該地而打滑失控，衝撞電線桿，受有截肢之重傷害，是否構成民法第一百九十一條之三所定之危險工作或活動。

【事實摘要】

上訴人主張其於民國九十二年三月十六日下午二時許，駕駛自小客車南下時，因對向北上車道上被上訴人自來水公司所設置之自來水管破裂，致其行經之南下車道積水嚴重，路面併有塌陷之坑洞，復因對向車輛濺起水花，視線不清，其車因而打滑失控，衝撞電線桿後，再撞上橋墩，造成其頭部外傷併頭皮撕裂傷、左橈股骨折、右脛腓骨骨折、左小腿外傷性截肢，爰依民法第一百八十四條第一項前段、第二項及民法第一百九十一條之三等規定，請求被告公司負損害賠償責任。

【解析】

民法第一百九十一條之三所定之危險除具有「高度」、「不合理」、「特殊」及「異常」等特徵外，更應具有能獲利、加害人對該危險能予掌控並避免、危險可藉由保險分散及由被害人舉證顯屬不公平等要件。本判決認為自來水公司所從事者為自來水之供應，其事業活動之內容為取水、貯水、導水、淨水、送水及供水，且所取供之水，均被拘束於一定管線內，核與上開例示危險行業及活動之性質有間，應非屬從事危險事業或活動者製造危險來源，亦非因危險事業或活動而獲取利益為主要目的。且水乃人類生存不可缺少之物質，本身並無危險性，與電力、原子能、化學溶劑、汽油、天然氣等本身具有相當程度危險性之物質並不可等同而論，縱使埋設之自來水管破裂而致損害他人，仍非屬異常危險活動，依社會上一般人日常生活之經驗，亦不致有生損害他人之危險，不會被視為危險的來源，從而該行為並不具有危險性，無民法第一百九十一條之三的適用。

【裁判內容】

臺灣高等法院九十五年度重上字第五二八號民事判決
　　　上　訴　人　陳○○
　　　訴訟代理人　周炳成律師
　　　　　　　　　蔡慧玲律師
　　　上　一　人
　　　複　代理人　龍毓梅律師
　　　被上訴人　臺灣省○○○股份有限公司
　　　法定代理人　徐○○
　　　訴訟代理人　邱秀珠律師
　　　複　代理人　溫俊富律師

上列當事人間損害賠償事件，上訴人對於中華民國95年9月19日臺灣桃園地方法院93年度重訴字第40號第一審判決提起上訴，並為訴之追加，經本院於96年7月3日言詞辯論終結，茲判決如下：
　　　主　　文
上訴及追加之訴及假執行聲請均駁回。
第二審及追加之訴訴訟費用由上訴人負擔。
　　　事　　實
甲、上訴人方面：
壹、聲明：
一、原判決廢棄。
二、被上訴人應給付上訴人新台幣（下同）12,755,850元，及自民國92年3月16日起至清償日止，按週年利率5%計算之利息。
三、願供擔保請准宣告假執行。
貳、陳述：除與原判決記載相同者外，補稱略以：
一、被上訴人就上訴人所受傷害顯有過失：
（一）被上訴人既係專營○○○事業，於水管之埋設當有專門之智識經驗……，若被上訴人未使自來水設備構造於設施使用期間，持續合於設置標準，被上訴人即有過失。
（二）被上訴人設置水管時，……應將水管埋設於耐於往來車輛壓力之地點，……其設置或維修即應較他地之設備構造更為注意。……疏未盡善良管理人之注意義務。

（三）……本件破裂水管自80年9月21日埋設至事發日92年3月16日已逾12年，被上訴人竟任由其腐蝕龜裂而未汰換，又未巡視水管，自無法發現水管腐蝕龜裂情形，此均係導致本件水管破裂淹水之原因。……被上訴人並未主動檢測漏水情形，被上訴人自不得謂無過失。

二、依桃園縣政府警察局桃警字第0960057687號函所附勤務指揮中心受理案件記錄表，……證明上訴人係因自來水管破裂導致路面淹水方使所駕駛車輛打滑而受傷，二者有相當因果關係。

三、民法第191條之3之文義解釋，所謂「其工作或活動之性質或其使用之工具或方法有生損害於他人之危險者」，實不以立法理由所列舉之活動爲限，本件上訴人係屬無法承受損害之社會旁觀者，自來水管本身固無異常危險，惟經被上訴人埋設於公用道路地底，未爲檢查維護，任其破裂，則被上訴人管理自來水管之行爲即具有損害他人之可能性，應構成異常危險之活動。何況，自來水事業具有獨占本質，被上訴人未爲維護行爲即已構成危險源，本件自得適用民法第191條之3規定，被上訴人應證明其未爲維護之行爲並無過失，否則即應推定有過失。

四、本件上訴人受傷係因被上訴人於該肇事路段埋設之水管破裂導致積水所致，被上訴人自應依民法第191條之規定負責。……就土地下之建築物或工作物所致他人之損害，應可類推適用民法第191條之規定。……。

五、本件無證據顯示上訴人有超速駕駛之情形，退步言，縱認上訴人超速駕駛，因漏水情形發生在先，且歷經長久時間毫無任何防免危險發生之舉動及放置警告標示或派員指揮，其可歸責性應大於上訴人。……。

乙、被上訴人方面：

壹、聲明：

一、上訴及追加之訴均駁回。

二、如受不利之判決，願供擔保請准宣告免爲假執行。

貳、陳述：除與原判決記載相同者外，補稱略以：

一、本件埋設之水管破裂，乃道路上車輛違規行駛路肩、超載及超速所致，並非水管種類不符規定，或埋設之後未通過耐壓測試，或埋設地點不當所致。系爭水管……使用年限爲20年，尚未屆滿，而由於水管均深埋地下，性質上本就不易檢驗，……隨地派駐人員或委託專業公司監看水管有無破裂，在經濟上亦不可行。

二、……「水管破裂」並非被上訴人所爲，僅能以「事變」視之，不能認被上訴人有過失。故「水管破裂」即令與「上訴人之發生車禍」有相當因果關係，

　亦因非被上訴人之過失所致而不得令被上訴人負賠償責任；況「水管破裂」
　與「路面積水」二者間，亦無相當因果關係，而「路面積水」與「上訴人發
　生車禍」二者間，尤無相當因果關係。

三、……「水管破裂」縱與「路面積水」均屬導致「上訴人發生車禍」之條件，
　「水管破裂」與「上訴人發生車禍」之間，亦無「相當」因果關係。

四、依勤務指揮中心受理案件記錄表記載……不足為有利上訴人之認定。

五、……被上訴人對水管之設置及保管並無欠缺注意。

六、……上訴人亦與有過失，其應負責任比例至少為90%。……。

　　　　　理　　　　由

一、……復於本院審理中，追加依民法第191條之規定作為請求權基礎，核屬基
　於同一基礎事實，揆諸上開規定，所為追加應予准許，合先敘明。

二、上訴人主張：……。

三、被上訴人則以：……。

四、兩造不爭執之事實：……。

五、兩造爭執事項厥為：（一）本件是否適用民法第191條之3規定？（二）被上
　訴人之水管破裂與事故發生有無相當因果關係？被上訴人有無過失？（三）
　被上訴人是否成立民法第184條第2項違反保護他人法律之侵權行為？（四）
　本件有無民法第191條之適用？（五）被上訴人應否負賠償責任？

經查：

（一）本件是否適用民法第191條之3規定？

　　　1.按民法第191條之3係規定：……，其規範之對象乃「其工作或活動之性
　　　　質或其使用之工具或方法有生損害於他人之危險者」，亦即「從事危險
　　　　事業或活動者」，依該條修正說明所舉之例為工廠排放廢水或廢氣、筒
　　　　裝瓦斯廠裝填瓦斯、爆竹廠製造爆竹、舉行賽車活動、使用炸藥開礦、
　　　　開山或燃放焰火等。

　　　2.上訴人主張自來水管埋設於公用道路地底，於其破裂之前未為檢查維
　　　　護，任其破裂，被上訴人管理自來水管之行為即具有損害他人之可能
　　　　性，則應構成異常危險之活動云云，經查被上訴人所從事為自來水之
　　　　供應，其行業活動內容為取水、貯水、導水、淨水、送水及供水，且所
　　　　取或所供之水，均被拘束於一定管線內，核與上開例示危險行業、活動
　　　　之性質有間，應非屬從事危險事業或活動者製造危險來源，亦非因危險
　　　　事業或活動而獲取利益為主要目的。且水乃人類生存不可缺少之物質，
　　　　其本身並無危險性，與電力、原子能、化學溶劑、汽油、天然氣等本身

具有相當程度危險性之物質並不可等同而論，……。至於有關自來水法之制定係因水乃民生重要物資，且自來水事業具有自然獨占之本質，故有立法規範之必要，而非因其屬一定危險源之事業單位，而自來水法第11條等有關水源保護相關規定，則在確保水之可飲用性，故要求自來水設備不得使水受污染，另水污染防治法之制定則係針對污水之處理及排放，非謂水乃污染源或危險源而必須加以管制，以防自來水滲漏而污染於人，故亦不得以有自來水法或水污染防治法之制定而認被上訴人即屬從事危險事業活動。是縱使被上訴人埋設之自來水管破裂而致損害他人，亦非屬被上訴人之異常危險活動，則被上訴人之埋設水管行為並無民法第191條之3適用，上訴人所為主張，即屬無據。

（二）被上訴人之水管破裂與事故發生有無相當因果關係？

1.侵權行為之債，須損害之發生與侵權行為間有相當因果關係始能成立……。

2.……本件事故之所以會發生乃因上訴人違規超速駕駛在先，又遇路面積水導致車輛打滑失控，則上訴人違規超速駕駛及路面積水均同係事故發生之原因，而路面積水又係因被上訴人之水管破裂所致，是被上訴人之水管破裂致路面積水與上訴人發生車禍間應認有相當因果關係。

3.……本件因水管破裂致路面積水而有車禍之發生，因果關係存在且並無中斷……道路養護單位是否就事故發生有過失之問題，仍不影響本件因果關係之認定。

4.綜上，上訴人主張其車禍受傷與被上訴人之水管破裂致路面積水有相當因果關係，應為有據。

（三）被上訴人就事故之發生有無過失？

1.……上訴人主張被上訴人應成立民法第184條第1項前段侵權行為，應就被上訴人有故意或過失負舉證責任。

2.上訴人主張被上訴人專營○○○事業，對於水管之埋設深度除合於工程設施標準外，亦應綜合當地具體狀況為變更，使自來水設備持續合於設置標準，而其明知系爭水管埋設地點為台十五線西濱快速道路，往來車輛繁多，又多為大型砂石車，卻疏於注意當地狀況，未使自來水管於結構耐力上對於土壓符合安全云云。

3.……系爭水管埋設深度係符合標準，而上訴人復未就被上訴人所埋設之水管有何不當為具體說明及舉證，僅泛言應綜合當地具體狀況為變更，尚不足採。

4.……查被上訴人所稱本件水管係於80年9月21日埋設，使用年限爲20年，使用年限尚未屆滿一節，爲上訴人所不爭執，……自難援引認定被上訴人即有過失。

5.……事故發生後被上訴人即派維修人員前往搶修……並無延誤，……是被上訴人就此並無過失可言。況本件事故發生當時爲白日，天候良好，視線清楚，……則上訴人在相當之距離外即可查覺，而其即應適時採取減速慢行等必要之安全措施，以避免危險之發生，其注意義務並不因現場無事先設置警告牌示，或現場無人指揮車輛慢行而可免除。

6.綜上所述，上訴人主張被上訴人就事故發生應負過失責任，顯不足取。

（三）被上訴人是否成立民法第184條第2項違反保護他人法律之侵權責任？

1.按民法第184條第2項係規定……。

2.上訴人主張被上訴人埋設水管未依自來水法第42條所訂定之台灣省自來水工程設施標準中第壹章第5條第3項關於水管可以耐土壓、水壓、載重、耐地震力，及導水渠、埋設深度之規定，及第參章第2條有關導水渠規定，顯係違反保護他人之法律云云。按自來水法第1條規定，……又依臺灣省自來水工程設施標準壹總則有關目的及適用範圍定爲……。而依該標準第壹章總則第5條第3項係規定……乃屬自來水業之行政管理規定，以供應充裕而合於水質標準之用水，本難據以認定此爲保護上訴人個人法益之法律……，上訴人援引上開規定指稱被上訴人違反保護他人之法律亦無所據。

3.……本件事故發生於92年3月16日，而自來水設備檢驗辦法係於92年8月13日始行發布……，是本件情形尚無該辦法之適用。

4.……上訴人主張被上訴人成立民法第184條第2項違反保護他人法律之侵權行爲云云，即不可採。

（四）被上訴人是否成立民法第191條之侵權責任？

1.按民法第191條第1項規定……。

2.……姑不論系爭水管是否該當於上開法條所謂土地上之工作物，縱爲該條所稱工作物，被上訴人就水管埋設及維修既無過失，亦難責令被上訴人應依該條負損害賠償責任。

（五）被上訴人應否負賠償責任？

按……92年10月15日修正前之道路交通安全規則第94條第3項、第93條第1項第1款、第3款分別定有明文。本件依當時天候狀況甚佳，上訴人在相當距離外應可得知事故路段有積水，其如有遵守上開交通安全規則之規

定，縱遇路面積水，亦不致於該處失控打滑發生車禍，故其未注意車前狀況，採取必要之減速慢行措施，並作隨時停車之準備，仍然超速通過積水路段，致肇事故，而被上訴人之水管破裂雖造成路面積水，然其已就事故之發生既已證明無過失，自毋須負損害賠償責任。

六、綜上所述，上訴人於原審依第191條之3、第184條第1項、第2項之規定，於本院追加依民法第191條規定，請求被上訴人賠償12,755,850元及自92年3月16日起至清償日止，按週年利率5%計算之利息，為無理由，不應准許。原判決駁回上訴人之請求及假執行之聲請，並無不合。上訴意旨指摘原判決不當，求予廢棄改判，為無理由，應併其追加之訴及假執行之聲請予以駁回。……。

中　華　民　國　九十六　年　七　月　十七　日

民事第○庭審判長　法　官
　　　　　　　　　法　官
　　　　　　　　　法　官

（十五）臺灣高雄地方法院九十三年度訴字第一三號民事判決—第二審：臺灣高等法院高雄分院九十四年度上字第六九號民事判決【見壹、一、（十六）】；第三審：最高法院九十五年度台上字第四七四號民事裁定【見壹、一、（十七）】

【主要爭點】

　　經營製鞋、文具、五金等機械加工業者製造「四支柱高速油壓裁斷機」，供從事裁切作業之用，因該機械未經按壓電源開關，上壓板即無預警下壓後上升，造成裁切工之雙手手掌嚴重傷害，是否屬於民法第一百九十一條之三所定之危險工作或活動。

【事實摘要】

　　原告主張其前自第三人處購買被告生產、製造、銷售之中古「四支柱高速油壓裁斷機」乙部供從事裁切作業之用，該機器於準備操作狀態下若未經按壓電源開關，上壓板應不會作下壓裁切之動作，且被告之操作手冊上亦未標示「在準備操作狀態，上壓座會無預警下降」等警語。詎訴外人即其僱用之員工於民國

九十一年六月七日下午四時四十分左右，因操作系爭機器而將雙手伸入壓板區內調整待切割之塑膠片時，該機器之上壓板竟在未經按壓開關之情況下即無預警下壓後上升，造成訴外人雙手手掌嚴重傷害，被告就系爭機器之生產顯有製造、標示、說明上之瑕疵，其受讓訴外人因該瑕疵而對被告所享有之損害賠償債權後，即於九十三年五月二十七日以存證信函通知被告債權讓與之情事，爰依民法第一百八十四條第一項、第二項、第一百九十一條之一、第一百九十一條之三及消費者保護法第七條等規定，請求被告賠償損害。

【解析】

民法第一百九十一條之三所定之危險除具有「高度」、「不合理」、「特殊」及「異常」等特徵外，更應具有能獲利、加害人對該危險能予掌控並避免、危險可藉由保險分散及由被害人舉證顯屬不公平等要件。本判決認為經營製鞋、文具、五金等機械加工業者製造系爭機器用於皮革、塑膠等物料裁切使用，依其原有設計之通常使用方式係在機器外件之砧板上依序放置、調整裁斷物料及刀模，再將砧板推入壓板區內裁切物料，於操作過程中操作人員原無須將手伸入壓板區內，原告為節省工作流程，擅自改裝系爭機器，拆除砧板並將裁斷刀模固定於壓板，致操作人員因之需將手伸入機械平台校對物料與刀模位置，增加使用上之危險，此非被告生產之原來機器所導致，依社會上一般人日常生活之經驗判斷，以該機器之原始設計從事工作時，尚難認係屬本條立法理由所例示之高度危險業務，原告亦未舉證說明被告從事之工作或活動或其使用之工具或方法究竟有何高度危險，即難認該機器有致損害他人之危險，亦不致被視為危險的來源，從而該行為並不具有危險性，應無民法第一百九十一條之三的適用。

【裁判內容】

臺灣高雄地方法院九十三年度訴字第一三號民事判決
　　原　　　告　○得美企業有限公司
　　法定代理人　張○
　　訴訟代理人　侯永福律師
　　被　　　告　鴻○機械股份有限公司
　　法定代理人　劉○○
　　訴訟代理人　劉俊佑
上列當事人間請求損害賠償事件，經本院於民國94年3月22日言詞辯論終

結，判決如下：

　　　　主　　文
原告之訴及假執行之聲請均駁回。

訴訟費用由原告負擔。

事實及理由

一、本件原告起訴主張：伊於前自第三人處購買由被告所生產、製造、銷售之
　　「四支柱高速油壓裁斷機」中古機器乙部（下稱系爭機器）供伊從事裁切作
　　業，而系爭機器於準備操作狀態下若未經按壓電源開關，上壓板應不會作下
　　壓裁切之動作，且被告之操作手冊上亦未標示「在準備操作狀態，上壓座會
　　無預警下降」等警語，詎訴外人即伊之受僱員工蔡泓玫於民國91年6月7日下
　　午4時40分左右在操作系爭機器而將雙手伸入壓板區內調整待切割之塑膠片
　　時，系爭機器之上壓板竟在未經按壓開關之情況下即無預警下壓後上升，造
　　成訴外人蔡泓玫雙手手掌嚴重壓傷併掌指股、皮膚碎裂、左前臂屈指肌腱完
　　全拉斷之傷害，被告就系爭機器之生產顯有製造、標示、說明上之瑕疵，而
　　訴外人蔡泓玫因系爭機器之瑕疵而對被告享有損害賠償債權……蔡泓玫已將
　　上開債權讓與伊，……爰依債權讓與及侵權行為損害賠償請求權，請求被告
　　應給付……。

二、被告則以：系爭機器應係伊10年前所製造之早期產品，而原告並非直接向伊
　　購買，應無消費者保護法之適用，且系爭機器之原始設計乃係將裁切物料放
　　置於砧板之上，再將裁斷刀模放置於裁切物料之上然後推進機台定位，按壓
　　裁切開關裁斷物料，嗣再拉出砧板取出裁斷物，其操作過程中操作人員並無
　　須將手伸入機械平台之內，今原告擅自改裝機器，拆除砧板並將裁斷刀模固
　　定於上壓板，此雖可節省工作流程，然操作人員卻因之需將手伸入機械平台
　　校對物料與刀模位置，且原告之操作人員復未經訓練又調動頻繁，均易增加
　　使用上之危險，系爭損害自非因伊所生產之原來機器所致生，伊就系爭機器
　　之製造、標示、說明並無瑕疵，並無須擔負賠償責任等語為辯，並聲明求為
　　判決駁回原告之訴及假執行之聲請……。

三、兩造不爭執之事項：……。

四、本件兩造爭執之重點乃在於：（一）本件有無消費者保護法之適用？（二）
　　被告應否對訴外人蔡泓玫及原告擔負損害賠償責任？茲將本院判斷意見分述
　　如下：

（一）本件有無消費者保護法之適用？
　　　按「租用商品，如其目的主要供執行業務或投入生產使用，並非單純供

最終消費使用者，核與消費者保護法第二條有關消費者及消費關係之定義未合，尚無消費者保護法之適用。」、「消費者保護法之立法目的乃在於保護消費者之權益，促進國民消費生活安全，提昇國民消費生活品質。所謂『消費者』，係指以消費為目的，而為交易、使用商品或接受服務者而言。消費者與企業經營者間就商品或服務所發生之法律關係，稱之為『消費關係』，觀之該法第1條第1項、第2條第1款、第3款規定自明。」，最高法院91年度台上字第1001號、92年度台上第1395號著有裁判要旨可資參照。查原告係經營製圖工具製造及書包、貼紙、墊板、玩具、衣服等文具、用品買賣業務，而訴外人蔡泓玟則為原告聘僱之作業人員，系爭機器係用以製造裁切反光貼紙……，是系爭機器既係供原告執行業務或投入生產使用而非單純供最終消費使用，……原告與訴外人蔡泓玟自均非屬消費者而應無消費者保護法之適用……。

（二）被告應否對訴外人蔡泓玟及原告擔負損害賠償責任？

1.按「受害人依民法第191條之1規定請求商品輸入業者與商品製造人負同一之賠償責任，固無庸證明商品之生產、製造或加工、設計有欠缺，及其損害之發生與該商品之欠缺有因果關係，以保護消費者之利益，惟就其損害之發生係因該商品之『通常使用』所致一節，仍應先負舉證責任。於受害人證明其損害之發生與商品之通常使用具有相當因果關係前，尚難謂受害人之損害係因該商品之通常使用所致，而令商品製造人或商品輸入業者就其商品負侵權行為之賠償責任。」，最高法院93年度台上字第989號著有裁判要旨可稽。查系爭機器於被告原所設計之通常使用方式係在機器外件之砧板上依序放置、調整裁斷物料及刀模，嗣再將砧板推入壓板區內裁切物料，於操作過程中操作人員原無須將手伸入壓板區內已如上述，然原告購入後為減少工作時程乃自行改裝系爭機器，於其上加裝刀模並拆除原有外置以防上壓座突然壓下致生工安危險之砧板，以致訴外人蔡泓玟於操作機器時乃因此需將手伸入原無須伸入增加危險之壓板區內調整物料，是其操作機器之方式已非原機器設計之「通常使用」方式，則其縱受有上開傷害，亦難謂係因系爭機器之「通常使用」所致，其傷害與系爭機器之設計、製造即無相當之因果關係，被告於系爭機器自無須擔負製作人之損害賠償責任至明。至原告雖謂被告未於說明書上記載「在準備操作狀態，上壓座會無預警下降」，乃屬說明、標示上之瑕疵云云，惟被告已於使用手冊上記載……警語，其自己對系爭機器於通常使用時可能引起之壓斷危險為警告之義務，且……

該記載之有無與原設計間亦無何關連，自難認其說明、標示上有何欠缺，是原告主張被告應依民法第191條之1規定擔負商品製造人之賠償責任云云並無理由。

2. 次按民法第191條之3所規定之一般危險責任，參酌其立法理由係指如工廠排放廢水或廢氣、筒裝瓦斯廠裝填瓦斯、爆竹場製造爆竹、舉行賽車活動、使用炸藥開礦、開山或燃放焰火等屬高度危險者，而命該經營危險事業，或從事危險活動者，對於他人之損害應負賠償之責，惟被告之營業項目係機械製造業而為經營製鞋、文具、五金等加工機械之製造商，而系爭機器則係用於皮革、塑膠等物料裁切使用……是被告從事之工作或活動既僅係加工機械之製造業而非前開例示之高度危險業務，且原告亦未舉證說明被告從事之工作或活動或其使用之工具或方法究竟有何生損害於他人之高度危險，其遽以主張被告應依民法第191條之3之規定負損害賠償責任，自屬無據。

3. 末按「依民法第185條第1項之規定，共同侵權行為人固連帶負損害賠償責任，惟同條項前段所謂共同侵權行為，須共同行為人皆已具備侵權行為之要件始能成立，若其中一人無故意過失，則其人非侵權行為人，不負與其他具備侵權行為要件之人連帶賠償損害之責任。」、「債權讓與，係以移轉特定債權為標的之契約，故該特定債權如確定的不存在，即難認其契約為有效。」，最高法院22年度上第3437號、86年度台上第1045號分別著有判例及裁判要旨可參。本件被告對訴外人蔡泓玟與原告均無需擔負消保法、商品製造人或危險責任之侵權行為責任已如前述，而原告賠償訴外人蔡泓玟醫藥費、看護費等費用乃係基於其雇主之職災賠償責任而與被告無關，是原告主張……被告即應負最終之賠償責任云云並無理由，而訴外人蔡泓玟對被告既無損害賠償債權存在，則其與原告間所為之債權讓與契約自屬無效，原告據以請求被告賠償亦無理由。綜上，原告與訴外人蔡泓玟均非屬消費者保護法所指之消費者，而原告擅自改裝系爭機器，且訴外人蔡泓玟所受傷害與系爭機器之通常使用並無相當因果關係，另原告亦未能舉證證明被告有何違反保護他人法律或生損害於他人之危險，被告對訴外人蔡泓玟自無須負侵權行為責任，則訴外人蔡泓玟讓與不存在之損害賠償債權與原告乃屬無效，從而，原告依債權讓與及侵權行為損害賠償請求權，請求被告應給付3,899,608元，及其遲延利息，為無理由應予駁回，而原告之訴既經駁回，其假執行之聲請亦失所附，應併予駁回。……

中　華　民　國　九十四　年　三　月　三十一　日
民事第○庭審判長　法　官
　　　　　　　　　法　官
　　　　　　　　　法　官

（十六）臺灣高等法院高雄分院九十四年度上字第六九號民事判決—第一審：臺灣高雄地方法院九十三年度訴字第一三號民事判決【見壹、一、（十五）】；第三審：最高法院九十五年度台上字第四七四號民事裁定【見壹、一、（十七）】

【主要爭點】

經營製鞋、文具、五金等機械加工業者製造「四支柱高速油壓裁斷機」，供從事裁切作業之用，因該機械未經按壓電源開關，上壓板即無預警下壓後上升，造成裁切工之雙手手掌嚴重傷害，是否屬於民法第一百九十一條之三所定之危險工作或活動。

【事實摘要】

上訴人主張其前自第三人處購買被告生產、製造、銷售之中古「四支柱高速油壓裁斷機」乙部供從事裁切作業之用，該機器於準備操作狀態下若未經按壓電源開關，上壓板應不會作下壓裁切之動作，且上訴人之操作手冊上亦未標示「在準備操作狀態，上壓座會無預警下降」等警語。詎訴外人即其僱用之員工於民國九十一年六月七日下午四時四十分左右，因操作系爭機器而將雙手伸入壓板區內調整待切割之塑膠片時，該機器之上壓板竟在未經按壓開關之情況下即無預警下壓後上升，造成訴外人雙手手掌嚴重傷害，被上訴人就系爭機器之生產顯有製造、標示、說明上之瑕疵，其受讓訴外人因該瑕疵而對被上訴人所享有之損害賠償債權後，即於九十三年五月二十七日以存證信函通知被上訴人債權讓與之情事，爰依民法第一百八十四條第一項、第二項、第一百九十一條之一、第一百九十一條之三及消費者保護法第七條等規定，請求被上訴人賠償損害。

【解析】

民法第一百九十一條之三所定之危險除具有「高度」、「不合理」、「特

殊」及「異常」等特徵外，更應具有能獲利、加害人對該危險能予掌控並避免、危險可藉由保險分散及由被害人舉證顯屬不公平等要件。本判決認為經營製鞋、文具、五金等機械加工業者製造系爭機器用於皮革、塑膠等物料裁切使用，依其原始設計之通常使用方式係在機器外件之砧板上依序放置、調整裁斷物料及刀模，再將砧板推入壓板區內裁切物料，於操作過程中操作人員原無須將手伸入壓板區內，原告為節省工作流程，擅自改裝系爭機器，拆除砧板並將裁斷刀模固定於壓板，致操作人員因之需將手伸入機械平台校對物料與刀模位置，增加使用上之危險，此非被告生產之原來機器所導致，依社會上一般人日常生活之經驗判斷，以該機器之原始設計從事工作時，尚難認係屬本條立法理由所例示之高度危險業務，原告並未舉證說明被告從事之工作或活動或其使用之工具或方法究竟有何高度危險，即難認該機器有致損害他人之危險，亦不致被視為危險的來源，從而該行為並不具有危險性，應無民法第一百九十一條之三的適用。

【裁判內容】

臺灣高等法院高雄分院九十四年度上字第六九號民事判決

上　訴　人　○得美企業有限公司
法定代理人　張○
訴訟代理人　侯永福律師
被 上 訴 人　　鴻○機械股份有限公司
法定代理人　劉○○
訴訟代理人　劉俊佑
訴訟代理人　林瓊嘉律師
複 代 理 人　　黃進隆

上列當事人間請求損害賠償事件，上訴人對於民國94年3月31日臺灣高雄地方法院93年度訴字第2513號第一審判決提起上訴，本院於94年11月9日言詞辯論終結，判決如下：

主　　文

上訴駁回。

第二審訴訟費用由上訴人負擔。

事實及理由

一、上訴人起訴主張：上訴人於78年前自第3人處購買由被上訴人所生產、製造、銷售之「四支柱高速油壓裁斷機」中古機器乙部（下稱系爭機器）供作

從事裁切作業之用。而系爭機器於準備操作狀態下，若未經按壓電源開關，上壓板應不會作下壓裁切之動作。且被上訴人之操作手冊上亦未標示「在準備操作狀態，上壓座會無預警下降」等警語。詎訴外人……蔡泓玫於91年6月7日下午4時40分許，在操作系爭機器而將雙手伸入壓板區內調整待切之塑膠片時，系爭機器之上壓板竟在未經按壓開關之情況下即無預警下壓後上升，致使訴外人蔡泓玫雙手手掌嚴重壓傷併掌指股、皮膚碎裂、左前臂屈指肌腱完全拉斷之傷害。……訴外人蔡泓玫因系爭機器之瑕疵，依消費者保護法第7條第3項、民法第184條第1項前段、第2項、第191條之1第1項、第191條之3之規定，對被上訴人享有損害賠償債權……，訴外人蔡泓玫已將上開債權讓與上訴人，……爲此爰依債權讓與及上開各法律規定，請求被上訴人賠償……。

二、被上訴人則以：系爭機器應係被上訴人10年以前所製造之早期產品，而上訴人並非直接向被上訴人購買，應無消費者保護法之適用。且系爭機器之原始設計乃係先將裁切物料放置於砧板之上，再將裁斷刀模放置於裁切物料之上，然後推進機台定位，按壓裁切開關裁切物料，嗣再拉出砧板取出裁斷物。其操作過程中，操作人員並無須將手伸入機械平台之內。如今上訴人擅自改裝系爭機器……操作人員卻因之需將手伸入機械平台校對物料與刀模位置，……增加使用上之危險，系爭損害自非被上訴人所生產之原來機器所致……。

三、……。

四、兩造不爭執之事項如下，堪予採信：……。

五、兩造爭執之事項爲：（一）本件有無消費者保護法之適用？（二）被上訴人應否對訴外人蔡泓玫因本件事故所生之損害及上訴人另行僱工支出之工資負損害賠償責任？亦即訴外人蔡泓玫可否依民法第184條第1項前段、第2項、第191條之1第1項、第191條之3請求被上訴人賠償？上訴人可否依民法第184條第1項前段、第2項、第191條之1第1項請求被上訴人賠償？茲將本院判斷意見析述如下：

（一）本件有無消費者保護法之適用？

　　1.……上訴人並未舉證證明系爭機器係被上訴人於83年1月11日消費者保護法公布施行之後所製造銷售者，則被上訴人抗辯系爭機器係被上訴人於83年1月11日消費者保護法公布施行前所製造、銷售，本件並無消費者保護法之適用等情，即屬有據，堪予採信。

　　2.次按「租用商品，如其目的主要供執行業務或投入生產使用，並非單純

供最終消費者使用者，核與消費者保護法第2條有關消費者及消費關係之定義未合，尚無消費者保護法之適用。」「消費者保護法之立法目的乃在於保護消費者之權益，促進國民消費生活安全，提昇國民消費生活品質。所謂『消費者』，係指以消費為目的，而為交易、使用商品，或接受服務者而言。消費者與企業經營者間就商品或服務所發生之法律關係，稱之為『消費關係』，觀之該法第1條第1項、第2條第1款、第3款規定自明。」最高法院91年度台上字第1001號、92年度台上字第1395號著有判決要旨可資參照。查上訴人係經營製圖工具製造及書包、貼紙、墊板、玩具、衣服等文具、用品買賣業務……系爭機器既係供上訴人執行業務或投入生產使用而非單純供最終消費使用，又訴外人既係上訴人公司所僱用操作系爭機器，使之裁切製造反光貼紙之作業人員，核屬上訴人公司之使用人，而非第三人……上訴人與訴外人蔡泓玫自均非屬消費者保護法第7條第3項所稱之消費者或第三人，應亦無消費者保護法第7條第3項之適用。

（二）關於被上訴人應否對訴外人蔡泓玫因本件事故所生之損害及上訴人另行僱工之支出負損害賠償責任？亦即訴外人蔡泓玫可否依民法第184條第1項前段、第2項、第191條之1第1項、第191條之3請求被上訴人賠償？上訴人可否依民法第184條第1項前段、第2項、第191條之1第1項請求被上訴人賠償？

1.按「受害人依民法第191條之1規定，請求商品輸入業者與商品製造人負同一之賠償責任，固無庸證明商品之生產、製造或加工、設計有欠缺，及其損害之發生與該商品之欠缺有因果關係，以保護消費者之利益，惟就其損害之發生係因該商品之『通常使用』所致一節，仍應先負舉證責任。於受害人證明其損害之發生與商品之通常使用具有相當因果關係前，尚難謂受害人之損害係因該商品之通常使用所致，而令商品製造人或商品輸入業者就其商品負侵權行為之賠償責任。」（參閱最高法院93年度台上字第989號判決要旨）。查……上訴人購入系爭機器後，為減少工作時程乃自行改裝，於其上加裝刀模並拆除原有外置以防上壓座突然壓下致生工安危險之砧板，……操作系爭機器之方式已非原系爭機器設計之「通常使用」方式，則訴外人蔡泓玫縱受有上開傷害，亦難認係因系爭機器之「通常使用」所致，其傷害與被上訴人就系爭機器之設計、製造即無相當之因果關係，被上訴人就系爭機器自無須擔負民法第191條之1第1項之商品製作人之損害賠償責任。至於上訴人雖主張……

被上訴人未於說明書上記載「在準備操作狀態，上壓座會無預警下降」，乃屬說明標示上之瑕疵云云。惟被上訴人已於使用手冊第17頁載明……警語，則被上訴人已對系爭機器於通常使用時可能引起之壓斷危險為警告之義務，且……依該設計……不可能發生遭上壓板壓傷之工安事故，因此……縱使無該項記載，系爭機器在通常使用下亦不可能發生在準備操作狀態，上壓座會無預警下降傷人之情事，自不能認其說明、標示上有何欠缺，是上訴人主張被上訴人應依民法第191條之1第1項規定，對訴外人蔡泓玫及上訴人擔負商品製造人之賠償責任云云，即無足採信。

2. 次按民法第191條之3所規定之一般危險責任，參酌其立法理由係指如工廠排放廢水或廢氣、筒裝瓦斯廠裝填瓦斯、爆竹場製造爆竹、舉行賽車活動、使用炸藥開礦、開山或燃放焰火等屬高度危險者，而命該經營危險事業或從事危險活動者，對於他人之損害，應負賠償之責。惟查被上訴人之營業項目係機械製造業而為經營製鞋、文具、五金等加工機械之製造商。而系爭機器則係用於皮革、塑膠等物料裁切使用……是被上訴人從事之工作或活動既僅係加工機械之製造業，而非前開例示之高度危險業務，且上訴人亦未舉證說明被上訴人從事之工作或活動，或其使用之工具或方法究竟有何生損害於他人之高度危險，則上訴人主張被上訴人應依民法第191條之3之規定，對蔡泓玫負損害賠償責任云云，自屬無據，不足採信。

3. 又……固為民法第184條第1項前段、第2項所明定。惟查上訴人並未舉證證明被上訴人就系爭機器之設計、製造，有何故意或過失，……蔡泓玫因以此非系爭機器原設計之「通常使用」方式操作系爭機器，致受有上開之傷害，亦與被上訴人就系爭機器之設計、製造無相當因果關係。又上訴人於蔡泓玫受傷後，另行僱工操作生產，而支出之僱工費用，核屬上訴人經營生產事業之支出，而與被上訴人就系爭機器之設計、製造無涉。……。

（三）末按「債權讓與，係以移轉特定債權為標的之契約，故該特定債權如確定的不存在，即難認其契約為有效。」（參閱最高法院86年度台上第1045號判決要旨）。查訴外人蔡泓玫對被上訴人並無損害賠償請求權存在，已如前述，則其與上訴人間所為之債權讓與契約自屬無效……。

六、綜上所述，本件之上訴人與訴外人蔡泓玫並非屬消費者保護法所指之消費者及第三人，本件亦無消費者保護法之適用。而上訴人擅自改裝系爭機器，且

訴外人蔡泓玫所受傷害與系爭機器之通常使用並無相當因果關係，又被上訴人從事之工作或活動僅係加工機械之製造業，而非民法第191條之3立法理由所列示之高度危險業務，另上訴人亦未能舉證證明被上訴人有何故意或過失之侵權行為，及有何違反保護他人法律或生損害於他人之危險。被上訴人對訴外人蔡泓玫及上訴人並無須負任何賠償責任，則訴外人蔡泓玫讓與確定不存在之損害賠償債權與上訴人乃屬無效，從而本件上訴人依債權讓與及消費者保護法第7條第3項、民法第191條之1第1項、第191條之3、第184條第1項前段、第2項，請求被上訴人給付351萬6,620元，另依消費者保護法第7條第3項、民法第191條之1第1項、第184條第1項前段、第2項，請求被上訴人給付之另僱代工支出之工資38萬2,988元，及均自93年5月29日起至清償日止，按週年利率百分之五計算，即屬無理由，不應准許。原審判決駁回上訴人之訴，並以其訴既經駁回，其假執行之聲請亦失所附麗，而併予駁回，經核尚無不合。上訴論旨，指摘原判決不當，求予廢棄，非有理由，應予駁回。

中　華　民　國　九十四　年　十一　月　二十三　日

民事第○庭審判長　法　官

　　　　　　　　　法　官

　　　　　　　　　法　官

（十七）最高法院九十五年度台上字第四七四號民事裁定－第一審：臺灣高雄地方法院九十三年度訴字第一三號民事判決【見壹、一、（十五）】；第二審：臺灣高等法院高雄分院九十四年度上字第六九號民事判決【見壹、一、（十六）】

【主要爭點】

經營製鞋、文具、五金等機械加工業者製造「四支柱高速油壓裁斷機」，供從事裁切作業之用，因該機械未經按壓電源開關，上壓板即無預警下壓後上升，造成裁切工之雙手手掌嚴重傷害，是否屬於民法第一百九十一條之三所定之危險工作或活動。

【事實摘要】

上訴人主張其前自第三人處購買被告生產、製造、銷售之中古「四支柱高速

油壓裁斷機」乙部供從事裁切作業之用，該機器於準備操作狀態下若未經按壓電源開關，上壓板應不會作下壓裁切之動作，且上訴人之操作手冊上亦未標示「在準備操作狀態，上壓座會無預警下降」等警語。詎訴外人即其僱用之員工於民國九十一年六月七日下午四時四十分左右，因操作系爭機器而將雙手伸入壓板區內調整待切割之塑膠片時，該機器之上壓板竟在未經按壓開關之情況即無預警下壓後上升，造成訴外人雙手手掌嚴重傷害，被上訴人就系爭機器之生產顯有製造、標示、說明上之瑕疵，其受讓訴外人因該瑕疵而對被上訴人享有之損害賠償債權後，即於九十三年五月二十七日以存證信函通知被上訴人債權讓與之情事，爰依民法第一百八十四條第一項、第二項、第一百九十一條之一、第一百九十一條之三及消費者保護法第七條等規定，請求被告賠償損害。

【解析】

　　最高法院肯認第二審所為認定被上訴人經營製鞋、文具、五金等加工機械，其原始設計製造之「四支柱高速油壓裁斷機」非屬民法第一百九十一條之三所定之危險工作或活動。

【裁判內容】

　　最高法院九十五年度台上字第四七四號民事裁定
　　　　上　訴　人　　○得美企業有限公司
　　　　法定代理人　　張○
　　　　訴訟代理人　　侯永福律師
　　　　被上訴人　　　鴻○機械股份有限公司
　　　　法定代理人　　劉○○
　　　　訴訟代理人　　林瓊嘉律師
　　上列當事人間請求損害賠償事件，上訴人對於中華民國九十四年十一月二十三日台灣高等法院高雄分院第二審判決（九十四年度上字第六九號），提起上訴，本院裁定如下：
　　　　主　　文
　　上訴駁回。
　　第三審訴訟費用由上訴人負擔。
　　　　理　　由
　　按上訴第三審法院，非以原判決違背法令為理由，不得為之，民事訴訟法第

四百六十七條定有明文。又同法第四百六十八條規定，判決不適用法規或適用不當者，爲違背法令。當事人提起上訴，如以同法第四百六十九條所列各款情形爲理由時，其上訴狀或理由書應表明該判決有合於各該條款規定情形之具體內容，及係依何訴訟資料合於該違背法令之具體事實。如依同法第四百六十九條之一規定提起上訴，其上訴狀或理由書應表明該判決所違背之法令條項，或有關判例、解釋字號，或成文法以外之習慣或法理等及其具體內容，暨係依何訴訟資料合於該違背法令之具體事實，並具體敘述爲從事法之續造、確保裁判之一致性或其他所涉及之法律見解具有原則上重要性之理由。上訴狀或理由書如未依上述方法表明，或其所表明者，與上開法條規定不合時，即難認爲已合法表明上訴理由，其上訴自非合法。本件上訴人對於原判決提起上訴，雖以該判決違背法令爲由，惟核其上訴理由狀所載內容，係就原審取捨證據及認定事實之職權行使，指摘其爲不當，而非表明該判決所違背之法令及其具體內容，暨依訴訟資料合於該違背法令之具體事實，並具體敘述爲從事法之續造、確保裁判之一致性或其他所涉及之法律見解具有原則上重要性之理由，難認其已合法表明上訴理由。依首揭說明，應認其上訴爲不合法。

　　據上論結，本件上訴爲不合法。依民事訴訟法第四百八十一條、第四百四十四條第一項、第九十五條、第七十八條，裁定如主文。

中　華　民　國　九十五　年　　三　　月　十七　日
最高法院民事第○庭審判長　法　官
　　　　　　　　　　　　　　法　官
　　　　　　　　　　　　　　法　官
　　　　　　　　　　　　　　法　官
　　　　　　　　　　　　　　法　官

（十八）臺灣高雄地方法院九十五年度訴字第四二七二號民事判決—第二審：臺灣高等法院高雄分院九十六年度上易字第一九八民事判決【見壹、一、（十九）】

【主要爭點】

　　經營販賣日常生活用品之一般傳統市集，未保持商場地面之走道乾燥，致消費者因路面濕滑而跌倒受傷，是否屬於民法第一百九十一條之三所定之危險工作

或活動。

【事實摘要】

　　原告主張其於民國九十五年二月二十三日上午七時二十分許，前往被告○○○○股份有限公司職工福利社所主管、監督之市場進行消費時，行走至市場內被告陳○○經營之花店前，因市場走道為PU材質，性質上本不適合作為市場走道，且因PU年久失修，斑駁脫落，無法止滑，復因花店未保持地面乾燥，且未設置警示招牌，致原告因走道濕滑而跌倒，造成左膝髕骨粉碎性骨折，受有身體及健康上之損害，爰依消費者保護法第七條、民法第一百八十四條第一項、第二項、第一百八十五條及第一百九十一條之三等規定，請求被告等連帶負損害賠償責任。

【解析】

　　民法第一百九十一條之三所定之危險除具有「高度」、「不合理」、「特殊」及「異常」等特徵外，更應具有能獲利、加害人對該危險能予掌控並避免、危險可藉由保險分散及由被害人舉證顯屬不公平等要件。本判決認為被告係經營販賣日常生活用品之一般傳統市集，依社會上一般人日常生活之經驗判斷，並不致有生損害他人之危險，亦不會被視為危險的來源，且事故發生之地點又係在類似一般人行道之系爭走道，遇水濕滑一事，要屬一般日常生活之風險，從而該行為並不具有危險性，無民法第一百九十一條之三的適用。

【裁判內容】

　　臺灣高雄地方法院九十五年度訴字第四二七二號民事判決
　　　　原　　　　告　曾○○
　　　　訴訟代理人　蘇精哲律師
　　　　複 代 理 人　鍾秀瑋律師
　　　　訴訟代理人　王建元律師
　　　　被　　　　告　○○○○股份有限公司職工福利委員會高雄區職工
　　　　　　　　　　　福利委員會福利社
　　　　法定代理人　盧○○
　　　　訴訟代理人　連立堅律師
　　　　　　　　　　　李淑欣律師

蘇琬婷律師

被　　　告　陳○○

上列當事人間請求損害賠償事件，經本院於中華民國96年6月20日言詞辯論終結，判決如下：

主　　文

原告之訴及假執行之聲請均駁回。

訴訟費用由原告負擔。

事實及理由

一、原告主張：

（一）原告曾○○於民國95年2月23日上午7時20分許，前往被告○○○○股份有限公司職工福利委員會高雄區職工福利委員會福利社（下稱○○福委會）所主管、監督位於高雄市楠梓區宏毅三路1巷8之37號之後勁市場（下稱後勁市場）內進行消費，嗣原告行走至該市場走道靠近被告陳○○所經營之花店時，因○○福委會之市場走道（下稱系爭走道）為PU材質……無法止滑，而陳○○未保持地面乾燥，導致系爭走道濕滑，卻又未設置任何警示招牌，使原告跌倒……受有身體及健康上之損害。

（二）被告……違反消費者保護法第7條規定。

（三）原告因上開傷害，受有下列損害：……。

（四）……原告爰依消費者保護法第7條、民法第184條第1項、第2項、第185條、第191條之3.第193條、第195條之規定，請求被告連帶負擔賠償責任。

（五）聲明：

1.被告應連帶給付原告869,492元，及自起訴狀繕本送達翌日起至清償日止，按年息5%計算之利息。

2.願供擔保請准宣告假執行。

二、被告○○福委會抗辯略以：

（一）本件事發地點雖為○○福委會所管理，惟○○福委會並不自任經營，係以委託經營之方式，將各攤位委由他人經營……故○○高雄福利社僅是場地之提供者，相當於出租人之角色，並非消費者保護法第7條提供服務之企業經營者。

（二）系爭走道係……於93年間鋪設，顯示被告○○福委會確有善盡提供良好場地。又系爭走道當時所鋪設之PU材質，係為目前一般菜市場及公司行號普遍採用，亦未見特別設置警示標誌，堪認系爭走道已符合當前科技或專

業水準可合理期待之安全性。

（三）……於94年底，○○福委會獲知若再加入金剛砂材質，其地板可能可以達到更佳的防止青苔滋生及止滑效果……向臺灣○○股份有限公司（下稱○○公司）高雄煉油廠營繕課爭取鋪設金剛砂地板……，惟於工程發包前即發生本件意外，並非因本件事故發生後，始認PU材質不具防水效果而重新鋪設地板。

（四）……即便路面濕滑，亦不均生滑倒效果，故路面濕滑與原告之滑倒是否具有因果關係，仍需由原告舉證。……。

（五）對原告損害賠償金額部分之抗辯：……。

（六）……原告穿著老舊之室內脫鞋所致，應有過失相抵之適用。

（七）聲明：原告之訴及假執行之聲請均駁回。

三、被告陳○○抗辯意旨略以：伊所經營之花店，係向○○福委會承租而來……縱令有任何設施不當之情形，亦屬○○福委會之責任。……原告……僅是經過花店前之人行道跌倒，……無消費關係，伊應無企業經營者責任及任何過失。並聲明：原告之訴及假執行之聲請均駁回。

四、兩造不爭執事項：……。

五、爭執事項：

（一）○○福委會是否屬消費者保護法之企業經營者？

（二）○○福委會在後勁市場之系爭走道鋪設PU，是否不符合安全性之情形？是否需應因此負消費者保護法第7條、民法第184條、第191條之3之侵權行為責任？

（三）陳○○是否需因系爭走道濕滑而對原告負損害賠償責任？

（四）原告得請求之損害賠償範圍為何？

六、本院對於爭點一：「○○福委會是否屬消費者保護法之企業經營者？」之判斷：

（一）按消費者保護法第2條規定：……依消費者保護法第1條保護消費者權益之立法目的以觀，凡以提供服務為業而加以經營者，……均應由消費者保護法規範之。

（二）……○○福委會本有對外經營百貨及飲食與娛樂等事業。次查，後勁市場之相關設備及攤位，係由○○福委會一體規劃施作，再將之委託個別攤商經營，且要求承租攤商應遵循○○福委會所訂立之「菜市場管理規則」，並於每月向承租攤商收取清潔費用……，堪認系爭市場之相關設計、規劃與維護，均係由○○福委會為之。是本件○○福委會既係自任系爭市

場之規劃、施作及維護，並將攤位委託個別攤商經營，則其當係提供後勁市場供人入內消費之人，並非單純將土地出租他人，要屬企業經營者無疑。……堪認○○福委會即已提供服務予原告，是在原告與○○福委會間當有消費關係存在。

（三）……即有消費者保護法之適用。

七、本院對爭點二：「○○福委會在後勁市場之系爭走道鋪設PU，是否不符合安全性之情形？是否需應因此負消費者保護法第7條、民法第184條、第191條之3之侵權行為責任？」之判斷：

（一）消費者保護法第7條部分：

1.按……消費者保護法第7條定有明文。而於判斷企業提供之商品或服務與「符合當時科技或專業水準可合理期待之安全性」此一不確定法律概念是否相當，則可參酌消費者保護法施行細則第5條……之規定……。又……消費保護法第7條第1項所稱之商品或服務未具可合理期待之安全性及同條第2項所稱之「危害」，均應指消費者於通常或合理使用下因商品或服務之提供有瑕疵、缺陷或欠缺，致不當增加消費者不正常或不合理之危險，若係日常生活上一般人通常可認識或預期之危險，則應由消費者自行承擔，而非由企業經營者負擔無過失責任。

2.……系爭走道除供前往後勁市場消費之人行走外，亦提供予往來不特定行人行走，在性質上……接近於供公眾通行之人行道。……○○福委會於設置系爭走道時，自應考量如何遇水止滑而維護消費者及其他往來行人行走之安全，以提供符合當時科技或專業水準可合理期待之安全性之走道。

3.……PU材質在遇水止滑上應有相當之效果。……傳統市場內常有水漬，容易造成PU材質損壞，且係傳統市場常有油漬容易造成防滑效果降低，均非謂PU材質不具遇水止滑之功能，是○○福委會將PU材質鋪設在一般露天供路人行走之系爭走道上用以防止遇水濕滑一事，自無不當，……。況原告係主張因系爭走道有水濕滑而跌倒，本與油漬無關……。

4.再者，系爭走道原為水泥地面，係經當地之宏毅里里長建議將水泥地面改採PU材質以避免生長青苔，始由○○福委會於93年間改鋪為PU材質，……鋪設PU材質於往來通路以供人行走一事，在遇水止滑效果上，應已達可供消費者安全使用之程度，且符合當時科技或專業水準可合理期待之安全性。

5.……系爭走道原爲水泥地面,係於93年間始於其上鋪設PU材質,業如上述。而PU材質及水泥地面均具有遇水防滑之效果……縱令系爭走道因老舊斑駁而露出水泥地面,亦僅係回復水泥地面之材質,仍屬合乎當時科技或專業水準可合理期待之安全性……。

6.……系爭走道係爲露天人行道,常有遇水而降低摩擦係數產生濕滑之情形,要屬一般人生活上所可認識之事,且爲一般人在生活上所必須面臨之風險,自非屬上開消費者保護法第7條第2項所稱之「危害」……。

7.……按……消費者保護法第7條之1定有明文。查PU材質本具有防滑之相當效果,且在遇水止滑效果上屬極安全範圍,復爲通常公司行號或賣場鋪設供人行走以防滑,應已符合當時科技或專業水準可合理期待之安全性……縱令○○福委會其後改鋪設止滑效果更佳之還氧樹脂加細沙材質,亦屬○○福委會自願提供高於一般合理期待標準之更安全材質,尚不得以此即認鋪設PU材質係與當時科技或專業水準不符……。

8.從而,於本件事故發生時,○○福委會於系爭走道所鋪設之PU材質,本具有遇水止滑之相當功能,已達可供消費者安全使用之程度,符合當時科技或專業水準可合理期待之安全性,並無原告所主張之危害消費者生命、身體或財產之不當風險事狀存在。是原告主張依消費者保護法第7條第3項之規定,請求○○福委會加以賠償,即無理由。

(二)民法第184條部分:

1.按……民法第184條定有明文。

2.查本件○○福委會在系爭走道上鋪設PU,並無不符合可合理期待之安全性,本無過失之情,亦無故意背於善良風俗加損害於原告或違反保護他人之法律,是原告依前揭法律請求損害賠償,即無理由。

(三)民法第191條之3部分:

1.按……民法第191條之3定有明文。惟該條之立法意旨,係因應現代複雜生活所產生之高風險所生,應限於在本質上具有危險之事業,若僅爲日常生活上之危險,自非本條所規範之範圍。

2.查○○福委會所經營之後勁市場,爲販賣日常生活用品之一般傳統市集,並非前述本質上具有危險之事業,且事故發生之地點又係在類似一般人行道之系爭走道,遇水濕滑一事,要屬一般日常生活風險。從而,原告主張○○福利社應依民法第191條之3負損害賠償責任,要無理由。

(四)綜上,本件原告主張○○福委會應依消費者保護法第7條、民法第184條、第191條之3之規定,負損害賠償責任,均無理由。

八、本院對於爭點三：「陳○○是否需因系爭走道濕滑而對原告負損害賠償責任？」之判斷：

（一）按……民事訴訟法第277條定有明文。

（二）……陳○○否認有何灑水在系爭走道之行為，並否認水漬與原告跌倒之因果關係，復否認原告有前往其所經營之花店消費，則此等部分之事實均應由原告加以證明。然原告……均未舉證以實其說，其之主張已難憑採。況系爭走道……與陳○○無何關連，是在原告與陳○○無任何消費關係之情形下，陳○○本無義務維護系爭走道安全性之義務，則原告依前揭法條主張陳○○應負消費者保護法第7條及前揭民法上之侵權行為責任，均不可採。

九、綜上所述，本件○○福委會所提供系爭走道之止滑效果，已符合當時科技或專業水準可合理期待之安全性，且非一般具危害消費者之危險性質而需標示，並無違反消費者保護法第7條規定之情形。又被告均無應依民法第184條、第191條之3所規定應負損害賠償責任之情，亦如上述。是原告本於消費者保護法第7條、民法第184條第1項、第2項、第185條、第191條之3、第193條、第195條之規定，請求被告應連帶負擔損害賠償責任，均無理由，應予駁回。其訴既經駁回，則假執行之聲請亦失所附麗，應併予駁回。

中　華　民　國　九十六　年　七　月　四　日

民事第○庭審判長　法　官

　　　　　　　　　法　官

　　　　　　　　　法　官

（十九）臺灣高等法院高雄分院九十六年度上易字第一九八號民事判決─第一審：臺灣高雄地方法院九十五年度訴字第四二七二號民事判決【見壹、一、（十八）】

【主要爭點】

　　經營販賣日常生活用品之一般傳統市集，未保持地面之走道乾燥，致消費者因路面濕滑而跌倒受傷，是否屬民法第一百九十一條之三所定之危險工作或活動。

【事實摘要】

上訴人主張其於民國九十五年二月二十三日上午七時二十分許，前往被上訴人公司職工福利社所主管、監督之市場進行消費時，行走至市場內另一被告經營之花店前，因市場走道為PU材質，性質上本不適合作為市場走道，且因PU年久失修，斑駁脫落，無法止滑，復因花店未保持地面乾燥，且未設置警示招牌，致原告因走道濕滑而跌倒，造成左膝髕骨粉碎性骨折，受有身體及健康上之損害，爰依消費者保護法第七條、民法第一百八十四條第一項、第二項、第一百八十五條及第一百九十一條之三等規定，請求被告等連帶負損害賠償責任。

【解析】

本判決肯認第一審判決所認定經營販賣日常生活用品之一般傳統市集，依社會上一般人日常生活之經驗判斷，並不致有生損害他人之危險，亦不會被視為危險的來源，且事故發生之地點又係在類似一般人行道之系爭走道，遇水濕滑一事，要屬一般日常生活之風險，從而該行為並不具有危險性，無民法第一百九十一條之三的適用。

【裁判內容】

臺灣高等法院高雄分院九十六年度上易字第一九八號民事判決

上 訴 人	曾○○
訴訟代理人	焦文城律師
	施秉慧律師
	楊啓志律師
被 上 訴 人	○○○○股份有限公司職工福利委員會高雄區職工福利委員會福利社
法定代理人	盧○○
訴訟代理人	連立堅律師
	李淑欣律師
	蘇琬婷律師
被 上 訴 人	陳○○

上列當事人間請求侵權行為損害賠償事件，上訴人對於中華民國96年7月4日臺灣高雄地方法院95年度訴字第4272號第一審判決提起上訴，本院於96年11月6日言詞辯論終結，判決如下：

主　　文

上訴駁回。

第二審訴訟費用由上訴人負擔。

事實及理由

一、上訴人主張：上訴人曾○○於95年2月23日上午7時20分許，前往被上訴人○○○○公司職工福利委員會高雄區職工福利委員會福利社（下稱○○福委員）所主管、監督位於高雄市楠梓區宏毅三路1巷8-37號之後勁市場（下稱後勁市場）內進行消費，上訴人走至該市場走道靠近被上訴人陳○○所經營之花店時，因○○福委會之市場走道為PU材質，性質上不適合作為市場走道，且PU年久失修，已斑駁脫落，無法止滑，陳○○未保持地面乾燥，導致走道濕滑，卻又未作任何警示招牌，使上訴人在該花店前走道跌倒……受有身體及健康上之損害。……上訴人依民法第184條第2項第1項及第185條、第191條之3、第193條、第195條及消費者保護法第7條規定請求被上訴人連帶賠償……上訴聲明：（一）原判決廢棄。（二）被上訴人應連帶給付上訴人869,492元及自起訴狀繕本送達翌日起至清償日止，按週年利率5%計算之利息。（三）第一、二審訴訟費用由被上訴人負擔。

二、被上訴人○○福委會則辯稱：

（一）……○○福委會……係以委託經營之方式，將各攤位委由他人經營，而事發地點前之117號蔬果攤位，亦經○○福委會與陳○○於94年9月26日訂立菜市場承包經營合約。故○○高雄福利社僅是場地之提供者，相當於出租人之角色，並非消費者保護法第7條提供服務之企業經營者。

（二）系爭走道……於93年間鋪設，顯示被上訴人○○福委會確有善盡提供良好場地。……PU材質，係為當時一般菜市場及公司行號普遍採用，亦未見特別設置警示標誌，堪認系爭走道已符合當時科技或專業水準可合理期待之安全性。

（三）○○福委會為提供更舒適安全之場地……向臺灣○○股份有限公司（下稱○○公司）高雄煉油廠營繕課爭取鋪設金剛砂地板。……惟於工程發包前即發生本件意外，並非因本件事故發生後，始認PU材質不具防水效果而重新鋪設地板。

（四）……路面濕滑情形應由上訴人舉證。且即便路面確有濕滑，亦非○○福委會所造成，應與○○福委會無關。路面濕滑，亦不均生滑倒效果，故路面濕滑與上訴人之滑倒是否具有因果關係，仍需由上訴人舉證。……。

（五）對上訴人損害賠償金額部分之抗辯：……。

（六）……上訴人穿著老舊之室內脫鞋所致，應有過失相抵之適用。答辯聲明：
上訴駁回，第二審訴訟費用由上訴人負擔。

三、被上訴人陳○○抗辯意旨略以：伊所經營之花店，係向○○福委會承租而
來，有關市場攤位之設計、規劃與施工，均係由○○福委會全權負責，伊並
無權參與，縱令有任何設施不當之情形，亦屬○○福委會之責任。且伊當日
並無在系爭走道灑水……伊與上訴人本無消費關係，伊應無企業經營者責任
及任何過失。答辯聲明：上訴駁回，第二審訴訟費用由上訴人負擔。

四、兩造不爭執事項：……。

五、爭執事項：

（一）○○福委會是否屬消費者保護法之企業經營者？

（二）○○福委會在後勁市場之系爭走道鋪設PU，是否不符合安全性之情形？
是否需應因此負消費者保護法第7條、民法第184條、第191條之3之侵權行
為責任？

（三）陳○○是否需因系爭走道濕滑而對上訴人負損害賠償責任？

（四）上訴人得請求之損害賠償範圍為何？

六、本院對於爭點一：「○○福委會是否屬消費者保護法之企業經營者？」之判
斷：

（一）按消費者保護法第2條規定：……。而依消費者保護法第1條保護消費者權
益之立法目的以觀，凡以提供服務為業而加以經營者……均應由消費者保
護法規範之。

（二）……堪認○○福委會本有對外經營百貨及飲食與娛樂等事業。次查……系
爭市場之相關設計、規劃與維護，均係由○○福委會為之。○○福委會既
係自任系爭市場之規劃、施作及維護，並將攤位委託個別攤商經營，則其
當係提供後勁市場供人入內消費之人，並非單純將土地出租他人，要屬企
業經營者無疑。……事實上亦讓上訴人在系爭市場與簽約攤商購買早點進
行消費，堪認○○福委會即已提供服務予上訴人，是在上訴人與○○福委
會間當有消費關係存在。……上訴人與○○福委會間，係有消費關係存
在，本件有關系爭走道安全性與否之爭議，即有消費者保護法之適用。

七、本院對爭點二：「○○福委會在後勁市場之系爭走道鋪設PU，是否符合安
全性之情形？是否應因此負消費者保護法第7條、民法第184條、第191條之3
之侵權行為責任？」之判斷：

（一）消費者保護法第7條部分：

1.按……消費者保護法第7條定有明文。而於判斷企業提供之商品或服務

與「符合當時科技或專業水準可合理期待之安全性」此一不確定法律概念是否相當，則可參酌消費者保護法施行細則第5條……之規定，……消費保護法第7條第1項所稱之商品或服務未具可合理期待之安全性及同條第2項所稱之「危害」，均應指消費者於通常或合理使用下因商品或服務之提供有瑕疵、缺陷或欠缺，致不當增加消費者不正常或不合理之危險，若係日常生活上一般人通常可認識或預期之危險，則應由消費者自行承擔，而非由企業經營者負擔無過失責任。

2.查系爭走道並非鋪設於市場內部，係位於後勁市場外側，緊鄰馬路，一般行人均可行走，且上方僅有部分遮蔽物，至少一半之走道屬於露天狀態……接近於供公眾通行之人行道，為貫徹對消費者權益之保護，該處人行道，應認為企業經營者負責範圍……是○○福委會於設置系爭走道時，自應考量如何遇水止滑而維護消費者及其他往來人行走之安全，以提供符合當時科技或專業水準可合理期待之安全性之走道。

3.次查，PU材質之優點在於有彈性，伸長性佳，其缺點在於怕潮濕，有油時會滑。……PU材質在遇水止滑上應有相當之效果……傳統市場內常有水漬，容易造成PU材質損壞，且傳統市場常有油漬容易造成防滑效果降低，均非謂PU材質不具遇水止滑之功能，是○○福委會將PU材質鋪設在一般露天供路人行走之系爭走道上用以防止遇水濕滑一事，自無不當……。況上訴人係主張因系爭走道有水濕滑而跌倒……是縱令○○福委會所鋪設於系爭走道之PU材質不符合用於油污止滑之效果而有設置不當之情形，亦與本件上訴人跌倒之事實無相當因果關係而無審酌之必要……。

4.……鋪設PU材質於往來通路以供人行走一事，在遇水止滑效果上，應已達可供消費者安全使用之程度，且符合當時科技或專業水準可合理期待之安全性。……系爭走道原為水泥地面，係於93年間始於其上鋪設PU材質……而PU材質及水泥地面均具有遇水防滑之效果……是縱令系爭走道因老舊斑駁而露出水泥地面，亦僅係回復水泥地面之材質，仍屬合乎當時科技或專業水準可合理期待之安全性，……。

5.……系爭走道位市場周邊，為露天人行道，常有遇水而降低摩擦係數產生濕滑之情形，要屬一般人生活上所可認識之事，且為一般人在生活上所必須面臨之風險，自非屬上開消費者保護法第7條第2項所稱之「危害」，上訴人主張○○福委會未於系爭走道上標示濕滑即有違反該條規定，亦不可採。

6.……按……消費者保護法第7條之1定有明文。查PU材質本具有防滑之相當效果，且在遇水止滑效果上屬極安全範圍，復爲本件事發時通常公司行號或菜市場鋪設供人行走以防滑，應已符合當時科技或專業水準可合理期待之安全性……縱令○○福委會其後改鋪設止滑效果更佳之還氧樹脂加細砂材質，亦屬○○福委會自願提供高於一般合理期待標準之更安全材質，尚不得以此即認鋪設PU材質係與當時科技或專業水準不符……上訴人主張依消費者保護法第7條第3項之規定，請求○○福委會加以賠償，爲無理由。

（二）民法第184條部分：

按……民法第184條定有明文。查本件○○福委會在系爭走道上鋪設PU，並無不符合可合理期待之安全性，本無過失之情，亦無故意背於善良風俗加損害於上訴人或違反保護他人之法律，是上訴人依前揭律請求損害賠償，爲無理由。

（三）民法第191條之3部分：

按……民法第191條之3定有明文。惟該條之立法意旨，係因應現代複雜生活所產生之高風險所生，應限於在本質上具有危險之事業，若僅爲日常生活上之危險，自非本條所規範之範圍。查○○福委會所經營之後勁市場，爲販賣日常生活用品之一般傳統市集，並非前述本質上具有危險之事業，且事故發生之地點又係在類似一般人行道之系爭走道，遇水濕滑一事，要屬一般日常生活風險。從而，上訴人主張○○福利社應依民法第191條之3負損害賠償責任，亦無理由。

（四）綜上，本件上訴人主張○○福委會應依消費者保護法第7條、民法第184條、第191條之3之規定，負損害賠償責任，均無理由。

八、本院對於爭點三：「陳○○是否需因系爭走道濕滑而對上訴人負損害賠償責任？」之判斷：

（一）按……民事訴訟法第277條定有明文。

（二）……陳○○否認有何灑水在系爭走道之行爲，並否認水漬與上訴人跌倒之因果關係，復否認上訴人有前往其所經營之花店消費，則此等部分之事實均應由上訴人加以證明。然上訴人……均未舉證以實其說，其主張已難憑採。況……陳○○本無維護系爭走道之義務（維護義務人爲○○福委會，見前述）。則上訴人主張陳○○應依消費者保護法第7條規定負賠償責任，顯失所據，又上訴人並未舉證證明被上訴人陳○○有何故意或過失行爲侵害其權利之證據，則其另據民法相關法條（侵權行爲）之規定，訴

請被上訴人陳○○賠償其損害，亦無理由。……。

九、綜據上述，本件上訴人請求被上訴人連帶賠償損害為無理由，原審判決駁回其訴及假執行之聲請，核無不合，上訴意旨指摘原判決不當，求為廢棄改判如其上訴聲明，為無理由，應予駁回。兩造其餘攻擊防禦，核與判斷之結果不生影響，爰不逐一論述，附此敘明。爰依民事訴訟法第449條第1項、第78條判決如主文。

中　華　民　國　　九十六　　年　　十一　　月　　二十　　日
民事第○庭審判長　法　官
　　　　　　　　　法　官
　　　　　　　　　法　官

（二十）臺灣高雄地方法院九十一年度勞訴字第七四號民事判決

【主要爭點】

營建公司員工操作天車（即固定式起重機）時，未依規定按鈴示警並注意天車上人員之安全，致輾死他人，是否屬於民法第一百九十一條之三所定之危險工作。

【事實摘要】

原告洪○昌之妻及原告洪○隆、洪○慧、洪○芳之母即被害人洪陳○○原受僱於被告李○○所經營之見○工程行擔任臨時工，而被告李○○於民國九十一年八月二十五日，因向訴外人○○造船公司承包「B棟房柱補強部位研磨油漆工程」，乃指派被害人至該公司工地施工，同年月三十日上午十時三十分許，同向慶○造船公司承包鋼構工程之被告○瀛營造有限公司之次承攬人即被告張○○以搖控器操縱天車輸運鋼材時，未依規定按鈴示警並注意天車上人員之安全，即任由天車行經被害人之工作地點，將其輾死，爰依民法第一百八十四條、第一百八十八條及第一百九十一條之三等規定，請求被告連帶負損害賠償責任。

【解析】

民法第一百九十一條之三所定之危險除具有「高度」、「不合理」、「異常」、「特殊」及「異常」等特徵外，更應具有能獲利、加害人對該危險能掌控

並得以避免、危險可藉由保險分散及由被害人舉證顯屬不公平等要件。本判決認操作天車非本條所謂「危險」,惟依勞工安全衛生法第十五條之規定,需中央主管機關認可之訓練或經技能檢定之合格人員方得操作天車(固定式起重機),且一旦操作發生疏失,將會造成重大傷亡及財物上損失,依吾人一般日常生活之經驗觀察,操作天車應屬高度危險之工作或活動,而有民法第一百九十一條之三之適用。

【裁判內容】

臺灣高雄地方法院九十一年度勞訴字第七四號民事判決

原　　　　告　　洪○昌
　　　　　　　　洪○隆
　　　　　　　　洪○慧
　　　　　　　　洪○芳
共　　　　同
訴訟代理人　　洪仁杰律師
　　　　　　　　邱超偉律師
被　　　　告　李○○即見泰工程行
被　　　　告　○○營造有限公司
法定代理人　　蔡○○
訴訟代理人　　王進勝律師
　　　　　　　　吳賢明律師
　　　　　　　　黃淑芬律師
複代理人　　　許乃丹律師
被　　　　告　　張○○
　　　　　　　即台龍企業社
訴訟代理人　　黃政雄律師

右當事人間請求損害賠償事件,本院判決如左:
主　　文
被告李○○應給付原告新台幣壹佰柒拾壹萬捌仟伍佰伍拾元及自民國九十一年十月三十一日起至清償日止按週年利率百分之五計算之利息。
被告張○○應給付原告洪○昌新台幣壹佰參拾肆萬柒仟捌佰元。
被告李○○或張○○如已履行如主文第一、二項中之新台幣壹拾玖萬零玖佰

伍拾元之給付，他被告就此金額於其給付範圍內免除相同金額之給付義務。

　　被告張○○應給付原告洪○隆、洪○慧、洪○芳各新台幣伍拾萬元。

　　原告其餘之訴駁回。

　　訴訟費用由被告李○○負擔十分之三、被告張○○負擔十分之六，餘由原告負擔。

　　本判決第一項於原告以新台幣伍拾柒萬元供擔保後得假執行。

　　本判決第二、四項於原告洪○昌、洪○隆、洪○慧、洪○芳各以新台幣肆拾伍萬元、壹拾柒萬元、壹拾柒萬元、壹拾柒萬元供擔保後得假執行，但被告張○○如於假執行程序實施前各以新台幣壹佰參拾肆萬柒仟捌佰元、伍拾萬元、伍拾萬元、伍拾萬元為原告洪○昌、洪○隆、洪○慧、洪○芳供擔保後免為假執行。

　　原告其餘假執行之聲請駁回。

　　事實及理由

一、……。

二、本件原告起訴主張原告洪○昌之妻及原告洪○隆、洪○慧、洪○芳之母即被害人洪陳金菊原受僱被告李○○所營之見泰工程行擔任臨時工，而被告李○○於民國九十一年八月二十五日因向訴外人慶富造船股份有限公司（下稱慶富公司）承包該公司之「B棟房柱補強部位研磨油漆工程」，其乃指派被害人洪陳金菊……施工，迨於同年月三十日上午十時三十分許，值同向訴外人慶富公司承包該廠鋼構工程之被告○瀛公司之次承攬人即被告張○○以搖控器操縱天車輸運鋼材時，其竟未依規定按警鈴示警並注意天車上人員之安全，即任由天車行經被害人洪陳金菊之工作地點而將其輾死，被告張○○自應就其侵權行為負損害賠償之責，而原告洪○昌於妻即被害人洪陳金菊死亡後業已支出喪葬費用新台幣（下同）三十七萬零四百元，且其死亡業致原告等人哀慟逾恆，其自應對原告洪○昌賠償精神損害一百二十萬元，對原告洪○隆、洪○慧、洪○芳賠償精神損害各六十萬元，另被害人洪陳金菊係受僱於被告李○○……依勞動基準法第五十九條第四款之規定，雇主之被告李○○依法自應負有給與……喪葬費計……並一次給與遺屬四十個月平均工資之死亡補償……之義務，又被告○瀛公司既承包訴外人慶富公司之鋼構工程……以天車及被告張○○共同作為鋼構工程之施工工具，被告○瀛公司對該天車之使用自應負監督之善良管理人之注意義務……被告○瀛公司無視被告張○○無操作天車之執照，仍執意由其操作而致肇事，是以該天車本身之危險，依民法第一百九十一條之三現定，自應由使用人即被告○瀛公司與被告張○○連帶負擔，為此乃依勞動基準法第五十九條、民法第一百八十四

條、第一百八十八條、第一百九十一條之三之規定，請求判令：一、被告李
○○應給付原告一百七十一萬八千五百五十元及自起訴狀繕本送達之翌日即
九十一年十月三十一日起至清償日止按年息百分之五計算之利息；二、被告
○瀛公司、張○○應連帶給付原告洪○昌一百五十七萬零四百元；三、被告
其中任一就前二項聲明如已履行十九萬零九百五十元範圍內之給付，其他被
告於同一給付範圍內免給付義務；四、被告○瀛公司、張○○應連帶給付原
告洪○隆、洪○慧、洪○芳各六十萬元；五、願供擔保請准為假執行之宣
告。

三、被告李○○則以案發當日伊已使用天車完畢並將人員撤退，而被害人係於清
　　場後自行上去補漆以致遭到再使用天車之被告張○○輾死，此事故自應由被
　　告張○○予以負責，爰聲明求為判令駁回原告之訴。

四、被告張○○則以案發當日乃係被告李○○所營見泰工程行施作油漆工程告一
　　段落並將人員及工作物撤退清場後，始由被告李○○將天車遙控器交予伊使
　　用……伊自完全無法預期尚有人員留於現場，且伊要操作天車之前亦已察視
　　天車作業之現場，並按下天車警報器按鈕……伊於死者不可預知之行為，自
　　無任何故意或過失之責任，且本件死者雖係遭天車夾住身體，然其直接引起
　　死亡之主因則是由高處跌落以致顱骨骨折、創傷性窒息致死，而其雇主……
　　本應設置防止高處墜落之必要設備……竟未設置上開設備……其自應對被害
　　人之死亡負完全之責任，原告請求伊應負過失之損害賠償責任自為無據，爰
　　聲明求為判令駁回原告之訴及假執行之聲請，如受不利之判決，並願供擔保
　　請准免為假執行之宣告。

五、被告○瀛公司則以伊向訴外人慶富公司承攬鋼構工程後，即將部分工程委
　　由被告張○○所負責之台龍企業社承攬……伊自非被告張○○之僱用人甚
　　明……斯時天車搖控器既在被告台龍企業社之一方，被告見泰工程行之人員
　　即不得再上天車工作，而被告李○○一方既告知已清場完畢，被告台龍企業
　　社一方見其確已退場乃進行操作天車施作工程，其於此亦應無過失可言，
　　另天車基本上在營造業之使用乃相當普遍，其並非屬民法第一百九十一條之
　　三規定之「工作或活動之性質或其使用之工具或方法有生損害於他人之危險
　　者」，且據該條立法理由……伊係從事鋼構工程之營造公司，並非所謂
　　「從事危險事業或活動者」……該工程所使用天車如屬危險事業，其所謂
　　「經營一定事業或從事其他工作或活動之人」亦係被告台龍企業社而非伊，
　　原告對伊請求連帶損害賠償自為無據，爰聲明求為判令駁回原告之訴及假執
　　行之聲請，如受不利之判決，並願供擔保請准免為假執行之宣告。

六、……經查：

（一）被告李○○部分：

按……勞動基準法第五十九條第四款定有明文……對於雇主係採無過失責任主義，即雇主不得以自己無過失為由而拒絕賠償，最高法院八十七年度台上字第二三三號著有判決意旨。……被害人洪陳金菊既不定期受雇主即被告李○○僱用從事工作獲致工資……仍屬勞基法所謂之勞工而有該法第五十九條規定之適用，而依上述之該條對於雇主係採無過失責任主義，雇主即被告李○○自不得以該事件係被害人洪陳金菊於收工後自行上去補漆以致肇致而自己無過失為由而拒絕賠償……原告此部分請求自為有據。

（二）被告張○○部分：

1.應否負侵權行為損害賠償責任：

……被告張○○使用系爭天車之前既未依規定按警鈴示警，且亦未於接受遙控器後復行確認現場有無人員，其於被害人洪陳金菊之遭夾後墜落致死自應負有過失責任，而被害人洪陳金菊之雇主於施工時縱有未依規定設置防止墜落、護圍等防護設備之情，惟此係其雇主就其死亡亦應共負過失之侵權行為責任而有責任分擔之問題……其自不得援此而謂其無須就此負過失之責任者……。

2.損害賠償範圍：

按……民法第一百九十二條第一項、第一百九十四條分別定有明文。本件被告張○○既因上開過失而致被害人洪陳金菊死亡，其就此自應負侵權行為之損害賠償責任，而原告洪○昌乃為被害人洪陳金菊之配偶，原告洪○隆、洪○慧、洪○芳則為其成年子女，茲就原告請求之損害賠償金額，分別審核准駁如后：

(1)殯葬費部分：……。

(2)精神慰撫金部分：……。

（三）被告○瀛公司部分：

1.依民法第一百八十四條第二項主張部分：

……被告○瀛公司既係將該工程中之部分轉包予被告張○○所營之台龍企業社承作，其與被告張○○個人間自無僱傭關係可言，此應雇用合格人員操作天車之責任，自應由承攬人之被告張○○所營之台龍企業社而非被告○瀛公司負責為之，況被告張○○……是否有操作天車之執照與系爭事故之發生間亦無相當之因果關係，被告○瀛公司所為與民法第一百八十四條第二項之構成要件尚非該當，原告依此請求自為無據。

2.依民法第一百八十八條主張部分：

……勞工安全衛生法……乃係為擴大保障勞工因受職業災害後得以求償之範圍所為特別之規定，與民法第一百八十八條之「僱用人」……並非相同，……被告○瀛公司既係將其所承攬之工程部分轉由被告張○○所營之台龍企業社承包而非僱用被告張○○個人予以施作，其對承包商即被告張○○所應負之侵權行為責任，自不負僱用人之連帶損害賠償責任……。

3.依民法第一百九十一條之三主張部分：

本件原告固以被告○瀛公司乃以天車及被告張○○共同作為鋼構工程之施工工具而應對該天車之使用負民法第一百九十一條之三之危險責任云云，惟被告○瀛公司係從事鋼構工程之營造公司，並非該條所謂「從事危險事業或活動者」，且系爭天車即固定式起重機本身在營造及運輸業上使用乃相當普遍，其性質尚非為該條所謂從事危險事業或活動而使用之「有生損害於他人危險」之工具者，況事發當日之施工及操作天車者乃係次承包商即被告張○○所營台龍企業社之人員，是該工程所使用天車如屬危險工具，其所謂「經營一定事業或從事其他工作或活動之人」亦係台龍企業社而非被告○瀛公司，原告依上開規定請求被告○瀛公司就此應負危險責任而須與被告張○○負連帶損害賠償責任云云自屬無據。綜上所述，本件被告李○○依法乃應給與被害人洪陳金菊之遺屬即原告等人五個月平均工資之喪葬費十九萬零九百五十元、四十個月平均工資之死亡補償一百五十二萬七千六百元計為一百七十一萬八千五百五十元，而被告張○○就被害人洪陳金菊之死亡亦須負有侵權行為損害賠償責任，其依法應賠償原告洪○昌所支出之殯葬費三十四萬七千八百元及精神慰撫金一百萬元計一百三十四萬七千八百元，另並應賠償原告洪○隆、洪○慧、洪○芳精神慰撫金各五十萬元，而被告李○○所應負之上開職業災害補償與告張○○所應負之侵權行為損害賠償中乃均具備喪葬費之名目，其為不同之法律理由構成之相同目的之給付，應有不真正連帶債務關係之適用，以避免一事二賠，從而本件原告請求被告李○○應給付其等一百七十一萬八千五百五十元及其遲延利息，並被告張○○應分別給付原告洪○昌、洪○隆、洪○慧、洪○芳各一百三十四萬七千八百元、五十萬元、五十萬元、五十萬元，且被告李○○或張○○如已履行如主文第一、二項中之十九萬零九百五十元之給付，他被告就此金額於其給付範圍內免除相同金額之給付義務為有理

由，依法均應予以准許，其等逾此範圍外之請求即均無據，自均應予以
駁回。……。

中　　華　　民　　國　　九十二　　年　　四　　月　　四　　日
臺灣高雄地方法院勞工法庭　法　官

（二一）臺灣臺南地方法院九十年度訴字第一二七四號民事判決

【主要爭點】

一、經營鴿園者故買他人失竊之賽鴿，而未加妥善保管，其工作之性質或其使用
　　之工具或方法，是否屬於民法第一百九十一條之三所定之危險工作。
二、被告故買原告失竊之賽鴿而未妥善保管，致賽鴿染病死亡，該行為與原告所
　　受損害有無具因果關係之合理蓋然性。

【事實摘要】

　　原告主張被告經營鸚鵡鴿園，於民國八十九年一月三日，以新台幣三十萬元
之價格，收買不詳姓名男子出售之原告失竊賽鴿二十隻，並於翌日十六時許，親
自搬運交予原告委任尋找失鴿之人，其間因被告保管不當致該賽鴿染病死亡，爰
依民法第一百九十一條之三之規定，請求被告賠償損害。

【解析】

一、民法第一百九十一條之三規定被害人須證明「其工作或活動之性質或其使用
　　之工具或方法有生損害於他人之危險者」，即推定與損害之發生有因果關
　　係，乃因本於此危險即有相當程度發生損害之可能性。又對於危險存在及損
　　害間之舉證，以具有因果關係之合理蓋然性即足。本件原告之鴿子死亡係因
　　被告保管不周所致，經營鴿園之工作性質或使用之工具所產生之危險，與原
　　告之損害並無因果關係之合理蓋然性，無民法第一百九十一條之三的適用。
二、民法第一百九十一條之三之「危險」工作或活動，除須具有「高度」、「不
　　合理」、「特殊」及「異常」等特徵外，更應具有能獲利，加害人對該危險
　　得予掌控及避免，且危險可藉由保險分散，及由被害人舉證顯屬不公平等要
　　件。經營鴿園之工作性質或其使用之工具所產生之危險，依社會上一般日常
　　生活之經驗判斷，非屬高度、不合理、異常及特殊之危險，應認其本身即不

包括於民法第一百九十一條之三所定之危險範圍內。

【裁判內容】

臺灣臺南地方法院九十年度訴字第一二七四號民事判決
　　原　　　告　林○○
　　被　　　告　王○○
右當事人間請求侵權行為損害賠償事件，本院判決如下：
　　主　　文
被告應給付原告新台幣參拾萬元，及自民國九十年四月二十六日起至清償日止，按週年利率百分之五計算之利息。
原告其餘之訴駁回。
訴訟費用由被告負擔二分之一；餘由原告負擔。
本判決第一項於原告以新臺幣壹拾萬元為被告供擔保後，得假執行。但被告如於假執行程序實施前，以新臺幣參拾萬元為原告預供擔保，得免為假執行。
原告其餘假執行之聲請駁回。
　　事實及理由
一、本件原告起訴主張被告王○○係……鸚鵡哥園之負責人，明知不詳姓名男子於民國（下同）八十九年一月初交付之賽鴿二十隻是原告失竊之賽鴿，竟於同年一月三日，在其經營之鸚鵡鴿園，以新台幣（下同）三十萬元之價格收受該二十隻賽鴿，並於同年一月四日十六時許，親自搬運該二十隻賽鴿至……訴外人楊榮經營之檳榔攤，交由訴外人楊榮轉交予受原告委任尋找前揭失鴿之訴外人陳文宗，嗣原告取得上開賽鴿後旋死亡五隻……被告收受、搬運該贓物（即賽鴿），因保管不當以致該賽鴿染病死亡，原告自得依侵權行為之相關規定訴請被告賠償原告之損失。並聲明（一）被告應給付原告一百二十萬元，及自擴張聲明狀繕本送達之翌日起至清償日止，按年利率五釐計算之利息。（二）願供擔保，請准宣告假執行。
二、被告則以：（一）……被告係受複委託代為找尋並贖回二十隻賽鴿，不但未使原告難於追回原物，且反幫助原告找回原物，故被告所為自無侵害原告之權利，原告請求被告賠償顯非有理。（二）原告委託陳文宗前往取回前開賽鴿時，二十隻賽鴿均仍健在，而賽鴿發生死亡之原因有多種，可能為原告照顧不周，亦可能受急性病毒感染……事後原告豈能以五隻賽鴿死亡，而要求被告負賠償責任？……並聲明（一）原告之訴駁回。（二）如受不利判決願

供擔保請准免予假執行。

三、經查，被告王○○係……鸚鵡鴿園之負責人，明知不詳姓名男子於八十九年一月初所交付，價格昂貴之賽鴿二十隻是原告林○○所失竊之贓物，竟仍予以收受。原告林○○嗣即委託訴外人陳榮宗及陳文宗，於同年一月三日，在王○○經營之鸚鵡鴿園，以三十萬元之價格與被告王○○成立交易買回該二十隻賽鴿，被告王○○旋於同年一月四日十六時許，親自搬運該二十隻賽鴿至……訴外人楊榮經營之檳榔攤，交由不知情之楊榮轉交予訴外人陳文宗，嗣因原告林○○取得上開賽鴿後死亡五隻，林○○不甘損失，而報警循線查獲……被告辯稱其無收受贓物之認識自無可採；……本件兩造爭執之點厥為被告收受該賽鴿之行為是否對原告造成損害？損害額為若干？

四、按收受贓物，係在他人犯罪完成後所為之行為，固非與該他人共同侵害被害人之權利而構成共同侵權行為，惟收受贓物，足使被害人難於追回原物，因而發生損害，故仍難謂非對於被害人為另一侵權行為，倘被害人因此而受有損害，自非不得依一般侵權行為法則，請求收受贓物之人賠償其損害（最高法院八十八年度台上字第三二號判決參照）。又盜贓之故買人、收受人或寄藏人依民法第九百四十九條之規定，被害人本得向之請求回復其物，如因其應負責之事由，不能回復時，依同法第九百五十六條之規定，亦應負損害賠償責任。查本件原告……為取回而給付三十萬元予被告……則原告給付三十萬元既係因被告之收受贓物之行為所致，則原告依侵權行為之規定，請求被告負侵權行為之損害賠償責任給付三十萬元部分，即非無據，應予准許。

五、又按……民事訴訟法第二百七十七條定有明文。……然查：

（一）……原告就死亡賽鴿之特定既未能舉證，其所受之損失為何自難以認定。

（二）……而原告就賽鴿死亡與被告收受贓物行為間之因果關係復未能舉證以實其說，則原告請求被告賠償其賽鴿死亡之損害自無理由，應予駁回。

（三）至原告主張依民法第一百九十一條之三之規定應由被告負舉證責任其無過失一節，然按民法第一百九十一條之三雖規定：……而將民法第一百八十四條過失責任原則，變成推定責任原則，惟被害人依此規定請求賠償時，仍須證明加害人之工作或活動之性質或其使用之工具或方法，有生損害於他人之危險性，且在其工作或活動中受有損害。如前所述，本件被告係因收受贓物而侵害原告之權利，然該收受贓物行為並非係被告經營鴿園之工作性質或使用之工具必然所生損害他人之危險，而原告就此亦未能舉證，準此，原告既主張依侵權行為之法律關係請求被告賠償，自應就侵權行為損害之發生及有責任原因之事實，且二者間有相當因果關係負相

　　當之證明，始能謂其請求權存在，……。

七、綜上所述，原告依侵權行為之法律關係，請求被告賠償三十萬元及自九十年
　　四月二十六日起至清償日止按年息百分之五計算利息之部分，為有理由，應
　　予准許；超過上開應准許之部分，即非正當，要難准許，應予駁回。……。

中　華　民　國　九十　年　十　月　十八　日
　　臺灣臺南地方法院民事第○庭　法　官

（二二）臺灣高雄地方法院九十一年度訴字第一九九八號民事判決-相關判決：臺灣高雄地方法院九十一年度重訴字第九五○號民事判決【見參、一、（四）】

【主要爭點】

一、經營各種醫療器材製造加工買賣業者使用環氧乙烷、氮氣、氧氣及塑膠粒等
　　原料，其廠房發生火災，是否屬於民法第一百九十一條之三所定之危險事
　　業。

二、經營醫療器材之製造加工業，其廠房發生火災之危險與原告所受損害間有無
　　因果關係之合理蓋然性。

三、醫療化學物品之保管設置是否符合相關法規而已盡相當之注意義務。

【事實摘要】

　　原告主張被告太○○醫材股份有限公司高雄分公司經營醫療器材之製造加
工，乃一定危險事業之經營者，民國九十年十一月二十三日上午七時許，因其廠
房消防設備之設置保管有欠缺而導致火災，且因廠房夜間無人看守，堆放大量易
燃之塑膠醫療製品及環氧乙烷、氮氣、氧氣等鋼瓶，所設消防火警受信總機又未
與消防單位連線，違反相關消防法規，致大火無法立即撲滅，延燒至原告所有位
於四樓之廠房，而受有廠房設備、原物料成品、半成品毀損及停工二天之損害，
爰依民法第二十八條、第一百八十四條第一項前段、第一百八十四條第二項規
定，第一百九十一條第一項及第一百九十一條之三等規定，請求被告太○○醫材
股份有限公司高雄分公司負損害賠償責任。

【解析】

一、民法第一百九十一條之三所定之危險工作或活動，除須具有「高度」、「不合理」、「特殊」及「異常」等特徵外，更應具有能獲利，加害人對該危險得予掌控及避免，且危險可藉由保險分散，及由被害人舉證顯屬不公平等要件。本判決認為被告經營各種醫療器材製造加工買賣所需用之原料包括環氧乙烷、氮氣、氧氣及塑膠粒，且其生產之產品有尿袋、抽痰管、胃管、尿管等，然此均非持有前揭物品即屬經營危險事業之人。因環氧乙烷之自燃溫度係攝氏四百二十九度，而氧氣本身不可燃，塑膠品之熱分解溫度係攝氏二百度，自燃溫度係攝氏四百三十度，該等原料、成品於常溫下並不會自動燃燒，足見經營醫療器材之製造加工及買賣本身並無發生火災之高度危險性，自無民法第一百九十一條之三的適用。

二、依民法第一百九十一條之三但書之規定，被害人只需證明其工作或活動之性質或其使用之工具或方法有生損害於他人之危險性，而在其工作或活動中受損害即可，不須證明其間有因果關係，亦即推定危險與損害之發生有因果關係，此乃因本於此種危險即有相當程度發生損害之可能性。惟對於危險存在之舉證，仍須具有因果關係之合理蓋然性，如被告持有前揭化學物品或生產塑膠成品，並不當然有導致火災之危險，即與原告之損害並無因果關係之合理蓋然性。本判決認為原告之損害係因系爭火災所造成，並非直接由塑膠成品或化學原料固有隱含之危險所致，且被告就上開化學物品之保管設置均符合相關法規，系爭火災並非導因於環氧乙烷或塑膠成品之堆放，環氧乙烷鋼瓶亦未爆炸，二支氧氣鋼瓶雖因受熱壓力上升而爆炸，且於爆炸瞬間助長火勢，然對長達十二小時之大火影響不大，又塑膠成品長久燃燒係火災發生後之結果，與火源之引起無涉。況本件火災係於早上七時許發生，非在被告營業工作活動中所產生，可證被告持有前揭化學物品，或生產塑膠成品，並不當然有導致火災之危險，塑膠成品長久燃燒乃火災發生後之結果，與火源之引起無涉，從而被告經營事業所堆放之塑膠成品或化學原料，與系爭火災之發生並無因果關係。

三、本件相關判決臺灣高雄地方法院九十一年度重訴字第九五〇號民事判決認從事醫療器材所使用之工具及其產品原料均為塑膠粒，另存放環氧乙炕、氮氣及氧氣等鋼瓶具有發生火災之高度危險，適與本判決之見解相左。

【裁判內容】

臺灣高雄地方法院九十一年度訴字第一九九八號民事判決

原　　　告　○博科技股份有限公司

法定代理人　李○○

訴訟代理人　顏宏斌律師

複 代 理 人　莊雅寧

被　　　告　太○○醫材股份有限公司高雄分公司

法定代理人　李○○

訴訟代理人　賴志明

　　　　　　侯永福律師

右當事人間請求損害賠償事件，本院於民國九十三年五月七日言詞辯論終結，判決如下：

　　　　主　　文

原告之訴及假執行之聲請均駁回。

訴訟費用由原告負擔。

　　事實與理由

一、……。

二、原告起訴主張：被告經營醫療器材之製造，係一定危險事業之經營者，其……廠房，於民國九十年十一月二十三日上午七時許，因被告欠缺注意而發生火災，且因該廠房夜間無人看守，堆放大量易燃之塑膠醫療製品及環氧乙烷、氮氣、氧氣等鋼瓶，所設消防火警受信總機又未與消防單位連線，違反相關消防法規，致大火無法立即撲滅，延燒至伊所有位於四樓之廠房，使伊受有廠房設備、原物料成品半成品毀損，及停工二天營業損失等損害……爰依民法第二十八條、第一百八十八條、第一百八十四條第一項前段、第二項、第一百九十一條、第一百九十一條之三提起本訴，請求被告負賠償責任。並聲明求為判決：（一）被告應給付原告五百一十四萬四千零三十九元，及自起訴狀繕本送達翌日起至清償日止，按年息百分之五計算之利息。（二）願供擔保請准宣告假執行。

三、被告抗辯：系爭火災……起火原因不明，而伊工廠內之機電設備及消防設備，均有定期維護檢測經主管機關檢查通過，已盡相當之注意義務，故伊就系爭火災之發生並無任何過失，對於消防設備之設置保管上亦無欠缺。又伊經營事業所使用之環氧乙烷、氮氣、氧氣，及製成之塑膠成品，熔點甚高，

於製造過程中並無造成火災之危險，於下班停工後亦無自燃之可能，與系爭火災之發生並無因果關係，且民法第一百九十一條之三應限於公害事件、危險責任案例方可適用。……其請求並無理由，並聲明求爲判決：（一）原告之訴及假執行之聲請均駁回。（二）如受不利益判決，願供擔保請准免假執行。

四、兩造不爭執之事項：……。

五、……本件之爭點即爲：（一）被告對於機電、消防設備及原料物品，有無盡必要之設置管理義務，有無違反相關法規，而應依民法第一百八十四條負損害賠償責任？（二）被告之消防設備是否爲民法第一百九十一條第一項所稱之工作物，其設置保管有無欠缺，而應負損害賠償責任？（三）被告所營事業之工作、活動或使用之工具、方法，是否有生損害於人之危險，有無致原告受損，而應依民法第一百九十一條之三負損害賠償責任？（四）被告如應負責，賠償方法及金額爲何？

六、被告對於機電、消防設備及原料物品，有無盡必要之設置管理義務，而應依民法第一百八十四條負損害賠償責任？

（一）按……固爲民法第一百八十四條第一項前段所明定。惟侵權行爲所發生之損害賠償請求權，乃以有故意或過失不法侵害他人權利爲成立要件，倘行爲人之行爲並無故意或過失，即無賠償責任可言，最高法院四十九年台上字第二三二三號、五十四年台上字第一五二三號判例意旨可資參照。又損害賠償請求權人應就行爲人之故意過失負舉證責任，倘原告於其所主張之起訴原因，不能爲相當之證明，而被告就其抗辯事實，已有相當之反證者，即應駁回原告之請求，最高法院二十年上字第二四六六號判例意旨亦可參照。

（二）原告主張被告對於廠房內之電機設備及消防設備，未善盡設置及保養之注意義務，有違相關之消防安全法規等語（卷一頁二○八），然查：

　　1.就消防設備部分：消防法第九條規定……，足見被告就消防設備之設置保養，已依法令規定盡相當之注意義務。

　　2.有關電機設備部分（高低壓電器設備）：勞工安全衛生法第五條第一項第一款、第三款規定……，同法第十四條第二項亦規定……，又依勞工安全衛生組織管理及自動檢查辦法第三十、三十一條規定……。亦可認被告就電機相關設備之設置維護，已依法令盡相當之注意。

（三）至於原告主張被告雖設有消防火警受信總機，卻未與消防單位連線，於本件火災之發生仍有過失等語，然查……被告雖未設置夜間保全或值班人

員，然其與火災之發生或延誤發現，應無因果關係存在。

（四）原告雖復主張被告廠房……於下班後門窗緊閉，通風不良，使室內溫度升高，已違反「公共危險物品及可燃性高壓氣體設置標準暨安全管理辦法」相關規定……，經查：

　　1.被告乃經營各種醫療器材製造加工買賣、進出口貿易等業務……因產品製造過程需用環氧乙烷作為消毒劑，因而存放該原料鋼筒……環氧乙烷雖屬……易燃性液體……然被告自八十八年迄九十年間之保管設置均符合相關法規，經主管機關稽查結果，並無任何違法情事……。原告……就環氧乙烷之堆存與消防有何關連，及被告如何違反相關法令等情，均未舉證以實其說……主張被告過失，已嫌過邃。

　　2.況系爭火災鑑定結果認起火處係在包裝機東側紙捲堆放處，起火原因不明，並非導因於環氧乙烷之堆放……可見被告工廠中氧氣、環氧乙烷之堆放，與火災之發生或擴大並無任何因果關係……。

（五）……原告依民法第一百八十四條第一項前段、第二項及第二十八條、第一百八十八條規定請求被告賠償，洵無所據。

七、被告之消防設備是否為民法第一百九十一條第一項之建築物或工作物，其設置保管有無欠缺，而應負損害賠償責任？

（一）按……民法第一百九十一條第一項定有明文。所謂「工作物」，依學者通說係指除建築物外，在土地上以人工建造之設備，且具有一定之附著性者而言，諸如門窗、橋樑、隧道、堤防、欄杆、電話亭等，建築物內之設備，諸如冷氣機、機器，如非安設於土地上而不易移動者，難謂屬工作物。又建築物內設備雖得因附合由不動產所有人取得所有權（成為建築物之一部份），然其前提乃須附合者為不動產之重要成分，始生附合之效果（民法第八百十一條），所謂重要成分，係指兩物結合後，非經毀損或變更其物之性質，不能分離者而言，此種結合並以非暫時性為必要。是房屋之各種固定設備、電器照明、空調系統及消防設備，倘不經毀損即可輕易與房屋建築分離，而不失其獨立性，又於其經濟價值及使用效能不生影響者，即無因附合成為建物一部分可言（最高法院八十七年台上字第七二二號裁判意旨參照）。

（二）經查：本件被告廠房內之消防設備……均屬可自由安裝拆卸，獨立於建築物外，難認已因附合而屬建築物之一部分，且因非安設於土地上不易移動者，其性質亦難謂屬工作物之範疇，……原告主張依民法第一百九十一條請求被告賠償損害，亦無理由。

八、被告所營事業之工作活動或使用之工具方法，是否致原告受有損害，而應依
　　民法第一百九十一條之三負損害賠償責任？

（一）按……民法第一百九十一條之三定有明文。該條之制定，乃因近代企業發
　　　達，科技進步，人類工作或活動之方式，伴隨繁榮而產生危險之機會大
　　　增，諸如工廠業者排放廢水廢氣、桶裝瓦斯業者裝填瓦斯、爆竹廠商製造
　　　爆竹等等，而彼等從事危險事業者係製造危險之來源，某種程度上亦能控
　　　制危險，且經由從事危險活動而獲取利益，如由被害人證明經營危險事業
　　　之人有過失方得求償，實不公平，為使被害人獲得周密之保護，而有此推
　　　定過失、因果關係之立法。然其僅屬推定因果關係之立法，並非結果責任
　　　之立法，依同條但書規定，如被告得證明損害非由其工作活動或其使用之
　　　工具方法所致者，或於防止損害之發生已盡相當之注意者，即可免負賠償
　　　責任。

（二）經查：被告經營各種醫療器材製造加工買賣，所需用之原料包括環氧乙
　　　烷，及氮氣、氧氣及塑膠粒，所生產之產品有尿袋、抽痰管、胃管、尿
　　　管……然並非持有前揭物品即屬經營危險事業之人，因環氧乙烷之自燃溫
　　　度係攝氏四百二十九度，而氧氣本身不可燃，塑膠品之熱分解溫度係攝氏
　　　二百度，自燃溫度係攝氏四百三十度，……是該等原料、成品於常溫下並
　　　不會自動燃燒。且本件火災係於早上七時許發生，並非在被告營業工作活
　　　動中所產生，益證被告持有前揭化學物品，或生產塑膠成品，並不當然會
　　　導致火災之危險，原告認其損害係因被告經營前揭事業所致，尚嫌過邐。

（三）況本件原告之損害係因系爭火災所造成，並非前揭塑膠成品或化學原料固
　　　有隱含之危險直接所致；且被告就上開化學物品之保管設置均符合相關法
　　　規，系爭火災並非導因於環氧乙烷或塑膠成品之堆放，且環氧乙烷鋼瓶並
　　　未爆炸；至二支氧氣鋼瓶雖因受熱壓力上升而爆炸，於爆炸瞬間固助長火
　　　勢，然對長達十二小時之大火影響不大，均如前述，又塑膠成品燃燒長久
　　　係系爭火災發生後之結果，亦與火源之引起無涉。據上，可見原告經營事
　　　業所堆放之塑膠成品或化學原料，與系爭火災之發生，二者間並無任何因
　　　果關係，則原告依民法第一百九十一條之三請求被告賠償，亦不可採。

九、綜上所述，系爭火災經鑑定並非被告電線短路或員工人為疏失所致，且被告
　　就廠房機電、消防設備之設置維護，及化學物品之儲放管理，已盡相當之注
　　意義務，並無違背法令之處，對於系爭火災之發生無過失可言；另前揭消防
　　設備非屬地上之建築物或工作物，被告對其設置管理亦無欠缺；又被告經營
　　事業所使用之原料方法與系爭火災之發生亦無相當之因果關係，則原告本於

民法第一百八十四條第一項前段、第二項、第二十八條、第一百八十八條、第一百九十一條、第一百九十一條之三，請求被告應就其受火災延燒之損害負賠償責任，洵無理由，應予駁回。……。

中　　華　　民　　國　　九十三　　年　　五　　月　　二十八　　日

臺灣高雄地方法院民事第○庭審判長　法　官

　　　　　　　　　　　　　　　　　　　　　法　官

　　　　　　　　　　　　　　　　　　　　　法　官

（二三）臺灣嘉義地方法院九十三年度訴字第三六四號民事判決

【主要爭點】

一、塑膠公司交付管制性毒化物質之液氯鋼瓶供貨運公司運送，且交付運送之安全控管已有相關公安加以檢查，此交付及運送之工作或活動是否屬於民法第一百九十一條之三所定之危險工作或活動。

二、上開運送行為與原告所有物受損害有無因果關係之合理蓋然性。

【事實摘要】

　　原告主張被告林○○受僱於被告○國通運股份有限公司擔任司機，於民國九十二年四月二十五日凌晨四時許，駕駛該公司之聯結車，載運另一被告臺灣○膠工業股份有限公司生產而交付其運送之管制性毒化物質液氯鋼瓶，途經中山高北上車道約二五七公里附近嘉義縣民雄鄉戰備道時，為閃避超車之車輛，疏未注意，一時失控，擦撞中央護欄，車上七具各重達一點五公噸之高壓鋼瓶掉落南下車道，其中四具鋼瓶落入邊坡，鋼瓶內黃色液氯外洩，直接損害於原告所有土地上之鐵骨造自用農舍及文旦柚園，爰依民法第一百八十四條第一項前段、第一百八十八條第一項前段、第一百九十一條之三、第一百九十六條及第二百二十四條等規定，請求被告三名負連帶損害賠償責任。

【解析】

一、本判決認塑膠公司交付管制性毒化物質之液氯鋼瓶予貨運公司運送，其安全控管已有相關公安檢查紀錄可查，故其提供運送液氯鋼瓶之安全性已盡相當注意，並無過失，而原告損害之發生，係因司機駕車過失所致，並非塑膠公

司將液氯鋼瓶交付運送之行為而產生，自難以司機駕車運送液氯鋼瓶之過失行為，推定塑膠公司將通過安檢之液氯鋼瓶交付貨運公司由其受僱人司機運送之行為，有生損害於他人之危險。由上可知，本判決係認本件不具危險性，且塑膠公司亦無過失。

二、依民法第一百九十一條之三但書之規定，被害人僅須證明「其工作或活動之性質或其使用之工具或方法有生損害於他人之危險者」，即推定與損害之發生有因果關係，此乃因本於此種危險即有相當程度發生損害之可能性。惟原告對於危險存在之舉證，仍須以具有因果關係之合理蓋然性。本件原告所遭受之損害，係因載運時之疏失所造成，塑膠公司為託運人，其交付液氯鋼瓶供貨運公司運送之行為，縱有危險性，與原告之損害並無因果關係之合理蓋然性，亦不致成立民法第一百八十四條第一項前段及第一百八十八條之責任。

【裁判內容】

臺灣嘉義地方法院民事判決九十三年度訴字第三六四號

原　　　告　張○

兼　訴　訟

代　理　人　何○

上列二人共同

訴訟代理人　劉纘意律師

被　　　告　林○○

　　　　　　○國通運股份有限公司

法定代理人　葉○○

訴訟代理人　郭岱矗

　　　　　　謝國慶

被　　　告　臺灣○膠工業股份有限公司

法定代理人　王○○

訴訟代理人　李國平

上列當事人間請求損害賠償事件，本院於民國九十五年五月四日言詞辯論終結，判決如下：

主　　　文

被告林○○、○國通運股份有限公司應連帶給付原告新臺幣貳拾參萬捌仟柒

佰捌拾捌元，及均自民國九十二年十一月二十七日起至清償日止，按週年利率百分之五計算之利息。

原告其餘之訴駁回。

訴訟費用由被告林○○、○國通運股份有限公司連帶負擔百分之二十八，餘由原告負擔。

本判決第一項原告勝訴部分，得假執行；但被告○國通運股份有限公司如於執行標的物拍定、變賣或物之交付前，以新臺幣貳拾參萬捌仟柒佰捌拾捌元爲原告預供擔保，得免爲假執行。

原告其餘假執行之聲請駁回。

事實及理由

一、……。

二、……。

三、原告起訴主張：被告林○○係受僱於被告○國通運股份有限公司（下稱○國公司），擔任司機一職，於九十二年四月二十五日凌晨四時許，被告林○○駕駛○國公司……聯結車，載運臺○公司生產之管制性毒化物質液氯鋼瓶……途經中山高北上車道約二五七公里附近，即嘉義縣民雄鄉戰備道時，……一時失控，擦撞及中央護欄……其中四具鋼瓶落入邊坡，鋼瓶內黃色液氯外洩直接損害及原告所有……土地上之鐵骨造自用農舍及文旦柚園，被告顯有過失。爰依民法第一百八十四條第一項前段、第一百八十八條第一項前段、第一百九十一條之三、第一百九十六條、第二百四十二條規定，請求被告連帶賠償農舍、馬達、文旦柚園損失及僱工修剪施藥等費用。並聲明（一）被告應連帶給付原告八十五萬五千一百四十四元，並自起訴狀繕本送達翌日起至清償日止，按週年利率百分之五計算之利息。（二）原告願供擔保請准宣告假執行。

四、被告方面：

（一）被告林○○未於言詞辯論期日到場，亦未提出書狀作何聲明或陳述。

（二）被告○國公司則以：……農舍污漬係雨水造成，與液氯污染無涉，馬達請求新品不合理，文旦柚園損失及僱工費用超估等語置辯。並答辯聲明：原告之訴駁回；如受不利判決，願供擔保請准宣告免爲假執行。

（三）被告臺○公司答辯以：本件被告公司並非民法第一百八十四條第一項前段、第一百九十一條之三、第一百九十六條規範之侵權行爲人，亦非民法第一百八十八條之僱用人，且民法第二百七十二條第二項規定連帶責任須明文規定，原告請求被告公司與林○○、○國公司負連帶責任，與法律規

定不符。被告與原告間無任何契約債權、債務關係，原告主張被告公司應依民法第二百二十四條債務履行規定負責不可採，且被告臺○公司係將運輸工作委由被告○國公司承攬，並非由被告臺○公司完成運輸工作，因此亦不發生民法第一百九十一條之三條所謂「其工作或活動之性質或其使用之工具或方法有生損害於他人之危險」之情形，又被告臺○公司與○國公司間係承攬而非僱傭關係，亦與民法第一百八十八條規範無涉。……被告公司亦為受害人。……原告就建物損失部分僅提出估價單，受損馬達非新品，且文旦柚損失及雇工費用計算不公等語。並答辯聲明：原告之訴駁回；如受不利判決，願供擔保請准宣告免為假執行。

五、……被告林○○本應注意裝載毒化物質液氯鋼瓶，行車應隨時注意車前狀況，且……當時夜間有照明、路面乾燥、無缺陷、無障礙物、視距良好，並無不能注意情事，被告林○○竟疏未注意，失控撞及護欄，致車上鋼瓶掉落對向車道，造成液氯外洩，被告林○○顯有過失……原告主張之農舍、文旦柚園等周遭液氯污染損害，與被告林○○過失行為間有相當因果關係，是被告林○○上開過失行為致原告受有損害之事實，足堪認定。

六、……經查：

（一）按……民法第一百八十四條第一項前段、第二百十三條第一項、第三項分別定有明文。次按……民法第一百八十八條第一項前段亦定有明文。本件被告林○○受僱於被告○國公司，駕駛上開車輛，執行職務中，因上述過失致液氯外洩事故，使原告受有財產上損害，故原告本於侵權行為之法律關係，請求被告○國公司與被告林○○連帶賠償其損害，於法尚無不合。原告得請求之金額分述如下：

1.農舍部分：……。

2.馬達部分：……。

(1)文旦柚果樹損失部分：……。

(2)就雇工剪枝施肥部分：……。

(3)綜上原告主張農舍、馬達、文旦柚果樹及雇工剪枝施肥等損失，得請求之金額為二十三萬八千七百八十八元。

（二）按……民法第一百九十一條之三定有明文，其立法理由乃因為使被害人獲得周密之保護，請求賠償時，被害人只須證明加害人之工作或活動之性質或其使用之工具或方法，有生損害於他人之危險性，而在其工作或活動中受損害即可，不須證明其間有因果關係。但加害人能證明損害非由於其工作或活動或其使用之工具或方法所致，或於防止損害之發生已盡相當之注

意者，則免負賠償責任，以期平允，乃增訂本條規定。……查本件被告臺
○公司與○國公司間屬承攬契約關係之事實，……且交付運送安全之控管
亦有相關公安檢查紀錄在卷可參，堪認提供運送之液氯鋼瓶安全性已盡相
當注意，而原告上揭損害之發生，係因被告林○○駕車過失所致，已如前
述，並非被告臺○公司將液氯鋼瓶交付運送行為所致，自難以被告林○○
在駕車運送液氯過失行為，推定被告臺○公司將通過安檢之液氯鋼瓶交付
○國公司由其受僱人林○○運送之行為，有生損害於他人之危險，進而將
原告因此所受損害，歸責於被告臺○公司負連帶損害賠償責任。又民法第
二百四十二條係就債務不履行之規定，被告臺○公司及○國公司與原告並
無任何契約關係，自不得以被告臺○公司與○國公司間有承攬關係，引為
原告主張依據，原告依上揭規定請求被告臺○公司負連帶賠償責任，尚屬
無據，不足採信。

七、綜上所述，原告依侵權行為損害賠償之法律關係，請求被告林○○與被告○
　　國公司連帶賠償損害及自起訴狀繕本送達翌日（即九十二年十一月二十七
　　日）起至清償日止之法定遲延利息，即屬有據，應予准許，逾此請求，為無
　　理由，應予駁回。……。

中　華　民　國　九十五　年　五　月　十八　日
民事第一庭　法　官

（二四）臺灣板橋地方法院九十一年度訴字第二○四四號民事判決

【主要爭點】

　　營建業者挖掘深達十餘米之地基前，未作鞏固設施，致其隔鄰建物傾斜，是
否屬於民法第一百九十一條之三所定之危險工作或活動。

【事實摘要】

　　原告主張被告○發營造股份有限公司興建房屋，挖掘深達十餘米之地基
時，未先作鞏固設施，致其隔鄰原告所有建物傾斜，屋內牆壁、磁磚、地板及屋
外牆壁均有多處龜裂，經臺北市土木技師公會於民國九十一年四、五月間鑑定結
果，傾斜率達七十七分之一，超過百分之一，應裝置觀測儀器，持續觀測至穩定
為止，所需監測費用與其他非工程性補償費及利潤、稅捐、管理費之損害，依民

法第一百八十四條第一項前段、第七百九十四條及第一百九十一條之三規定，請求被告賠償。

【解析】

一、民法第一百九十一條之三增訂之立法理由認為：「請求賠償時，被害人只需證明加害人之工作或活動之性質或其使用之工具或方法有生損害於他人之危險性，而在其工作或活動中受損害即可，不需證明其間有因果關係。」易言之，被害人對工作或活動的危險及其在工作或活動中受損害需負舉證責任，至危險與損害間之因果關係由法律推定，蓋此屬加害人得控制之領域範圍，惟加害人得舉證推翻之。此種因果關係屬責任成立之事實上因果關係。本判決認為原告取得系爭建物之所有權時，已無原告所稱因開挖地基會造成系爭建物傾斜之危險存在，且據臺灣省土木技師公會於九十年九月製作之鑑定報告顯示，系爭建物於九十年八月測得之傾斜率為四十六分之一，而該次鑑定施測之時間距離被告開挖地基期間更近，既認四十六分之一之傾斜率無影響結構及公共安全之虞，自難認原告於九十一年八月間所測得之傾斜率七十七分之一，係因被告開挖地基所致。原告不能證明被告之開挖地基有致原告所有系爭建物傾斜之危險存在，即不得依民法第一百九十一條之三請求被告賠償。

二、被害人對於其因工作或活動之「危險」而受損害應負之舉證責任，以具有因果關係的合理蓋然性判斷為基礎，而非原告任意指稱之危險即可斷定因果關係。依本判決認定之事實以觀，非但原告無法舉證證明被告開挖地基之危險性，縱認有危險性，亦難認與其損害具有因果關係之合理蓋然性。

【裁判內容】

臺灣板橋地方法院民事判決九十一年度訴字第二〇四四號

原　　　告　　曾〇〇

訴訟代理人　　余文慧

被　　　告　　〇發營造股份有限公司

法定代理人　　鄭〇〇

右當事人間請求侵權行為損害賠償事件，本院判決如下：

主　　文

原告之訴及其假執行之聲請均駁回。

　　訴訟費用由原告負擔。
　　　　事　　　實
甲、原告方面：
一、聲明：
（一）被告應給付原告新台幣（下同）七十七萬一千二百三十五元，並自起訴狀
　　　繕本送達翌日起至清償日止，按年息百分之五計算之利息。
（二）原告願供擔保請准宣告假執行。
二、陳述：
（一）坐落臺北縣中和市員山路五一八巷三一弄四七號四樓之建物（以下簡稱
　　　系爭建物），係原告所有，被告於系爭建物旁興建地下四層地上二十九
　　　層之「正隆麗池」住宅大樓，因被告挖掘深達十餘米地下室壁時，未先
　　　作鞏固設施，造成原告所有系爭建物傾斜，屋內牆壁、磁磚、地板及屋
　　　外牆壁均有多處龜裂，……，另委請臺北市土木技師公會就其建物損害
　　　為安全鑑定，鑑定結果……建物傾斜率達七十七分之一，係屬應持續觀測
　　　之範圍……原告再委請臺北市土木技師公會，……報告書認系爭建物傾
　　　斜率亦為七十七分之一，超過百分之一，應裝置觀測儀器，持續觀測至
　　　穩定為止，所需監測費用三十六萬元，其他非工程性補償費三十一萬零
　　　六百三十九元、利潤、稅捐及管理費十萬零五百九十六元，共計七十七
　　　萬一千二百三十五元。是原告依民法第一百八十四條第一項前段、第
　　　七百九十四條、第一百九十一條之三規定，請求被告賠償上開金額。
（二）被告雖辯稱：臺北市土木技師公會所為鑑定報告中對系爭建物傾斜原因未
　　　載明，不能證明傾斜原因係被告施工不當……另稱：被告施工期間，系爭
　　　建物有可能因九二一地震或其他因素造成傾斜，要求原告應證明傾斜與被
　　　告施工之因果關聯，方可請求賠償云云，惟查：
　　　1.八十八年間增修民法第一百九十一條之三規定……本於立法意旨，此類
　　　　事件因難以證明因果關係，故法律要求由加害人負舉證責任。
　　　2.本件土木技師施滄洲為鑑定時，「正隆麗池」仍在施作工程期間，尚未
　　　　完工取得使用執照，而依其鑑定結果，系爭建物傾斜率已為七十七分之
　　　　一，屬應持續觀測之範圍……被告應為加害人，是被告若不能另為舉證
　　　　證明損害係其他因素所致，依法律規定及相關證據，自應由被告負損害
　　　　賠償責任無疑。
乙、被告方面：
一、聲明：

（一）如主文第一項所示。

（二）如受不利之判決，願供擔保請准予宣告免為假執行。

二、陳述：

（一）……。

（二）……縱系爭建物當時因基礎開挖受有損害，惟原告該時尚非為系爭建物之所有人，亦即原告並非為受損害之人，是原告依民法第一百八十四條第一項前段及同法第七百九十四條規定，主張為受損害之人，並據以請求被告賠償，要無依據。又原告既主張依民法第一百八十四條第一項前段及第一百九十一條之三前段為損害賠償請求，自應……妥為舉證……。

（三）……依前揭臺灣省土木技師公會鑑定報告，該次鑑定會勘日期為九十年八月三十日，鑑定結果為臺北縣中和市員山路五八一巷三一弄四七、四九、五一號之最大傾斜率為四○六分之一，然九十年八月三十日之際，被告施做之「正隆麗池」大廈，業已完成至大廈頂版，早已未施做任何基礎開挖之工程……已無持續傾斜之事由存在。職此，原告雖提出於九十一年八月一日委請臺北市土木技師公會就系爭建物施做建築物垂直傾斜測量，該鑑定結果認系爭建物之最大傾斜率為七十七分之一，然就臺灣省及臺北市土木技師公會前後二次鑑定之時間及其結果互核，足見系爭建物自臺灣省土木技師公會鑑定後之日起至臺北市土木技師公會鑑定時止，仍然持續傾斜，惟此一期間，被告未為任何基礎開挖工程，甚已興建至屋頂樓板，由此可見系爭建物於上述期間內持續傾斜，要與被告之大廈興建工程無關……。

（四）……前揭安全鑑定報告書，僅就系爭建物所屬大樓是否發生傾斜之結果，及該傾斜結果是否影響安全作鑑定，至於所以發生傾斜之原因為何，則未作出研判，從而，原告以該報告書主張系爭建物所屬大樓之傾斜乃出於被告施工不當所致，尚嫌無據。

（五）……施滄洲技師未予細查，率依原告所請予以鑑定，已有可議，復於未審究推研傾斜原因之前提下，遽以前揭處理程序第十點為據，以推定的方式，認為傾斜之原因是被告施工所造成，更嫌不當。

（六）……於被告未施工前，顯已存在其他被告施工因素以外之原因力，致系爭建物發生傾斜現象，應堪認定。……被告施工期間，歷經九二一大地震、三三一大地震、五二○大地震，對台灣北部均造成重大影響，……如何認定系爭建物所屬大樓之傾斜乃肇因於被告施工不當，而非源於地震所致……原告未能證明系爭建物之傾斜與被告施工間有何因果關聯前，遽以

安全鑑定報告書提出本件請求，尚嫌無據。

　　理　　由

一、……。

二、本件原告主張：……。

三、原告以系爭建物之傾斜，係因被告挖掘地基時所造成，並提出台北市土木技師公會九十一年八月五日北土技字九一三一一六六號鑑定報告書為證，……該次鑑定並未鑑定系爭建物傾斜之原因，是原告援此鑑定報告主張系爭建物之傾斜，乃因被告施工不當所致，尚嫌無據。又負責該次鑑定之施滄洲技師雖於本院審理時稱……惟查：台北縣建築物施工損壞鄰房事件處理程序第十點係規定……，核其內容並未規範損害原因之推定，準此，施滄洲技師所稱：依照施工前和施工後傾斜率的比較，在新建築物開挖深度四倍的範圍，如有傾斜的話都是屬於施工者的責任，如果沒有舉證非施工者的責任，一般認定因為施工所造成的因素等語，乃施滄洲技師個人之意見……尚不足作為有利於原告之證據。原告既不能舉證證明系爭建物之傾斜，與被告開挖地基間有何因果關係存在，則其依民法第一百八十四條第一項、同法第七百九十四條規定，請求被告賠償，自嫌無據。

四、原告另援引民法第一百九十一條之三之規定，請求被告負賠償責任。按民法第一百九十一條之三之制定，乃為使被害人獲得周密之保護，請求賠償時，被害人只須證明加害人之工作或活動之性質或其使用之工具或方法，有生損害於他人之危險性，而在其工作或活動中受損害即可，不須證明其間有因果關係。原告援引上開規定請求被告賠償，對於被告之工作有生損害原告之危險存在之事實，原告仍應負舉證責任。經查：原告係於八十九年十一月二十九日取得系爭建物之所有權，其於九十一年八月間委託台北市土木技師公會鑑定測得系爭建物傾斜七十七分之一，而被告興建之正隆麗池住宅大樓，地下壹樓版層於八十八年十一月五日經台北縣政府工務局人員勘驗完成，屋頂樓版於九十年五月三十日勘驗完成，……亦即在八十八年十一月五日，被告已完成地下四層樓之建築，原告取得系爭建物之所有權時，已無原告所稱因開挖地基會造成系爭建物傾斜之危險存在，況據臺灣省土木技師公會於九十年九月製作之鑑定報告所示，系爭建物於九十年八月所測得之傾斜率為四十六分之一，而該次鑑定施測之時間距離被告開挖地基期間更近，既認四十六分之一之傾斜率無影響結構及公共安全之虞，自難認原告於九十一年八月間所測得之傾斜率七十七分之一，係因被告開挖地基所致。原告既不能證明被告之開挖地基有致原告之系爭建物傾斜之危險存在，其依民法第

一百九十一條之三之規定，請求被告賠償，亦屬無據。

五、綜上，原告請求被告賠償七十七萬一千二百三十五元，及自起訴狀繕本送達
　　翌日起至清償日止，按年息百分之五計算之利息，為無理由，應予駁回。原
　　告之訴既經駁回，其假執行之聲請失所附麗，應併予駁回。……。

中　華　民　國　　九十二　年　　一　月　　二　　日
臺灣板橋地方法院民事第○庭　法　官

（二五）臺灣雲林地方法院九十年度訴字第三七○號民事判決

【主要爭點】

一、從事木材加工事業者堆置、存放木材加工之成品及半成品，因不明原因而引
　　發火災，是否屬於民法第一百九十一條之三所定之危險工作或活動。
二、本件火災與被害人所有物之損害間，有無因果關係之合理蓋然性。

【事實摘要】

　　原告主張被告從事木材加工業，對於屬於易燃物品之木材成品及半成品，負
有善盡存放、堆置、管理及保持適當防火間隔，以避免火災發生，造成損害於他
人危險之義務，竟疏未注意，於民國八十九年十一月二十二日凌晨零時四十六分
許，其堆置之木材半成品發生火災，延燒至原告所有企業社，導致裝潢、家電用
品及鐵皮屋等，付之一炬，爰依民法第一百九十一條之三之規定，請求被告負損
害賠償責任。

【解析】

一、依民法第一百九十一條之三規定，被害人需證明「其工作或活動之性質或其
　　使用之工具或方法有生損害於他人之危險者」，即推定與損害之發生有因果
　　關係，乃因本於此項危險即有相當程度發生損害之可能性。對於危險存在之
　　舉證，以具有因果關係之合理蓋然性即足。本判決認為被告堆置、存放加工
　　木材之成品及半成品行為本身不具危險性，原告不得依本條請求損害賠償。
　　又所謂「危險」之意義應是在於行為人一旦採取防制措施，其可以減少高額
　　的預期損害，而且其防制成本不大，危險責任因之朝行為人應負賠償責任方
　　向發展。本件起火原因研判以外來火源而引起火災之可能性較大，無論被

告採取任何防制措施，仍無法減少預期損害，而且如加諸被告作到滴水不漏的防止外來火源，防制成本非但過大，甚且無法完成百分之百防止外來火源之使命，難認被告符合民法第一百九十一條之三之主體適格。惟由此事實研判，似可認被告堆置、存放成品及半成品木材之發生火災危險性與原告之損害間，不具有因果關係之合理蓋然性。

二、本判決認民法第一百九十一條之三係一般危險責任之規定，不以賠償義務人具有故意過失為要件，為無過失責任之一種。惟觀之民法第一百九十一條之三但書規定，與民法第一百八十四條第二項（違反保護他人法律之責任）、第一百八十七條第一項第二項（法定代理人責任）、第一百八十八條第一項但書（僱用人責任）、第一百九十條第一項但書（動物占有人責任）、第一百九十一條第一項但書（工作物所有人責任）、第一百九十一條之一第一項（商品製造人責任）及第一百九十一條之二但書（動力車輛駕駛人責任）等規定之立法體例相同，應認係屬推定過失之危險責任。

【裁判內容】

臺灣雲林地方法院九十年度訴字第三七○號民事判決

　　原　　　告　沈○○
　　　　　　　　洪○○
　　被　　　告　劉○○

右當事人間請求損害賠償事件，本院判決如下：

　　主　　文

原告之訴及假執行之聲請均駁回。

訴訟費用由原告負擔。

　　事　　　實

一、聲明：

（一）被告應給付原告新台幣（下同）四十一萬五千二百零一元，及自民國（下同）八十九年十一月二十二日起至清償日止，按年息百分之五計算之利息。

（二）願供擔保，請准宣告假執行。

二、陳述：

（一）被告經營木材加工廠，以為人代工沙發為業，未依法設置消防安全設備，且均將加工用之木材堆放在原告……之上達企業社屋旁，平日並有將木材

加工後之廢料在上址東側旁空地引火燃燒，燃燒後之餘燼未完全熄滅即離開現場之習慣。於八十九年十一月二十二日凌晨零時四十六分許，上開堆放之木材因不明原因起火燃燒，延燒至原告上達企業社，導至該企業社內之裝潢、電視、鐵皮屋及其他傢俱、電器用品等，均付之一炬。被告既經營木材加工業，按諸民法第一百九十一條之三前段之規定，被告自應負損害賠償責任。

（二）被告於警訊中自承係由其工廠右側空地放置木架處起火，且雲林縣消防局火災原因調查報告書研判本件火災係因被告所堆置之木（板）架堆置場木材堆火勢猛烈，並向鐵工廠（上達企業社）後（北側）住屋延燒。起火處為斗六市欠安里深圳路二之八五號成方木器廠木（材）架堆置場中間處……。

（三）按諸廢棄物清理法第十三條第一項第一款規定，被告不得有污染環境及造成危險之處置行為，被告從事木材加工廠，自應依法處理其加工木料後之事業廢棄木料、木屑，惟被告平時……違法燃燒加工後之廢棄木屑、木料，且……在未完全熄滅或撲滅前，即行返回另址住處之習慣，非但造成空氣污染，且隨時有致生火災之危險，……本件雖研判係外來火源所引起之可能性較大，……應係指其違法燃燒廢棄木料、木屑，未等完全熄滅或撲滅後即離開返另址住處而棄置不顧，因火苗隨風勢飄散而引起其所堆置易燃物之木材起火之可能性而言。

（四）又按諸建築技術規則建築設計施工編第一一○條規定，以防火構造建築物而言，防火間隔至少尚需在三公尺以上……被告竟將易燃物之木材堆置在緊鄰原告之上達企業社屋旁……顯然未保持安全之防火間隔，不足以防範發生火災時，造成延燒之結果，此亦有違反保護他人之法律之情。從而，被告未盡其應盡之注意義務，且能注意妥善堆置其木製半成品之堆放，竟不為之，造成本件火災延燒至被告上達企業社，其有過失，並有相當因果關係至明。

（五）況被告經營木材加工廠，亦應依上開工廠法之規定設置預防火災之安全設備……被告竟未設置預防火災之安全設備，致於上開時地因不明原因發生火災，果延燒至原告之上達企業社，顯然違反保護他人之法律，造成原告受有前揭損害，自應負損害賠償責任。又木材為易燃物品，被告自應注意不得任意堆置鄰右屋旁，……且依其情況亦無不能注意之情事，竟疏未注意……被告均有過失。

（六）又本件火災延燒到原告住處之房間、廚房、浴廁間，受損之財物……。

（七）……。

（八）本件火災，被告雖經處分不起訴，……不能排除因被告燃燒木材廢料之餘燼所引燃之可能性，況被告確有上述之違失……實難解免其過失之賠償責任，民事庭自不受上開不起訴處分理由之拘束，併此敘明。

（九）……被告係從事木製沙發之加工，就木材之刨削，須符合統一規格之後定型、成型、組裝，在在需使用機器為之，而履勘現場時，亦可見被告僱用多名工人在工廠從事製造之工作，核符工廠法之相關規定無疑。又……被告之滅火器係設在工廠內，且屬人力操作，而所謂消防水源，一見可知係飲用水裝置，水管如新亦係新填置無疑，況均非自動滅火裝置，而被告夜間係另居他住處，對於突發之火災，根本無應變及撲滅之能力及效果，形同虛設……。

（十）本件鐵皮屋為原告出資搭建……。

乙、被告方面：

一、聲明：

（一）原告之訴及假執行之聲請均駁回。

（二）如受不利之判決時，被告願供擔保，請准免為假執行。

二、陳述：

（一）本件被告……為人代工製作沙發用之木材，並將代工組裝完成之木材成品，堆放於被告房屋東側旁之空地，雖於八十九年十一月二十三日凌晨零時四十六分許，上開木材成品因不明原因起火燃燒，然被告於案發當日下午二十三時許，曾前往前開處所巡視後才返家休息，……再依雲林縣消防局火災原因調查報告，亦僅認起火原因係外來火源引起可能性較大，均未能認定本件起火原因係因被告個人行為所致，參以，起火燃燒之地點係靠近原告之房屋，而非靠近被告之房屋，倘起火原因係由被告之行為所引起，則火源之燃燒方向應由西向東漫延（即由被告之房屋往原告之房屋方向），絕不可能由東向西方向燃燒（即由原告之房屋往被告之房屋方向），……被告對於本件火災之發生，並無若何過失可言，因此，原告對被告難謂有損害賠償請求權存在。

（二）……被告是在緊臨水溝旁之北側空地，挖一洞穴，燃燒木材廢料，且本件火災之發生地點，係靠近原告之房屋附近（即東側），而非靠近北側……況且原告所主張廢棄物清理法第十三條之規定，係指事業廢棄物而言，與被告之木材廢料，係屬一般廢棄物有別。

（三）……被告僅單純為人代工製作沙發用之木材，此是否有工廠法之適用，尚

值斟酌，再者，被告於工作場所備置有滅火器、水塔及抽水機等預防火災之安全設備，因此原告主張被告未設置預防火災之安全設備，顯然違反保護他人之法律，顯屬無據。

（四）被告堆置代工組裝完成沙發用之木材成品，與原告之房屋至少有九十公分以上之距離，並不是緊貼原告之房屋……。

（五）另原告主張其企業社內之裝潢、電視、鐵皮屋及其他傢俱、電器用品等，付之一炬，致其受有四十一萬五千二百零一元之損害，並非事實，原告就此應負舉證之責。

（六）又據原告八十九年十一月二十二日於斗六消防分隊之談話筆錄陳稱……得知，房子並非原告所有，因此該房子不管是否有燒毀或損失，原告對該房子皆無損害賠償請求權存在……房子之損害外，此部份原告自無損害賠償請求權。……。

理　　由

一、原告主張……，被告則以……。

二、按本次民法債編之修正增設民法第一百九十一條之三，規定：……其立法理由謂：「近代企業發展，科技進步，人類工作或活動之方式及其使用之工具與方法日新月異，伴隨繁榮而產生危險性之機會大增。損害發生，而須由被害人證明經營一定事業或從事其他工作或活動之人有過失，被害人將難獲得賠償機會，實為社會不公平現象。且鑑於：(1)從事危險事業或活動者製造危險來源；(2)僅從事危險事業或活動者能於某種程度控制危險；(3)從事危險事業或活動因危險事業或活動而獲取利益，就此危險所生之損害負賠償之責，係符合公平正義之要求。為使被害人獲得周密之保護，凡經營一定事業或從事其他工作或活動之人，對於因其工作或活動之性質或其使用之工具或方法有生損害於他人之危險（例如工廠排放廢水或廢氣、桶裝瓦斯廠裝填瓦斯、爆竹廠製造爆竹、舉行賽車活動、使用炸藥開礦、開山或燃放焰火），對於他人之損害，應負損害賠償責任。請求賠償時，被害人只須證明加害人之工作或活動之性質或其使用之工具或方法有生損害於他人之危險性，而在其工作中或活動中受損即可，不須證明其間有因果關係。但加害人能證明損害非由其工作或活動或其使用之工具或方法所致，或於防止損害之發生已盡相當之注意者，則免負賠償責任，已其公充，爰增定本條規定（義大利民法第2050條參考）」。

三、可知本條規定之目的乃在對於從事危險活動之人科以較重之責任，對於在危險活中因而受損害之被害人，惟在能證明其損害之發生非由該危險活動所致

之情形下，始免負損害賠償之責。此種基於危險之現實化而課以賠償義務人損害賠償之責任，乃爲「危險責任」。現代社會由於科學之進步，人們所從事之活動往往內含一定程度之危險性，如本條之立法理由中所舉工廠排放廢水或廢棄、桶裝瓦斯廠裝塡瓦斯、爆竹廠製造爆竹、舉行賽車活動、使用炸藥開礦、開山或燃放焰火等等之情形。於活動中，原本內含之危險因爲活動之實行而現實化，致使被害人受有損害，此時從事危險活動之人，不問其對損害之發生有無故意過失，因爲危險之現實化即須負損害賠償責任，因爲危險責任並不以賠償義務人故意過失爲要件，是爲無過失責任之一種。

四、惟所謂「危險責任」係以特定危險的實現爲歸責理由。申言之，即持有或經營某特定具有危險的物品、設施或活動之人，於該物品、設施或活動所具有危險的實現，致侵害他人權益時，應就所生損害賠償責任，賠償義務人對該事故之發生是否具有故意或過失，在所不問。蓋在社會生活中無論從事何種活動，都難免伴隨輕重不同的危險有致他人損害之虞，但危險責任所欲規範之對象並非此種社會生活中可能發生的一般危險，而是「特別的危險」，亦即本於危險源之性質或其使用之工具或方法所致難於控制之損害始爲危險責任法理所欲保護之對象。在基於危險責任的立法中，均對其所預定之危險有所限定。即，必須從責任主體來限制第一九一條之三之適用。換言之，必須眞的有製造危險、控制危險、分散危險，並且有獲利可能性的主體，才是第一九一條之三的規範對象。

五、是民法第一九一條之三危險源之界定，與責任主體確定的問題，相當程度乃一體之兩面。換言之，該條責任主體，係對一定科技危險有管領能力之人，一方面運用科技危險獲利，他方面創造或維持該危險，並力足以承擔或分散危險實現所致之損害，故課以較傳統過失責任更嚴格之責任。反之，縱爲一定危險源之創造者，若其運用並未獲利，且無法事先分散危險，事後亦無法承擔損害，該危險不宜認係屬於民法第一九一條之三之危險，危險源主亦不應依之負責。故危險責任的基本思想在於「不幸損害」的合理分配，乃基於分配正義的理念，至其理由，歸納四點言之：

（一）特定企業、物品或設施的所有人、持有人製造了危險來源。

（二）在某種程度上僅該所有人或持有人能夠控制這些危險。

（三）獲得利益者，應負擔責任，係正義的要求。

（四）因危險責任而生的損害賠償，得經由商品服務的價格機能及保險制度予以分散。

六、基此可認民法第一九一條之三構成要件中損害賠償責任之義務人，爲經營一

定事業或從事其他工作或活動之人。然而，何謂事業經營者？從事其他工作或活動之人，是否應具有一定之性格？換言之，該條責任主體是否具有一定所限定，或所有之人皆得為其責任主體，解釋上仍不無疑義。本院認為該條責任主體並非毫無限制，此從其文義可見其端倪。蓋法條解釋上，概括情形應具有與例示相同之性質，經營一定事業者，係例示，從事工作或活動之人，其工作或活動，應具有與經營事業類似之性質。民法第一九一條之三所以要求事業經營者負較傳統過失責任為嚴格的責任，係認為現代科技危險的創造者與管領者，多為事業經營者。此事業經營者一方面運用該危險源獲利，他方面亦有能力透過保險或價格之機能，消化或分散風險。從而，除事業經營者外，該條之責任主體，亦應為一定危險源之管領者，因其使用獲利，且較有能力分散與消化損害之人。

七、而在本件原告是否得主張依民法第一百九十一條之三之規定，請求被告負損害賠償責任，並非毫無疑問。此一疑問來自於現實的考量與民法體系的要求。現實面的考量是，如果完全依照法條字面文義，認為原告之物被燒毀，肇因於被告之木材燃燒而引發，而被告的確堆置木材，因而要被告負損害賠償責任，則可以確定有益的經濟活動，將無法存在，人們將失去賴以生存的物質基礎。是可說民法第一九一條之三中的『危險』，其意義應即是在於行為人一旦採取防制措施，其可以減少高額的預期損害，而且其防制成本不大，危險責任因之朝行為人應負賠償責任方向發展。

八、查本件……起火原因研判以外來火源而引起火災之可能性較大，此分別有內政部消防署火災證物鑑定報告、雲林縣消防局火災原因調查報告書在卷可稽，亦經本院核閱屬實，復為兩造所不爭執，自堪信為真實。

九、基此，本件火災之肇因堪認為來自外來火源，如此無論被告採取任何防制措施，仍無法減少預期損害，而且如加諸被告作到滴水不漏的防止外來火源，防制成本非但過大，甚且無法完成百分之百防止外來火源之使命，是實難認本件之前提下，被告應受民法第一百九十一條之三之規範，……。

十、綜上所述，本件難認被告符合民法第一百九十一條之三之主體適格，從而原告本於民法第一百九十一條之三侵權行為之法律關係，請求被告給付四十一萬五千二百零二元，及自八十九年十一月二十二日起至清償日止，按年息百分之五計算之利息，為無理由，應予駁回。……。

中　華　民　國　九十一　年　九　月　三十　日
臺灣雲林地方法院民事庭　法　官

（二六）臺灣高雄地方法院民事判決九十年度重訴字第三一七號

【主要爭點】

　　石油公司從事輸油過程中，蛇管爆裂，致高硫燃料油洩入污染原告之碼頭設備、新建船舶及造船設備等，是否屬於民法第一百九十一條之三所定之危險工作或活動。

【事實摘要】

　　中國石○股份有限公司（以下簡稱中○公司）出口高硫燃料油一批，由被告○○Oceanways Inc（以下簡稱○○公司）所有油輪「Timor Sea」號於民國八十八年四月二十四日停靠高雄港大林煉油廠第一○四號碼頭，準備裝載，並由被告中○公司所屬之大林煉油廠負責提供二支輸油蛇管（即軟管），自被告中○公司編號DO-10油槽連接至被告○○公司所有上開油輪編號一、三之歧管，藉以輸送高硫燃油至油輪。依貨物裝載計劃，油料係先輸入油輪編號4C之船艙，預計輸入10,500公噸後，再轉輸入油料至其他船艙。詎開始輸油四分鐘，僅輸入111.86公噸，該蛇管之一即爆裂，高硫燃料油隨後洩入附近原告之碼頭，污染原告之碼頭設備、新建船舶及造船設備等，致原告受有損害，爰依民法第一百九十一條之三前段、第一百八十四條、第一百八十八條第一項前段及第一百八十五條之規定，請求被告連帶負損害賠償責任。

【解析】

一、本件行為時間為八十八年四月二十四日，乃八十九年五月五日民法第一百九十一條之三增訂公布施行前，自無該條適用之餘地。

二、民法第一百九十一條之三所定之危險工作或活動，除須具有「高度」、「不合理」、「特殊」及「異常」等特徵外，更應具有能獲利、加害人對該危險得予掌控及避免、危險可藉由保險分散及由被害人舉證顯屬不公平等要件。原判決認為輸送油料僅係一般作業活動，非屬上開條文所稱之危險事業或活動，惟以社會上一般人日常生活之經驗判斷，輸油管一旦破裂，導致油料外洩，往往會對環境造成重大損傷，且需鉅額之清潔費用，故係屬高度危險，且業者得藉此獲利，並得以投保責任險分散其風險，從而應有民法第一百九十一條之三之適用。

三、如被害人依第一百九十一條之三請求，其損害賠償之範圍應與一般侵權責任相同。

四、本件事故損害賠償回復原狀之金額，經二家海事檢定公司評估完畢，足見損害賠償數額並非無法證明，原法院因認無民事訴訟法第二百二十二條第二項之適用。

【裁判內容】

臺灣高雄地方法院民事判決九十年度重訴字第三一七號

原　　　告　中國造○股份有限公司

法定代理人　余○○

訴訟代理人　許志勇

被　　　告　中國石○公司股份有限公司

法定代理人　郭○○

訴訟代理人　陳妙泉律師

被　　　告　○○Oceanways Inc.

法定代理人　○○Hugh Hak Lan

訴訟代理人　陳長律師

複 代 理 人　陳文禹律師

右當事人間損害賠償事件，本院判決如下：

主　　文

被告中國石○股份有限公司應給付原告新台幣壹仟肆佰伍拾陸萬柒仟陸佰捌拾玖元及自民國九十年五月二日起至清償日止，按年息百分之五計算之利息。

原告其餘之訴及假執行之聲請均駁回。

訴訟費用由被告中國石○股份有限公司負擔百分之六十九，餘由原告負擔。

本判決第一項於原告以新台幣肆佰捌拾萬為被告供擔保後，得假執行；但被告中國石○股份有限公司以新台幣壹仟肆佰伍拾陸萬柒仟陸佰捌拾玖元為原告供擔保，得免為假執行。

事實及理由

一、原告起訴主張：

（一）中國石○股份有限公司（以下簡稱中○公司）出口高硫燃料油一批，由被告○○Oceanways Inc（以下簡稱○○公司）所有油輪「Timor Sea」號於民

國（下同）八十八年四月二十四日停靠……碼頭，準備裝載，並由被告中○公司所屬之大林煉油廠負責提供二支輸油蛇管（即軟管），自被告中○公司編號DO-10油槽連接至被告○○公司所有上開油輪編號一、三之歧管，以輸送高硫燃油至油輪。……詎開始輸油四分鐘，僅輸入111.86公噸後，該蛇管之一即爆裂，高硫燃料油隨後洩入附近原告之碼頭，污染原告之碼頭設備、新建船舶及造船設備等，致原告受有損害，……。

（二）被告中○公司與被告○○公司於本件從事之工作係燃料油之輸送、接收、裝載、運送，稍有不慎即會使燃料油洩漏而污染週遭環境，而損及他人之財產，具有生損害於他人之危險，而原告亦因渠等所輸送之燃料由於輸送過程中洩漏而受損，……自應依民法第一九一條之三前段、第一八八條第一項前段、第一八五條之規定，負損害賠償責任。……民法第一九一條之三但書規定……，可見應由被告舉證證明渠等無過失始可免責。此外民事訴訟法第二百七十七條規定……。本件燃料油之輸送過程及輸油設備均由被告二人掌控，原告無從介入，則令原告就被告二人之過失負舉證責任，顯失公平，且參酌最高法院七十三年台上字第二一七四號民事判決……，應由被告就其本件損害之發生無過失一節負舉證責任。

（三）前開蛇管爆裂之原因……依據中華海事檢定社股份有限公司（以下簡稱中華公司）所作之公證報告所載之資料顯示：

1.……顯見蛇管斷裂之時，油輪上之閥門及油管是處於打開之狀態。

2.……本件貨物運送過程中，船方不會關閉船上歧管閥門。

3.本件斷裂蛇管，有磨損、壓皺、凹陷、龜裂現象，並有眾多海中生物附著其上，足見該蛇管放在海水中已有相當之時間，且被告中○公司人員曾告知中華公司人員，該蛇管使用期間已八年以上，於本件事故發生前已預計要更換，惟因供應商之問題，而遲未更換。

（四）綜前所述可知，本件蛇管之所以斷裂，應係因其本身材質耗損，無法承受油料輸送過程中所產生之高壓所致，……被告中○公司提供不堪輸油使用之蛇管與油輪之船上人員進行輸油，致原告受有損害，顯然應負過失之侵權責任。……。

（五）關於損害金額部分，原告係採用萬川海事檢定有限公司製作之檢定報告，其詳如下：……。

（六）被告○○公司於輸油過程中，是否操作錯誤，致使蛇管爆裂，亦屬可疑，故原告主張該被告應與被告中○公司就本件侵權行為事實，負共同之過失侵權責任，爰依：1.民法第一九一條之三前段、第一八八條第一項前段、

第一八五條第一項。或2.民法第一八四條第二項、第一八八條第一項前段、第一八五條第一項。或3.民法第一八四條第一項、第一八八條第一項前段、第一八五條第一項之請求權基礎，請求鈞院擇一判決被告應連帶給付原告二千一百二十四萬六千七百一十九元及自起訴狀繕本送達被告翌日起至清償日止，按年息百分之五計算之利息。原告併願供擔保，請准宣告假執行。

二、被告○○公司辯稱：

（一）被告○○公司僅係系爭油輪之所有權人，並非運送高硫燃料油之運送人，亦非僱用船長K.K.Patil之僱用人，原告主張被告對K.K.Patil監督輸油過程不週之行為，應負民法第一百八十四條、第一百八十八條之僱用人侵權行為責任云云，顯與事實不合，為無理由。此外，原告事後撤回對K.K.Patil之起訴，被告依民法第一百三十一條、第一百九十七條第二項（應為第一項之誤）之規定及最高法院八十五年度台上字第六五一號、八十五年度台上字第一一三一號之判決意旨，被告得援引K. K. Patil之時效利益，就全部債務同免責任。

（二）被告為向賴比瑞亞註冊之法人組織，無侵權行為能力……此外，原告係於訴訟中以追加訴訟標的之方式……上開追加亦已罹於消滅時效，不得請求……。

（三）……本件事故之發生，與僅為船舶所有權人之被告無關，被告更不可能有親自為任何侵權行為之可能。

（四）原告主張損害額之證物，均係影本，並未提出證物原本供被告審閱，且其所自行製作之明細，無法證明屬實，更有部分無法認定與本件事故有關……。

（五）綜上所述，原告之請求為無理由，應予駁回，被告如受不利之判決，願供擔保，請准宣告免假執行。

三、被告中國石○股份有限公司辯稱：

（一）本件係新加坡商Caltex公司向被告中○公司購買高硫燃料油，並於八十八年四月二十四日派遣新加坡商Tanker Pacific Managementn所有之巴拿馬籍「M/T Timor Sea」油輪至……裝載高硫燃料油，……不料在八時二十八分時，裝油蛇管瞬間斷裂，發生嚴重漏油事故。

（二）……該蛇管外觀內襯仍屬堪用（即非因耗損或材質變化之原因），應為蛇管操作中受到瞬間壓力驟增才會造成蛇管橫向平整斷裂。

（三）……本事故應係船方操作錯誤，將閥門突然關閉導致管內壓力升高，瞬間

　　超過蛇管所能承受之壓力所致，故蛇管斷裂，非由被告中〇公司之過失所致，原告主張被告中〇公司應負侵權責任顯無理由。

（四）原告主張被告應負侵權責任，則應舉證證明被告之輸油蛇管過於老舊有瑕疵或被告員工指揮輸送過程有過失，惟原告均無法舉證以實其說。

（五）依中華公司公證報告書……亦證系爭蛇管仍處於可使用狀態，並無原告所稱蛇管老舊之問題。

（六）……假設是中〇公司人員作錯誤，關閉閥門，則結果是油料無法進入船艙內，決不會使蛇管爆裂。但若是船上人員錯誤地關閉船上控制閥門，則在中〇公司繼續輸送油料情形下，壓力必然上升，進而在相對較為脆弱之橡膠蛇管處（岸上部分為鋼管）爆裂，此即為本件事故之發生原因。……。

（七）……中華公司人員在未了解系爭蛇管結構、材質情況下，僅憑目視竟能斷定蛇管斷裂非由壓力所造成，令人質疑其依據何在。

（八）再查，中華公司公證報告書……認為本事件發生「可能係由軟管本身的耗損或既存之瑕疵」所導致……惟其意見有重大瑕疵：……。

（九）……原告迄今僅提出估價單、外包申請單為證，並無收據、會計傳票、竣工報告、驗收單及結算單……不足以證明其實際損害金額為何。……。

（十）民事訴訟法第二百二十二條第二項規定，係在當事人不能證明其數額或證明有重大困難之前提下，方有其適用。本件原告係國營事業，任何支出及損害均有嚴格之規定……自應承擔未盡舉證責任之不利益。

（十一）綜上所述，原告無法舉證證明被告中〇公司有過失之侵權行為，復不能證明其實際損害金額，其請求顯無理由，應予駁回。被告如受不利之判決，願供擔保，請准宣告免假執行。

四、得心證之理由：

（一）被告〇〇公司部分：

　　1.……。

　　2.……被告主張僅係單純之油輪所有權人之事實，堪以認定屬實。

　　3.……被告既非運送船舶之船長僱用人，亦非本件油品之運送人……則原告主張被告應負民法第一百八十四條、第一百八十八條之僱用人責任，為無理由，應予駁回。

　　4.又查，被告為一法人組織，無法為自然之事實行為，並無侵權能力，從而原告另主張被告應負民法第一百八十四條第一項、第二項、第一百八十五條、第一百九十一條之三前段、第一百八十八條第一項前段之共同侵權責任，亦屬無理由，應予駁回，其假執行之聲請，亦失所附

麗，應予一併駁回。

5.本件原告對被告○○公司之訴訟結果已臻明確，兩造其餘主張之攻擊、防禦方法，不影響訴訟結果，爰不予一一論駁，並此敘明。

（二）被告中○公司部分：

1.經查，原告主張被告中○公司提供之蛇管（即軟管）在前述輸油過程中爆裂導致漏油污染港區，造成原告受有損害之事實，業據提出萬川公司公證報告書一份為證，且為被告中○公司所不爭執，堪信屬實。

2.……本件蛇管破裂之過失責任，由本院依舉證法則定之。

3.原告雖主張本件輸油作業係屬民法第一百九十一條之三前段所稱之危險之事業活動或工作……惟查，本院認為認為系爭油料之輸送，僅係一般作業活動，非屬上開法條所稱之危險事業或活動，原告上開主張，固不足採信，……蛇管於輸油過程中，因不堪使用而爆裂一節，即屬變態事實，依民事訴訟法第二百七十七條及舉證法則，原告對此變態事實之發生，應負舉證責任，而如前所述，原告已舉證（萬川公證報告）證明其發生，應認為已盡其舉證責任，原告主張被告中○公司因過失未提供可供安全使用之蛇管輸油，造成其發生損害之事實，堪以認定。……被告就其主張所提供之蛇管品質良好，而係船上人員操作閥門錯誤導致蛇管爆裂等事實，應負舉證責任。

4.經查，被告中○公司迄今均無法提供蛇管製造廠商、製造日期、承受壓力、使用年限、維修記錄等相關資料供本院審酌蛇管品質，其空言主張蛇管品質良好，之前使用時未曾出過問題云云，不足採信。此外……船上人員不可能在輸油開始之四分鐘後，即將正常輸油閥門關閉……被告中○公司既無法舉證證明其提供之蛇管品質良好，亦無法舉證證明船上人員操作閥門錯誤導致蛇管爆裂等事實，且本院審酌整個輸油過程之計劃、進度、輸油操作方式及中華公證報告書之上開評估，認為被告中○公司無法舉證證明蛇管爆裂之事實，非其過失所致，亦即被告中○公司對此蛇管爆裂所生之漏油事件，應負單獨且完全之過失責任。

5.……本件漏油事件之損害金額，應以中華公司公證報告書所預估之費用為宜。

6.……其損害金額非屬無法證明，亦非證明有重大困難，原告聲請本院審酌一切情況，依所得心證定其數額，亦顯無必要。

7.按民法第一百八十四條第一項前段、第一百八十八條第一項前段定有明文。本件因被告中○公司因所僱用之工作人員之過失，提供不堪使

用之蛇管供油輪進行輸油作業，致蛇管爆裂，油料外洩，污染原告碼頭設備、新建船舶、造船害，已如前述，則原告依上開法律規定，請求被告中○公司對其受雇人之侵權行為，負僱用人之責任，給付一千四百五十六萬七千六百八十九元及自起訴狀繕本送達被告翌日起（九十年五月二日）至清償日止，按年息百分之五計算之利息，核屬正當，逾此部分之請求，為無理由，應予駁回，其假執行之聲請，亦失所附麗，應予一併駁回。

8. 又本件被告中○公司之輸油作業，非屬民法第一百九十一條之三前段所稱之危險事業、工作或活動，已如前述，其輸油行為無適用上開法條之餘地。此外被告係法人組織，無侵權能力，不可能自為侵權行為，另一被告○○公司無侵權能力，亦非本件油料之運送人，不可能與被告中○公司成立共同侵權行為，故原告就前開敗訴部分，主張依民法第一九一條之三前段，或民法第一八四條第二項、第一八五條第一項，第一八八條第一項前段之請求權基礎，請求被告中○公司負損害賠償責任，為無理由，應予一併駁回。……。

中　華　民　國　九十四　年　二　月　十四　日

台灣高雄地方法院民事庭　法　官

（二七）臺灣臺北地方法院九十一年度保險字第四七號民事判決

【主要爭點】

經營運送及倉儲業者，從事運送、存儲電子零件含主機板及快閃記憶體等，是否屬於民法第一百九十一條之三所定之危險工作或活動。

【事實摘要】

原告主張訴外人君橋公司向新加坡KAI公司進口電子零件含主機板及快閃記憶體乙批共十七箱，由KAI公司委託被告FAF公司自新加坡運至我國中正機場，FAF公司出具第四八○六○號之空運分提單予KAI公司，並委由被告新航公司SQ870班機運送，貨抵中正機場後，運至被告華○公司之倉庫儲存。嗣君橋公司於九十年九月四日委請被告○天公司，由被告吳○○駕駛貨車，前往被告華○公司之倉庫，經陳政炎提領貨物，運送至設於台北縣新店市之君橋公司。詎貨物抵

達點交時，君橋公司發現該批貨物外裏之黑色塑膠膜有破裂，清點後短少編號九及十七之兩箱貨物，因而受有該兩箱貨物滅失之損害，爰依民法第一百八十五條及第一百九十一條之三之規定，請求被告連帶負損害賠償責任。

【解析】

運送人及倉儲業者運送、儲存電子零件之工作本身並無危險，依一般日常生活之經驗，並不致生損害於他人之危險，亦不會被視為日常生活之危險來源，此明顯與民法第一百九十一條之三所載立法理由例示之工作性質有間。本判決認被告分別經營貨物承攬運送或運送、倉儲業務，渠等所經營事業係利用汽車或航空器為之或單純置放於一定場所，本質上無如炮竹工廠等生損害於他人之高度危險，自無本條一般危險責任之適用。

【裁判內容】

臺灣臺北地方法院民事判決九十一年度保險字第四七號

原　　　　告	第○○物保險股份有限公司	
法定代理人	李○○	
訴訟代理人	林昇格律師	
複訴訟代理人	黃維倫律師	
被　　　　告	FAF-FLYI○○○○（S）PTELTD.	
法定代理人	Steven○○即黃○○	
訟 代 理 人	徐瑞士	
複訴訟代理人	李念國律師	
被　　　　告	SI○○APORE AIRLINES LIMITED	
法定代理人	Cheo○○Choo○○Ko○○	
訴訟代理人	邵達愷律師	
	楊期雄律師	
	洪燕嫩律師	
複 代 理 人	陳志傑律師	
被　　　　告	華○股份有限公司	
法定代理人	鍾○○	
訴訟代理人	金○○	
被　　　　告	○天航空貨運承攬股份有限公司	

　　　　法定代理人　薛○○
　　　　訴訟代理人　劉青松
　　　　　　　　　　林明康律師
　　被　　　　告　吳○○
　　　　訴訟代理人　李念國律師
　　右當事人間損害賠償事件，於民國九十二年十一月二十五日言詞辯論終結，本院判決如下：
　　　　　主　　文
　　原告之訴及假執行之聲請均駁回。
　　訴訟費用由原告負擔。
　　　　　事　　　實
甲、原告方面：
壹、聲明：
一、被告應連帶給付原告新台幣（下同）九百二十四萬一千九百六十二元整，及自本起訴狀繕本送達之翌日起至清償日止按年息百分之五計算之利息。
二、原告願供擔保，請准予宣告假執行。
貳、陳述：
一、緣訴外人君橋企業有限公司（下稱君橋公司）進口電子零件含主機板及快閃記憶體乙批共十七箱，由被告FAF Flyi○○ Transportation(S) PTE. Ltd.（下稱被告FAF公司）自新加坡運至我國中正機場，FAF公司與出口地貨物出賣人Kai公司點交收受該十七箱貨物並共同在一紙Delivery Note上簽認後，FAF公司復委由被告Si○○apore Airlines Limted.（下稱被告新航公司）以SQ870班機運送，被告FAF公司簽發第48060號清潔之空運提單，其上記載受貨人即為君橋公司。嗣該批貨物抵達中機場後，卸入被告華○股份有限公司（下稱被告華○公司）存儲，於民國（下同）九十年九月四日由君橋公司委請之被告○天航空貨運承攬有限公司（下稱被告○天公司）前往被告華○公司提領貨物，由受僱於被告○天公司之被告吳○○駕駛貨車，運送該批貨物至設於台北縣新店市之君橋公司。詎貨物抵達君橋公司，點交時發現該批貨物外裹之黑色塑膠膜破裂，有不明之白色透明膠帶黏貼其上，取下黑色膠膜後，清點共計短少編號九及十七之兩箱貨物。貨主君橋公司因而受有該兩箱貨物滅失之損害，其價值達美金二十六萬四千三百九十六元。原告為本件貨物之貨物險保險人，於本件短少事故發生後，業已依約理賠被保險人君橋公司，並受讓君橋公司就本件貨物損害之一切損害賠償請求權，有權利轉讓同意書可

證，謹以本起訴狀再爲債權讓與之通知，故原告自得向被告等人行使權利而
請求賠償。

二、本批十七箱貨物應已於新加坡交付給被告FAF公司以便運送，並於最終目的
地新店市之受貨人君橋公司受領前滅失：

（一）……本批貨物係君橋公司向新加坡之出口商KAI公司採購，KAI公司於二
〇〇一年八月卅一日將該十七箱貨物完好交付給FAF公司……。

（二）該批十七箱貨物於運送、倉儲階段中應已經過秤重，連棧板總重計約
二百三十九公斤，其中棧板重約十八公斤。……本件歷經承攬運送業者之
收受、新加坡機場航空貨運站之倉儲、抵達目的地中正機場後進儲華〇公
司〇存等階段，貨物均在被告等人之保管中，被告自應分別說明系爭貨物
曾於何等階段予以秤重，以確定貨物之實際重量。又觀我國「航空貨運站
倉〇管理規則第廿一條」……足見至少貨物於我國進儲、放行或交驗之階
段，均須過磅秤重，以確定重量有無異常、並據此結果出報告。而該批貨
物於抵達君橋公司後，經分別秤重……抵達之總重約爲一九九點七公斤。
再對照貨物「包裝單」所載之重量，所短少之重量三十九點三公斤，適
約爲該滅失兩箱之重量（第九箱九點一公斤、第十七箱三十公斤，合計
三十九點一公斤。）。

（三）而本批貨物於九十年九月四日上午十一時四十一分，在華〇公司倉庫顯
示：棧板上所有貨物之四周側面仍由黑色膠膜包裹……又被告華〇公司所
提供該日「上午十一時四十一分六秒」、「十一時四十一分四十四秒」之
畫面照片均顯示，棧板上所有貨物之四周側面仍由黑色膠膜包裹……復參
諸大正公司公證報告第四頁亦說明：「該黑色膠膜之黏貼處透明膠帶有一
切口長約55公分」，則該批貨物於出倉之際、或貨物抵達受貨人君橋公司
倉庫時，即可能遭人竊走兩箱而始另行填貼一透明膠帶。再者，被告華〇
公司固提出進倉時之主艙單及「放行異常報告表」，被告新加坡航空公司
雖提出一紙「出口管制表（EXPORTCONTROLFORM）」，……惟該等
文書……與本件係兩箱貨物滅失之情不符。……被告仍應舉證說明（例如
秤重紀錄），否則仍不能免其賠償責任。

（四）……黑色膠膜於拆開之前，並無不足以圍裹貨物四周之情形。而系爭包裝
膠膜經完全拆開後，已不復原有包容之態樣，因此，不能僅以完全拆開後
之膠膜殘骸，遽行論斷爲拆開前也無法包容十七箱。……足見該批貨物外
包之黑色膠膜應係貨運途中受損而內容物不見，當時送貨及一同清點之運
點交予運送人FAF公司無誤，而抵達受貨人君橋公司時，其外圍所裹覆之

黑色膠膜，確有人爲破壞後企圖彌補之痕跡，且該批貨物，目視可見膠膜內有凹下中空之跡象，足認系爭兩箱貨物確在運送途中遺失，運送人FAF公司、或○天公司復迄未能證明有何民法第六百三十四條後段之事由，對於系爭兩箱滅失貨物，自應負通常事變責；而賠償受貨人（對○天公司而言，君橋公司係託運人）之損害。

三、被告FAF公司應負債務不履行之責任：

（一）就本件空運提單之法律關係，因牽涉簽發地及交付地而橫跨新加坡、我國兩國以上（非僅簽發而已），我國實務通說向認應適用我國法，且我國並非華沙公約之締約國，自不適用該公約。……：

1.按提單背面有關準據法及權利義務條款能否拘束當事人，與提單背面就持有人其餘權利義務所爲之限制，係屬不同事項：有關準據法部分，我國實務向認提單有關準據法之條款係運送人片面意思表示，不能拘束受貨人或持有人（參最高法院六十七年第四次民事庭決議（二））。……空運分提單因具備民法第六百二十五條所規定之事項，仍應認係該條所稱之提單，而與海運載貨證券同樣具有文義性，與載貨證券之性質相同，自應爲同樣之解釋。……提單背面條款之權利義務，亦不能拘束受貨人，按提單係運送人事先大量印就而預定用於同類型契約之文件，除簽發時另行記載之諸「運送事項」外……，其餘印刷條款，持有人或託運人事前並無法對之置喙，故提單具有附合性質。倘運送人預先於此等運送文件免除或減輕自己之責任，除非得託運人或受貨人之事前明示同意，亦無民法第二百四十七條之一顯失公平之情形，始得拘束相對人。原告並未同意被告FAF公司所出具之提單背面條款爲運送契約之條款，即不得拘束原告。

2.又依被告FAF公司所提之分提單中譯文，其第一頁第一段僅稱：「倘本運送之最終目的地或中停地牽涉到啓運國以外國家者，『得』適用華沙公約」……並無強制適用華沙公約之效力。況華沙公約非屬某一特定國家之法律，故與約定適用某國準據法之情形，自不可相提並論。……縱然欲依該第二條規定，本件亦不適用華沙公約之單位責任限制。而提單中亦無記載提單準據法應適用何國法律、或有何適用運送人責任限制之強制規定。

（二）……本件屬涉外事件，應依涉外民事法律適用法第六條第三項以履行地即我國法爲準據法。故依我國民法第六百二十七條之規定被告FAF公司既簽發清潔之空運提單……足見本批貨物已完好交付予運送人FAF公司，則

被告FAF公司自應依提單之記載，將貨物運抵目的地並完好交付予受貨人即提單持有人。再依民法第六百三十四條規定及最高法院四十九年台上字第七一三號判例。被告FAF公司應負運送人之通常事變責任，……兩箱貨物竟於運送途中短少滅失，足見被告與其履行輔助之人、或受僱人並未盡注意義務，被告顯有重大過失至明，故被告FAF公司自應就本件貨損負債務不履行責任。再者……本件分提單之右上角已載明被告FAF公司全名及地址，其右下方復引機械印製方式列有簽名，足認係被告FAF公司所簽發……。

（三）……系爭兩箱貨物係以紙箱包裝，分別重達九點一公斤及三十公斤，外觀之重量、體積均非細小，並與其他十五箱合併堆置於一個棧板後，四周並以黑色膠膜圍裹，整體體積龐大。故系爭貨物之價值並非昂貴，且包裝成箱共十七箱之多，其性質上僅屬一般貨物，雖因數量較多，致整批之價格逾數百萬多元，但不能因此即謂為貴重物品。（高等法院九十年度保險上更（一）字第九號確定判決、最高法院八十五年台上字第一九一○號判決、最高法院八十八年台上字第三一九九號判決參照）。

（四）本件分提單中間記載：「DOCUMENTSATTACHED」、「INVNo.26170K」，即表示系爭貨物之第26170K號商業發票已附貼於分提單之後，而足以說明貨物之價值，……有關貨物價值之信息，已達到運送人之支配範圍……運送人FAF公司自不得諉為不知。……可見FAF公司本身對於貨物是否申報價值，並不會收取差別費率。

四、被告○天公司應負運送契約債務不履行損害賠償之責：被告○天公司受君橋公司委託前往中正機場貨運站之華○公司提領貨物，並負責陸上運送，即應負通常事變責任，對該批運送物之保管、運送，盡善良管理人之注意義務。……被告○天公司於貨物之運送、保管確有疏失，依民法第六百三十四條及最高法院四十九年台上字第七一三號判例意旨自應就運送物之滅失負損害賠償責任。

五、被告FA○公司、被告新○公司、被告華○公司、被告○天公司、被告吳○○等應負民法第一百八十四條、第一百八十八條侵權行為責任（法人之侵權行為能力）及第一百八十五條之共同危險責任：

（一）我國採法人實在說，亦即認公司有意思能力，自亦有侵權行為能力，……該兩箱貨物確係在交付被告FAF公司後至君橋公司收領前之被告管領、保管期間內滅失。則被告FAF公司等人或其受僱人、被告吳○○顯疏於注意在其保管中之他人貨物，而就貨物之遺失有過失。故原告請求被告等人依

民法第一百八十四條、第一百八十五條第一項後段等侵權行為規定負賠償之責，自屬有據。況被告等人就其所僱作業人員（受僱人）對系爭貨物於被告管領期間所致之毀損滅失，亦有民法第一百八十八條連帶責任之適用，即無從解免其責任。

（二）……貨物自交付運送人起，至送達交付受貨人之前，均非由受貨人直接占有，貨物於運送途中有關包管、搬移、或運送等行為之細節，更非受貨人所能得知。本件如經調查仍不能確定貨物於交付運送人後究竟於運送之哪一階段滅失，自有引民法第一百八十五條第一項後段共同危險行為之規定及理論，以濟不足，而保障處於經濟弱勢地位之受貨人。

六、被告FAF公司、被告新加坡航空公司、被告華○公司、被告○天公司應依民法第一百九十一條之三規定，負損害賠償責任：……本件被告既從事運輸、倉儲等事業，並利用交通工具、裝卸機具或倉○設備，而從事運送、或保管貨物之工作，在此工作過程中，經常有生損害於貨主（受貨人或貨物所有權人）之危險。因此，被告等人經營貨物運輸及倉儲，其「運輸／倉儲工作之性質」、及「其使用之運輸／倉儲工具或方法」有生損害於受貨人（即貨主）之「危險」，且本批貨物確已交予被告等人，陸續為運送或倉儲之工作，至交付給受貨人君橋公司之前就發生滅失，亦即在被告管領期間遺失，而使君橋公司受有貨物價值之損害，則依民法第一百九十一條之三，被告等人自應對受貨人之損害均應負賠償責任。

七、關於損害數額之計算：

系爭短少貨物依民法第六百三十八條第一項規定應以交付之目的地即台灣之價值計算，則依商業發票價格美金二十四萬零三百六十元，再加計百分之十，……爰依此折合為新台幣九百二十四萬一千九百六十二元，請求被告賠償之。

八、原告與被告新航公司、被告華○公司間並無契約關係存在，倉庫對貨主而言亦無第三人利益契約規定之適用，而關於「貨運站對受貨人」之賠償責任，復無限制其賠償責任之規定。……原告係依侵權行為向被告華○公司、新加坡航空公司請求，並無適用單位責任限制。而被告○天公司為我國路上運送之債務不履行責任，與君橋公司間並無簽發任何提單，並無所謂華沙公約、民用航空法或航空客貨損害賠償辦法之適用。再者，公路法第六十四條第二項規定係限制「行車事故」（諸如：兩車相撞肇事）所致之運送物損害，……然本件係貨物遺失，並非涉及車輛行駛途中之兩車車禍肇事，尚非第六十四條第一項所稱之行車事故，即無該條第二項之適用。本件原告並未

主張行車事故之侵權行爲向被告○天公司請求，故公路法該條文於本件亦無適用之餘地。又君橋公司與被告○天公司間係一報關提貨暨內陸運送契約，如運送單據有何限制或免除運送人責任之條款，依民法第六百四十九條規定，君橋公司均從未明示同意，該等條款自屬無效……。

乙、被告方面：

壹、聲明：

一、原告之訴及假執行之聲請均駁回。

二、如受不利益判決，願供擔保請准宣告免爲假執行。

貳、陳述：

（甲）被告FAF-FLYI○○○○（S）PTELTD方面：

一、程序方面：

（一）……。

（二）依原告……關於債務不履行之主張，其準據法應爲華沙公約：

1.……本件顯屬涉外事件，且其債之關係之發生，係源自於FAF公司簽發提單之法律行爲，則本件債之關係之準據法，自應依涉外民事法律適用法第六條定之。被告FAF公司簽發本件原證一之提單給託運人後，託運人及嗣後之提單持有人（包括受貨人）即應受該提單所載內容之拘束，且該提單背面最上端則明文規定……因此，本件提單所生債之關係之準據法，乃當事人所合意適用之華沙公約。我國雖非華沙公約簽約國，但並不妨礙當事人合意適用華沙公約，此有最高法院八十九年台上字第七十四號……民事判決可參。且事實上我國飛行國際航線之航空公司，爲符合國際航空實務，均於提單上註明適用華沙公約，而我國最高法院對提單所載適用華沙公約之條款，亦認爲有效……。……空運提單之託運人，早已知曉並同意適用該提單上所記載之華沙公約，而原告所代位之台灣君橋公司，乃該提單之受貨人，持該提單領貨，自亦應認爲合意適用華沙公約。縱……依涉外民事法律適用法第六條第二項之規定……，本件空運分提單之運送人FAF公司及託運人KAI公司，均爲新加坡公司，國籍相同，自應適用新加坡法；即便認爲受貨人君橋公司爲我國公司，與FAF公司之國籍不同，因發生本件債之關係之法律行爲地，即簽發空運分提單之法律行爲地，係在新加坡，仍應適用新加坡法。而新加坡是華沙公約及一九五五年海牙議定書之簽約國，故本件仍有華沙公約之適用。……。

2.原告關於侵權行爲之主張，其準據法應爲何者，尚屬未明：……涉外民

事法律適用法第九條第一項著有明文。本件原告既未就「貨損」之發生地爲舉證說明，則自無以決定本件侵權行爲之準據法爲何……。……不論依侵權行爲地法抑或損害結果發生地，則台灣充其量亦僅得謂爲「損害結果之發現地」，與「侵權行爲損害結果之發生地（造成地）」不同。是原告主張本件應以中華民國法律爲侵權行爲之準據法，均不免率斷。

二、系爭空運提單上無被告之簽名，僅有電腦擅打之LEONGCHINSING字樣，並無由該人爲代理人之簽名，爲不具我國民法第六百二十五條第一、二項所定之提單，充其量僅作爲被告有爲KAI公司運送貨物之證據，原告不得依法主張提單之移轉效力，亦不得主張對被告有基於提單所生之運送契約存在。是該提單僅對於KAI公司與被告FAF公司之間，作爲雙方承攬運送之收據及雙方之權利義務關係而已，被告對於君橋公司並無任何運送契約之存在，亦無法依我國民法之規定產生依提單轉讓而生之獨立請求權利，即君橋公司自無任何權利得以轉讓給原告。

三、按華沙公約第二十條第一項規定……，本件貨物係在何被告公司保管期間受損，原告自承並不知悉，被告FAF公司對於貨損發生於非該公司所保管期間時，顯然無法採取任何措施防範避免之，從而依上開華沙公約規定，FAF公司自不負賠償責任，原告基於債務不履行法律關係，對FAF公司所爲之本件請求，即無理由。……被告FAF公司之運送責任，應迄九十年九月一日新航班機抵達桃園中正國際機場交付地勤人員時，即爲終止。其後……即與被告FAF公司無涉……原告亦先應證明貨物損害係發生於被告FAF公司之運送範圍內……系爭貨物於九十年九月一日運抵中正機場，由新加坡航空公司將系爭貨物交由地勤公司並由地勤公司交由華○公司之倉庫，於貨物接收時均未有任何之保留註記或雙方簽發之異常報告表記載，顯見系爭貨物並非在被告FAF公司所負運送保管責任期間內發生，自難令被告負責。

四、受貨人未依法通知貨損，被告運送人責任已消滅：系爭貨物受貨人君橋公司已支付運費，於受領系爭貨物時亦未對FAF公司表示異議。依本件運送契約應適用之一九五五年修訂之華沙公約第廿六條規定：……。在本件系爭運送契約條件12.1.2同時亦有類似規定。即依系爭運送契約內容，有權受領貨物者，一旦發現有貨損，必須由其於一定時間內以書面向運送人申訴，否則嗣後即不得再以訴訟請求。惟本件有權受領貨物之人從未以書面通知被告，保留權利，故依上開約定即不得向被告提起訴訟。

五、本件託運人並未申報貨價，也未提供商業發票，且本件提單並未記載貨價，

於託運前並無申報價值、另行支付高價運費，託運人既享一般運費之利益而不負擔較高之運費，運送人就託運物亦僅稱量按公斤收取運費，並無法確知實際託運物究係何物，故縱應負損害賠償責任，被告FAF公司亦得依華沙公約第二十二條之規定及本件空運分提單之背面條款，限制其賠償責任於每公斤美金二十元。……又縱謂本件提單所生債之關係並無華沙公約之適用，依行政院發布之「航空客貨損害賠償辦法」第四條規定，FAF公司仍得限制其賠償責任於每公斤新台幣一千元……被告於提單上已請託運人特別注意，並經託運人簽名，已就限制責任事宜向託運人為適當之通知，已符合同辦法第八條規定，自得適用該辦法之規定。民用航空法對於空中運送有特別規定，應優先民法適用。本件縱無前述限制責任之適用，原告亦應依民法第六百三十八條之規定，舉證本件貨物於在目的地即桃園中正機場應交付時之價值……。

六、被告FAF公司對原告並無侵權行為：

（一）被告FAF公司屬法人組織，依其性質，不能自為侵權行為……原告並無實據可證明系爭貨損係因被告FAF公司之故意或過失不法行為所致，……自難認原告對被告FAF公司有民法第一百八十四條侵權行為損害賠償請求權存在。

（二）……民法第一百八十五條第一項後段「共同危險行為」之成立，應以數人均有侵害權利之不法行為（即數人均為共同不法之行為）為要件，且成立共同危險行為之行為人間固無需有意思聯絡，惟仍限於參加集體行為之共同行為人始足當之，故本件受有貨損之貨主亦不得將貨損發生前經手過系爭貨物之人皆列為共同危險行為人。

（三）被告經營航空承攬運送業務，與民法第一百九十一條之三之要件及立法意旨均不相符，本件被告FAF公司係經營航空貨運承攬業，是被告從事之代為安排運因危險事業或活動而獲取利益，則被告因經營航空貨運承攬業所為之代為安排運送契約或承攬運送行為，並無民法第一百九十一條之三之適用。

七、……系爭貨物縱在被告運送中發生毀損，惟因君橋公司對被告FAF公司有契約關係，即應優先適用債務不履行之規定，而不得主張侵權行為之損害賠償。且凡貴重物品容易喪失、損害又重，必須事先使運送人明瞭其性質及價值，運送人始能加以防範亦可酌予提高運費，或以保險之方式分攤風險。……本件貨物屬於貴重物品。又KIA公司託運時亦無申報貨物價值，……故被告對此無申報貨物之性質及價值之貴重貨物，依民法第

六百三十九條第一項規定自無須負擔損害賠償之責。

（乙）被告SI○○APORE AIRLINES LIMITED（新加坡航空公司）部分：

一、本件……具外國人與外國地之涉外成分，是原告主張新航公司負侵權行爲損害賠償責任者，應先舉證證明侵權行爲發生地之所在，俾據以認定本案應適用之法律。……即便認定系爭貨物是在新航公司保管中遺失……其託運貨物之遺失之發生地應在託運貨物起運地新加坡或新航公司的航空器內其中之一，其侵權行爲地應屬新加坡。故……其準據法亦應爲新加坡國法律而非中華民國法律。

二、惟依民法第一百八十四條第一項前段之規定，須行爲人有故意或過失，始負損害賠償責任。……法人非以自己責任負損害賠償責任，而須另依民法第一百八十八條之規定，就他人行爲負補充責任，在此情況下，法人並無民法第一百八十四條第一項前段適用之餘地。

三、……原告如主張被告新航公司應依民法第一百八十四條第一項前段與第一百八十五條第一項之規定負連帶損害賠償責任，即應證明被告新航公司有故意過失、具備民法第一百八十四條第一項前段之責任能力、有不法行爲、以及確實爲加害行爲等要件。……。

四、……被告新航公司自FAF公司收受包括系爭貨物之電子零件後，裝載於航空器前，確實秤重其託運貨物重量爲二百三十九公斤，其與FAF公司出具之出口管制表（Export Control Form）一致。且前開託運貨物運抵目的地後交由被告華○公司保管，而根據被告華○公司出具之進（出）口貨物接收放行異常報告表，託運貨物交付予華○公司時，託運貨物除包裝有輕微受壓外，並無任何短少或其他異常。故新航公司於保管期間，並無遺失系爭貨物之事實，而不負損害賠償責任。……。

五、依民法第一百九十一條之三立法理由之說明，係指如工廠排放廢水或廢氣、筒裝瓦斯廠裝塡瓦斯、爆竹場製造爆竹、舉行賽車活動、使用炸藥開礦、開山或燃放焰火等屬高度危險者。而新航公司乃經營航空運送業務之公司，其以航空器運送貨物造成貨物毀損滅失之機率，顯然比前開例示之業務造成他人生命、身體、財產上損害之機率減少許多，無從比擬。……。

六、……如認被告新航公司應負賠償責任，因新加坡爲華沙公約簽約國之一，依華沙公約第二十二條第二項之規定，交運行李或貨物之運送，運送人之責任，以每公斤二百五十金法郎爲限。但託運人特別報明目的地交付時之價值，並照章加付運費者，不在此限。而本件託運人於託運貨物前，並未申報價值，……故本案縱認新航公司對原告應負損害賠償責任……，應以遺失貨

物之重量每公斤二百五十金法郎（折合美金，每公斤美金二十元）爲上限，計算損害賠償額。且新航公司得依我國民用航空法與航空客貨損害賠償辦法之規定主張單位限制賠償責任，依民用航空法第九十三條之一第一項規定，航空器使用人或運送人，就其託運貨物或登記行李毀損或滅失所負之賠償責任，每公斤最高不得超過一千元。但託運人託運貨物或行李之性質、價值，於託運前已向運送人聲明並載明於貨物運送單或客票者，不在此限。退步言之，倘認新航公司不得援引華沙公約之規定主張限制責任，依前引民用航空法之規定，本件託運人既未於託運貨物前申報價值並支付較高之運費，新航公司亦僅按託運貨物之重量收取運費，新航公司亦得依前開規定，以空運提單託運貨物之重量每公斤一千元爲上限，計算損害賠償額。……。

（丙）被告華○股份有限公司部分：

一、……被告華○公司僅負責系爭貨物運達航空貨運站點收區並經點收進倉時起至貨物點交出倉時止之保管責任。……系爭貨物自被告華○公司倉庫提領出倉時，除其中一小箱外箱有受壓外，其餘外箱完好，可見系爭貨物之遺失顯與被告無涉。另依管理規則第四條第一款之規定，被告華○公司對外包裝完整而內部貨物有短少或品質發生變化者不負賠償責任，系爭貨物自被告華○公司倉庫提領出倉時，外包膠膜並未破損，……被告華○公司自無須負擔賠償責任。

二、空運貨物皆爲成箱運送並有外箱包裝……，故只要外包裝沒有破損，除非出口時裝載或過磅有誤，否則自不可能發生貨物短少、溢量或超重等異常情形……。縱認被告華○公司亦應對系爭貨物之遺失負擔損害賠償責任，則原告請求之金額亦受有限制，蓋被告華○公司與承運系爭貨物被告新航公司間訂有倉庫使用合約，依該合約第五條之規定，對被告華○公司存○貨物之賠償責任，如未於提單或託運申請書記載貨物價值，則賠償金額以每公斤不超過一千元爲限，而各航空公司與上訴人簽訂之倉庫使用合約，性質上應爲第三人利益契約，貨主或約定之領貨人爲其受益之第三人，依民法第二百六十九條規定，對於航空貨運站有直接請求給付之權利，則被上訴人代位被保險人即貨主行使對於上訴人之債務不履行損害賠償請求權，依民法第二百七十條之規定，上訴人所屬航空貨運站倉庫與運送人航空公司間所約定之權利義務即有責任限制之適用。……。

三、原告並未舉證證明被告華○公司如何符合：1.須該他人有加害行爲。2.須侵害權利或利益。3.須發生損害。4.須加害行爲與損害有因果關係。5.須有責任能力。6.須有故意或過失等侵權行爲成立之要件，其主張被告華○公司成

　　立民法第一百八十四條第二項之違法侵權行為，亦無理由。

四、……應積極證明被告華○公司有所行為，始得請求連帶賠償損害。且若無加
　　害之共同危險行為，即不能論以共同侵權行為責任。是民法第一百八十五條
　　之適用僅限於自然人而不及於法人。今原告既未能積極舉證證明被告華○公
　　司對系爭貨物有何加害行為，而民法第一百八十五條之適用範圍復經最高法
　　院確認不及於法人，原告之請求即於法不合。

五、被告華○公司僅係一單純之倉儲業者，僅負責存儲未完成海關放行手續之進
　　口貨物，其工作或活動內容並無生損害於他人之危險性，是原告主張被告華
　　○公司應依本條規定負損害賠償責任，自屬於法無據。縱本院認被告華○公
　　司之工作或活動內容有發生損害於他人之危險，然原告因系爭貨物遺失所受
　　之損害，亦非由被告華○公司工作或活動或使用之工具或方法所導致，依該
　　條但書之規定，被告華○公司亦無負擔民法第一百九十一條之三之損害賠償
　　責任。……。

（丁）被告○天航空貨運承攬股份有限公司部分：

一、被告依航空法第九十三條第一項規定、及一九二九年十月十二日華沙空運
　　公約第九條規定、第二十二條第二項，與八十八年三月十七日修正發布之
　　航空客運損賠償辦法第四條之規定，再參照海商法第一百十四條第二項規
　　定之法理，被告○天公司均得主張單位責任限制，再依被告FAF公司所簽發
　　第48060號之空運提單，並無記載任何有關貨物之性質、價值，而原告復未
　　證明系爭貨物究係於何被告占有、保管期間內所滅失，故倘若系爭貨物之毀
　　損、滅失係發生於運送人得主張單位責任限制之運送途中，則被告亦得主張
　　單位限制責任……。

二、系爭空運提單約款第一條即規定應適用華沙空運公約有關之規定。被告
　　FAF公司於填發系爭空運提單時，即明確載明STC\17CTNS（即SAID TO
　　COTAIN十七箱）保留條款，因此，系爭空運提單應生保留之效力，故參照
　　最高法院六十九年度台上字四一二四號判決旨趣，系爭空運提單載明STC\
　　17CTNS（即SAID TO COTAIN箱之記載，僅為表面證據，而本件即為件貨
　　運送，因此，依華沙公約第十條之規定及該公約第十一條第二項之規定，以
　　及海商法第五十五條第一項及第五十四條第二項之規定，應由託運人負舉證
　　責任證明其真正，即系爭貨物裝載時，係以黑色不透明膠膜包裹裝載，被告
　　FAF公司根本無從核對，且經……查證，系爭貨物，縱令以原黑色塑膠膜包
　　裝，根本無法容納原告所稱之十七箱貨物，是原告仍應就其主張交付運送
　　人運送貨物之確實數量負舉證責任。……系爭貨物共有十七箱，每單位箱

內所裝載之貨物品質、價格不一，且查前揭被告FAF公司所簽具之空運提單內……並無各類不同貨品之記載，是託運人於裝載時是否確係已將品質、價格不同之貨物分別裝入，並非無疑，……系爭兩箱貨物是否確如原告所云，即係裝有主機板及快閃記憶體，以至因運送人之運送而致有滅失或毀損，更非無疑。……再者，被告吳○○在陸上運送途中，絕無任何過失與債務不履行之情事發生可言，是被告○天公司即不負侵權行為損害賠償責任。

三、依海商法第七十四條第二項及同法第七十五條之法理，連續運送人斷無應負連帶侵權行為損害賠償責任之理，是原告之主張被告○天公司應負民法第一百八十五條共同侵權行為責任部分，亦無理由。縱被告等應負連損害賠償之責，且原告就其主張交運送人運送貨物之確實數量等已負舉證責任，則被告等亦僅須負單位限制責任。

四、系爭提單內有關貨物價值申報欄內載明英文：「NVD」為無價值申報之意，因此，倘令被告有負賠償責任之事由發生，則被告爰依民法第六百三十九條、公路法第六十四條第二項主張單位責任限制。……。

（戊）被告吳○○部分：

一、……原告並無實據可證明系爭貨損係因被告吳○○之故意或過失不法行為所致，也無法證明被告有何加害行為，自難認原告對被告有民法第一百八十四條侵權行為損害賠償請求權之存在。

二、被告吳○○就貨物遺失並無過失：

（一）……原告如何能確定貨物之滅失不是發生在非本件被告之經手人保管中？

（二）……貨物至華○運出至君橋公司發現短少為止，該包裝情形應屬相同。而在此種情形下，可能短少之情形有二種，其一為KAI公司在裝貨時即已短少；其二為KAI在裝貨時並無短少，出華○倉庫後至君橋公司發現時，包裝均相同而無異狀，故可能發生短少之時點則包括FAF公司……華○公司等其中一家公司將包裝拆除取出貨物後，再重新打包。此外，就經驗法則觀之，被告吳○○如預謀行竊該貨物，其應該會安排貨車失竊，並立即報案，以避免公司之懷疑，絕無可能在自華○倉庫接收貨物後，於運送途中將貨物自行偷走，而將剩餘之貨物交給受貨人，並當下在場與君橋公司、公證公司調查員做說明，被告吳○○亦無法對公司或受貨人解釋說明短少原因。

　　　　　理　　　由

甲、程序方面：

一、……。

四、……本件運送契約之締約地既在新加坡，且提單上所載託運人Kai公司及運送人FAF公司均為新加坡之公司，則運送契約之行為地即為新加坡，本件自應適用新加坡關於國際運送之法律。再查，新加坡為華沙公約簽訂國之一，此為兩造所不爭，則堪認定新加坡法係以華沙公約之規定為其關於國際運送之法律，是本事件應以新加坡之國際航空運送法律即華沙公約為準據法而適用之。……。

乙、得心證之理由：

一、原告主張……。

二、被告：（一）FAF公司抗辯……。（二）新航公司……。（三）被告華○公司則以……。（四）○天公司則辯稱：……。（五）吳○○則辯稱：……。

三、……依原告所提之編號26170K交貨單（即DeliveryNote……），其承攬運送人即被告FAF公司，於受貨時已簽認其確實收受十七箱以一個棧板總重量二三九公斤之貨物，其貨物外觀及情狀完好，此亦有被告FAF公司請款單上請求之重量驗證費，可認被告FAF公司於出貨時曾確實稱重……，再依原告所提Kai公司之信函所載……，該裝有十七箱貨物棧板（pallet）之黑色塑膠膜乃由被告FAF公司所提供，而據該公司之包裝單及發票……所示，第九箱內裝主機板，重為九點一公斤、第十七箱則係快閃記憶體，重為三十公斤……，惟永霖公證公司及君橋公司與被告吳○○於九十年九月四日當日拆封檢視並磅重結果，其重量僅有一八二公斤……，加計棧板重量十八公斤及裝貨單上記載之第九、第十七箱貨物，約為二三九點一公斤，即與收貨單上所載之連同棧板之貨物重量大致相符，且系爭貨物於被告新航公司收受時亦曾確實稱重以計運費，其重量即與提單上所載相同……，再者，發票及裝貨單為Kai公司於系爭貨物出貨前所製，憑以貨到後請求買賣價金，衡情應無虛偽之虞，則堪認原告主張系爭貨物於出貨時，已包括第九及第十七箱之貨物及其內容均屬真實……。是原告……主張依我國保險法第五十三條及民法第二百九十七條之規定，即得代位行使被保險人及貨物所有人即君橋公司對於第三人之請求權，即有所據。

四、……本件被告華○公司之主艙單及分艙單均無異常之註記……，僅曾於九十年九月四日在被告○天公司領貨人員要求下出具異常報告，然其上僅記載除旁邊一箱受壓外，其餘外箱完整等語，有被告華○公司之進出口貨物接收放行異常報告可稽……，陳政炎提領系爭貨物時檢視時認為包裝正常，僅有一箱受壓而請求吳文達開具前揭之異常報告，即將貨物領走，並交由在二十五號艙門口等待之司機即被告吳○○載送至君橋公司，而被告吳○○搬運貨物

時，據其自陳：雖見貨物棧板一面有長度大約二十到三十公分、寬約一到三公分之縫隙，並有約三十公分長之膠帶貼在貨物之頂端……，但認該縫隙應屬膠模在纏繞時所露出、切口完整、並無法拿出貨物而認此僅係包裝上有疏忽，即直接運送至台北縣新店市君橋公司之工廠，而證人即君橋公司之總經理徐翊鳴受領貨物點貨時，發現貨物側面有一條直的裂縫，凹下去的地方是空的，即請被告吳○○當場拆開檢視結果，發現短少兩箱後，經聯絡永霖公證公司派遣人員做成公證報告並將貨物過磅作成公證報告……為兩造所不爭執，亦堪信屬實。

五、茲就原告之各項請求是否有理由，審酌如次：

（一）原告主張被告FAF公司既簽發系爭清潔之空運提單，交由君橋公司持有，其並記載為受貨人，則其自應依提單上之記載，將貨物完好交付予受貨人即提單持有人。今系爭兩箱貨物竟於運送途中短少，可見其行輔助人或受僱人有重大過失至明，故應負債務不履行之賠償責任云云……，經查：

1.……系爭貨物主提單係由被告新航公司簽發，其所載託運人為被告FAF公司，受貨人為SPEEDY EXPRESS FORWARDER CO LTD（即被告○天公司），承運階段自新加坡機場運至台北（中正）機場，運送貨物共一件，重二三九公斤……被告FAF公司……既辯稱本件準據法依提單上條款所訂應適用華沙公約，且依華沙公約第六條之規定，運送人之簽名可以蓋章為之……，自已承認其簽發提單之效力……。而就君橋公司所持之分提單之效力，依華沙公約第二十六條之規定之解釋意旨，受領權利人受領貨物後即可向運送人主張損害賠償之權利，此規定類似於我國民法第六百四十四條「運送人之權利」規定，是本件君橋公司以受貨人之地位，將運送契約之權利轉讓予原告即有依據。然需究明者為各位被告間與被告FAF公司間之關係為何，按被告FAF公司與被告新航公司所簽發之二張空運提單各自有不同之託運人，可見其所表彰的運送關係不同。且原告亦自承，被告○天公司係受君橋公司委託負責提領貨物及內陸運遷，而非受被告FAF公司之委託，反係被告○天公司於提領貨物部分應視為原告之代理人；而被告華○公司乃與被告新航公司間有一獨立之倉庫使用合約，與被告FAF公司間無任何契約關係……足證被告新航公司、華○公司及○天公司其運送或儲藏保管系爭貨物，均基於其獨立之契約關係，而非為履行被告FAF公司之債務……。

2.系爭貨物運抵桃園中正機場卸入被告華○公司之倉庫後，係由受貨人君橋公司另行委託的陸上運送人暨報關代理人被告○天公司辦理驗關、繳

付倉租費用、辦理領貨、出倉放行等事宜，並由其將貨運抵君橋公司台北縣新店市之工廠等情，已如前述，是堪信被告FAF公司辯稱，其運送責任至系爭貨物運抵中正機場卸入華○公司之倉庫時，其責任即為終了乙節，即堪採信。

3. 況依本件運送契約應適用之一九五五年修訂之華沙公約第廿六條規定：……即依系爭運送契約內容，有權受領貨物者，一旦發現有貨損，必須由其於一定時間內以書面向運送人申訴，否則嗣後即不得再以訴訟請求。惟查，系爭貨物發現短少之日為九十年九月四日，依上揭規定，託運人Kai公司或受貨人君橋公司應於十四日內即至遲於九十年九月十八日前以書面向被告FAF公司申訴，然依原告所提Kai公司予被告FAF公司之信函所載，Kai公司乃於九十年九月四日當日即受君橋公司之通知得知貨損，而至九十年九月二十七日始向被告FAF公司提出索賠意旨信函，已逾前揭申訴期間……，而原告復未證明其已於九十年十月十八日前以書面向被告FAF公司提出索賠之申訴，是被告FAF公司辯稱本件受貨人君橋公司從未以書面通知被告，保留權利，故依上開約定亦不得向被告提起訴訟請求賠償，亦為可取。

4. ……是原告主張被告FAF公司依運送契約應負債務不履行之損害賠償責任，即屬無據。

5. 原告復主張被告FAF公司應負民法第一百八十四條之侵權行為賠償責任，惟查，被告FAF公司屬法人組織，依其性質，不能自為侵權行為，僅對其負責人、董事或受僱人有侵權行為損害賠償責任時，分別依民法第二十八條、第一百八十八條及公司法第二十三條規定，負連帶損害賠償責任而已，惟法人自身究無為侵權行為之可能（最高法院八十七年台上字第一一四九號判決及八十年台上字第三四四號判決參照）。且侵權行為以為行為人主觀上有故意或過失，且客觀上有不法加害他人權益之行為及該加害行為與損害之結果二者間具有相當之因果關係為成立要件，原告並未證明無實據系爭貨損係因被告FAF公司具體之故意或過失不法行為所致，原告依有民法第一百八十四第一項前段條請求被告FAF公司賠償其貨物短少之損失，亦無理由。

（二）原告主張被告新航公司、被告華○公司為被告FAF公司之履行輔助人及受僱人應依民法第一百八十四條第一項及第二項之規定負侵權行為損害賠償責任部分：

1. 被告新航公司、華○公司及○天公司均為法人故無民法第一百八十四條

第一項之侵權行為能力已如前述。

2.縱認法人有民法第一百八十四條之侵權行為能力，……被告新航公司與被告FAF公司間另成立一運送契約，其並非被告FAF公司之履行輔助人，而被告華○公司及○天公司亦非被告FAF公司之履行輔助人，均詳述如前，故原告主張前揭被告應負民法第一百八十四條之侵權行為損害賠償責任，自應證明貨物之短少乃實際由各被告之何種行為所致，但查，被告新航公司承運階段即自新加坡機場至台北中正航空站之航空運送全程，於貨物交付予倉○業者時，其包裝並無任何異常；而被告華○公司於貨物出倉時，原告委請提貨之代理人被告○天公司僅記載有一箱受壓，其餘包裝完整，即難據此認定系爭貨物之短少，係在被告華○公司之保管階段，而原告復未證明系爭貨物之短少係在被告新航公司運送階段或被告華○公司之保管儲藏階段所致，則原告主張被告新航公司及華○公司應負侵權行為損害賠償責任，或為被告FAF公司負連帶侵權行為責任，自無理由。

3.原告復主張被告華○公司站航空貨運站倉○貨物管理規則第二十一條（已於九十年十一月二十一日廢止）之規定於貨物進○時，應有磅重之義務，其應證明是否秤重、是否確實檢查包裝，以證明貨物並非於其倉○期間短少，否則即應負侵權行為損害賠償責任。惟為被告華○公司否認，按貨物管理規則第二十一條規定：……而查，空運貨物與海運貨物性質不同，其均為成箱運送並有外箱包裝，……故只要外包裝沒有破損，除非出口時裝載或過磅有誤，否則自不可能發生貨物短少、溢量或超重等異常情形，前揭管理規則第二十一條所訂者，乃包裝有異常時，應出具異常報告予運送人之義務，原告前揭主張，應屬誤解。且原告主張被告應負侵權行為責任，自應先就其有侵權行為之事實予以證明，自無命被告先證明其無侵權行為之理，而系爭貨物由原告所受讓權利之受貨人君橋公司代表被告○天公司提領時，被告○天公司並未主張包裝有異常、或有短少，其所請求被告華○公司出具之異常報告僅記載有受壓情形，已如前述，是被告華○公司辯稱貨物點交出倉時，包裝既屬完整無破損，其即不為貨物之短少負責，即值採信。原告復未舉證證明被告華○公司就系爭貨物之滅失有故意或過失侵權行為之情，其主張被告華○公司應負民法第一百八十四條第一項及第二項之侵權行為損害賠償之責，亦屬無據。

（四）原告主張除被告五人應負民法第一百八十五條及除被告吳○○外，其餘被

告應負民法第一百九十一條之三之侵權行爲責任部分：

1. 按……民法第一百八十五條第一項定有明文。又……主張係共同危險行爲者，應積極證明被告有所行爲，若無加害之共同危險行爲，即不能論以共同侵權行爲責任……。查被告五人固均曾參與系爭貨物之運送、裝卸、保管過程，然依前述本件運送過程，各被告並無同時占有及保管系爭貨物之階段，而有同時對於系爭貨物爲侵權行爲之可能，且原告始終未能證明被告五人均有侵害原告權利之不法行爲，亦即被告五人並無集體之危險性行爲，參諸前揭說明，原告依民法第一百八十五條第一項後段規定，請求被告五人連帶負損害賠償責任，自有未洽。

2. 復按……民法第一百九十一條之三固有明文，惟依本條立法理由之說明，係指如工廠排放廢水或廢氣、筒裝瓦斯廠裝填瓦斯、爆竹場製造爆竹、舉行賽車活動、使用炸藥開礦、開山或燃放焰火等屬高度危險者。而本件被告FAF公司、新航公司、○天公司乃經營承攬運送或運送業務之公司，被告華○公司爲經營倉○之公司，其所經營事業係利用汽車或航空器爲之或單純置放於一定場所，本質上並無如同炮竹工廠等生損害於他人之高危險，……原告主張被告等所經營之運輸及倉○事業有生損害於受貨人之高危險，即應負民法第一百九十一條之三之責任，已將契約上對特定人之責任與侵權行爲乃具保護第三人性質混淆，其法律觀念顯然有誤，而不可採……

（五）原告復主張君橋公司與被告○天公司間訂有委任及運送契約，約定被告○天公司負責由中正機場提領並載運系爭貨物至君橋公司所在地，是就系爭貨物之短少應依民法第六百三十四條負運送契約之通常事變責任等語。……經查：

1. 原告主張系爭貨物乃君橋公司委由被告○天公司報關提領及運送，是兩造間就運送部分即成立運送契約，有如前述，而此部分之運送屬於內陸運送，兩造均爲我國法人，即應適用我國民法關於運送契約之規定定其權利義務而無適用華沙公約及海商法之餘地……。

2. ……按民法第六百三十四條規定：……被告○天公司如欲免責，依上開規定，自應證明系爭貨物之短少乃出於託運人或君橋公司之過失，惟被告○天公司受領貨物時既未認系爭貨物有包裝破損遭人竊走等異常情狀而請求被告華○公司就此出具異常報告，自應推定其自被告華○公司倉庫提領貨物時，該貨物之內容有如系爭提單所載，亦即其重量爲二三九公斤、內容爲十七箱，……惟查，系爭貨物之包覆膠膜乃類似保潔膜性

質之膠膜……是其乃利用膠膜之彈性纏繞綑綁貨物於棧板之上，於拆下後易生皺失其彈性而難回復原狀，即難以黑色膠膜拆開後無法再回復原狀推論系爭貨物於出貨時並未包括遺失之兩箱貨物，且本件於Kai公司交付被告FAF公司出貨時，應已包括系爭兩箱遺失之貨物等情，亦詳如前述，而被告○天公司並未證明系爭貨物之喪失係因不可抗力，或因託運人或受貨人之過失所致之事實，則原告主張被告○天公司應就系爭貨物之短少負契約損害賠償責任，即有所據。

3.惟按……民法第六百三十九條亦經明定。經查：系爭短少遺失之第九箱貨物為主機板（mother board）十二片，每片美金三十元，共計美金三百六十元（US$30×12 = US$360），而第十七箱裝有快閃記憶體（flash memory）二萬四千片，每片美金十元，共計美金二十四萬元……，其價值已可與黃金同論，難謂非貴重物品，依前揭規定，託運人君橋公司自應申報其價值，否則被告○天公司辯稱依前揭規定其對貨物之喪失或毀損免責，應為可取。……按貨物是否為貴重物品，尚非單依其單價或運送時之整體體積而論，而應獨立視之，……所託運者其中包括三十公斤重二萬四千件快閃記憶體合於一箱，依其重量可由成年人空手搬運而無需工具，價值竟高達二十四萬美元，就單箱貨物而言，即堪認貴重；且出賣人Kai公司雖為運送方便起見，而將十七箱貨物全部由黑色膠膜纏於棧板上，但運送人於拆封後所需負責任，依提單、包裝單、發票所載，亦為分別十七箱之貨物，而非將該一個棧板交付予受貨人即可，否則原告亦無由請求被告賠償損失之二箱貨物，故其主張系爭兩箱貨物係在整體體積龐大之棧板內，不得視為貴重物品云云，即非可取，被告○天公司辯稱依民法第六百三十九條之規定，其僅就原告所申報之價值負責，即為可採。

4.原告復主張本件分提單中間記載：「DOCUMENTS ATTACHED」、「INV No.26170K」，即表示系爭貨物之第26170K號商業發票已附貼於分提單之後，而足以說明貨物之價值，……惟查，系爭提單上之申報價值欄（即Declared Valuefor Carrigage）上乃載明「NVD」意即未申報價值……，而原告所指分提單上所載「DOCUMENTSA TTACHED」、「INV No.26170K」係在「HANDING INFORMATION」欄內，依原告所提之中譯文為「搬移注意事項」……，與貨物之價值顯然無涉，而以運送人日理貨物之眾，亦難期其就提單上所載文件為何一一檢視而自行認定是否屬於貴重物品定其價值，是尚不能以該欄記有附貼文件及發票

號碼即認託運人已申報價值,且被告〇天公司雖受君橋公司所託執分提
單提貨,然提單非其所簽發,其與君橋公司間之運送契約自非依提單上
所載爲準。原告既未能證明其於請求被告〇天公司運送系爭貨物時,已
向其申報性屬貴重物品之系爭貨物之價值,則被告〇天公司辯稱其依前
揭民法第六百三十九條之規定就系爭貨物之喪失不負契約責任,即爲有
據。

(六)……原告並未能證明系爭貨物爲被告吳〇〇故意所竊,或因其過失未盡保
管責任而遭他人所偷竊,自不能僅以其將貨物自被告華〇公司航空站倉庫
運至君橋公司拆封時發現有短少之事實,遽認其對系爭貨物之短少有何侵
權行爲,且依原告起訴主張系爭貨物自交付被告FAF公司運送起‧迄運至
受貨人君橋公司倉庫爲止,其雖能特定系爭貨物於抵達前已不存在,惟該
貨物究竟在何一被告管領之階段遺失,非其所能確知,而請求被告FAF公
司等人負侵權行爲之損害賠償責任,可知原告並無實據可證明系爭貨損係
因被告吳〇〇之故意或過失不法行爲所致,也無法證明被告有何加害行
爲,自難認原告對被告吳〇〇有民法第一百八十四條侵權行爲損害賠償請
求權之存在,則原告依民法第一百八十四條及第一百八十八條之規定請求
被告〇天公司及吳〇〇爲貨物之喪失負損害賠償責任,即無理由。

六、綜上所述,原告依侵權行爲之法律關係、債務不履行之法律關係,請求被告
應連帶給付新台幣九百二十四萬一千九百六十二元及各自起訴狀繕本送達之
翌日起至清償日止,按年息百分之五計算之利息,爲無理由,應予駁回;原
告之訴既經駁回,其假執行之聲請,已失所附麗,應予駁回。……。

中　華　民　國　九十三　年　五　月　四　日
民事第〇庭　法　官

(二八)臺灣基隆地方法院九十一年度重訴字第五五號民事判決—第二審:臺灣高等法院九十一年度上易字第一一五四號【見壹、一、(二九)】

【主要爭點】

在遊覽車上擔任司機及車長,以服務乘客及注意車前狀況,是否構成民法第
一百九十一條之三所定之危險工作。

【事實摘要】

　　原告主張被告陳○○受僱於被告瑞○通運有限公司，被告汪○○為該公司董事長身兼車長，竟疏未注意要求司機被告陳○○確實遵守交通安全規則，致被告陳○○於民國九十年七月七日駕車時，違規行駛內側第一快車道，且行近行人穿越道前，未注意前方狀況及減速慢行，致撞及由訴外人所駕駛之原告所有自用小客車，原告因而身體受有傷害，爰依民法第一百八十四條第一項、第一百八十五條、第一百八十八條第一項前段及第一百九十一條之三之規定，請求被告負連帶損害賠償責任。

【解析】

一、民法第一百九十一條之三所定之危險工作或活動，除須具有「高度」、「不合理」、「特殊」及「異常」等特徵外，更應具有能獲利、加害人對該危險得予掌控及避免、危險可藉由保險分散及由被害人舉證顯屬不公平等要件。經營遊覽車之事業，駕駛者遵循交通規則正常運作，依一般人經驗並不致有生損害於他人之危險，亦不致視為日常生活之危險來源，即難認其事業活動之性質本存有生損害於他人之危險性，且與民法第一百九十一條之三所規範之一定事業，尚屬有間。至在遊覽車上擔任車長一職，其工作內容主要係服務乘客，縱認其須注意車前狀況，並負有告知司機不得違反交通安全規則之義務，客觀上其工作之本身仍不具高度危險性，無從適用民法第一百九十一條之三所定一般危險責任之規定。

二、本判決認定民法第一百九十一條之三之規定所規範之一定事業，係指該事業之平常運作即有生損害於他人之危險，即使依規定運作亦將為一般人視為日常生活之危險來源之情形始足當之，此觀之該條文之立法理由即明。經營遊覽車之事業係屬可容許風險之一般業務，只要遵守交通規則正常運作，依一般人經驗並不致生損害於他人，常人亦不致於將之視為危險來源，自前述立法意旨，顯難謂經營遊覽車運輸事業係屬民法第一百九十一條之三規定之一定事業。

三、本件原告主張被告被告汪○○為遊覽車公司負責人兼車長，負有告知其僱用之司機不得違反交通安全規則之義務，竟於司機違規行駛第一快車道，且行近行人穿越道前未注意前方狀況及減速慢行時，未予制止，此事實如果成立，則車長本身應負自己責任，構成民法第一百八十四條第一項前段一般侵權之過失責任及第二項違反保護他人法律之推定過失責任，而司機除成

立上開各條責任外，另成立同法第一百九十一條之二（動力車輛駕駛人之責任），彼二人間復有第一百八十五條第一項共同侵權責任之適用（最高法院六十六年台上字第二一一五號及六十七年台上字第一七三七號判例）。至遊覽車公司則負第一百八十八條第一項之僱用人責任。其間產生之競合關係，實務上認係請求權之競合，乃各自獨立之請求權，原告得擇一行使。

四、本件之被害人依第一百九十一條之三請求，其損害賠償之範圍與一般侵權責任相同，除財產上損害之醫療費用、就診交通費、看護費及勞動能力減損、喪失等外，包括非財產上損害之精神慰撫金，亦得請求。

五、本件與台灣基隆地方法院九十一年度瑞小字第四九號小額民事判決【見壹、一、（一）】之兩造當事人均相同，僅原告請求之客體一為物（小客車）之損害，另一為身體受傷之損害不同。

【裁判內容】

臺灣基隆地方法院民事判決九十一年度重訴字第五五號

原　　　告　戴○○
訴訟代理人　王素香
被　　　告　陳○○
　　　　　　瑞○通運有限公司
兼　右一人　汪○○

右當事人間請求侵權行為損害賠償事件，原告提起刑事附帶民事訴訟，經本院刑事庭移送前來，本院判決如下：

主　　文

被告陳○○、瑞○通運有限公司應連帶給付原告新臺幣壹拾伍萬陸仟零參拾捌元，及自民國九十年十月八日起至清償日止，按週年利率百分之五計算之利息。原告其餘之訴駁回。

訴訟費用由被告陳○○、瑞○通運有限公司連帶負擔百分之四，餘由原告負擔。

本判決第一項於原告以新臺幣伍萬元為被告供擔保後，得為假執行。但於假執行程序實施前，被告得以新台幣壹拾伍萬陸仟零參拾捌元為原告供擔保後免為假執行。

原告其餘假執行之聲請駁回。

事　　實

甲、原告方面：

一、聲明：

（一）被告應連帶給付原告新台幣（下同）四百四十三萬六千六百六十五元，及自民國九十年七月七日起至清償日止，按年息百分之五計算之利息。

（二）原告願供擔保請准宣告假執行。

二、陳述：

（一）被告陳○○係受僱於被告瑞○通運有限公司（以下簡稱瑞○公司）之大客車司機，於九十年七月七日駕駛該公司所有車號Y三－三七八號遊覽車（下稱系爭遊覽車），被告汪錦如則爲瑞○公司之董事長兼系爭遊覽車之車長，嗣被告陳○○於當天中午在嘉義市西區世賢路二段與大同路交岔口，違規行駛內側第一快車道，並於劃有行人穿越道前未注意前方狀況減速慢行，而攔腰撞及由訴外人陳水信駕駛原告所有之車號FA－○五五五號自用小客車（下稱系爭自小客車），使當時坐在該車左後座之原告受有……傷害，並因而造成原告因支出醫療費、喪失或減少勞動力、增加生活上之需要及精神受創等損害，被告陳○○之刑事部分業經……刑事判決確定在案。

（二）按……民法第一百八十四條第一項前段、第一百八十五條第一項前段分別定有明文。復按……民法第一百八十八條第一項前段定有明文。又按……民法第一百九十一條之三前段亦定有明文。本件被告陳○○與訴外人陳水信共同侵害原告權利，瑞○公司爲陳○○之僱用人，被告汪錦如爲瑞○公司之負責人，且爲系爭遊覽車之車長，係屬經營有生損害於他人危險之一定事業之人，揆諸前開規定，四人均應對原告之損害負連帶賠償責任。又原告對於被告陳○○及訴外人陳水信之連帶債權，依民法第二百七十三條第一項規定，原告得對被告陳○○請求全部損害之賠償。

（三）原告受傷後受有下列損害：……。

（四）對被告抗辯之陳述：被告陳○○之肇事責任業經刑事判決認定明確……。訴外人陳水信固有共同侵權行爲責任，原告仍得依民法第二百七十三條第一項規定，對被告三人請求連帶給付全額之損害賠償金，且當日原告係坐於系爭自小客車左後座沉睡中，並無監督陳水信駕駛之責，又陳水信擁有合法自小客車駕駛執照，未喝酒精神狀態良好，原告選任陳水信爲駕駛並無過失，堪認原告純屬被害人，並無與有過失之責。……。

乙、被告方面：

一、聲明：

（一）原告之訴及假執行之聲請均駁回。

（二）如受不利之判決，願供擔保聲請免爲假執行。

二、陳述：

（一）被告陳○○確曾於前揭時間、地點駕駛系爭遊覽車撞及訴外人陳水信所駕駛之系爭自用小客車，但該車禍發生係對方的錯，業經臺灣省嘉雲區車輛行車事故鑑定委員會及臺灣省車輛行車事故覆議鑑定委員會鑑定，均認被告陳○○無肇事因素，足見被告等人應無過失。

（二）原告主張被告汪錦如應依民法第一百九十一條之三負損害賠償責任，應不得於附帶民事程序中請求。

（三）對損害額之陳述：……　　。

　　　　　理　　　由

甲、程序部分：……。

乙、實體部分：

一、原告起訴主張……。被告則以……。

二、……然查：

（一）按……道路交通安全規則第九十三條第一項、第九十四條第三項及第一百零三條分別定有明文。經本院依職權調閱……刑事案件卷宗核閱結果，案發地點……行車速限爲時速五十公里，……足資佐證被告陳○○當時實際行車速度應高於時速四十五至五十公里。又由現場煞車痕跡起點距離行人穿越道零點九公尺，可知被告陳○○係通過行人穿越道後才踩煞車，是其通過行人穿越道時未減速慢行，仍以高於時速四十五至五十公里之高速疾駛之超速行爲，洵堪認定。

（二）被告陳○○駕車本應注意車前狀況，隨時採取必要之安全措施……被告陳○○當時並無不能注意車前狀況，隨時採取必要安全措施之情事，而竟駕駛遊覽車行經行人穿越道時未減速慢行，仍以高於時速四十五至五十公里之高速疾駛，致不及注意車前狀況，而於發現原告所乘坐之自用小客車因違規左轉而行經該交岔路口中央時，已經不及煞車而致肇事。被告陳○○疏於注意上開應注意之義務，致生本件車禍，被告陳○○顯有過失。原告因本件車禍所受身體傷害，與被告陳○○之過失行爲間顯有相當因果關係，原告主張被告陳○○應負過失侵權行爲損害賠償責任，自屬有據。

（三）本件車禍於刑事案件審理中，經送請臺灣省嘉雲區車輛行車事故鑑定委員會和臺灣省車輛行車事故覆議鑑定委員會鑑定結果，雖均認被告陳○○無肇事因素，然均疏未審酌被告陳○○駕車行經行人穿越道未減速慢行和未

注意車前狀況等事實，而認被告陳○○無肇事因素之鑑定意見並不足採，被告據此鑑定意見抗辯其無過失，自亦不足採信。

三、按……民法第一百八十四條第一項前段、第一百八十八條第一項前段分別定有明文。本件被告陳○○係被告瑞○公司之受僱人，其於執行職務中因駕駛過失致原告受有身體傷害及因而所受之損害，依上開規定被告陳○○及瑞○公司自應負連帶賠償責任，茲審酌原告所受之損害如下：

（一）財產上所受損害部分：

　1.醫療費用部分：原告已支出醫療費用五萬七千三百八十五元……。

　2.就診交通費用部分：……原告主張每次來回之計程車資為六百元，堪稱合理，總計原告受有三千六百元（600×6 = 3,600）就診交通費用之損害。

　3.看護費部分：……合計原告受有三萬元（30×1,000 = 30,000）看護費用之損害。

　4.喪失或減少勞動能力部分：……原告喪失及減少勞動能力損害合計一百九十二萬三千九百八十一元（190,092 + 460,523 + 1,273,366 = 1,923,981）。原告逾此部分損害之主張，尚非可採。

（二）非財產上所受損害部分：……，應認原告主張受有八十萬元之非財產上損害，較為合理，原告主張一百萬元之損害，尚屬過高。

（三）綜上所述，原告因被告過失之侵權行為受有身體傷害及其因此所受損害共計二百八十一萬四千九百六十六元。

四、次按……民法第二百十七條第一項及第三項分別定有明文。又後座之人係因藉駕駛人載送而擴大其活動範圍，駕駛人為之駕駛汽車，應認係後座之人之使用人，最高法院七十四年度臺上字第一一七號判例參照。經查本件車禍之發生，固係被告陳○○駕車行經行人穿越道未減速慢行和未注意車前狀況所致，然訴外人陳水信駕駛系爭自用小客車，由慢車道左轉進入世賢路二段與大同路交岔路口……違反違反道路交通安全規則第一百零二條第一項第五款……之規定，足見陳水信之違規駕駛行為對於本件事故之發生亦與有過失。原告既藉駕駛人陳水信載送而擴大其活動範圍，揆諸前揭判例意旨，應認陳水信係原告之使用人，本院自得減輕被告之賠償金額或免除之。本院斟酌……認被告陳○○應負百分之二十過失責任，訴外人陳水信應負百分之八十過失責任。從而依過失相抵之法則，原告得請求被告陳○○、瑞○公司連帶賠償損害之金額為五十六萬二千九百九十三元（2814966×0.2 = 562993）。

五、末按……強制汽車責任保險法第三十條定有明文。……故本件原告扣除強制
　　汽車責任保險金後，所得請求之損害賠償金額爲十五萬六千零三十八元。
六、……民法第一百九十一條之三之規定所規範之一定事業，係指該事業之平
　　常運作即有生損害於他人之危險，即使依規定運作亦將爲一般人視爲日常
　　生活之危險來源之情形始足當之，此觀之該條文之立法理由即明。惟經營
　　遊覽車之事業係屬可容許風險之一般業務，只要遵守交通規則正常運作，
　　依一般人經驗並不致生損害於他人，常人亦不致於將之視爲危險來源，自
　　前述立法意旨，顯難謂經營遊覽車運輸事業係屬民法第一百九十一條之三
　　規定之一定事業。本件被告汪錦如雖係瑞○公司負責人，惟瑞○公司尚非
　　民法第一百九十一條之三所規範之事業，原告主張被告汪錦如應依民法第
　　一百九十一條之三之規定與被告陳○○及瑞○公司負連帶賠償責任，尚屬無
　　據。而縱使認汪錦如對陳○○有未盡監督之責，然法人對其雇用人監督行爲
　　之行使係由其代表人行使之，法人之代表人是否有未盡監督之責，而應由
　　雇用人負連帶損害賠償責任之效力，係亦歸於雇用之法人，此觀之民法第
　　一百八十八條未另規定實際行使監督權之人亦須負連帶損害賠償責任即明，
　　苟負監督責任之人除監督不週，未另有其他不法之侵害行爲者，自不得另命
　　其負連帶之損害賠償責任。
七、原告基於侵權行爲之法律關係，請求被告陳○○、瑞○公司賠償所受損害，
　　係屬未定期限之債，依民法第二百二十九條第二項規定，應自原告催告給付
　　確定之金額時始負遲延責任，原告既未證明於九十年七月七日即以確定之金
　　額對被告進行催告，自應自起訴狀繕本送達之日起計算法定遲延利息，綜上
　　所述，原告請求被告陳○○及瑞○公司連帶給付十五萬六千零三十八元，及
　　自起訴狀繕本送達之日即九十年十月八日起至清償日止之法定遲延利息，爲
　　有理由，應予准許，逾此部分之請求，尚屬無據，應予駁回。……。
中　華　民　國　九十一　年　十一　月　十一　日
臺灣基隆地方法院民事庭　法　官

（二九）臺灣高等法院九十一年度上易字第一一五四號民事判決─第一審：臺灣基隆地方法院九十一年度重訴字第五五號民事判決【見壹、一、（二八）】

【主要爭點】

在遊覽車上擔任司機及車長，以服務乘客及注意車前狀況，是否構成民法第一百九十一條之三所定之危險工作。

【事實摘要】

上訴人主張被上訴人陳○○受僱於被上訴人瑞○通運有限公司擔任司機，被上訴人汪○○則爲該公司董事長身兼車長，竟疏未注意要求司機確實遵守交通安全規則，致司機於民國九十年七月七日駕車時，違規行駛內側第一快車道，且行近行人穿越道前，未注意前方狀況及減速慢行，致撞及由訴外人所駕駛之上訴人所有自用小客車，上訴人因而身體受有傷害，爰依民法第一百八十四條第一項、第一百八十五條、第一百八十八條第一項前段及第一百九十一條之三之規定，請求被告負連帶損害賠償責任。

【解析】

本判決與第一審之認定相同。

【裁判內容】

臺灣高等法院民事判決九十一年度上易字第一一五四號

上　訴　人　戴○○

被上訴人　陳○○

　　　　　瑞○通運有限公司

兼　右一人

法定代理人　汪○○

右三人共同

訴訟代理人　曾鎣得

右當事人間請求損害賠償事件，上訴人對於中華民國九十一年十一月十一日台灣基隆地方法院九十一年重訴字第五五號第一審判決提起上訴，本院判決如下：

　　　主　　文

　　原判決關於駁回上訴人後開第二項之訴部分及該部分假執行之聲請，暨訴訟費用之裁判（除確定部分外）均廢棄。

　　右廢棄部分，被上訴人陳○○、瑞○通運有限公司應再連帶給付上訴人新台幣貳拾捌萬壹仟肆佰玖拾柒元。其餘上訴駁回。

　　第一審（除確定部分外）及第二審訴訟費用由被上訴人陳○○、瑞○通運有限公司連帶負擔四分之一，餘由上訴人負擔。

　　　事　　實

甲、上訴人方面：

一、聲明：

（一）原判決不利於上訴人部分廢棄。

（二）被上訴人陳○○、汪○○、瑞○通運有限公司應連帶加付上訴人新台幣（下同）一百十二萬五千九百八十七元。

二、陳述：除與原判決記載相同者，茲予引用外，補稱略以：

（一）按損害之發生或擴大，被害人與有過失者，法院酌減賠償金額至何程度，抑或完全免除，固有裁量權，但應斟酌雙方原因力與過失之輕重認定之……原審認定兩造所負責任成數時，除漏未審酌被上訴人另有違反道路交通安全規則第九十三條（超速）及九十八條（大型車除超越或左轉外，不得行駛內側快車道）等兩項責任外，亦未審酌刑事庭認定陳○○與訴外人陳水信所負過失責任比例為四比一之事實，……竟率斷被上訴人僅負百分之二十之責任，顯然於法不合。……被上訴人等應負百分之六十之責任成數。

（二）另查被上訴人汪○○係瑞○通運有限公司（下稱瑞○公司）之董事長，乃經營一定事業之人，而大型遊覽車行駛於公路上，常會發生「因不當駕駛而撞及他人」之危險性，汪○○於原審亦自承當天乘坐於陳○○駕駛的遊覽車上，負有監督、指揮交通之責，其對公司之遊覽車可能發生車禍之危險性，自應有所認知及防範，是汪○○自應依民法第一九一條之三之規定與陳○○負連帶賠償之責。……。

乙、被上訴人方面：

一、聲明：駁回上訴。

二、陳述：除與原判決記載相同者，茲予引用外，補稱略以：

（一）上訴人引……應認不具拘束力，而其所舉之判決因非完全相同之事由，故亦無參考價值。

（二）按經營遊覽車之事業係屬可容許風險之一般業務，只要遵守交通規則正常運作，依一般人經驗並不致生損害於他人，常人亦不致於將之視爲危險來源，顯難謂經營遊覽車運輸事業係屬民法第一九一條之三規定之一定事業。又苟負監督責任之人除監督不週，未另有其他不法之侵害行爲，自不得另命其負連帶之損害賠償責任。是尚難認被上訴人汪○○應依民法第一九一條之三負損害賠償責任。……。

　　　　理　　　由

一、上訴人起訴主張：……。

二、被上訴人則以：……。

三、兩造不爭執之事實：……本件被上訴人陳○○係被上訴人瑞○公司之受僱人，其於執行職務中因過失致上訴人身體受傷害而有損害，則上訴人依民法第一百八十四條第一項前段、第一百八十八條第一項前段之規定，請求被上訴人瑞○公司與陳○○連帶負損害賠償責任，自屬有據。

四、兩造之爭點與論斷：

　　上訴人另主張……被上訴人陳○○所駕駛爲大型車，理應負較高之注意義務，且事故當時被上訴人陳○○不但超速且行駛於內側車道，其應負之過失比例應爲百分之六十，方爲合理；又……被上訴人汪○○乃經營有生損害於他人危險之一定事業，致對上訴人造成損害，自應依民法第一百九十一條之三規定，與被上訴人陳○○、瑞○公司負連帶賠償責任等情。……經查：

（一）關於過失責任比例之爭點：

　　1.按……民法第二百十七條第一項及第三項分別定有明文。又後座之人係因藉駕駛人載送而擴大其活動範圍，駕駛人爲之駕駛汽車，應認係後座之人之使用人（最高法院七十四年台上字第一一七○號判例要旨參照）。本件上訴人藉由訴外人陳水信之駕駛載送而擴大其活動範圍，依前開判例意旨，應認陳水信係上訴人之使用人而有前述與有過失規定之適用。

　　2.本件車禍發生地點之世賢路，行車速限爲時速五十公里，……顯見被上訴人於肇事撞擊上訴人所乘坐之自用小客車時，時速爲四十五至五十公里。又由現場煞車痕跡起點距離行人穿越道零點九公尺，可知被上訴人係通過行人穿越道後才踩煞車，是其通過行人穿越道時未有減速慢行，仍以時速四十五至五十公里之速度行駛，堪以認定。

　　3.卷附之台灣省嘉雲區車輛行車事故鑑定委員會九十年九月二十一日嘉鑑字第九○一○五七號鑑定意見書和台灣省車輛行車事故覆議鑑定委員會

九十年十二月十七日府覆議字第九○二四一一號函……認被上訴人駕駛遊覽車行駛內側車道，純屬違規行為，並非肇事原因，固非無據，惟上開意見書並未審酌被上訴人陳○○駕車行經行人穿越道未減速慢行和疏未注意車前狀況等上述事實，自難據此遽認被上訴人並無肇事因素。而被上訴人駕車本應注意車前狀況，隨時採取必要之安全措施，……被上訴人當時並無不能注意車前狀況，隨時採取必要安全措施之情事，則其於駕駛遊覽車行經行人穿越道時未減速慢行，致不及注意車前狀況，而於發現上訴人所乘坐之自用小客車違規左轉，行經該交岔路口中央時，已經不及煞車而致肇事。被上訴人疏於注意上開應注意之義務，致生本件車禍，被上訴人自屬有過失。

4. 又……道路交通安全規則第一百零二條第一項第五款定有明文。此規定之目的在使行駛同向道路之直行車輛與轉彎車輛間能保持足資反應之距離，而經分隔島劃分快慢車道者，行駛於慢車道之車輛顯無法於交叉路口之前，換入內側車道或左轉車道，倘行至交叉路口後逕行左轉，勢將橫阻於同向快車道前之交叉路口，嚴重影響於快車道直行車輛之反應距離，故明文禁止於慢車道逕行左轉，以策安全。……陳水信之行為顯已違反上開規定，且係造成本件車禍之原因，其就本件車禍之發生自屬與有過失。

5. 按損害之發生或擴大，被害人與有過失者，法院對於酌減賠償金額至何程度，應斟酌雙方原因力之強弱與過失之輕重以定之（最高法院八十八年度台上字第二八六七號裁判要旨參照）。亦即應針對損害發生之具體情形，分析其原因力及過失之強弱輕重予以決定……。況被上訴人陳○○所駕駛之遊覽車車型較大、重量較重，惟陳水信所駕駛之TOYO-TA1600CC自用小客車則性能較佳、速度較快，相互以對，亦難認上開遊覽車之危險性高於該自用小客車，則上訴人以車型大小為由，認陳○○應負六成之過失責任，尚不足採。……。

6. 本件兩造對於車禍之發生，均有過失，已如上述，茲審酌本件車禍之發生原因，乃訴外人陳水信駕駛自用小客車，行經設有分向島劃分快慢車道之世賢路二段慢車道，逕行違規左轉進入大同路，於同向快車道前之交岔路口中央形成阻擋引致被撞，為肇事主因；被上訴人陳○○駕車行經行人穿越道疏未減速慢行及注意車前狀況，致發現陳水信駕車違規左轉時，已不及煞車而撞及陳水信駕駛之小客車，為肇事次因。又被上訴人陳○○係違反道路交通安全規則第九十四條第三項、第一百零三條有

關應注意車前狀況及應減速慢行之注意規定，而訴外人陳水信則係違反道路交通安全規則第一百零二條第一項第五款有關慢車道不得左轉之禁止規定，相互衡之，堪認訴外人陳水信違反禁止規定之積極作為，其過失程度較重，而被上訴人陳○○違反注意規定之消極不作為，其過失程度較輕。綜觀上述陳○○與陳水信就造成本件車禍原因力之強弱與過失程度之輕重，應認訴外人陳水信應負百分之七十過失責任，被上訴人陳○○應負百分之三十過失責任。……原審參考該鑑定意見，認被上訴人陳○○應負百分之二十過失責任，陳水信應負百分之八十之過失責任，尚有未合。而上訴人乘坐訴外人陳水信所駕駛之車輛，係以陳水信為其使用人，依前所述，應依陳水信之過失程度減輕被上訴人陳水義、瑞○公司之賠償金額。從而依過失相抵之法則，上訴人得請求被上訴人陳○○、瑞○公司連帶賠償損害之金額為八十四萬四千四百九十元（2814966×30%＝844490，元以下四捨五入）。

7.又……強制汽車責任保險法第三十條定有明文。本件上訴人已領取強制汽車責任保險金四十萬六千九百五十五元部分……故本件上訴人扣除強制汽車責任保險金後，所得請求之損害賠償金額為四十三萬七千五百三十五元。

（二）關於上訴人請求被上訴人汪○○連帶賠償之爭點：

1.按……民法第一百九十一條之三固有明文。惟上開規定所規範之一定事業，係指該事業之平常運作即有生損害於他人之危險，即使依規定運作亦將為一般人視為日常生活之危險來源之情形始足當之，此觀之該條文之立法理由即明。而被害人依據上開規定請求賠償時，即須證明加害人之工作或活動之性質或其使用之工具或方法有生損害於他人之危險性，而在其工作或活動中受損害。惟經營遊覽車之事業，駕駛者遵循交通規則正常運作，依一般人經驗並不致有生損害於他人之危險，亦不致視為日常生活之危險來源，即難認其事業活動之性質本存有生損害於他人之危險性，依前述說明，核與民法第一百九十一條之三所規範之一定事業，尚屬有間。……。

2.……瑞○公司所經營之遊覽車業務並非民法第一百九十一條之三所規範之事業，已如上述，則上訴人主張被上訴人汪○○應依民法第一百九十一條之三之規定與被上訴人陳○○及瑞○公司負連帶賠償責任，即屬無據，自不因汪○○有無乘坐遊覽車而有所不同。況法人對其雇用人監督行為之行使，固由其代表人行使之，而法人之代表人未盡

　　　監督之責，應由雇用人負連帶損害賠償責任之效力，亦係歸於雇用之法
　　　人，而非由法人代表人個人承擔……則上訴人主張汪○○當天乘坐於陳
　　　○○駕駛之遊覽車上，未盡監督、指揮交通之責，應依民法第一九一條
　　　之三之規定與陳○○負連帶賠償責任云云，亦不足採。
五、綜上所述，上訴人依民法第一百八十四條第一項前段、第一百八十八條
　　第一項前段，訴請被上訴人陳○○、瑞○公司連帶賠償，除原審判決准
　　許之損害額十五萬六千零三十八元外，應再連帶給付上訴人之二十八萬
　　一千四百九十七元（437,535－156,038 = 281,497），為有理由，應予准許。
　　原審就上開應准許部分，為上訴人敗訴之判決，並駁回其假執行之聲請，尚
　　有未洽，上訴意旨就此部分指摘原判決不當，求予廢棄改判，為有理由，爰
　　由本院就此部分予以廢棄改判如主文第二項所示。至於超過上開應准許部
　　分，原審為上訴人敗訴之判決並駁回其假執行之聲請，經核並無違誤，上訴
　　意旨就此部分仍執陳詞，指摘原判決不當，求予廢棄，為無理由，應予駁
　　回。……。
中　華　民　國　九十二　年　三　月　十八　日
　民事第○庭審判長　法　官
　　　　　　　　　　法　官
　　　　　　　　　　法　官

（三十）臺灣臺北地方法院民事判決九十一年度訴字第五八七號

【主要爭點】

　　經營服裝業者在其商店門前之騎樓鋪設遇水易滑之地磚，卻疏未注意於雨天
保持地板乾燥、或鋪設止滑墊、或豎立警示標語等防止危險發生之必要措施，致
他人因此滑倒受傷，是否屬於民法第一百九十一條之三所定之危險工作或活動。

【事實摘要】

　　原告主張其於民國九十年六月二日下午四時三十分左右，正逢下雨，行經被
告之南京二店門前騎樓時，因被告之過失，為求店面整體美觀，吸引顧客到來，
而以遇水極滑材質之地磚鋪設騎樓，卻疏未注意雨天應保持該騎樓地板之乾燥、
或鋪設止滑墊防滑、或豎立警示標語等防止危險發生之必要措施，致原告因此滑

倒，右手受有右側鷹嘴突骨折之傷害，爰依民法第一百八十四條第一項前段及第一百九十一條之三之規定，請求被告負損害賠償責任。

【解析】

本判決認經營服裝販售業者所從事服裝買賣之行為，或是店面騎樓鋪設磁磚之行為，均非屬於從事危險事業或活動者製造危險來源，亦非因危險事業或活動而獲取利益，且與民法第一百九十一條之三立法理由例示之工廠排放廢水或廢氣、筒裝瓦斯廠裝填瓦斯、爆竹廠製造爆竹、舉行賽車活動、使用炸藥開礦、開山或燃放焰火等性質不符，並無民法第一百九十一條之三之適用。

【裁判內容】

臺灣臺北地方法院民事判決九十一年度訴字第五八七號

原　　　告　張○○
訴訟代理人　江仁成律師
被　　　告　○○服裝股份有限公司
法定代理人　黃○○
訴訟代理人　鄭穎律師

右當事人間請求損害賠償事件，本院判決如下：

主　　文

原告之訴及其假執行之聲請均駁回。

訴訟費用由原告負擔。

事　　實

甲、原告方面：

一、聲明：

（一）被告應給付原告新台幣（下同）肆佰零伍萬貳仟陸佰柒拾捌元，及自起訴狀繕本送達翌日起至清償日止，按年息百分之五計算之利息。

（二）願以現金或同面額之世華銀行敦南分行無記名可轉讓定期存單為擔保，請准宣告假執行。

二、陳述：

（一）原告於民國九十年六月二日下午四時三十分左右，與客戶洽公結束後，正逢下雨，……行經被告之南京二店門前騎樓時，因被告之過失，以遇水極滑材質之地磚鋪設騎樓不當，且疏未注意雨天應保持該騎樓地板之

乾燥，或鋪設止滑墊防滑，豎立警示標語等必要防止危險措施，致原告因此滑倒，右手受有右側鷹嘴突骨折之傷害，經送往台北馬偕醫院急診治療，……原告乃於同年月四日，接受開放性復位及骨釘內固定手術，……需繼續復健，造成原告行動極度不便，身心痛楚不堪。按……民法第一百九十一條之三定有明文。又……同法第一百九十三條第一項、第二百一十六條第一項、第一百九十五條第一項前段可參。本件被告經營服裝販售業，係屬經營一定事業之人，為求店面整體美觀，吸引顧客到來，以增加銷售利益，自行改鋪騎樓地磚，竟疏未注意材質不當遇水極滑，及鋪設止滑墊或豎立警告標示等防護措施，罔顧消費者及用路人之安全，為營業利益所使用之方法，即有生損害於他人之危險，就原告因此而滑倒所致之損害，自應依前揭規定，負損害賠償責任。退步言之，被告因過失不法侵害原告之權利，依民法第一百八十四條第一項前段規定，亦應負損害賠償責任。茲將原告所受損害金額，陳明如後：

1.醫療費用部分：……。

2.工作收入減少部分：……。

3.減少勞動能力部分：……。

4.精神慰撫金：……。

5.是原告所受之上開損害，共計肆佰零伍萬貳仟陸佰柒拾捌元。爰分別依民法第一百九十一條之三、第一百九十三條第一項、第一百九十五條第一項前段、第一百八十四條第一項前段之規定，請求被告給付肆佰零伍萬貳仟陸佰柒拾捌元，及自起訴狀繕本送達翌日起至清償日止，按年息百分之五計算之利息。

（二）對被告抗辯所為之陳述：

1.原告係於被告南京二店之店前騎樓跌倒受傷……被告亦坦承確有原告於上開騎樓跌倒，而致受傷之事實……。

2.……設若被告店前騎樓於雨天時，並無致人跌倒受傷之任何危險，被告焉有前述派員協調解決事宜，以及自認理虧坦承在上開騎樓跌倒，遺憾造成原告不便之可能，可見被告臨訟否認證人尤佩芬所言，實屬虛偽。

3.……民法第一百九十一條之三規定，被害人就加害人之有過失，顯然無庸舉證，而係倒置由加害人舉證其並無過失，始得免責，實臻明顯……被告經營服裝販售業，係屬經營一定事業之人，為求店面美觀，吸引顧客到來，以增加銷售利益，自行改鋪騎樓地磚，疏未注意材質不當遇水極滑，及鋪設止滑墊，或豎立警告標示等任何防護措施，罔顧消費者及

用路人之安全，爲己身營業利益所使用之方法，即有生損害於他人之危險，就原告因此滑倒所生之損害，自應依民法第一百九十一條之三規定，負損害賠償責任。退步言之，被告因過失不法侵害原告之權利，依民法第一百八十四條第一項前段，亦應負損害賠償責任。

4.再被告抗辯稱原告收入所得不實云云，顯不可採。……縱原告業務津貼收入有首年、第二年、第三年發放時間之差異，然原告於因傷請假三個月又十三日無法上班期間，既影響原告無法再有新進保單，而無首年度業務津貼收入，連帶自亦影響原告失去第二年、第三年以後業務津貼收入至明。易言之，原告無法工作之損失，仍係全部之業務津貼，不因區分年度而有軒輊。……。

5.另被告之南京二店騎樓，確有危害用路人之危險性。因依台北市政府工務局建築管理處（下稱台北市政府建管處）九十二年四月一日北市工建使字第○九二六一八七七四○○號函覆之附件一，載明寄件人「jente-lai」，亦在台北市南京西路十號，被告之南京二店騎樓跌倒受傷住院，向被告反應並無善意回應等語明確，可見被告之南京二店騎樓，除致原告重大傷害需住院手術開刀外，尚有其他無辜者同，亦受害住院，由此足證被告自行鋪設地磚之騎樓，確有相當危險性存在，實屬昭然。至被告抗辯稱鋪設之磁磚，係符合CNS標準及ISO認證云云。但上開標準，並無免責效力。……本件被告明知上開騎樓緊鄰馬路，地面較一般騎樓易因雨水受潮濕滑，即應採用止滑地磚鋪設騎樓，並施以相當防護措施，以保障消費者及往來行人用路安全。……被告爲營業利益所使用之方法，即有生損害於他人之危險，就原告因此滑倒所致之損害，自應負損害賠償責任，始爲公允。退步言之，被告以無防滑功能地磚鋪設騎樓，顯有過失，因此不法侵害原告權利，依民法第一百八十四條第一項前段規定，亦應負損害賠償責任。……。

6.最後，依馬偕醫院之函覆資料可證，原告確有因傷緊急開刀手術及關節運動障礙等事實。……原告於九十二年六月二日事發當日，跌倒急診住院，接受骨釘內固定手術開刀情形，及診斷證明書所載病況，均爲屬實。……當時撞擊力之大，衡諸常情，肩部連帶因該外力受有損傷，亦不足奇。參以，人體肌肉、神經、關節緊密連結運作，肘部動作牽動肩部組織，乃事所必然，是肘部因受傷而活動範圍受限，肩部因此活動範圍同受限制，並無矛盾齟齬至明。況原告請求減少勞動能力部分，係以勞工保險殘障給付標準表第九十四項……爲據，可見僅肘關節或肩關節

有一達此標準，即屬該當有據……。

乙、被告方面：

一、聲明：駁回原告之訴及假執行之聲請；如受不利判決，願以現金或同面額之台灣中小企業銀行東台北分行無記名可轉讓定期存單供擔保，請准宣告免為假執行。

二、陳述：

（一）本件並無民法第一百九十一條之三規定之適用：

　　1.按……民法第一百九十一條之三定有明文。惟查，該條立法理由揭示：……基此以觀，民法第一百九十一條之三有關危險製造人責任之規定，實僅係一舉證責任倒置之規定而已，如該等受害之他人，欲請求經營一定事業或工作或活動之人，負此等危險製造人責任，仍須證明該等經營一定事業或工作或活動之人係從事危險事業，製造危險，以及該等危險與他人損害間具有因果關係等要素，方屬有理，並因此得請求危險製造人負損害賠償責任。

　　2.查被告僅係一經營服裝販售業之人，而非民法第一百九十一條之三規定所稱之從事危險事業之人。再者，除被告所鋪設之地磚，為已符合國家CNS標準及ISO認證外，被告鋪設地磚之行為，實亦非該條規定所謂之製造危險行為。……被告即無適用民法該條規定適用之餘地。……。

　　3.基上所述，被告所營事業為服裝販售，並未製造危險源，原告不得主張民法第一九一條之三之規定，作為其請求權基礎。

（二）原告未能證明其於被告之南京二店騎樓跌倒。……：

　　1.被告之慰問，不能證明原告的確於被告之南京二店騎樓跌倒：

　　　(1)查原告跌倒後，並未立即通知被告之南京二店，原告係於跌傷後數日，方通知被告指稱係在被告之南京二店騎樓跌倒。是故，被告係單純信賴原告單方說辭情形下，表達願意慰問其傷勢之意。……被告雖與原告數次接觸，但未能達成共識，合先說明。

　　　(2)……若原告果真於被告之南京二店騎樓受傷，為何不就近向被告反應請求協助，非得要等到三小時後，等到證人賴仁德前來，方能前往就醫。況若有人於被告之南京二店騎樓跌倒，無法行動坐臥在地，一定會有路人或消費者向門市反應，被告之南京二店店員亦不可能不知悉。然查，於九十年六月二日，被告南京二店之店員，並未見聞有人於騎樓跌倒受傷，或有人於門市前徘徊不去長達三小時半，顯見原告之主張，有違常理及經驗法則。

(3)……被告或被告之職員,均未親自見聞原告所述之跌倒事實,當時被告善意信賴原告,因而並未要求原告先行證明其確有跌倒之事實,被告於洽談中,僅重複原告之說詞,稱既然有跌倒云云,並非坦承疏失,且亦不能證明原告確實在被告之南京二店騎樓跌倒。

2.證人賴仁德之證詞,亦不能證明原告於被告之南京二店騎樓跌倒:

(1)……自證人賴仁德證述以觀,不僅證人賴仁德並未目擊原告是否於上開騎樓跌倒之事實,甚至證人賴仁德所知原告跌倒之事,亦係由原告所告知。顯見證人賴仁德所知僅係傳聞,並非現場親見,證人賴仁德所證述內容,自無證據力。

(2)再者,證人賴仁德證稱與原告僅為朋友關係,復稱原告受傷係由證人賴仁德陪同前往馬偕醫院就醫云云。然依馬偕醫院馬醫骨字第九二〇七九二號函說明第二點,卻謂原告係由家人陪同就醫。可見證人賴仁德並未到現場,並陪同原告就醫,證人賴仁德之說詞,顯為虛構。

(3)……證人賴仁德既受任為原告處理求償事宜,已具有主觀之立場,證詞難免偏頗。再者,原告提出所謂市民陳情,意圖證明被告南京二店前曾經有其他類似事件,然經本院函查台北市政府建管處,該回函謂於九十年八月三十一日,接獲市民「jentelai」以電子郵件陳情,但台北市政府建管處再次派員現場勘查,該被告南京二店騎樓接臨之巷道,原即順平,人行道部分亦為順平。顯然原告主張跌倒之處,並無任何違規事項。再者,……被告之南京二店從未發生類似事件,除本案外亦無人曾向被告表示跌倒住院請求賠償。由此可見此電子郵件所陳述之事件,即為本案,並非他案。……。

（三）被告並無侵害行為:

1.……被告所鋪設之地磚,確係符合國家標準……。

2.……被告所鋪設處為騎樓並非階梯,自無使用止滑磚之理。……於地磚製造業者中,並無所謂遇水止滑之檢驗或設計標準,亦無特別標明遇水止滑之產品。而被告為一服飾業者,並非地磚製造商,僅能採用市面上銷售之地磚,予以利用。且被告所鋪設之地磚,既為優良廠商所出品並經認證之地磚,被告並無任何疏失可言。……。

（四）被告並無過失:

1.……原告應提出被告法定義務之基礎,說明被告是否有作為或不作為之加害行為,方能論斷被告有無過失,而非可訴諸情緒將損害任意轉嫁於他人。

2.被告鋪設地磚之行爲,亦無過失。查依台北市政府建管處之要求,只要騎樓順平即無違規,而依台北市政府建管處之回函可知,系爭騎樓原即順平,被告自無鋪設騎樓地磚上之過失。

(五)原告受傷與被告之行爲,並無相當因果關係。因原告縱使確有跌倒之情,但當時可能因原告心急趕路,亦可能因原告所著高跟鞋鞋底平滑,又或原告因遭行人推擠而跌倒。原告事實上不能證明其跌倒之原因爲何,……若依原告自稱係因天雨而引起,則原告受傷自與被告之行爲間,並不具相當因果關係。

(六)原告並無殘障損害:

1.原告……主張其傷勢已達勞工保險殘障給付標準表第九十四項……屬殘障等級第十三級,喪失勞動能力程度爲百分之二十三點零七云云。

2.然查,依馬偕醫院所檢附之出院病歷摘要……原告跌倒之傷害,僅爲右側鷹嘴突骨折,並無任何主訴右肩疼痛傷害或對右肩進行檢查醫療之行爲。因此,原告事後另行主張右肩受傷云云,顯然與本案無關。

3.……依馬偕醫院之醫骨字第九二〇七九二號函說明第二點表示,九十年十月二日之X光片顯示,骨折處已愈合,並未言及有後遺症或需復健之囑言。又依原告提出之乙種診斷證明書,雖於醫師囑言中提及需繼續復健,然原告右肩之傷害與本件無關,已如前述,則右肩是否須復健,自亦與本件無關。再者……並未判斷是否該傷爲舊傷,或是九十年六月二日以後之新傷,或該傷與鷹嘴突骨折有無關係。末查,該診斷證明爲乙種,一般甲種診斷證明書要由當時診療之主治醫師開具,以求記載詳實及愼重,乙種診斷證明書則無此要求,……由上可知,原告並無後遺症。

4.至於原告是否達殘障等級第十三級,查原告之病歷記載其右肘之活動度,爲一百二十度。而手肘關節之活動度,並非三百六十度,一般人手肘活動度在九十度以上即爲正常,軍人殘等區分標準表有相關標準可參。是故原告之右肘活動度良好,根本未遺存運動障害,自亦未達殘障之任何等級。……。

(七)原告請求之賠償金額,誇大不實:……。

理　　由

甲、程序上之事由:……。

乙、得心證之理由:

一、原告起訴主張:……。

二、被告則以：……。

三、兩造不爭執之事實：……。

四、兩造爭執之爭點：

　　……依兩造之書狀往來，以及於言詞辯論期日所為之整理協議簡化爭點，確認兩造爭執之爭點，即在於：

（一）被告公司經營服裝出售業務，是否有民法第一百九十一條之三之適用？

（二）原告是否於九十年六月二日，在被告之南京二店騎樓跌倒，致受有右側鷹嘴突骨折之傷害？

五、關於本件之爭點，分述如下：

（一）有關被告經營服裝出售業務，是否有民法第一百九十一條之三適用之爭點：

　　經查，依民法第一百九十一條之三規定：……又依民法第一百九十一條之三之立法理由表示：「近代企業發達，科技進步，人類工作或活動之方式及其使用之工具與方法日新月異，伴隨繁榮而產生危險性之機會大增。如有損害發生，而需由被害人證明一定事業或從事其他工作或活動之人有過失，被害人將難獲得賠償機會，實為社會不公平現象。且鑑於：（一）從事危險事業或活動者製造危險來源。（二）僅從事危險事業或活動者能於某種程度控制危險。（三）從事危險事業或活動者，因危險事業或活動而獲取利益，就此危險所生之損害負賠償之責，係符合公平正義之要求。——（例如：工廠排放廢水或廢氣、桶裝瓦斯廠填裝瓦斯、爆竹廠製造爆竹、舉行賽車活動、使用炸藥開礦、開山或燃放焰火。）——」本件被告係經營服裝販售業，此有被告之公司登記資料在卷。是被告從事之服裝買賣行為，或是被告於上開店面騎樓鋪設磁磚之行為，均非屬於從事危險事業或活動者製造危險來源，亦非因危險事業或活動而獲取利益，且亦與民法第一百九十一條之三之立法理由，所例示工廠排放廢水或廢氣、筒裝瓦斯廠裝填瓦斯、爆竹廠製造爆竹、舉行賽車活動、使用炸藥開礦、開山或燃放焰火之性質不符，是被告因經營服裝銷售業務，而在被告之南京二店騎樓，所為之鋪設磁磚行為，並無民法第一百九十一條之三之適用。則原告主張被告於上開騎樓鋪設磁磚，於雨天時未有相關防滑等措施，致使原告滑倒受有前述傷害，應依民法第一百九十一條之三規定，負擔損害賠償責任，顯屬無據。

（二）有關原告有無於九十年六月二日，在被告之南京二店騎樓跌倒，致受有右側鷹嘴突骨折傷害之爭點：

1. 次查，依民法第一百八十四條第一項前段、第一百九十三條第一項、第一百九十五條第一項前段、民事訴訟法第二百七十七條分別規定：……本件原告主張……則依前述民事訴訟法第二百七十七條所規定舉證責任分配之法則，原告自應就其係於上開騎樓跌倒，致受有右手右側鷹嘴突骨折之傷害，此一有利於己之事實，負舉證之責任。而原告就此之舉證，係主張被告於原告在上開騎樓跌倒後，曾派員慰問原告，並提出兩造洽談之錄音帶及譯文、台北市政府建管處九十一年八月十九日北市工建使字第○九一六六八九八五○○號函各一份，以爲證明，且聲請訊問證人賴仁德。

2. 再查，原告於九十年六月十七日左右，至被告之南京二店，告知其於九十年六月二日下午，曾在被告之南京二店騎樓跌倒，致受有右手右側鷹嘴突骨折之傷害等情，此經本院訊問於九十年六月間，擔任被告南京二店之店長即證人尤佩芬屬實。嗣證人尤佩芬協同被告公司之董事長特別助理劉晉嘉等，前去探望原告，此亦經證人尤佩芬結證屬實，亦爲兩造所不爭執。……審視當日兩造之談話內容，係被告因原告告知其曾在被告之南京二店騎樓跌倒，兩造洽談有關原告之傷勢，以及原告是否受有相關損害等事宜……則依兩造上開談話過程，僅得認爲被告係基於商業上之營運目的，於消費者或一般民眾前來申訴時，所爲之商業性慰問。參以，證人賴仁德、尤佩芬亦均證稱，並未親眼目擊原告於被告南京二店之騎樓跌倒。則本院自難僅憑被告之上開慰問行爲，即遽以認定原告確係於被告南京二店之騎樓跌倒。至原告另聲請訊問證人賴仁德，賴仁德證稱：……依證人賴仁德之上開證述，亦難證明原告確係於被告南京二店之騎樓跌倒，致受有右手右側鷹嘴突骨折之傷害。

3. ……本院函詢台北市政府建管處，有關原告提出之台北市政府建管處九十一年八月十九日北市工建使字第○九一六六八九八五○○號函所示，台北市政府建管處曾於九十年八月三十一日，接獲市民以市長信箱之電子郵件陳情，台北市南京西路十號建物之騎樓，因天雨致滑倒一事，該陳情函係由何人陳情。嗣台北市政府建管處……表示：「──查本處曾於九十年八月三十一日，接獲市民（寄件人：jentelai）以本府市長信箱（電子郵件）陳情，來信內容中並未明確提示受傷原因及滑倒之肇事位置，經本處於九十二年三月二十五日，再次派員現場勘查，旨揭建物騎樓接臨之巷道原即順平，人行道部分亦爲順平（如附照片）。」……。是原告提出之台北市政府建管處九十一年八月十九日

北市工建使字第○九一六六八九八五○○號函，係屬於未記載姓名之陳情案件，該陳情案件是否確實發生，亦無從得知。……亦無法證明被告確係於被告南京二店之騎樓跌倒，致受有右手右側鷹嘴突骨折之傷害。故……原告主張其曾於九十年六月二日，在被告之南京二店騎樓跌倒，致受有右側鷹嘴突骨折之傷害，尚難信為真實。

六、綜前論述，本件被告從事之服裝買賣行為，或是被告於上開店面騎樓鋪設磁磚之行為，均非屬於從事危險事業或活動者製造危險來源，亦非因危險事業或活動而獲取利益，更與民法第一百九十一條之三之立法理由，所例示之……性質不符，是被告於上開騎樓之鋪設磁磚行為，並無民法第一百九十一條之三之適用……。且原告亦無法證據證明，其確係於九十年六月二日，在被告南京二店騎樓前跌倒，致受有右側鷹嘴突骨折之傷害……。則原告主張其於九十年六月二日下午四時三十分許，正逢下雨，行經台北市南京西路十號之被告南京二店門前騎樓，因被告以遇水極滑材質之地磚鋪設騎樓，亦疏未注意雨天應保持該騎樓地板之乾燥，致原告於上開騎樓滑倒，受有右手右側鷹嘴突骨折之傷害，原告總計共受有肆佰零伍萬貳仟陸佰柒拾捌元之損害，被告依民法第一百九十一條之三、第一百九十三條第一項、第一百九十五條第一項前段、第一百八十四條第一項前段之規定，應對於原告負擔損害賠償責任，自屬無據。從而，原告依民法第一百九十一條之三、第一百九十三條第一項、第一百九十五條第一項前段、第一百八十四條第一項前段之規定，請求被告給付肆佰零伍萬貳仟陸佰柒拾捌元，及自起訴狀繕本送達翌日起至清償日止，按年息百分之五計算之利息，為無理由，應予駁回。……。

中　華　民　國　九十二　年　六　月　十二　日
民事第○庭　法　官

（三一）臺灣高等法院民事判決九十一年度上字第九三二號

【主要爭點】

一、架設行動電話基地台及相關設備，是否屬於民法第一百九十一條之三所定之危險工作或活動

二、架設行動電話基地台及相關設備與被害人之腦部病變，是否有因果關係之合理蓋然性。

【事實摘要】

　　上訴人主張被上訴人於民國八十六年八月間擅自於伊所有之樓房屋頂平台與屋頂突出物上，架設行動電話基地台及相關設備，因行動電話基地台二十四小時不斷放射電磁波，致伊配偶腦部病變，而使原本健康之身體每下愈況，而今躺在馬偕醫院護理之家，鼻孔插管、雙眼空洞，形同植物人，爰依民法第一百九十一條之三之規定請求被上訴人賠償損害。

【解析】

　　依民法第一百九十一條之三但書之規定，被害人僅須證明「其工作或活動之性質或其使用之工具或方法有生損害於他人之危險者」，即推定與損害之發生有因果關係，此乃因本於此種危險即有相當程度發生損害之可能性。惟原告對於危險存在之舉證，仍須以具有因果關係之合理蓋然性。本件上訴人無法證明系爭基地台放射之電磁波與被害人腦部病變有因果關係之合理蓋然性，從而無民法第一百九十一條之三之適用。

【裁判內容】

　　臺灣高等法院民事判決九十一年度上字第九三二號
　　　　上　訴　人　張○○
　　　　訴訟代理人　林穆弘律師
　　　　被 上 訴 人　中華○○股份有限公司長途及行動通信分公司台北營運處
　　　　法定代理人　張○○
　　　　訴訟代理人　楊利生
　　　　被 上 訴 人　遠○電信股份有限公司
　　　　法定代理人　徐○○
　　　　訴訟代理人　張修哲
　　　　訴訟代理人　王敬堯律師
　　右當事人間排除侵害事件，上訴人對於中華民國九十一年六月十四日臺灣士林地方法院八十八年度訴字第六二五號第一審判決提起上訴，經本院於九十二年九月二十三日言詞辯論終結，判決如下：
　　　　　主　　　文
　　上訴駁回。
　　第二審訴訟費用由上訴人負擔。

事　　實

甲、上訴人方面：

壹、聲明：

一、原判決廢棄。

二、被上訴人應連帶給付上訴人新臺幣（下同）三百萬元。

三、請准供現金或同額之銀行可轉讓定期存單為擔保宣告假執行。

貳、陳述：除與原判決記載相同者，茲引用之外，補稱：

一、被上訴人於民國八十六年八月間擅自於伊所有……房屋屋頂平台與屋頂突出
　　物上，架設行動電話基地台及相關設備，因行動電話基地台二十四小時不斷
　　放射電磁波，致伊配偶陳宏毅腦部病變，……形同植物人，伊目睹此情此
　　景，情何以堪。

二、……被上訴人之基地台電磁波已侵害伊之身體、健康及精神自由權。

三、國防醫學院生理學研究所教授金忠孝曾於公聽會上表示……，足見基地台電
　　磁波對人體健康之影響。

四、交通部電信總局委託研究計劃之「行動電話及基地台電磁波對人體健康之影
　　響程度評估及其防範措施相關研究報告與文獻資料（下稱研究報告）」……
　　該研究報告第四章述明「……雖然曝露在基地台下很有可能造成癲癇發作，
　　但目前沒有報告直接證實使用行動電話會引起癲癇發作」，足見曝露在基地
　　台下很有可能造成癲癇發作，影響人體；同研究報告載明「……我們也不能
　　很斷定地說，行動電話的放射線並不具備有重要的致癌風險」，則行動電話
　　的放射線顯然具有重要致癌風險；該報告並稱「……通常在距離架設於頂樓
　　天線二至五公尺範圍內，會有屏障措施，將人員隔離於磁場超出曝露劑量限
　　制以上的地區」「簡單的保護措施，對部分基地台加置防護罩、柵欄或其他
　　的保護措施，以排除在可能已超過曝露限制範圍的磁場接觸是必要的」，但
　　被上訴人於系爭地點架設基地台，並未加置防護罩、柵欄或其他的保護措
　　施……。

五、……居住於系爭基地台下之住戶，受基地台持續不停訊號傳導侵入，豈有不
　　受任何影響？

六、依民法第一百九十一條之三規定，被害人僅須證明加害人「其工作或活動之
　　性質或其使用之工具或方法有生損害於他人之危險者」，即推定與損害之發
　　生有因果關係，乃因此項危險即有相當程度發生損害之可能性，對於危險存
　　在之舉證，以具有因果關係之蓋然性為已足。若無被上訴人架設行動電話基
　　地台之行為，伊配偶陳宏毅不致腦部病變，被上訴人若欲免責，自應證明陳

宏毅腦部病變，非由渠等工作或活動或其使用之工具或方法所致。

七、被上訴人提出陽明大學醫學技術暨工程學院行動電話基地台電磁場輸出功率密度值評估報告，其關於系爭基地台之測試報告中，所列測試最大值及最小值雖符合法定規範，對於一般民眾之健康應無立即的影響，但陳宏毅……於被上訴人搭建基地台時，已年近七十三，並非一般民眾，前開報告所謂「對於一般民眾之健康應無立即的影響」，與陳宏毅之情狀顯然不符。

八、……伊基於配偶法益所受非財產上損害，得依民法第一百九十五條第三項請求被上訴人連帶賠償一百五十萬元。

九、……伊就身體、健康、自由權受侵害，各請求被上訴人連帶賠償五十萬元慰撫金。……。

乙、被上訴人方面：

壹、聲明：求為判決：駁回上訴。

貳、陳述：除與原判決記載相同者，茲引用之外，補稱：

一、被上訴人遠○電信股份有限公司（下稱遠○公司）部分：

（一）電磁波係屬能量之一種，凡能釋放能量之物體，皆能釋放電磁波，而游離化之電磁波進入可見光頻率以內者，無法造成游離化效應，而為非游離輻射，大量非游離電磁波只會造成溫熱效應，在安全範圍內長期接受非游離電磁波，並不會造成累積性傷害，交通部曾委託國立中山大學及林口長庚醫院進行「行動電話及基地台電磁波對人體健康之影響評估及防範措施」之研究，該研究報告均顯示基地台之電磁波對人體並不足以產生不良影響。

（二）我國民法採法人實在說，認為法人具有責任能力，法人之董事或有代表權限之人，其行為即法人本身之行為，故必法人之董事或有代表權限之人具有侵權行為時，法人始需連帶負責。

（三）伊與康詩丹郡社區管理委員會訂立之租賃契約，應為有效，而伊之事業乃人民享有之表現自由之媒介，依電信法第二十一條、第二十四條、第二十六條規定，國家應保障人民享有高品質之通訊，以實踐表現自由，架設基地台之目的，乃為實踐電信法課予電信事業之義務，而非電信業者圖一己之私利，故架設基地台而與人民私權發生爭議時，地方政府應依電信法第三十二條協調處理，且電信業者得有償使用建築物屋頂設置無線電基地台，則在未能獲得全體住戶同意時，為保障表現自由之基本權利之價值核心領域，個人所有權需有所退讓。

二、被上訴人中華○○股份有限公司行動通信分公司台北營運處（下稱中華○○公司）部分：

（一）依修正前電信法第三十三條第二項規定，有權有償使用系爭建築物屋頂，設置無線電基地台。上訴人所屬之大樓管理委員會基於對社區管理維護而與伊簽訂租賃契約，應屬有效。……。

　　　　理　　由

一、上訴人主張：伊為康詩丹郡社區住戶，該社區管理委員會未經區分所有權人會議決議同意，即與被上訴人訂立租賃契約，同意被上訴人於該社區屋頂突出物及屋頂平台設置行動電話基地台，嗣經該社區八十六年第六次區分所有權人會議決議函請被上訴人撤除，被上訴人遠○公司遲至九十一年、中華○○公司遲至九十二年間始予拆除，而行動電話基地台不停放射電磁波，致伊配偶陳宏毅腦部病變，形同植物人，伊基於配偶法益受有重大損害，且伊之身體、健康受被上訴人基地台放射電磁波而受侵害，更目睹陳宏毅腦部病變慘狀，隨時恐懼自己亦會落入同樣境況，而有家歸不得，關於行動自由及意思決定自由亦受侵害等情，爰本於民法第一百九十五條第三項規定，請求被上訴人連帶賠償伊基於配偶法益所受非財產上損害一百五十萬元，併依同法第一百九十五條第一項規定，請求被上訴人連帶賠償伊之身體、健康及自由權受侵害之非財產上損害各五十萬元，合計為三百萬元之賠償之判決……。

二、被上訴人則以：系爭基地台電磁波並未逾法定標準值，上訴人配偶陳宏毅腦部病變不能證明與基地台電磁波有因果關係，上訴人亦未能證明其自己身體、健康受何等損害等語資為抗辯。

三、兩造不爭事實。……。

四、本件爭點及本院判斷

（一）陳宏毅腦部病變與系爭基地台電磁波間有無因果關係？

　　　1.查被上訴人自八十六年八月間在康詩丹郡社區共同使用之屋頂突出物設置行動電話基地台，行動電話基地台會放射電磁波，而陳宏毅係十三年十二月二十五日生，於八十七年五月二十八日經台北市忠孝醫院神經臨床評估為步態不穩，而於同年六月二日接受電腦斷層檢查，結果為腦部病變……。

　　　2.按……民法第一百八十四條第一項前段定有明文，依上開規定，損害賠償責任之成立，須加害行為與損害間有因果關係始足當之。而因果關係之認定……在公害事件由於公害之形成具有地域性、共同性、持續性及技術性等特徵，其肇害因素常屬不確定，損害之發生復多經長久時日，

綜合各種肇害根源，湊合累積而成，被害人舉證損害發生之原因，甚為困難，故被害人如能證明危險，及因此危險而有發生損害之蓋然性（相當程度可能性），而被告不能提出相反之證據，以推翻原告之舉證，即可推定因果關係存在，……欲判斷因果關係是否存在，係以疫學因果關係為判斷基準……以「合理之蓋然性」為基礎，即使不能證明被告之行為確實造成原告目前損害，但在統計上，被告之行為所增加之危險已達「醫學上合理確定性」，即應推定因果關係之存在，……惟原告主張其身體、健康受損與某因素之存在有疫學上因果關係存在，仍應提出相關統計數字以證明「醫學上合理確定性」存在，如未能提出合理之統計數字，即難認已盡其舉證責任。上訴人雖主張：依民法第一百九十一條之三規定，被害人僅須證明「工作或活動之性質或其使用之工具或方法有生損害於他人之危險者」，即應推定該工作或活動與損害之發生有因果關係云云，惟是否有生損害於他人之危險，仍應以具有因果關係之合理蓋然性判斷，而非原告任意指稱之危險即可斷定因果關係。

3.上訴人主張伊配偶陳宏毅因被上訴人設置系爭行動電話基地台不停放射電磁波致腦部病變之事實，為被上訴人所否認，本院向台北市忠孝醫院函查陳宏毅腦部病變是否與電磁波有關，經該院覆稱無法判定陳宏毅腦部病變是否與電磁波有關，……上訴人復未舉證證明陳宏毅腦部病變確係肇自系爭基地台放射出之電磁波，即無法判定陳宏毅之腦部病變與電磁波有事實上之因果關係存在。……上訴人所提上開研究報告及著作並無相關醫學統計數據足資證明行動電話基地台放射之電磁波有肇致人類腦部病變之「醫學上合理確定性」，均不足為系爭基地台放射之電磁波與陳宏毅腦部病變有疫學上因果關係之證明，上訴人此部分主張即不足採信。……。

（二）系爭基地台電磁波放射是否造成上訴人身體、健康受損害，並侵害上訴人之自由權

1.上訴人主張：行動電話的放射線不能斷定不具備有重要致癌風險，諸多研究顯示，行動電話所產生電磁波對人體會造成一些行為改變，對人體細胞DNA結構造成傷害，基地台電磁波尤烈於行動電話，系爭基地台發射電磁波，嚴重侵害伊之身體云云，為被上訴人所否認，且上訴人迄未提出其身體有何損害之證明，空言主張身體受損，即不足採信。

2.……上訴人不能證明陳宏毅腦部病變與系爭基地台放射之電磁波有因果關係，如前述，則縱使上訴人目睹陳宏毅腦部病變、身體衰弱而精神健

康受影響，亦與系爭基地台電磁波之放射無因果關係。

　　3.……上訴人未能證明系爭基地台放射電磁波將導致身體或健康受侵害，如前述，其以電磁波有侵害身體健康之虞而決定不回家中居住，乃自己意思之自由決定，非可歸責於被上訴人，所主張自由權受侵害，亦不足採。

五、綜上所述，上訴人未能就伊配偶陳宏毅腦部病變與系爭基地台放射之電磁波間有如何之因果關係舉證證明，難認被上訴人設置系爭基地台不法侵害陳宏毅之身體、健康，又上訴人未證明其自己身體受有如何侵害，且目睹陳宏毅腦部病變而健康受影響亦與系爭基地台電磁波無因果關係，其因目睹陳宏毅腦部病變而決定不回家居住，乃自己自由意思決定，非可歸責於被上訴人，其依民法第一百九十五條第三項請求被上訴人連帶賠償基於配偶法益所受非財產上損害一百五十萬元及依民法第一百九十五條第一項請求被上訴人連帶賠償因身體、健康、自由受損害之非財產上損害一百五十萬元，自屬無據，原判決因而駁回上訴人之請求及其假執行之聲請，洵屬正當。上訴意旨指摘此部分原判決不當，求予廢棄改判，為無理由，應予駁回其上訴。……。

中　華　民　國　九十二　年　十　月　七　日
民事第○庭審判長　法　官
　　　　　　　　　法　官
　　　　　　　　　法　官

（三二）臺灣嘉義地方法院九十二年度訴字第九八三號民事判決

【主要爭點】

　　塑膠、發泡級聚丙稀（EPP）、乙稀共聚樹脂（EPO）、發泡級聚乙稀（EPE）等產品製造加工業者，於電源關閉、機器未運轉之情況下，從事放置、管理保麗龍產品，是否屬於民法第一百九十一條之三所定之危險工作或活動。

【事實摘要】

　　原告主張被告○順公司從事塑膠、發泡級聚丙稀（EPP）、乙稀共聚樹脂（EPO）、發泡級聚乙稀（EPE）等產品製造加工買賣，竟疏於注意，於民國九十二年七月二十七日凌晨四時許，發生烈火延燒情事，原告二人房屋緊鄰被

告公司之廠房，因而遭受波及，房屋及陳設物品等均遭祝融燒燬，爰依民法第一百八十四條第一項前段及第一百九十一條之三之規定，請求被告損害賠償。

【解析】

一、民法第一百九十一條之三所定之危險工作或活動，除須具有「高度」、「不合理」、「特殊」及「異常」等特徵外，更應具有能獲利、加害人對該危險得予掌控及避免、危險可藉由保險分散及由被害人舉證顯屬不公平等要件。本判決認為火災發生在公司下班，機器未運轉，電源關閉之後，難認被告公司因工作或活動之性質或其使用之工具或方法有生損害於他人之危險，自無民法第一百九十一條之三之適用。又本件起火原因不排除侵入性縱火之可能性，被告就火災之發生並無過失，自不負侵權行為之損害賠償責任。

二、惟依社會上一般人日常生活之經驗觀察，保麗龍製品係屬易燃物品，存放時應特別注意防範，以避免火災之發生，此於被告公司下班，機器停止運轉，電源關閉後亦同，難謂全無民法第一百九十一條之三適用之餘地。

【裁判內容】

臺灣嘉義地方法院民事判決九十二年度訴字第九八三號

原　　　告　李○輝

　　　　　　李○豐

共　　　同

訴訟代理人　林春發律師

被　　　告　○順科技股份有限公司

　　　　　　設嘉義市東區後湖里九鄰保義路二八八號

兼法定代理人　陳○○　住同右

訴訟代理人　嚴庚辰律師

　　　　　　鍾孟秋律師

　右當事人間請求損害賠償事件，本院於中華民國九十三年四月六日言詞辯論終結，判決如下：

主　　文

原告之訴及假執行之聲請均駁回。

訴訟費用由原告李○輝負擔五分之四，餘由原告李○豐負擔。

事　　　實

甲、原告方面：

一、聲明：

（一）被告應連帶給付原告李○輝新台幣捌拾萬元，及自起訴狀繕本送達翌日起至清償日止，按年息百分之五計算之利息。

（二）被告應連帶給付原告李○豐新台幣貳拾萬元，及自起訴狀繕本送達翌日起至清償日止，按年息百分之五計算之利息。

（三）訴訟費用由被告連帶負擔。

（四）原告願供擔保請准宣告假執行。

二、陳述：

（一）被告○順科技股份有限公司（以下簡稱○順公司）疏於注意，於民國九十二年七月二十七日凌晨四時四十六分許，發生烈火延燒，原告二人房屋緊鄰被告○順公司，因而遭受波及，原告二人之房屋及陳設、物品等財物均遭祝融燒燬，因被告○順公司過失行為而引發火災，致原告二人分別受有如附表一、附表二所示財物上損害，故爰依民法第一百八十四條第一項前段、第一百九十一條之三、第一百九十六條規定，請求被告○順公司應賠償原告如訴之聲明第一項、第二項所示之金額；又被告陳○○為被告○順公司之負責人，依公司法第二十八條規定，被告陳○○自應與被告○順公司負連帶賠償責任。

（二）按……民法第一百九十一條之三定有明文。本件被告公司係生產保龍製品，而保麗龍製品屬易燃物品，被告應確實做好原料、機器設備、產品之放置、管理，並防止製造原料、產品可能引發火災之危險，原告只須證明確因被告工作或活動之性質或其使用之工具或方法，有生損害於原告之危險性，而在被告工作或活動中受損害即可，不須證明其間有因果關係，被告如欲免責，應由被告舉證；況被告公司生產之保麗龍製品屬危險「易燃物品」，其生產、堆放應有嚴格之規範，以避免發生火災，而被告堆放保麗龍製品之場所，係屬違章建築，並加蓋至毗鄰原告之房屋，且未做好各項防火工作，導致火災延燒至原告之房屋，不論是否遭人縱火，被告對火災發生之原因，亦顯有過失，自應負損害賠償責任。

（三）……不可能有人進入縱火，且被告提出之錄影帶之時間與火災發生時間不符。……。

乙、被告方面：

一、聲明：

（一）原告之訴及假執行之聲請均駁回。

（二）訴訟費用由原告負擔。

（三）如受不利判決，願供擔保請准宣告免為假執行。

二、陳述：

（一）被告○順公司於九十二年七月二十七日凌晨四時四十六分許不幸發生火災，……發生火災之時間係在公司下班機器未運轉，電源關閉之後，且起火點在被告向他人承租用來堆放原物料之廠房內，故不可能因被告公司廠房內之電源未關所引致失火，經嘉義市消防局鑑識人員及嘉義市警察局第二分局派員勘驗，均認起火原因可疑，不排除人為縱火。另經被告內設監視攝影系統側錄到……可認被告之廠房係遭不明人士縱火，……被告對廠房起火既無任何故意過失，則無須負賠償責任。

（二）被告公司固經營保麗龍製品之生產，惟該產業並無任何危險性，亦不可能發生爆炸；而關於被告提出之錄影帶上攝影日期比火災發生之時間慢一日，係因被告公司請訴外人賴松柏安裝監視錄影系統時，於軟體安裝時日期點錯，故其電腦程式設計比實際日期慢一天。

（三）……原告所列毀損之物品均為其片面所列，無法證明確有原告所指之物品毀壞，況本件失火之原因不可歸責於被告，自毋庸負賠償之責。……。

　　　　理　　由

一、原告主張：被告○順公司從事塑膠、發泡級聚丙稀（EPP）、乙稀共聚樹脂（EPO）、發泡級聚乙稀（EPE）等產品製造加工買賣，被告陳○○為被告○順公司之負責人，被告○順公司竟疏於注意，於九十二年七月二十七日凌晨四時四十六分許，發生烈火延燒情事，原告二人房屋緊鄰被告廠房，因而遭受波及，原告二人之房屋及陳設、物品等財物均遭祝融燒燬，因被告○順公司過失行為而引發火災，致原告二人分別受有如附表一、附表二所示財物上損害，故爰依民法第一百八十四條第一項前段、第一百九十一條之三、第一百九十六條規定，請求被告應連帶給付……。

二、被告則以：……。

三、……。

四、茲本件所應審酌者，厥為被告對於○順公司廠房起火，有無故意過失責任……經查：

（一）嘉義市保義路二八八號○順公司之起火原因分析：……綜合以上各項調查檢視分析研判，起火原因以不排除侵入性縱火之可能性。……。

（二）……被告內設監視攝影系統委由證人賴松柏安裝，賴松柏於安裝時，未注意致被告的電腦程式設計日期比實際上的日期慢一天……足證，被告內設

監視攝影系統所拍攝之上開照片，實際日期應是2003／07／27無誤。

（三）又九十二年七月二十六日○順公司根本未發生火災……益證，被告內設監視攝影系統所側錄之攝影系統確係九十二年七月二十七日火災發生時之照片，因證人賴松柏裝設監視器時疏忽致電腦程式設計日期比實際上的日期慢一天。……

（四）……以現場水泥牆之高度，縱使無缺口，一般人即可攀越進入果園，原告主張新的水泥板係被告公司火災後因整修機具調離之出口，並非縱火嫌犯進入之路口云云，亦難作爲有利於原告之認定。

（五）綜上所述……起火原因以不排除侵入性縱火之可能性。被告○順公司就火災之發生，既無故意或過失，且……火災，係在公司下班機器未運轉，電源關閉之後，亦難認被告○順公司因工作或活動之性質或其使用之工具或方法有生損害於他人之危險，是被告○順公司對於火災之發生並無需負損害賠償責任，被告陳○○亦無依公司法第二十八條負連帶賠償責任，原告之請求顯無理由。

五、原告既未能舉證證明被告○順公司或被告陳○○就該次火災有須負故意或過失責任，爰依民法第一百八十四條第一項前段、第一百九十一條之三、第一百九十六條規定，及公司法第二十八條規定，請求被告連帶給付原告李○輝八十萬元，連帶給付原告李○豐二十萬元，及均自起訴狀繕本送達翌日起至清償日止，按年息百分之五計算之利息，自無理由，應予駁回。……。

中　　華　　民　　國　　九十三　　年　　四　　月　　二十　　日
臺灣嘉義地方法院民事第○庭　法　官

（三三）臺灣臺北地方法院九十三年度國字第一六號民事判決—第二審：臺灣高等法院九十四年度上國易字第九號民事判決【見貳、一、（二）】

【主要爭點】

學校設置校園網站供他人使用，散播不實傳言，侵害原告名譽權，是否有因果關係之合理蓋然性。

【事實摘要】

　　原告主張被告國立○○大學BBS站未盡管理督導之責，使他人得藉此BBS站散播不實之傳言致侵害原告之名譽，爰依國家賠償法第二條第二項、第三條、民法第一百八十四條第二項、第一百八十八條第一項、第一百九十一條之三等規定，請求被告賠償損害。

【解析】

　　一、依民法第一百九十一條之三之規定，被害人對工作或活動之「危險」及損害應負舉證責任，且其間需以具有因果關係的合理蓋然性為判斷基礎，而非原告任意指稱之危險即可斷定因果關係。易言之，有否生損害於他人之危險，應以具有因果關係的合理蓋然性加以判斷，而非加害人任意指稱之危險即可斷定因果關係。本判決認依常情判斷，架設網站通常不必然發生損害被害人名譽權之結果，故架設網站與名譽權侵害間並無因果關係之合理蓋然性，即無民法第一百九十一條之三的適用。

　　二、多數學說認為民法第一百九十一條之三所保護客體之範圍限於生命、身體、健康及所有權，故名譽權之侵害不受民法第一百九十一條之三之保護，然此項見解尚待實務觀察是否為法院所採納。

【裁判內容】

　　臺灣臺北地方法院民事判決九十三年度國字第一六號

　　　　原　　　　告　　游○忠
　　　　訴訟代理人　　游○儒
　　　　被　　　　告　　國立○○大學
　　　　法定代理人　　羅○○
　　　　訴訟代理人　　藍瀛芳律師
　　　　複 代 理 人　　謝　庭律師
　　　　　　　　　　　　蔡志揚律師
　　　　　　　　　　　　黃旭田律師

　　上開當事人間請求國家賠償事件，本院於民國九十三年十二月二十九日言詞辯論終結，判決如下：

　　　　　　主　　文

原告之訴及假執行之聲請均駁回。

訴訟費用由原告負擔。

　　事實及理由

一、……。

二、本件原告起訴主張下列各情，並聲明：(1)被告應給付原告新台幣（下同）五百萬元，及自起訴狀送達之翌日起至清償日止，按年息百分之五計算之利息。(2)被告應將判決書全文登載於自由時報、中國時報、聯合報首版及○○大學寂寞芳心小站（以標楷體14號字體刊登）。

（一）原告依據教育部（88）台人(1)字第87141503號函准各校自訂相關規範據以執行公立專科學校專任教師兼職原則，經國立○○大學八十九年十二月十九日研發長決行，及同年十二月二十日被告法律系核准，依國立○○大學對外提供專業服務辦法加入律師公會，並對外提供法律服務，列入被告研發處網站國立○○大學對外專業技術服務項目一覽表，並經法律系出具同意書在案。而原告既擬以本身之專業對本校育成中心廠商及對外提供法律服務且指導法律法律服務社依律師法第十一條即需加入律師公會，原告並未兼任行政職務加入律師公會。依釋字第三○八號解釋文，應未牴觸律師法三十一條不得兼任公務員之限制，至原告兼任律師執行職務則係依據本號解釋意旨後段所示依據教育人員任用法第三十四條之規定依據教育部（88）台人(1)字第87141503號函暨○○大學對外提供專業服務辦法之法令對外提供法律服務……原告執行律師業務當時係經被告同意在案，而事後學校完全否認，原告亦於九十二年間全面退出律師公會。

（二）詎料九十一年四月二十一日有署名WAlUCC上被告bbs站將原告登錄及承辦案件之資料公布於網站並……辱罵原告；九十一年四月二十一日另有署名lawpig上○○大學寂寞芳心小站以……辱罵原告……，自九十一年四月二十一日事發至九十二年四月長達一年，而○○大學寂寞芳心小站全國均可進入閱覽，且有人於同年四月三十日起於全國性高點網站指點大家去被告BBS法律版觀覽，致原告名譽嚴重持續受損。而上述網路不實事項污衊原告，致原告之品德、聲譽、社會一般評價因而受有嚴重貶損，誠屬不堪，自得依法請求損害賠償。而國立○○大學BBS站管理辦法第五條……、第十六條……之規定以觀，則被告之管理顯有疏失，應依國家賠償法第三條之規定賠償原告之損失。又被告相關人員顯違台灣學術網路BBS站管理使用公約、國立○○大學BBS站管理辦法未盡督導之責致侵害原告之名譽，而BBS站之架設本即足生損害於他人，果生上述貶損原告名譽之事，為此依國家賠償法第二條第二項、第三條、民法第一百八十四條

第二項、一百八十八條第一項、一百九十一條之三、一百九十五條第一項前段之規定，訴請被告給付原告五百萬元及法定遲延利息如訴之聲明第一項所示；並依民法第一百九十五條第一項後段請求被告為回復其名譽之適當處分如訴之聲明第二所示。

（三）……本件BBS站係由被告架設網路纜線提供網路纜線服務自為公有公共設施；況本條所指之公有並不限於國家或其他公法人所有，即各級機關或營造物管領之公共設施亦應包括在內。又本件係因○○大學寂寞芳心小站言論所引發之危險並非被告設置校園網路硬體設備之行為，而被告既需為其BBS站負管理之責，與原告有無告知並無關係。

（四）依國立○○大學BBS站管理辦法第四條、十六條分別明訂……，台灣學術網路BBS站管理使用公約管理方面一、1明訂……，是最終管理之權責係在被告。況國家賠償法第三條所定之國家責任係採無過失責任，與被告有無控管能力無關，更不能以此卸責。

（五）國家賠償法第三條所定之國家責任，在公有公共設施欠缺時之損害賠償，應將國家賠償法第三條第一項，有關生命、身體或財產之文字視為例示規定使保護之範圍及於其他之自由或權利，且從憲法第二十四條明訂……就人民所受損害得請求國家賠償之項目並不限於生命、身體或財產，而國賠法第一條復明訂……，則國家賠償法第三條所謂生命、身體或財產應屬例示，而非列舉性質。

（六）國家賠償法第四條明訂受委託行使公權力之個人於執行職務行使公權力時視同委託機關之公務員，本件參諸國立○○大學BBS站管理辦法第二條……第三條……第十二條……規定，顯將此項督導刪除不適切言論責任委託管理者與相關版主負責，是以被告自需對其電算中心及BBS站版主怠於移除係爭毀謗言論負責。

（七）本件係因被告BBS站言論所引發之危險並非被告設置校園網路硬體設備之行為，故其謂被告設置校園網路硬體設備之行為與名譽受損無因果關係之論述即屬無據，而應就被告BBS站言論是否會引發原告名譽受損，……自與被告BBS站管理不當具因果關係。

（八）又依台灣學術網路BBS站管理使用公約管理方面一、1明訂：……；被告BBS站管理辦法第二條……、第三條……、第四條……第十二條……等規定，均明揭BBS站站長或版主係受被告監督服刪除不適當言論之勞務責任，被告辯稱系爭BBS站站長或版主非被告受僱人，無須依民法第一百八十八條負責顯屬無據。

（九）另民法第一百九十一條之三之成立要件爲：……本件被告BBS站之架設與使用本即足生損害於他人名譽之危險，果生上述貶損原告名譽之事，被告對原告名譽之損害，自需負責。

二、被告則以下列各語置辯，並聲明：原告之訴駁回。

（一）原告依國家賠償法第三條向被告主張公有公共設施瑕疵之損害賠償無理由。

1.系爭BBS站非國家賠償法第三條第一項所稱之「公有公共設施」。……被告與各BBS站管理者或相關版主之權責業經明確劃分，即被告之責任與權力僅止於網路纜線等硬體設備之供應、及網站架設申請要件之形式審查；後續各網站言論之控管，概屬各版主、站長、管理人之權責範圍。系爭BBS站上關於原告之言論，有否詆毀其名譽、應否移除，當由該BBS站站長或管理人進行過濾、控管，被告按前揭使用公約、BBS站管理辦法既無權實施管制，原告起訴請求國家賠償若能成立，將生被告「無權卻有責」之不合理現象。

2.退萬步言，縱認系爭BBS站係由被告設置之公有公共設施，惟其未侵害原告之生命、身體、財產，自無成立國家賠償責任之餘地。……國家賠償法第三條第一項所稱之「生命、身體或財產」應屬列舉規定，本件原告之「生命、身體、財產」未受侵害，是其依國家賠償法第三條第一項爲據，請求名譽受損所生精神上苦痛之損害賠償，洵無理由。

3.再退而言之，縱認系爭BBS站爲被告所有或管理之公有公共設施，被告事實上亦欠缺控管其上言論之能力。……。

（二）原告依國家賠償法第二條第二項後段向被告主張公務員消極違法行爲之損害賠償亦無理由。

1.被告設置校園網路硬體設備之行爲，未創設原告名譽被侵害之危險，從而被告電算中心人員不負刪除系爭言論之義務。若謂管制並移除系爭言論爲被告執行職務範圍，則必以其設置校園網路硬體設備之行爲創設他人權益被侵害之危險，從而法律課予其防止該損害發生之義務爲前提。……在諸多導致損害發生的作用因素中，受害人僅得向與損害發生有直接或相當因果關係之加害人請求賠償，以免因果關係無限擴張、損害賠償責任無節制延伸，甚而影響企業乃至個人研發新科技的意願。經查，本件被告於設置校園網路、接受設站申請時，對於各網站言論內容均無從預見，同時亦欠缺管制網站言論之權力與能力；再「國立○○大學BBS站管理辦法」第十五條對於使用者公開發表之文章涉嫌侵害他人

權利時，已作有應由該使用者自負其責之明確規範，足證被告架設網路硬體設施之行為乃「欠缺規範違反性」之「社會通常行為」，未創設他人名譽被侵害之具體危險，從而被告未有積極監管系爭網站言論之職務上義務，更無將網站出現之不當言論歸責於被告之餘地。此外，系爭關於原告之言論出現於系爭BBS站期間，原告既未曾以公文或電話知會電算中心人員，被告無從知悉，當無即時道德勸諭版主或留言學生移除相關言論之機會。由上可知，被告設置校園網路硬體設備之行為既未創設他人名譽被侵害之具體危險，被告自不因此生管制系爭BBS站言論之職務上義務，原告主張被告應依國家賠償法第二條第二項後段負國家賠償責任，容有誤會。

2.本件被告職務範圍並不包括系爭BBS站上言論之控管，被告當無授權、委託站長或版主從事非其職務事項之監管系爭BBS站言論的必要，從而無論該事項是否具備行使公權力之性質，均難謂「系爭BBS站之站長或版主為受被告委託行使公權力之團體」，被告亦無就其不移除系爭言論之消極不作為負國家賠償責任之義務。原告關於被告應為電算中心人員及系爭BBS站站長或版主怠於移除系爭言論之消極不作為負國家賠償責任之主張，顯無理由。

（三）原告依國家賠償法第二條第二項前段向被告主張公務員積極違法行為之損害賠償也無理由。蓋原告自始執者為被告不移除系爭言論之「消極」不作為，與國家賠償法第二條第二項前段國家賠償責任所由生之公務員「積極」違法行為並不相當，原告之訴並無理由。

（四）原告依民法第一百八十四條第二項、第一百九十五條第一項前段向被告主張侵權行為之損害賠償無理由。

1.國立○○大學BBS站管辦法第四條、第十六條、及台灣學術網路BBS站管理使用公約第一大項第一條之規範內容，……前揭條文僅係訓示規定，無強制課予被告積極規制或移除系爭網站上不當言論義務之法效，自非民法第一百八十四條第二項所稱「保護他人法律」。

2.……本件被告單純架設網路硬體設備之行為，在一般情形下並不會肇致原告名譽受損之結果，即兩者間欠缺相當因果關係；……綜觀原告之書狀主張，自始未能提出其社會評價因被告「設置網路設備行為」而遭貶抑的具體事證，更見侵權行為之無由成立。

（五）原告依民法第一百八十八條第一項、第一百九十五條第一項前段向被告主張侵權行為之損害賠償無理由。

1.本件系爭寂寞芳心小站之站長或版主與被告間……欠缺實質之僱傭契約關係。……。

2.……被告電算中心人員未移除系爭網站上不當言論之行為,與原告名譽受侵害間欠缺相當因果關係,亦不成立侵權行為。

(六) 原告依民法第一百九十一條之三向被告主張侵權行為之損害賠償亦無理由。

1.基於被告「架設網路硬體設備」之行為,未肇致他人權益受損之具體危險,從而被告不生對系爭網站上言論進行規制義務之同一理由,被告未移除系爭網站上不當言論之行為,與原告名譽受侵害間欠缺相當因果關係,不成立侵權行為。

2.……民法第一百九十一條之三訂有明文。……本諸推定過失責任之立法例,本條所稱「危險」於範圍上應有所限制,僅及「特別危險」、「異常危險」、「高度危險」或「不合理危險」,否則將使任何持有或經營危險源者動輒得咎,影響社會活動之發展與進步。

3.本件被告架設網路硬體設備、建立校內網路體系之行為乃屬「社會通常行為」,難謂有生「特別危險」、「異常危險」、「高度危險」或「不合理危險」之情事,要件既無法合致,原告依民法第一百九十一條之三訴請損害賠償自無理由。

(七) ……本件若真如原告主張,被告必須監控使用者於BBS站發表之言論內容,並進一步移除不當者,一則欠缺法律授權,一則將對校內師生言論構築綿密的控制網絡,嚴重侵犯其言論自由。況使用者於BBS站上公開發表之文章如涉嫌侵害他人權利時,應由該使用者自負刑事、民事責任……原告自無由向被告請求損害賠償之理由。

(八) ……如被告任意刪除其言論,將反遭「白色恐怖」之譏,有無侵害憲法所保障之言論自由,亦有探討餘地。蓋被告對於校內師生之言論不應構築如此綿密之控制篩選網絡,否則可能有違比例原則,造成對言論自由之過當侵犯。……。

四、……。

五、……本件應審酌者厥為:被告就(一)寂寞芳心小站於九十一年四月間有人張貼原證七、八、十二、十三、十四、十五所示之文件及該站版主於九十一年四月二十三日將上開文件自該站移除置於精華區,直至九十二年四月間始將上開文件全數移除等事,應否依國家賠償法第三條第一項、第二條第二項規定負國家賠償責任,應否依民法第一百八十四條第二項、第一百九十五

條第一項前段規定負賠償責任；應否依民法第一百八十八條第一項、第一百九十五條第一項前段規定對寂寞芳心小站版主、站長及被告電算中心管理人員之行為負連帶賠償之責；（二）提供硬體設備，供人聲請設立BBS站使用之行為，是否應依民法第一百九十一條之三規定對原告負賠償之責；（三）被告如應依民法第一百九十五條規定負賠償之責，則原告請求被告如中國、聯合、自由三報及○○大學寂寞芳心小站刊登判決全文，是否為回復名譽之適當方法等項，茲論述如下：

(一) 有關國家賠償法第三條第一項部分：

　　1.按……固為國家賠償法第三條第一項所明，惟此所謂管理有欠缺者，係指公共設施於建造後未善為保管，怠為修護致該物發生瑕疵，復未為必要之防護措施，致使該公共設施欠缺通常應具備之狀態及功能，以致欠缺安全性而言。又前開規定請求賠償者，以被害人之生命、身體或財產所受損害，與公有公共設施在設置上或管理上之欠缺，有相當因果關係為限，國家始負損害賠償責任。

　　2.……教育部為維運台灣區學術網路骨幹、支幹及連線網路之正常運作，提供校際網路整合及網路應用功能，推廣台灣學術網路之網路應用服務、協助各縣市教育網路中心及各級學校網路技術、建設管理維護運作等支援等目的，曾於全國八大區域，各成立一個以國立大學計算機中心為主要成員之區域網路中心，雲嘉地區之區域網路中心即為被告……，而被告受教育部之補助架設建構Gigabit（1000MB）連接於台灣學術網路（TANet），以各類伺服器、ISDN-PRI線路（56K）及其他相關網路設備提供BBS、E-MAIL、Proxy、DNS、FTP、校外撥接等等服務，是被告架設建置上開區域網路中心之各項相關網路告就此區域網路中心之各項相關網路設備所應負之管理責任，乃指對上開設備為必要之保管維護措施，使上開公共路骨幹、支幹及連線網路之正常運作，提供校際網路整合及網路應用功能等，原告逕指管理該校BBS站各類網站之言論亦屬國家賠償法第三條所指之公有公共設施管理範圍云云，自有未合。況原告主張署名WAIUCC等人於○○大學寂寞芳心小站張貼文字侵害其名譽權云云，縱屬實情，亦為公有公共設施使用者之侵權行為，與被告管理系爭公有公共設施使之具備通常狀態及功能一事無涉，是原告依國家賠償法第三條之規定請求被告賠償其名譽權所受之損害，即無可採。

(二) 有關國家賠償法第二條第二項部分：

　　1.次按……國家賠償法第二條第二項定有明文。而該條項前段規定所謂行

使公權力，係指公務員居於國家機關之地位，行使統治權作用之行為而言。至於該條項後段所謂公務員怠於執行職務，係指公務員對於被害人有應執行之職務而怠於執行者而言。……若公務員對於職務之執行，雖可使一般人民享有反射利益，人民對於公務員仍不得請求為該職務之行為者，縱公務員怠於執行該職務，人民尚無公法上請求權可資行使，以資保護其利益，自不得依上開規定請求國家賠償損害（最高法院七十二年台上字第七〇四號判例參照）。

2.……惟查：

(1)又「台灣學術網路使用規範」、「台灣學術網路BBS站管理使用公約」乃教育部針對連接台灣學術網路（TANet）之連線單位及使用者所訂，其目的在建立使用者之網路基本認知、使用行為規範，並無賦與連線單位及使用者居於國家機關之地位行使統治權作用行為之權，至國立〇〇大學BBS站管理辦法既係依據「台灣學術網路使用規範」、「台灣學術網路BBS站管理使用公約」訂定，則該管理辦法所規範之各BBS站管理者、使用者、及被告電算中心於依該辦法所為之管理、使用行為，自亦無行使公權力（即立於國家機關之地位行使統治權作用行為）之可言。從而原告依國家賠償法第二條第二項前段請求被告損害其賠償，自無可採。

(2)又原告所舉之台灣學術網路BBS站管理使用公約、國立〇〇大學BBS站管理辦法均未賦與原告對被告電算中心人員為停止各BBS站運作之公法上請求權，而原告就其對被告電算中心人員有此一公法上請求權復未能另行舉證以實其說，則其對被告電算中心人員既無公法上請求權可資行使，自不得依上開國家賠償法第二條第二項後段規定請求被告賠償。

（三）有關民法第一百八十四條第二項、第一百九十五條第一項前段部分：就此原告主張被告有違反台灣學術網路BBS站管理使用公約（管理方面一、1之規定）、國立〇〇大學BBS站管理辦法第四條、第五條、第十六條、第十九條規定之情事，故被告應依民法第一百八十四條第二項、第一百九十五條第一項前段規定賠償其損害云云，……上開使用公約製訂之旨在網路資訊品質之維持，非以保護個人權益為目的，故不屬一般防止危害權益或禁止侵害權益之法律。而國立〇〇大學BBS站管理辦法則係依台灣學術網路使用規範、台灣學術網路BBS站管理使用公約訂定，以為該校各BBS站管理及使用者遵循，其訂立主旨亦在維護網路資訊品質……，二

者均非民法第一百八十四條第二項所指之「保護他人之法律」，……原告以民法第一百八十四條第二項、第一百九十五條第一項前段規定訴請被告賠償其損害，洵屬無據。

(四) 有關民法第一百八十八條第一項規定部分：就此原告並未舉證系爭寂寞芳心小站版主、站長與被告有僱傭關係之事實；另按公務員執行職務，故意或過失侵害他人之權利，在民法第一百八十六條並無命公務機關連帶負損害賠償責任之規定，而公務員與行政機關間，又非僱傭關係，從而，原告以寂寞芳心小站版主、站長、被告電算中心負責BBS站管理人員（公務員）違反民法第一百八十四條第二項之規定侵害伊之名譽權云云為據，依民法第一百八十八條、第一百九十五條第一項前段規定之規定請求被告與寂寞芳心小站版主、站長、電算中心人員連帶負賠償其損害之責，亦無可取。

(五) 有關民法第一百九十一條之三規定部分：末按「損害賠償之債，以有損害之發生及有責任原因之事實，並二者之間，有相當因果關係為成立要件。故原告所主張損害賠償之債，如不合於此項成立要件者，即難謂有損害賠償請求權存在。」最高法院著有30年上字第18號、48年台上字第481號判例可資參照。又所謂相當因果關係……本件原告主張其名譽權受有貶損之事，肇因於訴外人WAlUCC、lawpig、motif、pinang、GUM者所為侵害原告名譽權言論之表示，而本件被告架設建置上開區域網路中心之各項相關網路設備，衡諸常情，通常不必然發生損害原告名譽權之結果，是原告設置相關網路主張被告提供硬體設備，供學校教職員工設立BBS站發表言論之活動產生侵害原告名譽權的危險，被告應依民法第一百九十一條之三負賠償之責云云，亦嫌乏據。

六、綜上所述，本件原告未能證明被告管理公有公共設施有欠缺之情事、所屬公務員於執行職務行使公權力時不法侵害其名譽權、怠於執行職務致其名譽權遭受損害、或被告管理公有公共設施有欠缺、被告或其受僱人違反保護他人之法律，被告架設建置區域網路中心之各項相關網路設備與原告名譽權受損之結果具相當因果關係等有利於己之事實，從而，原告依國家賠償法第三條第一項、第二條第二項、民法第一百八十四條第二項、第一百九十五條第一項前段、第一百八十八條第一項、第一百九十一條之三規定，賠償原告名譽權之損害五百萬元及給付法定遲延利息，並依民法第一百九十五條第一項後段規定請求被告於中國、聯合、自由三報及○○大學寂寞芳心小站刊登判決全文以回復原告名譽，洵屬無據，應與其假執行之聲請併予駁回。……。

中　華　民　國　九十四　年　一　月　十四　日
民事第○庭　法　官

二、非以獲利為目的

（一）臺灣高等法院臺南分院九十六年度上字第一七四號民事判決—第一審：臺灣嘉義地方法院九十五年度訴字第四五七號民事判決【見貳、一、（五）】

【主要爭點】

　　廟宇舉辦慶典時燃放爆竹煙火，卻未設有安全管制措施，加以照管，是否屬於民法第一百九十一條之三所定之危險工作或活動。

【事實摘要】

　　上訴人主張被上訴人○○宮、爐主朱○○及頭家郭○○，於民國九十三年九月二十八日舉辦中秋節祭祀及慶典活動時，竟允許信徒將引信、爆竹、煙火任意置放於人群隨時可得接觸之廟旁，而未指定專人照管，亦未採取隔離人群之安全管制措施，提供專用施放爆竹與煙火之場所，違反嘉義縣爆竹煙火施放管制自治條例第五條至第八條等規定，復因其將大頭香置於其旁，致上訴人在同日晚間十時四十分許，以大頭香點燃爆竹、煙火而受傷，爰依民法第一百八十四條第一項、第二項及第一百九十一條之三等規定，請求被上訴人連帶負損害賠償責任。

【解析】

一、民法第一百九十一條之三所定之危險工作或活動，除須具有「高度」、「不合理」、「特殊」及「異常」等特徵外，更應具有能獲利、加害人對該危險得予掌控及避免、且危險可藉由保險分散及由被害人舉證顯屬不公平等要件。本判決認爆竹與煙火係信徒用於表達慶祝之意，僅係祭拜福德正神之廟會活動及慶典，燃放煙火並非其主要活動，被上訴人亦無以此獲利之意思，自無民法第一百九十一條之三之適用。又被上訴人屬一般之廟宇，並非危險事業，亦無所謂「可容許之危險」即行為人未遵守各該危險事業所定規則之適用。再者，衡諸一般事理及經驗法則，被害人所受之傷勢係遭一般爆竹煙

火而非高空煙火所傷，並無違反上開保護他人之法律。況被上訴人之行為與被害人受傷間不具有相當因果關係，因而駁回上訴人之上訴。

二、本判決認上開條文係一般危險責任之規定，不以賠償義務人故意過失為要件，屬無過失責任之一種，惟觀之民法第一百九十一條之三但書規定，與民法第一百八十四條第二項（違反保護他人法律之責任）、第一百八十七條第一項、第二項（法定代理人責任）、第一百八十八條第一項但書（僱用人責任）、第一百九十條第一項但書（動物占有人責任）、第一百九十一條第一項但書（工作物所有人責任）、第一百九十一條之一第一項（商品製造人責任）及第一百九十一條之二但書（動力車輛駕駛人責任）等規定之立法體例相同，應認係屬推定過失之危險責任。

【裁判內容】

臺灣高等法院臺南分院九十六年度上字第一七四號民事判決

上　訴　人	曾鐘○
法定代理人	曾賴○
	曾天○
訴訟代理人	劉纈意律師（法律扶助）
複 代 理 人	何永福律師
	黃裕中律師
	邱創典律師
被 上 訴 人	○○宮
法定代理人	林永期
被 上 訴 人	朱○○
	郭○○

上二人共同

訴訟代理人　葉天祐律師

上列當事人間請求侵權行為損害賠償事件，上訴人對於民國96年7月23日臺灣嘉義地方法院第一審判決（95年度訴字第457號），提起上訴，本院於97年11月25日言詞辯論終結，判決如下：

主　　文

上訴駁回。

第二審訴訟費用由上訴人負擔。

事實及理由

甲、程序方面：

　　本件被上訴人○○宮經合法通知無正當理由不到場，核無民事訴訟法第三百八十六條各款所列情形，爰准依上訴人之聲請，由其一造辯論而為判決，合先敘明。

乙、實體方面：

壹、上訴人方面：

一、聲明：求為判決：

（一）原判決廢棄。

（二）被上訴人等應連帶給付上訴人新台幣（下同）三百萬元，及自民國（下同）九十五年八月十八日起至清償日止，按年息百分之五計算之利息。

（三）上訴人願供擔保，請准宣告假執行。

二、本件上訴人於原審起訴主張：被上訴人○○宮於九十三年九月二十八日舉辦中秋節祭祀及慶典活動，而被上訴人朱○○、郭○○依序為被上訴人○○宮該年度之爐主、頭家，並主辦該年度中秋節祭祀及慶典活動。因被上訴人等允許信徒將引信、爆竹、煙火任意置放於廟旁，竟未指定專人照管，並將大頭香置於該處，致上訴人於同日晚間十時四十分許，以大頭香點燃置於該處之爆竹、煙火，致受有臉部多處撕裂傷併鼻淚管破裂、左側上額骨骨折等傷害及左眼視力僅餘0.01。茲被上訴人等允許信徒將爆竹、煙火、引信置於人群隨時可得接觸之處，而未採取提供專用施放爆竹與煙火場所，以隔離人群之安全管制措施，且違反嘉義縣爆竹煙火施放管制自治條例第五條至第八條規定，故被上訴人等應依民法第一百八十四條第一、二項、第一百八十五條及第一百九十一條之三規定，對上訴人因之所支出……合計三百萬元，負侵權行為損害賠償之責任。爰本於共同侵權行為所衍生之損害賠償請求權之法律關係，求為判命：被上訴人等應連帶給付上訴人三百萬元，及自九十五年八月十八日起至清償日止，按年息百分之五計算利息之判決等語（原審為上訴人敗訴之判決）。

三、上訴人於本院審理時之陳述除與原判決記載相同者予以引用外，並補稱：

（一）被上訴人○○宮應具有當事人能力：

　　1.按民事訴訟法第二百四十九條第一項規定：……原審判決既認定「被告○○宮並非具一定目的之組織，……並不符非法人團體之要件，被告○○宮自不具當事人能力。」……詎原審未加詳察，遽以判決形式駁回上訴人此部分訴訟，顯有違背法令之情事。

2.……被上訴人○○宮乃係以祭祀福德正神為目的之組織，詎原審卻反乎事實而逕認「被告○○宮並非具一定目的之組織」，原審認定事實明顯不當。又被上訴人○○宮所坐落地點嘉義縣梅山鄉中華街之土地既有六至七坪，則該土地所有權究屬何人所有……關係到被上訴人是否有獨立財產？是否有當事人能力？……。

3.……被上訴人福德宮應具有當事人能力。

（二）上訴人之受傷結果與被上訴人等之過失行為間確具有因果關係：

1.……被上訴人朱○○、郭○○二人均坦承管理有過失，應屬無疑。

2.……若非被上訴人○○宮、朱○○、郭○○未將預備施放之煙火妥善保管，亦未命工作人員監控，及未將大頭香遠離存放煙火之地點等輕率疏忽行為，當時年僅十二歲之上訴人必不可能於煙火存放地點隨手起出大頭香並點燃煙火；參以當時存放煙火地點乃係緊密臨接人群，依常理判斷，煙火點燃必然有肇致他人受傷結果，初不因上訴人是否「復折返煙火處近距離查看」而有所別；上訴人折返觀察之行為，至多僅係使損害發生擴大之與有過失問題，非可謂上訴人受傷結果與被上訴人○○宮、朱○○、郭○○之過失行為無因果關係。

（三）上訴人追加民法第一百八十四條第二項、第一百八十五條規定為請求權基礎：

1.按爆竹煙火管理條例第一條規定：……同條例第十四條規定：……嘉義縣爆竹煙火施放管制自治條例第九條規定：……同自治條例第十條規定：……高空煙火施放作業及人員資格管理辦法第三條規定：……由此可知，上揭規定均係為預防災害發生、維護人民生命財產、確保公共安全，自屬保護他人之法令。

2.被上訴人○○宮、朱○○及郭○○等未將預備施放之煙火依上揭規定儲放於合格之儲存場所，且未向嘉義縣政府申請許可，復未命工作人員監控看守及樹立警告標誌，另無防止引燃之安全措施，任意將大頭香置於存放煙火之地點等輕率疏忽行為，致使當時年僅十二歲之上訴人可於煙火存放地點隨手起出大頭香並點燃煙火；參以當時存放煙火地點乃係緊密臨接人群，發生人命損傷及公共危險之結果，乃屬必然，不可謂被上訴人○○宮等之輕率行為與上訴人之受傷結果無因果關係。故被上訴人○○宮、朱○○及郭○○共同違反保護他人法令，致上訴人有傷害，自應連帶負損害賠償之責。

貳、被上訴人方面：

一、被上訴人○○宮部分：

　　被上訴人○○宮之陳述除引用原判決記載外，其未於本院言詞辯論期日到場，而據其於本院準備程序時之聲明及陳述如下：

（一）○○宮並未向主管機關設立登記，亦無獨立之財產。

（二）事發當日廟旁之爆竹、煙火係由信徒而非由被上訴人所置放，上訴人係自行拿取廟前之大頭香點燃爆竹煙火，見爆竹煙火未點燃復折返原處查看而遭炸傷，上訴人受傷係因自己之過失所致，被上訴人並無過失，亦與上訴人之受傷間無相當因果關係。……。

二、被上訴人朱○○及郭○○部分：

（一）聲明：求為判決：

　　1.駁回上訴。

　　2.如受不利之判決，願供擔保請准宣告免為假執行。

（二）被上訴人等於本院審理時之陳述除與原判決記載相同者予以引用外，並補以下列等語，資為抗辯：

　　1.被上訴人○○宮並無當事人能力：……。

　　2.被上訴人朱○○、郭○○不負賠償責任：

　　(1)……上訴人之受傷係因自己點燃煙火後復折返煙火處近距離查看而遭向上竄射之煙火炸傷所致，與被上訴人朱○○、郭○○管理欠缺之行為並無相當因果關係。且被上訴人二人過失傷害之刑事案件，亦經嘉義地檢署、台南高分院檢察署以上訴人受傷係因自己之折返點燃煙火處查看煙火是否點燃之過失行為所致，與被上訴人二人之行為間無相當因果關係為由，認定被上訴人二人並無過失行為，而為不起訴處分確定。

　　(2)本件之煙火或爆竹究由村民提供廟方施放或由廟方向村民募款採購，均屬廟方之財產，非經廟方允許，他人不得私自取用，如私自取用，即屬不法之行為。……造成上訴人受傷之行為人為其本人，並非被上訴人，如何能令被上訴人對上訴人之不法行為負過失之責。況依上訴人之法定代理人曾天○自稱於九十三年九月二十八日當天晚上，係由伊偕同其女及上訴人到○○宮觀看歌舞，始發生上訴人為煙火炸傷之事；則本件應負監督不週之責者應為其法定代理人，而非被上訴人。至被上訴人雖為廟方之爐主及頭家，亦僅對聽從其指示施放煙火之廟方人員，負有監督之責任，上訴人既非聽從被上訴人指示施放煙火之人員，自非被上訴人監督之對象，因此上訴人私自取用廟方煙火施放

　　　　而受傷，與被上訴人監督是否週到並無相當因果關係。

　　3.上訴人之行為乃本件肇事之原因：

　　　(1)依據上訴人曾鐘○……偵查中自承：「……我過去的時候沒有大人制止我，我點鞭炮的時候，有看到旁邊有裝煙火的長方形盒子，當時只有我一個小朋友在那裡，我點燃後有跑掉，看到煙火沒有炸射出來，就跑回去看，才被向上炸的煙火打到」等語。

　　　(2)檢察官不起訴處分書亦認定：「……本件告訴人曾鐘○之所以受傷，完全係因告訴人自行施放爆竹不慎所致，與被告等之行為並不存在因果關係。本件告訴人曾鐘○受傷之結果並非被告等行為所致，且與被告等所為間又不具有因果關係」等語。是本件之發生咎在上訴人本身，不能歸罪於他人。

　　4.……倘被上訴人等應負賠償責任時，因上訴人當時年僅十二歲為限制行為人，其法定代理人……顯然違背保護教養之權利義務，且過失責任在於上訴人本身，自應適用過失相抵理論，予以減輕或免除。……。

肆、兩造不爭執之事實：……。

伍、兩造爭執之事項：

一、被上訴人○○宮有無當事人能力？

二、被上訴人等是否有未盡善良管理人應盡義務之情形，而應對上訴人之受傷負連帶賠償之責任？

三、上訴人是否與有過失，而有過失相抵之適用？

陸、本院之判斷：

一、被上訴人○○宮有無當事人能力？

　　……被上訴人○○宮為非法人團體，具有當事人能力，應堪認定。則上訴人以被上訴人○○宮為當事人，並以其主任委員林永期為法定代理人，提起本件訴訟，核無不合，應予准許。

二、被上訴人等是否有未盡善良管理人應盡義務之情形，而應對上訴人之受傷負連帶賠償之責任？

（一）……本件上訴人之所以受傷係因自己點燃煙火後復折返煙火處近距離查看，始遭向上竄射之煙火炸傷所致，應堪認定。

（二）……上訴人私自取用廟方煙火並拿祭拜用之香予以點燃施放以致受傷，尚難認與被上訴人等就廟會施放煙火之作為是否盡監督責任及注意義務間具有相當之因果關係。況民法第一百九十一條之三之規定，究其立法意旨及目的，固屬「危險責任」，即並不以賠償義務人故意過失為要件，是為無

過失責任之一種。然並非社會生活中可能發生的一般危險均有該條之適用，而係僅限「特別之危險」者，亦即指本於危險源之性質或其使用之工具或方法所致難於控制之損害；而危險源之控制主體，須符合確實有製造危險、控制危險、分散危險，並且有「獲利」可能性之主體者，始足該當。而本件僅係祭拜福德正神之廟會活動及慶典，燃放煙火並非其主要活動，亦無獲利之可能性；因之，上訴人本於民法第一百九十一條之三之規定請求被上訴人等賠償其所受之損害，於法尚有誤會，而屬無據。

（三）再者，縱認被上訴人朱○○、郭○○等二人於當時固為被上訴人○○宮當年度之爐主、頭家（即主事者），惟衡情於系爭廟會活動進行中，渠等參與廟務及宗教活動之進行，當無能力注意及廟外信徒或其他群眾是否有提供爆竹煙火情形，況上訴人之所以受傷，乃因其於廟會活動慶典中，私自取用廟方煙火並拿祭拜用之香予以點燃施放所致……，實難認有期被上訴人等二人應盡對於該爆竹、煙火有何照顧、管理及注意之能力。況……上訴人之受傷既係因其自己點燃煙火後復折返煙火處近距離察看而遭向上竄射之煙火炸傷所致，……究之尚與被上訴人等二人管理欠缺之行為間並無相當之因果關係，仍不能採為有利上訴人之認定依據。……上訴人據此主張被上訴人等就其受傷具有過失，應對其負損害賠償之責，尚屬無據。

（四）至上訴人雖又主張被上訴人等有違反保護他人法令之情形，應認具有過失等語。惟按此則為被上訴人等所堅決否認，且上訴人所主張之爆竹煙火管理條例，其規範之對象固包括高空煙火及一般爆竹煙火，惟所謂「高空煙火」，……其施放後產生之爆炸威力當極為鉅大，因之爆竹煙火管理條例始於第十四條第一、二項規定：……至「一般爆竹煙火」則無該條之適用，或另有應申請許可及應儲放於合格之儲存場所等規定。至嘉義縣爆竹煙火施放管制自治條例，則係依據爆竹煙火管理條例第十五條規定而制定（見該條例第1條），且依上揭施放管制自治條例第九條規定，需同時施放一般爆竹煙火數量達管制量……三十倍以上，始應檢具施放爆竹煙火之目的、時間、地點、數量、種類及安全防護措施等文件資料向主管機關即嘉義縣消防局申請許可。……上訴人所受之傷勢當係遭一般之爆竹煙火而非高空煙火所傷，應堪認定；否則若係遭高空煙火所傷，則依其施放後所產生之爆炸威力，其所受之傷勢應相當嚴重，絕不僅止於受有上揭傷害。此外，上訴人就被上訴人○○宮當時所施放者係高空煙火，或雖屬一般爆竹煙火惟數量達管制量三十倍以上等情，迄無法提出其他確切之證據足資證明，或供本院調查以實其說；況被上訴人○○宮係屬一般之廟宇，並非

屬危險事業，自無所謂「可容許之危險」即行爲人未遵守各該危險事業所定規則之適用；因之自尚不能僅憑其之陳述即採爲被上訴人等有違反保護他人法令情形之認定依據。

（五）……按上訴人係因其自行拿取放置廟前之大頭香自行點燃煙火，且於煙火點燃後再折返接近該煙火，始遭炸傷，……上訴人上揭主張，尚不足採。

（六）依上，本件上訴人主張被上訴人等未盡善良管理人應盡之義務，且有違反保護他人法令情形，而請求渠等就其受傷負連帶賠償責任，尚屬於法無據。

三、……有關上訴人是否與有過失，而有過失相抵之適用部分，即無加以審究之必要，附此敘明。

柒、綜上所述，本件上訴人主張……被上訴人等應依民法第一百八十四條第一、二項、第一百八十五條及第一百九十一條之三規定，對上訴人因之所支出……，負侵權行爲損害賠償之責任；爰本於共同侵權行爲所衍生之損害賠償請求權之法律關係，請求判決：被上訴人等應連帶給付上訴人三百萬元，及自九十五年八月十八日起至清償日止，按年息百分之五計算之利息，爲無理由，不應准許。其假執行之聲請亦失所附麗，應併予駁回。原審爲上訴人敗訴之判決，及駁回其假執行之聲請，理由雖不盡相同，惟結論相同，仍應予維持。上訴人上訴意旨指摘原判決不當，求予廢棄改判，爲無理由，應予駁回。……。

中　華　民　國　九十七　年　十二　月　九　日

民事第〇庭審判長　法　官

　　　　　　　　　法　官

　　　　　　　　　法　官

貳、判決未論述是否屬民法第一百九十一條之三所定之危險工作或活動（共7件）

一、判決逕認行為與結果間無因果關係

（一）臺灣板橋地方法院九十一年訴字第二四三四號民事判決

【主要爭點】

一、從事各種精密機械、精密零件、精密儀器之裝配加工製造買賣業務及進出口貿易行為，其辦公室發生火災，是否屬於民法第一百九十一條之三所定之危險工作或活動。

二、被告經營各種精密機械、精密零件、精密儀器之裝配加工製造買賣業務及進出口貿易行為，其辦公室發生火災與原告承保貨物之損失，是否具有因果關係之合理蓋然性。

【事實摘要】

　　原告主張被告○○精密工業股份有限公司之辦公室於民國九十一年四月十三日凌晨三時三十分許發生火災，消防人員灌水施救時，利用撲滅火勢之消防用水，循樓板縫及管道間滲漏至樓下，致其承保之訴外人公司貨物遭水侵襲而受損，爰依民法第一百九十一條之三及保險法第五十三條之規定，請求被告賠償損害。

【解析】

一、民法第一百九十一條之三所定之危險除具有「高度」、「不合理」、「特殊」及「異常」等特徵外，更應具有能獲利、加害人對該危險能予掌控並避免、危險可藉由保險分散及由被害人舉證顯屬不公平等要件。本判決雖未論斷從事各種精密機械、精密零件、精密儀器之裝配加工製造買賣業務及進出口貿易行為，是否屬於民法第一百九十一條之三所定之危險工作或活動，惟依社會上一般日常生活之經驗法則判斷，該種精密機械、零件、儀器之裝配加工製造買賣及進出口貿易等行為，並不致有生損害他人之危險性，亦不會

　　　被視爲製造危險之來源,從而並無民法第一百九十一條之三的適用。

二、本條被害人應就工作或活動之「危險」及損害負舉證責任,且其間需以具有因果關係的合理蓋然性判斷爲基礎,而非原告任意指稱之危險即可斷定因果關係。易言之,是否生損害於他人之危險,應以具有因果關係的合理蓋然性判斷,而非被害人任意指稱危險即斷定損害爲加害人所造成。本判決認原告承保之貨物毀損,係因被告公司發生火災時,消防隊員灌水所造成,與原告經營各種精密機械、零件、儀器之裝配加工製造買買業務及進出口貿易行爲無涉,應無民法第一百九十一條之三的適用。況被告公司於搬入火災現場開始經營前,即與電氣工程有限公司簽訂生產線遷移之工程契約,且電器設備、消防器材均已作定期保養,電器設備亦正常運作,並無任何異狀,足見被告已盡防止損害發生之相當注意義務,並無故意或過失可言。

【裁判內容】

　　臺灣板橋地方法院九十一年訴字第二四三四號民事判決

　　　　原　　　告　　○○世紀產物保險股份有限公司

　　　　法定代理人　　馬○○

　　　　送達代收人　　朱政龍

　　　　訴訟代理人　　朱政龍

　　　　被　　　告　　○○精密工業股份有限公司

　　　　法定代理人　　劉○○

　　　　訴訟代理人　　邱雅文律師

　　右當事人間請求損害賠償事件,本院判決如下:

　　　　主　　　文

　　原告之訴駁回。

　　訴訟費用由原告負擔。

　　　　事　　　實

甲、原告方面:

一、聲明:被告應給付原告新台幣七十萬七千八百七十二元,及自支付命令送達翌日起至清償日止,按年息百分之五計算之利息。

二、陳述:

(一)……。

(二)原告……承保堡達實業股份有限公司(下稱堡達公司)所有之貨物(代理

日本松下電器進口之電解電容、塑膠、陶瓷、鉭質電容、可變電阻等），存放於台北縣三重市重新路五段六○九巷八號二樓之四倉庫內。於九十一年四月十三日凌晨三時三十分許，因被告公司……辦公室發生火災由消防人員灌水施救時，其利用撲滅火勢之消防用水，循樓板縫及管道間滲漏至樓下，致使前開原告承保之貨物遭水侵襲受損。

（三）本件被保險人堡達公司所受損害，已由原告依保險契約賠付被保險人……依民法第一百九十一條之三及保險法第五十三條之規定，……爰提起本件訴訟。……。

乙、被告方面：

一、聲明：駁回原告之訴。

二、陳述：

（一）按民法第一百九十一條之三規定：……該條立法理由係為使被害人獲得周密之保護，使凡經營一定事業或從事其他工作或活動之人，對於因其工作或活動之性質或使用之工具或方法有生損害於他人之危險……，對於他人所受之損害，應負損害賠償責任。……民法第一百九十一條之三所定之事業、工作或活動必須係具有危險性之事業、工作或活動，其所定之工具或方法亦係具有危險性之工具或方法。

（二）惟查被告所營事業係各種精密機械精密零件及精密儀器之裝配加工製造及買賣業務、有關進出口貿易，及除許可業務外得經營法令非禁止或限制之業務，並非民法第一百九十一條之三所規範之危險性事業，而被告使用之工具及方法亦係一般性之製造設備、工具及方法，並非危險性之工具或方法。況訴外人堡達公司所有之貨物遭受損害，並非因被告於工作中或活動中所致，而係消防人員灌水施救時，所利用撲滅火勢之消防用水，循樓板縫及管道間滲漏，遭水侵襲所致，原告依民法第一百九十一條之三以為損害賠償權之基礎，顯為無據。

（三）縱認被告所營事業或使用之工具、方法為民法第一百九十一條之三所定之危險性事業或工具，惟查(1)被告均有定期保養相關消防設備，此有相關消防設備保養卡可稽，(2)被告於九十年九月間開始承租系爭發生火災之處所前，曾於九十年八月三十一日與百樂電器工程有限公司（下稱百樂公司）簽訂生產線遷移之工程，大規模更換全部管線……(3)被告均有定期更換消防滅火器內部之化學材料……。再查本件火災起火之原因，依台北縣政府消防局火災原因調查報告書所載為「不排除以電器因素引燃之可能性」。而被告……對防止損害之發生已盡相當之注意義務。因此……依民

法第一百九十一條之三但書之規定被告亦無須對訴外人堡達公司所受之損害負賠償責任，原告即無由代位求償。

（四）本件火災業經台灣板橋地方法院檢察署對被告董事長劉○○爲失火罪不起訴處分在案……尚難認被告對本件火災之發生有何「應注意，並能注意，而不注意之情」，足見被告已盡防止損害發生之相當注意義務，並無過失。原告之請求顯屬無據。……。

理　　由

一、兩造爭執之要旨：

　　本件原告主張：……。

　　被告則以：……。

二、得心證之理由：

　　依兩造上開爭執之要旨，本件所應審究者爲：被告公司是否有民法第一百九十一條之三所規定其工作或活動之性質或其使用之工具或方法有生損害於他人之危險，及原告所承保堡達公司所有貨物是否因此危險而受損害？被告是否有故意或過失，應負侵權行爲之賠償責任？經查：

（一）……。

（二）民法第一百九十一條之三事業經營人責任之成立要件爲：(1)須爲經營依定事業或從事其他工作或活動之人，(2)須工作或活動之性質或其使用之工具或方法有生損害於他人之危險，(3)事業之工作或活動之性質或其使用之工具或方法有發生損害之危險而受損害。本件被告所營事業係各種精密機械精密零件及精密儀器之裝配加工製造及買賣業務、有關進出口貿易，及除許可業務外得經營法令非禁止或限制之業務……然本條之規定，尚須依其工作或活動之性質，或其使用之工具或方法有生損害於他人之危險者，及被害人因此危險而受損害，始有其適用。本件原告承保之堡達公司所有之貨物遭受損害，係因被告公司發生火災，消防人員灌水施救時，所利用撲滅火勢之消防用水，循樓板縫及管道間滲漏，遭水侵襲所致，此爲兩造所不爭執，故原告承保之堡達公司受損害，係因被告公司火災，消防人員灌水而受損害。再者，被告公司發生火災，是否因被告公司工作或活動之性質或其使用之工具或方法所造成？依台北縣政府消防局調查結果，……排除人爲縱火引燃之可能性，本件火災原因「不排除以電器因素引燃之可能性」，而排除縣政府消防局調查結果，認係火災原因調查報告書所載爲「不排除以電器因素引燃之可能性」，……且發生火災之時間係九十一年四月十三日凌晨四時二十四分，正值星期六，被告公司並無人員

停留或進入……故本件發生火災，被告公司並未於工作中或活動中至明，原告所承保堡達公司所有貨物，係因火災時消防人員灌水施救時，所利用撲滅火勢之消防用水，循樓板縫及管道間滲漏，遭水侵襲所致，並非因被告於工作中或活動中所致。換言之，堡達公司受有損害，並非被告事業之工作或活動之性質或其使用之工具或方法有發生損害之危險而受損害，係因撲滅火災之消防用水侵襲所致。原告空言主張堡達公司所有之貨物係因被告公司發生損害之危險而受損害，尚屬無據。

（三）原告所承保堡達公司所有貨物受損，既係因被告公司發生火災，消防人員灌水時侵襲所致，則被告對於本件火災之發生，有無故意或過失？經查，被告公司於搬入火災現場開始經營前，曾於九十年八月三十一日與百樂電氣工程有限公司簽訂生產線遷移之工程，……而被告公司對電器設備、消防器材亦有作定期之保養之事實……尚無證據足認被告對本件火災之發生有何故意或過失之情事，被告已盡防止損害發生之相當注意義務，並無故意或過失可言。且被告公司之法定代理人劉○○所涉公共危險罪嫌，亦經……不起訴處分……故對於本件火災之發生，難認被告有故意或過失。

（四）綜上所述，堡達公司所有之貨物受損害，係因被告公司火災而由消防人員灌水時受侵襲所致，且被告公司發生火災，被告公司並未工作中或活動中，顯見堡達公司所有之貨物受損並非因被告公司於工作中或活動中所生之危險所致；且被告公司對於火災之發生，已盡防止損害發生之相當注意義務，並無故意或過失，已如前述，從而，原告依民法第一百九十一條之三以爲損害賠償權之基礎顯屬無據，其訴爲無理由。……。

中　華　民　國　九十二　年　二　月　二十一　日
臺灣板橋地法院民事第○庭　法　官

（二）臺灣高等法院九十四年度上國易字第九號民事判決—第一審：臺灣臺北地方法院九十三年度國字第一六號民事判決【見壹、一、（三三）】

【主要爭點】

學校設置校園網站供人使用散播不實傳言，侵害原告名譽權，是否有因果關係之合理蓋然性。

【事實摘要】

上訴人主張被上訴人國立〇〇大學BBS站未盡管理督導之責，使他人得藉此BBS站散播不實之傳言致侵害原告之名譽，爰依國家賠償法第二條第二項、第三條、民法第一百八十四條第二項、第一百八十八條第一項、第一百九十一條之三及第一百九十五條第一項前段等規定，請求被上訴人賠償損害。

【解析】

本判決肯認第一審判決之見解。

【裁判內容】

臺灣高等法院民事判決九十四年度上國易字第九號

上　訴　人		
即追加之訴		
原　　　告	游〇忠	
被 上 訴 人		
即追加之訴		
被　　　告	國立〇〇大學	
法定代理人	羅〇〇	
訴訟代理人	藍瀛芳律師	
複 代 理 人	蔡志揚律師	

當事人間國家賠償等事件，上訴人對於中華民國94年1月14日臺灣臺北地方法院93年度國字第16號第一審判決提起上訴，並爲訴之追加，本院於94年7月12日言詞辯論終結，判決如下：

主　　文

上訴及追加之訴均駁回。

第二審及追加之訴訴訟費用由上訴人即追加之訴原告負擔。

事實及理由

甲、程序方面：……。

乙、實體方面：

一、本件上訴人起訴主張：上訴人原任職被上訴人法律學系副教授，民國89年12月間，本於教育部（一）台人(1)字第87141503號函釋公立專科以上學校專任教師兼職原則，依被上訴人接受對外專業及技術服務辦法之規定，經被上訴

人核准參加學校對外專業技術服務團隊，及經被上訴人法律學系同意加入律師公會並登錄。依大法官會議釋字第308號解釋意旨，上訴人並未兼任學校行政職務，故未牴觸律師法第31條不得兼任公務員之限制，且係依上開教育部函釋兼職原則及被上訴人對外提供專業服務辦法之法令，對外提供法律服務，亦無不法兼職之情形。詎料91年4月21日有……於學校BBS站……辱罵上訴人……91年4月30日起更有人於全國性高點網站指點大家至系爭網站觀覽，迄至一年後之92年4月始行移除，致上訴人之名譽權受到嚴重貶損。而上開BBS站係被上訴人所設置及監督管理，為公有公共設施，依被上訴人BBS站管理辦法第4條……第5條……第16條……第19條……，及台灣學術網路BBS站管理使用公約……等規定，應由被上訴人負管理之責，因被上訴人管理人員對網路上誹謗性言論顯未盡管理之責，致上訴人名譽受損，依國家賠償法第3條第1項、第2條第2項規定，上訴人得請求被上訴人負損害賠償責任。又上開台灣學術網路BBS站管理使用公約、被上訴人BBS站管理辦法等規定係以保護他人名譽為目的之法律規範，而系爭網站之站長、版主係受被上訴人監督服刪除不適當言論之勞務責任，與被上訴人電算中心人員均為被上訴人之受僱人，其等既違反上開規範，依民法第184條第2項前段、第188條第1項前段、第195條第1項之規定，被上訴人對上訴人亦應負損害賠償責任。且BBS站之架設及使用，本即有足生損害於他人名譽之危險，其果生上述貶損上訴人名譽之事，被上訴人亦應依民法第191條之3前段之規定，負損害賠償責任。爰提起本訴，依國家賠償法第2條第2項、第3條第1項、民法第184條第2項前段、第188條第1項前段、第195條第1項、及第191條之3前段之規定，求為判命：「(1)被上訴人應給付上訴人500萬元，及自起訴狀繕本送達翌日起至清償日止按年息5%計算利息。(2)被上訴人應將判決書全文以標楷體14號字體刊登於自由時報、中國時報、聯合報首版及○○大學寂寞芳心小站。」之判決……。並於本院上訴聲明：1.原判決關於駁回上訴人後開第2項之訴部分廢棄。2.上開廢棄部分，被上訴人應給付上訴人100萬1,000元，及自起訴狀繕本送達翌日起至清償日止按年息5%計算之利息。且於本院言詞辯論時提起追加之訴，聲明被上訴人應於該校BBS站總入口為如附表所示網站登載之內容係屬不實之聲明。

二、被上訴人則以：1.……被上訴人僅……純粹供應「伺服器」、「數據機」等電腦硬體設施之技術性、功能性服務角色而已，……被上訴人之責任與權力僅止於網路纜線等硬體設備之供應及網站架設申請要件之形式審查，後續各網站言論之控管，概屬各版主、站長、管理人之權責範圍，本件系爭網站

上關於上訴人之言論，有否詆毀其名譽、應否移除，當由該網站站長或管理人進行過濾、控管，被上訴人並無權管制，亦欠缺控管其上言論之能力……系爭網站既非被上訴人所有或管理，即不屬國家賠償法第3條所指「公有公共設施」，況該法條保護之客體限於人民之「生命、身體、財產」，上訴人以其名譽受損而依該法條為請求，亦顯無據。2.……被上訴人架設網路硬體設施之行為乃「欠缺規範違反性」之「社會通常行為」，並未創設他人名譽被侵害之具體危險，自無管制刪除網站不當言論之職務上義務；況上訴人於本件起訴前從未告知發生系爭網路言論之情事，被上訴人亦未知悉，當無即時道德勸諭版主或留言學生移除相關言論之機會，是上訴人縱有損害，亦與被上訴人無直接或相當之因果關係，上訴人主張系爭網站之站長或版主係受被上訴人委託行使其監管網路言論義務，為受委託行使公權力之人，與被上訴人電算中心人員均為被上訴人之公務員，依國家賠償法第2條第2項後段規定，被上訴人應就該等人員怠於移除系爭言論之消極不作為負國家賠償責任云云，顯無理由。至上訴人以國家賠償法第2條第2項前段為請求之依據，與其主張被上訴人不移除系爭言論之消極不作為事實，顯不相當，此部分亦無理由。3.被上訴人BBS站管辦法第4條、第16條、及台灣學術網路BBS站管理使用公約第1大項第1條……台灣學術網路BBS站管理使用公約第1大項第1條……僅係訓示規定，無強制課予被上訴人積極制約或移除系爭網站上不當言論義務之法律效果，自非民法第184條第2項所指「保護他人法律」；且被上訴人單純架設網路硬體設備之行為，通常並不會導致上訴人名譽受損之結果……，是上訴人縱受有損害，亦與被上訴人無相當因果關係，自無由成立侵權行為，上訴人主張被上訴人之受僱人違反保護他人之法律，致上訴人之名譽受損害，被上訴人應依民法第184條第2項前段、第188條第1項前段、第195條第1項之規定，負僱用人之侵權行為損害賠償責任，殊非有據。況系爭網站之站長或版主與被上訴人間……無實質僱傭契約關係，上訴人就此部分之主張，顯無理由。4.民法第191條之3所稱之「危險」，應僅限於特別危險、異常危險、高度危險或不合理危險……被上訴人架設網路硬體設備、建立校內網路體系之行為乃屬「社會通常行為」，即不具民法第191條之3所稱之「危險」，上訴人主張被上訴人應依該法條負侵權行為損害賠償責任，亦無理由。5.……有關BBS站發表言論內容之控管與移除，既缺法律授權，亦嚴重侵犯師生之言論自由，而因其言論受到名譽損害者，既得向發表言論之人為損害賠償請求，實無向被上訴人請求賠償之理由。況系爭網路言論……尚非子虛杜撰……為個人思想言論之範疇。……如任意刪除其言論……有無

侵害憲法所保障言論自由及比例原則，亦有探討餘地……。並於本院答辯聲明：上訴及追加之訴均駁回。

三、……本件應予審究之重要爭點厥為：上訴人依國家賠償法第3條第1項規定，請求被上訴人負國家賠償責任，有無理由？上訴人依國家賠償法第2條第2項規定，請求被上訴人負國家賠償責任，有無理由？上訴人依民法第184條第2項前段、第188條第1項前段、第195條第1項之規定，請求被上訴人負僱用人之侵權行為損害賠償責任，有無理由？上訴人依民法第191條之3前段之規定，請求被上訴人負損害賠償責任，有無理由？茲分述如下：

（一）上訴人依國家賠償法第3條第1項規定，請求被上訴人負國家賠償責任，有無理由：

　　1.按……家賠償法第3條第1項定有明文……係列舉規定，故生命、身體或財產以外之自由或權利受害者，自無國家賠償法第3條第1項之適用。

　　2.查本件上訴人既係主張因系爭網站之不實言論致其受有名譽之損害，……無國家賠償法第3條第1項之適用。是上訴人依此規定，請求被上訴人負國家賠償責任，即非有據。

（二）上訴人依國家賠償法第2條第2項規定，請求被上訴人負國家賠償責任，有無理由：

　　1.按……國家賠償法第2條第2項定有明文。其前段係規定國家或其他公法人因公務員之積極行為所生之國家賠償責任，後段則係規定因公務員之消極不作為所生之國家賠償責任。本件上訴人既主張因被上訴人之管理人員未盡管理責任之消極不作為所致，即非屬國家賠償法第2條第2項前段規範之範疇，是上訴人依國家賠償法第2條第2項前段之規定，主張被上訴人應負國家賠償責任，自不足取。

　　2.……被上訴人BBS站管理辦法及台灣學術網路BBS站管理使用公約等相關規定……其規範目的並非在保障個人權益，……亦難謂有保障特定人之意旨，顯見該等相關規定僅屬賦予主管機關推行公共事務之權限，且賦予主管機關作為或不作為之裁量權，是以被上訴人所屬管理人員縱有怠於執行職務之行為，亦無成立國家賠償法第2條第2項後段國家損害賠償之餘地。……。

（三）上訴人依民法第184條第2項前段、第188條第1項前段、第195條第1項之規定，請求被上訴人負僱用人之侵權行為損害賠償責任，有無理由：

　　1.按……民法第184條第2項前段定有明文。此所謂保護他人之法律者，係指以保護他人為目的之法律，亦即一般防止妨害他人權益或禁止侵害

他人權益之法律而言，最高法院86年度台上字第3076號裁判意旨足資參照。是以如非以保護他人為目的者，縱有違反，亦不成立民法第184條第2項前段之侵權行為損害賠償責任。

2.查台灣學術網路BBS站管理使用公約……，是該使用公約之制訂顯在網路資訊品質之維持，而非以保護個人權益為目的，即不屬一般防止危害權益或禁止侵害權益之法律。而被上訴人BBS站管理辦法……其訂立主旨亦在維護網路資訊品質……二者均與民法第184條第2項所指「保護他人之法律」有別，則系爭網站之站長、版主及被上訴人電算中心人員縱有違反此二規定之情事，亦無成立民法第184條第2項前段侵權行為之餘地，被上訴人自無依民法第188條第1項前段負僱用人之侵權行為損害賠償責任之可言。……。

（四）上訴人依民法第191條之3前段之規定，請求被上訴人負損害賠償責任，有無理由：

1.按……民法第191條之3定有明文。次按損害賠償之債，以損害之發生及有責任原因之事實，並二者之間，有相當因果關係為成立要件。故原告所主張損害賠償之債，如不合於此項成立要件者，即難謂有損害賠償請求權存在……。又所謂相當因果關係，係以行為人之行為所造成之客觀存在事實，依經驗法則，可認通常均可能發生同樣損害之結果而言；如有此同一條件存在，通常不必皆發生此損害之結果，則該條件與結果並不相當，即無相當因果關係。

2.查本件上訴人主張其名譽權受有貶損之事，係肇因於訴外人WAlUCC、lawpig、motif、pinang、GUM等人所為侵害其名譽權之言論。惟本件被上訴人架設建置上開區域網路中心之各項相關網路設備，衡諸常情，通常不必然發生損害上訴人名譽權之結果，是被上訴人設置相關網路設備之行為，與上訴人之損害間，並無相當之因果關係。是上訴人主張被上訴人提供硬體設備，供學校教職員工設立BBS站發表言論之活動，產生侵害上訴人名譽權之危險，上訴人確因此而受有名譽權之損害，被上訴人應依民法第191條之3前段之規定，負損害賠償責任云云，洵非有據。

五、綜上所述，上訴人依國家賠償法第2條第2項、第3條第1項、民法第184條第2項前段、第188條第1項前段、第195條第1項及第191條之3前段之規定，請求被上訴人應給付上訴人100萬1,000元，及自起訴狀繕本送達翌日起至清償日止按年息5%計算之利息，洵非正當，不應准許。原審就此部分為上訴人敗訴判決，經核並無違誤……應予駁回上訴。又上訴人於本院言詞辯論時提起

追加之訴，依民法第195條之規定請求被上訴人應於該校BBS站總入口爲如附表所示網站登載之內容係屬不實之聲明，亦非正當，不應准許，應併予駁回。……。

中　華　民　國　　九十　　年　　七　月　　二十六　　日

民事第○庭審判長　法　官

法　官

法　官

（三）臺灣高雄地方法院九十三年度訴字第二一六六號民事判決─第二審臺灣高等法院高雄分院九十五年度上字第二七號民事判決【見貳、一、（四）】

【主要爭點】

竊賊利用建築業者所架設之鷹架，侵入被害人住宅行竊，該架設鷹架之危險與原告之損害是否具有因果關係之合理蓋然性。

【事實摘要】

原告主張被告於建築工地架設鷹架後，未設置足以防止竊賊利用該鷹架攀爬至他處之設備，亦未於該建築工地設置大門，並派人管制，復未將超越原告所有土地上方之鷹架除去，以防範危險發生，致竊賊於民國九十三年七月三十一日二十一時許，利用該建築工地四樓鷹架侵入原告住處行竊，造成原告財物受損，身心受創，終日恐懼不安，而罹患反應性憂鬱症，被告之過失不作爲，幫助竊賊行竊，其與竊賊成立共同侵權行爲，爰依民法第一百八十四條第一項前段、第一百八十五條第一項、第二項、第一百九十一條及第一百九十一條之三等規定，請求被告賠償損害。

【解析】

依民法第一百九十一條之三之規定，被害人對工作或活動之「危險」及損害應負舉證責任，此需以具有因果關係的合理蓋然性判斷爲基礎，而非原告任意指稱之危險即可斷定因果關係。易言之，有否生損害於他人之危險，應以具有因果關係的合理蓋然性判斷，而非加害人任意指稱之危險即可斷定因果關係。本判決

未論述被告架設鷹架超越原告所有土地上方之行為，是否構成民法第一百九十一條之三所定之「危險」，即逕以原告不能證明失竊財物所有權之事實，及縱令其確因失竊而受有財物損害，其損害亦係因第三人即竊賊之竊盜行為所肇致，而非因建築物或工作物之設置或保管欠缺本身，或被告工作或活動之性質或其使用之工具或方法本身所生之損害，因之法院係以社會上一般日常生活之經驗判斷，被告架設鷹架與原告遭竊之損害並無因果關係之合理蓋然性，故無民法第一百九十一條之三之適用。

【裁判內容】

臺灣高雄地方法院民事判決九十三年度訴字第二一六六號

原　　　告　林○○

訴訟代理人　陳期福

　　　　　　李美慧律師

被　　　告　○大建設事業股份有限公司

法定代理人　洪○○

訴訟代理人　蘇志成律師

當事人間請求損害賠償事件，本院於民國94年12月2日言詞辯論終結，判決如下：

主　　文

原告之訴及其假執行之聲請均駁回。

訴訟費用由原告負擔。

事實及理由

一、原告主張：被告……於建築工地（下稱系爭建築工地）架設鷹架後並未設置足以防止竊賊利用該鷹架攀爬至他處之設備，亦未於該建築工地設置大門，又未於應設置之大門上鎖並派人管制，復未將超越原告所有土地上方之鷹架除去，致竊賊於民國93年7月31日21時許，由系爭建築工地4樓鷹架侵入……原告住處……行竊，被告對其因架設鷹架對於原告住處所生之危害，未為防範危險發生之行為，致竊賊利用該鷹架侵入原告住處，乃因過失不作為幫助竊賊侵入原告住處竊盜，使原告之財物遭竊、健康受損，爰依民法第184條第1項前段、第185條第1項、第2項、第191條、第191條之3及第195條之規定，提起本訴。原告遭竊之財物計有……共計受有財產上之損害7,000,000元，另原告因本件事件之影響，身心受創……受有財產上損害即醫

療費用9,455元，及非財產上之損害1,790,545元等語。並聲明：被告應給付原告2,500,000元及起訴狀繕本送達翌日起至清償日止，按週年利率百分之5計算之利息，並願供擔保，請准宣告假執行。

二、被告辯稱：系爭建築工地鷹架並未超越原告土地上方，竊賊係由系爭建築工地鷹架侵入原告住處，純屬假設性之推定，並無確切證據，……員警係於原告住處3樓陽臺上發現鞋印，縱令系爭建築工地4樓有2隻鷹架超越原告土地上方各30公分及45分，竊賊亦不可能經由系爭建築工地4樓鷹架踏至原告住處3樓陽臺欄杆……竊賊是否自系爭建築工地鷹架或以其他方法侵入原告住處，與損害之發生並無相當因果關係，另否認原告受有原告所稱失竊財物之損害，亦否認被告行為與原告損害間，有相當因果關係等語。並聲明：求為判決駁回原告之訴，如受不利之判決，願供擔保請准宣告免為假執行。

三、兩造不爭執事項：……。

四、本件之爭點：

（一）原告依民法第184條第1項、第185條第1項、第2項及第195條第1項之規定，請求被告賠償損害，有無理由？

（二）原告依民法第191條、第191條之3之規定，請求被告賠償損害，有無理由？

五、得心證之理由：

（一）原告依民法第184條第1項、第185條第1項、第2項及第195條第1項之規定，請求被當賠償損害，有無理由？

1.按損害賠償之債，以有損害之發生及有責任原因之事實，並二者之間，有相當因果關係為成立要件。故原告所主張損害賠償之債，如不合於此項成立要件者，即難謂有損害賠償請求權存在（最高法院48年臺上字第481號判例參照）。次按，民法第185條第1項所謂之數人共同不法侵害他人之權利，係指各行為人均曾實施加害行為，且各具備侵權行為之要件而發生同一事故者而言，是以各加害人之加害行為均須為不法，且均須有故意或過失，並與事故所生損害具有相當因果關係者始足當之；第2項所稱之幫助人，係指幫助他人使其容易遂行侵權行為之人，其主觀上須有故意或過失，客觀上對於結果須有相當因果關係，始須連帶負損害賠償責任（最高法院92年度臺上字第1593號判決足參）。再按，所謂相當因果關係，係以行為人之行為所造成之客觀存在事實，依經驗法則，可認通常均可能發生同樣損害之結果而言；如有此同一條件存在，通常不必皆發生此損害之結果，則該條件與結果並不相當，即無相當因

果關係；不能僅以行為人就其行為有故意過失，自認該行為與損害間有相當因果關係（最高法院90年度臺上字第772號判決足照）。

2.……原告於93年7月31日發現其住處遭致竊賊侵入而向高雄市政府警察局鼓山分局報案後，經警至原告住處勘查結果，於原告住處4樓陽臺及該陽臺與系爭建築工地相鄰之欄杆上發現成人鞋印，系爭建築工地4樓鷹架其中2隻，分別超越地界線30分及45公分，該陽臺與系爭建築工地鷹架距離約為85公分……足見……上揭時日確有人自系爭建築工地踩踏原告住處4樓陽臺之欄杆及該陽臺侵入原告住處……。

4.……原告雖提出失竊物品清單1紙及攝有原告結婚時配戴金飾之照片2幀為證……惟查，上開失竊物品清單1紙，原係原告所制作，與原告個人之主張無殊……原告主張上述原告所稱失竊財物之所有權遭致侵害等語，自難採信。……建築工地施工時，縱有架設鷹架後並未設置足以防止竊賊利用該鷹架攀爬至他處之設備，亦未於該建築工地設置大門，又未於應設置之大門上鎖並派人管制，復未將超越他人土地上方之鷹架除去，依經驗法則，亦難認通常均可能發生竊案，遑論是否發生幫助竊賊侵害他人所有權，致他人受有同樣損害之結果，自難謂被告系爭不作為，與損害結果之發生，有何相當因果關係存在。……不足以證明有被告系爭不行為所造成之客觀存在事實，依經驗法則，可認通常均可能發生同樣損害之結果之相當因果關係存在。

5.……雖足認被告之健康確因上揭竊案而受侵害。然查，建築工地施工時，縱有架設鷹架後並未設置足以防止竊賊利用該鷹架攀爬至他處之設備，亦未於該建築工地設置大門，又未於應設置之大門上鎖並派人管制，復未將超越他人土地上方之鷹架除去，依經驗法則，尚難認通常均可能發生竊案，已如前述，且……縱有竊案之發生，依經驗法則，亦難認通常竊案之被害人均可能發生反應性憂鬱症之同樣損害之結果，遑論被告系爭不作為是否發生幫助竊賊侵害他人之健康，致他人受有同樣損害之結果，亦難謂被告系爭不作為，與原告之健康受侵害所生之財產上之損害及非財產上之損害，有何相當因果關係存在。

6.……所謂因自己之行為致有發生一定損害之危險，仍以自己之行為，與發生一定損害之危險，有相當因果關係存在為必要……本件被告系爭不作為，既與原告所稱失竊財物之所有權及其健康被侵害之間，並無相當因果關係存在……，自難謂被告系爭不作為，與原告之損害間有因果關係，應負不作為侵權行為損害賠償責任。

7.……縱令被告對於系爭不作為，確有過失，原告對於被告亦無損害賠償請求權存在，原告主張依民法第184條第1項、第185條第1項、第2項及第195條第1項之規定，請求被告賠償上開財產上之損害及非財產上之損害，自屬無據。

（二）原告依民法第191條、第191條之3之規定，請求被告賠償損害，有無理由？

1.按……民法第191條第1項本文、第191條之3本文雖分別定有明文，惟同法第191條第1項本文之規定乃針對工作物之所有人對於土地上之建築物或其他工作物之設置或保管欠缺本身所生之損害，應負賠償責任之規定，同法第191條之3本文之規定，則係針對經營一定事業從事其他工作或活動之人，其工作或活動之性質或其使用之工具或方法本身所致之損害，應負賠償責任之規定，此觀諸同法第191條第1項但書規定損害非因設置或保管有欠缺者不在此限，同法第191條之3但書規定損害非由於其工作或活動或其使用之工具或方法所致者不在此限自明。

2.查本件原告縱令確因上揭住處失竊而受有損害，其損害亦係因第三人即竊賊之竊盜行為所肇致，而非因建築物或工作物之設置或保管欠缺本身，或被告工作或活動之性質或其使用之工具或方法本身所生之損害，原告主張依民法第191條第1項、第191條之3之規定請求被告賠償其損害，於法尚有未合。

六、從而，原告本於民法第184條第1項前段、第185條第1項、第2項、第191條第1項、第191條之3.第195條之規定，請求被告賠償2,500,000元及起訴狀繕本送達翌日起至清償日止，按週年利率百分之5計算之利息，尚屬無據，應予駁回。又原告之訴既經駁回，其假執行之聲請，亦失所附麗，應併予駁回。……。

中　華　民　國　九十四　年　十　二　月　十　六　日

民事第○庭　法　官

（四）臺灣高等法院高雄分院九十五年度上字第二七號民事判決——第一審臺灣高雄地方法院九十三年度訴字第二一六六號民事判決【見貳、一、（三）】

【主要爭點】

　　竊賊利用建築業者架設之鷹架，侵入被害人住宅行竊，該架設鷹架之危險與原告之損害是否具有因果關係之合理蓋然性。

【事實摘要】

　　上訴人主張被上訴人於建築工地架設鷹架後，未設置足以防止竊賊利用該鷹架攀爬至他處之設備，亦未於該建築工地設置大門，並派人管制，復未將超越上訴人所有土地上方之鷹架除去，以防範危險發生，致竊賊於民國九十三年七月三十一日二十一時許，利用該建築工地四樓鷹架侵入上訴人住處行竊，造成原告財物受損，身心受創，終日恐懼不安，而罹患反應性憂鬱症，被上訴人之過失不作為，幫助竊賊行竊，其與竊賊成立共同侵權行為，爰依民法第一百八十四條第一項前段、第一百八十五條第一項、第二項、第一百九十一條及第一百九十一條之三等規定，請求被上訴人賠償損害。

【解析】

　　本判決仍未論述被告架設鷹架超越原告所有土地上方之行為，是否構成民法第一百九十一條之三所定之「危險」，惟肯認第一審之判決所認被告架設鷹架與原告遭竊之損害並無因果關係之合理蓋然性，而無民法第一百九十一條之三之適用。

【裁判內容】

　　臺灣高等法院高雄分院民事判決九十五年度上字第二七號
　　　　上　訴　人　林○○
　　　　訴訟代理人　李美慧律師
　　　　　　　　　　李玲玲律師
　　　　　　　　　　何俊墩律師
　　　　被上訴人　　○大建設事業股份有限公司

　　　　　法定代理人　洪○○

　　　　　訴訟代理人　蘇志成律師

　　上列當事人間請求損害賠償事件，上訴人對於民國94年12月16日臺灣高雄地方法院93年度訴字第2166號第一審判決提起上訴，本院於95年5月2日言詞辯論終結，判決如下：

　　　　　主　　文

　　上訴駁回。

　　第二審訴訟費用由上訴人負擔。

　　事實及理由

一、上訴人起訴主張：被上訴人於……興建房屋時，就所架設鷹架並未設置足以防止竊賊利用該鷹架攀爬至他處之設備，亦未於該工地設置管制措施，復未將超越伊房屋基地上方之鷹架除去，致……竊賊於民國93年7月31日21時許，利用工地之鷹架侵入伊住處行竊，致伊之受有金元寶等飾及現金等共計新台幣（下同）70萬元之損失，伊並因而身心受創，罹患反應性憂鬱症，此均與被上訴人疏未注意盡其上開防範措施之不作為行為間，有相當之因果關係。爰依民法第184條第1項前段、第185條第2項、第191條、第191之3及第195條之規定，提起本訴。並聲明求為命被上訴人給付財物損失70萬元、醫療費用9,455元及非財產上之損害1,7900,545元，合計250萬元，並加計自起訴狀繕本送達翌日起算法定遲延利息，且願供擔保為假執行之判決。

二、被上訴人則以：工地鷹架並未超越上訴人所有土地之上方……且伊搭建鷹架之目的在於防範因施工行為所造成之毀損，並非在防範盜賊之利用，即與上訴人遭竊間並無相當因果關係存在；另否認上訴人受有其所稱失竊財物之損害，亦否認上訴人之憂鬱症與住宅遭竊間，有相當因果關係等語，資為抗辯。

三、原審經審理結果，駁回上訴人全部請求，上訴人就其中部分提起上訴，並於本院聲明：（一）原判決關於駁回上訴人後開第二項之訴部分廢棄。（二）被上訴人應給付上訴人151萬元，及自起訴狀繕本送達翌日起至清償日止，按年息5%計算之利息。（三）第一、二審訴訟費用由被上訴人負擔。（四）願供擔保為假執行。被上訴人則聲明：（一）上訴駁回。（二）第二審訴訟費用由上訴人負擔。

四、兩造爭執及不爭執事項：

（一）不爭執部分：……。

（二）爭執部分：

1.本件竊盜之發生是否係利用被上訴人所搭建之鷹架而侵入。

2.如爲上開情形，被上訴人是否有過失而應負賠償之責任。

3.被上訴人是否應依民法第191條、第191條之3之規定負責。

4.若被上訴人應負賠償責任，上訴人得求償之金額爲若干。

5.上訴人就損害之發生是否與有過失。

五、本件竊盜之發生是否係利用被上訴人所搭建之鷹架而侵入部分：

（一）經查……竊賊所留存之鞋印位置係在4樓鷹架與4樓陽台欄杆之最接近處，且該樓層之鷹架與陽台欄杆間之距離僅約85公分，則就鞋印位置與相關距離爲研判，應可認定竊賊確有自建築工地利用該鷹架而侵入上訴人之住處4樓……，則上訴人此部分主張，應非憑空推測或假設，堪認與事實相符，而可採信。

（二）……本院認竊賊確係利用鷹架攀登侵入行竊，係依相關事證爲依據，並非憑空推測或假設……。

六、如爲上開情形，被上訴人是否有過失而應負賠償之責任部分：

（一）按損害賠償之債，以有損害之發生及有責任原因之事實，並二者之間，有相當因果關係爲成立要件。故原告所主張損害賠償之債，如不合於此項成立要件者，即難謂有損害賠償請求權存在……。次按民法第185條第1項所謂之數人共同不法侵害他人之權利，係指各行爲人均曾實施加害行爲，且各具備侵權行爲之要件而發生同一事故者而言，故各加害人之加害行爲均須爲不法，且均須有故意或過失，並與事故所生損害具有相當因果關係者始足當之；而同條第2項所稱之幫助人，係指幫助他人使其容易遂行侵權行爲之人，其主觀上須有故意或過失，客觀上對於結果須有相當因果關係，始須連帶負損害賠償責任。再者，所謂相當因果關係，係以行爲人之行爲所造成之客觀存在事實，依經驗法則，可認通常均可能發生同樣損害之結果而言；如有此同一條件存在，通常不必皆發生此損害之結果，則該條件與結果並不相當，即無相當因果關係。

（二）……建築工地設置鷹架之目的，除在於使高樓層之施工作業較爲順利方便外，主要係在於防止施工過程中因物料之飛散或掉落而造成他人身體或物品之損害，屬維護建築物施工過程中之公共安全、公共交通及公共衛生之防範措施，尚難認係針對第三人得否利用該設施以施行其不法侵害行爲之保護規範，此從建築法第63條規定：……第66條規定：……及高雄市建築施工注意事項第17點：……之規定，均係著重於對因建築物料散落所可能造成毀損之公共危險之預防爲目的，即可得佐證……。

（三）申言之，鷹架設置之目的係在於防範施工過程中對公共安全、交通及衛生造成之危險或損害，並非在於防範第三人利用該設施以遂行其不法行為時所產生之危害，第三人利用該設施所為之不法侵害行為，既非該設施防範之目的，則其所可能衍生之利益，即屬該規定所衍生之反射利益，而非該規定欲規範之保護利益，自不得就反射利益所生之損害，據以請求賠償。就此而言，建築物或工作物之設置者，在經驗法則上，對第三人未經同意而利用該設施之行為既無預見之可能，則該第三人不法利用行為所造成之損害，即與該設施之完善或有欠缺間，並無相當因果關係存在。……依一般社會通念之經驗法則而言，亦難認通常均可能發生第三人會利用該設施為行竊手法之結果，自難認與上訴人之遭行竊間有相當因果關係存在……否則，豈非要求行為人應就其無從預見之第三人不法利用行為負賠償責任，此顯與法律規範之價值取捨相違背。……。

（四）至上訴人雖主張依建築法第26條第2項規定：……則被上訴人自應就其鷹架設施之欠缺致遭竊賊利用所造成之損害負責。但上開條文僅為宣示性之說明，並非得據為請求損害賠償之依據……。

七、被上訴人是否應依民法第191條、第191條之3之規定負責部分：

（一）按……民法第191條及第191條之3固分別定有明文。然就上條文規定應負責之事由及免責之規定對照觀之，民法第191條係就工作物之所有人對於土地上之建築物或其他工作物之「設置或保管欠缺本身」所生之損害，應負賠償責任之規定，而同法第191條之3則係針對經營一定事業從事其他工作或活動之人，「其工作或活動之性質或其使用之工具或方法本身」所致之損害，應負賠償責任之規定，並非泛指所有可能之損害均在應負賠償責任之範圍內。

（二）再者，凡因自己之行為致有發生一定損害之危險時，應負有防範該危險發生之義務。如就防範危險之發生，有作為之義務而不作為，致他人之權利受損害時，其不作為與損害間即有因果關係，亦應負賠償責任。惟所謂因自己之行為致有發生一定損害之危險，仍應以自己之行為與發生一定損害之危險間，有相當因果關係存在為必要……。

（三）經查，本件上訴人雖因住處遭竊賊侵入而受有損害，但其損害之發生係因竊賊之竊盜行為所致，並非因被上訴人所搭建鷹架之設置或保管有欠缺，或被上訴人之建築工作或活動之性質或其使用之工具或方法本身所生之損害。亦即第三人縱利用被上訴人搭建之鷹架在設置或保管之欠缺，而進行其不法侵害行為，其侵害行為所造成之損害，與建築物或工作物本身因設

置或保管之欠缺所直接造成之損害，或因工作活動性質或其使用之工具或方法本身所直接發生之損害，並非相同之概念。前者（即竊賊造成之損害），屬具有因果關係之直接損害，符合損害賠償之因果關係要件；後者（即鷹架設置或管理欠缺致遭竊賊利用為行竊之手段或方法），屬具有條件性質之間接因果關係，並不符合損害賠償之因果關係要件，則依上訴人主張之原因事實，即與上開民法第191條及第191條之3規定之賠償要件不符，其據以請求賠償，自難准許。……。

八、綜上所述，本件上訴人主張竊賊係利用鷹架侵入其住處行竊，雖屬事實，但被上訴人所搭建之鷹架遭竊賊利用不法侵入行竊，並非被上訴人搭建所得防範之危險，竊賊之行竊致上訴人受有損害與被上訴人搭建之鷹架是否有欠缺間，並無相當因果關係存在，上訴人請求被上訴人賠償，即無所據。被上訴人抗辯因無相當因果關係存在而無賠償義務，應可採信。從而，上訴人本於民法第184條第1項前段、第185條第2項、第191條、第191之3及第195條之規定，請求被上訴人賠償151萬元之本息，為無理由，不應准許。原審基此為上訴人敗訴之判決及駁回其假執行之聲請，並無違誤。上訴意旨指摘原判決不當，求予廢棄改判，為無理由，應予駁回。……。

中　華　民　國　九十五　年　五　月　十六　日
民事第○庭審判長　法　官
　　　　　　　　　法　官
　　　　　　　　　法　官

（五）臺灣嘉義地方法院九十五年度訴字第四五七號民事判決─第二審：臺灣高等法院臺南分院九十六年度上字第一七四號【見壹、二、（一）】

【主要爭點】

廟宇舉辦慶典時燃放爆竹煙火，而未設有安全管制措施，以照管爆竹、煙火，是否屬於民法第一百九十一條之三所定之危險工作或活動。

【事實摘要】

原告主張被告○○宮、爐主朱○○及頭家郭○○於民國九十三年九月二十八

日舉辦中秋節祭祀及慶典活動時，竟允許信徒將引信、爆竹、煙火任意置放於人群隨時可得接觸之廟旁，而未指定專人照管，亦未採取隔離人群之安全管制措施，提供專用施放爆竹與煙火之場所，違反嘉義縣爆竹煙火施放管制自治條例第五條至第八條等規定，復因其將大頭香置於其旁，致原告在同日晚間十時四十分許，以大頭香點燃爆竹、煙火而受傷，爰依民法第一百八十四條第一項、第二項及第一百九十一條之三等規定，請求被上訴人○○宮、爐主朱○○及頭家郭○○連帶負損害賠償責任。

【解析】

一、民法第一百九十一條之三之危險工作或活動，除須具有「高度」、「不合理」、「特殊」及「異常」等特徵外，更應具有能獲利、加害人對該危險得予掌控及避免、危險可藉由保險分散及由被害人舉證顯屬不公平等要件。本判決未論述本件事實是否構成「危險性」之要件，僅以被害人之受傷係因自己點燃煙火後，復折返煙火處近距離查看，致遭向上竄射之煙火炸傷，核與爆竹之管理欠缺行為並無相當因果關係，而否准其請求。

二、查本條立法理由所載之例示中，雖將「燃放焰火」包括於危險之範圍內，惟由本件事實觀之，廟宇使用爆竹與煙火固具危險性，惟此僅係信徒用於表達慶祝之意，被告並無藉此獲取利益之意思，應認無民法第一百九十一條之三之適用。惟如原告主張被告違反嘉義縣爆竹煙火施放管制條例第五條至第八條關於施放爆竹煙火種類及施放時間之管制及許可規定一節屬實，且該等法規係屬保護他人之法律，則被告之行為已符合民法第一百八十四條第二項推定過失之要件，似非僅屬違反行政法規而依爆竹煙火管理條例第二十七條負罰鍰行政責任之問題而已。但須進一步調查認定者係被告之行為與被害人受傷間是否具有相當因果關係。

三、原告嗣上訴第二審台灣高等法院台南分院以九十六年度上字第一七四號判決認為本件僅係祭拜福德正神之廟會活動及慶典，燃放煙火並非其主要活動，亦無獲利之可能性，且被告屬一般之廟宇，並非危險事業，自無所謂「可容許之危險」即行為人未遵守各該危險事業所定規則之適用。又衡諸一般事理及經驗法則，被害人所受之傷勢係遭一般爆竹煙火而非高空煙火所傷，亦無違反上開保護他人之法律。況被告之行為與被害人受傷間不具有相當因果關係，因而駁回原告之上訴。

【裁判內容】

臺灣嘉義地方法院民事判決九十五年度訴字第四五七號
　　　　原　　　告　曾鐘○
　　　　法定代理人　曾賴○
　　　　　　　　　　曾天○
　　　　訴訟代理人　蔡碧仲律師
　　　　複 代 理 人　陳偉展律師
　　　　被　　　告　○○宮
　　　　法定代理人　楊譄○
　　　　被　　　告　朱○○
　　　　　　　　　　郭○○
　　　　前 二 人
　　　　訴訟代理人　葉天祐律師

上列當事人間請求損害賠償事件，本院於民國96年7月9日言詞辯論終結，判決如下：

　　　　主　　　文

原告之訴及假執行之聲請駁回。

訴訟費用由原告負擔。

　　　　事實及理由

壹、原告起訴聲明：1.被告應連帶給付原告新臺幣（下同）3,000,000元及自起訴狀繕本送達之翌日起至清償日止，按週年利率5%計算之利息。2.願供擔保，請准宣告假執行，而主張下列各情：

一、被告○○宮於民國93年9月28日舉辦中秋節祭祀及慶典活動，被告朱○○、郭○○依序為被告○○宮該年度之爐主、頭家，並主辦該年度中秋節祭祀及慶典活動。被告允許信徒將引信、爆竹、煙火任意置放於廟旁，竟未指定專人照管，並將大頭香置於該處，致原告在同日晚間10時40分許，以大頭香點燃置於該處之爆竹、煙火而致臉部多處撕裂傷併鼻淚管破裂、左側上額骨骨折、左眼視力僅餘0.01。被告允許信徒將爆竹、煙火、引信置於人群隨時可得接觸之處，而未採取提供專用施放爆竹與煙火場所、隔離人群之安全管制措施，且違反嘉義縣爆竹煙火施放管制自治條例第5條至第8條規定，故被告應依民法第191條之3規定對原告……負侵權行為損害賠償責任。

二、對被告抗辯之陳述：

　　被告○○宮雖未辦理法人登記亦未依監督寺廟條例向嘉義縣政府民政局辦理寺廟登記，然此尚不得謂被告○○宮不具當事人能力。

貳、被告聲明：1.原告之訴及假執行之聲請駁回，2.如受不利判決，願供擔保請准宣告免為假執行，而以下列情詞置辯：

一、被告○○宮並無一定之組織、事務所、代表人或管理人、獨立財產，故無當事人能力，原告起訴為不合法。

二、事發當日廟旁之爆竹、煙火係由信徒而非由被告所置放。原告係自行拿取廟前之大頭香點燃爆竹煙火，見爆竹煙火未點燃復折返原處查看而遭炸傷，故原告受傷係己之過失所致，被告朱○○、郭○○並無過失亦與被告2人行為間無相當因果關係。縱認被告應負損害賠償責任，原告亦與有過失，而應依民法第217條第1項規定減免賠償金額。

參、兩造不爭執事項：……。

肆、兩造爭執事項：

一、被告○○宮有無當事人能力。

二、被告應否依民法第191條之3規定負損害賠償責任。

三、原告是否與有過失。

　　爰就上開爭點分敘如下：

（一）……被告○○宮並未辦理法人登記，亦未……辦理寺廟登記……。而被告○○宮並無獨立之財產，僅於每年祭祀或慶典活動，臨時向附近居民或信徒勸募善款以供為活動費用；參以被告○○宮並非具一定目的之組織，依上開最高法院判決要旨，並不符非法人團體之要件，被告○○宮自不具當事人能力。而當事人能力固為法院依職權調查事項，然此並不包括證據之職權調查在內，當事人仍應負舉證責任……。原告僅空泛主張被告○○宮具當事人能力云云，而未舉證以實其說，故此部分主張即不可採，是原告此部分訴訟為不合法，應予駁回。況縱認被告○○宮有當事人能力，然因被告○○宮並非權利主體……無損害賠償責任之侵權行為責任能力，故原告對之起訴請求侵權行為損害賠償，依法未合，亦屬無理由。

（二）……民法第191條之3定有明文。侵權行為損害賠償之債，須損害之發生與加害人之故意或過失加害行為間有相當因果關係，始能成立。……經查：……縱認被告朱○○、郭○○就損害發生之防止未盡善良管理人注意而有過失，然原告之受傷係因己點燃煙火後復折返煙火處近距離查看而遭向上竄射之煙火炸傷所致，與被告朱○○、郭○○管理欠缺之行為並無相當因果關係。而被告2人過失傷害之刑事案件，亦……以原告受傷係因己

之折返點燃煙火處查看煙火是否點燃之過失行為所致，與被告2人行為間無相當因果關係為由，認定被告2人並無過失行為，而為被告2人不起訴處分確定。而縱認原告所主張被告朱○○、郭○○違反嘉義縣爆竹煙火施放管制條例第5條至第8條關於施放爆竹煙火種類及施放時間之管制及許可規定一節屬實，然其僅屬被告2人違反行政法規而應依爆竹煙火管理條例第27條負罰鍰行政責任之問題，惟尚不得僅憑此即遽認被告2人行為與原告受傷間有相當因果關係，故原告此部分主張，亦無可採。

（三）綜前所述，被告○○宮未具當事人能力，且其無權利能力，故無侵權行為責任能力，被告朱○○、郭○○縱對損害之防止未盡善良管理人之注意，然其過失行為亦與原告受傷間無相當因果關係，故原告本件請求不符民法第191條之3規定之構成要件，其依民法第191條之3之法律關係請求被告連帶給付……，為無理由，應與其假執行之聲請併予駁回。……。

中　華　民　國　九十六　年　七　月　二十三　日
民○庭　法　官

（六）臺灣臺中地方法院九十二年度勞訴字第一一七號民事判決

【主要爭點】

化學工廠使用列管之毒性化學物質三氯化磷，其工廠爆炸與被害人死亡是否具有因果關係。

【事實摘要】

原告主張其子李○○即○○行之負責人承攬被告○○化學股份有限公司工廠內之鍋爐塑膠配管更換維修工程，於民國九十年八月十七日進廠維修時，適工廠停工，其內鹽酸槽TV－二內蓄積列管之毒性化學物質可燃性氣體三氯化磷未完全清除，屬有生損害於他人之危險，被告盧○○為該公司之負責人，被告陳○○則為廠長，各自為公司負責監督工地作業及安全管理，竟違反保護他人之勞工安全衛生法第十七條及第十八條之注意義務，未告知有關事業工作環境之危害因素及應採取之措施，致該殘留之可燃性氣體三氯化磷爆炸，繼而擴大燃燒，造成李○○當場死亡，爰依民法第一百八十四條第二項、第一百八十八條第一項及第一百九十一條之三之規定，請求被告負連帶損害賠償責任。

【解析】

一、本判決未就被告化學公司所經營之事業，其工作或活動之性質，或其使用之工具或方法是否有生損害他人之危險性加以論述。

二、依民法第一百九十一條之三但書之規定，被害人僅須證明被告之工作或活動之性質或其使用之工具或方法有生損害於他人之危險性，即推定與損害之發生有因果關係，此乃因本於此危險即有相當程度發生損害之可能性。惟原告對於危險存在之舉證，仍須具有因果關係之蓋然性。本判決認為縱使被告○○化學股份有限公司所經營之事業包括橡膠化學品、電子化學品、有機磷系耐燃劑及修正液之生產與銷售，及有關化學品及機械之進口業務等，且該公司所使用之列管有毒化學物質三氯化磷與水、醇或可燃性有機物接觸會造成火災及爆炸而有危險性屬實，因被害人進廠維修時，工廠係屬停工狀態，尚難認為該化學公司之事業活動尚在繼續，即使有反應未完全之三氯化磷亦應屬微量，且不具可燃性，不可能發生爆炸，足見本件爆炸事故與被告使用三氯化磷無關，即被告已證明損害非由於其工作或活動或其使用之工具或方法所致，自不負民法第一百九十一條之三之責任。是使用列管之有毒化學物質三氯化磷雖有生損害於他人之危險性，然因爆炸與被告○○化學股份有限公司使用三氯化磷並無因果關係，則使用三氯化磷與爆炸間因果關係之推定即被推翻，而無民法第一百九十一條之三之適用。又因果關係之推定既被推翻，被告當然不無可能構成民法第一百八十四條第一項、第二項及第一百八十八條之責任。

三、本件如先論斷被告化學公司所營事業具有危險性，而被害人係於其工作中因工廠不明原因（現場已不存在，而鑑定結果係爆炸原因不明）之爆炸而死亡，則依民法第一百九十一條之三推定過失及推定因果關係之結果，被告是否有能力舉證推翻該因果關係及過失之推定，並非無疑。

【裁判內容】

臺灣臺中地方法院民事判決九十二年度勞訴字第一一七號

原　　　告　李○○
訴訟代理人　曾慶崇律師
複代理人　郭琨隆
　　　　　林伸全律師
　　　　　王德凱律師

被　　　告　　○○化學股份有限公司

法定代理人　　王○○

被　　　告　　陳○○

　　　　　　　盧○○

　　右當事人間請求職業災害賠償事件，經本院於民國九十三年八月四日言詞辯論終結，判決如下：

　　　　主　　文

原告之訴及假執行之聲請均駁回。

訴訟費用由原告負擔。

　　　　事　　實

一、原告方面：

（一）被告○○化學股份有限公司（以下簡稱○○公司）所經營之事業包括橡膠化學品、電子化學品、有機磷系耐燃劑及修正液之生產與銷售，及有關化學品及機械之進口業務等，爲從事危險性極高之化學工廠活動，具有專業知識，應注意防止災害之發生，原告之子李國成即璟豐行之負責人承攬被告○○公司工廠內之鍋爐塑膠配管更換維修工程，於民國九十年八月十七日進廠維修時，因該工廠內鹽酸槽TV－二內蓄積可燃性氣體三氯化磷，而三氯化磷屬於列管之毒性化學物質，該物質與水、醇或可燃性有機物接觸會造成火災及爆炸，被告○○公司復申請許可輸入三氯化磷作爲工業原料，是其使用之工具或方法應屬有生損害於他人危險，而李國成至現場維修時，工廠爲停工狀態，自有可能因管路中殘留過多反應未完全或尙未反應之三氯化磷，致該工廠之鹽酸槽內所蓄積之可燃性氣體，因未完全清除而爆炸，繼而擴大燃燒，造成李國成當場死亡，被告盧○○爲被告○○公司之負責人，被告陳○○爲被告○○公司大甲廠……之廠長，各自爲公司負責監督工地作業情形及安全管理，均爲從事業務之人，李國成則另雇勞工一起擔任鍋爐塑膠配管更換維修工作……對於工廠內具有上開危險，被告盧○○及陳○○未告知有關事業工作環境之危害因素及有關安全衛生規定應採取之措施……違反勞工安全衛生法第十七條、第十八條之注意義務，均有違反保護他人之法律，致生損害於他人，依照民法第一百八十四條第二項自應負賠償責任，被告○○公司爲被告盧○○、陳○○之僱用人，依照民法第一百八十八條第一項之規定，應與被告盧○○、陳○○負連帶賠償責任。再者，被告之情形亦符合民法第一百九十一條之三之規定情形……原告自得請求被告……負連帶損害賠償責任。

（二）茲就原告所受損害詳列如後：

　　1.醫療費用部分：……。

　　2.殯葬費部分：……。

　　　(1)扶養費用部分：……。

　　　(2)慰藉金部分：……。

（三）綜上所述，故聲明請求被告連帶給付原告二百八十四萬三千三五十四元，及自起訴狀繕本送達被告翌日起至清償日止，按年息百分之五計算之利息。願供擔保請准宣告假執行。

二、被告方面：

（一）……被告○○公司當日為停工狀態，並無任何工作或活動，或使用之工具或方法導致李國成死亡，是被告不應負擔民法一百九十一條之三之一般事業危險之損害責任。

（二）……被告○○公司之生產工作性質並無危險性，且本件災害原因不明，與被告之事業生產無關連性，即災害之發生與被告事業之生產並無相當因果關係。

（三）被告盧○○、陳○○因本件事故牽涉之刑事過失致死案件，業經……判決無罪確定，足見被告已證明損害非由於被告之工作或活動所致，及被告已盡相當之注意，且尚難認為被告盧○○、陳○○二人有違反勞工安全衛生法第十七條、第十八條之注意義務，且縱認已依上開條文善盡告知義務及採取必要措施，仍未能避免發生本件災害發生之結果，顯然可以推知系爭損害非由於被告○○公司之工作性質或使用之工具、方法所致。

（四）原告之子李國成負責出售、安裝及維修被告○○公司之鍋爐配管等事務，相關之注意義務及控制危險能力，遠勝被告陳○○，原告反而要求被告負擔一般危險事業責任，顯非有理。

（五）原告對被告請求之……費用……似屬過高……。

（六）綜上所述，聲請：駁回原告之訴及假執行之聲請。

三、法院得心證之理由：

（一）……。

（二）次查，環豐行之負責人李國成於與其所僱用之勞工蔡宗和一起擔任鍋爐塑膠配管更換維修工作時，○○公司亦分別指派該公司員工……在維修工地內，以電銲槍做成鐵架置在已更換之管線下以為支撐，並將鐵架固定在地上，重新做支撐管架之工程，○○公司員工施工時，李國成則在二樓更換管線，其各自施工，沒有互相聯繫，施工前亦未依勞工安全衛生法規定採

取設置協議組織，並指定工程場所負責人擔任指揮及協調工作；工作之連繫與調整；工作場所之巡視；相關承攬事業間之安全衛生之指導及協助；其他為防止職業災害之必要項目等必要措施一情……參酌卷附行政院勞工委員會九十年六月十八日（九○）臺勞檢一字第○○二八三二五號函暨附件「加強勞工安全衛生法第十七條及第十八條檢查注意事項」三、作法（二），所載：勞工安全衛生法第十六條規定承攬人亦應負雇主責任，並未規定原事業單位可免負雇主責任。原事業單位及承攬人所僱勞工於共同作業、具共同危險狀況下，如衛生安全防護未符合法令規定（如樓梯開口未設護欄具共同危險），即認定各該雇主均違反規定等語，及行政院勞工委員會八十一年一月六日臺八一勞安三字第三四一四四號函：「事業單位與承攬人、再承攬人分別僱用勞工於同一期間、同一工作場所從事工作，不論施工期間長短或作業活動之場所是否經常出入，如有重疊部分，均屬同一期間或同一工作場所之範疇」所示意旨，應認被告等仍須負勞工安全衛生法第十七條、第十八條之注意義務無訛。

（三）……行政院勞工委員會中區勞動檢查所認定：事業單位（即被告○○公司）於交付承攬時未事前告知承攬人有關工作環境、危害因素暨勞工安全衛生法有關安全衛生規定應採取之措施，違反勞工安全衛生法第十七條規定……惟查，本件災害之發生原因，依臺中縣消防局之火災調查報告書係認定：依「現場燃燒後狀況」分析，研判鹽酸槽TV－二附近應為最初起火點。本案起火原因不排除鹽酸槽內蓄積可燃性氣體，後為火源或不明狀況下而引爆，繼而擴大燃燒之可能性……然依行政院勞工委員會中區勞動檢查所卻認本件災害直接原因：係因更換聚丙烯舊管使用熱封機引燃管路殘留三氯化磷燃燒造成管路破裂鹽酸洩出致勞工蔡宗和受有化學性灼傷等情……則就本件災害發生之原因，上開二單位之鑑定結果已有不同，而經本院……送請中央警察大學……再行鑑定，其結果則謂……三氯化磷為一不燃性之液體，與水可激烈反應成鹽酸及亞磷酸，在火焰中亦可分解成鹽酸、磷酸及三氯化磷，而三氫化磷則有自燃之可能，本次火災係因更換石墨吸收塔之管線造成，然此管線內應為鹽酸氣，而非三氯化磷，即使有反應未完全之三氯化磷亦應屬微量，況且其具不燃性，故中區勞動檢查所之研判尚待進一步查證。……但現場有爆炸之事實，因此究係何位置、何物質、何種情形爆炸，應有進一步調查之必要……綜合上開鑑定意見，可知本件災害之發生原因已難認定……，實難以此認定本件結果之發生與被告盧○○及陳○○上開注意義務之違反有何相當因果關係……則應認縱被告

等已依該勞工安全衛生法第十七條、第十八條之規定盡該事前告知，及採取設置協議組織，並指定工程場所負責人擔任指揮及協調工作；工作之連繫與調整；工作場所之巡視；相關承攬事業間之安全衛生之指導及協助；及其他為防止職業災害之必要項目等必要措施，仍未能避免發生本件災害發生之結果。是本件尚難以被告盧○○及陳○○違反勞工安全衛生法第十七條、第十八條之規定，而認為即與原告之子李國成之死亡結果間有何相當因果關係，原告主張李國成係因被告盧○○、陳○○違法保護他人之法律致死，尚非有據。

（四）再按……民法第一百九十一條之三定有明文，其立法理由乃因為使被害人獲得周密之保護，請求賠償時，被害人只須證明加害人之工作或活動之性質或其使用之工具或方法，有生損害於他人之危險性，而在其工作或活動中受損害即可，不須證明其間有因果關係。但加害人能證明損害非由於其工作或活動或其使用之工具或方法所致，或於防止損害之發生已盡相當之注意者，則免負賠償責任，以期平允，爰增訂本條。……惟查，本件原告之子李國成即環豐行之負責人承攬被告○○公司工廠內之鍋爐塑膠配管更換維修工程，於九十年八月十七日進廠維修時，當時工廠係屬停工狀態，此亦為兩造所不爭執，足見有關鍋爐塑膠配管更換時，被告○○公司所經營事業係處於停工狀態，故尚難認為被告○○公司之事業活動尚在繼續，……足見本件發生爆炸事故，並與被告使用三氯化磷乙節無關，……本院審酌中央警察大學為最後鑑定單位，其鑑定過程並先參酌臺中縣消防局、行政院勞工委員會中區勞動檢查所之鑑定報告結果，所為之鑑定報告較為確實詳盡，是相較之下，自應以中央警察大學之鑑定結果，較可採信，是被告引用上開鑑定報告之結果，堪認其已證明損害非由於其工作或活動或其使用之工具或方法所致，原告主張被告未盡舉證責任云云，應屬無據。

（五）綜上所述，原告之主張既非有據，其請求自無理由，均應予駁回。其假執行之聲請，亦失所依附，應併予駁回。……。

中　華　民　國　九十三　年　八　月　二十　日

臺灣臺中地方法院勞工法庭　法　官

二、判決逕認無過失

（一）臺灣臺南地方法院九十二年度訴字第四一○號民事判決—第二審：臺灣高等法院臺南分院九十二年上字第二二五號【見參、一、（十二）】

【主要爭點】

經營火車運輸業者使用高壓電驅動火車，而未設置禁制標示或派人照管，致他誤觸，全身起火燃燒，是否屬於民法第一百九十一條之三所定之危險工作或活動。

【事實摘要】

原告主張其於民國八十九年十二月廿五日搭乘被告交通部台○○○管理局往來「永康與保安」兩地間之火車，於當日中午時分抵達，下車後見車站後方有兩節如影片上之黑色車廂，並未設置任何禁制標示，以為係供遊客參觀，在好奇心之驅使下，爬上車廂頂，欲照相留念時，遭車廂頂上方之高壓線電擊，而摔落地面，全身起火燃燒，受傷甚重，爰依民法第一百九十一條、第一百九十一條之三及鐵路法第六十二條等規定，請求被告賠償損害。

【解析】

一、本判決認為公共設施以法律上、事實上為公益而存在，雖然政府在給付行政上可能採取營業法人之型態，但其為公益之本質並未有所變更，以本案被告為例，其雖仍然採取售票方式營運，但其基本目的還是提供公眾交通、運輸之公益目的，公共設施與一般之工作物相同，雖也存在有危險因素，但民事法上之所以採取無過失責任，乃因行為人為個人利益活動可能對他人造成特別之危險，而可能的受害者對此特別危險無法排除或避免。公共設施則因其公益性，應無無過失責任適用之餘地。而且，無過失責任之適用，應係因不合理之危險並因而發生損害始有適用餘地。鐵路電化區間，除天橋、地下道及平交道外，不得跨越，任何人均不得諉為不知，何況高壓電線能致命應該黃牙稚童也可知悉，原告明知卻自陷危險境界，自不得歸咎於被告，否則，如謂本件情況被告仍需負責，豈非被告應於全線以高牆圍繞或派人看護，否

則全線之鐵道、高壓線時時均可致人於死，因之，本件無民法第一百九十一條之三的適用。

二、本判決認上開條文係一般危險責任之規定，為無過失責任之一種。惟觀之民法第一百九十一條之三但書規定，與民法第一百八十四條第二項（違反保護他人法律之責任）、第一百八十七條第一項第二項（法定代理人責任）、第一百八十八條第一項但書（僱用人責任）、第一百九十條第一項但書（動物占有人責任）、第一百九十一條第一項但書（工作物所有人責任）、第一百九十一條之一第一項（商品製造人責任）及第一百九十一條之二但書（動力車輛駕駛人責任）等規定之立法體例相同，應認係屬推定過失之危險責任。

三、依民法第一百九十一條之三之規定被害人對工作或活動之「危險」及損害應負舉證責任，其間需以具有因果關係的合理蓋然性判斷為基礎，並非原告任意指稱之危險即可斷定因果關係。易言之，有否生損害於他人之危險，應以具有因果關係的合理蓋然性判斷，而非加害人任意指稱之危險即可斷定因果關係。原告因自己違反「請走天橋出站，禁止跨越軌道」之告示牌及月台上之電桿漆上「有電勿近」之警告語，因之本判決似認其受傷害與經營火車運輸之危險無因果關係之合理蓋然性，應無民法第一百九十一條之三之適用。又因法院認定被告無何可歸責之事由（即不負過失責任），原告自不得依鐵路法第六十二條第一項請求損害賠償。

四、按鐵路法第六十二條規定：「鐵路因行車及其他事故致人死亡、傷害或財物毀損喪失時，負損害賠償責任。但如能證明其事故之發生非由於鐵路之過失，對於人之死亡或傷害，仍應酌給卹金或醫藥補助費。」（第一項）「前項損害賠償及補助費發給辦法，由交通部定之。」（第二項）。依本條但書規定觀之，係採推定過失責任，此為舉證責任轉換之規定，為使鐵路因行車或其他事故之被害人，向鐵路業者請求損害賠償，毋須依民法一般侵權行為規定舉證證明加害人有故意或過失，即得為之。又關於鐵路依本條第一項應負之損害賠償責任，依第二項規定由交通部定之。交通部因依上開授權訂定「鐵路行車及其他事故損害賠償暨補助費發給辦法」，其第二條規定，鐵路因行車及其他事故致人死亡、傷害或財物毀損、喪失之損害賠償及補助費發給標準，除法律另有規定外，依本辦法之規定。第三條及第四條分就事故可歸責或不可歸責鐵路機構致人死亡或傷害而訂定不同賠償之標準，此乃有賠償金額之限制，與民法一般或特殊侵權之損害賠償責任不同。而鐵路為分散其危險責任，於第六條規定鐵路機構依第三條及第四條應負之責任，應另投

保責任險，以分擔損失。第五條規定前二條事故，另有應負責之人者，鐵路機構得向該應負責之人求償。是鐵路業者如舉證證明事故之發生非由於其過失者，仍應酌給卹金或醫藥輔助費。本判決認交通部依授權訂定之上開發給辦法係屬行政命令，則上開「發給辦法」及「發給標準」應於行車事故之被害人與鐵路就賠償補助金額並無爭執而能達成協議時，方有其適用，如行車事故之被害人與鐵路就賠償補助金額有爭執而不能達成協議時，即非被害人請求法院裁判之請求權依據。惟依台灣高等法院臺中分院九十年度上國字第六號民事判決之見解，認原告即被害人（因鐵路行車事故死亡）之父母得依鐵路法第六十二條及鐵路行車及其他事故損害賠償暨補助費發給辦法第四條第一款請求鐵路局賠償，經鐵路局上訴最高法院以九十二年度台上字二○五二號民事判決發回原法院，其理由謂行車事故是否受害人之過失所致，應再調查，而就第二審認定「發給辦法」得為請求權依據之法律見解並未加以指摘，嗣發回後台灣高等法院臺中分院九十二年度上國更（一）字第二號民事判決即准原告依上開辦法第四條第二款請求，可知該辦法並非不得作為被害人請求之依據。蓋被害人如依鐵路法第六十二條第一項請求，依同條第二項規定，鐵路局所負之損害賠償責任，即應依該項授權交通部訂定之「鐵路行車及其他事故損害賠償暨補助費發給辦法」給付，如被害人認其損害高於上開辦法所定之標準者，自得依鐵路法第一條後段規定，援引民法相關侵權規定請求損害賠償，此係屬請求權之競合，被害人得擇一請求。上開辦法乃基於法律授權而訂定，應屬有效。另臺灣高等法院花蓮分院九十七年度上字第二十號民事判決亦採同一之見解，並進一步認為如可歸責於鐵路機構致受害人死亡或受重傷者，依上開「發給辦法」所定，其賠償責任分別為新台幣二百五十萬元及一百四十萬元，請求權人因以其不能證明損害額，而主張其至少受有該定額之損害，而以該定額作為請求之依據時，應認該定額係最低賠償金額，予以准許。此判決經被告上訴後，為最高法院九十八年度台上字第六九七號民事裁定所肯認，而駁回其上訴確定。是以請求人於該定額之範圍內請求，應無庸舉證，方符衡平原則，否則請求人於鐵路局不願發給時，豈非無救濟之途，蓋此非公法上之權義關係，請求人應不得循行政訴訟程序請求發給。

【裁判內容】

臺灣臺南地方法院民事判決九十二年度訴字第四一○號

原　　　告　楚○○

訴訟代理人　施秉慧律師

被　　　告　交通部台○○○管理局

法定代理人　黃○○

訴訟代理人　李易興律師

右當事人間請求侵權行為損害賠償事件，本院判決如下：

主　　文

原告之訴及假執行之聲請均駁回。

訴訟費用由原告負擔。

事　　實

一、原告方面：

（一）聲明：求為判決；

　　1.被告應給付原告新台幣伍佰萬元整及自起訴狀繕本送達被告之翌日起至清償日止，按週年利率百分之五計算之利息。

　　2.訴訟費用由被告負擔。

　　3.前二項聲明，原告願供擔保，請准宣告假執行。

（二）陳述：

　　1.原告於……八十九年十二月廿五日上午……由「高雄火車站」搭火車往「永康火車站」……下車後見車站後方有兩節如影片上之黑色車廂，未設任何禁制標示，以為係供遊客參觀，在好奇心之驅使下，爬上車廂頂，欲照相留念；不料遭車廂頂上方之高壓線電擊，摔落地面，全身起火燃燒，……送往「奇美醫院」急救……全身百分之八十七面積，一至三度燒傷，情況嚴重並發出病危通知。……影響正常生活甚鉅，至今無法就學就業，且需家人細心照顧。

　　2.……黑色車廂，係空置於軌導上供遊客參觀，車站無任何警示標誌，……事發當時，若有值勤人員在月台值勤，就不可能讓遊客在站內，發生不該發生之悲劇。……由於被告「永康站」站務管理之欠缺、管理人員之過失，應注意，可注意卻不注意，以致原告之身體受到嚴重損害。

　　3.請求賠償之金額：

　　　(1)醫藥費：……。

　　　(2)其他增加生活上之支出費用：……。

　　　(3)喪失勞動能力：……。

(4)精神上慰撫金：……。

(5)合計為壹仟壹佰捌拾捌萬陸仟捌佰肆拾柒元整。

4.茲因原告無力負擔全部裁判費，爰請求被告給付伍佰萬元整。

5.請求權基礎：

(1)按民法第一百九十一條：……原告係於被告永站內受電擊傷害，則車站及其軌道、電線、電桿之設置均屬工作物，則原告受傷害應符合民法第一百九十一條之規定。

(2)次按，民法第一百九十一之三條：……被告經營火車運輸，係以高壓電為來源，則高壓電有致人損害之高度危險，而原告所受傷害，確實是高壓電所造成的，則被告應負賠償責任。

(3)退步言，依鐵路法第六十二條……原告係在永康站火車上發生傷害，係屬鐵路其他事故，且身受重傷，應有鐵路法第六十二條之適用。

(4)原告請求鈞院就上開民法第一九一條、一九一之三條之請求權擇一判決。若認上開民法規定均無理由時，則求審酌鐵路法第六十二之規定。……。

二、被告方面：

（一）聲明：求為判決如主文所示。

（二）陳述：

1.……。

2.次查，民法第一百九十一條及第一百九十一條之三固分別規定：……。

3.再查……鐵路法第五十七條第一、二、三項分別定有明文。查本件被告於永康站第二月台設置有天橋，並設有「請橋出站，禁止跨越軌道」之告示牌，並於月台上之電桿上漆上「有電勿近」之警告語，以警告搭車旅客注意安全；詎原告……竟未依上開告示牌走天橋出站，亦不理會「有電勿近」之警語，更枉顧前揭鐵路法之規定，……以致遭高壓電電擊。……被告對於本件永康站之軌道、電線電桿、月台等並無任何設置上或保管欠缺，且本件被告對防止旅客被高壓電電擊已盡相當之注意……。

4.況查，原告攀爬之蓬車，係停於永康站第七股（軌）道，並非一般旅客或行人得以通行或進入之處所，原告主張其攀爬照相之黑色車廂係供遊客參觀云云，被告完全否認。且……被告西部鐵路沿均有高壓電，此為眾所周知之事實，原告於案發時既為年滿十八歲之高二學生，對於在高壓電線下攀爬車廂可能遭致電擊之危險，自不能諉為不知，……原

告顯然違反前揭鐵路法第五十七條之規定。因此，被告自得依民法第
一百九十一條但書及第一百九十一條之三但書之規定，主張免責……。

5.……交通部固曾依鐵路法第六十二條第二項……規定，定有「鐵路行車
及其他事故損害賠償補助發給辦法」，及被告奉台灣省政府核准亦訂定
「台○○○管理局行車及其他事故特別濟助金發給標準。」惟……依最
高法院八十五年度台上字第一三五四號判決：「交通部所訂定之損害賠
償及補助費發給辦法，……既曰『發給辦法』自屬一種行政處理措施之
命令，於行車事故之被害人與汽車運輸業就賠償補助金額並非無爭執而
能達成協議時，方有其適用。」……上開「發給辦法」及「發給標準」
應於行車事故之被害人與鐵路就賠償補助金額並無爭執而能達成協議
時，方有其適用，……被告亦同意基於道義立場，依照前揭「發給辦
法」，及「發給標準」給付原告壹拾柒萬元，但遭原告拒絕……。因
此，主張依鐵路法第六十二條規定備位請求被告損害賠償五百萬元云
云，即屬無據。

6.……本件原告與有過失，敬請鈞院依民法第二百十七條第一項規定，免
除被告賠償金額。……。

　　　理　　　由
一、原告主張：……。被告則以：……。
二、經查：
（一）……鐵路法第五十七條第一、二、三項分別定有明文。查本件被告於永康
　　　站第二月台設置有天橋，並設有「請走天橋橋出站，禁止跨越軌道」之告
　　　示牌，並於月台上之電桿上漆上「有電勿近」之警告語，以警告搭車旅客
　　　注意安全……。
（二）事故現場為永康站西側月台橫跨該站第三、四、五軌道後之第六軌道之蓬
　　　車，該蓬車並無若何階梯或攀爬用之工具，……原告攀爬之蓬車，係停於
　　　永康站第七股道，並非一般旅客或行人得以通行或進入之處所，原告主張
　　　其攀爬照相之黑色車廂係供遊客參觀云云，顯與事實不符。
（三）○○○局於六十八年七月一日即已完成西部鐵路電氣化，被告西部鐵路沿
　　　均有高壓電，此為眾所周知之事實，原告於案發時既為年滿十八歲之高二
　　　學生，對於在高壓電線下攀爬車廂可能遭玫電擊之危險，自不能諉為不
　　　知，竟仍無視鐵路規章及月台上之電桿上漆上「有電勿近」之警告語，跨
　　　越危險且不得跨越之第三、四、五（軌道）鐵道後又執意攀爬無若何階梯
　　　或攀爬用之工具之車廂，而致發生意外，被告辯稱其無若何賠償責任尚屬

可採。

（四）鐵路法第五十七條已明確規定：……原告明知卻自陷危險境界，自不得歸咎於被告。

（五）……原告係於被告永康站內受電擊傷害，車站及其軌道、電線、電桿之設置均屬工作物，則原告受傷害應符合民法第一百九十一條之規定。次按，民法第一百九十一之三條：……認被告自應負損害賠償責任云云。

（六）惟按：公共設施以法律上、事實上為公益而存在，雖然，政府在給付行政上可能採取營業法人之型態，但其為公益之本質並未有所變更，以本案被告為例，雖其仍然採取售票方式營運，但其基本目的還是提供公眾交通、運輸之公益目的，公共設施與一般之工作物相同，雖也存在有危險因素，但民事法上之所以採取無過失責任，乃因行為人因個人利益活動並可能對他人造成特別之危險，而可能的受害者對此特別危險無法排除或避免，公共設施則因其公益性，應無無過失責任適用之餘地。而且，無過失責任之適用，應係因不合理之危險並因而發生損害始有適用餘地，……鐵路法第五十七條規定：「……。但鐵路電化區間，除天橋、地下道及平交道外，不得跨越。」任何人均不得諉為不知，何況高壓電線能致命應該黃牙稚童也可知悉，原告明知卻自陷危險境界，自不得歸咎於被告……。

（七）按交通部固曾依鐵路法第六十二條第二項……規定，定有「鐵路行車及其他事故損害賠償補助發給辦法」，及被告奉台灣省政府核准亦訂定「台○○○管理局行車及其他事故特別濟助金發給標準。」惟上開二項行政命令，亦分別依不同情形，而有不同發給標準，且有其賠償。況依最高法院八十五年度台上字第一三五四號判決：「交通部所訂定之損害賠償及補助費發給辦法，雖係依公路法第六十四條第二項之授權，惟既曰『發給辦法』自屬一種行政處理措施之命令，於行車事故之被害人與汽車運輸業就賠償補助金額並非無爭執而能達成協議時，方有其適用。」……基於同一法理，交通部依鐵路法第六十二條第二項之授權所訂定之前揭「發給辦法」及被告奉命訂定之「發給標準」，均屬行政命令。則參諸前揭最高法院裁判所持之法律見解，上開「發給辦法」及「發給標準」應於行車事故之被害人與鐵路就賠償補助金額並無爭執而能達成協議時，方有其適用……因此，原告主張依鐵路法第六十二條規定備位請求被告損害賠償五百萬元，即屬無據。

三、綜上所述，原告之請既經上開敘述認定並不可採，從而，原告主張依侵權行為損害賠償之法律關係，訴請被告給付如上述聲明欄所述之金額及法定利

息，其請求非有理由，應予駁回。……。

中　華　民　國　九十二　年　八　月　二十六　日
臺灣臺南地方法院民事第○庭　法　官

參、判決認定屬民法第一百九十一條之三之危險工作或活動（共19件）

一、已推定因果關係及過失

（一）臺灣板橋地方法院九十年度訴字第一九四七號民事判決

【主要爭點】

　　建設開發公司施作連續壁工程時，拆除臨時軌擋土牆之行為，是否屬於民法第一百九十一條之三之所定危險工作或活動。

【事實摘要】

　　原告主張被告○○建設開發股份有限公司於民國八十八年八月施作連續壁工程時，拆除臨時軌擋土牆，致其所有倉庫鐵皮屋頂塌陷毀損，鐵捲門被拆除，廠內機械全部毀壞而不堪使用，爰依侵權行為之法律關係，請求被告負損害賠償責任。

【解析】

一、本件發生時間在民國八十八年八月間，而民法第一百九十一條之三係自八十九年五月五日公布施行，故本件並無該條適用之餘地。惟原告是否應負同法第一百八十四條第二項違反保護他人法律之責任，本判決未予闡明論述。

二、本條之「危險」工作或活動，除須具有「高度」、「不合理」、「特殊」及「異常」等特徵外，更應具有能獲利、加害人對該危險得予掌控及避免、危險可藉由保險分散，由被害人舉證顯屬不公平等要件。施作工程所使用之工

　　具或方法（例如挖土機、懸吊鋼筋）往往一有疏失，即會造成巨大財產權與
　　人身損害，從而施作工程之危險係屬高度危險，且業者可藉此獲利並以投保
　　來分散危險，故此種施作工程應有民法第一百九十一條之三之適用。
三、本件原告已提出交通部台北市區地下鐵路工程處萬工區函文及現場照片證明
　　其所有系爭倉庫之損害並非訴外人中華工程公司施作臨時軌擋牆時所造成，
　　而係在被告敲除軌擋牆及施作連續壁工程期間所發生，則被告施作工程之危
　　險與原告之損害間已具有合理蓋然性之因果關係。

【裁判內容】

　　臺灣板橋地方法院九十年度訴字第一九四七號民事判決
　　　　原　　　　告　康○○
　　　　訴訟代理人　許麗紅律師
　　　　複 代 理 人　饒純思
　　　　被　　　　告　○○建設開發股份有限公司
　　　　法定代理人　鄒○○
　　　　訴訟代理人　林雯澤律師
　　　　　　　　　　劉志忠律師
　　右當事人間請求侵權行為損害賠償事件，本院判決如下：
　　　　主　　　文
　　被告應給付原告新臺幣玖萬陸仟柒佰伍拾陸元及自民國九十年九月二十一日
起至清償日止，按週年利率百分之五計算之利息。
　　原告其餘之訴駁回。
　　訴訟費用由被告負擔百分之十三，餘由原告負擔。
　　原告於以新臺幣參萬貳仟元為被告供擔保後，得為假執行；被告於以新臺幣
玖萬陸仟柒佰伍拾陸元為原告供擔保後，得免為假執行。
　　原告其餘假執行之聲請駁回。
　　　　事　　　實
甲、原告方面：
一、聲明：
（一）被告應給付原告新臺幣（下同）七十八萬八千元及自本起訴狀繕本送達翌
　　　日起至清償日止，按週年利率百分之五計算之利息。
（二）願供擔保，請准宣告假執行。

二、陳述：

（一）緣訴外人交通部台北市區地下鐵路工程處（以下簡稱「地鐵工程處」）於民國八十四年徵收土地並委外施作三二二標臨時軌擋土牆，嗣於八十八年八月由被告施作連續壁工程時，造成原告所有之……倉庫（以下簡稱「系爭倉庫」）鐵皮屋頂塌陷毀損，鐵捲門被拆除，致使廠內機械全部毀壞而不堪使用，原告於八十八年八月二十二日發現有損害發生，九十年四月十七日對地鐵工程處訴請賠償後，始知本件造成損害者應係被告而非地鐵工程處，是原告乃於九十年七月二十七日始知被告應負損害賠償責任，而時間上並未逾二年之請求時效。

（二）原告所有系爭倉庫損害之發生時期，以及系爭損害確係因被告施作相關工程所致：

1.系爭倉庫於中華工程股份有限公司（以下簡稱「中華工程公司」）施作臨時軌擋土牆時並未損害，而損害發生時期係在拆除臨時軌擋土牆時……被告既負責拆除臨時軌擋土牆，則該損害應係由被告所造成。

2.……被告……施作拆除臨時軌擋土牆時，系爭倉庫即發生鐵捲門遭破壞、屋頂塌陷之情況，況且被告施工所須之配電箱、滅火器、施工鐵架均係裝設於原告所有系爭倉庫內之牆壁上，果如被告所述未有破壞之舉，在原來系爭倉庫完好之情況下，被告如何進入裝設上述設備，是被告抗辯顯不足採。

3.原告居住之當地里長亦出具證明書證明本件損害確係被告所造成。

（三）就鑑定報告書之陳述如下：

台北市土木技師公會九十二年一月十七日北土技字第九二三〇〇六四號鑑定報告書所載損害發生原因、金額仍屬過低無意見。至於機械損失部分由鈞院　逕依職權參酌。

（四）綜上，爰基於侵權行為損害賠償之法律關係，請求被告為如聲明所示之給付。……。

乙、被告方面：

一、聲明：

（一）原告之訴駁回。

（二）如受不利之判決，願供擔保請准宣告免為假執行。

二、陳述：

（一）本件原告之請求權業已罹於時效而消滅：

原告於起訴狀內自認於八十八年八月二十一日返臺翌日，即知損害發

生，惟本件起訴狀繕本送達被告之日期為九十年九月二十日，期間已經過二年有餘。……。

（二）原告就本件損害發生之原因及其實際損害賠償數額未盡舉證之責：

　　1.按……民事訴訟法第二百七十七條第一項定有明文，次按「民法第一百八十四條第一項前段規定侵權行為以故意或過失不法侵害他人之權利成立要件，故主張對造應負侵權行為責任者，應就對造之有故意或過失負舉證責任。」暨「因故意或過失，不法侵害他人之權利者，應負損害賠償責任。至賠償之數額，自應視其實際所受損害之程度以定其標準。」（最高法院五十八年台上字第一四二一號判例暨同院八十六年度台上字第四一六號判決參照）

　　2.原告僅空言指述本件損害係被告所造成，……實難謂其就損害發生原因與損害賠償數額等有利於己之事實已盡舉證之責……依法自應駁回其訴。

（三）就鑑定報告書之答辯：

　　1.該鑑定報告書認定……欠缺立論依據，實不得作為裁判之基礎。惟查：

　　　(1)詳觀中華工程公司所提供八十四年十一月二十九日……之三張照片，均係在鑑定標的物之位置「之前」，僅能顯示在鑑定標的物位置「之前」之施工，該鑑定標的物尚未有損害……鑑定意見僅以該三張照片遽為「鋼筋組立至臨時高架軌道工程鋼筋模版組立時，鑑定標的物仍未有損害情形發生。」之認定，其意見顯然缺乏依據及立論基礎而不得採用。

　　　(2)次查，原告……因工作需要，長年居住大陸地區……則原告何以確認標的物於中華工程公司施工之八十四年十一月至八十五年初，並未因施工而受損壞。……被告於八十八年八月始至系爭工地施工，何以系爭廠房業已「鐵皮屋頂塌陷損毀、鐵捲門被拆除以致廠內機械全部損壞而不堪使用」，由此足證系爭損壞「並非」被告所致。再觀原告所提原證一、原證五及原證六等照片，該損壞部分生鏽情形甚為明顯，應有相當之年日，顯非被告八十八年八月施工所致。況詳觀……民國八十四年十一月二十九日等三張照片及原告陳述，該鋼筋模版組立與各住戶牆壁緊鄰，並無空間足讓人員通過以查看標的物是否已遭損壞……足證原告之陳述顯與事實完全不符，不得作為鑑定原因之基礎。

　　2.復查，該鑑定意見第四頁「地下鐵施工單位時，應為造成倉庫（標的物）鐵捲門損壞，進而導致屋頂塌陷之主要原因之一」，並未指明系爭

損壞係由哪一單位肇致。況被告將臨時軌拆除時，系爭標的物之現況業已損壞甚久，惟絕非被告所肇致……。

　　3.該鑑定意見就費用部分所列之項目及數額，亦乏其依據：……。

理　　由

一、原告起訴主張：訴外人交通部台北市區地鐵工程處於八十四年徵收土地並委外施作三二二標臨時軌擋土牆，嗣於八十八年八月由被告施作連續壁工程時，造成原告所有之系爭倉庫鐵皮屋頂塌陷毀損，鐵捲門被拆除，致使廠內機械全部毀壞而不堪使用，而該損害應是被告施作連續壁工程拆除臨時軌擋土牆所造成，為此，基於侵權行為損害賠償之法律關係提起本件訴訟，請求被告應給付修復費用七十八萬八千元及自本起訴狀繕本送達翌日即九十年九月二十一日起至清償日止，按週年利率百分之五計算之利息，並陳明願供擔保，請准宣告假執行等語。

二、被告則以：……。

三、……本件應審究之爭點厥為：（一）被告就原告所有之系爭倉庫損壞應否負賠償責任？（二）原告得請求被告賠償系爭倉庫損害之範圍？（三）原告之侵權行為損害賠償請求權是否已罹於時效？茲析述如下：

四、被告應負侵權行為損害賠償責任。

　　　　按……民法第一百九十一條之三定有明文。蓋於一般類型之侵權行為中，就加害人主觀要件及加害人行為與損害發生之因果關係，須由主張權利受侵害之人負舉證責任。惟「舉證之所在，敗訴之所在。」，若侵害人與受侵害人間就採取風險防免、保全證據措施之地位存有顯著之不對等，則前述一般性的舉證責任歸屬原則，對居於弱勢之受侵害人顯有不公，是以上開法文特揭櫫舉證責任轉換之衡平原則，即從事具有造成他人損害危險性工作之人，與一般侵權行為之法則相反，原則上推定加害人之主觀不法及加害人行為與損害結果間之因果關係，加害人如欲免責，須就自身已盡相當注意或行為與損害間欠缺因果關係等有利事實負舉證責任。本件原告主張其所有系爭倉庫之損害，經向訴外人地鐵工程處請求賠償後，由地鐵工程處回函認定損害並非由訴外人中華工程公司造成……且本件損害之發生、原因，經本院囑託台北市土木技師公會鑑定結果認定：「十一、鑑定結論：……地下鐵施工單位施工時，應為造成倉庫（標的物）鐵捲門損壞，進而導致屋頂塌陷之主要原因之一。」……、「……六、結論：（三）本庫房受損案依施工照片所示與住戶所述應非中華工程施工所致，請○○提供拆臨時軌路基未破壞倉庫之佐證資料。」……又參酌卷附中華工程股份有限公司……

函：「……經本公司查八十五年施作三二二臨時軌擋牆時，未曾有破壞該庫房情形發生，……該庫房遭破壞時間與本所施作三二二標臨時軌擋牆完全無關。」，參酌證人宋永鑾證言：「（本件現場鐵皮屋損壞原因從何而來？）……那邊土壤跡證土壤有下陷，壁體裂開，牆壁磁磚裂開下陷，應該是與施工有關，……」、「（爲何認與被告施工有關？）施工單位一個是中華，一個是○○，從開會結論第十四頁中有寫，依照結論六第三點中所述，要被告提供未破壞倉庫的佐證資料，所以排除中華公司。」等語……足證原告上開主張尚非無據……，被告既爲從事一定施作工程工作之人，其施工活動有造成他人損害之危險，且其相較於一般人，處於防免此危險發生之優勢地位，況業界已習於進行施作工程前先行拍攝現場照片，以確定將來如有損害發生，相關賠償責任之歸屬，是以本件適用民法第一百九十一條之三規定，由原告主張之基礎事實，原則上推定被告須對原告所受損害負賠償責任，要求由被告對有利於己之事實負舉證之責，對被告而言並非強加以不合理風險之負擔。……被告僅空言抗辯系爭倉庫於其施工期間即已爲現狀之荒廢失修等情，並未舉證以實其說，亦無其餘事證足證損害非由其所致或於防止損害發生已盡相當注意，其抗辯自難採信，而應就原告之損害負賠償責任。

五、……按因……民法第一百九十七條第一項後段定有明文，原告既於九十年四月十七日以後始確定賠償義務人，則起訴狀繕本於九十年九月二十日送達被告，自未逾二年消滅時效期間……。

六、原告得請求被告賠償九萬六千七百五十六元。……。

七、綜上所述，原告基於侵權行爲損害賠償之法律關係，請求被告給付修復費用九萬六千七百五十六元及自起訴狀繕本送達被告之翌日即九十二年九月二十一日起至清償日止，按週年利率百分之五計算之利息，爲有理由，應予准許，逾此部分之請求，核屬無據，應予駁回。……。

中　華　民　國　九十二　年　七　月　二　日
臺灣板橋地方法院民事第○庭　法　官

（二）臺灣臺中地方法院九十二年度訴字第一三二四號民事判決

【主要爭點】

經營塑膠產品製造事業者存放易燃DOP等物料於其廠房內，因疏未關閉電源，致其廠房內之造粒機持續預熱，引發火災，延燒他人廠房，是否有民法第

一百九十一條之三之適用。

【事實摘要】

　　原告主張被告唐○○為○○橡膠企業社負責人，被告呂○○為該企業社之廠務人員，負責廠內運作之實際管理，被告王○○則為受僱之員工，另被告吳○○為與唐○○共同使用該企業社廠房之人。民國九十一年四月七日晚間，王○○離開工廠時疏未關閉電源，唐○○、呂○○亦未盡廠務監督管理義務，因而於同年月八日凌晨零時五十八分許，唐○○、吳○○共用之廠房內造粒機在持續預熱過程中不慎引起火災，大火延燒至吳○○置於廠外而未做好安全措施之裝置危險易燃液體DOP（塑膠可塑劑，又稱軟化油）之桶子，致桶子破裂，火勢隨DOP流向，延燒至原告廠房，造成原告辦公室及倉庫部分燒毀，受有損害，嗣唐○○、呂○○於同年月二十六日簽具備忘錄，承諾賠償原告損害，惟迄未履行，爰依侵權行為及契約之法律關係，請求被告連帶負損害賠償責任。

【解析】

一、民法第一百九十一條之三採推定過失責任，舉證責任倒置結果，加害人需證明於防止損害之發生已盡相當注意，始能免責。本判決認為被告吳○○將DOP存置於鐵桶內，尚不能認為其已盡相當注意義務，以推翻其過失責任。蓋DOP為易燃液體，具有流動性，於存放時除應注意遠離可能引起火苗之處所外，更應有防止流動之設備（如防液堤）加以阻隔，被告疏於注意防範，應有民法第一百九十一條之三之適用。

二、本判決認民法第一百九十一條之三所定之危險責任係屬無過失責任，惟尋繹民法第一百九十一條之三但書之規定，與民法第一百八十四條第二項（違反保護他人法律之責任）、第一百八十七條第一項第二項（法定代理人責任）、第一百八十八條第一項但書（僱用人責任）、第一百九十條第一項但書（動物占有人責任）、第一百九十一條第一項但書（工作物所有人責任）、第一百九十一條之一第一項（商品製造人責任）及第一百九十一條之二但書（動力車輛駕駛人責任）等規定之立法體例相同，應認係屬推定過失之危險責任。

三、按數人因共同過失不法侵害他人之權利者，依法應負連帶賠償責任，苟各行為人之過失均為其所生損害之共同原因，即所謂行為關連共同，亦足成立共同侵權行為（最高法院六十六年例變字第一號判例參照）。本件被告唐○○

之受僱人即被告王○○離開工廠時疏未關閉電源,致其廠房內之造粒機持續預熱,引發火災,延燒至被告吳○○置於廠外之DOP處,又因吳○○疏於防範,未裝置阻隔設施以防止DOP流動,致置放DOP之桶子破裂,火勢隨DOP之流向延燒至原告廠房,呂○○、王○○及吳○○之過失行為均為原告損害之共同原因,應成立民法第一百八十五條之共同侵權行為,而連帶負損害賠償責任。至唐○○為僱用人,應負同法第一百八十八條之僱用人責任,並與其受僱人呂○○、王○○負連帶之責。唐○○與吳○○間應屬不真正連帶關係。

【裁判內容】

臺灣臺中地方法院九十二年度訴字第一三二四號民事判決

　　　原　　　　告　　○○塑膠股份有限公司

　　　法定代理人　　吳○○

　　　訴訟代理人　　林正雄律師

　　　複 代 理 人　　王銘助律師

　　　被　　　　告　　吳○○

　　　　　　　　　　唐○○即○○橡膠企業社

　　　　　　　　　　呂○○

　　　　　　　　　　王○○

右當事人間請求損害賠償等事件,本院於民國九十三年八月二十六日言詞辯論終結,判決如下:

　　　主　　　文

被告唐○○即○○橡膠企業社、呂○○、王○○應連帶給付原告新台幣參佰捌拾捌萬柒仟參佰捌拾壹元,及自民國九十二年五月十四日起至清償日止,按週年利率百分之五計算之利息。

被告吳○○應給付原告新台幣參佰捌拾捌萬柒仟參佰捌拾壹元,及自民國九十二年五月十四日起至清償日止,按週年利率百分之五計算之利息。

右二項如有一被告已為給付,於其給付之範圍內,他被告免給付之義務。原告其餘之訴駁回。

訴訟費用由被告連帶負擔五分之四,餘由原告負擔。

本判決原告勝訴部分,於原告以新台幣壹佰參拾萬元供擔保後,得假執行。

原告其餘假執行之聲請駁回。

事實及理由

壹、程序方面：

一、……。

二、……。

貳、實體部分：

一、原告主張：被告唐○○爲○○橡膠企業社……之負責人，被告呂○○爲○○企業社之廠務人員，負責○○企業社廠內運作之實際管理，被告王○○則爲○○企業社之受僱員工，被告吳○○則爲與被告唐○○共同使用上揭○○橡膠企業社廠房之人。民國（下同）九十一年四月七日晚間，被告唐○○、吳○○共用之○○企業社上址廠房內之造粒機，由於○○企業社最後離開廠房之員工即被告王○○離廠時疏未關閉電源，因而於同年月八日凌晨零時五十八分許，在持續預熱過程中不愼引起火災，大火延燒至被告吳○○置於廠外、未做好安全措施、裝置DOP（塑膠可塑劑，又稱軟化油）之桶子，裝置DOP之桶子因而破裂，火勢遂隨DOP之流向延燒至原告廠房……，致原告辦公室及倉庫部份燒毀受有損害……，並致原告計有七天無法正常營運之損害……、及委請保險公證公司鑑定損害之費用……，合計共四百六十六萬五千一百二十九元。被告唐○○、呂○○業已簽具備忘錄，承諾賠償原告所受之上開損害，惟迄未履行；被告呂○○、王○○爲被告唐○○之受僱人，本件火災係因被告王○○離廠時疏未關閉電源所致，被告呂○○未盡廠務管理義務，就本件火災之發生均有過失，就原告因本件火災所受之損害，自應與僱用人之被告唐○○連帶負損害賠償責任；被告吳○○與被告唐○○共同使用○○企業社廠房，並僱用員工蔡貞宗在○○企業社廠房內作業，且本件大火之所以延燒至原告廠房，係因被告吳○○置於廠房外之DOP屬危險易燃液體，其竟未以防液堤加以阻隔存放，致裝置DOP之桶子遭火燒破裂時，液體流出遂將火苗導引流向原告之廠房，使火災一發不可收拾，被告吳○○就DOP之存放亦有過失，且與原告所受損害間有因果關係，故被告吳○○與被告唐○○爲共同侵權行爲人，就原告因本件火災所受損害亦應負連帶賠償責任。爰依侵權行爲之法律關係，訴請被告連帶賠償損害及均自九十二年五月十四日起至清償日止之法定遲延利息，而就被告唐○○、呂○○部分，除依侵權行爲之法律關係爲請求外，併依契約之法律關係爲請求等語。並聲明：（一）被告唐○○及○○橡膠企業社、王○○、呂○○應連帶給付原告四百六十六萬五千一百二十九元及自九十二年五月十四日起至清償日止，按

週年利率百分之五計算之利息。（二）被告吳○○就前項給付，應與被告唐○○即○○橡膠企業社負連帶給付責任。（三）原告願供擔保，請准宣告假執行。

二、除被告王○○未於言詞辯論期日到場，亦未提出準備書狀作何聲明或陳述外，其餘被告吳○○、唐○○、呂○○則分別以：

（一）被告吳○○：否認與被告唐○○間有合夥關係，並抗辯被告吳○○僅提供原料交被告唐○○之○○企業社代為加工而已，引發本件火災之造粒機，屬被告唐○○所有，且訴外人人蔡貞宗係○○企業社所僱用，雖被告吳○○於○○企業社內置有攪拌機及DOP等物料，以作為加工使用，然物料管理均由○○企業社負責，非被告吳○○所能過問，且被告吳○○所有之DOP係存放於鐵桶內，安全已無虞，被告吳○○於物料之堆置並無何過失，另原告所主張之受損害金額亦屬過高等語，資為抗辯。

（二）被告唐○○：自認有簽立備忘錄及僱用被告王○○，及被告王○○在○○企業社係負責操作攪拌機及造粒機，包括開關攪拌機，失火當天被告王○○係最後離開○○企業社廠房之員工等事實，並自認就原告因本件火災所受之損害應負賠償之責任，惟否認有僱用被告呂○○之事實，並否認與被告吳○○間有共同經營或共同使用○○企業社廠房之事實，另抗辯原告請求之賠償金額過高，與原告簽備忘錄只是協商而已，並非同意按該金額賠償等語。

（三）被告呂○○未於最後言詞辯論期日到場，據其前到場所為陳述：自認備忘錄上之簽名為真正，惟否認為被告唐○○所僱用之員工，僅為被告唐○○保養機器而已……不可能同意就本件火災負賠償責任等語為辯。被告吳○○、唐○○、呂○○均聲明：原告之訴及假執行之聲請均駁回。

三、兩造不爭執之事實：……。

四、兩造爭執之焦點：

（一）被告唐○○、呂○○是否應依所簽立之備忘錄對原告負損害賠償責任？

（二）被告呂○○有無受僱於被告唐○○所經營之○○企業社擔任廠務，負責○○企業社實際管理工作？

（三）被告吳○○有無與被告唐○○共同使用○○企業社廠房？被告吳○○就本件火災所致之損害應否負賠償責任，亦即被告吳○○就其所有DOP之存放，是否已盡防止損害發生之注意義務？

（四）原告請求賠償之損害額是否過高？

五、得心證之理由：

（一）被告唐○○、呂○○是否應依所簽立之備忘錄對原告負損害賠償責任部
　　　分：

　　　1.……。

　　　3.經查，依卷附被告唐○○、呂○○與原告於九十一年四月二十六日所簽
　　　　立之備忘錄所示，……並無任何有關「見證人」字樣之記載，亦無供見
　　　　證人簽名之處所，顯見被告呂○○乃係以當事人之身分與原告簽立上揭
　　　　備忘錄……。再依上揭備忘錄所載……之內容觀之，被告唐○○、呂○
　　　　○與原告簽訂上揭備忘錄時，不但原告業已委託訴外人永固保險公證人
　　　　有限公司（下稱永固公司）就原告因本件火災所受之損害鑑定完畢，並
　　　　已由永固公司製作出損害金額之理算總表，被告唐○○、呂○○且與原
　　　　告達成依永固公司所出具之理算總表之金額為賠償金額之合意，……參
　　　　之被告唐○○自認上揭備忘錄是在與原告協商二、三次後才簽署、及上
　　　　揭備忘錄第二條另約明「還款期限及方式，雙方約定於民國九十一年四
　　　　月二十六日下午一時三十分再行討論」之記載，被告唐○○、呂○○如
　　　　未同意賠償而尚與原告協商中，斷無簽定上揭備忘錄之理……。

（二）被告呂○○有無受僱於被告唐○○所經營之○○企業社擔任廠務，負責○
　　　○企業社實際管理工作部分：

　　　1.……。

　　　2.經查，……被告呂○○如未在○○企業社任職，而僅受被告唐○○委託
　　　　代為保養機器，於火災發生當時，○○企業社之員工當無在尚未通知被
　　　　告唐○○、且時值凌晨之情形下，卻先通知被告呂○○之理，被告呂○
　　　　○亦絕無於接受警詢時自陳在○○企業社擔任廠務工作之可能，尤無可
　　　　能復有多次會同勘查人員至現場勘查、嗣更協同被告唐○○與原告簽訂
　　　　備忘錄允諾賠償之舉，再參以被告呂○○於本院審理中，就被告吳○○
　　　　產品製作之分工詳細陳稱：……，被告呂○○如未在○○企業社任職，
　　　　又焉能對被告吳○○在○○企業社內之工作分工瞭如指掌？……被告呂
　　　　○○既在○○企業社擔任廠務人員，負責○○企業社廠內運作之實際管
　　　　理工作，自應監督廠內工作人員於下班時關閉廠內機器電源，乃竟疏忽
　　　　監督之責，其就本件火災之發生有過失，亦足認定。

（三）被告吳○○有無與被告唐○○共同使用○○企業社廠房？被告吳○○就
　　　本件火災所致之損害應否負賠償責任，亦即被告吳○○就其所有DOP之存
　　　放，是否已盡防止損害發生之注意義務？

　　　1.……。

3.經查：……被告吳○○確有僱用蔡貞宗在○○企業社廠內為其工作之事實，按諸被告吳○○在○○企業社內既置有機器、原料，復自行僱用訴外人蔡貞宗在○○企業社內為其負責技術較複雜困難、且屬大部分主要製程之製造工作，……被告吳○○自亦有使用○○企業社廠房之事實無疑。……。

4.按……民法第一百九十一條之三定有明文。依上揭條文規定之目的，乃在對從事危險活動之人科以較重之責任，對於在危險活動中因而受損害之被害人，不問從事危險活動之人對損害之發生有無故意過失，均因危險之現實化而應負損害賠償責任，惟在能證明其損害之發生非由於該危險活動所致、或於防止損害之發生已盡相當之注意之情形下，始免負損害賠償之責，此種基於危險之現實化而科以賠償義務人損害賠償之責任，一般稱為「危險責任」，因其不以故意過失為要件，故為無過失責任之一種。本件被告吳○○因經營塑膠產品之製造事業，而在○○企業社內存放有易燃之DOP（塑膠可塑劑，又稱軟化油），並因火勢延燒致裝置DOP之桶子因而破裂，火勢遂隨DOP之流向延燒至原告廠房，致原告辦公室及倉庫部份燒毀而受有損害，則被告吳○○在○○企業社內存放之DOP自亦為導致原告廠房燒損之原因之一，被告吳○○在○○企業社存放DOP與原告所受損害間有因果關係，洵屬無疑，被告吳○○因經營事業而存放原料DOP於○○企業社之行為，既為導致原告損害原因之一，則依上開規定及說明，除被告吳○○能證明其於防止損害之發生已盡相當之注意外，自應就原告所受之損害負賠償責任。被告吳○○雖以其所有之DOP係存置於鐵桶內，安全已無虞等語，為其已盡防止損害之注意義務之論據，惟DOP為易燃液體，不但具易燃之性質，且具有流動性，於存放時除應注意遠離可能引起火苗之處所外，更應有防止流動之設備（如防液堤）加以阻隔，被告吳○○僅將其DOP裝置於鐵桶內，即率將裝置DOP之鐵桶置於與易引起火苗之電源開關箱僅一牆之隔之處所，已屬輕率，且其復未設置任何阻隔設施以防止DOP流動，誠難認被告吳○○已盡防止損害之注意義務，此外，被告吳○○復未舉證證明其就DOP之存放尚有為何妨止引燃、流動之必要措施，從而，被告吳○○前開所辯，亦無足採，被告吳○○應就原告所受損害負賠償責任，委屬明確。

（四）原告所受之損害額部分：……。

（五）按……民法第一百八十四條第一項前段、第一百八十五條第一項、第

一百八十八條第一項分別定有明文。被告王○○、呂○○就本件火災之發生均有過失，為共同侵權行為人，且被告王○○、呂○○均受僱於被告唐○○即○○企業社，已詳如前述，則依上開規定，被告唐○○與被告王○○、呂○○就原告所受之上開損害，自應負連帶賠償之責。又被告吳○○依民法第一百九十一條之三之規定，就原告所受之上開損害亦應負賠償，固亦詳如前述，惟被告吳○○與被告唐○○間，因被告唐○○係基於其為被告王○○、呂○○之僱用人，而依民法第一百八十八條第一項之規定負連帶負賠償責任，被告唐○○與被告吳○○間既無共同侵權行為人之關係，亦無僱傭關係或其他依法律規定應負連帶賠償責任之關係存在，自不負連帶賠償責任，然因原告所受損害同一，核被告唐○○與被告吳○○間之關係，應屬不真正連帶關係，則原告請求被告唐○○與被告吳○○應負連帶賠償責任，即屬無據，不應准許，附予敘明。

（六）綜據上述，原告依侵權行為之法律關係（就被告唐○○、呂○○部分併依契約之法律關係），請求被告唐○○即○○企業社與被告王○○、呂○○連帶賠償損害、或請求被告吳○○賠償損害三百八十八萬七千三百八十一元及自九十二年五月十四日起至清償日止之法定遲延利息，即屬有據，應予准許，逾上開金額之請求，則無理由，應予駁回。……。

中　華　民　國　九十三　年　九　月　二十二　日
臺灣臺中地方法院民事第○庭　法　官

（三）臺灣高雄地方法院八十九年度重訴字第一○七四號民事判決

【主要爭點】

一、經營化工業者未依規定傾倒含有毒物之廢溶劑，是否屬於民法第一百九十一條之三所定之危險工作或活動。

二、上開危險與自來水公司之水權受污染有無具有合理蓋然性之因果關係。

【事實摘要】

　　原告台灣省自○○股份有限公司主張被告長○化工股份有限公司經營化工業，非法貯存製程中所產生之廢溶劑，含有酚、甲苯、二甲苯、乙苯、苯乙烯等濃度、數量足以危害生命健康及污染生存環境之毒物，均屬於有害事業廢棄物，

本應依廢棄物清理法規定委託代為妥適清理，不得任意投棄、放流及排放，以避免污染空氣、土壤、河川及海洋等水體，然被告長○化工股份有限公司為節省應支出的清理費用，竟於民國八十六年八月七日起，即將清理不完全之廢水，倒入供公眾飲用之水源及水道，迨八十九年七月十四日始為警查獲，爰依侵權行為之法律關係，請求被告負連帶損害賠償責任。

【解析】

一、經營化工業者未依規定傾倒有毒廢棄物之行為屬於民法第一百九十一條之三所定之危險工作或活動，且行為人包括經營之事業體及從事危險工作或活動之一般人。又上開傾倒有毒廢棄物之危險行為與自來水公司之水權受污染間具有合理蓋然性之因果關係。

二、本件被告之行為橫跨八十九年五月五日民法第一百九十一條之三公布施行前後，故原告之行為及被告所受損害自應區別施行前及施行後分別認定之：

（一）施行前

按違反保護他人之法律者，推定其有過失，修正前民法第一百八十四條第二項定有明文。傾倒有毒廢棄物之行為已違反自來水法第二十四條、第十一條、廢棄物清理法第十五條、第二十條、事業廢棄物貯存清除處理方法及設施標準第十五條、第十七條、第十八條、第十九條第一、二、五項、第三十五條及引用水管理條例第五條，從而被告應依民法第一百八十四條第二項負損害賠償責任。

（二）施行後

傾倒有毒廢棄物之行為將會產生一定之危險並損害於他人，從而應有民法第一百九十一條之三之適用，且依上開（一）之說明，原告得同時主張民法第一百八十四條第二項及第一百九十一條之三，而形成請求權競合之關係。

【裁判內容】

臺灣高雄地方法院八十九年度重訴字第一○七四號民事判決

原　　　告　台灣省自○○股份有限公司

法定代理人　陳○○

訴訟代理人　劉北元律師

被　　　告　長○化工股份有限公司

法定代理人　高英〇
被　　　告　楊〇〇
　　　　　　高國〇
　　　　　　吳榮〇
　　　　　　盧耀〇
　　　　　　蕭慈〇
　　　　　　楊寬〇
　　　　　　蘇明〇
　　　　　　余西〇
　　　　　　任其〇
　　　　　　陳〇昇
訴訟代理人　王進勝律師
被　　　告　昇〇化工股份有限公司
兼 右 一 人
法定代理人　洪金〇
被　　　告　洪杉〇
　　　　　　洪裕〇
　　　　　　陳柏〇
　　　　　　黃作〇
　　　　　　王麗〇
訴訟代理人　陳凱聲律師
被　　　告　羅守〇
　　　　　　張承〇
　　　　　　沈哲〇
　　　　　　徐〇國

　　右當事人間請求損害賠償事件，經本院於民國九十三年七月三十日言詞辯論終結，判決如下：
　　　　　主　　　文
　　被告長〇化工股份有限公司、楊〇〇、高國〇、吳榮〇、楊寬〇、蕭慈〇、余西〇、陳〇昇、任其〇、昇〇化工股份有限公司、洪金輝、洪裕〇、陳柏〇、黃作〇、王麗〇、張承〇、羅守〇、徐〇國、沈哲〇應連帶給付原告新台幣參仟玖佰伍拾參萬玖仟貳佰捌拾貳元，及自民國九十年十月十日起至清償日止，按週年利率百分之五計算之利息。

　　原告其餘之訴駁回。

　　訴訟費用由被告長○化工股份有限公司、楊○○、高國○、吳榮○、楊寬○、蕭慈○、余西○、陳○昇、任其○、昇○化工股份有限公司、洪金輝、洪裕○、陳柏○、黃作○、王麗○、張承○、羅守○、徐○國、沈哲○連帶負擔七分之一，餘由原告負擔。

　　本判決第一項於原告以新台幣壹仟參佰壹拾捌萬元供擔保後得假執行；但被告長○化工股份有限公司、楊○○、高國○、吳榮○、楊寬○、蕭慈○、余西○、陳○昇、任其○、昇○化工股份有限公司、洪金輝、洪裕○、陳柏○、黃作○、王麗○如以新台幣參仟玖佰伍拾參萬玖仟貳佰捌拾貳元供擔保後得免假執行。

　　原告其餘假執行之聲請駁回。

　　事實及理由

一、……。

二、原告主張：

（一）被告楊○○係長○公司之前董事長，亦為該公司經營委員會（下稱經委會）之最終決策委員，為法人之負責人；高國○、蕭慈○、吳榮○、楊寬○、盧耀○係該公司董事兼經委會委員；蘇明○係化工事業部副總經理，並兼任路竹廠長；余西○係工安環保部（下稱工環部）協理；陳○昇係工環部專員；任其○係工環部環保課長。另洪金輝係昇○化工股份有限公司（下稱昇○公司）董事長；洪杉○係該公司總經理；洪裕○為該公司副總經理，專責公司有關事業廢棄物清除、處理之業務；陳柏○係廠長，負責廠區內廢棄物清除、處理之督導、安排及工廠設備保養、人員訓練及工安業務；黃作○係副廠長，負責檢查運回廠區之有機廢溶劑成份是否與廢棄物遞送六聯單之記載相符，並根據有機廢溶劑的化學成份大致分類以方便分開儲存及蒸餾課蒸餾作業監督業務；王麗○為行政助理，負責報價、合約書草案之擬定、聯繫、修改、追蹤、寄發合約書、向客戶請款及申報等工作。而張承○係隆昌交通有限公司（下稱隆昌公司）名義上之靠行司機；羅守○為聯結車司機；徐○國自八十九年六月十二日起以月薪新台幣（下同）八萬元之報酬受僱於羅守○擔任司機；沈哲○為ID—六○八號聯結車之所有人兼司機（靠行於強冠通運股份有限公司）。

（二）長○公司對於其產生之事業廢棄物，乃環保署公告應上網申報之事業機構，除其中一部份廢液及一般事業廢棄物外，大部分有害事業廢棄物均委由其他單位清理，詎楊○○於八十六年八月間經由吳榮○及余西○，與洪

杉〇、洪裕〇協商委託清理有害事業廢棄物之訂約事宜，吳榮〇、余西〇、洪杉〇、洪裕〇等四人明知長〇公司路竹廠非法貯存之製程中所產生廢溶劑，……足以危害人命健康及污染生存環境之毒物，均屬於有害事業廢棄物，本應依廢棄物清理法之規定委託代為妥適清理……不得以任意投棄、放流、排放等方式，污染空氣、土壤、河川及海洋等水體，詎吳榮〇、余西〇為節省……費用，而洪杉〇、洪裕〇、陳柏〇為不法賺取免為每公噸五千元清理成本支出，遂基於共同危害公眾生命健康及任意棄置、放流毒物以污染空氣、土壤、水體等污染環境等之意思聯絡，協議以顯然低於依法清理同類有害廢溶劑之每公噸一萬二千元，由昇〇化工以市價每公噸二千九百五十元價錢，承包長〇公司路竹廠之清理業務……，且雙方為掩飾此脫法之行為，昇〇公司並同意將廢棄物代處理合約上「廢棄物」之字樣，偽稱為「次級溶劑」，以規避廢棄物清理法中關於事業機構對於清理有害事業廢棄物之申報規範，洪裕〇並即指示王麗〇製作合約書草稿。而陳〇昇身為承辦工安環保事務之職員，明知有害事業廢棄物本應依法定方式處理，竟按照……協議內容，擬定委託昇〇公司處理次級溶劑之合約草案及相關辦法後，……提出簽呈，……該簽呈歷經各部門之會簽後即上呈余西〇及吳榮〇審核，並於八十六年九月二日提交經委會審核，經委員會為避免如此脫法行徑遭洩漏，於簽呈上加註：「似需簽約，惟留存公司」等字語，以便將所簽立之契約一式二份全部留存長〇公司……並經楊〇〇在該簽呈簽名認可，並交由下屬執行，嗣復於八十八年十一月間重新訂約，合約名義改為「次級溶劑買賣合約」，以隱匿昇〇公司與長〇公司簽訂有代清理廢溶劑之事實。

（三）而洪杉〇及洪裕〇自八十六年八月間受長〇公司委託時起，即將該項清除載運長〇公司廢溶劑之工作……由未具事業廢棄物清除許可證之張承〇、羅守〇以隆昌公司名義承攬，並由張承〇調度指派羅守〇等司機，駕駛非具有中央主管機關所規定之清除廢棄物專用環保油罐車前往長〇公司路竹廠載運。而蘇明〇、余西〇、陳〇昇及任其〇，均負責長〇公司之廠務及事業廢棄物處理等環保業務，竟仍自八十六年八月七日起，由陳〇昇、任其〇向昇〇公司請求派車載運長〇公司所生產之有害事業廢棄物，而陳〇昇、任其〇明知昇〇公司所指派之羅守〇、張承〇所駕駛之……油罐車，均非環保機關所核准之清除車輛，竟仍允許羅守〇、張承〇進入長〇公司路竹廠內自儲油槽中抽取廢溶劑等有害事業廢棄物，並對於羅守〇、張承〇之車輛予以過磅及簽收，同意任由昇〇公司派請未經核准清除

有害事業廢棄物之車輛前往載運有害廢溶劑。又長○化工形式上先以與處
理成本顯不相當之價格同昇○化工簽約，以製造有合法委託清除、處理執
照機構之虛偽外觀，再以故意不為任何追蹤查核昇○公司及羅守○與張承
○所載運流向之方式，實質同意由昇○公司及羅守○、張承○長期任意棄
置有害事業廢棄物。且陳柏○、黃仲藏更向張承○、羅守○指示渠等自長
○公司所載運之有害事業廢棄物無庸再載回昇○公司，渠等得以自行為任
意處置。而羅守○自八十九年七月九日起即透過沈哲○之介紹，委由王金
成（業據原告撤回）以每車次一萬二千元傾倒，嗣因改為王金成僅負責尋
找傾倒地點，並負責引導徐復國、沈哲○載運廢溶劑前往指定地點傾倒，
而非直接交由王金成傾倒，羅守○遂改為約定以王金成每次協助引導傾倒
一車次，則王金成可得八千元之代價，嗣王金成於同年月十二日夜間通知
徐復國，……帶領徐復國……而投放入廢溶劑等毒物於伊第七區管理處飲
用水引水道之供公眾所飲之水源、水道，同月十三日夜間，王金成再引導
徐復國前往旗山鎮半廍子堤防之旗山溪入水口處傾倒一車次廢溶劑，並於
同月十四日夜間十一時許引導徐復國、沈哲○各駕駛一部油罐車，前往上
開半廍子堤坊之旗山溪之供公眾飲用入水口處排放廢溶劑，而投放入廢溶
劑等毒物於伊上開第七區管理處引水道之供公眾所飲用之水源、水道，
致污染伊經營大高雄地區自來水之取水水源，而侵害伊之水權及名譽信
用權，致伊受有如附表（一）所示之損害，爰依侵權行為之法律關係，
提起本訴。而聲明求為命：（一）被告徐○國、沈哲○、羅守○、張承
○、洪裕○、陳柏○、黃作○、王麗○、吳榮○、余西○、蘇明○、陳○
昇、任其○、昇○化工股份有限公司、洪金輝、洪杉○應連帶給付原告
二億七千五百八十五萬九千六百二十七元，及自起訴狀繕本最後送達被告
翌日起至清償日止，按週年利率百分之五計算之利息。（二）被告長○化
工股份有限公司、楊○○、高國○、蕭慈○、楊寬○、盧耀○應連帶給付
原告二億七千五百八十五萬九千六百二十七元，及自起訴狀繕本最後送達
被告翌日起至清償日止，按週年利率百分之五計算之利息。（三）右二項
聲明，如其中一被告已為給付，則其餘被告於其給付範圍內免其給付之義
務。（四）願供擔保請准宣告假執行。

三、被告則抗辯：（一）被告長○公司、楊○○、高國論、吳榮○、蕭慈○、楊
　　寬○、盧耀○、蘇明○、余西○、陳○昇、任其○辯稱：徐○國、沈哲○及
　　王金成等人傾倒於旗山溪畔之廢溶濟非載自長○公司，且被查扣之廢溶劑與
　　長○公司路竹廠製程廢水不同，長○公司路竹廠之廢水並非有害事業廢棄

物，不因長○公司委由昇○公司處理而變成廢棄物，長○公司係合法將製程廢水委由昇○公司處理，與昇○公司所簽訂之處理廢水契約內容並無不法之處……且伊等與昇○公司、張承○、羅守○、沈哲○、徐○國及王金成間並無共同侵權行為之事實，至於是否蓄意逃避環保主管機關之稽查，與本件污染事件並無相當因果關係。而楊○○於污染發生時雖係長○公司董事長，惟廢水之清理非楊○○負責之業務，高國○、吳榮○、楊寬○、盧耀○、蕭慈○等五人雖係經委會成員，然非長○公司負責人，亦未參與廢水製程清除處理，均無公司法第二十三條規定之適用。另蘇明○於污染發生時雖兼長○公司路竹廠長，然其對於公司之環保、工安及廢棄物之清運並無決定權，長○公司於此部分之事項另由工環部負責，其位階與路竹廠長相當，雙方互不統轄，均直屬於總公司，況且原告之請求事項亦有諸多不實等語。（二）被告昇○公司、洪金輝、洪杉○、洪裕○、陳柏○、黃作○、王麗○則抗辯：伊等均非在旗山溪傾倒廢棄者，而當場遭查獲之油罐車中所存放之物體亦非昇○公司之廢溶濟，伊等並無侵害原告水權之行為，原告所受損害與伊並關。（三）另被告張承○辯稱：本件傾倒廢水事件與伊無關；羅守○、徐○國及沈哲○辯稱：伊等僅係司機而已等語，資為抗辯。並均聲明：（一）請求駁回原告之訴及假執行之聲請。（二）如受不利益判決，願供擔保請准免為假執行……。

四、原告主張……長○公司係以印刷電路基板、工業用合成樹脂等製造、加工及銷售業務為主之公司，昇○公司則係領有甲級事業廢棄物清除許可證、甲級有害事業廢棄物中間操作許可證之清除、處理機構，其清除、處理範圍，係以國內各廠商於生產製造過程中新產生之有害廢溶劑、苯、甲苯、三氯乙烯等廢棄物種類為主，而長○公司生產、製造印刷電路板及合成樹脂等主要產品之過程中，其中製造SC特殊化學塗料時，會產生含鈉鹽廢液；製造酚醛樹脂時，會產生含酚類、醛類等廢溶劑之廢液及裁邊廢料；製造UP不飽和聚脂時，會產生含微量苯乙烯溶劑之廢水及樹脂渣；製造PS聚苯乙烯時，會產生包裝紙等一般事業廢棄物，長○公司對於生產過程中新產生之事業廢棄物，乃環保署公告應上網申報之事業機構，其中除一部份廢液及一般事業廢棄物之外，其餘大部分有害事業廢棄物均委託交由其他清除、處理機構處理。又長○公司路竹廠之製程廢水自八十六年八月間起即委由昇○公司處理，迄至八十九年七月間即本件事故發生時止，仍是由昇○公司負責清除及處理，及八十九年七月十四日徐○國、沈哲○及王金成在旗山溪傾倒廢溶濟為警查獲之事實，均為被告所不爭執，則此部分事實，均可信為真實。

五、……本件之爭執為：（一）被告有無侵害原告權利之行為？（二）原告可請求損害賠償之金額為何？茲分述之。

六、被告有無侵害原告權利之行為？

　　……：

　　甲：被告長○公司、楊○○、高國○、吳榮○、楊寬○、蕭慈○、余西○、陳○昇、任其○、昇○公司、洪金輝、洪裕○、陳柏○、黃作○、王麗○、張承○、羅守○、徐○國、沈哲○等十九人有侵害原告權利部分：

（一）被告長○公司、楊○○、高國○、吳榮○、楊寬○、蕭慈○、余西○、陳○昇、任其○部分：

1.長○公司路竹廠生產過程中所產生之製程廢水應屬有害事業廢棄物，其理由如下：

(1)八十九年七月十四日在旗山溪畔為警查獲之廢溶劑，係被告徐○國、沈哲○於八十九年七月十日自長○公司廠區運出後，於同日載至王金成管理之尚群公司停車場，復依被告王金成之指示暫時置放於尚群公司之AG─七五號油槽內，嗣於同年七月十四日，王金成通知沈哲○以其所有之ID─六○八號曳引車車頭前往尚群公司拖上開油槽前往旗山鎮與王金成、徐○國相會後，再由王金成騎機車在前引導沈哲○駕駛之上揭曳引車前往旗山溪畔洩放……。

(2)而前開查扣之車牌號碼ID─六○八號油罐車中之廢液，與長○公司路竹廠廢液槽內之廢液，經檢察官送請環檢所……檢測結果……足徵徐○國、沈哲○、王金成等人供述油罐車內之廢液係來自於長○公司路竹廠……。

(3)……同一樣品會因時間之經過而產生變化，這變化或因有機物之特性、或因保存之溫度、濕度等人為因素所造成，從而本案益難以二個已逾保存期限之樣品所作之檢驗報告遽認兩樣品非同一來源。被告長○公司辯稱廢液非來自於其公司等語，尚嫌無據。

(4)……槽車之成分內容應就表2、3之全部物質合併觀察，……表1檢驗所得之成分，其中高達百分之八十點七六之比例同樣於表2表3中檢驗出來，比例不可謂之不高。再者，沈哲○於八十九年七月十四日查獲前，除載運長○路竹廠之廢溶劑外，曾另載運其他化學物，且於載運上開廢溶劑等化學物後，僅用自來水清洗，……自難確保原載運物品已全然清除完畢，是被告以表2表3之內容物較表1為多而主張兩者來源不同，亦有未洽。

2. ……工研院化工所之報告對於長○公司製程廢液之成份內容及其比重僅有參考之作用，尚難據此認定長○公司在任何一時點所產生之廢液內容均如工研院化工所報告所示；從而亦難據前揭報告內容，認沈哲○駕駛之槽車廢液非來自長○公司。

3. ……綜合前開各項說明，可知上開查扣之油罐車中之廢液至少有部分係來自長○公司，應堪認定。

4. 扣案之長○公司儲槽內廢液及沈哲○駕駛之ID—六○八號油罐車內之廢溶劑，經送環保署環檢所檢驗，……均屬有害事業廢棄物應堪認定。……。

5. 長○公司路竹廠製程中所產生之廢水應屬廢棄物，其理由如下：

   (1)長○公司……辯稱長○公司路竹廠製程廢液中含有約百分之九十二以上之成分為水，且係於製造過程中所產生者，自與水污染防治法第二條第八款規定之廢水定義相符，而「事業水污染防治措施及排放廢（污）水管理辦法」係依水污染防治法第十八條規定制定之子法，依該辦法第二條第三款、第三十條第一項之規定，可知委託處理所謂廢液者，仍應受前開辦法之規範，是長○公司於製造過程中所產生之廢液屬廢水，應依水污染防治法之規定規範，與廢棄物清理法有別云云。然依前開管理辦法第二條第三款之文義解釋，所謂廢液之內容物為「廢水及其他液體廢棄物」，是其內容已與「廢水」不同。……該管理辦法是有意將「廢水」與「廢液」與以區分，否則條文不須採廢水、廢液併列之立法方式。……是長○公司執上開管理辦法之規定，主張含液體廢棄物之廢液即係廢水，應依水污染防治法之規定處罰等語，顯有誤解。

   (2)……依上開管理辦法之規定該溶劑即為「廢液」，而此由製程產生之「廢液」如非屬產品，並為該事業不能或不再使用之物質，即屬該事業之廢棄物無訛，從而環保署八十九年十月二十六日（89）環署廢字第○○五八一六二號函釋：所謂廢水係指經過處理後放流之物，若非如此而是以桶裝或槽車運送之廢水屬廢液，其管制依廢棄物清理法相關規定規範，是以，雖其成分為百分之九十八之水及百分之二之廢棄物，如以桶裝或槽車運送者即為液體廢棄物等語，並無違誤之處，亦無與水污染防治法及其管理辦法相抵觸之處。

6. ……長○公司委託昇○公司處理之溶劑，係來自長○公司各事業部產製之廢液，經集中於儲槽後再委外由槽車運送處理，揆諸前揭說明，當然

為廢棄物，而與廢水不同。

7.……長○公司製程產生之溶劑如經焚化或回收處理後，再以管線或溝渠之方式運輸至其廢水處理廠內，經生化處理後，符合標準而予以流放者，該溶劑才屬廢水，長○公司既有自行回收或焚化處理設備，且已依水污染防治法之規定設置廢水處理廠，自應知悉水污染防治法所指之廢水必須以管線或溝渠輸送之相關法令規定，從而長○公司就尚未處理之製程廢液，逕以容器盛裝、運送時……，自與廢水……內容不同……況長○公司在與昇○公司訂立契約之前，就渠等所辯「製程廢水」委託運泰公司代為清除、處理廢棄物，運泰公司所開立給長○公司之發票上，亦載明「廢棄物清除費用」……可見運泰公司與長○公司訂約時，亦認定該製程廢液係屬廢棄物，而非廢水。……。

8.長○公司與昇○公司訂約時，即有任由洪裕○不依規定處理之不確定故意，其理由如下：

(1)長○公司與昇○公司訂定該製程廢液過程，明顯有規避主管機關查核：

……八十六年九月，余西○、陳○昇、吳榮○與昇○公司接洽後，卻改以「次級溶劑」之名簽約……該次級溶劑名稱係余西○、陳○昇所想出來的……，其目的係要規避環保機關之監督，……若長○公司係基於一般正常訂約程序，大可不必另就該製程廢液自創非屬昇○公司登記處理事項所列之「次級溶劑」之名稱，余西○亦不致加註「建議不予簽約」，顯示長○公司在規避主管機關就其委託昇○公司清除、處理之製程廢液，應向主管機關申報之規定甚明。

(2)昇○公司與長○公司間係低於昇○公司清除、處理價格訂約：

昇○公司以焚化爐處理廢溶劑之成本約為每公噸五千元，從而洪裕○代表昇○公司與長○公司簽約時，即告知長○公司之代表若以二千九百五十元簽約，即有「價格偏低、不符成本」之情事，至八十七年八月三十一日屆滿時，仍沿用舊名稱、條件及代價續約，自八十七年九月一日起開始依約履行，惟至八十八年八月三十一日屆滿後，本應自八十八年九月一日起續約，然因同年七月間廢棄物清理法修訂通過，增訂違反法令之刑責規定，洪裕○乃要求長○公司要依照法律規定向環保局申報，同時要求處理費用每公噸也要調漲為六千元，但余西○及陳○昇則要求不要向環保局申報，為此昇○公司乃拒絕與長○公司簽約，續約之事才暫時停頓下來，後經商談，最後雙方

都同意不向環保局申報,而改以「次級溶劑買賣合約書」名義簽約,取代原先「次級溶劑代處理合約書」名義,以規避環保單位的稽查,雙方才延至八十八年十二月一日起以每公噸四千元之報酬續約……足證長○公司與昇○公司之所以改為「買賣」之名義,無非為規避廢棄物清理法關於清除、處理廢棄物之規定心態甚明。復依前開洪裕○所言,亦可證長○公司於八十六年、八十七年間以二千九百五十元委託昇○公司處理,根本無法依法令規定清除、處理,而長○公司方面也知情,所以才同意自八十八年十二月一日起調高為四千元。

9.長○公司未依規定交付契約書、同意昇○公司不用經環保機關核准之油罐車前往載運:

委託廢棄物清理之契約,除當事人雙方各持一份外,並應向當事人雙方之主管機關各送一份備查,長○公司與昇○公司於八十六年九月一日簽約,即未將契約書交付昇○公司,致昇○公司無法上網申報,長○公司並同意由未經環保機關核准之油罐車載運,為此,洪裕○尚告知長○公司之人員如此作法並不符合環保法令規章……。

10.未依法向主管機關申報:

依八十八年七月十四修正前之廢棄物清理法第十六條規定,事業機構及處理機構對於有害事業廢棄物,均應作紀錄妥善保存並定期申報主管機關備查,長○公司均未申報,且長○公司為環保署……公告之「第三批應上網連線申報事業廢棄物之種類、數量、貯存方式及清除處理方法之事業機構」中公告事項「一、」「(一)」之化學材料製造業,並自八十八年一月十五日起實施,又該事業經環保署指定公告屬應申報之事業,其即應依規定以網路傳輸方式或以書面申報之……是長○公司應自八十八年一月十五日起依環保署之規定上網連線申報本件事業廢棄物之種類、數量、貯存方式及清除處理方法……長○公司路竹廠之製程廢液,應屬依法申報之有害事業廢棄物甚明。惟長○公司自八十六年八月七日起迄本案查獲日止,均未依法上網連線申報……是長○公司顯已違反廢棄物清理法中關於申報之規定甚明。

11.綜上,長○公司對其路竹廠生產過程中所產生之製程廢液,屬應申報之有害事業廢棄物,其雖有委託具有甲級處理牌照之昇○公司代為清除、處理,然長○公司卻與昇○公司在訂約之初始,刻意將委託處理之廢棄物改名次級溶劑,繼再將合約書變更為次級溶劑買賣合約,又未將合約書送達一份予昇○公司,且未依規定向主管機關申報,又同

意昇○公司派遣未經環保機關核准之油罐車前往載運，而昇○公司為具有甲級執照之公司，其負責人洪裕○竟亦同意前開做法，此無非係楊○○、余西○、陳○昇為節省依規定處理製程廢液之支出成本，而洪裕○亦有未依規定處理長○公司之製程廢液之不確定故意，且渠等相互間均明知上情，至為明顯。……。

12.被告楊○○、高國○、吳榮○、楊寬○、蕭慈○、余西○、陳○昇、任其○對上情均屬知悉且有共同犯意之聯絡，其理由如下：

(1)楊○○係長○公司之總經理，且其在長○公司任職期間非短，所學又係化工方面，對於長○公司製程廢液含有何種化學成份，不論從其學識或經驗上均知之甚詳，再楊○○自承……該份簽呈雖然表面上僅係關於長○公司路竹廠之有害事業廢棄物處理事宜，然觀之該份簽呈並非只會簽及於該公司路竹廠工環部門，反之逐級上呈至最終經營委員會決策，顯見該份簽呈已屬公司重大決策之文件，絕非一般行政事務之內部簽呈……。

(2)……長○公司主觀上若認為係廢水，大可找一般運輸業處理傾倒，根本無庸委請有甲級事業廢棄物清除處理執照之昇○公司處理清運，然長○公司卻主動上網找尋有甲級事業廢棄物清除處理執照之公司，並大費周章從高雄前往台北縣三峽昇○公司廠區參觀昇○公司是否有處理能力，是長○公司辯稱其主觀上認為是廢水非廢棄物才沒有申報等語，顯不足採。

13.再者，長○公司八十五年間編列八十六年度處理廢溶劑之預算為一千四百四十五萬零三百六十四元，……豈有金額高達一千多萬元之處理廢溶劑費用反而不需簽訂契約之理？然陳○昇卻反其道而行，向余西○、經委會成員呈報不用簽約，陳○昇此舉顯然悖於常情……楊○○、吳榮○、楊寬○、蕭慈○及黃梧桐等人，當時既分別身兼長○公司董事、副總經理及經委會委員，高國○為執行祕書（本件事故發生時為經委會委員），均係長○公司資深高階主管，對於長○公司所營事業產生之廢棄物係屬有毒物質乙事，知悉甚詳，是楊○○等六人於經委會討論是否採行陳○昇建議之違法簽約方式時，既已知悉該簽約方式與相關環保法令不符，本應提出異議或表示反對意見……反而違法作出同意比照辦理之決定，……楊○○、高國○、吳榮○、楊寬○、蕭慈○等五人，就本件污染事件之發生，亦有可歸責之事由存在。

（二）被告昇○化工股份有限公司、洪金輝、洪裕○、陳柏○、黃作○、王麗○
部分：

1.……昇○公司以每公噸二千九百五十元、四千元之價格受長○公司委
託，處理製程廢液，根本不敷成本，且為規避環保單位之稽核，所以不
敢派遣昇○公司之環保車前往運送，而改由一般油罐車去載運……，且
自八十六年間起昇○公司即將運送長○公司廢棄物之工作委由張承○處
理……洪裕○既知張承○等人無能力依法處理，則張承○等人除四處傾
倒、排放外，別無其他途徑可循，當亦為洪裕○所明知，顯見洪裕○對
於司機會四處傾倒乙節，知悉甚詳。

2.昇○公司為領有甲級清除處理執照之事業廢棄物清除處理機構……而廢
棄物之內容決定其清除處理之方式，從而客戶委託處理之物其成分內容
為何，當為昇○公司首應究明之事項，亦為其應負之責任。又昇○公司
受客戶委託代處理廢溶劑時，其清除、處理費用之決定，取決於廢溶劑
之成份、委託處理之數量、有無回收價值、廢溶劑包裝之方式及運輸之
方式等……可見廢溶劑成份之確定，非僅係昇○公司應負之責任，亦為
決定契約價格之重要因素之一，且其成份之內容亦決定處理之方式（蒸
餾、焚化或其他方式）、及有無回收之可能及回收之價值。……洪裕○
受長○公司委託之前，應會依其內部程序對長○公司之廢液為詳盡之分
析，其既已有分析，而廢溶劑之來源復為事業機構，且為該事業不能或
不再使用之物質，自應屬事業廢棄物……洪裕○焉有不知該廢溶劑為有
害事業廢棄物之理？是其抗辯稱不知等語，顯與其專業及公司內部作業
程序相違背。

3.洪裕○於刑事二審雖供稱其公司之營業項目中另有買賣業務，是其本意
係向長○公司買入「消毒水」供開發市場之用，並非受託清除、處理廢
溶劑等語。然查，洪裕○並未將長○公司之溶劑開發成消毒水轉賣，此
業據洪裕○陳明在卷……且於統一發票中記載係處理之費用，並於合約
書中詳述處理之方法，由上述各點，在在均足以證明雙方之關係係委託
清除、處理，而非買賣，長○公司相關人員對此亦否認與昇○公司為買
賣關係，足證洪裕○事後辯稱係買賣等語，為事後卸責之詞，難以採
信。

4.……可證陳柏○知道昇○公司一般處理廢溶劑之收費價格，對於昇○公
司以一千二百元之代價委託無清除及處理執照之羅守○載運等情應知之
甚詳，而陳柏○還曾建議洪裕○不要委託羅守○處理，益證陳柏○對於

長○公司委託清除、處理之廢液需依廢棄物清理法之相關規定清除處理，及昇○公司委託羅守○處理長○公司廢液係不合法之事顯均有認識，陳柏○主觀上既明知猶指示羅守○不要將廢棄物載回公司處理，自難諉無違法性之認識，其與洪裕○間有犯意之聯絡及行為之分擔，堪以認定，所辯其全部不知情，顯不足採信。

5.長○公司與昇○公司間之草約係由王麗○制作，而王麗○於制作草約時，洪裕○即將昇○公司契約範本中之名稱「廢棄物清理合約書」更名為「次級溶劑代處理合約書」，並將第一條、第十一條、第十六條關於「廢棄物之種類、性質、數量、計價方式」、上網申報、及向主管機關呈報契約等相關內容予以刪除……王麗○既知昇○公司受長○公司委託代為處理之物係有害事業廢棄物，在此長達二年餘將近三年之期間內，張承○、羅守○等人更從未將廢溶劑載回昇○公司廠區，而非偶一為之，身為負責通知之人如何能諉稱不知張承○、羅守○等人會將廢棄物四處傾倒，是其所辯不足採信。

6.……交由被告羅守○運出之物，均為尚未處理完畢之事業廢棄物，且為洪裕○、陳柏○、黃作○所明知等情，堪以認定。

7.……洪裕○既知受託清除、處理之物係有害事業廢棄物，且長○公司業經公告為應申報之事業機構，昇○公司就長○公司部分亦應依規定申報，然洪裕○及負責申報業務之王麗○竟均未依法申報……是洪裕○、王麗○已違反廢棄物清理法中關於申報義務之規定甚明。又洪金輝係昇○公司之負責人，有公司基本資料查詢單可證，其負責昇○公司全體業務之執行監督，對於昇○公司上開違法行為，自難諉為不知，依公司法第二十三條之規定，自應與昇○公司及上開洪裕○等人負連帶賠償責任。

（三）被告張承○、羅守○、徐○國、沈哲○部分：

1.查羅守○、張承○、徐○國、沈哲○、王金成等人自長○公司、昇○公司載運製程廢液、廢溶劑後，所傾倒廢溶劑之地點……尚包括高雄縣旗山鎮牛部子堤防旗山溪取水口附近與旗尾橋下游一百公尺處……足見羅守○等人不法傾倒，致污染旗山溪河流之事實，甚為明確。

2.……王金成猶可從味道很嗆、運費較一般為高等情判斷得知傾倒之廢液係有毒的，張承○、羅守○、沈哲○如何能諉稱不知。再羅守○除載運長○公司廢液及昇○公司E區廢液出廠傾倒外，另受昇○公司委託自昇○公司載運洪裕○所謂之可供焚化爐燃燒使用之「輔助燃料」至台南縣

榮成公司，惟此部分之運費僅每公噸五百元，……核與王金成所指一般運費相當，張承○、羅守○、沈哲○等人既為司機，對此運費行情亦應知悉，猶願顯不相當之高額代價受昇○公司委託清運，顯見羅守○等人顯知道其載運之物為有害事業廢棄物甚明。

3.張承○自八十六年八月間，受昇○公司之託開始承攬長○公司廢溶濟之運送後，原有載回昇○公司，嗣即未將載運之廢溶劑載回昇○公司處理……而羅守○復陳稱：張承○將曳引車賣給伊時，有告訴伊可以任意傾倒、可以倒在大甲溪畔，還曾親自帶伊至台中縣軟埤溪，告訴他可將廢溶劑排放於該溪溝圳內，並告訴他要找海邊及河邊倒才不會被發現……顯見張承○初始即知悉從長○公司載運之廢液，係要載回昇○公司處理，而昇○公司係經營廢棄物清除、處理，張承○對長○公司所載係屬應經清除、處理之有害事業廢棄物已難謂不知情，……張承○既於承攬昇○公司之生意前，即以載運化學原料為生，而渠又非不怕死之人，所求自然無非以安全、獲利為原則，是若謂渠等對於載運內容全然無知，豈能令人相信？況且，渠已經連續排放多次，每次排放時均有刺鼻臭味、辛辣味等，豈有不明之理。……可證張承○顯有參與羅守○共同營運，是張承○與羅守○間對上開犯行有犯意聯絡及行為分擔，堪以認定。

4.王金成係經由沈哲○之介紹始與被告羅守○認識，而介紹王金成、羅守○認識之原因，係因要處理載運之廢溶劑……若沈哲○之認知只是一般消毒水，且以前均是隨意傾倒於排水溝中，又何必找人詢問傾倒地點，可知沈哲○係因知道載運之物為有毒之物質，才要費心思找人處理。……沈哲○、王金成、徐○國等人傾倒廢棄物於旗山溪水域之行為，要屬投放毒物於供公眾所飲之水道乙節，堪以認定，張承○、羅守○、徐○國及沈哲○等人，共同污染原告旗山溪之水源事證明確。

（四）再者，被告長○公司、楊○○、余西○、陳○昇、任其○、昇○公司、洪裕○、陳柏○、黃作○、王麗○、羅守○、張承○、沈哲○及徐○國上開行為，經本院及高雄高分院刑事調查結果，認渠等分別觸犯廢棄物清理法第四十六條及四十七條之任意棄置有害事業廢棄物、刑法第一百九十條妨害公眾飲水罪及同法第一百九十條之一之流放毒物等罪證明確，而判處長○公司罰金三百萬元；楊○○有期徒刑五年，併科罰金三百萬元；余西○處有期徒刑四年；陳○昇處有期徒刑三年六月；任其○處有期徒刑一年十月，緩刑四年；昇○公司科罰金三百萬元；洪裕有期徒刑十年，併科罰金

九百萬元；陳柏○處有期徒刑六年；黃作○處有期徒刑五年六月；王麗○處有期徒刑一年十月，緩刑四年；羅守○處有期徒刑八年，併科罰金一百萬元；張承○處有期徒刑八年，併科罰金一百萬元；徐○國處有期徒刑五年；沈哲○處有期徒刑三年六月之事實，亦有判決在卷足憑，顯見長○公司等人確有原告所指之行為無訛。

（五）依前（一）至（四）所述，被告長○公司、楊○○、余西○、陳○昇、任其○、高國○、吳榮○、蕭慈○、楊寬○、昇○公司、洪金輝、洪裕○、陳柏○、黃作○、王麗○、羅守○、張承○、沈哲○及徐○國等十九人侵害原告權利之事實，堪予認定。茲就長○公司等十九人應負連帶損害賠償責任之法律依據說明如下：

1.按……民法第一百八十四條、第一百九十一條之三前段、第一百八十五條第一項前段、第一百八十八條第一項前段、第二十八條及公司法第二十三條定有明文。又……自來水法第二十四條及第十一條亦有規定。……廢棄物清理法第十五條及第二十條亦著有明文。再按……事業廢棄物貯存清除處理方法及設施標準第十五條、第十七條、第十八條、第十九條第一、二、五項及第三十五條規定甚明。又……飲用水管理條例第五條第一項亦有規定。而上開相關環保法令，乃屬保護他人之法律，是倘違反致生損害於他人者，依民法第一百八十四條第二項規定，行為人須就他人所生之損害負損害賠償之責。

2.經查，羅守○等人傾倒廢溶濟之旗山溪地段，係內政部及經濟部依據自來水法第十一條及自來水法台灣省施行細則第七條規定，劃定屬高屏溪自來水水質水量保護及管制區域……。依上開公告「管制事項」所載之內容，可知管制保護區內不得設立有毒性或廢污之工業，且現有工廠、礦場或經衛生署指定之事業排放之廢水，應符合水污染防治法主管機關規定之放流水標準。又原告本於自來水法規定，既擁有旗山溪保護區內之取水權，其權利內涵包括於水權範圍內之水源保護，任何人不得加以污染或破壞其原有水質，是被告傾倒有毒事業廢棄物之行為，已侵害原告之水權甚明。而長○公司為有毒事業廢棄物之生產者……為圖謀一己私利，竟未依法處理有毒事業廢棄物，致生損害於原告及全體社會大眾，顯已悖離社會生活根本原理之善良風俗及公共秩序，並違反政府為保護他人之上開環保法規，依民法第一百八十四條之規定，應對原告負擔損害賠償責任。又本件有毒事業廢棄含有劇毒，為被告等所知悉，身為有毒事業廢棄物之生產者及清運者之被告，應明知若未妥善處理，將

產生一定之危險，加損害於他人，今隨意傾倒，不但未避免本身事業經營所產生之危險，更擴大危險傷害之範圍，致生損害於原告，依民法第一百九十一條之三規定，亦應對原告負擔損害賠償之責。又縱認長○化工縱無濫倒之故意，惟其將有害事業廢棄物委託昇○化工處理，竟訂約偽稱為「次級溶劑買賣合約」，並准許昇○公司使用非中央主管機關所規定之清除廢棄物專用環保油罐車載運廢棄物，以逃避環保機關之稽查，使昇○公司在環保機關無法稽查有害事業廢棄物來源之情形下，大膽隨意濫倒，其過失行為與本件污染事件之發生，亦有因果關係。是長○公司與昇○公司上開違反保護他人之環保法令行為，與原告損害結果之發生，具有相當因果關係，依民法第一百八十四條、第一百九十一條之三、第一百八十五條前段及第二十八條之規定，自應對原告負連帶損害賠償之責。

3.又楊○○自六十八年起即開始擔任長○公司之總經理，於長○公司決定與昇○公司簽約時又兼長○公司經委會之決策委員；另高國○、蕭慈○、吳榮○、楊寬○等人分別身兼長○公司董事、副總經理及經營委員會委員等職務，於長○公司與昇○公司所簽署之清運契約，曾經報請該委員會裁示，屬公司重大決策案件，對於非法清運處理乙事既屬知情，本應依法為適當之裁處，詎渠五人竟罔顧他人之生命安全，而與訴外人黃梧桐等六人共同作成依陳○昇簽請將契約由「廢棄物」更改為「次級溶劑」名義辦理，並由蕭慈○批示「仍需簽約，惟留存公司」等情，致衍生本件污染事件，業已如前述，依民法第一百八十四條、第一百八十五條、一百八十八條及公司法第二十三條之規定，應與長○公司及其他被告就本件污染事件負連帶賠償之責。而余西○負責與昇○公司訂約事宜，竟為節省長○公司每年依法清除、清運事業廢棄，以低於市價之每公噸二千九百五十元之價錢，與昇○公司洪裕○達成清運之協議，並製作虛偽之「次級溶濟」買賣合約，以規避環保主管機關之稽查，顯有濫倒有害事業廢棄物之故意，其與陳○昇、任其○，均負責長○公司之事業廢棄物處理等環保業務，竟仍自八十六年八月七日起，由陳○昇、任其○等人向昇○公司請求派車載運長○公司所生產之有害事業廢棄物，而陳○昇、任其○均明知昇○公司所指派之羅守○、張承○所駕駛之FG-225號等油罐車，均非環保機關所核准之清除車輛，竟仍允許羅守○、張承○進入長○公司路竹廠內自儲油槽中抽取廢溶劑等有害事業廢棄物，並對於羅守○、張承○之車輛予以過磅及簽收，同意任由

昇○公司派請未經核准清除有害事業廢棄物之車輛，前往長○公司路竹廠載運有害廢溶劑，對於本件污染事件，顯有意使其發生，其行為與原告本件損害具有相當因果關係。另洪金輝身為昇○公司董事長，對昇○公司長久以往之濫倒行為應知悉甚詳，雖檢察官未將其列為刑事被告，然依公司法第二十三條規定，其應與昇○公司負連帶損害賠償之責。陳柏○、黃作○分別為昇○公司廠長、副廠長，有關昇○公司濫倒有害事業廢棄物之舉，均由渠兩人安排，並指示張承○及羅守○等人，自長○公司載運之有害事業廢棄物，無需再載回，故本件污染行為，當屬渠兩人安排指示下之結果；王麗○為昇○公司職員，承洪裕○之指示，專責處理承攬長○公司廢棄物處理之違法事務，只要是長○公司需要清運，均由其以電話連繫張承○調派非環保機關所核准之車輛前往載運，其雖非違法傾倒行為之實施者，然於知悉違法之情形下，均協助昇○化工隱匿掩飾，依民法第一百八十四條、第一百八十五條及第一百八十八條之規定，陳柏○、黃作○及王麗○等三人，應與昇○公司、長○公司及其他被告，就原告所受之損害負連帶損害之責。至於羅守○、張承○、沈哲○及徐○國等四人，其中羅守○、張承○兩人乃向昇○公司承攬長○公司廢棄物之載運工作，沈哲○、徐○國則為油罐車駕駛，該四人均為污染原告水源之實際執行者，依民法第一百八十四條及第一百八十五條之規定，均應就本件損害之發生負連帶損害賠償之責。從而，原告依據侵權行為之規定，請求被告長○公司、楊○○、余西○、陳○昇、任其○、高國○、吳榮○、蕭慈○、楊寬○、昇○公司、洪金輝、洪裕○、陳柏○、黃作○、王麗○、羅守○、張承○、沈哲○及徐○國等十九人應連帶賠償其損害，為有理由。

乙、被告盧耀○、蘇明○、洪杉○等三人並未侵害原告權利部分：……。

七、原告可請求被告長○公司等十九人賠償之金額為何？

本件原告請求被告長○公司等十九人應賠償如附表所示十二項損害合計二億七千五百八十五萬九千六百二十七元，惟經本院審理後，認可准許之金額如附表所示合計三千九百五十三萬九千二百八十二元，……。

八、綜上所述，被告長○公司、楊○○、余西○、陳○昇、任其○、高國○、吳榮○、蕭慈○、楊寬○、昇○公司、洪金輝、洪裕○、陳柏○、黃作○、王麗○、羅守○、張承○、沈哲○及徐○國等十九人侵害原告水權之事實，堪予認定。從而，原告依據侵權行為之規定，請求被告長○公司等十九人連帶賠償如附表（二）所示損害三千九百五十三萬九千二百八十二元，及自起訴

狀繕本最後送達被告（羅守○）翌日即九十年十月十日起至清償日止，按週年利率百分之五計算之遲延利息，為有理由，應予准許。逾此為無理由，應予駁回。……。

中　華　民　國　九十三　年　八　月　二十　日
臺灣高雄地方法院民事第○庭　法　官

（四）臺灣高雄地方法院九十一年度重訴字第九五○號民事判決-相關判決：臺灣高雄地方法院九十一年度重訴字第一九九八號民事判決【見壹、一、（二十二）】

【主要爭點】

一、經營各種醫療器材製造加工買賣業者使用環氧乙烷、氮氣、氧氣及塑膠粒等原料，其廠房發生火災，是否屬於民法第一百九十一條之三所定之危險事業。

二、經營醫療器材之製造加工業，其廠房發生火災之危險與原告所受損害間有無因果關係之合理蓋然性。

三、醫療化學物品之保管設置是否符合相關法規而已盡相當之注意義務。

【事實摘要】

原告主張被告太○○醫材股份有限公司經營各種醫療器材之製造加工買賣，其產品均為易燃之塑膠產品，廠房內儲存高壓易燃之EO（環氧乙烷）、氮氣、氧氣等鋼瓶及醫療器材，因未盡防範措施，致該公司廠房於民國九十年十一月廿三日七時三十五分許起火燃燒、爆炸，並延燒達十二小時，原告與訴外人公司等建築物、廠房、原物料、機器設備及帳冊均全毀，爰依民法第二十八條、第一百八十四條第一項前段、第二項、第一百九十一條、第一百九十一條之三及第一百八十八條規定，請求被告太○○醫材股份有限公司與其負責人及受僱之廠長連帶負損害賠償責任。

【解析】

一、民法第一百九十一條之三所定之「危險」工作或活動，除須具有「高度」、「不合理」、「特殊」及「異常」等特徵外，更應具有能獲利、加害人對該

危險得予掌控及避免、危險可藉由保險分散及由被害人舉證顯屬不公平等要件。本判決認經營醫療器材所使用之工具及其產品原料均為塑膠粒，另存放環氧乙烷、氮氣及氧氣等鋼瓶均具有發生火災之高度危險。惟另案臺灣高雄地方法院九十一年度訴字第一九九八號民事判決理由八、（二）認為環氧乙烷之自燃溫度為攝氏四百二十九度，而氧氣本身不可燃，塑膠品之熱分解溫度係攝氏二百度，自燃溫度係攝氏四百三十度，是該等原料及成品於常溫下並不會自動燃燒，有高雄市政府函文可參，則就經營醫療器材所使用之工具本身，並無引發火災之高度危險性。

二、又本判決認為：「民法第一百九十一條之三係因經營一定事業之責任主體所從事之事業、工作或活動本身客觀上具有一定危險者，始有適用，按因現代企業發達，科技進步，人類工作或活動方或使用之工具日新月異，因而發生危險性之機會大增，而事業因從事危險事業而獲取利益，如仍需由被害人證明有過失，被害人將難獲賠償機會，實為社會不公平現象（修正理由參照），是本條規範之目的主要在於『工作或活動之性質或其使用之工具或方法有生損害於他人之危險者』，自應採取目的論限縮之解釋方法，將責任主體之範圍界定限於從事危險事業、工作或活動之人，並採責任集中觀點，於有事業主體時，原則僅由事業主體負其責任，因從事此等危險事業而獲取利益者僅為事業主體；至於勞工尚不在責任主體之範圍，應無依本條規定與事業主共同負責之適用，按因從事此等危險事業或活動所造成之損害，其賠償範圍與金額常較一般侵權行為為鉅，如勞工或負責人個人因事業主體之危險性質，而共同負危險責任，對勞工或負責人個人而言，亦不公平，應無前開法條規定之適用。」惟尋繹本條立法意旨所示，本條責任主體除經營一定事業者外，並包含從事危險工作或活動之一般人。

三、另本判決認為被告並未違反保護他人之法律，且原告未舉證證明被告就侵權行為之事實有何故意或過失，因而被告毋庸負一般侵權行為之損害賠償責任，惟尚不得因而認被告已就其係經營一定事業、火災發生非因其使用之工具所致及其於防止損害發生已善盡相當注意等情事，盡其舉證責任。

【裁判內容】

臺灣高雄地方法院九十一年度重訴字第九五〇號民事判決
　　　原　　　告　　力〇國際光電股份有限公司
　　　法定代理人　　王〇〇

訴訟代理人　　劉榮滄律師
被　　　告　　太○○醫材股份有限公司
兼法定代理人　李○○
訴訟代理人　　賴志明
被　　　告　　洪○○
右　三　人
訴訟代理人　　聶齊桓律師

右當事人間損害賠償事件，本院於九十三年二月十日言詞辯論終結，判決如下：

主　　文

被告太○○醫材股份有限公司應給付原告新台幣壹仟貳佰捌拾陸萬貳仟參佰壹拾柒元及自民國九十一年九月二十五日起至清償日止，按週年利率百分之五計算之利息。

原告其餘之訴駁回。

訴訟費用由被告太○○醫材股份有限公司負擔十分之一，其餘由原告負擔。

本判決第一項於原告以新台幣肆佰貳拾捌萬捌仟元為被告太○○醫材股份有限公司供擔保後得假執行。但被告太○○醫材股份有限公司如以新台幣壹仟貳佰捌拾陸萬貳仟參佰壹拾柒元或或同額之華南商業銀行可轉讓定期存單供擔保供擔保後，得免為假執行。

原告其餘假執行之聲請駁回。

事實及理由

一、原告起訴主張：

（一）被告太○○醫材股份有限公司（下稱太○○公司）為經營各種醫療器材製造加工買賣，所生產之產品均為易燃之塑膠產品，廠房內儲存高壓易燃之EO（環氧乙炕）、氮氣、氧氣等鋼瓶，以及易燃等醫療器材，但未設立偵測系統及警報器，雖設有消防火警受信總機，但卻未與消防單位連線，夜間亦未僱保全人員看守，造成救災時機延誤，無法第一時間滅火，致該公司位於高雄市楠梓加工區之廠房於九十年十一月廿三日七時三十五分許發生火災時發生廠房內起火燃燒、爆炸，……造成廠房、原物料、機器設備及帳冊全毀；被告洪○○係被告太○○公司之受僱人，被告李○○為該公司之法定代理人且實際負責執行業務，應知其所營事業之危險性，本於善良管理人之注意義務，注意消防安全，並設立守衛及保全系統、設立夜

間守衛人員、設立保全系統，以避免火災之發生波及四鄰危害公共安全造成四鄰權益受損，且二人對太○○公司依法負有爲管理監督及注意之責，然其等既疏爲應爲之監督注意而致失火，均應對本次失火過失負連帶賠償責任，爰依民法第一百八十四條第一項前段及第二項、第一百九十一條、第一百九十一條之三、第一百八十八條規定，請求被告連帶賠償……合計一億二千八百五十四萬一千二百九十九元。

（二）消防設備屬建築法第十條所稱建築設備，爲建築物之從物或成分，係土地上依人工作成之設施，即爲土地上工作物，其所有人仍應依民法第一九一條負責，又土地上之建築物或其他工作物使他人權利遭受損害時，應推定其所有人就設置保管有欠缺，被害人請求損害賠償時，無須負舉證責任，方能獲得週密之保護，原告公司確因受到本件火災延燒波及，廠房設備及產品全部燒毀，受有損害，被告自應負損害賠償責任。被告所有系爭工廠爲地上四層地下一層建築物之第三層，爲各類場所消防安全設備設置標準第十二條第四款丁類（低度危險工作場所）……應設置火警自動警報器設備……。經濟部加工出口區管理處九十年十一月二十一日出具之建築物防火避難設施及設備安全檢查……檢查項目與本件爭執之消防設備項目有所不同，且檢查日期爲九十年七月廿六日至九十年八月十六日，與本件火災發生時間相隔三個月餘，……與本件爭執事實無涉。

（三）……被告公司疏於內部管理，又未設置值夜及守衛人員，無法第一時間滅火，致一發不可收拾，……無外人進入縱火且已悶燒甚久，且定溫感知器已發生故障無法感應……導致火警受信總機無法發生火警訊號，促請四鄰注意延誤救災時機……顯有失善良管理人之注意義務而有過失，應負損害賠償責任。又被告公司製造之產品爲尿袋、抽痰管、胃管、尿管等拋棄式物品，所使用之原料均爲易燃品PVC膠粒，並存放有環氧乙炕有毒氣體、氮氣、氧氣。被告經營事業，生產過程使用可燃性之塑膠原料及化學物品，並需使用易燃、易爆之可燃性氣體，稍有不愼，即有釀成火災波四鄰之危險，被告依其工作或活動之性質或其使用工具或方法，易生火災生損害於他人之危險，發生火災後，又因堆放置大量塑膠原料及成品，產生大量濃煙及悶燒現象，致搶救滅火不易，燒及原告公司四樓廠房，對原告公司造成損害，依民法第一百九十一條之三修正說明理由，被告自應負損害賠償。

（四）又被告太○○醫材股份有限公司依建築技術規則第三條、建築設計施工編第四條第七節消防設備第一一三條、一一五條規定，建築設備編第三章第

三節六十六條規定、消防安全設備設置標準第十九條規定，都是屬於工廠、公司應該設置管理的相關規定；……因被告違反前開規定，所以就本件火災事故，顯有失善良管理人之注意義務而有過失，自應依民法第一百八十四條第一項前段規定負損害賠償責任。另參照最高法院八十八年台上字第二○四號判決意旨，認有關消防法及內政部公布之各類場所消防安全設備設置標準等規定之目的，係為防止公共危險之發生，以避免他人生命財產遭受損害，自屬保護他人之法律。……。

（五）……同棟大樓六家公司僅獨太○○醫材公司未設立守衛及保全系統，更突顯違反一般管理應注意之義務。

（六）李○○為公司董事長，為公司法第八條第一項之當然負責人，依法令執行公司業務，有管理監督及注意之責，其怠於執行業務，疏為注意而致失火，應依民法第二十八條、公司法第二十三條第二項規定與太○○醫材公司負連帶賠償責任。而洪○○為公司廠長，負責管理工廠為現場負責人，本身應該負責有關消防設施、人員的管理，參酌最高法院九十年台上字一九九一號判決意旨，顯有執行職務怠於善盡管理之責，應與公司負民法一八八條連帶賠償責任。

（七）……並聲明：求為判決（一）被告等應連帶給付原告新合幣壹億貳仟捌佰伍拾肆萬壹仟貳佰玖拾玖元及自九十年十一月二十三日起至清償日止按年利率百分之五計算之利息。（二）願供擔保請准宣告假執行。

二、被告則以：

（一）本件火災經檢察官查證後，確認被告之法定代理人、廠長及受僱人均無過失，……被告有過失乙節，且應由原告負舉證責任，否則即屬違反證據法則，原告未盡舉證責任，其訴應予駁回。又本件係火災糾紛與建築物之瑕疵無涉，原告依民法第一百九十一條第一項請求無理由。另民法第一百九十一條之三立法修正理由以被害人只須證明加害人之工作或活動之性質或其使用之工具或方法有生損害之危險性，而在其工作或活動中受損害即可，而本件火災發生時間為，係九十年十一月二十三日七時三十五分，在被告公司上班前……被告公司並未進行任何工作或活動，而本件起火處在包裝機東側紙捲堆放處，並非被告使用之工具或方法起火，……無民法第一百九十一條之三之適用。況被告公司之機電設備自八十二年起即委託泰華機電顧問股份有限公司定期檢測、保養、消防設備自八十九年十一月一日起即固定委由唯保企業有限公司檢測、保養，且被告公司之消防設備定期檢測申報均符合標準，且九十年度被告公司之消防檢查符合規

定；而被告廠房持續燃燒四小時以後，力○公司才開始失火，其與兩小時半前氧氣瓶之爆炸難認有相當因果關係；足認被告於防止損害之發生已盡相當注意，而合於民法第一百九十一條之三但書之免責事由。

（二）被告公司位於楠梓加工出口區，關係建築物防火避難設施與設備安全檢查，係由經濟部加工出口區管理處負責，楠梓加工出口區設有駐警日夜巡邏以維護公共安全，被告無派遣員工值夜、聘請守衛或僱用保全公司之法義務……；又火災起火點係在包裝機東側紙捲堆，非環氧乙烷放置處……原告損害自與環氧乙烷無相當因果關係，又原告之財產係因火燒而受損，並非因爆炸、或毒害污染而受損，故與被告公司就爆炸或毒害污染之防止義務無關，且火災現場密閉容器發生爆炸，不等同於過失，須另有義務違反且與火災損害間有相當因果關係；被告公司安裝有……消防設備，經經濟部加工出區管理處建築物防火避難設施與設備檢查結果准予報備，足證被告並無消防設備有任何欠缺或瑕疵。

（三）原告必須證明被告應注意何項消防義務，能注意，竟疏未注意而有過失，若非消防義務，而係勞工安全義務，因本件非勞工安全事件，與火災防止義務無關，況被告亦未違反勞工安全義務。被告之機器設備及pvc膠粒、氮氣、氧氣、紙類等無非用以生產塑膠製品，非但製造過程中無造成火災之危險，下班停工後，亦無發生自燃之危險……。又……消防法規並無防火管理員應值夜留守之規定，由被告公司通過消防安全檢查以觀，足證被告公司在消防義務上並無違反情形……。

（四）依最高法法院五十年台上字第一四六四號判例意旨，本件係火災糾紛與建築物或其他工作物之瑕疵無涉，且……原告未舉證證明被告受信總機未與消防隊連線（原告應證明依法須與消防隊連線），及被告依法應裝置灑水設備……，始符民事訴訟法第二百七十七條後段所強調之公平正義，原告空言指摘前開消防設備故障，惟消防設備經唯保公司每月擇日檢測，且經被告公司防火管理員雙軌檢測並無故障情事，自無建造之初即存有瑕疵，亦無建造後其物發生瑕疵之情形，應認被告已舉證證明符合民法第一百九十一條第一項但書之免責事由。

（五）被告否認立誠保險公證人有限公司所提出公證報告、理算總表等文件內容之實質真正，且否認應負損害賠償……另第一產險業已理賠原告所受損四千八百二十四萬九千一百九十八元，且第一產險已依保險代位訴請被告賠償，原告就前開第一產險已理賠之金額並不爭執，故縱採立誠公證之理算總表，原告亦僅能就其中之一千二百八十六萬二千三百十七元之部分請

求賠償，就超過部分，即屬欠缺權利保護之必要……。又……立誠公證公司之理算明細表有若干貨物未扣除折舊……原告實際受損為三千三百八十萬七千八百六十九元，再扣除第一產險理賠存貨損失二千五百三十七萬一千七百三十一元，原告就存貨損失僅得請求八百四十三萬六千一百三十八元。並聲明：求為判決（一）原告之訴及假執行之聲請均駁回。（二）如受不利判決，被告願以現金或同額之華南商業銀行可轉讓定期存單供擔保，請准免假執行。

三、……。

四、本件經協議簡化爭點：

甲、兩造不爭執點為：……。

乙、兩造爭執點為：

（一）被告太○○公司有關消防等設備，有無盡必要之設置維護義務，是否因而有過失，應依民法第一百八十四條第一項前段對原告負損害賠償責任？

（二）被告太○○公司是否因違反建築技術規則第三條、建築設計施工編第四條第七節消防設備第一一三條、一一五條、建築設備編第三章第三節六十六條、消防安全設備設置標準第十九條等規定，未盡設置管理義務，而屬違反保護他人之法律，應依民法第一百八十四條第二項規定，對原告負擔賠償責任？

（三）被告太○○公司之消防設備之設置保管有無欠缺，可否認屬民法第一百九十一條第一項之工作物，被告應否依該條第一項規定對原告負損害賠償責任？

（四）被告太○○公司依其性質，是否屬民法第一百九十一條之三規定之危險製造人，應否依該條規定對原告負損害賠償責任？

（五）被告李○○為太○○公司負責人，是否應依前揭規定負損害賠償責任？

（六）被告洪○○為廠長，是否因未盡有關消防設施人員之管理，而應依民法第一百八十八條規定，與被告太○○公司負連帶賠償責任？

（七）原告得請求之損害金額為若干？

五、就兩造前開爭執點，本院判斷意見如下：

（一）被告太○○公司有關消防等設備，有無盡必要之設置維護義務，是否因而有過失，應依民法第一百八十四條第一項前段對原告負損害賠償責任：

　　1.按……為民法第一百八十四條第一項前段所明定。惟因侵權行為所發生之損害賠償請求權，以有故意或過失不法侵害他人權利為其成立要件。……查「有關公共安全維護之消防設備乙節，依消防法第九條規定

依第六條第一項應設置消防安全設備場所，其管理權人應委託第八條所規定之消防設備師或消防設備士，定期檢修消防安全設備，其檢修結果應依限報請當地消防機關備查，消防機關得視需要派員複查；有關電氣及其他設備之維護乙節，依勞工安全衛生法第五條第一項第一款、第三款規定雇主對防止機械、器具、設備、電、熱及其他之能引起之危害事項應有符合標準之必要安全衛生設備及第十四條第二項規定雇主對於第五條第一項之設備及其作業，應訂定自動檢查計畫實施自動檢查，又依勞工安全衛生組織管理及自動檢查辦法第三十、三十一條規定，雇主對於高、低壓電氣設備應定期實施檢查；故消防設備、電氣及其他設備維護應由各工廠自行負責，並非由經濟部加工出口區管理處負責統一巡視維護」等情，有本院依職權函查之經濟部加工出口區管理處九十二年二月十日經加四檢字第○九二○○○○八七五○號函可稽；而被告公司平時機械電源由員工……負責檢測，如遇月保養及大保養電源檢測均有外包商（泰華機電顧問有限公司）負責檢測保養；有關消防管理亦由蔡福強兼職，平日消防設備有消防授信總機一組火警偵測約三十幾組、滅火器二十五支、消防栓四組、消防加壓泵浦一組，平日定期檢查保養均委託外包商（唯保消防顧問公司）負責，公司於月底有委託外包商（唯保消防顧問公司）檢測，一切合乎規定……是依前揭內政部經濟加工出口區來函及證人等所言參互以觀，已足認被告公司就消防或電氣之相關設備之設置，已盡必要之設置維護義務，且並無任何違反法令規定之情形甚明。

2.原告雖以被告公司之消防受信總機未與消防單位連線，以致未能即時發現火警，於本件火災之發生有過失，然查消防受信總機未與消防單位連線係因誤報率高，現已少有人使用，且法令並無強制規定等情，已據證人即消防設備師張志遠於偵查中陳明業如前述，況證人依其專業，既負責為被告公司負責年度消防檢查，其未要求被告公司加設，亦足認法令確無規定應為連線；足認被告就此並無任何故意或過失可言。

3.原告雖另以被告公司因無夜間保全或值班人員，以致未能立刻發現火警，然查依證人……所稱……，可認火災發生時間尚不久……否則火勢應不可能仍無大火燃燒之情形存在；況消防單位於九十年十一月二十三日七時四十三分接獲報案，於同年月日七時四十九分許即已抵達現場開始滅火行動……而本件火災係延燒至同日中午十二時至一時許，始開始波及原告之工廠……足見本件雖有消防人員在場施救，仍難免火勢延燒

　　至原告工廠，顯難認為被告之未設置夜間保全或值班人員，或相關消防設備欠缺，與火災之發生或延誤發現有何因果關係存在。

4.又本件火災發生之原因經鑑定結果，起火點雖在被告公司包裝機東側紙捲堆放處，然未發現電線短路或人為因素之跡證，未發現發現紙捲燃燒殘留物內有石油系促燃劑殘留，而疑似短路熔痕之電源線經送鑑定結果為熱熔痕而非短路痕，亦因欠缺具體跡證無法研判，起火原因不明，……不能認為被告就本件火災之發生有何故意或過失。

5.綜上足認原告就本件火災之發生，並無任何故意或過失，而原告就被告於本件火災之發生，有故意或過失之主張，亦未舉證證明以實其說，原告此部分主張即無理由，不應准許。

（二）被告太○○是否因違反建築技術規則第三條、建築設計施工編第四條第七節消防設備第一一三條、一一五條、建築設備編第三章第三節六十六條、消防安全設備設置標準第十九條等規定，未盡設置管理義務，而屬違反保護他人之法律，應依民法第一百八十四條第二項規定，對原告負擔賠償責任：

1.按建築技術規則第三條、建築技術規則建築設計施工編第一百一十三條、第一百一十五條……雖各該規定確屬保護他人之法律，然被告公司確已依規定設置消防相關設備，並無違反各該法令之情形，並固定由唯保公司定期檢查，且由具有消防設備師執照之張志遠為年度檢查，而有關是否需消防連線之規定，亦因誤報率高，現已少有人使用，且法律並無強制規定……因本件火災之發生被告並無因違反保護他人之法律，致生損害於他人之情形存在甚明；自毋庸依民法第一百八十四條第二項規定，對原告負損害賠償責任，原告此部分主張亦無理由。

（三）被告太○○公司之消防設備之設置保管有無欠缺，可否認屬民法第一百九十一條第一項之工作物，被告應否依該條第一項規定對原告負損害賠償責任：

1.按民法第一百九十一條第一項之工作物係指除建築物外，在土地上以人工建造之設備，如房屋、門窗、橋樑、隧道、堤防、運河、貯水池、水井、電話亭等機器或設備，或其他固定於土地之機器或設備等，於建造之初即存瑕疵或於建造後未善為保管，致其物發生瑕疵等情形，本件被告公司之相關消防設備僅包括消防授信總機一組火警偵測約三十幾組、滅火器二十五支、消防栓四組、消防加壓泵浦一組等，是否可認係屬民法第一百九十一條之工作物範圍，已非無疑；況被告就前開相關消防設

　　備之設置或保管，均定期由員工及唯保公司維護已如前述，並無任何未善爲保管之情形，況本件火災之發生並非因消防設備設置或保管有欠缺以致造成亦如前述，原告依該條規定請求被告爲損害賠償，並無理由。

（四）被告太○○公司依其性質，是否屬民法第一百九十一條之三規定之危險製造人，應否依該條規定對原告負損害賠償責任：

　1.按……民法第一百九十一條之三定有明文。上開規定所規範之一定事業，係指該事業之平常運作即有生損害於他人之危險，即使依規定運作亦將爲一般人視爲日常生活之危險來源之情形，如經營西餐廳、化學工廠、或從事桶裝瓦斯銷售業者，均屬該條所謂經營一定事業之情形，而被害人依據上開規定請求賠償時，只須證明加害人之工作或活動之性質或其使用之工具或方法有生損害於他人之危險性，而在其工作或活動中受損害即，不須證明其間有因果關係，此觀之該條文之立法理由即明……。本件被告太○○公司爲經營各種醫療器材製造加工買賣，所生產之產品及使用之原料均爲易燃之塑膠產品，廠房內儲存高壓易燃之EO（環氧乙炕）、氮氣、氧氣等鋼瓶及塑膠粒、產品包括尿袋、抽痰管、胃管、尿管等物品之……是被告所經營之事業依其所使用之工具（產品原料均爲塑膠粒，另存放有環氧乙炕、氮氣及氧氣等鋼瓶），應可認爲確屬民法第一百九十一條之三之危險製造人範圍。

　2.按我民法有關危險製造人從事具有造成他人損害危險性工作之人，與一般侵權行爲之法則相反，原則上推定加害人之主觀不法及加害人行爲與損害結果間之因果關係，加害人如欲免責，須就自身已盡相當注意或行爲與損害間欠缺因果關係等有利事實負舉證責任。被告雖以火災發生時並非上班時間內，非屬在工作或活動中所生損害，被告自毋庸負損害賠償責任等語爲辯，然本件被告係因依其經營事業所使用之工具，有致生損害於他人之危險，已如前述，依民法第一百九十一條之三規範意旨以觀，應認爲不限於需於工作或活動中遭受損害始足當之；至被告公司雖……毋庸負一般侵害行爲之損害賠償責任；尚不得因而即認被告已就其係經營一定事業，而於本件火災之發生已證明非因其使用之工具所致，或於防止損害之發生已盡相當之注意等情事，盡其舉證責任；……被告工廠內所使用之工具確屬易燃物品，以致雖消防人員已盡力施救滅火，然火勢雖仍未能撲滅，因而於延燒將近五個小時之後，始波及原告工廠，被告所使用之工具既具有相當危險性，被告未舉證證明其已爲如何特別之注意義務，以防範本件火災之發生，應認其未盡舉證證明之義

務。

　　3.是本件被告太○○公司依其性質，係屬民法第一百九十一條之三規定之危險製造人，應依該條規定對原告負損害賠償責任，堪以認定。

（五）被告李○○為太○○公司負責人，是否應依民法第一百八十四條、第二十八條、第一百八十八條、第一百九十一條之三規定，與被告太○○公司負連帶損害賠償責任：

　　1.原告並未舉證證明被告太○○公司有何故意或過失侵權行為致生原告損害，而應依民法第一百八十四條規定，對原告負損害賠償責任已如前述，被告李○○為太○○公司之法定代理人，自無因執行職務而不法侵害原告權利之情事存在或應依民法第二十八條與公司負連帶損害賠償責任之事由存在；而民法第一百八十八條則係就受僱人因執行職務有不法之侵權行為時，應由僱用人與之負連帶賠償責任之規定，李○○既為公司負責人，顯非一般之受僱人，自無本條款之適用。

　　2.另民法第一百九十一條之三係因經營一定事業之責任主體所從事之事業、工作或活動本身，客觀上具有一定危險者，始有適用，按因現代企業發達，科技進步，人類工作或活動方或使用之工具日新月異，因而發生危險性之機會大增，而事業因從事危險事業而獲取利益，如仍需由被害人證明有過失，被害人將難獲賠償機會，實為社會不公平現象（修正理由參照）；是前開法條規範之目的主要在於「工作或活動之性質或其使用之工具或方法有生損害於他人之危險者」，自應採取目的論限縮之解釋方法，將責任主體之範圍界定限於從事危險事業、工作或活動之人，並採責任集中觀點，於有事業主體時，原則僅由事業主體負其責任，因從事此等危險事業而獲取利益者僅為事業主體；至於勞工尚不在責任主體之範圍，應無依本條規定與事業主共同負責之適用，按因從事此等危險事業或活動所造成之損害，其賠償範圍與金額常較一般侵權行為為鉅，如勞工或負責人個人因事業主體之危險性質，而共同負危險責任，對勞工或負責人個人而言，亦不公平，應無前開法條規定之適用。

　　3.是原告主張被告李○○為太○○公司負責人，應依民法第一百八十四條、第一百八十八條、第一百九十一條之三規定，與被告太○○公司負連帶損害賠償責任，並無理由，應予駁回。

（六）被告洪○○為廠長，是否因未盡有關消防設施人員之管理，而應依民法第一百八十八條規定，與被告太○○公司負連帶賠償責任：

　　1.原告並未舉證證明被告太○○公司有何故意或過失侵權行為致生原告損

害，而應依民法第一百八十四條規定，對原告負損害賠償責任已如前述，被告洪○○僅爲太○○公司之受僱人，自無因執行職務而不法侵害原告權利之情事存在；而民法第一百八十八條則係就受僱人因執行職務有不法之侵權行爲時，應由僱用人與之負連帶賠償責任之規定，原告並未舉證證明被告洪○○於執行職務有何故意或過失，以致發生本件火災，請求被告洪○○依民法第一百八十八條規定連帶負責，亦無理由，不應准許。

2.民法第一百九十一條之三係因經營一定事業之責任主體所從事之事業、工作或活動本身，客觀上具有一定危險者，始有適用，至於勞工尚不在責任主體之範圍，已如前述，是被告洪○○亦無依民法第一百九十一條之三規定，與被告太○○公司負連帶賠償責任，原告此部分請求亦無理由。

（七）原告得請求之賠償金額爲若干：……。

六、……本件被告太○○公司不法侵害原告之財產法益，應依民法第一百九十一條之三規定，對原告負侵權行爲損害賠償責任，已如前述。是以原告依侵權行爲之法律關係，請求被告太○○給付一千二百八十六萬二千三百一十七元及自起訴狀繕本送達之翌日之九十一年九月二十五日（起訴狀繕本於九十一年九月二十四日送達）起至清償日止，按週年利率百分之五計算利息範圍內，洵屬正當，應予准許。至原告逾此部分所爲請求及對被告洪○○、李○○部分之請，求暨其逾此部分之利息請求，均無理由，應予駁回。……。

中　華　民　國　九十三　年　二　月　二十七　日
民事第○庭　法　官

（五）臺灣雲林地方法院九十三年度公更字第一號民事判決——第二審：臺灣高等法院臺南分院九十五年度公上字第一號民事判決【見參、一、（六）】；第三審：最高法院九十六年度台上字第一二二二號民事判決【見肆、三】

【主要爭點】

工程公司從事離島式基礎工業新興區開發工作時，在海域抽砂，引起漂砂污染海域，致他人在海域內養殖之牡蠣苗遭泥砂覆蓋，無法著床，受有損害，其行

為是否屬於民法第一百九十一條之三所定之危險工作或活動。

【事實摘要】

　　原告主張被告○○工程股份有限公司台南科技工業區施工處於民國八十九年十月間，在雲林離島新興工業區附近海域進行抽砂工程引起漂砂污染海域，致其在鄰近海域養殖共約八百多公頃之牡蠣苗遭泥砂覆蓋，無法著床，受有蚵條（含竹頭、長竹、鐵線）之損害，爰依民法第一百八十四條及第一百九十一條之三規定，請求被告負損害賠償責任。

【解析】

一、民法第一百九十一條之三所定之危險除具有「高度」、「不合理」、「特殊」及「異常」等特徵外，更應具有能獲利、加害人對該危險能予掌控並避免、危險可藉由保險分散及由被害人舉證顯屬不公平等要件。本判決認為被告從事雲林離島式基礎工業新興區開發工作，在海域進行抽砂工程，引起漂砂污染海域，往往會對海洋生態產生重大影響，為製造危險之來源，且業者可藉此獲利，並得以投保責任險來分散風險，應認係屬民法第一百九十一條之三所定之高度危險工作或活動。

二、又被告抽砂船所造成之濁泥循水流飄向雲林縣台西鄉外海離島新興工業區附近海域內之附苗區，致該區牡蠣苗附著不佳，可認原告就被告在該海域從事抽砂之工作性質或其使用之工具或方法，有生損害於原告之危險性，且其在工作中受有損害乙節，業已善盡舉證責任。

三、另本判決認為兩造原協議由被告委託訴外人財團法人台灣漁業及海洋技術顧問社鑑定蚵條遭泥砂覆蓋之原因為何，並查估原告養殖蚵條之條數及遭泥砂覆蓋率為何，惟訴外人嗣未查估，致被害人受有何損害甚難斷定，縱欲斷定亦所費甚貲，苟被告於初始確依協議委託訴外人為查估報告，要無此爭議之發生，原告因信賴被告會依協議履行查估作業，而未保存損害蚵條等相關物證，被告卻一再令原告就上開情節負舉證責任，實強人所難並失誠信，則苟原告主張其所受損害之蚵條數未逾常情，而被告復未能舉反證推翻原告所受損害蚵條數之主張，堪認原告此部分之主張可採。

【裁判內容】

臺灣雲林地方法院九十三年度公更字第一號民事判決

原　　　告　○耀璉
　　　　　　○烏燕
　　　　　　○約輝
　　　　　　○富義
　　　　　　○新德
　　　　　　○磨
　　　　　　○阿美
　　　　　　○秀英
　　　　　　○連添
　　　　　　○吟
　　　　　　○健翔
　　　　　　○居明
　　　　　　○罔飼
　　　　　　○楊寶雲
　　　　　　○國賢
　　　　　　○玉霞
　　　　　　○珠敏
　　　　　　○信義
　　　　　　○讚吟
　　　　　　○金順
　　　　　　○水河
　　　　　　○清山
　　　　　　○賢
　　　　　　○振興
　　　　　　○克岳
　　　　　　○紡
　　　　　　○敏郎
上　一　人
訴訟代理人　○富美
原　　　告　○正雄

○詠娟
○正義
○秀雲
○中村
○進宗
○路
○朝宗
○文龍
○情
○跳昌
○翠楓
○金山
○海發
○黎雲
○堯杉
○差
○水發
○榮凱
○珍
○敏郎
○全家
○水濱
○○樹蘭
○秋月
○榮太
○老居
○豆
○世強
○谷春
○進雄
○麗華
○紅蟳
○羅

　　　　　　　　　　　○老對
　　　　　　　　　　　○含笑
　　　　　　　　　　　○烏皙
　　　　　　　　　　　○志融
　　　　　　　　　　　○海龍
　　　　　　　　　　　○水
　　　　　　　　　　　○淑珍
　　　　　　　　　　　○海趄
　　　　　　　　　　　○心
　　　　　　　　　　　○玉金
　　　　　　　　　　　○素香
　　　　　　　　　　　○雲龍
　　　　　　　　　　　○麗吟
　　　　　　　　　　　○欽
　　　　　　　　　　　○進郎
　　　　　　　　　　　○劉
　　　　　　　　　　　○國山
　　　　　　　　　　　○金城
　　　　　　　　　　　○吉松
　　　　　　　　　　　○心琪
　　　　　　　　　　　○金皇
　　　　　　　　　　　○阿和
　　　　　　　　　　　上一人
訴訟代理人　陳玉花
原　　　　告　○嬌蓮
　　　　　　　　　　　○秋來
　　　　　　　　　　　○器
　　　　　　　　　　　○清量
　　　　　　　　　　　○樹傳
　　　　　　　　　　　○金圳
　　　　　　　　　　　○惠英
　　　　　　　　　　　○聰明
　　　　　　　　　　　○傳

○後廷
○文基
○秋
○子良
○脫
○○捷
○清山
○耍
○昆山
○水波
○彩
○強
○欉
○鳥肉
○老旺
○金葉
○○玉梅
○媽德
○團
○佑城
○進雄
○次郎
○嬌娥
○賢昌
○○秋蘭
○文井
○栽
○平助
○同
○阿緞
○文正
○明華
○水獅

○雪梅

○名宏

○志成

○珍

○垂仁

○素雲

○明昌

○甲乙

○香

○福利

○秀月

○育民

○菊

○西良

○福祈

○發

○瑞來

○嗹

○東德

○天湖

○淑娥

○昭文

○明達

○秀枝

○平生

○英俊

○梅吉

○鶩

○秋菊

○金全

○冬密

○續

○文靜

○矮前

○登財

○世和

○進權

○光鴻

○清森

○旭書

○明輝

○尙

○隆春

○源泉

○尙

○崑雲

○美雲

○篇

○岳良

○瓊如

○樹莊

○振興

○喜

○清雲

○桂○

○阿望

○武雄

○茂松

○山竹

○珠

共　　　　同	
訴訟代理人	林崑城律師
被　　　告	○○工程股份有限公司台南科技工業區施工處
法定代理人	林宜楷
訴訟代理人	陳漢洲律師
複 代 理 人	王志中

　　上列當事人間請求損害賠償事件，本院於民國94年12月5日言詞辯論終結，判決如下：
　　　　　　主　　文
　　被告應給付原告如附件被告應給付之金額欄所示之金額，及均自民國九十二年七月四日起至清償日止，按週年利率百分之五計算之利息。
　　原告其餘之訴駁回。
　　訴訟費用由被告負擔三分之二，餘由原告負擔。
　　本判決第一項除原告○文基、○瑞來、○東德各以新台幣貳拾萬元為被告供擔保後，得假執行外，其餘部分得假執行，但被告如以如附件被告反供擔保之金額欄所示之金額，為原告預供擔保，得免假執行。
　　原告其餘假執行之聲請駁回。
　　事實及理由
一、原告主張：被告於民國89年間在雲林離島新興工業區附近海域進行抽砂工程引起漂砂污染海域，造成原告在鄰近海域養殖共約8百多公頃之牡蠣苗遭泥砂覆蓋，無法著床，致原告所有如附件蚵條欄……所示損害，並因而受有如訴之聲明所示金額之損害，爰依民法第184條、191條之3規定提起本訴等語，並聲明：
（一）被告應給付原告如附件訴之聲明欄所示之金額。
（二）願供擔保，請准宣告假執行。
二、被告則以：被告於89年10月間係以小型抽砂船（吸管式挖泥船）抽砂，該船擾動海床之能力有限，造成海域污染之可能性低微，……抽砂工程，致牡蠣苗附著不佳乙節為真，然被告係受訴外人經濟部工業局委託進行抽砂造地工程，要無不法行為可言，何況原告係竊佔系爭海域以蚵架圍築養殖牡蠣，而牡蠣苗未著床前乃屬國有財產，原告要無權利受損可言，且原告迄仍未舉證證明……受有何損害，是原告提起本訴，自屬無據等語，資為抗辯。並聲明：
（一）原告之訴及假執行之聲請均駁回。
（二）如受不利判決，願供擔保，請准宣告免於假執行。
三、兩造不爭執之事實：……。
四、本件兩造所爭執之處，應在於：
（一）被告於89年間進行之抽砂工程，是否引起漂砂污染海域，致原告所放殖蚵條之蚵殼遭泥砂覆蓋，造成牡蠣苗無法著床之情？
（二）苟認原告所放殖蚵條之蚵殼遭泥砂覆蓋，造成牡蠣苗無法著床之情，係被

告抽砂工程所致，則原告主張其等受有蚵條（含竹頭、長竹、鐵線）之損害，是否有據？

（三）苟認原告主張其等受有蚵條（含竹頭、長竹、鐵線）之損害有據，則原告可得請求被告賠償之數額為何？

五、茲分段論述如下：

（一）被告於89年間進行之抽砂工程，有引起漂砂污染海域，致原告所放殖蚵條之蚵殼遭泥砂覆蓋，造成牡蠣苗無法著床之情。

1.按……民法第191條之3定有明文。其立法理由謂：「為使被害人獲得周密之保護，請求賠償時，被害人只須證明加害人之工作或活動之性質或其使用之工具或方法，有生損害於他人之危險性，而在其工作或活動中受損害即可，不須證明其間有因果關係。但加害人能證明損害非由於其工作或活動或其使用之工具或方法所致，或於防止損害之發生已盡相當之注意者，則免負賠償責任，以期平允。」蓋於一般類型之侵權行為中，就加害人主觀要件及加害人行為與損害發生之因果關係，須由主張權利受侵害之人負舉證責任。惟舉證之所在，敗訴之所在，若侵害人與受侵害人間就採取風險防免、保全證據措施之地位存有顯著之不對等，則前述一般性的舉證責任歸屬原則，對居於弱勢之受侵害人顯有不公，是以上開法文特揭櫫舉證責任轉換之衡平原則，即從事具有造成他人損害危險性工作之人，與一般侵權行為之法則相反，原則上推定加害人之主觀不法及加害人行為與損害結果間之因果關係，加害人如欲免責，須就自身已盡相當注意或行為與損害間欠缺因果關係等有利事實負舉證責任。

2.有關訴外人經濟部工業局於85年1月5日委託被告開發雲林離島式基礎工業區之新興區，被告依彼等訂定契約書第4條約定辦理該新興區土地取得、工程規劃、設計、監造、施工、管理等工作，並於完成土地開發及辦理租售業務後，即依該契約書第9條約定受領代辦費……是被告因從事雲林離島式基礎工業區新興區開發工作之行為，乃屬從事危險事業者製造危險來源，並因危險事業而獲取利益，而有民法第191條之3之適用，揆之上開說明，原告僅需證明被告在系爭海域從事抽砂之工作性質或其使用之工具或方法，有生損害於原告之危險性，而在其工作中受損害即可，不需證明其間有因果關係。

3.原告主張被告於89年間在雲林離島新興工業區附近海域進行抽砂工程引起漂砂污染海域，造成原告在鄰近海域養殖共約8百多公頃之牡蠣苗遭

泥砂覆蓋，無法著床之情，業據其提出漂砂對臺西牡蠣苗生產區牡蠣苗附著的影響報告書乙份為證，觀之該報告書所載……可知雲林縣台西鄉外海離島新興工業區海域附近之牡蠣苗附著不佳非牡蠣族群內在因子所致，而係被告抽砂工程產生之漂砂肇致。

4.……被告雖亦否認上開研究結果，惟上開研究既係行政院農業委員會漁業署於接獲雲林縣台西沿岸牡蠣苗養殖者反映於89年間牡蠣苗附苗率偏低之情，遂針對影響雲林縣台西沿海牡蠣苗附苗原因，經公開評審評定，而由國立嘉義大學所為研究之結果，自堪認該研究結果信而有徵，被告空言否認該研究之結果，自不可採。上開研究既認：……，顯見被告抽砂船所致之濁泥會隨水流飄向雲林縣台西鄉外海離島新興工業區海域附近附苗區，並因而致該區牡蠣苗附著不佳之情為真，是堪認原告就被告在系爭海域從事抽砂之工作性質或其使用之工具或方法，有生損害於原告之危險性，而在其工作中受損害乙節業已盡舉證責任，故原告此部分之主張，自足採信。

5.……雲林縣台西鄉外海離島新興工業區海域附近附苗區之懸浮固體值會因被告有無施工一事而異數值，於遇被告施工期之際，則該海域之懸浮固體值即略高於未開發前之懸浮固體值，反之，兩者之懸浮固體值則相近，益證雲林縣台西鄉外海離島新興工業區海域附近附苗區之懸浮固體值增高係因被告施工所致……此外，被告迄仍未就其進行抽砂工程已盡相當注意，或其行為與原告放殖蚵條之蚵殼遭泥砂覆蓋間欠缺因果關係等有利於己之免責事實負舉證責任，是被告上開所辯，尚不足採信，則原告主張被告於89年間進行之抽砂工程，引起漂砂污染海域，致原告所放殖蚵條之蚵殼遭泥砂覆蓋，造成牡蠣苗無法著床之情，自足採認。

（二）原告僅受有其等所放殖蚵條之損害，至原告另主張受有蚵架之損害一事，因無法舉證以實其說，尚難採信。……又縱被告所稱原告占有系爭海域以蚵架圍築養殖牡蠣乃屬竊佔乙情為真，然此乃另屬原告是否應受竊佔刑責相繩之涵攝，非謂原告所放殖蚵條之所有權即有無庸受相關法令保護之情，是被告所辯，要無足取。

（三）原告受有其等所放殖蚵條之損害，已如上述，雖原告迄未能舉證證明所受損害之數額為何，然強令原告就此部分負舉證責任顯失公平，是本院依民事訴訟法第222條第2項規定，於審酌下列情況，認原告可得請求被告賠償之數額為如主文第一項所示。……有關雲林離島式基礎工業區新興區附近海域之蚵苗養殖業者，因於89年間所放殖之蚵條大量發生遭泥砂覆蓋，致

牡蠣苗無從附著成長情事，造成該海域之蚵苗養殖業者無從販售已附著成長牡蠣苗之蚵條，而收入銳減，並進而影響生計，上開海域之蚵苗養殖業者遂迭向行政院農業委員會漁業署等相關單位陳情，被告始與上開海域之蚵苗養殖業者協議，彼等協議由被告委託訴外人財團法人台灣漁業及海洋技術顧問社鑑定上開海域之蚵條遭泥砂覆蓋之因為何，並查估該區域之蚵苗養殖業者所養殖蚵條之條數，及遭泥砂覆蓋率等為何之報告，惟訴外人財團法人台灣漁業及海洋技術顧問社嗣未為上開查估之舉乙節，為兩造所不爭執，可知雲林離島式基礎工業區新興區附近海域之蚵苗養殖業者與被告於系爭公害事件肇始之初，即考量兩者間之財力、專業等存有顯著差距、不平等性，而公害形成之因本具有不特定性、地域性、共同性、持續性與技術性等關係，其肇害因素常屬不確定，損害之發生復多經綜合各種肇害源而湊合累積而成，且被害人受有何損害等各節甚難認定，縱欲認定亦所費甚貲之情，彼等遂協議由訴外人財團法人台灣漁業及海洋技術顧問社為鑑定及查估報告，以昭公信，則苟於斯時被告確依上開協議委託訴外人財團法人台灣漁業及海洋技術顧問社為查估報告，要無本件原告所養殖蚵條之條數，及遭泥砂覆蓋率為何爭議之發生，被告捨此協議不為履行，反於事後迭抗辯原告應舉證證明蚵條損害條數，及遭泥砂覆蓋率等語，致因窘於智識、財力、專業性等不足之蚵苗養殖業者前因信賴被告會依協議履行查估作業，而未保存損害蚵條等相關物證，於今業已無法回復損害之初始，被告卻一再令原告就上開情節負舉證責任，實強人所難並失誠信，則苟原告所主張所受損害之蚵條數未逾常情，而被告復未能舉反證推翻原告所受損害蚵條數之主張，即堪認原告此部分之主張可採。本院參以被告所提之上開報告書所載：……是據此計算，原告主張其等受有如附件被告應給付之金額欄所示之損害等情，即堪採信。

六、綜上所述，被告於89年間在雲林離島式基礎工業區新興區海域進行之抽砂工程，引起漂砂污染海域，而使原告所放殖如附件蚵條欄所示之蚵條遭泥砂覆蓋，致原告所有之各該蚵條喪失供牡蠣苗附著藉以成長處所之功能，而受有損害，則原告本於侵權行為損害賠償請求權請求被告賠償如附件被告應給付之金額欄所示之金額，及均自起訴狀送達之翌日即92年7月4日起至清償日止，按週年利率5%計算之利息，為有理由，應予准許，逾此部分之請求，為無理由，應予駁回。……

中　華　民　國　九十四　年　十二　月　三十一　日

民事第〇庭　法　官

（六）臺灣高等法院臺南分院九十五年度公上字第一號民事判決—第一審：臺灣雲林地方法院九十三年度公更字第一號民事判決【見參、一、（五）】；第三審：最高法院九十六年度台上字第一二二二號民事判決【見肆、三】

【主要爭點】

　　工程公司從事離島式基礎工業新興區開發工作時，在海域抽砂，引起漂砂污染海域，致他人在海域內養殖之牡蠣苗遭泥砂覆蓋，無法著床，受有蚵條之損害，其行為是否屬於民法第一百九十一條之三所定之危險工作或活動。

【事實摘要】

　　上訴人主張被告○○工程股份有限公司臺南科技工業區施工處於民國八十九年十月間，在雲林離島新興工業區附近海域進行抽砂工程，引起漂砂污染海域，致原告在鄰近海域養殖共約八百多公頃之牡蠣苗遭泥砂覆蓋，無法著床，受有蚵條（含竹頭、長竹、鐵線）損害，爰依民法第一百八十四條及第一百九十一條之三等規定，請求被告公司負損害賠償責任。

【解析】

一、本判決肯定第一審所為認定被告從事雲林離島式基礎工業新興區開發工作，在海域進行抽砂工程，引起漂砂污染海域，為製造危險之來源。又被告在海域從事抽砂之工作性質或其使用之工具或方法，有生損害於原告之危險性，且原告係在其工作中受損害，應有民法第一百九十一條之三的適用。

二、另本判決認為原告所受損害範圍包括蚵苗不易附著之經濟上損失，惟被告引學者王澤鑑教授所著「特殊侵權行為」第二百七十頁之見解，認為蚵條係綁在蚵架上垂直吊掛於海中，縱因海水漂砂濃度過高或其他不良因素，致蚵苗不易附著，而減少收成，純屬經濟上之損失，與蚵條之損害無關，非民法第一百九十一條之三所規範之損害範圍，此為法院所不採。

三、本件因原告於法院審理期間自承並無蚵條產銷等資料，證明其蚵條所受之損害金額為何，然原告確實受有蚵條之損害，法院乃依民事訴訟法第二百二十二條第二項酌一切情況，判斷原告所受之損害數額為何。此與第一審之認定不同。

【裁判內容】

臺灣高等法院臺南分院九十五年度公上字第一號民事判決

上　訴　人
即被上訴人　〇烏燕
　　　　　　〇約輝
　　　　　　〇富義
　　　　　　〇新德
　　　　　　〇磨
　　　　　　〇阿美
　　　　　　〇吟
　　　　　　〇居明
　　　　　　〇罔飼
　　　　　　〇國賢
　　　　　　〇玉霞
　　　　　　〇珠敏
　　　　　　〇信義
　　　　　　〇讚吟
　　　　　　〇金順
　　　　　　〇水河
　　　　　　〇清山
　　　　　　〇賢
　　　　　　〇振興
　　　　　　〇秀暖（〇克岳之承受訴訟人）
　　　　　　〇紡
　　　　　　〇敏郎
　　　　　　〇正雄
　　　　　　〇詠娟
　　　　　　〇正義
　　　　　　〇中村
　　　　　　〇進宗
　　　　　　〇路
　　　　　　〇朝宗

○文龍
○情
○跳昌
○翠楓
○金山
○海發
○黎雲
○堯杉
○差
○水發
○榮凱
○珍
○敏郎
○全家
○永濱
○○樹蘭
○秋月
○宗諺（○榮太之承受訴訟人）
○老
○豆
○世強
○谷春
○進雄
○麗華
○紅蟳
○羅
○素蓮（○老對之承受訴訟人）
○含笑
○烏皙
○志融
○海龍
○水
○淑珍

○海趄
○素春
○雲龍
○麗吟
○欽
○進郎
○進財（○劉之承受訴訟人）
○冷利（○國山之承受訴訟人）
○金城
○吉松
○心琪
○金皇
○阿和
○嬌蓮
○秋來
○器
○金圳
○聰明
○傳
○後廷
○子良
○脫
○吳蜨
○清山
○耍
○昆山
○水波
○金葉
○團
○次郎
○嬌娥
○賢昌
○○秋蘭

○平助
○同
○阿緞
○文正
○垂仁
○素雲
○明昌
○甲乙
○香
○福利
○秀月
○育民
○西良
○福祈
○發
○東德
○天湖
○淑娥
○昭文
○明達
○秀枝
○平生
○英俊
○秋菊
○金全
○冬密
○文靜
○矮前
○登財
○世和
○進權
○光鴻
○清森

〇旭書

〇明輝

〇尙

〇隆春

〇源泉

〇尙

〇崑雲

〇美雲

〇篇

〇岳良

〇瓊如

〇樹莊

〇振興

〇喜

〇清雲

〇桂〇

〇阿望

〇武雄

〇茂松

〇山竹

〇珠

共　　　同	
訴訟代理人	林崑城律師
複 代 理 人	呂道明
被上訴人	〇耀璡
	〇秀英
	〇連添
	〇健翔
	〇楊寶雲
	〇秀雲
	〇心
	〇玉金
	〇清量

　　　　　　　　　　○樹傳
　　　　　　　　　　○惠英
　　　　　　　　　　○文基
　　　　　　　　　　○秋
　　　　　　　　　　○彩
　　　　　　　　　　○強
　　　　　　　　　　○欉
　　　　　　　　　　○烏肉
　　　　　　　　　　○老旺
　　　　　　　　　　○○玉梅
　　　　　　　　　　○媽德
　　　　　　　　　　○佑城
　　　　　　　　　　○進雄
　　　　　　　　　　○文井
　　　　　　　　　　○栽
　　　　　　　　　　○水獅
　　　　　　　　　　○雪梅
　　　　　　　　　　○名宏
　　　　　　　　　　○志成
　　　　　　　　　　○珍
　　　　　　　　　　○菊
　　　　　　　　　　○瑞來
　　　　　　　　　　○嗹
　　　　　　　　　　○梅吉
　　　　　　　　　　○鴌
　　　　　　　　　　○續
　　共　　　　同
　　訴訟代理人　林崑城律師
　　複 代 理 人　呂道明
　　被 上 訴 人
　　即 上 訴 人　○○工程股份有限公司臺南科技工業區施工處
　　法定代理人　林宜楷
　　訴訟代理人　郭宏義律師

上列當事人間請求損害賠償事件，兩造對於中華民國94年12月31日臺灣雲林地方法院第一審判決（93年度公更字第1號），分別提起上訴，本院於95年12月12日言詞辯論終結，判決如下：

　　　主　　文

兩造之上訴均駁回。

第二審訴訟費用由上訴人各自負擔。

　　　事　　實

甲、上訴人即被上訴人○烏燕等149人及被上訴人○耀璀等35人方面：

一、聲明：求為判決：（一）原判決不利上訴人○烏燕等149人部分廢棄。
　　（二）上列廢棄部分，上訴人榮民工程股份有限公司臺南科技工業區施工
　　處（下稱榮工公司）應再給付上訴人○烏燕等149人於原審請求敗訴部分之
　　金額，及均自民國（下同）92年7月4日起至清償日止，按年利率5%計算之
　　利息。（三）准供擔保宣告假執行。（四）上訴人榮工公司之上訴駁回。
　　（五）第一、二審訴訟費用均由上訴人榮工公司負擔。

二、陳述：除與原判決記載之事實相同者予以引用外，並補稱：

（一）原判決……對於損害賠償認定金額時，漏列多項請求，尚有美中不足之
　　處。

（二）……原判決應以上訴人○烏燕等149人及被上訴人○耀璀等35人在第一審
　　起訴請求之竹頭、橫衍、鐵線及蚵條之損害額為公道，除蚵條外原審就此
　　部分未曾判命上訴人榮工公司給付，顯然不公平，且未顧及如要重複使
　　用，會增加更多成本之因素。

（三）……原判決理由並未否定每蚵條成本9元之計算方式，僅謂上訴人榮工公
　　司應給付金額欄之請求為合理，因原漏計算之成本相差太多，故上訴人榮
　　工公司應再給付如上訴聲明所示之金額。

（四）蚵苗每年均有生產、買賣，卷附蚵苗買賣證明書係歷年蚵農買賣蚵苗之數
　　額，此部分因89年全年無收成，可用88年及90年總和之平均數為準，此部
　　分為上訴人○烏燕等149人及被上訴人○耀璀等35人因本案所失之利益。
　　因所失利益，……每公頃之牡蠣補償標準以公斤/公頃為單位，垂下式應
　　以6,000公斤為計算，每公斤為160元，本件受害面積為52.9公頃，所失利
　　益達500,784,000元，該所失利益之金額，上訴人○烏燕等149人及被上訴
　　人○耀璀等35人擴張聲明，合併在上訴審請求因無力繳交上訴費用，特聲
　　明就擴張之500,784,000元保留請求權。……。

乙、被上訴人即上訴人榮工公司方面：

一、聲明：求爲判決：（一）原判決不利於上訴人榮工公司部分廢棄。（二）上列廢棄部分，被上訴人○烏燕等184人於第一審之訴及假執行之聲請均駁回。（三）上訴人○烏燕等149人之上訴駁回。（四）如受不利判決准供擔保宣告免爲假執行。（五）訴訟費用均由被上訴人○烏燕等184人負擔。

二、陳述：除與原判決記載之事實相同者予以引用外，並補稱：

（一）……按民法第191條之3：……所指「生損害於他人」，雖未明示被保護之客體，此與民法第184條以下多揭櫫侵害權利之旨趣，有所差異，但立法者並非有意擴張保護之客體，蓋從危險責任或無過失責任理論發展的背景來看，現代意外事故，如公害、勞動災害、產品缺陷等所造成之損害，直接侵害的對象應係生命權、身體健康權與所有權，其他權利或純粹經濟上的損失，則不包括在內……蚵條乃「陳串之牡蠣舊殼」，其綁在蚵架上垂直吊掛於海中，縱因海水漂砂濃度過高或其他不良因素，致蚵苗不易附著，而減少收成，但此乃純粹經濟上之損失，與蚵條之損害無關，非民法第191條之3所規範損害之範圍。復按民法第191條之3之規定，雖有減輕被害人請求賠償時就因果關係之舉證責任，而加重加害人免責之舉證責任，但被害人對實際損害仍負有舉證之責，與一般損害賠償則並無不同，故被上訴人○烏燕等184人就其所主張受有「蚵條、蚵架」損害之事實即負有證明之責。而被上訴人○烏燕等184人所提出之……研究報告，其內容亦僅就漂砂對牡蠣苗著床之影響爲判斷，無法證明各該「蚵條、蚵架」受有如何之損害。而蚵條本身並非放置於海床上，不會因漂砂覆蓋而滅失，俟漂砂隨水流漂往別處或因重力沈澱於海床上，此時蚵苗仍可繼續附著生長……上訴人榮工公司之行爲並未對蚵條造成損害，彼等自無請求賠償之理。

（二）……被上訴人○烏燕等184人就其主張，固提出嘉義大學鍾國仁教授所著「漂砂對臺西牡蠣苗生產區牡蠣苗附著的影響」研究報告爲據，惟其內容就造成牡蠣著床之不良因素，僅單著眼於抽砂工程而未綜合考量其他不良因素，諸如天候、水流、潮汐、風速、水質、氣溫、當年牡蠣苗密度等，故有如下誤謬：……。

（三）……上訴人榮工公司於89年10月間，在雲林離島新興工業區附近海域進行抽砂造陸工程，完全依施工規範操作工法，所用工具僅「一艘水力式」小型抽砂船（600hp吸管式挖泥船），所採用者爲吸管原理將海砂吸入導管，並經由管線輸送導入新興陸地。……以「水力式」之「吸管式挖泥船」對海中漂砂之影響最小，本件上訴人榮工公司所用之施工工具即爲

水力式吸管式挖泥船，此亦爲經濟部工業局認可方式，且現場只有一船施作，是故上訴人就防止漂砂之損害已採用最小危害之工具，符合民法第191條之3對於防止損害之發生已盡相當之注意，自無賠償責任。

（四）上訴人榮工公司係基於政府之政策，受經濟部工業局之委任，進行施工將系爭海域開發爲海埔地，並擬將之開闢爲工業區，是以上訴人榮工公司所爲之抽砂造地行爲，並非不法之行爲，又爲顧慮海埔地之開發，將可能損及當地開發海域之漁業收入，臺灣省漁業管理辦法第19條特別立法規定「本府核定開發之海埔地，不得設定區劃漁業權。」而此立法目的，即係爲避免海埔地之開發，恐將影響沿海漁民所從事之養殖或捕撈等漁業行爲，故於兩項利害關係衝突之情形下，衡量國家經濟、地方發展，而以立法方式決定以海埔地之開發較重。從而上訴人榮工公司既係基於政府之政策，受託進行開發海埔地之抽砂工程，且於施工過程中已盡相當之注意義務，而採用可能發生危害最爲輕微之施工方法，並設有抽砂管線之合格設備，縱然或因海流之變化，無法防免漂砂之溢漏、流動，亦屬人力不能防免之情形，上訴人榮工公司對於防止損害之發生實已盡相當之注意。

（五）又依臺北地方法院93年度國字第16號判決：……意旨觀之，上訴人榮工公司所採用之施工方法，屬「工程之通常行爲」，難謂有生「特別危險」或「不合理危險」之情事，上訴人榮工公司既已盡防止危險之相當注意義務，依民法第191條之3但書規定，自無賠償責任可言。……。

　　　　理　　由

一、……。

二、上訴人○烏燕等149人及被上訴人○耀璉等35人起訴主張：……。上訴人榮工公司則以：……。

三、……本件所應審究者，厥爲（一）上訴人榮工公司於89年間所進行之抽砂工程，是否引起漂砂污染海域，致上訴人○烏燕等149人及被上訴人○耀璉等35人，所放殖蚵條之蚵殼遭泥砂覆蓋，造成牡蠣苗無法著床？（二）苟認上訴人○烏燕等149人及被上訴人○耀璉等35人，所放殖蚵條之蚵殼遭泥砂覆蓋，造成牡蠣苗無法著床，係上訴人榮工公司抽砂工程所致，則其等主張受有蚵條含竹頭、長竹、鐵線之損害，是否有據？（三）又苟認上訴人○烏燕等149人及被上訴人○耀璉等35人，受有蚵條含竹頭、長竹、鐵線之損害有據，則其等得向上訴人榮工公司請求賠償之數額爲何？各情而已。茲更詳細說明如下：

（一）按……民法第191條之3定有明文。其立法理由謂：「爲使被害人獲得周密

之保護，請求賠償時，被害人只須證明加害人之工作或活動之性質或其使用之工具或方法，有生損害於他人之危險性，而在其工作或活動中受損害即可，不須證明其間有因果關係。但加害人能證明損害非由於其工作或活動或其使用之工具或方法所致，或於防止損害之發生已盡相當之注意者，則免負賠償責任，以期平允。」蓋於一般類型之侵權行為中，就加害人主觀要件，及加害人行為與損害發生之因果關係，須由主張權利受侵害之人負舉證責任。惟舉證之所在，敗訴之所在，若侵害人與受侵害人間就採取風險防免、保全證據措施之地位，存有顯著之不對等，則前述一般性的舉證責任歸屬原則，對居於弱勢之受侵害人顯有不公，是以上開法文特揭櫫舉證責任轉換之衡平原則，即從事具有造成他人損害危險性工作之人，與一般侵權行為之法則相反，原則上推定加害人之主觀不法，及加害人行為與損害結果間之因果關係，加害人如欲免責，須就自身已盡相當注意或行為與損害間欠缺因果關係等有利事實負舉證責任。本件訴外人經濟部工業局於85年1月5日，委託上訴人榮工公司開發雲林離島式基礎工業區之新興區，上訴人榮工公司依其等間訂定之契約書第4條約定，辦理該新興區土地取得、工程規劃、設計、監造、施工、管理等工作，並於完成土地開發及辦理租售業務後，即依該契約書第9條約定受領代辦費……上訴人榮工公司因從事雲林離島式基礎工業區新興區開發工作之行為，即屬從事危險事業者製造危險來源，並因危險事業而獲取利益，而有民法第191條之3規定之適用。則揆諸首揭說明，上訴人○烏燕等149人及被上訴人○耀璜等35人，就本件損害賠償之請求，僅需證明上訴人榮工公司在系爭海域從事抽砂之工作性質、或其使用之工具或方法，有生損害於其等之危險性，而在其工作中受損害即可，並不需證明其間有因果關係至明。至上訴人榮工公司引學者王澤鑑著「特殊侵權行為」第270頁之見解，認蚵條係綁在蚵架上垂直吊掛於海中，縱因海水漂砂濃度過高或其他不良因素，致蚵苗不易附著，而減少收成，純屬經濟上之損失，與蚵條之損害無關，非民法第191條之3所規範損害範圍，上訴人榮工公司不負賠償責任云者，因與本院上引事證不合，尚難為本院所採信。

（二）而上訴人○烏燕等149人及被上訴人○耀璜等35人，主張上訴人榮工公司於89年間，在雲林離島新興工業區附近海域進行抽砂工程，引起漂砂污染海域，造成其等在鄰近海域養殖共約800多公頃之牡蠣苗遭泥砂覆蓋，無法著床之事實，業據提出……報告書乙份為證，觀諸該報告書內載：……等內容，可知雲林縣臺西鄉外海離島新興工業區海域附近之牡蠣苗附著不

佳，非牡蠣族群內在因子所致，而係上訴人榮工公司抽砂工程產生之漂砂肇致無疑。

（三）上訴人榮工公司雖否認上揭研究報告內容，並另陳該研究報告有諸多謬誤，實無可採信云云。然經原審依職權向行政院農業委員會漁業署函詢相關情節……等情，顯見上訴人榮工公司抽砂船所致之濁泥，會隨水流飄向雲林縣臺西鄉外海離島新興工業區海域附近附苗區，並因而致該區牡蠣苗附著不佳之情事。據此應已足認上訴人○烏燕等149人及被上訴人○耀璀等35人，就上訴人榮工公司在系爭海域從事抽砂之工作性質，或其使用之工具或方法，有生損害於其等之危險性，且在其工作中受損害等構成要件，已盡舉證責任，而堪信實。

（四）上訴人榮工公司雖又以其進行抽砂工程，已盡相當注意防止漂砂之發生，該漂砂實係因氣候劇烈變化所致，上揭放殖蚵條之蚵殼遭泥砂覆蓋，要與上訴人榮工公司抽砂工程無相當因果關係等語置辯，……惟本件責任歸屬之認定，本即錯綜複雜而應取決於各因素，而詳參上訴人榮工公司之上訴理由，固難認非全無可取之處，然對照上揭國立嘉義大學所作之專案研究報告，仍難認上訴人榮工公司之施工全然無因，其行為與結果間無相當因果關係，且對於防止損害之發生已盡相當之注意，而得說服本院變更對於上揭責任歸屬之認定。

（五）……上訴人榮工公司雖係受訴外人經濟部工業局之委託，而辦理雲林離島式基礎工業區新興區之開發工作，然上訴人榮工公司於施工期間，仍需依環境保護法等相關保護他人之法令施作，苟於施工期間損害他人權利時，仍應自負損害賠償責任。……縱上訴人榮工公司所稱上訴人○烏燕等149人及被上訴人○耀璀等35人，占有系爭海域以蚵架圍築養殖牡蠣，係屬竊佔行為屬實，然此乃其等人是否應受竊佔刑責相繩之他案，非謂其等人因涉竊佔犯行，即得任指其等人所放殖蚵條之所有權，無庸受相關法令之保護，是上訴人榮工公司此部分所辯，仍無足取。

（六）次按……民事訴訟法第277條前段設有明文。……上訴人○烏燕等149人及被上訴人○耀璀等35人，主張其等受有所放殖之蚵條損害乙節，既為上訴人榮工公司所堅詞否認，揆諸上揭說明，自應由上訴人○烏燕等149人及被上訴人○耀璀等35人，就其等受有所放殖之蚵條含竹頭、長竹、鐵線損害存在與否之事實負舉證責任。就此上訴人○烏燕等149人及被上訴人○耀璀等35人，已據提出蚵苗買賣證明書、錄影帶、航照圖附於原審卷為證，……而上訴人榮工公司於89年間進行之抽砂工程，引起漂砂污染海

域，致上訴人○烏燕等149人及被上訴人○耀璉等35人，所放殖蚵條之蚵
殼遭泥砂覆蓋，造成牡蠣苗無法著床之情，已如上述，自堪認上訴人○烏
燕等149人及被上訴人○耀璉等35人，所放殖之蚵條，因上訴人榮工公司
抽砂工程，引起漂砂污染海域，而喪失牡蠣採苗之功能，是其等人主張受
有蚵條之損害，自屬有據。至上訴人○烏燕等149人及被上訴人○耀璉等
35人，另主張受有竹頭、長竹、鐵線（按爲蚵架）之損害乙節，既爲上訴
人榮工公司所堅詞否認，且上訴人○烏燕等149人及被上訴人○耀璉等35
人，亦迭自承蚵架無論上訴人榮工公司有無施工，因海水侵蝕、氣候等因
素，蚵架每2年即需更換等語在卷，則其等人主張所有之蚵架，係因上訴
人榮工公司抽砂工程，引起漂砂污染海域，而受有損害乙節，即非有據，
況其等人亦迄未對此部分有利於己之事實，立證以實其說，是其等人主張
另受有蚵架之損害，洵無足採。

（七）上訴人○烏燕等149人及被上訴人○耀璉等35人，所放殖之蚵條受有損
害，既有如上述，雖其等人迄未能舉證證明所受損害之數額若干，然若強
令其等人就損害之數額負舉證責任，亦難認屬公平。爲此本院依據民事訴
訟法第222條第2項……意旨。……法院自應審酌一切情況，判斷其等人所
受之損害數額若干。

（八）……惟有疑義者，乃上訴人○烏燕等149人及被上訴人○耀璉等35人，各
受有蚵條損害之條數究竟若干而已？……雲林離島式基礎工業區新興區附
近海域之蚵苗養殖業者，與上訴人榮工公司於系爭公害事件肇始之初，即
考量兩者間之財力、專業等存有顯著差距、不平等性，而公害形成之因本
具有不特定性、地域性、共同性、持續性與技術性等關係，其肇害因素常
屬不確定，損害之發生復多經綜合各種肇害源而湊合累積而成，且被害人
受有何損害等各節甚難認定，縱欲認定亦所費不貲，兩造遂協議由該顧問
社爲鑑定及查估報告，以昭公信。則苟於斯時上訴人榮工公司確依上開協
議委託該顧問社爲查估報告，即無本件上訴人○烏燕等149人及被上訴人
○耀璉等35人，所養殖蚵條之條數及遭泥砂覆蓋率爲何之爭議發生，乃上
訴人榮工公司捨此協議不爲履行，反於事後迭抗辯上訴人○烏燕等149人
及被上訴人○耀璉等35人，應舉證證明蚵條損害條數，及遭泥砂覆蓋率云
云，致因窘於智識、財力、專業性等不足之蚵苗養殖業者，前因信賴上訴
人榮工公司會依協議履行查估作業，而未保存損害蚵條等相關物證，致今
業已無法回復損害之初始。是上訴人榮工公司一再令上訴人○烏燕等149
人及被上訴人○耀璉等35人，應舉證證明蚵條損害條數，及遭泥砂覆蓋率

等情節,實強人所難並失誠信。從而上訴人○烏燕等149人及被上訴人○耀璉等35人,所主張受損害之蚵條數未逾常情,且上訴人榮工公司復未能舉反證推翻其等人所受損害蚵條數之主張,即堪認上訴人○烏燕等149人及被上訴人○耀璉等35人,此部分之主張為可採。再參諸上訴人榮工公司所提之上開報告書內載:……從而據此標準計算,上訴人○烏燕等149人及被上訴人○耀璉等35人,主張其等受有如附表上訴人榮工公司應給付之金額欄所示之損害金額,即屬有據,洵堪認定。至上訴人○烏燕等149人及被上訴人○耀璉等35人,另主張計算蚵條之損害,應加計蚵架之竹頭、長竹、鐵線等損失部分,因蚵架部分並不因上訴人榮工公司施工而受損,既經本院認定有如上述,是其等人請求計算蚵條之損害數額,應加計蚵架部分始合理云者,自無足採。

四、綜上所述,上訴人○烏燕等149人及被上訴人○耀璉等35人,本於侵權行為損害賠償之法律關係,請求上訴人榮工公司賠償如附表上訴人榮工公司應給付之金額欄所示之金額,及均自起訴狀繕本送達上訴人榮工公司之翌日,即92年7月4日起至清償日止,按週年率5%計算之利息,均為有理由,應予准許,逾此部分之請求及假執行之聲請,則為無理由,不應准許。原審本於同上之見解,判決上訴人榮工公司應賠償上訴人○烏燕等149人及被上訴人○耀璉等35人,各如附表上訴人榮工公司應給付之金額欄所示之金額,及均自92年7月4日起至清償日止,按週年利率5%計算之利息,並為假執行及免為假執行之諭知;另駁回上訴人○烏燕等149人及被上訴人○耀璉等35人,其餘之訴及該部分假執行之聲請,經核認事用法並無不合。上訴人○烏燕等149人上訴意旨,指摘原審對其等判決敗訴部分不當,求予廢棄改判,再命給付如上訴聲明之金額,及為假執行之宣告;上訴人榮工公司上訴意旨,指摘原審對其判決敗訴部分不當,求予廢棄改判,駁回上訴人○烏燕等149人及被上訴人○耀璉等35人在第一審之訴,及假執行之聲請,均為無理由,均應予以駁回。……。

中　華　民　國　九十五　年　十二　月　二十六　日
民事第○庭審判長　法　官
　　　　　　　　　法　官
　　　　　　　　　法　官

（七）臺灣苗栗地方法院九十三年度訴字第四九號民事判決──第二審：台灣高等法院臺中分院九十四年度上字第九三號民事判決【見參、一、（八）】、臺灣高等法院臺中分院九十六年度上更一字第一二號民事判決【見參、一、（九）】；第三審：最高法院九十六年度台上字第一○六號民事判決【見肆、四】、最高法院九十七年度台上字第一八四一號民事判決【見肆、五】

【主要爭點】

　　工程公司從事架設輸電線更新工程時，因掉落高壓輸電線，而碰觸鐵路局所有之電線設備，造成鐵路局之火車停駛，受有損害，是否屬於民法第一百九十一條之三所定之危險工作或活動。

【事實摘要】

　　原告交通部臺○○管理局主張自強號列車於民國九十年一月十一日上午十時二十分左右，駛於苗栗縣通霄及苑裡站區間時，列車駕駛人發現鐵道上有工程人員揮手示意停車，同時查覺原告所有之電線設備即三角架及主吊線斷落垂下有礙行車，遂立即緊急煞車並報警處理。而此係因被告臺灣○力股份有限公司委託另一被告○立工程有限公司所僱用之現場負責人即另一被告朱○○架設高壓輸電線時，疏未注意而掉落，碰觸原告所有之電線設備，造成原告受有損害，爰依民法第一百八十四條第一項、第二項、第一百八十五條、第一百九十一條之三、第一百八十八條，請求被告連帶負損害賠償責任。

【解析】

　　民法第一百九十一條之三所定之危險工作或活動，除須具有「高度」、「不合理」、「特殊」及「異常」等特徵外，更應具有能獲利、加害人對該危險得予掌控及避免、危險可藉由保險分散及由被害人舉證顯屬不公平等要件。本判決認為被告臺灣○力股份有限公司從事架設輸電線更新工程，其電纜線有燒痕，且安全防護網上復有鋁線之殘餘線垂掉於上，可認係被告臺灣○力股份有限公司之輸電線碰觸原告之主吊線而引起主吊線短路，產生火花而燒斷，自強號列車因之緊急煞停，足生火車往來之危險，自具有危險性。依吾人一般日常生活之經驗

法則判斷，架設輸電線工程時，需十分謹慎，一有疏失，往往會造成重大傷亡及巨大財產之損失，應屬高度危險工作，且業者可藉此獲利，並得以投保責任險來分散風險，從而應有民法第一百九十一條之三之適用。

【裁判內容】

臺灣苗栗地方法院九十三年度訴字第四九號民事判決

原　　　告　交通部臺○○○管理局
法定代理人　徐○○
訴訟代理人　羅秉成律師
複 代 理 人　魏順華律師
　　　　　　曾能煜律師
被　　　告　朱○○（原名朱○○）
　　　　　　○立工程有限公司
法定代理人　朱王○○
上二人共同
訴訟代理人　江錫麒律師
被　　　告　臺灣○力股份有限公司
法定代理人　林○○
訴訟代理人　彭火炎律師
　　　　　　張玉琳律師
複 代 理 人　彭亭燕律師

上列當事人間請求侵權行為損害賠償事件，經臺灣新竹地方法院移送前來，本院於民國94年1月5日言詞辯論終結，判決如下：

主　　文
原告之訴及假執行之聲請均駁回。
訴訟費用由原告負擔。
事實及理由
一、原告主張：原告所有之第1006車次北上自強號列車於民國90年1月11日上午10時20分左右，適駛於苗栗縣通霄及苑裡站區間時，該號列車駕駛員發現鐵道上有工程人員揮手示意停車，同時並查覺原告所有之電線設備即三角架及主吊線斷落垂下有礙行車，遂立即緊急煞車並報警處理。而此疑似被告臺灣○力股份有限公司（下稱臺○公司）所架設高壓輸電線掉落並碰觸原告所

有之上開電線設備所致，但肇事者及其原因均屬不明，故……送工業技術研究院（下稱工研院）鑑定。嗣於90年12月2日經該警務段將工研院之鑑定結果函覆原告，並以鑑定報告等相關資料將被告臺○公司委託之施工單位即被告○立工程有限公司（下稱○立公司）所僱用現場負責人即另一被告朱○○以違反公共安全為由移送臺灣苗栗地方法院檢察署偵辦，原告對被告等人之侵權行為損害賠償請求權之時效，至此方才起算。而原告於得知鑑定報告後始明知肇事者及原因，故被告等人上開不法侵權行為，致原告受有如附表所示各項金額之損害，且有相當之因果關係，應負損害賠償責任……另參以原告曾於91年7月5日以上開可歸責於被告臺○公司及○立公司之事由，向本院提起91年度訴字第320號侵權行為損害賠償，嗣因兩造合意停止訴訟程序，原告固未於4個月內聲請續行訴訟，而經本院於92年8月6日通知視為撤回起訴，惟原告旋於92年8月28日再以被告臺○公司、○立公司及朱○○三人為賠償義務人，提起本件訴訟，並未逾該訴訟終結後6個月，亦具有時效中斷之效力。被告臺○公司土地上之工作物即輸電線掉落並碰觸原告所有之電線設備，致原告之權利受有損害，原告自得據此向被告臺○公司請求侵權行為損害賠償。又另一被告○立公司係被告臺○公司新桃供電區營業處於苗栗縣通霄及苑裡站區間，從事架設輸電線更新工程之承攬人，而被告○立公司及被告朱○○於回收輸電線當時，並無不能注意之情形，竟疏於注意致生本件損害，原告自得依民法第191條之3之規定，請求被告○立公司及朱○○負連帶侵權行為損害賠償責任，又上開被告等人均對原告構成共同侵權行為，應負連帶責任。……爰依民法第184條第1.2項、第185條、第191條之3.第188條侵權行為法律關係請求被告等人負連帶損害賠償責任，並聲明被告等人應連帶給付原告新臺幣（下同）3,417,382元之損害賠償金額，及自起訴狀繕本送達被告翌日起至清償日止之法定遲延利息，並願供擔保請准宣告假執行。

二、被告○立公司及朱○○則以：被告○立公司於89年起即承攬另一被告臺○公司所發包之苗栗縣通霄苑裡地區輸電線更新工程，並在該段工程線路需東西方向橫跨原告所轄苗栗縣海線鐵路基隆起162公里752公尺鐵軌之上空。施工之工法，則先在鐵軌東西兩側約15公尺處，聳立鐵架各3株，並在該6株鐵架間牽編安全防護網，……又安全防護網之作用，在於被告○立公司之施工人員自相鄰兩高壓電塔卸下舊輸電線時，該舊輸電線可平臥在安全防護網上，由施工人員按序回收於纜軸，並未與原告之主吊線發生任何碰觸，進而造成主吊線短路跳電。況且，被告朱○○於90年1月11日上午10時20分許，在前述鐵軌處，並無指揮任何工人施工，而係在鐵軌東側約150公尺工處外

操作，因忽然聽到一聲爆炸巨響，才赫然發現原告之主吊線斷落在鐵軌上，被告○立公司所雇傭之員工擔心將造成原告南北往來之電車發生事故，始於鐵道上揮舞警示停車，被告○立公司及朱○○二人並不具任何歸責事由，應係不明異物碰撞所造成。縱使被告○立公司及朱○○二人應負侵權行為損害賠償責任，惟……原告已明知賠償義務人及所受之損害，迄至原告上開請求時，已罹於2年消滅時效。又縱使本院認定上開事故可歸責於被告○立公司及朱○○二人且未罹於時效，原告各項請求之金額，仍有如附表所示重複或過高之嫌，並聲明如主文第一項所示；如受不利益之判決，願供擔保准免為假執行。

三、被告臺○公司則以：原告就被告臺○公司電纜線之設置或保管有何欠缺，及如何與原告之主吊線接觸等情，迄今仍未舉證證明，且原告所有之相同上開電線設備，亦常有自行掉落之情。……又被告○立公司係承攬被告臺○公司發包之苗栗縣通霄苑里地區輸電線更新工程……本件損害賠償請求權縱令存在，亦非得責由定作人即被告臺○公司負其損害賠償責任。……原告嗣於90年1月16日及同年2月21日亦發函予被告臺○公司要求上開事故之損害賠償，應已知悉被告臺○公司為賠償義務人。故原告於92年8月28日再提起本件訴訟，已罹於2年消滅時效。另原告曾就上開事故向本院提起民事訴訟，嗣因兩造合意停止訴訟而原告未於四個月內不續行訴訟，依法視為撤回其訴。原告另行提起之本件訴訟，於原告上開具狀起訴前時效已完成，自無復因請求而有時效中斷之可言。……原告各項請求之金額，仍有如附表所示重複或過高之嫌，並聲明如主文第一項所示；如受不利益之判決，願供擔保准免為假執行。

四、茲本件兩造所不爭執之事實如下……。

五、本件之爭點及法院之判斷：

　　……。

（一）被告朱○○及○立公司對原告應否負連帶損害賠償任：

　　　1.按……民法第191條之3、第188條第1項分別定有明文。經查：本件事故肇因於原告所有之電線設備即三角架及主吊線掉落有礙行車，而該段之主吊線於事故發生前即90年1月9日業已通過安全檢查，……應認其自行斷裂而掉落之可能性不高。而原告所有之主吊線上方亦僅有被告○立公司為施作被告臺○公司電線回收工程所設置之防護網，事故發生當時被告臺○公司於該事故段上端之架空安全防護網雖未斷裂，惟被告臺○公司之電纜線有燒痕，且安全防護網上復有鋁線之殘餘線垂掉於上……堪

認係被告臺○公司之輸電線碰觸原告之主吊線而引起本件主吊線短路，產生火花而燒斷，並促使上開自強號列車緊急煞停。

2.再者，工研院進行主吊線斷線原因分析與成分鑑定……亦與本院上開認定相同。又被告朱○○既擔任被告○立公司工地現場負責人，負責被告○立公司所承包另一被告臺○公司……工程，對於回收上開輸電線時，本應注意施工安全，隨時注意防護網內輸電線是否全部回收完畢，有無殘留之情形，避免危險之發生，而依當時情形，又無不能注意之情事，竟疏未注意防護而造成上開事故發生，自應為其過失負侵權行為損害賠償責任……末者，被告○立公司係被告朱○○之僱用人，已如前述，則被告朱○○於執行職務時因過失行為不法侵害原告之權利，被告○立公司應與被告朱○○之過失行為連帶負侵權行為損害賠償責任。

（二）被告臺○公司對原告應否負損害賠償責任：

按……民法第191條第1項定有明文。其立法意旨在於為防止隱藏加損害於他人之危險，故所有人對於土地上工作物，應善盡必要注意以維護其安全，並防免損害之發生，此為工作物所有人應盡之社會安全義務，被害人無須負舉證責任，方能獲得周密之保護。經查：被告臺○公司之工作物即輸電線造成原告上開損害……，即得推定被告臺○公司有管理欠缺，原告毋庸舉證。……被告臺○公司迄今仍無法舉證證明其保管工作物並無欠缺，亦無法證明其對於原告上開損害之發生，已盡相當之注意。是以，被告臺○公司上開所辯，並不足採。被告臺○公司仍應依工作物所有人之侵權行為法律關係對原告負損害賠償責任。

（三）原告上開對被告等人之侵權行為損害賠償請求權，其時效起算日為何？

1.按……民法第197條有明文規定。而侵權行為損害賠償請求權之消滅時效，應以請求權人實際知悉損害及賠償義務人時起算，非以知悉賠償義務人因侵權行為所構成之犯罪行為經檢察官起訴，或法院判決有罪為準，故請求權人若實際知悉損害及賠償義務人時，即起算時效，並不以賠償義務人坦承該侵權行為之事實為必要，有最高法院85年臺上字第2113號判例可資參照。……鑑定機關之鑑定結果，僅供法院辦案之參考，非謂鑑定機關所認定之事實有絕對效力，繼而侵權行為之時效起算，非以請求權人知悉鑑定結果為起算時點。況且，本院詳觀原告先於90年1月16日發函被告臺○公司說明欄載明：……等文字以觀，原告於上開發文時，實已明知被告臺○公司為上開事故之侵權行為賠償義務人，並已能詳細列出受損項目及金額……原告對於被告臺○公司之侵權

行為損害賠償請求權之時效起算日，最遲應從90年1月16日起算……。

2.……即便事故發生日原告對於侵權行為人僅止於懷疑階段，惟從原告與被告臺○公司間前開之書面往來內容觀之，並參酌張顯陽於90年1月11日警訊時已知悉被告臺○公司工程之外包商工地現場負責人為被告朱○○。所以，原告對於被告○立公司及被告朱○○之侵權行為損害賠償請求權之時效起算日，最遲應於90年4月4日開始起算，原告此部分之主張，亦不足採。

3.次按……民法第276條第2項規定……惟民法第188條第3項規定，僱用人賠償損害時，對於侵權行為之受僱人有求償權，則僱用人與受僱人間並無應分擔部分可言，倘被害人對為侵權行為之受僱人之損害賠償請求權消滅時效業已完成，僱用人自得援用該受僱人之時效利益，拒絕全部給付，不以該受僱人已為時效抗辯為必要，有最高法院87年度台上字第1440號裁判可資參照。本件原告對於被告朱○○之侵權行為損害賠償請求權之時效起算日，最遲應於90年4月4日開始起算，則侵權行為2年之時效已於92年4月4日屆滿……被告○立公司自得援用被告朱○○之時效利益，拒絕給付。

（四）原告就上開損害曾於91年7月5日向本院提起91年度訴字第320號侵權行為損害賠償事件，請求被告臺○公司及○立公司賠償損害。嗣因兩造合意停止訴訟程序，原告因未於4個月內聲請續行訴訟，經本院於92年8月6日通知視為撤回起訴，原告另於同年月28日再以上開事故可歸責於被告臺○公司、○立公司及朱○○三人之事由提起本件訴訟，能否以未逾訴訟終結後6個月為由，認有時效中斷之效力？

1.按……民法第131條定有明文；又按……民事訴訟法第190條第1項前段亦有明文規定。原告知悉被告臺○公司為損害賠償義務人之日最遲應為90年1月16日；知悉被告○立公司、朱○○為損害賠償人之日最遲則為同年4月4日，已如前述，故原告侵權行為損害賠償請求權之二年時效起算點，分別於92年1月16日及同年4月4日屆滿，故原告於92年8月28日始另提起本件訴訟，參諸上開說明，業已罹於時效。是以，被告等人抗辯原告之侵權行為損害賠償請求權已罹於時效，應屬可採。

2.又我國民法第129條將請求與起訴併列為消滅時效之事由，可見涵義有所不同，前者係於訴訟外行使其權利之意思表示，後者則為提起民事訴訟以行使權利之行為，有最高法院71年臺上字第3435號判例可資參照……而……我國民事訴訟法第263條第一項定有明文，因起訴而中斷

之時效，隨之亦「視爲不中斷」，民法第131條亦定有明文，已如前述，實無依日本民法及其民事訴訟法之規定，而任意解釋爲仍生「請求」而有中斷時效之可能。……故原告之主張，並不足取。

六、綜上所述，原告不論對被告臺○公司、○立公司或朱○○等人之侵權行爲損害賠償請求權，皆已罹於時效，則縱然依原告主張受有如附表所示之損害屬實，惟原告對於上開被告等人之侵權行爲損害賠償請求權既已罹於時效，且被告等人又均以請求權已罹於時效作抗辯，即發生請求權障礙事由。故原告依侵權行爲之法則，請求被告臺○公司、○立公司及朱○○應連帶給付原告3,417,382元及其法定遲延利息，爲無理由，應予駁回。又原告之訴既經駁回，其假執行之聲請，已失所附麗，應予駁回，併此敘明。……。

中　華　民　國　九十四　年　一　月　十九　日
民事庭　法　官

（八）台灣高等法院臺中分院九十四年度上字第九三號民事判決─第一審：臺灣苗栗地方法院九十三年度訴字第四九號民事判決【見參、一、（七）】；更審：臺灣高等法院臺中分院九十六年度上更一字第一二號民事判決【見參、一、（九）】；第三審：最高法院九十六年度台上字第一○六號民事判決【見肆、四】、最高法院九十七年度台上字第一八四一號民事判決【見肆、五】

【主要爭點】

工程公司從事架設輸電線更新工程時，因掉落高壓輸電線，而碰觸鐵路局所有之電線設備，造成鐵路局之火車停駛，受有損害，是否屬於民法第一百九十一條之三所定之危險工作或活動。

【事實摘要】

原告交通部臺○○管理局主張自強號列車於民國九十年一月十一日上午十時二十分左右，駛於苗栗縣通霄及苑裡站區間時，列車駕駛人發現鐵道上有工程人員揮手示意停車，同時查覺原告所有之電線設備即三角架及主吊線斷落垂下有礙行車，遂立即緊急煞車並報警處理。而此係因被告臺灣○力股份有限公司委託

另一被告○立工程有限公司所僱用之現場負責人即另一被告朱○○架設高壓輸電線時，疏未注意而掉落，碰觸原告所有之電線設備，造成原告受有損害，爰依民法第一百八十四條第一項、第二項、第一百八十五條、第一百九十一條之三、第一百八十八條，請求被告連帶負損害賠償責任。

【解析】

本判決肯認第一審所為認定從事架設輸電線更新工程係屬高度危險之工作，應有民法第一百九十一條之三之適用。

【裁判內容】

台灣高等法院臺中分院九十四年度上字第九三號民事判決

$\quad$上　訴　人　交通部台○○○管理局

$\quad$法定代理人　徐○○

$\quad$訴訟代理人　羅秉成律師

$\quad$被上訴人　朱○○（原名朱○○）

$\quad$被上訴人　○立工程有限公司

$\quad$法定代理人　朱王○○

$\quad$訴訟代理人　江錫麒律師

$\quad$複代理人　杜英蕙

$\quad$被上訴人　台灣○力股份有限公司

$\quad$法定代理人　林○○

$\quad$訴訟代理人　彭火炎律師

右當事人間請求侵權行為損害賠償事件，上訴人對於中華民國九十四年一月十九日臺灣苗栗地方法院九十三年度訴字第四九號第一審判決提起上訴，本院九十四年四月十三日言詞辯論終結，判決如下：

$\quad$主　　文

上訴駁回。（上訴聲明第二項減縮為被上訴人應連帶給付上訴人新台幣貳佰玖拾壹萬玖仟參佰參拾貳元本息）。

第二審訴訟費用由上訴人負擔。

事實及理由

壹、……。

貳、訴訟要旨：

一、上訴人主張：緣於民國（下同）九十年一月十一日上午十時二十分左右，上訴人所有之第一〇〇六車次北上自強號列車，適駛於苗栗縣通霄及苑裡站區間時，該號列車駕駛員發現鐵道上有工程人員揮手示意停車，同時並查覺上訴人所有之電線設備即三角架及主吊線斷落垂下有礙行車，遂立即緊急煞車並報警處理（下簡稱系爭事故）。……經檢察官認定：工地現場負責人朱〇〇，回收臺灣〇力公司之舊輸電線時，原應注意施工安全，避免發生危險，而依當時情形，又無不能注意之情事，竟疏未注意防護，致臺灣〇力公司之輸電線碰觸下方之〇〇局之鐵路主吊線，造成主吊線短路產生火花而燒斷，使〇〇局第一〇〇六次自強列車緊急煞停，足生火車往來之危險。上訴人對被上訴人等人之侵權行為損害賠償請求權之時效，至此方才起算。……上訴人受有如下列各項金額之損害：……合計二百九十一萬九千三百三十二元。且與被上訴人等上開侵權行為，有相當之因果關係，應負損害賠償責任。……上訴人曾於九十一年七月五日，就上開事故，對被上訴人臺〇公司及〇立公司，提起侵權行為損害賠償案件（即原審九十一年度訴字第三二〇號，下簡稱前案），嗣因兩造合意停止訴訟程序，嗣上訴人雖未於四個月內聲請續行訴訟，而經原審於九十二年八月六日通知視為撤回起訴，惟上訴人旋於九十二年八月二十八日再以被上訴人臺〇公司、〇立公司及朱〇〇三人為賠償義務人，提起本件訴訟（下簡稱後案），惟前案訴訟終結後，未逾六個月即提起後案，亦具有時效中斷之效力。……被上訴人〇立公司係臺〇公司新桃供電區營業處於苗栗縣通霄及苑裡站區間，從事架設輸電線更新工程之承攬人，而被上訴人〇立公司及朱〇〇於回收輸電線當時，疏於注意致生本件損害，上訴人自得依民法第一百九十一條之三之規定，請求被上訴人〇立公司及朱〇〇負連帶侵權行為損害賠償責任，又上開被上訴人等人均對上訴人構成共同侵權行為，應負連帶責任。……爰依民法第一百八十四條第一、二項、第一百八十五條、第一百九十一條之三、第一百八十八條侵權行為法律關係，上訴求為判決（一）原判決廢棄。（二）被上訴人等應連帶給付上訴人新台幣（下同）二百九十一萬九千三百三十二元（第二審減縮後之金額）之損害賠償金額，及自起訴狀繕本送達最後被上訴人之翌日起，至清償日止，按年息百分之五計算之利息（三）並願供擔保請准宣告假執行等詞。

二、被上訴人〇立公司及朱〇〇則以：被上訴人〇立公司於八十九年間起即承攬臺〇公司所發包之苗栗縣通霄苑裡地區輸電線更新工程，並在該段工程線路需東西方向橫跨上訴人所轄苗栗縣海線鐵路基隆起162公里752公尺鐵軌之

上空。又彼等施工之工法，先在鐵軌東西兩側約十五公尺處，聳立鐵架各3株，並在該六株鐵架間牽編安全防護網，安全網內格距約1至1.5公尺，高度並超過鐵軌正上方即供應上訴人電車行駛用電之二萬五千伏特電壓主吊線。又安全防護網之作用，在於○立公司之施工人員自相鄰兩高壓電塔卸下舊輸電線時，該舊輸電線可平臥在安全防護網上，由施工人員按序回收於纜軸，並未與上訴人之主吊線發生任何碰觸，進而造成主吊線短路跳電。況且，被上訴人朱○○於九十年一月十一日上午十時二十分許，在前述鐵軌處，並無指揮任何工人施工，而係在鐵軌東側約150公尺工處外操作，因忽然聽到一聲爆炸巨響，才赫然發現上訴人之主吊線斷落在鐵軌上，○立公司所雇傭之員工擔心將造成上訴人南北往來之電車發生事故，始於鐵道上揮舞警示停車，被上訴人○立公司及朱○○二人並不具任何歸責事由……。又縱使被上訴人○立公司及朱○○二人應負侵權行為損害賠償責任，惟……上訴人已明知賠償義務人及所受之損害，迄至上訴人上開請求時，已罹於二年消滅時效等詞，資為抗辯。並求為駁回上訴。

三、被上訴人臺○公司則以：查上訴人就被上訴人臺○公司電纜線之設置或保管有何欠缺，及如何與上訴人之主吊線接觸等情，迄今仍未舉證證明，且上訴人所有之相同上開電線設備，亦常有自行掉落之情。……又被上訴人○立公司係承攬被上訴人臺○公司發包之苗栗縣通霄苑里地區輸電線更新工程，雙方為承攬關係，○立公司為承攬人，本件損害賠償請求權縱令存在，亦非得責由定作人即被上訴人臺○公司負其損害賠償責任。再者……上訴人於九十二年八月二十八日再提起本件訴訟，已罹於二年消滅時效。另上訴人曾就上開事故向原法院提起民事訴訟（九十一年訴字第三二○號），嗣因兩造合意停止訴訟而上訴人未於四個月內不續行訴訟，依法視為撤回其訴，雖上訴人另提起本件訴訟，然於本件訴訟起訴前，該時效業已完成，自無復因請求而有時效中斷之可言等語，資為抗辯。並求為駁回上訴。

參、茲本件兩造所不爭執之事實如下……。

肆、本件之爭點及法院之判斷：

一、……上訴人鐵路主吊線短路燒斷，是否為被上訴人等侵權行為所致？即被上訴人等應否負損害賠償之責？茲分述如下：

（一）按……民法第一九一條之三、第一百八十八條第一項分別定有明文。經查：本件事故肇因於上訴人所有之電線設備即三角架及主吊線掉落有礙行車，而該段之主吊線於事故發生前即九十年一月九日業已通過安全檢查，有工作報告……應認其自行斷裂而掉落之可能性不高。……工研院工業材

料研究所測試報告……足證係臺○公司之輸電線碰觸上訴人之主吊線而引起本件主吊線短路，產生火花而燒斷，並促使上開自強號列車緊急煞停無誤。又朱○○因本案，經法院以業務上過失，致生火車往來之危險罪，並判處拘役伍拾日確定在案……亦與本院認定相同。查被上訴人朱○○既擔任被上訴人○立公司工地現場負責人，負責被上訴人○立公司所承包另一被上訴人臺○公司通霄及苑裡段從事架設輸電線更新工程，對於回收上開輸電線時，本應注意施工安全，隨時注意防護網內輸電線是否全部回收完畢，有無殘留之情形，避免危險之發生，而依當時情形，又無不能注意之情事，竟疏未注意防護而造成上開事故發生，自應為其過失侵權行為損害賠償責任……被上訴人○立公司應與被上訴人朱○○之過失行為連帶負侵權行為損害賠償責任。

（二）被上訴人臺○公司對上訴人應否負損害賠償責任？按……民法第一百九十一條第一項定有明文。其立法意旨在於為防止隱藏加損害於他人之危險，故所有人對於土地上工作物，應善盡必要注意以維護其安全，並防免損害之發生，此為工作物所有人應盡之社會安全義務，被害人無須負舉證責任，方能獲得周密之保護。經查：被上訴人臺○公司之工作物即輸電線造成上訴人上開損害，參酌上開說明，即得推定被上訴人臺○公司有管理欠缺，上訴人毋庸舉證。……被上訴人臺○公司迄今仍無法舉證證明其保管工作物並無欠缺，亦無法證明其對於上訴人上開損害之發生，已盡相當之注意。……被上訴人臺○公司仍應依工作物所有人之侵權行為法律關係對上訴人負損害賠償責任。

二、上訴人上開對被上訴人等人之侵權行為損害賠償請求權，其時效起算日為何？

（一）按……民法第一百九十七條有明文規定。又按侵權行為損害賠償請求權之消滅時效，應以請求權人實際知悉損害及賠償義務人時起算，非以知悉賠償義務人因侵權行為所構成之犯罪行為經檢察官起訴，或法院判決有罪為準，故請求權人若實際知悉損害及賠償義務人時，即起算時效，並不以賠償義務人坦承該侵權行為之事實為必要，有最高法院七十二年臺上字第七三八號判例可資參照。

（二）……查張顯揚為上開施工路段之副段長，且於警訊時明確表示「可以（代表○○管理局）」，足見其獲授權，且按民法第五百五十四條第一項、第五百五十五條分別規定：……，系爭事故地點，屬新竹電力段轄區，系爭事故又屬電力故障，而張顯陽既新竹電力段副段長張顯陽，亦應類推適用

上開民法規定，有代理上訴人提起告訴及求償之權利，是上訴人抗辯，伊並未授權新竹電力段副段長張顯陽處理本案，張顯陽僅代表其個人提起告訴云云，顯不足採。

（三）又查，上訴人於九十年一月十六日發函被上訴人台○司新桃供電區營運處，其說明欄載明：……對照上開兩造函文及竹南所筆錄，可知上訴人至遲於收受台○公司九十年四月四日函文之日起即同年四月九日……，即實際知悉損害及賠償義務人無誤，則上訴人對被上訴人等之侵權行為損害賠償請求權自該日起算，並於九十二年四月九日屆滿。……。

三、上訴人對被上訴人等之侵權行為損害賠償請求權於時效屆滿前，是否有中斷時效原因？

（一）按時效因撤回起訴而視為不中斷者，仍應視為請求權人於提出訴狀於法院並經送達之時，已對義務人為履行之請求，如請求權人於法定六個月期間內另行起訴者，仍應視為時效於訴狀送達時中斷，然究應以訴狀送達時，時效尚未完成者為限，否則時效既於訴狀送達前已完成，即無復因請求而中斷之可言，最高法院六十二年台上字第二二七九號著有判例。

（二）查上訴人就上開損害賠償事件，曾於九十一年七月五日向原法院提起九十一年度訴字第三二○號侵權行為損害賠償事件（下簡稱前案或三二○號案件），請求被上訴人臺○公司及○立公司賠償損害。嗣因兩造合意停止訴訟程序，上訴人因未於四個月內聲請續行訴訟，經原法院於九十二年八月六日通知視為撤回起訴在案，上訴人另於同年月二十八日再以被上訴人臺○公司、○立公司及朱○○等三人為被告，提起本件訴訟（下簡稱後案），如前所述。……前案起訴後，又撤回起訴，如消滅時效若已完成，則後案縱於六個月內再行起訴，仍無中斷時效效力……。查上訴人雖於時效完成（九十二年四月九日時效完成）前，於九十一年七月五日提起前案，然前案撤回時（九十年八月四日通知撤回），上訴人之本件損害賠償請求權於九十二年四月九日業已屆滿，是上訴人縱於前案撤回後六個月內，提起後案（即本案），仍不生時效中斷效力至明。……。

伍、綜上所述，上訴人對被上訴人臺○公司、○立公司及朱○○等人之侵權行為損害賠償請求權，皆已罹於時效，則上訴人對被上訴人等依侵權行為損害賠償請求權請求連帶賠償二百九十一萬九千三百三十二元本息，為不足採，被上訴人等抗辯，尚屬可信。是則原審為上訴人敗訴之判決，及駁回其假執行之聲請，並無不合。上訴意旨指摘原判決不當，求予廢棄改判，為無理由，應予駁回。……。

中　華　民　國　九十四　年　四　月　二十七　日
民事第○庭審判長　法　官
　　　　　　　　　法　官
　　　　　　　　　法　官

（九）臺灣高等法院臺中分院九十六年度上更一字第一二號民事判
　　　決──第一審：臺灣苗栗地方法院九十三年度訴字第四九號民
　　　事判決【見參、一、（七）】；前審：台灣高等法院臺中分院
　　　九十四年度上字第九三號民事判決【見參、一、（八）】；第
　　　三審：最高法院九十六年度台上字第一○六號民事判決【見
　　　肆、四】、最高法院九十七年度台上字第一八四一號民事判決
　　　【見肆、五】

【主要爭點】

　　工程公司從事架設輸電線更新工程時，因掉落高壓輸電線，而碰觸鐵路局所
有之電線設備，造成鐵路局之火車停駛，受有損害，是否屬於民法第一百九十一
條之三所定之危險工作或活動。

【事實摘要】

　　原告交通部臺○○管理局主張自強號列車於民國九十年一月十一日上午十
時二十分左右，駛於苗栗縣通霄及苑裡站區間時，列車駕駛人發現鐵道上有工程
人員揮手示意停車，同時查覺原告所有之電線設備即三角架及主吊線斷落垂下有
礙行車，遂立即緊急煞車並報警處理。而此係因被告臺灣○力股份有限公司委託
另一被告○立工程有限公司所僱用之現場負責人即另一被告朱○○架設高壓輸電
線時，疏未注意而掉落，碰觸原告所有之電線設備，造成原告受有損害，爰依民
法第一百八十四條第一項、第二項、第一百八十五條、第一百九十一條之三、第
一百八十八條，請求被告連帶負損害賠償責任。

【解析】

　　本判決仍肯認第一審所為認定從事架設輸電線更新工程係屬高度危險之工
作，應有民法第一百九十一條之三之適用。

【裁判內容】

臺灣高等法院臺中分院九十六年度上更一字第一二號民事判決

上　訴　人　交通部台○○○管理局
法定代理人　范植谷
訴訟代理人　羅秉成律師
複 代 理 人　曾能煜律師
訴訟代理人　魏順華律師
被 上 訴 人　朱○○（原名朱○○）
被 上 訴 人　○立工程有限公司
法定代理人　王芊文
前列二人共同
訴訟代理人　江錫麒律師
前列二人共同
複 代 理 人　杜英蕙
被 上 訴 人　台灣○力股份有限公司
法定代理人　陳貴明
訴訟代理人　彭火炎律師
　　　　　　張玉琳律師

上列當事人間請求侵權行爲損害賠償事件，上訴人對於民國94年1月19日臺灣苗栗地方法院93年度訴字第49號第一審判決提起上訴，經最高法院發回更審，本院於96年8月8日言詞辯論終結，判決如下：

主　　文

原判決關於駁回上訴人後開第二項之訴部分，及該部分假執行之聲請，並訴訟費用之裁判均廢棄。

被上訴人朱○○、○立工程有限公司應連帶給付上訴人新台幣貳佰玖拾壹萬玖仟參佰參拾貳元，及自民國92年11月30日起，至清償日止，按週年利率百分之5計算之利息。

其餘上訴駁回。

第一、二審（減縮部分除外）及發回更審前第三審訴訟費用，由被上訴人朱○○、○立工程有限公司連帶負擔。

本判決所命被上訴人朱○○、○立工程有限公司連帶給付部分，於上訴人以新台幣玖拾柒萬參仟元爲被上訴人朱○○、○立工程有限公司預供擔保後得假執

行，但被上訴人朱○○、○立工程有限公司如於假執行程序實施前以新台幣貳佰玖拾壹萬玖仟參佰參拾貳元爲上訴人預供擔保，得免爲假執行。

事實及理由

一、……。

二、上訴人主張：伊所有苗栗縣通霄及苑裡站區間三角架及主吊線之電線設備（下稱台鐵電線設備）於民國90年1月11日上午10時20分許，遭被上訴人台灣○力股份有限公司（下稱台○公司）所有之高壓輸電線掉落碰觸，造成主吊線短路產生火花而燒斷，致第1006次自強號列車緊急煞停，海線列車行駛中斷（下稱系爭事故）。經內政部警政署鐵路警察局第二警務段（下稱鐵路警察局第二警務段）於90年12月2日函覆伊系爭事故之鑑定報告，伊始知台○公司委託施工之承攬人即被上訴人○立工程有限公司（下稱○立公司）所僱用現場負責人即被上訴人朱○○回收台電舊輸電線疏未注意防護爲肇事主因，朱○○因此遭判處公共危險罪刑確定。是承攬人○立公司及其僱用之朱○○，既於施工中，疏於注意，致定作人台○公司之工作物輸電線掉落碰觸台鐵電線設備，列車因此停駛，使伊受有派員搶修工料及營業損失等損害共新台幣（下同）2,919,332元。台○公司、○立公司及朱○○即構成共同侵權行爲，應對伊負連帶賠償責任。爰依民法第184條第1、2項、第185條、第191條之3、第188條規定，求爲命被上訴人如數連帶給付及自起訴狀繕本最後送達被上訴人之翌日起加計法定遲延利息之判決。訴之聲明：(1)被上訴人應連帶給付上訴人2,919,332元，及自92年11月30日起（起訴狀繕本最後送達被上訴人○立公司之翌日）起至清償日止，按年息百分之5計算之利息。(2)並陳明願供擔保請准宣告假執行（上訴人原起訴請求之金額爲3,417,382元本息，於本院前審審理中減縮請求金額如上所述）。

三、被上訴人○立公司及朱○○辯稱：上訴人之台鐵電線設備短路跳電，係不明異物碰撞所造成，與○立公司承攬台○公司工程之施工無關。縱認伊等應負侵權行爲損害賠償責任，惟……上訴人於90年4月4日即明知賠償義務人及所受之損害，乃遲至92年8月28日始提起本件訴訟，顯罹於2年消滅時效期間，伊等仍得拒絕給付，毋庸負賠償責任等語置辯。被上訴人台○公司則以：上訴人未舉證證明伊就電纜線之設置或保管有何欠缺，及如何與台鐵電線設備接觸致生系爭事故，請求伊賠償，已屬無據。況系爭事故發生後，上訴人曾於90年1月16日及同年2月21日發函伊請求損害賠償，已知悉伊爲賠償義務人，其遲至92年8月28日始提起本件訴訟，顯罹於2年消滅時效期間，伊得拒絕給付。其再對伊求償，亦屬無理等語，資爲抗辯。被上訴人答辯之聲明均

爲：(1)上訴人之訴及假執行之聲請均駁回。(2)訴訟費用由上訴人負擔。(3)如受不利益之判決，願供擔保請准宣告免爲假執行。

四、原審酌兩造提出之攻擊防禦方法後，以請求權已罹於時效爲由，判決駁回上訴人之訴及假執行之聲請，上訴人不服提起上訴，於本院聲明：（一）原判決關於駁回上訴人後開第二項之訴部分，及該部分假執行之聲請，暨訴訟費用之裁判均廢棄。（二）被上訴人等應連帶給付上訴人2,919,332元，及自起訴狀繕本最後送達翌日起至清償日止按年息百分之5計算之利息。（三）第一、二審及發回前第三審訴訟費用由被上訴人等負擔。（四）請准供擔保宣告假執行。被上訴人於本院答辯聲明均爲：（一）被上訴人在第一審之訴及假執行之聲請均駁回。（二）訴訟費用由上訴人負擔。（三）如受不利益之判決，願供擔保請准宣告免爲假執行。

五、……。

六、本件兩造之爭執事項在於：（一）上訴人之侵權行爲損害賠償請求權是否已罹於時效？（二）被上訴人對上訴人應否負損害賠償責任？

（一）上訴人之侵權行爲損害賠償請求權是否已罹於時效？

　　1.按「民法第197條第1項規定：『因侵權行爲所生之損害賠償請求權，自請求權人知有損害及賠償義務人時起，2年間不行使而消滅』。所謂知有損害及賠償義務人之知，係指明知而言。……」。又「上訴人自41年起即已知有損害及賠償義務人，至44年9月9日始提起本件訴訟，其因侵權行爲所生之損害賠償請求權，依民法第197條第1項之規定，雖因2年間不行使而消滅，但查所謂知有損害，非僅指單純知有損害而言，其因而受損害之他人行爲爲侵權行爲，亦須一併知之，若僅知受損害及行爲人，而不知其行爲之爲侵權行爲，則無從本於侵權行爲請求賠償，時效即無從進行。」（最高法院72年台上字第1428號、46年台上字第34號判例參照）。

　　2.被上訴人朱○○部分：……上訴人於90年1月11日本件事故發生之時，既非明確知悉（明知）何人肇事及肇事之原因，案經鐵路警察局第二警務段查處，警方將現場二截斷損之鐵路主吊線與一截台○之輸電線證物攜送工業技術研究院鑑定，再依鑑定結果調查發現，施工單位即被上訴人○立公司所僱用現場負責人即被上訴人朱○○涉有公共危險之罪嫌而於90年11月8日移送法辦，上訴人係於該第二警務段90年12月2日函覆上訴人該調查結果，始知被上訴人朱○○爲肇事者及肇事原因，亦即上訴人至90年12月2日方明知賠償義務人爲朱○○其人，且其行爲爲侵權行

為……，並未逾2年時效甚明。

3.被上訴人台○公司及○立公司部分：……張顯陽於系爭事故當日即知悉事故現場有台○工程外包商○立公司工地現場負責人朱○○施工中，且已表明其可以代表上訴人，對○立公司提起告訴。並續以告訴人（即上訴人）代理人身分，多次接受檢察官偵訊、具狀陳述意見。足見張顯陽已獲上訴人授權，有代理上訴人提起告訴及求償之權利；復觀之：

(1)上訴人新竹電力段副段長張顯陽於竹南所警訊中陳述：……，顯見張顯陽當日即知悉事故現場有台○工程外包商○立公司工地現場負責人朱○○施工中。其除明對○立公司提起告訴外，並以其副段長身分及告訴代理人地位，分別於91年2月5日、91年9月19日親至偵查庭應訊，並多次具狀陳述意見……。參以上訴人先後於90年1月16日、同年2月21日發函台○公司，請求台○公司就系爭事故負賠償責任，經台○公司於90年4月4日覆函告知上訴人如屬承包商○立公司之過失，始負賠償責任，上訴人係於同年月9日收悉該函等情，足認上訴人至遲於90年4月9日，即實際知悉被上訴人台○公司及○立公司為損害及賠償義務人。則上訴人對被上訴人等2人之侵權行為損害賠償請求權時效，自該日起算，至92年4月9日已告屆滿。……。

(2)按時效因起訴不合法而受駁回之裁判，視為不中斷者，仍應視為請求權人於提出訴狀於法院並經送達之時，已對義務人為履行之請求，於訴訟繫屬中，其行使權利之狀態繼續，應解為請求權人得自該訴訟確定翌日起6個月內另行起訴（最高法院77年度台上字第2152號判決要旨參照）；又時效因撤回起訴而視為不中斷者，請求權人於提出起訴狀於法院並經送達之時，暨請求權人於訴訟程序進行中之各次書面或言詞請求，均應視為請求權人已對義務人為履行之請求，同生時效中斷之效力。雖上訴人就系爭事故之損害，於91年7月5日對被上訴人台○公司及○立公司2人提起損害賠償訴訟（台灣苗栗地方法院《下稱苗栗地院》91年度訴字第320號侵權行為損害賠償事件《下稱前案》），經苗栗地院於92年8月6日通知視為撤回起訴後，上訴人旋於6個月內，即92年8月28日提起本件訴訟（下稱後案），前案視為撤回通知當時，上訴人之損害賠償請求權業已屆滿二年消滅時效期間，惟上訴人即請求權人於提出起訴狀於法院並經送達之時，暨請求權人於訴訟程序進行中之各次書面或言詞請求，均應視為請求權人已對義務人為履行之請求，同生時效中斷之效力。本件上訴人於91年7月5日提

起前案後，於該案訴訟程序中，先後於91年8月9日提出準備書狀、91年11月12日提出準備書狀、92年1月30日提出陳報狀（主張依通常訴訟程序進行系爭事件）及92年3月20日具狀聲請停止訴訟程序……，其中自後案92年8月28日起訴前六個月即92年2月28日起至前案時效完成日即92年4月9日之間，上訴人於92年3月20日提出聲請停止訴訟狀，被上訴人均於92年3月25日收受送達……，而此停止訴訟狀乃上訴人對被上訴人有所請求及主張，否則即無合意停止訴訟程序之必要，顯然均已對被上訴人台○公司及○立公司為履行之請求，則依民法第129條第1款規定消滅時效因請求而中斷，上訴人並於6個月內之92年8月28日起訴後案，應認均生時效中斷之效力。……。

4.又上訴人於本件事故發生而造成系爭損害後，固曾發函請求被上訴人台○公司應督促所屬單位確實做好防範措施，以免造成電車線設備損害，且於完成損害之核算後，亦曾90年1月16日及2月21日函請被上訴人台○公司負責賠償，是被上訴人台○公司主張上訴人之請求權時效應自90年1月16日起算云云。惟查：

(1)……上訴人雖於90年2月間有發函請求被上訴人台○公司賠償之事實，然因上訴人不確知被上訴人之行為係侵權行為，……本件時效即無從進行。是被上訴人台○公司主張上訴人之請求賠償時效應自90年1月16日起算，尚有誤會。

(2)綜上，被上訴人主張上訴人對被上訴人台○公司、○立公司之請求權時效起算應自90年1月16日起算云云，應不足探。

（二）被上訴人對上訴人應否負損害賠償責任？

1.被上訴人朱○○及○立公司部分：

(1)本件被上訴人朱○○既擔任○立公司所承包被上訴人台○公司通霄及苑裡段輸電線架設更新工程之工地現場負責人，即應注意施工安全，竟於回收輸電線時，未隨時注意防護網內輸電線是否全部回收完畢，有無殘留之情形，以避免危險之發生，致台○公司之輸電線碰觸台鐵電線設備，而發生系爭事故，自應就其過失負侵權行為損害賠償責任。……被上訴人朱○○因過失致損害他人權利之侵權行為明確。

(2)……本件○○局之上述主吊線上方既僅有○立公司施工，而○○局該主吊線熔斷處又檢測出與臺○輸電線材質相符之鋁質；且案發地點之鐵路主吊線係於78年6月29日因架設完成而切換通車，另該主吊線（電車線）於案發前之90年1月9日經檢查並無異狀，而屬正常……

無自行斷裂之可能。則本件○○局主吊線應係因朱○○之過失造成斷裂而掉落無誤。又被上訴人朱○○所犯公共危險罪，業經刑事法院判決有罪確定……被上訴人朱○○及○立公司辯稱台鐵電線設備短路跳電，係不明異物碰撞所造成，與○立公司承攬台○公司工程之施工無關云云，為無可採。又○立公司經營一定事業或從事其他活動之人，其工作或活動之性質或其使用之工具或方法有生損害於他人之危險者，依民法第191條之3規定，對他人之損害應負賠償責任。且○立公司為朱○○之僱用人，就朱○○於執行職務時過失不法侵害上訴人權利之行為，依民法第188條亦應與朱○○連帶負損害賠償責任。

(3)上訴人主張其所受之損害共計2,929,332元，此為被上訴人所不爭……，則上訴人依民法第184條第1項前段、第188條、第191條之3規定請求被上訴人朱○○、○立公司應連帶給付上訴人2,929,332元，及自起訴狀繕本最後送達被上訴人○立公司之翌日即92年11月30日起，至清償日止，按週年利率百分之5計算之利息，於法有據，應予准許。

2.被上訴人台○公司部分：

(1)……按承攬人因執行承攬事項，不法侵害他人之權利者，定作人不負損害賠償責任，民法第189條前段定有明文。又請求履行債務之訴，除被告自認原告所主張債權發生原因之事實外，應先由原告就其主張此項事實，負舉證之責任，必須證明其為真實後，被告於其抗辯事實，始應負證明之責任，此為舉證責任分擔之原則（最高法院43年度台上字第377號判例參照）。

(2)本件上訴人雖稱其電車吊線係因台○公司之輸電線掉落碰觸而燒斷，工作物所有人應負損害賠償責任，惟查被上訴人台○公司係將本件輸電線更新工程發包予○立公司施作……本件損害縱因○立公司執行承攬事項所致，依民法第189條前段規定亦非得責由定作人負損害賠償責任。本件搭架亦非台○公司而係承攬人○立公司所架設，施工完竣後，搭架亦由○立公司卸下取走，台○公司並無對何工作物設置或保管有欠缺。何況，台○公司已一再提醒承攬人應預防感電、墜落危險，並訂明每一件交辦工程開工時，其安全衛生管理員必須在現場召集工作人說明工作性質方法、潛在危險及防範對策等……被上訴人台○公司對於防止損害已盡相當之注意，依前揭說明，並對上訴人之請求提出反對之主張，抗辯其與○立公司係基於承攬關係，依民法第

189條前段規定不負損害賠償責任，則上訴人就定作人於定作或指示上究有何過失，亦應負證明之責，此為舉證責任分配原則。又被上訴人台○公司係定作人並非共同侵權行為人，亦非經營一定事業或從事其他活動之人，上訴人未依民法第189條但書規定舉證證明被上訴人台○公司於定作或指示上有何過失，遽稱定作人台○公司未能依民法第191條第1項但書規定舉證，自應損害賠償責任云云，難以採信。此部分之請求為無理由，應予駁回。

七、綜上所述，上訴人本於侵權行為等之法律關係，請求被上訴人○立公司及朱○○連帶給付上訴人2,919,332元，及自92年11月30日起至清償日止，按年息百分之5計算之利息，為有理由，應予准許。逾此所為請求，為無理由，應予駁回。又上訴人勝訴部分，上訴人及被上訴人○立公司及朱○○分別陳明願供擔保為准、免假執行之宣告，經核於法並無不合，爰分別酌定相當擔保金額准許之。至於上訴人對被上訴人台○公司之敗訴部分，其假執行之聲請失所附麗，應併予駁回。原審就上開應准許部分，為上訴人敗訴之判決，並駁回其假執行之聲請，尚有未洽，上訴意旨求予廢棄改判，為有理由，爰由本院予以廢棄改判如主文第二項所示，並依聲請為附條件之准、免假執行之宣告。至於上訴人對被上訴人台○公司之請求不應准許部分，原判決為上訴人敗訴之判決，並駁回其假執行之聲請，經核於法並無不合，上訴意旨求予廢棄改判，為無理由，應駁回其上訴。……。

中　華　民　國　九十六　年　八　月　二十二　日
民事第○庭審判長　法　官
　　　　　　　　　法　官
　　　　　　　　　法　官

（十）臺灣桃園地方法院九十二年度訴字第一二四九號民事判決

【主要爭點】

營運窯場產生廢氣與植物枯死，是否具有因果關係之合理蓋然性。

【事實摘要】

原告主張被告自稱民國八十四年起至九十一年七月間種植之植物枯死乃原告

窯廠燒製紅磚排放廢氣所造成，而向行政院環境保護署公害糾紛裁決委員會申請裁決，經該會於九十二年五月十六日以九十一年度裁字第六四四七七號裁決原告應賠償被告新台幣一百二十八萬四千二百二十八元，惟因窯場產生之氣體與被告所有植物枯死並無因果關係，爰依公害糾紛處理法第三十九條第一項之規定，請求確認上開裁決所示被告對原告之損害賠償債權不存在。

【解析】

一、民法第一百九十一條之三增訂之立法理由謂：「請求賠償時，被害人只需證明加害人之工作或活動之性質或其使用之工具或方法有生損害於他人之危險性，而在其工作或活動中受損害即可，不需證明其間有因果關係。」易言之，被害人對工作或活動的危險需負舉證責任，其因果關係則由法律推定，蓋此屬加害人得控制之領域，唯有加害人得舉反證推翻之，此種因果關係屬責任成立之事實上的因果關係，惟被害人對工作或活動「危險」應負之舉證責任，以具有因果關係的合理蓋然性判斷為基礎，而非原告任意指稱之危險即可斷定因果關係。易言之，是否有生損害於他人之危險，仍應以具有因果關係的合理蓋然性判斷，並非加害人任意指稱之危險即可斷定因果關係。本件窯場產生之廢氣中含有化學物質氟化物，乃現代科技之高度危險，應屬公害事件，被告已舉證證明原告窯場所產生之廢氣與其種植之植物枯死間，具有因果關係之合理蓋然性，自有民法第一百九十一條之三的適用。

二、本件損害賠償之請求，因橫跨八十九年五月五日民法第一百九十一條之三增訂公布施行前後，故應區分施行前及施行後，異其請求權之基礎：

（一）施行前

　　　按違反保護他人之法律者，推定其有過失，修正前民法第一百八十四條第二項定有明文。依空氣污染防制法第十四條規定：「公私場所於設置或變更經中央主管機關指定公告之固定污染源前，應檢具空氣污染防制計畫，向省（市）主管機關申請核發許可證後，始得為之（第一項）。前項固定污染源設置或變更後，應檢具符合排放標準之證明文件，向省（市）主管機關申請核發操作許可證始可操作（第二項）。」又行政院環保署於八十三年五月二十五日已將從事紅磚之製造，主要生產設備為燒成窯者，列為應申請設置變更及操作許可之固定污染源。本件原告從事紅磚製造，並以燒成窯為設備，依法即需取得許可證，然原告未取得許可證即開始營業，並排放廢棄，侵害他人權利，自應依民法第

一百八十四條第二項負損害賠償責任。

（二）施行後

被告已證明原告製造紅磚之工作性質及其所使用之工具或方法，有生損害於被告之危險性，且係在原告工作中受損，符合民法第一百九十一條之三所定之證明責任。又原告未舉證證明其工作與被告之損害，係非因其工作所排放之廢氣產生，從而原告自應負損害賠償責任。

【裁判內容】

臺灣桃園地方法院九十二年度訴字第一二四九號民事判決

原　　　告　○○窯業股份有限公司

法定代理人　陳○○

送達代收人　周鴻君

訴訟代理人　賴旺水

被　　　告　余○○

訴訟代理人　余家田

右當事人間請求確認債權不存在等事件，於民國九十二年十二月五日辯論終結，本院判決如下：

主　　　文

原告之訴駁回。

訴訟費用由原告負擔。

事　　　實

甲、原告方面：

一、聲明：

（一）就行政院環境保護署公害糾紛裁決委員會九十一年裁字第六四四七七號公害糾紛裁決書所示被告對原告之新台幣（下同）壹佰貳拾捌萬肆仟貳佰貳拾捌元之損害賠償請求權不存在。

（二）訴訟費用由被告負擔。

二、陳述：

（一）被告於民國七十二年間在坐落桃園縣龍潭鄉銅鑼圈段三七二及三七二——一二號……土地（下稱系爭土地），種植海梨柑一○○棵、七十三年種植凸柑一三○棵、七十四年種植海梨柑三八○棵，並有逾六十樹齡白茄冬樹一棵、二十至三十樹齡之相思林二十棵、二十年樹齡樟樹二十五棵、十五

年樹齡樟樹十棵及其他竹木等植物，原告於八十四年間在相鄰之……土地上興建窯廠，煙囪高二十五公尺，於開始營運製造紅磚，因有排放廢氣，被告即稱其所種植之植物枯死是原告窯廠排放廢氣所造成，向行政院環境保護署公害糾紛裁決委員會（下稱環保署公害糾紛委員會）申請裁決，經該會……裁決原告應賠償被告如訴之聲明所示金額，原告不服，乃據公害糾紛處理法第三十九條第一項規定提起本件訴訟。

（二）查被告主張柑橘及相思林等之枯死，與原告窯廠生產磚土排放之氣體間根本無因果關係，環保署公害糾紛委員會之認定，並未實際檢驗兩者關聯性……被告僅以行政院農業委員會桃園區農業改良場（下稱桃園農改場）之勘查報告為據，認葉片外緣焦枯及芒草葉片脈間褪綠呈淡黃條紋與七十三年環境保護局編印空氣污染鑑定圖鑑B05及B13磚廠排放氟化物累積性為害相似，即為認定，但此僅屬參考資訊，不合論理邏輯，且無相當因果關係。

（三）被告早在七十年至七十二年間種植柑橘等植物……，惟原告甫於八十五年間始取得固定污染源操作許可證營運，何來造成植物累積性傷害之說……。原告自取得固定污染源操作許可證後，依法執行業務，自八十七年至九十一年間，並委由合格檢測公司進行固定污染源空氣污染物排放檢測計八次，各項檢測紀錄皆定期報環保局核備，均符法規標準，營運期間復無任何違規之事證紀錄。

（四）依紅磚製造過程而論，原告製磚採用黏土為主要原料，原料中未有含氟成份之化學物質，……設置三部袋式集塵器，防止空氣污染……被告種植區附近地區，尚有多家工廠排放廢氣，均有可能造成影響，實不能全歸由原告負責。……。

乙、被告方面：

一、聲明：如主文所示。

二、陳述：

（一）按……民法第一百九十一條之三規定甚明，於八十八年五月五日修正公布之民法債編施行法第三十六條第二項規定，自八十九年五月五日開始施行；故本件公害損害賠償事件，應以八十九年五月四日做一區分，茲答辯如后：

（二）自八十四年起至八十九年五月四日止之期間：

　　1.原告於八十四年間窯廠開始營運，被告種植之相思樹、觀音竹、柑橘即在八十四年九月以後受影響，當年柑橘即有落果現象，經向原告反應，

為改善廢氣污染，原告於八十五年間築高二點五公尺之鋼板牆一道；惟因較遠之竹子、柑橘又逐漸枯死，原告又於八十六年間再築一長約六十公尺之鋼板牆改善。

2.上述柑橘落果及乾枯之情事，有照片三張可稽；而原告亦未否認有為被告築鋼板牆乙事，是原告窯廠排放廢氣與被告柑橘樹之落果及枯死，確有因果關係……。

3.被告自七十二年種植柑橘至原告窯廠於八十四年開始營運以前，均無如八十四年九月窯廠營運後之落果及乾枯現象……足證原告窯廠排放廢氣情形嚴重。

4.台灣多季行東北季風，被告種植區位於原告窯廠之西南方，故原告窯廠所排放之廢氣，即因東北季風而吹向被告之種植區。

5.因紅磚製程中會產生氟化物，被告之柑樹等乾枯係受原告窯廠排放廢氣中之氟化物污染所致……且原告先前所提八十七年至九十年之檢測報告書摘要，其排放廢氣中，均有氟化物，故桃園農改場研判認為被告柑樹等乾枯，係受原告窯廠排放廢氣中氟化物污染所致，自可採信。

6.按原告設置窯廠本應並能注意廢氣之排放，不使加損害於他人，但竟在八十六年五月十三日固定污染源操作許可證生效前之八十四年間即開始營運，並排放大量廢氣，可見原告未注意廢氣之排放，致排放之廢氣污染被告之植物造成損害，自有過失。

……民法第一百八十四條第二項定有明文。而八十一年二月一日修正公布之空氣污染防制法第十四條規定：……行政院環保署於八十三年五月二十五日已將從事紅磚製造，主要生產設備為燒成窯者，列為應申請設置變更及操作許可之固定污染源。原告從事者即為紅磚製造，且以燒成窯為其設備之一，自應取得固定污染源操作許可證後始可操作窯廠，乃原告於八十四年間即開始窯廠運作，有違空氣污染防制法之規定，亦可推定其有過失。

7.是原告窯廠排放廢氣，致被告柑橘死亡，應負侵權行為賠償責任；原告雖稱其非該區域中唯一排放廢氣工廠，其他廠商所排放之廢氣亦有可能造成被告之植物損害。惟縱如原告所言為真，被告之植物損害係多家工廠排放廢氣之結果，原告亦為共同侵權行為人，依民法第一百八十五條之規定，亦應連帶負責。

（三）自八十九年五月五日起至九十一年七月間止：

1.八十九年起原告採用工業廢泥作為紅磚原料，其中有紅色、黑色、紫色

等廢泥，生產過程中所產生之廢氣非常難聞，致被告其他樹類，如樟樹、茄冬樹、苦楝樹等全部枯死。

2.……原告無法提供無機性污泥再利用許可之核准公文，未能取得操作許可證，可知原告在八十九年十一月以後至少曾因試車使用過無機性污泥為原料，且係使用無再利用許可之無機性污泥。

3.被告之樟樹、茄冬樹等係因原告窯廠排放之廢氣污染致死……有民法第一百九十一條之三規定之適用。

4.原告雖稱已取得八十六年五月十三日生效之固定污染源操作許可證始開始窯廠之正式運轉，八十七年至九十一年之檢測報告，氟化物之排放皆符合排放標準。然該等檢測報告係一年檢測一次之檢測報告，不足為檢測日以外期間氟化物排放均符法定排放標準之證明，不能排除廢氣之排放與被告植物受損間之因果關係，亦不足為原告侵害行為之阻卻違法事由。

5.被告已證明原告之工作或活動之性質或其使用之工具或方法，有生損害之危險性，被告之樟樹、茄冬樹係在其工作或活動中受損，已符民法第一百九十一條之三請求賠償時應負之證明責任；反之，原告未舉證證明樟樹、茄冬樹之枯死，非由於其窯廠排放廢氣所致，或於防止損害之發生已盡相當之注意，原告應對被告之樟樹及茄冬樹之枯死負賠償責任。

（四）有關損害金額之計算，環保署公害糾紛委員會九十一年裁字第六四四七七號公害糾紛之裁決書中已有客觀合理公平之計算論述，不再贅述。……。

理　由

一、……。

二、原告起訴主張：因被告指稱伊所設置之窯廠位於被告種植區之東北方，窯廠燒製紅磚排放廢氣，經東北風吹襲，污染到被告之種植區，於八十四年九月以後，被告種植之相思樹、觀音竹、柑橘、竹子等植物逐漸枯死，被告爰依公害糾紛處理法申請調處、再調處均不成立後，又向環保署公害糾紛委員會申請裁決，經該會於九十二年五月十六日做成裁決書，裁決原告應賠償一百二十八萬四千二百二十八元。惟原告窯廠之設置及操作，均依法取得證照，且製磚之原料為黏土，並無化學物質氟成分……原告就本件公害事實之發生，致被告權利受損一節仍有疑義，環保署公害糾紛委員會竟率予認定是原告之窯廠排放廢棄有污染情形，並造成被告權益受損，應無可採，且被告應就侵權行為之成立要件負舉證之責……，此等違誤依法得由法院以確認判決除去，故求為判決確認被告依環保署公害糾紛委員會九十二年五月十六日

之九十一年度裁字第六四四七七號裁決書，對原告有損害賠償請求權不存在等語。

三、被告則以：八十四年間原告窯廠開始營運，所排放之廢氣，因東北季風吹向被告種植區，因紅磚製程中產生氟化物，被告種植之相思樹、觀音竹、柑橘等作物在同年九月以後有落果、枯死等現象……且被告已證明原告之工作或活動之性質或其使用之工具或方法，有生損害於被告之危險性，已合於民法第一百九十一條之三請求賠償時應負之證明責任；反之原告並未舉證證明樟樹、茄冬樹之枯死，非由於其窯廠之排放廢氣所致，或於防止損害之發生已盡相當之注意，原告自應對被告負賠償責任。……本件應予審究者，厥為（一）被告所受損害與前開公害事實有無因果關係存在？（二）前揭裁決書裁決結果有無違誤？茲分論於後。

四、被告所受損害與前開公害事實有無因果關係存在？

（一）按……民法第一百九十一條之三規定甚明，再依民法債編施行法第三十六條第二項前段規定：……故對於經營一定事業或從事其他工作或活動之人，其工作或活動之性質或其使用之工具或法方有損害於他人之危險者，對他人所造成之損害，自八十九年五月五日起即有民法第一百九十一條之三條文之適用，依上開增訂條文之立法理由：「為使被害人獲得周密之保護，請求賠償時，被害人只須證明加害人之工作或活動之性質或其使用之工具或方法，有生損害於他人之危險性，而在其工作或活動中受損害即可，不須證明其間有因果關係。但加害人能證明損害非由於其工作或活動或其使用之工具或方法所致，或於防止損害之發生已盡相當之注意者，不在此限。」，故有關從事具有危險性活動之侵權行為，請求損害賠償之舉證責任，在八十九年五月五日前，原則上應由受害人就損害之發生、可歸責之原因事實、及兩者間有因果關係負舉證責任；惟在八十九年五月五日之後，被害人只須證明加害人之工作或活動之性質或其使用之工具或方法，有生損害給他人之危險性，且在其工作或活動中受損害即可，不須證明加害人有可歸責之故意或過失及其間之因果關係。本件被告主張原告自八十四年至九十一年七月暫時停工止，窯廠排放廢氣對其所有之植物造成損害，在八十九年五月四日前，被告對受有損害、原告之有可歸責原因事實及其兩者間之因果關係，均應負證明之責；在此之後，僅須證明其受有損害及原告之事業具有民法第一百九十一條之三所定之危險性即可。

（二）被告主張八十四年起至八十九年五月四日間受有污染之事實：

　　1.因原告窯廠於八十四年間開始運作後，至八十六年間，被告所種植之柑

橘等作物即因廢氣污染枯死。由於原告窯廠位於被告之系爭土地東北方與之相鄰，在東北風吹襲下，原告窯廠所排放之廢氣即吹向被告土地種植區，其內之相思樹、觀音竹、柑橘等作物在八十四年九月以後即受影響，柑橘發生落果現象，被告向原告反應後，原告於八十五年間築高二、五公尺鋼板牆一道以改善廢氣污染情形，因距離較遠之竹子、柑橘又逐漸枯死，原告於八十六年間再築一長約六十公尺之鋼板牆改善之，其間被告之柑樹有落果及乾枯情形，有照片附於上開環保署公害糾紛委員會之裁決卷宗內為證，原告亦未否認有為被告築鋼板牆乙事。

2.據桃園農改場勘查報告稱：「申請人（即被告）土地位於相對人（即原告）廠區之西南方約〇至六〇〇公尺，研判相對人窯廠排放空氣含有氟化物，隨東北風吹襲造成1.柑橘枝幹枯乾，生育萎縮。2.樟樹、福木葉片脫落、枝條乾枯。3.蘇鐵葉片上葉針末段呈白色枯乾。4.竹子葉片脫落，枝幹枯乾。5.棕梠竹莖葉全叢枯死。」，有該農改場之勘查報告附於前開卷證可參。而「由於紅磚製程中會有氟化物之產生，此亦有原告所提之公私場所製程說明表中，三、製程設備操作狀況說明，7.隧道式燒成窯部分，即載有高溫下可能產生氟化物，且從原告所提出之八十七年至九十年之檢測報告書摘要，其排放之廢氣中，均有氟化物。」，亦有原告所提出之公私場所製程說明表附於上開卷宗內可按。另「被告之柑橘自七十二年種植至原告窯廠於八十四年開始營運以前，均無如窯廠營運後於八十四年九月以後般之落果及乾枯現象，且由被告所提出之八十四年間照片觀之，顯示原告之窯廠排放廢氣情形嚴重；加以台灣冬季盛行東北季風，而被告之種植區位於原告窯廠之西南方，故原告窯廠所排放之廢氣即因東北季風而吹向被告之種植區。」（如上開勘查報告所載），則桃園農改場研判認被告之柑橘等乾枯係受相對人窯廠排放廢氣之氟化物污染所致，即有所據，而被告主張有廢氣污染致其種植之柑橘等落果、枯乾之現象，應可採信。

3.雖原告稱桃園農改場之研判僅以葉片外緣焦枯及芒草葉片脈間褪綠呈淡黃條斑，與七十三年環境保護局編印空氣污染鑑定圖鑑B05及B13磚廠排放氟化物累積性為害相似為據，充其量僅屬參考資訊，不具證據力，且原告自八十六年即取得桃園縣政府固定污染源操作許可證，而製造紅磚所用之原料為黏土，並無氟化物成份，故被告之作物枯死與窯廠排放氣體無關云云。然以被告所提之照片及原告自認於八十五年、八十六年為被告築鋼板牆改善廢氣污染等情，可知原告窯廠在八十六年五月十三日

取得固定污染源操作許可證前即已營運，且排放廢氣情形嚴重，是原告於八十六年五月十三日取得上開許可證，認其窯廠排放廢氣與被告作物受損間無關，尚非可採。

4.按違反保護他人之法律者，推定其有過失，修正前民法第一百八十四條第二項定有明文。依空氣污染防制法第十四條規定：「公私場所於設置或變更經中央主管機關指定公告之固定污染源前，應檢具空氣污染防治計畫，向省（市）主管機關申請核發許可證後，始得為之（第一項）。前項固定污染源設置或變更後，應檢具符合排放標準之證明文件，向省（市）主管機關申請核發操作許可證始可操作（第二項）。」，且行政院環保署於八十三年五月二十五日已將從事紅磚之製造，主要生產設備為燒成窯者，列為應申請設置變更及操作許可之固定污染源。本件原告所從事者即為紅磚之製造，且以燒成窯為其設備之一，依法應於取得固定污染源操作許可證後始可操作窯廠。原告設置窯廠，本應注意並能注意廢氣之排放，不使加害他人，竟未取得固定污染源操作許可證前之八十四年間即開始營運，並排放廢氣，可見原告未注意廢氣之排放，致排放之廢氣污染被告之作物造成損害，違反空氣污染防制法之規定，亦可推定其有過失。故原告前揭所辯，亦非可採。

（三）被告主張自八十九年五月五日起至九十一年七月止亦受有污染：

1.原告自八十九年起採用有紅色、黑色、紫色等工業廢泥作為紅磚原料，於生產過程中所產生之廢氣，非常難聞，被告種植之樟樹、茄冬樹、苦楝樹等植物全部枯死……堪認被告種植之樟樹、茄冬樹等植物，是因原告窯廠排放廢氣造成污染致死甚明。

2.雖原告否認上情，惟原告於八十九年十一月向縣環保局申請使用無機性污泥為原料之操作許可，依試車計畫進行試車及檢測，於九十年一月三十一日提送檢測報告書，惟因原告未能依縣環保局之要求提出無機性污泥再利用許可之核准公文，未能取得再利用無機性污泥使用許可證，乃未再使用該項原料。可知原告於八十九年十一月後，曾因試車使用無機性污泥為原料，且為未經再利用許可之無機性污泥。至原告稱八十六年五月十三日取得固定污染源操作許可證，窯廠始運轉，八十七年至九十一年之檢測報告中，氟化物之排放皆合於排放標準。然原告提出之檢測報告均為一年檢測一次之檢測報告，顯無法證明檢測當日以外之期間，窯廠排放廢氣中氟化物之排放，均符合法定排放標準。原告之辯解，要不足採。

　　3.是被告既已證明原告窯廠之工作或活動之性質或其使用之工具或方法，有生損害於被告之危險性，且其種植之樟樹、茄冬樹等植物，係在原告工作或活動中受損，已符民法第一百九十一條之三所規定請求賠償時應負之證明責任，而原告並未舉證證明被告種植之樟樹、茄冬樹等之枯死，非因其窯廠排放廢氣所致，或於防止損害之發生已盡相當之注意等義務，則原告對被告種植之樟樹及茄冬樹等之枯死，自應負賠償責任。

（四）雖原告稱其並非該區域中唯一排放廢氣之工廠，其他廠商所排放之廢氣亦有可能造成被告之損害。縱原告所言為真，被告之損害係多家工廠排放廢氣造成之結果，原告與其他工廠排放廢氣之工廠，亦屬共同侵權行為。……。

（五）環保署公害糾紛委員會就被告所受損害計算原告應賠償之金額……是原告應賠償之金額為柑橘部分一百二十萬七千八百元、樟樹及茄冬樹部分為七萬六千四百二十八元，共計為一百二十八萬四千二百二十八元。

五、就環保署公害糾紛委員會於九十一年度裁字第六四四七七號裁決結果有無違誤部分：環保署公害糾紛委員會於上開裁決案中，認原告窯廠違反空氣污染防制法之規定，排放廢氣，造成被告種植之植物受有損害，並據現場勘估及九十年辦理徵收土地農林作物補償費查估基準等相關情節判斷，依侵權行為之法律關係，裁決原告應賠償被告一百二十八萬四千二百二十八元。本院審酌原告窯廠排放廢氣，造成污染，致被告種植之植物受有損害等情，認環保署公害糾紛委員會裁決原告應賠償被告損害之金額如上所述，依右述證據資料，為客觀公平之認定，應屬適當合理，並無違誤。從而，原告請求確認被告依環保署公害糾紛委員會於九十二年五月十六日所做之九十一年度裁字第六四四七七號裁決書，對原告有一百二十八萬四千二百二十八元之損害賠償請求權不存在，尚屬無據，應予駁回。……。

中　華　民　國　九十二　年　十二　月　十九　日
臺灣桃園地方法院民事第○庭　法　官

（十一）臺灣高等法院臺南分院九十六年度上字第一二○號民事判決──第一審：臺灣雲林地方法院九十四年度訴字第六○七號民事判決【見參、二、（一）】

【主要爭點】

一、營造公司施作隔離水道工程時，未設置鋼板牆，致其所挖掘之部分，遇雨泥沙崩塌，造成進出水路泥沙淤積，他人養殖之水產物死亡，是否屬於民法第一百九十一條之三所定之危險工作或活動。

二、上開工程施作之危險與他人水產物死亡之損害是否具有因果關係之合理蓋然性。

【事實摘要】

　　上訴人主張其向訴外人承租土地養殖魚蝦、蛤蜊，被上訴人○廣營造有限公司於民國九十三年間施作訴外人之雲林離島式基礎工業區麥寮區隔離水道工程時，原應設置鋼板牆卻未設置，致其挖掘部分遇雨泥沙崩塌，造成進出水路泥沙淤積，上訴人養殖之魚蝦、蛤蜊大量死亡，爰依民法第一百八十四條第一項及第一百九十一條之三之規定，請求被上訴人賠償損害。

【解析】

一、民法第一百九十一條之三所定之「危險」工作或活動，除須具有「高度」、「不合理」、「特殊」及「異常」等特徵外，更應具有能獲利、加害人對該危險得予掌控及避免、危險可藉由保險分散及由被害人舉證顯屬不公平等要件。工程施作所使用之工具，往往一有疏失，即會造成重大傷亡與財產上之損失，故具有高度危險，且業者可藉此獲利並以投保分散風險，因此工程施作應有民法第一百九十一條之三適用。

二、本條被害人對工作或活動之「危險」及損害應負舉證責任，其間需以具有因果關係的合理蓋然性為基礎，並非原告任意指稱之危險即可斷定因果關係。易言之，是否有生損害於他人之危險，應以具有因果關係的合理蓋然性判斷，而非被害人任意指稱之危險即可斷定因果關係。本件被上訴人係從事土木營造之公司，其工作性質，對於工地及週邊即有生一定損害之危險性，且因其承攬訴外人石化公司之工程，在緊鄰A水門之海堤外，興建長達二百餘

公尺之水道時，雖施作臨時的排水溝，惟臨時排水溝之兩側，並未施作鋼板以阻擋泥沙，致其挖掘部分遇雨泥沙崩塌，造成進出水路泥沙淤積，無海水得以進出、排放，上訴人養殖文蛤之水產物，因無法正常循環進水、排水，以交換乾淨之海水，終將因池內水質惡化或池水藻類濃度過高而死亡，該工程施作之危險與上訴人水產物之損害自具有因果關係之合理蓋然性，被上訴人應構成民法第一百九十一條之三之危險責任。

三、本判決認民法第一百九十一條之三規範對象，係針對經營一定事業之人（不包括從事工作或活動之一般人），因其工作或活動之性質或其使用之工具或方法有生損害於他人之危險，立法加諸其人應負「一般危險責任」之特別規定，有別於民法第一百八十四條侵權行為損害賠償責任之普通規定，則依特別規定優先於普通規定法則，於經營一定事業之人所為工作性質有生損害於他人之危險之情形下，即應予優先適用，似認民法第一百九十一條之三與民法第一百八十四條係屬法條競合關係，而非請求權競合關係。又依民法第一百九十一條之三之立法理由意旨所示，除經營一定事業之人外，包括從事其他工作或活動之一般人，亦有本條之適用。

四、關於上訴人即原告所受之損害，因不能證明其數額，本判決援引民事訴訟法第二百二十二條第二項，由法院審酌一切情況，依其心證認定損害賠償數額。

【裁判內容】

臺灣高等法院臺南分院九十六年度上字第一二〇號民事判決

上　訴　人　林朝〇
　　　　　　林俊〇
　　　　　　林明〇
　　　　　　林浚〇
　　　　　　林後〇
共　　同
訴訟代理人　黃紹文律師
　　　　　　徐美玉律師
　　　　　　黃溫信律師
被 上 訴 人　〇廣營造有限公司
法定代理人　蔡〇

訴訟代理人　林金陽律師

上列當事人間請求侵權行為損害賠償事件，上訴人對於中華民國九十六年五月七日臺灣雲林地方法院第一審判決（九十四年度訴字第六〇七號）提起上訴，本院於九十七年七月二十九日言詞辯論終結，判決如下：

主　文

原判決關於駁回上訴人下開第二項之訴部分，並訴訟費用（確定部分除外）之裁判均廢棄。

上廢棄部分，被上訴人應給付上訴人新台幣壹佰貳拾伍萬零捌佰肆拾肆元，及自民國九十五年一月五日起至清償日止，按週年利率百分之五計算之利息。

其餘上訴駁回。

第一審（確定部分除外）、第二審訴訟費用由被上訴人負擔二分之一，餘由上訴人負擔。

事實及理由

一、上訴人主張：伊等分別向財政部國有財產局台灣中區辦事處雲林分處（以下簡稱國財局雲林分處）承租……土地，闢為如原判決附圖所示編號G之養殖漁池（下稱系爭養殖漁池），共同養殖魚蝦、文蛤等水產物。被上訴人係經營一定事業之人，於民國九十三年間，因承攬施作訴外人台塑石化股份有限公司（下稱台塑石化公司）之「雲林離島式基礎工業區麥寮區隔離水道」工程，原應注意設置鋼板牆，以防免挖掘之水道崩塌，有阻塞系爭養殖漁池所需進、排水道之危險，乃竟未設置，致其施工挖掘之水道遇雨崩塌，泥沙淤積，阻塞系爭養殖漁池之進、排水道，造成伊等養殖之文蛤因而大量死亡，伊等因而受有新台幣（下同）二百五十萬一千六百八十八元之損害。被上訴人係經營一定事業之人，其工作之性質有生損害於他人之危險，因過失不法侵害伊等權益，致伊等受有損害，應對伊等之損害負賠償責任。為此，本於民法第一百八十四條第一項前段、第一百九十一條之三規定，求為命被上訴人給付二百五十萬一千六百八十八元及法定遲延利息之判決；原審為伊等敗訴判決，尚有未合，並聲明：（一）原判決除確定部分外廢棄。（二）上廢棄部分，被上訴人應給付上訴人二百五十萬一千六百八十八元，及自原審起訴狀繕本送達翌日起至清償日止，按週年利率百分之五計算之利息。（三）第一、二審訴訟費用由被上訴人負擔（上訴人逾上開聲明之請求，經原審判決駁回後，未據聲明不服而確定，不在本院審理範圍）。

二、被上訴人則以：渠承攬施作之工程並無不當；上訴人養殖漁池之進、排水道

是否因泥沙淤積而無法暢通，與渠施作之工程無關。且造成上訴人等養殖之文蛤大量死亡，實因氣溫變化、水質酸鹼度控制不當所致，亦與渠無關。上訴人並未證明渠施作工程之工作性質或使用之工具或方法，有生損害於上訴人之危險性，又未證明渠有何過失及與上訴人之文蛤死亡間，有何相當因果關係，渠自不負損害賠償責任等情詞，資為抗辯：並聲明：（一）上訴駁回。（二）第二審訴訟費用由上訴人負擔。

三、兩造不爭執之事實：……。

四、……是被上訴人施作系爭工程之工作性質是否有生損害於他人之危險？被上訴人養殖之文蛤死亡，與被上訴人施作系爭工程有無相當因果關係？應由何人負舉證責任？上訴人之損害為何？厥為本件訴訟首應審究之爭點。

五、按……民法第一百九十三條之三定有明文；參照本條立法理由謂：「為使被害人獲得周密之保護，請求賠償時，被害人只須證明加害人之工作或活動之性質或其使用之工具或方法，有生損害於他人之危險性，而在其工作或活動中受損害即可，不須證明其間有因果關係。但加害人能證明損害非由於其工作或活動或其使用之工具或方法所致，或於防止損害之發生已盡相當之注意者，則免負賠償責任，以期平允，爰增訂本條。」。準此，民法第一百九十一條之三規範對象，係針對經營一定事業之人，因其工作或活動之性質或其使用之工具或方法有生損害於他人之危險，立法加諸其人應負「一般危險責任」之特別規定，有別於民法第一百八十四條之侵權行為損害賠償責任之普通規定；則依特別規定優先於普通規定法則，於經營一定事業之人所為工作性質有生損害於他人之危險之情形下，即應予優先適用。查：

（一）被上訴人係從事土木營造工作之公司組織，所承攬訴外人台塑石化公司之系爭工程範圍包括……被上訴人已依約施作護坡工程、進水池、引水箱涵、排水道、排洪道、出口箱涵、翼牆、整地等工作者，並為兩造不爭執之事實。

（二）又系爭工程為麥寮工業區與後安海堤間之五百公尺寬隔離帶，產權係屬經濟部工業局所管離島工業局開發範圍，該隔離帶規劃二百公尺寬水道以緊鄰工業區；至於水道東側以迄後安海堤外之三百公尺寬部分，則規劃為填地高程之高灘地及綠地。其上抽沙填地工程部分，係由訴外人台塑石化公司委交被上訴人承攬，已於九十二年六月開工。系爭工程屬於上揭五百公尺寬隔離帶工程之一部分，其中進水池及排水道已於九十五年八月完成……。

（三）此外，原審法院定期於九十五年八月三日會同雲林縣台西地政事務所人員

履勘現場時，如原判決附圖所示編號A、B、C、D、E、F均爲水門。其中A水門位於系爭養殖漁池之西側，F水門則位於系爭養殖漁池之西南側；A水門所在土地地號爲一六七三號、B水門所在土地地號爲一六八六號、D水門所在土地地號爲一六九一號，A水門與B水門之距離約二十九・二八公尺。至於一六七三地號土地之西側，自北向南分別與一六八六、一六八七、一六九〇、一六九一等地號土地相鄰；現場之H水道則貫穿上揭一六八六、一六八七、一六九〇、一六九一地號土地，而與B水門相連接，水道面積爲一〇二九平方公尺……。

(四) 再者，原判決附圖所示F水門，即係經濟部〇〇署第五河川局編定之雲嘉海堤後安寮海堤（以下同）、樁號：0＋739水門，水門堤內銜接養殖區公用渠道，水路地號爲麥寮鄉豐興段一〇三〇地號國有土地，堤外銜接經濟部工業局台塑六輕隔離水道新設混土渠道，水路地號爲同段一六九一地號。至於原判決附圖所示A水門，即係樁號：1＋024水門，水門堤內爲單一養殖池，土地地號爲麥寮鄉許厝寮後安寮小段一六七七地號國有土地，堤外銜接經濟部工業局台塑六輕隔離水道新設混土渠道，水路約爲同段一六八二地號……。

(五) 另證人即系爭工程之監工人員沈學銘於本院審理時到場證述：「我們根據工業局核定的方式施作排洪道，施作時就有要求廠商保持水道的暢通，我們在旁邊也有施作臨時的排水溝代替使用臨時排水溝，兩側並未施作鋼板阻擋泥沙，現場施作之排水道是三米寬，長二百六十公尺，施工排水溝期間，現場幾乎沒有水」等語明確……。

(六) 綜參上開各情：

1.上訴人所有系爭養殖漁池之西側爲A水門，水門外則銜接台塑石化公司之六輕隔離水道新設混土渠道；上開渠道即係被上訴人承攬施作，長達二百餘公尺而與B水門相連接之H水道，且A水門與B水門間相距約二十九公尺而相對應。是系爭養殖漁池於濾化池水之水質時，既需利用A水門與堤外之海水循環進、排水，則系爭養殖漁池在進行循環進、排水時，非藉道B水門及H水道，無法與堤外海水相聯絡。堪認與B水門相連接之H水道，確係系爭養殖漁池進行濾化池水時之重要進、排水道至明。

2.被上訴人係從事土木營造工作之公司，其工作係在從事施作護坡工程、進水池、引水箱涵、排水道、排洪道、出口箱涵、翼牆、整地等工程者，爲兩造不爭執之事實；衡情，被上訴人在從事上開工作時，因大型

機具、車輛、人員進出工地，及使用機具開挖、阻斷水流以施作工程，並進行抽沙、回填等工程之施作時，必然對於工地及週邊環境，造成一定程度之影響及損害；準此，被上訴人所從事之上揭工作性質，有生損害於他人之危險者，應堪肯認。

3.上訴人在系爭養殖漁池內共同養殖文蛤之水產物，對於養殖漁池內之海水，得以正常循環進、排水，以交換乾淨的海水，以避免水質惡化或池水藻類濃度過高，造成養殖水產物死亡者，至爲重要。系爭養殖漁池進行濾化池水時，其西側及西南側，固然有A水門及F水門得以作爲進、排放海水之用；然苟缺少其中一道水門之運用，對於水質潔淨要求甚高之水產貝類言，必然造成極大影響。堪信因被上訴人施作系爭H水道時，若系爭養殖漁池因此無法進行正常之進、排水以濾化水池時，將造成上訴人養殖之水產物死亡結果，而有生損害於上訴人之危險者，亦堪肯認。

4.綜此，被上訴人係從事土木營造工作之公司，其從事土木營造之工作性質，對於工地及周邊原有生一定損害之危險；參以其承攬訴外人台塑石化公司之系爭工程，在緊鄰A水門之海堤外，興建長達二百餘公尺之水道時，雖有施作臨時的排水溝，惟臨時排水溝之兩側，並未施作鋼板以阻擋泥沙，且於施工排水溝期間，確無海水得以進出、排放者……衡情，將造成上訴人養殖文蛤之水產物，因系爭養殖漁池內之海水，無法正常循環進、排水，以交換乾淨的海水，最終將因池內水質惡化或池水藻類濃度過高而死亡，上訴人因此即有受損害之危險。依首開說明，被上訴人即應負民法第一百九十一條之三規定之「一般危險責任」。則依舉證責任分配原則，本件應由上訴人就「上訴人在被上訴人工作中受損害」之事項負舉證責任；由被上訴人就「上訴人之損害與被上訴人之工作間，並無因果關係」、「上訴人之損害非由於被上訴人工作或活動或其使用之工具或方法所致」、「被上訴人於防止損害之發生已盡相當之注意」等事項，負舉證責任。

六、再查：

（一）上訴人主張其因被上訴人施作系爭工程，致其在系爭養殖漁池內之文蛤大量死亡……。

（二）其次，上訴人林朝○、林後○以被上訴人施作系爭工程，造成其等養殖漁池之嚴重損害爲由，於九十四年四月七日向經濟部工業局陳情要求解決，經經濟部函請台塑石化公司查復，並責成被上訴人立即改善缺失及要求被

上訴人與上訴人達成和解。台塑石化公司則於九十四年四月七日，檢送被上訴人與林朝○、林後○於九十四年三月二十五簽立之和解協議書，函復經濟工業局轉復林朝○、林後○。其後林後○、林朝○另以台塑石化公司辦理系爭工程時，養殖用導水路工程並未施工，且所施作臨時導水路遇雨崩塌淤積，影響其等權益為由，再於同年七月二十日向經濟部工業局陳情，經濟部工業局於同年八月十八日函請台塑石化公司派員勘查並洽上訴人等人研擬改善方案……；對照系爭工程由被上訴人自九十二年六月開工後，迄至九十五年八月止，方才完成進水池及排水道等情以觀，堪認上訴人在被上訴人施作系爭工程期間，已就被上訴人因施作系爭工程，造成其等養殖之文蛤大量死亡乙情，向被上訴人陳情要求解決者至明。

（三）綜上：

1.上訴人主張其因被上訴人施作系爭工程，致其在系爭養殖漁池內養殖之文蛤大量死亡者，既已提出……為證；依上開證據資料所示，固然不足以直接證明上訴人養殖之文蛤之死亡原因，與被上訴人施作系爭工程是否確有相當因果關係；惟上訴人在被上訴人施作系爭工程尚未全部完工時，即就被上訴人因施作系爭工程，造成其等養殖之文蛤大量死亡乙情，向被上訴人陳情要求解決，已如上述，堪認已足以證明上訴人在系爭養殖漁池內共同養殖之文蛤，確實在被上訴人施作系爭工程，挖掘H水道時，發生文蛤大量死亡之事實。則依上開說明，上訴人就「上訴人在被上訴人工作中受損害」之有利於上訴人之事實，已盡其舉證責任至明。……。

2.本件上訴人既已就「上訴人在被上訴人工作中受損害」之有利於己之事實，盡舉證責任，依上開說明，即應由被上訴人就「上訴人之損害與被上訴人之工作間，並無因果關係」、「上訴人之損害非由於被上訴人工作或活動或其使用之工具或方法所致」、或「被上訴人於防止損害之發生已盡相當之注意」等有利於被上訴人之事實，負舉證之責。惟被上訴人就此並未提出任何積極事證，以證明上訴人所養殖文蛤大量死亡之損害，與其施作系爭工程並無因果關係，亦未就其防止損害之發生已盡相當注意之事實舉證證明；揆諸上開說明，上訴人主張被上訴人應依民法第一百九十一條之三規定負損害賠責任者，於法即無不合。……。

七、第按當事人已證明受有損害而不能證明其數額或證明顯有重大困難者，法院應審酌一切情況，依所得心證定其數額，民事訴訟法第二百二十二條第二項定有明文。查：

(一) ……固堪信上訴人共同養殖之文蛤，迄至九十五年八月間止，確有如上死亡之事實。惟人工養殖文蛤之水產物，每因養殖技術、天候、病菌等因素而死亡，尤其於接近收成上市階段時，由於養殖末期池底有機質堆積發酵分解，除產生有毒物質外，亦消耗大量氧氣，若未及時處理，在有限空間內容納過高之生物量，水質惡化而造成大量死亡，此係養殖文蛤之水產物時，普遍常見的現象；基此，自難逕以文蛤死亡結果，推論即係因本件事故造成之損害。……；足見被上訴人抗辯：上訴人等養殖之文蛤大量死亡，實因氣溫變化、水質酸鹼度控制不當所致者，並非空穴來風而完全不可採信。上訴人逕以原審法院於九十五年八月三日現場履勘並命兩造會同撈取文蛤殘殼重量達十一萬九千一百二十八台斤，採為計算上訴人損害之唯一依據云云，已嫌速斷。

(二) 本件上訴人確因被上訴人之施工不當而受有損害，已如上述，惟因上揭事由，欲由上訴人明確證明所受損害數額者，確有重大困難；本院參酌上訴人所養殖之文蛤，因死亡而撈取之文蛤殼總重量固為十一萬九千一百二十八台斤，然……縱被上訴人並未施作系爭工程，上訴人亦應承擔養殖文蛤期間，文蛤因故大量死亡之風險；再參酌上訴人自九十二年放養蛤苗後，迄至九十五年八月間始撈取死亡之文蛤外殼，其間歷經將近三年時間，在此期間內，……死亡文蛤之外殼，亦不斷沈澱累積在池底。是以上訴人於九十五年八月間撈取死亡文蛤殼總重量十一萬九千一百二十八台斤，究竟因被上訴人施工不當直接造成文蛤死亡之數量，與因天候、養殖技術及漁池管理等因素而死亡文蛤數量之各占多少比率？雖無法估算，然上訴人既自九十二年間放養蛤苗，則自斯時起，上訴人所養殖之文蛤即有可能……死亡，其外殼並開始沈澱至池底，以此推算，在此三年期間內累積之死亡文蛤外殼，為數不少；另參酌上訴人承擔之上開風險，與被上訴人施作系爭工程時……造成上訴人之系爭養殖漁池無法正常進、排海水，系爭養殖漁池內之文蛤因而大量死亡之危害因素，同係本件上訴人養殖文蛤死亡之兩大因素等一切情況，堪認造成本件上訴人養殖文蛤死亡，其總數量重達十一萬九千一百二十八台斤者，其中二分之一數量之文蛤，應係起因於天候、養殖技術及漁池管理等因素死亡，而不斷累積沈澱池底，屬於應由上訴人承擔之養殖風險；至於其餘二分之一數量之文蛤，方才屬於因被上訴人施作工程不當，造成文蛤死亡而應由被上訴人賠償之損害部分。……。

八、綜上所述，上訴人本於侵權行為損害賠償請求權，求為命被上訴人賠償

一百二十五萬零八百四十四元，及自原審起訴狀繕本送達翌日即九十五年一月五日起（送達證明參見原審艦卷第一一二頁）至清償日止，按週年利率百分之五計算利息之範圍內為有理由，應予准許；逾此部分之請求，即非有據，應予駁回。就上開應准許部分，原審未予盡察，遽為上訴人敗訴之判決，自有可議，上訴意旨指摘原判決此部分不當，求予廢棄改判，為有理由，爰由本院予以廢棄改判如主文第二項所示。至於上訴人之請求而不應准許部分，原審為其敗訴之判決，及駁回該部分假執行之聲請，經核於法並無不合，上訴人其餘上訴意旨聲明廢棄改判，為無理由，應併予駁回。……。

中　華　民　國　九　十　七　年　八　月　十　九　日

民事第○庭審判長　法　官

　　　　　　　　　法　官

　　　　　　　　　法　官

（十二）臺灣高等法院臺南分院九十二年度上字第二二五號民事判決─第一審臺灣臺南地方法院九十二年度訴字四一○【見貳、三、（一）】

【主要爭點】

　　經營火車業者使用高壓電驅動火車是否屬於民法第一百九十一條之三所定之危險工作或活動。

【事實摘要】

　　上訴人主張其於民國八十九年十二月廿五日，搭乘被上訴人交通部臺○○○管理局往來「永康與保安」兩地間之火車，於當日中午時分抵達，下車後見車站後方有兩節如影片上之黑色車廂，未設任何禁制標示，以為係供遊客參觀，在好奇心之驅使下，爬上車廂頂，欲照相留念，不料遭車廂頂上方之高壓線電擊，摔落地面，全身起火燃燒，受傷甚重，爰依民法第一百九十一條、第一百九十一條之三及鐵路法第六十二條等規定，請求被上訴人賠償損害。

【解析】

一、民法第一百九十一條之三所定之危險工作或活動，除須具有「高度」、「不

合理」、「特殊」、「異常」等特徵外，更應具有能獲利，加害人對該危險得予掌控及避免，且危險可藉由保險分散，及由被害人舉證顯屬不公平等要件。本判決認爲被上訴人經營火車事業係以高壓電驅動火車高速行駛，以達經營載運客貨之目的，其所利用之高壓電如誤觸，將對人體足生巨大之損害，爲顯著之事實，依民事訴訟法第二百七十八條第一項，無庸由上訴人舉證之，是被上訴人所經營之事業，其使用之工具或方法有生損害於他人之危險。上訴人既已證明被上訴人經營事業所使用之工具或方法，有生損害於他人之危險性，而其在被上訴人之經營事業活動中受損害，自得依此請求損害賠償，而被上訴人對於臺南永康火車站之設置及保管有欠缺，且對於防止損害發生，未盡相當之注意，不得依民法第一百九十一條之三但書規定主張免責。另依被上訴人陳報臺南縣永康火車站人員之編制，並未因進出站之乘客倍增而隨之增加人員編制，自難認其對經營之臺南縣永康火車站已爲人員妥當之設置，或其對於防止損害發生，已盡相當之注意，從而應認其係民法第一百九十一條之三所定之危險事業。

二、又本判決肯認被害人依民法第一百九十一條之三請求時，其損害賠償之範圍與一般侵權責任相同，除民法第一百九十三條第一項醫藥費、增加生活上支出之費用、喪失勞動能力之損害外，包括第一百九十五條第一項非財產上損害之精神慰撫金，亦得請求。

【裁判內容】

臺灣高等法院臺南分院九十二年度上字第二二五號民事判決

上　訴　人　楚○○
訴訟代理人　蘇新竹律師
　　　　　　張清富律師
被 上 訴 人　交通部臺○○○管理局
法定代理人　徐○○
訴訟代理人　李易興律師
複 代 理 人　侯永福律師
　　　　　　蔡明樹律師

上列當事人間請求侵權行爲損害賠償事件，上訴人對於中華民國九十二年八月二十六日臺灣臺南地方法院九十二年度訴字第四一○號第一審判決，提起上訴，本院於九十四年七月十二日言詞辯論終結，判決如下：

　　　　主　　文

　　原判決關於駁回上訴人後開第二項之訴部分，及該部分訴訟費用之裁判廢棄。

　　被上訴人應給付上訴人新臺幣壹佰零貳萬肆仟玖佰肆拾肆元，及自九十二年三月十三日起，至清償日止，按週年利率百分之五計算之利息。

　　其餘上訴駁回。

　　第一、二審訴訟費用，由被上訴人負擔百分之二十，餘由上訴人負擔。

　　　　事　　實

甲、上訴人方面：

一、聲明：求為判決：

（一）原判決廢棄。

（二）被上訴人應給付上訴人新臺幣五百萬元整及自起訴狀繕本送達翌日起至清償日止，按週年利率百分之五計算之利息。

（三）第一、二審訴訟費用由被上訴人負擔。

（四）請准供擔保宣告假執行。

二、陳述：除與原判決記載相同者外，補稱略以：

（一）按……民法第一百九十一條之三前段定有明文。……被上訴人舉辦活動之地點為永康火車站內。案發當日，上訴人及同學陳怡均、李紹瑋三人至永康站。當上訴人等人下車時並無站務人員在場指揮，且上訴人與其他同學至事故現場時，亦無人制止。……再者……發生事故之車廂並未標示「禁止攀登」字樣為被上訴人所自認，被上訴人係從事「永保安康」活動者，且其所使用之黑色車廂上有高壓電，顯然有生損害於遊客之危險，竟無人在現場指揮，亦無標示禁止攀登字樣，今上訴人在該車站所辦活動中受傷，則依該條之立法理由：……，被上訴人自應負損害賠償之責。何況被上訴人案發時並未派人在現場指揮……，足認被上訴人對於防止損害之發生確未盡相當之注意，自不得作為其免責之理由。

（二）被上訴人主張上訴人起訴時已逾二年請求時效。然查上訴人於起訴前曾申請國家賠償……顯然上訴人已向被上訴人「請求」至明。則依民法第一百三十條之規定，上訴人只要在「請求」後，六個月內起訴，亦即上訴人只要在九十二年四月二十八日前起訴，即無消滅時效，本件上訴人係在九十二年三月四日向原審法院起訴……顯無消滅時效可言。

（三）次查鐵路法第二條第一項規定：鐵路法第六十二條第一項規定：鐵路因行車及其他事故致人死亡、傷害或財物毀損喪失，負損害賠償責任。但如能

證明其事故之發生非由於鐵路之過失者，對於人之死亡或傷害，仍應酌給撫卹金或醫藥補助費。故鐵路因行車及其他事故致人死亡者，該死者家屬得依此規定請求鐵路賠償損害，不以鐵路就事故之發生有過失為要件（七十五年臺上字第一四三三號判例）。本件上訴人既因鐵路之其他事故造成身體傷害，依上揭判例意旨，自得向被上訴人請求損害賠償……。因此，基於同一法理，交通部依鐵路法第六十二條第二項之授權所訂定之前揭「發給辦法」及被告奉命訂定之「發給標準」，均屬行政命令。則參諸前揭最高法院裁判所持之法律見解，上開「發給辦法」及「發給標準」應於行車事故之被害人與鐵路就賠償補助金額並無爭執而能達成協議時，方有其適用，換言之，上開「發給辦法」及「發給標準」，於行車事故之被害人與鐵路就賠償補助金額有爭執而不能達成協議時，即非被害人請求法院裁判之請求權依據」云云。此種見解顯然錯誤。

（四）按八十五年度臺上字第一三五四判決所指之「發給辦法」，係依公路法第六十四條第二款之授權而制定。而七十五年臺上字第一四三三號判例係指鐵路法第六十二條第一項之規定，兩者之法律規定不同。且鐵路和公路之危險性差異甚大，自不得將二者相提並論。按鐵路法第六十二條之所以規定鐵路雖無過失，但對於死亡或傷害仍應酌給撫卹金或醫藥補助費，揆其用意，無非以鐵路具有高度危險性，因而在無過失之情況下，仍必須對於死亡者或傷害者負賠償責任。……。

（五）被上訴人主張依交通部八十二年三月二十三日修正公布之「鐵路行車及其他事故損害賠償暨補助費發給辦法」第四條規定，認事故之發生非由於鐵路之過失，而係由被害人之過失所致者，受傷者補助之金額最高不超過新臺幣七萬元。惟依該「發給辦法」第二條規定，若其他法律有規定時，該辦法即無適用餘地。經查被上訴人有過失如前述，則依七十五年臺上字第一四三三判例意旨，被上訴人應負賠償責任至明……。

乙、被上訴人方面：

一、聲明：求為判決：

（一）上訴駁回。

（二）第二審訴訟費用由上訴人負擔。

（三）如受不利之判決，願供擔保，請准予免為假執行。

二、陳述：除與原判決記載相同者外，補稱略以：

（一）……案發當日，永康站月臺上並未設置任何有關係「永保安康」之標語或彩帶……。且上訴人及其同行之友人當日係購買高雄站至保安站之復興號

車票，並非購買所謂「永保安康」之紀念車票……。

（二）次查，民法第一百九十一條之三固規定……，惟依當時行政院、司法院草案條文說明中載明：……因此，實務見解認為：「……上開規定所規範之一定事業，係指該事業之平常運作即有生損害於他人之危險，即使依規定運作亦將為一般人視為日常生活之危險來源之情形始足當之，此觀之該條文之立法理由即明。而被害人依據上開規定請求賠償時，即須證明加害人之工作或活動之性質或其使用之工具或方法有生損害於他人之危險性，而在其工作或活動中受損害。惟經營遊覽車之事業，駕駛者遵循交通規則正常運作，依一般人經驗並不致有生損害於他人之危險，亦不致視為日常生活之危險來源，即難認其事業活動之性質本存有生損害於他人之危險性，……」……。

（三）再查，本件被上訴人主要係經營鐵路旅客及貨物之承攬運送，並未從事任何所謂「永保安康」活動，且無論係承攬運送或所謂「永保安康」活動，絕非依一般平常運作即有生損害於他人之危險，更非一般人視為危險來源之情形，更與前揭立法理由所列舉……事業或活動，完全不同。因此徵諸前揭實務見解，本件被上訴人自無民法第一百九十一條之三規定之適用……。

（四）又查……鐵路法第五十七條第一、二、三項分別定有明文。按本件被上訴人於永康站第二月臺設置有天橋，並設有「請走天橋出站，禁止跨越軌道」之告示牌，並於月臺上之電桿上漆上「有電勿近」之警告語，以警告搭車旅客注意安全……上訴人及其同行之證人實無法諉為不知。且當天旅客係由天橋方向疏散，僅有些旅客留在月臺上照相，但僅有上訴人及另一位同學跨越軌道前往黑色篷車處……本件上訴人所受損害，顯係其自陷於險境所致……完全與被上訴人經營事業之運作無關，被上訴人並無任何過失，自不應負賠償責任。

（五）況查，上訴人既係違規跨越軌道前往該黑色篷車所在之第六股道，自係趁站務人員不注意時私自前往，此與當時有無站務人員在場指揮無關……。

（六）……上訴人攀爬之篷車，其車廂外牆根本無任何爬梯設施，一般根本無從攀爬，……該黑色篷車自無標記之必要。

（七）本件發生在八十九年十二月二十四日，惟上訴人遲至九十二年三月四日才起訴，主張時效抗辯。

（八）上訴人案發時之行為已構成自甘冒險行為，是依自甘冒險理論，被上訴人自不須對本件事故負賠償責任。……。

理　　由

一、……。

二、上訴人起訴主張：……。

三、被上訴人則以：……。

四、上訴人主張於八十九年十二月二十五日上午搭乘火車至被上訴人管理經營之
　　臺南縣永康火車站，到站後，上訴人跨越該站鐵道，爬上一黑色車廂頂，遭
　　高壓電電擊……上開黑色車廂係位於距上訴人下車之月臺而須橫跨該站第
　　三、四、五軌道之第六軌道上、臺南縣永康站第二月臺有以天橋連接供上下
　　車之乘客進出、天橋樓梯處並有「禁止跨越軌道」之文字月臺上之電桿上印
　　有「有電勿近」文字……應認為真實。

五、……本件所應審酌者為：

（一）上訴人之損害賠償請求權是否已罹於時效？

（二）上訴人之請求是否有理由？

（三）被上訴人對於臺南縣永康火車站之設置及保管有無欠缺？，對於防止損害
　　　發生，是否已盡相當之注意？

（四）上訴人請求之項目及金額是否有理由？

六、經查：

（一）上訴人之損害賠償請求權尚未罹於時效。

　　　1.按……民法第一百二十九條第一項第一款定有明文。又此所謂之「請
　　　　求」並無需何種方式，祇債權人對債務人發表請求履行債務之意思表示
　　　　到達於債務人為已足。又……民法第一百三十條亦有明文。故依其反面
　　　　解釋，若於請求後六個月內起訴，其時效仍於請求時即告中斷。

　　　2.查上訴人於本件起訴前曾於九十一年十月二十九日向上訴人申請國家賠
　　　　償……應生時效中斷之效力。又上訴人係於九十二年三月四日提起本件
　　　　訴訟……自應認上訴人本件請求尚未罹於時效。……。

（二）上訴人依民法第一百九十一條之三請求應有理由。

　　　1.按……民法第一百九十一條之三定有明文。其立法理由係謂「近代企業
　　　　發達，科技進步，人類工作或活動之方式及其使用之工具與方法日新月
　　　　異，伴隨繁榮而產生危險性之機會大增。如有損害發生，而須由被害人
　　　　證明經營一定事業或從事其他工作或活動之人有過失，被害人將難獲得
　　　　賠償機會，實為社會不公平現象。且鑑於：從事危險事業或活動者製造
　　　　危險來源；僅從事危險事業或活動者於某種程度控制危險；從事危險事
　　　　業或活動者因危險事業或活動而獲取利益，就此危險所生之損害負賠償

之責，係符合公平正義之要求。為使被害人獲得周密之保護，凡經營一定事業或從事其他工作或活動之人，對於因其工作或活動之性質或其他使用之工具或方法有生損害於他人之危險（例如工廠排放廢水或廢氣、筒裝瓦斯廠裝填瓦斯、爆竹廠製造爆竹、舉行賽車活動、使用炸藥開礦、開山或燃放焰火），對於他人之損害，應負損害賠償責任。又為使被害人獲得周密之保護，請求賠償時，被害人只須證明加害人之工作或活動之性質或其使用之工具或方法，有生損害於他人之危險性，而在其工作或活動中受損害即可，不須證明其間有因果關係。但加害人能證明損害非由於其工作或活動或其使用之工具或方法所致，或於防止損害之發生已盡相當之注意者，則免負賠償責任，以期平允。

2. 查上訴人主張被上訴人於八十九年下半年以「永保安康紀念火車票」之活動，吸引人潮至被上訴人臺南永康火車站及保安火車站……此事為一般大眾所周知之事實，應認為上訴人主張為真實。

3. 次查，被上訴人係以高壓電驅動使火車得以高速行駛，以達經營載運客貨之目的，其所利用之高壓電如誤觸，則對人體足生巨大之損害，亦為顯著之事實，依民事訴訟法第二百七十八條第一項，無庸由上訴人舉證之。從而，足認被上訴人所經營之事業，其使用之工具或方法有生損害於他人之危險。

4. 復查上訴人於八十九年十二月二十五日上午搭乘火車至被上訴人管理經營之臺南永康火車站，到站後，上訴人跨越該站鐵道，爬上一黑色車廂頂，遭高壓電電擊，致生身體傷害，該地點尚屬臺南永康火車站之範圍內，為兩造所不爭執，是則依上開規定，上訴人既已證明被上訴人經營事業使用之工具或方法，有生損害於他人之危險性，而其在被上訴人之經營事業活動中受損害，上訴人自得依此請求損害賠償。

（三）被上訴人對於臺南永康火車站之設置及保管有欠缺，且對於防止損害發生，未盡相當之注意，不得依民法第一百九十一條之三但書規定主張免責。

1. 查……因永保安康紀念火車票之出售，已使進出臺南縣永康火車站之人次有數倍之增加。

2. 惟依被上訴人陳報臺南縣永康火車站人員編制並未因進出站之乘客之倍增而隨之增加人員編制，自難認被上訴人對其所經營之臺南縣永康火車站已為人員妥當之設置，且對於防止損害發生，已盡相當之注意。

3. 從而，被上訴人以對其所經營之臺南縣永康火車站已為人員妥當之設

置，且對於防止損害發生，已盡相當之注意，而主張免責，實無理由。

（四）茲就上訴人請求之項目及金額審酌如下：

1.醫藥費部分：

(1)……急救、診療費用……為一百四十三萬六千零四十八元……。

(2)……看護費用支出十一萬四千元……得向加害人請求賠償。……。

(3)……復健治療用全彈性衣件物費用二萬一千元，……為醫療所必要，應予准許。

(4)……植皮擴充墊費八萬八千七百八十元……，為醫療所必要，應予准許。……。

2.增加生活上支出部分：

……計二十一萬七千三百五十五元……。於此範圍內為有理由，應予准許……。

3.喪失勞動能力部分：

……計二百二十四萬七千五百三十九元……。

4.精神上慰撫金部分：

……以一百萬元為適當。

5.綜上，合計為五百一十二萬四千七百二十二元。……。

6.按……民法第二百十七條第一項、第三項分別定有明文。……裁判上得以職權斟酌之（最高法院八十五年臺上字第一七五六號判例參照）。

(1)查……上訴人亦有過失至明，本院審酌上情及一名高中學生應對自身安全有相當之注意義務，認上訴人有百分之八十之過失。

(2)是則，上訴人得請求之金額應為一百零二萬四千九百四十四元……上訴人於此範圍內之請求為有理由，應予准許；逾此部分，則無理由，應予駁回。

七、上訴人起訴依民法第一百九十一條、民法第一百九十一條之三之規定，擇一請求；如上開規定均無理由則依鐵路法第六十二條請求。因本院已認上訴人依民法第一百九十一條之三所為請求為有理由，自無庸就上訴人其餘請求權基礎一一審酌，附此敘明。……。

八、綜上所述，上訴人本於侵權行為損害賠償請求權之法律關係，請求上訴人給付五百萬元，及自九十二年三月十三日起，清償日止，按週年利率百分之五計算之利息，於一百零二萬四千九百四十四元及自九十二年三月十三日起算之法定遲延利息部分，為有理由，應予准許。逾此所為請求，為無理由，應予駁回。……。

中　華　民　國　　九十四　　年　七　月　　二十六　　日
民事第○庭審判長　法　官
　　　　　　　　　法　官
　　　　　　　　　法　官

（十三）臺灣士林地方法院九十二年訴字第五○號民事判決

【主要爭點】

駕駛吊車吊掛鋼筋之吊運過程時，未有合格之吊掛手在旁指示，且疏未於起吊前檢視原告勾掛鋼筋之方式是否正確，因而致鋼筋掉落，此吊運行為是否有民法第一百九十一條之三的適用。

【事實摘要】

原告主張被告何○○係被告張○○即○○起重工程行之受僱人，明知原告非合格之吊掛手，卻於民國九十一年一月三日上午八時許，原告駕駛托車載運鋼筋至被告○○營造股份有限公司承攬之建築工地時，指示原告吊掛鋼筋，而○○營造股份有限公司之現場監工人員在場監督鋼筋吊掛作業，亦違反保護他人之法律，疏未阻止及於起吊前檢視原告勾掛鋼筋之方式是否正確，適被告○○鋼鐵廠股份有限公司生產兩端有彎勾以供綑綁鋼筋用之鋼條，於吊掛時斷裂，致鋼筋掉落，砸傷原告，被告何○○、張○○、○○營造股份有限公司、○○鋼鐵廠股份有限公司之過失行為，均為造成原告損害之共同原因，爰依民法第一百八十四條第一項、第二項、第一百八十五條、第一百八十八條、第一百九十一條之一及第一百九十一條之三等規定，請求被告負連帶損害賠償責任。

【解析】

本判決認為以吊車勾掛鋼筋之吊運作業，應由領有執照之合格吊掛手執行勾掛鋼筋，且被告○○營造公司所提之基本事項檢討評估表關於鋼筋進場吊運評估內容第三點亦明載：「吊運作業中應嚴禁人員進入吊舉物下方及吊鏈、鋼索等內側角」，營造安全衛生設施標準第一百十五條第一項第七款復明定：「禁止使用鋼筋作為拉索支持物、工作架或起重支持架等」，此均係保護他人之法律，其目的在防範危險之發生，足見用吊車勾掛鋼筋之吊運作業係屬高度危險之工作，事

業主並得因此獲利及以保險分散風險，自屬民法第一百九十一條之三所定之「危險」工作。又本件被害人同時有同法第一百八十四條第一項前段（一般侵權）、第二項（違反保護他人法律之侵權責任）及第一百九十一條之三（危險責任）之權利，此係請求權之競合，被害人得擇一請求。如被害人依第一百九十一條之三請求，其損害賠償之範圍與一般侵權責任相同，除醫療費用、勞動能力喪失或減損等外，包括非財產上損害之精神慰撫金，亦得請求。

【裁判內容】

臺灣士林地方法院民事判決九十二年訴字第五○號

原　　　告　　李○○
訴訟代理人　　陳素貞
　　　　　　　黃金洙律師
被　　　告　　○○營造股份有限公司
法定代理人　　黃○○　住同右
訴訟代理人　　張勸　　住同右
　　　　　　　賴玉山律師
被　　　告　　張○○即○○起重工程行
兼右一人訴
訴訟代理人　　何○○
被　　　告　　○○鋼鐵廠股份有限公司
法定代理人　　洪孫○○　住同右
訴訟代理人　　張有國

右當事人間請求損害賠償事件，本院於民國九十二年八月二十六日言詞辯論終結判決如下：

主　　文

被告何○○、○○營造股份有限公司應連帶給付原告新台幣玖拾伍萬壹仟伍佰零玖元，及被告何昆鈜自民國九十二年一月十七日起，被告○○營造股份有限公司自民國九十二年一月十五日起，均至清償日止，按年息百分之五計算之利息。

被告張○○即○○起重工程行就前項給付應與被告何昆鈜負連帶清償責任。

原告其餘之訴駁回。

　　訴訟費用由被告何○○、○○營造股份有限公司、張○○即○○起重工程行連帶負擔九分之一，餘由原告負擔。

　　本判決第一項、第二項於原告以新台幣參拾壹萬柒仟元供擔保後，得假執行。但被告○○營造股份有限公司如於執行標的物拍定、變賣前，以新台幣玖拾伍萬壹仟伍佰零玖元為原告預供擔保，得免為假執行。

　　原告其餘假執行之聲請駁回。

　　　　事　　　實

甲、原告方面：

一、聲明：

（一）被告何○○、○○營造股份有限公司（下稱○○營造公司）、○○鋼鐵廠股份有限公司（下稱○○鋼鐵廠）應連帶給付原告新台幣（下同）八百五十五萬元五千九百六十四元，及各自起訴狀繕本送達之翌日起至清償日止，按年息百分之五計算之利息。

（二）被告張○○即○○起重工程行就前項給付應與被告何○○負連帶清償責任。

（三）原告願供擔保請為假執行之宣告。

二、陳述：

（一）原告於民國九十一年一月三日上午八時許駕駛拖車載運鋼筋至被告○○營造公司在台北市天母西路、振興街口之建築工地。被告何○○於駕駛吊車吊掛鋼筋時，本應注意由領有執照之合格吊掛手勾掛鋼筋，竟指示原告勾掛鋼筋。又未於起吊前，檢查原告勾掛鋼筋之方式是否正確？鋼筋是否過重？復未待原告離開吊車迴轉半徑，即逕行吊高鋼筋，致原告遭突然掉落之鋼筋砸傷，使原告受有……傷害。依民法第一百八十四條、第一百九十一條之三之規定，被告何○○對原告之損害應負賠償責任。而被告張○○即○○起重工程行係被告何○○之僱用人，依民法第一百八十八條之規定，應與被告何昆鈜連帶負損害賠償責任。又被告○○營造公司依建築法第十五條、第六十三條、建築技術規則建築設計施工編第一百五十條之規定，負有派遣專業技師在場指揮監督鋼筋吊掛作業，以防範危險發生之義務，詎其現場監工人員竟未阻止原告下場勾掛鋼筋，亦未於起吊前檢視原告勾掛鋼筋之方式是否正確？其監督鋼筋吊掛作業自有疏失，違反保護他人之法律，依民法第一百八十四條第二項之規定，對原告之損害亦應負賠償責任。又本件係因被告○○鋼鐵廠生產之供綑綁鋼筋用之兩端有彎勾之鋼條於吊掛時斷裂，導致鋼筋掉落，則依民法第一百八十四條第一

　　　　項、第一百九十一條之一之規定，被告○○鋼鐵廠對原告之損害亦應負賠
　　　　償責任。又被告何○○、○○營造公司、○○鋼鐵廠之過失行為，均為造
　　　　成原告損害之共同原因，均應依民法第一百八十五條之規定連帶負損害賠
　　　　償責任。又原告係依被告何○○之指示義務協助勾掛鋼筋，不得執此認定
　　　　原告就損害之發生與有過失。
　（二）原告所受損害如下：
　　　　1.醫療費用十六萬三千零十八元：……。
　　　　2.勞動能力減損五百九十五萬二千九百四十六元：……。
　　　　3.增加生活上之需要一百四十四萬元：……。
　　　　4.精神慰撫金一百萬元：……。
乙、被告方面：
壹、被告○○營造公司方面：
一、聲明：駁回原告之訴及假執行之聲請。並願供擔保，請准宣告免為假執行。
二、陳述：
　（一）被告○○營造公司承攬鈺寶建設股份有限公司之台北市天母西路一二八新
　　　　建工程，並將鋼筋綁紮工程分包予訴外人維聯工程有限公司（下稱維聯
　　　　公司），約定訴外人維聯公司應負責鋼筋綁紮工程之安全責任。原告於
　　　　九十一年一月三日上午八時三十分許駕駛拖車載運被告○○營造公司向被
　　　　告○○鋼鐵廠採購之建築用鋼筋至工地，由訴外人維聯公司僱用之被告○
　　　　○起重工程行之司機被告何○○駕駛吊車將鋼筋自拖車吊至工地。被告○
　　　　○起重工程行本應僱用吊掛手勾掛鋼筋，卻未僱用，原告乃自告奮勇充當
　　　　吊掛手。又原告於勾掛鋼筋時未戴安全帽，亦未確實檢視吊勾與吊索之接
　　　　點，且於完成勾掛後未立即避開，致被告何○○將鋼筋吊起昇高後，鋼筋
　　　　突然脫鉤掉落砸傷原告。
　（二）建築法第十五條、第六十三條之規定僅係行政管理規定，尚難謂為保護他
　　　　人之法律。又被告○○營造公司均依相關法規辦理工地現場安全維護……
　　　　工地現場之安全設備及措施非常完善。……本件事故之發生應歸責於原告
　　　　本人，被告○○營造公司並無過失，亦無違反法律規定。
　（三）原告請求勞動能力減損之損害額五百九十五萬二千九百四十六元過高，且
　　　　與請求增加生活上之需要一百四十四萬元重覆。另原告請求一百萬元慰撫
　　　　金亦屬過高。……。
貳、被告張○○即○○起重工程行、何○○方面：
一、聲明：駁回原告之訴。

二、陳述：

（一）蔡輝仁（即訴外人維聯公司之負責人）於九十一年一月二日以口頭向被告○○起重工程行承租吊車，被告○○起重工程行之司機被告何○○與助手於翌日上午六時許抵達工地開始作業，於八時吊完第一台拖車上之鋼筋，開始著手吊掛原告駕駛之第二台拖車上之鋼筋，被告何○○在吊車上，助手於工地地下室等候拖車上之鋼筋吊下，原告自動將鋼筋掛上吊勾後指揮被告何○○將鋼筋吊起，被告何○○確認指示後始將鋼筋吊起，惟鋼筋吊高約三公尺時，綑綁鋼筋之兩端有彎勾之鋼條因不明原因斷裂，鋼筋掉落而砸中原告。

（二）被告○○起重工程行之吊車性能及安全均無問題。鋼筋係由原告自動掛上吊勾，且係原告指揮被告何○○將鋼筋吊起，並非被告何○○任意起吊。又吊車作業若需二名吊掛手，訴外人維聯公司應事先通知被告○○起重工程行，若未通知則應由工地或包商現場指定一名吊掛手。又吊掛鋼筋要使用鋼索或兩端有彎勾之鋼條，應由吊掛手視情形決定。

（三）原告已另僱用拖車司機為其經營貨車業務，自無受有二年內不能工作之損害。……。

參、被告○○鋼鐵廠方面：

一、聲明：駁回原告之訴及假執行之聲請。並願供擔保，請准宣告免為假執行。

二、陳述：

（一）被告○○鋼鐵廠製造之鋼筋均……品質並無問題。被告○○營造公司指示訴外人維聯公司將向被告○○鋼鐵廠採購之鋼筋製成鋼箍，為利捆紮及包裝，另製作一根兩端有彎勾之鋼條，將多塊鋼箍條串綁紮，避免運送途中散落。按營造安全衛生設施標準第一百十五條第一項第七款明文規定：……上開兩端有彎勾之鋼條僅為便利綁紮包裝，不能作為承重、承載之用，於起重機吊掛作業時，應利用鋼索於鋼箍底部均衡吊掛。

（二）按勞工安全衛生設施規則第八十八條規定：……。所謂雇主係指可以支配、管理該工作場所之負責人或吊車行之負責人。被告○○鋼鐵廠並無派遣或提供吊掛手之義務，亦無此工程慣例。……。

丙、本院依職權函查原告、被告張○○、何○○之財產資料，並調閱台灣士林地方法院檢察署九十一年度偵字第一一五七五號卷。

　　理　　由

甲、程序方面：……。

乙、實體方面：

一、原告主張：……。

　　被告○○營造公司辯稱：……。

　　被告張○○即○○起重工程行、何昆紘則辯稱：……。

　　被告○○鋼鐵廠則以：……。

二、……。

三、按……民法第一百八十四條之規定自明。……。又……民法第一百九十一條之三前段定有明文。查原告主張應由領有執照之合格吊掛手執行勾掛鋼筋……，堪信為真。又營造安全衛生設施標準第一百十五條第一項第七款明文規定：……。被告○○鋼鐵廠抗辯：兩端有彎勾之鋼條，係為便利綁紮包裝，不能作為承重、承載之用，於起重機吊掛作業時，應利用鋼索於鋼箍底部均衡吊掛等情，自屬可信。又吊車起吊時，吊掛手應離開吊車旋轉半徑……，另被告○○營造公司提出之基本事項檢討評估表關於鋼筋進場吊運評估內容第三點亦明載：「吊運作業中應嚴禁人員進入吊舉物下方及吊鏈、鋼索等內側角」。本件原告既非領有執照之合格吊掛手，自不得從事勾掛鋼筋之行為。雖原告自承：無人指示伊勾掛鋼筋，因現場沒有吊掛手，所以自己勾……。惟被告何○○以吊運鋼筋為業，其使用之工具或方法，有生損害於他人之危險性，依其專業知識應知須由合格之吊掛手執行勾掛鋼筋，亦不應直接利用兩端有彎勾之鋼條吊掛鋼筋。詎被告何○○竟未帶同足夠之合格吊掛手至工地，亦未向被告○○營造公司請求支援合格之吊掛手，復未檢視原告勾掛鋼筋之方法是否正確，即任由原告自行利用兩端有彎勾之鋼條吊掛鋼筋，更未命令原告離開吊車之旋轉半徑，即起吊鋼筋，其執行吊運業務怠於業務上應盡之注意，顯有過失，且其過失行為與原告之受傷間有相當因果關係，應依民法第一百八十四條第一項前段、第一百九十一條之三前段之規定，對原告之損害負賠償責任。又……民法第一百八十八條第一項前段定有明文。被告張○○即○○起重工程行係被告何○○之僱用人，自應與被告何○○連帶負損害賠償責任。

四、按……民法第一百八十四條第二項前段定有明文。而所謂保護他人之法律，係指違反預防損害發生之法律而言。建築法第六十三條規定：……，顯係預防損害發生之法律，非僅係行政管理規定，其屬保護他人之法律甚明。被告○○營造公司承攬台北市天母西路一二八號之新建工程，即應有維護施工人員之安全、防範危險發生之適當設備或措施，並不因其將鋼筋綁紮工程分包予訴外人維聯公司，而解免其安全責任。……是被告○○營造公司之現場監工人員明知應由合格之吊掛手勾掛鋼筋，不應由司機在板車上直接勾掛鋼

筋，竟為吊運方便，縱容拖車司機在板車上勾掛鋼筋，自已違反前開建築法有關保護他人之規定，依民法第一百八十四條第二項規定，亦應負賠償責任。

五、原告固主張因被告○○鋼鐵廠生產之供綑綁鋼筋之兩端有彎勾之鋼條於吊掛時斷裂，導致脫勾云云，惟姑不論當日鋼條之彎勾有無斷裂或被拉直？營造安全衛生設施標準第一百十五條第一項第七款既明文禁止使用鋼筋從事吊掛，原告未依正常方式使用鋼筋，自不能歸咎被告○○鋼鐵廠生產之鋼筋品質不佳。被告○○鋼鐵廠並無何過失，亦無因其商品之通常使用或消費致人損害可言。

六、……被告何○○與被告○○營造公司之過失行為，均為其所生損害共同原因，自應依民法第一百八十五條第一項前段之規定連帶負損害賠償責任。至被告○○鋼鐵廠既非侵權行為人，自不負連帶損害賠償責任。

七、爰就原告各項請求之金額否准許，分述如下：

（一）醫療費用十六萬三千零十八元：……原告請求醫療費用十六萬三千零十八元（15,263 + 147,755 = 163,018），均應准許。

（二）勞動能力減損五百九十五萬二千九百四十六元及增加生活上之需要一百四十四萬元：

……原告目前病況已有明顯改善，惟仍有左髖關節部份游離碎骨併疼痛，對日常生活無太大影響，但卻無法從事持久之負重工作……原告主張其於二年內無法擔任拖車駕駛乙節，應屬可採。……原告一年之勞動能力損害額應為七十二萬元，故其得請求賠償之勞動能力損害總額為一百四十四萬元……。

（三）精神慰撫金一百萬元：

……原告請求一百萬元，殊嫌過高，應予核減為三十萬元……惟按……民法第二百十七條第一項定有明文。……本院審酌兩造之過失情節，認原告與被告等之過失比例為一比一，本件原告所受損害總額為一百九十萬零三千零十八元，依此比例計算，被告應負擔之金額應為九十五萬一千五百零九元。

八、綜上所述，原告請求被告何○○、○○營造公司連帶給付九十五萬一千五百零九元，及被告何○○自九十二年一月十七日（即起訴狀繕本送達翌日）起，被告○○營造公司自九十二年一月十五日（即起訴狀繕本送達翌日）起，均至清償日止，按年息百分之五計算之利息，以及請求被告張○○即○○起重工程行就上開給付與被告何○○負連帶清償責任，為有理由，應予准

許。逾此部分之請求，爲無理由，應予駁回。……。

中　華　民　國　九十二　年　九　月　九　日
臺灣士林地方法院民事第一庭　法　官

（十四）臺灣高雄地方法院九十二年度訴字第二六七八號民事判決

【主要爭點】

從事吊掛業務之裝卸公司，於操作吊索卸載原木之過程中，使用安全載重量約八噸之纜索，起重吊掛總重約十五噸之三根原木，是否屬於民法第一百九十一條之三所定之危險工作或活動。

【事實摘要】

原告HO MAO MARITIME CO.S.A（巴商禾○海運股份有限公司，下稱禾○公司）於民國九十二年二月十四日載運原木進靠高雄港第五十四號碼頭，並委由被告高○裝卸公司以自備之吊索進行卸載，翌（十五）日上午八時二十五分許，高○公司僱用之碼頭工人即被告詹○○於操作吊掛作業時，疏未注意吊索之安全負載力僅約八噸，竟起重吊掛總重約十五噸之三根原木，致吊索斷裂，擊中在船邊碼頭工作之菲律賓籍船員，致其傷重不治死亡，爰依侵權行爲、不當得利、無因管理及民法第三百十二條第三人清償之規定，請求被告裝卸公司及其工人連帶負損害賠償責任。

【解析】

一、民法第一百九十一條之三所定之「危險」工作或活動，除須具有「高度」、「不合理」、「特殊」及「異常」等特徵外，更應具有能獲利、加害人對該危險得予掌控及避免、危險可藉由保險分散及由被害人舉證顯屬不公平等要件。

二、本件原木之重量若逾越吊掛索所能負擔之範圍，將導致吊掛索斷裂，進而發生重大傷亡，而業者卻可藉此獲利並得以投保來分散風險，自屬民法第一百九十一條之三所定之危險工作。

三、如被害人依第一百九十一條之三請求，其損害賠償之範圍與一般侵權責任相同，除醫療費用、勞動能力喪失或減損等外，包括非財產上損害之精神慰撫

金，均得請求。

【判決內容】

臺灣高雄地方法院九十二年度訴字第二六七八號民事判決

原　　　告　HO MAO MARITIME CO.S.A

　　　　　　（巴商禾○海運股份有限公司）

法定代理人　黃雅苑

訴訟代理人　蔡瑜眞律師

原　　　告　Charmarinne Apitong Salonga

兼右三人

法定代理人　Mildred Apitong Salonga

訴訟代理人　劉緬惠

複 代 理 人　蔡瑜眞律師

被　　　告　高○裝卸有限公司

法定代理人　蔡雨林

訴訟代理人　黃正男律師

　　　　　　王建強律師

被　　　告　詹○○

參 加 人　新光產物保險股份有限公司

法定代理人　吳東賢

訴訟代理人　林獻堂

右當事人間請求損害賠償事件，經本院於民國九十三年六月十八日言詞辯論終結，判決如下：

主　　文

被告應連帶給付原告HO MAO MARITIME CO.S.A新台幣貳拾柒萬零柒佰玖拾玖元，及自民國九十二年十月七日起至清償日止，按週年利率百分之五計算之利息。

被告應各連帶給付原告Charmainne Apitong Salonga、Harben Apitong Salonga、Milben John Apitong Salonga、Mildred Apitong Salonga新台幣參拾伍萬元，及均自民國九十二年十月七日起至清償日止，按週年利率百分之五計算之利息。

原告其餘之訴駁回。

訴訟費用由被告連帶負擔三分之一，餘由原告負擔。

　　本判決第一、二項於原告HO MAO MARITIME CO.S.A以新台幣玖萬壹仟元、原告Charmainne Apitong Salonga等四人各以新台幣壹拾壹萬柒仟元供擔保後得假執行；但被告如分別以新台幣貳拾柒萬零柒佰玖拾玖元、及各以新台幣參拾伍萬元供擔保後，得免為假執行。

　　原告其餘假執行之聲請駁回。

　　事實及理由

一、……。

二、原告主張：原告HO MAO MARITIME CO.S.A（巴商禾○海運股份有限公司，下稱禾○公司）所有之巴拿馬籍貨輪「禾豐七號」輪，於民國九十二年二月十四日載運原木進靠高雄港第五十四號碼頭，並委由被告高○公司以自備之吊索進行卸載，於翌（十五）日上午八時二十五分許，高○公司所僱用之碼頭工人詹○○於操作吊掛作業時，竟疏未注意吊索之負載力，致吊索斷裂，而擊中正於船邊碼頭工作之菲律賓籍船員Ruben Condez Salonga（下稱被害人），致被害人傷重不治死亡，嗣禾○公司因被害人死亡而支付附表所示費用合計二百八十萬五百四十九元……，爰依侵權行為、不當得利、無因管理及民法第三百十二條第三人清償之規定，請求擇一判決被告連帶給付上開款項。而原告Mildred Apitong……等四人為被害人之配偶及未成年子女，因被害人之死亡精神上受有痛苦，爰依民法第一百九十四條之規定，各請求被告連帶給付六十七萬四千六百元……。而聲明求為：（一）被告應連帶給付原告禾○公司二百八十萬五百四十九元，及自起訴狀繕本送達翌日起至清償日止，按週年利率百分之五計算之利息。（二）被告應各連帶給付原告Mildred Apitong Salonga等四人六十七萬四千六百元，及自起訴狀繕本送達翌日起至清償日止，按週年利率百分之五計算之利息。（三）願供擔保請准宣告假執行。

三、被告則辯稱：本件事故之發生，乃肇因船上第五號吊桿之吊貨鋼索在鋼索捲筒無法導引正常排列，產生壓股現象，導致鋼索斷裂，衡情伊並無過失。又縱令伊有過失，亦僅原告Mildred Apitong Salonga等四人得否主張損害賠償之問題，伊既未侵害禾○公司任何權利，禾○公司自不得將其依僱傭契約所為對被害人家屬之賠償要求由伊負擔，伊既未因禾○公司之給付而免除賠償責任，顯未受有任何利益，且禾○公司依約給付亦難認有為伊管理之意思，是禾○公司依侵權行為不當得利、無因管理及民法第三百十二條第三人清償之規定請求給付，均屬無據，況原告請求之慰撫金亦有過高等語，資為抗辯。並聲明：（一）請求駁回原告之訴及假執行之聲請。（二）如受不利益判

決，願供擔保請准宣告免爲假執行。

四、參加人則以：本件事故之發生乃肇因鋼索壓股所致，而非高○公司提供之鋼索有瑕疵，被告並無過失可言。況禾○公司所履行之賠償，乃係基於其與被害人之僱傭契約而來，與高○公司無關，禾○公司據以請求賠償，自屬無據等語。

五、……本件所應審究者爲：（一）原告禾○公司依據侵權行爲、不當得利、無因管理及民法第三百十二條第三人清償之規定請求給付，有無理由？（二）原告Mildred Apitong Salonga等四人請求慰撫金有無理由？茲分述之。

六、原告禾○公司依據侵權行爲、不當得利、無因管理及民法第三百十二條第三人清償之規定請求給付，有無理由？

（一）侵權行爲部分：

1.按民法第一百九十二條第一項規定不法侵害他人致死者，對於支出殯葬費之人，亦應負損害賠償責任，係間接被害人得請求賠償之特例。而所謂「殯葬費」，係指爲收殮及埋葬費用，例如屍體所需之冷藏與檢疫、棺材費、運屍、運棺、喪葬用品、墓碑費、埋葬費及誦經等相關殯葬禮儀費用等均屬之。

2.本件禾○公司所支付如附表編號：（一）遺體防腐處理、檢疫報關及運返菲律賓之運費……；（二）給付家屬喪葬費用……；（六）遺體運返菲律賓支出海關及衛生檢疫單位相關證明文件之翻譯、差旅費……；（七）鑫旺船務代理公司處理船員送醫、報請相驗、將屍體申報離船運返菲律賓相關代理費……；（八）於菲律賓處理船員遺體入境檢疫、報關及後運費……均屬殯葬費，故原告此部分請求，自屬有據……。

3.至於附表編號（三）（四）（五）所示項目，因本件事故受有損害者是被害人，被害之權利係該船員之生命權，而非禾○公司之財產權。……禾○公司該支出乃基於其與被害人間之僱傭契約而來，並非被告之行爲所致，禾○公司並無任何權利受有損害，是其依侵權行爲之規定請求賠償，自屬無據，應予駁回。

（二）不當得利部分：

1.按民法第一百七十九條規定不當得利之成立要件，必須無法律上之原因而受利益，致他人受損害，且該受利益與受損害之間有因果關係存在爲要件。是以，因給付而受有損害者，倘該給付係依有效成立之債權契約而爲之，則其因該給付事實上雖受有不利益，然若未因此而致第三人受有利益，即不能向該第三人主張不當得利。

2.查依禾○公司被害人簽訂之僱傭契約書第十二條約定，可知若被害人於僱傭關係存續中死亡，禾○公司應給付被害人家屬美金五萬元及被害人未滿二十一歲之子女每人美金七千元，其契約旨在保護被害人，非為減輕損害事故加害人之責任，禾○公司給付義務之發生，係以僱傭契約為基礎，與因侵權行為所生之損害賠償請求權，並非出於同一原因，後者之損害賠償請求權，殊不因受領前者之契約給付而喪失，並不生損益相抵問題，故禾○公司支付賠償費用之範圍內，被告仍未受有免除債務之利益……是原告依不當得利之關係請求被告返還附表所示之款項，自屬無據。

（三）無因管理部分：

1.按「未受委任，並無義務，而為他人管理事務者」，是為民法上之無因管理。是無因管理之構成件需：（一）管理事務、（二）管理他人事務、（三）為他人管理事務及（四）未受委任並無義務存在，而「為他人」管理事務，乃無因管理最重要之一項基本要件，其主要功能在決定無因管理之當事人，並因而限定無因管理之適用範圍，為無因管理之核心概念。又所謂為他人管理事務，係指管理人認識其所管理者，係他人事務，並欲使管理事務所生之利益歸於該他人而言，且管理人就其有為他人管理事務之意思，應負舉證責任。

2.查禾○公司係依其與被害人簽訂之僱傭契約而為定額給付，且該契約所定之條件，均係依菲律賓政府官方頒定之契約條款所訂，禾○公司並無磋商餘地之事實……其履行自身之契約義務，並不會產生利益歸於被告之效果，被告並未因其給付而受有何利益（如免除債務等），是該給付，客觀上難認兼及被告之事務，主觀上亦未有為被告管理之意思，與無因管理之要件不符，原告據此請求給付，亦屬無據。

（四）民法第三百十二條第三人清償部分：

1.按民法第三百十二條前段固規定就債之履行有利害關係之第三人為清償者，於其清償之限度內，承受債權人之權利，係指第三人因清償而發生法律上之利害關係而言，是必就債之履行有利害關係之第三人為清償時，始有該條之適用，如僅有事實上之利害關係，並無該條之適用之餘地。

2.查附表所示費用，係禾○公司用以支付被害人家屬之款項……禾○公司為附表所示債務之債務人，本即負有依約給付之義務，其為履行僱用人之責任而為給付，顯非以第三人之地位，代被告給付款項予被害人之家

屬，核與民法第三百十二條前段之規定不符，禾○公司自不得主張承受原告MildredApitongSalonga等四人之損害賠償債權而向被告請求給付。故禾○公司依據民法第三百十二條之規定，請求被告連帶給付其如附表所示款項及法定遲延利息，即無理由。

七、原告MildredApitongSalonga等四人請求慰撫金有無理由？

（一）被告就本件事故之發生是否有過失？

1.按……民法第一百八十四條第一項前段、第一百九十一條之三前段及第一百八十八條第一項前段亦有規定。

2.經查，依宏朔保險公證公司之檢定報告，關於本件事故之發生原因為：「我們發現卸貨工作係由高○公司使用彼所有之械具施行，而於2003年2月15日8點45分，因吊貨索斷脫，致使三根經吊起之原木墜落，其中之一擊中上指船員並致其死。當時系爭船舶起重機及器具均處於良好之工作狀態。我們並發現裝卸工人是使用安全載重量約八噸的纜索，起重吊掛加起來總重大約十五噸之三根原木，基於所發生意外之原因，高○公司應對意外事故之發生及船員之死亡負全部的責任。」及高雄市政府勞工局勞工檢查所之職業災害檢查報告書「可能是鋼索無法承受瞬間位移改變之衝擊力及加上三根原木著地時又開造成剪應力。」……。

3.依上開公證及職業災害調查報告，可知鋼索超重吊掛作業，或鋼索無法承受瞬間位移改變之衝擊力及加上三根原木著地時又開造成剪應力，皆有可成為本件事故發生之原因，系爭吊掛鋼索係由高○公司所提供……，堪認本件事故係因鋼索無法承受三根原木重量而造成斷裂甚明。又從事碼頭吊掛作業，首重鋼索之負載力……高○公司係以商港區船舶貨物裝卸承攬及機械器具之零售、批發為業，顯見依其營業活動之性質及所使用之方法，有生損害於他人之危險，本負有防止發生鋼索斷裂之義務，而詹○○既係起重桿之操作員，直接負責操作吊掛業務之執行，就鋼索超重吊掛或原木著地時又開易造成剪應力等等情，應知悉甚詳，本應負注意之義務，以免發生鋼索斷裂之危險，是本件鋼索斷裂，無論係因超重掛吊或係應剪力之因素所致，詹○○均應負注意之責，其疏未注意，以致發生意外，致被害人遭原木擊中而死亡，自屬因過失而不法侵害他人權利，應負侵權行為損害賠償之責。又被告高○公司既係詹○○之僱用人，對於詹○○因執行職務不法侵害他人權利所致損害，依民法第一百八十八條第一項前段之規定，自應與詹○○負連帶賠償之責。從而，原告依侵權行為之規定，請求被告連帶賠償其損害，為有理

由。
（二）原告得請求之慰撫金如下：

1.按……民法第一百九十四條定有明文。又慰撫金之多寡，應斟酌雙方之身分、地位、資力與加害之程度及其他各種情形核定相當之數額。其金額是否相當，自應依實際加害情形與被害人所受之痛苦及雙方之身分、地位、經濟狀況等關係決定之。

2.本件原告Mildred Apitong Salonga、Charmainne Apitong Salonga、Harben Apitong Salonga、Milben John Apitong Salonga分別爲被害人之配偶及子女……而被害人死亡時年僅三十歲……，有菲律賓國民所得及消費相關資料可證。而被告詹○○現年六十二歲，爲高○公司僱用之職員……；另高○公司於九十一年十一月二十一日設立，其資本額爲五千萬元……。本院斟酌兩造上開身分、地位，並參酌菲律賓之平均國民所得等一切具體情狀，認原告Mildred ApitongS alonga等四人可請求之精神慰撫金各以三十五萬元較爲適當……。

八、從而，原告依據侵權行爲之規定，請求被告連帶給付原告禾○公司二十七萬零七百九十九元、及連帶給付原告Mildred Apitong Salonga等四人各三十五萬元，並均自起訴狀繕本送達翌日即九十二年十月七日起至清償日止，按週年利率百分之五計算之遲延利息，爲有理由，應予准許。逾此爲無理由，應予駁回。……。

中　華　民　國　九十三　年　七　月　六　日
臺灣高雄地方法院民事第○庭　法　官

附表

編號	項目	金額
（一）	遺體防腐處理、檢疫報關及運返菲律賓之運費。	新台幣十二萬三千六百元。
（二）	給付家屬喪葬費用。	美金一千元。
（三）	給付家屬之死亡賠償金。	美金五萬元。
（四）	未成年家屬教育撫養費。	每人美金七千元，三人合計美金二萬一千元
（五）	死亡者家屬死亡慰問金。	美金四千元。

（六）	遺體運返菲律賓支出海關及衛生檢疫單位相關證明文件之翻譯、差旅費。	新台幣八千三百七十五元。
（七）	訴外人鑫旺船務代理公司處理船員送醫、報請相驗、將屍體申報離船運返菲律賓相關代理費用。	新台幣一萬二千元。
（八）	於菲律賓處理船員遺體入境檢疫、報關及後運費用。	美金二千七百五十九元九角八分。

總計：新台幣二百八十萬五百四十九元（以給付時一美元兌換新台幣三十三點七三元計算）

附註：兩造均同意以一美金兌換新台幣三十三點七三元之匯率作為計算損害賠償之依據。

（十五）臺灣高雄地方法院九十二年度重訴字第一九九號民事判決

【主要爭點】

經營化學噴漆分裝業務者，囤積堆存二甲醚等易燃物品，是否屬於民法第一百九十一條之三所定之危險工作或活動。

【事實摘要】

原告主張被告郭○元為被告鐵○○世一貿易有限公司之負責人，明知其經營之化學噴漆分裝業務，囤積大量易燃化學物品，有發生爆炸燃燒之危險，竟疏未嚴密控管，於民國九十一年十一月二十九日十六時四十二分許，在其位於高雄市前鎮區之工廠內存放低燃點二甲醚灌充氣體，因外洩遇火產生爆炸引起火災，燃燒至原告六○實業有限公司（下稱六○公司）位於同區之營業處所（亦係原告蕭○○、吳○○夫妻與其女兒蕭乃文之居所），致六○公司辦公營業設備、貨物及蕭○○、吳○○個人用品全部付諸祝融，爰依民法第二十八條及公司法第二十三條之規定，請求鐵○○世一貿易有限公司與郭○元連帶負損害賠償責任。又因郭○元已於九十一年十二月十二日死亡，被告張○○為其配偶，郭○蒨、郭○銓及郭佩○為其子女，均未拋棄或限定繼承，自應就郭○元上開債務負連帶清償之

責，爰依侵權行為及繼承之法律關係，請求被告連帶負損害賠償責任。

【解析】

一、民法第一百九十一條之三所定之危險工作或活動，除須具有「高度」、「不合理」、「特殊」及「異常」等特徵外，更應具有能獲利、加害人對該危險得予掌控及避免、危險可藉由保險分散及由被害人舉證顯屬不公平等要件。本判決以被告疏未注意，以致發生火災，而延燒至原告之營業地點及居住處所，造成毀損，自屬因過失而不法侵害他人權利，應負侵權行為損害賠償之責。又二甲醚閃火點為－41.1℃，密閉狀態爆炸界限3.4～18%，沸點－24.8℃，屬於易燃易爆危險氣體，顯見依其營業活動之性質及所使用之方法，有生損害於他人之危險，且業者可藉此獲利並得以投保分散風險，從而可認係屬民法第一百九十一條之三所定之危險工作或活動。

二、如被害人依第一百九十一條之三請求，其損害賠償之範圍與一般侵權責任相同。

【判決內容】

　　臺灣高雄地方法院九十二年度重訴字第一九九號民事判決

　　　　原　　　告　六〇實業有限公司
　　　　兼 右 一 人
　　　　法定代理人　蕭〇〇
　　　　原　　　告　吳〇〇
　　　　訴訟代理人　陳郁芬律師
　　　　被　　　告　鐵〇〇世一貿易有限公司
　　　　兼 右 一 人
　　　　特別代理人　張〇〇
　　　　被　　　告　郭〇蒨
　　　　　　　　　　郭〇銓
　　　　　　　　　　郭佩〇
　　　　訴訟代理人　周村來律師

　　右當事人請求損害賠償等事件，經本院於民國九十三年五月二十五日言詞辯論終結，判決如下：

　　　　主　　　文

　　被告應連帶給付原告六○實業有限公司新台幣陸佰貳拾壹萬參仟參佰零肆元、蕭○○貳拾伍萬陸仟陸佰柒拾貳元、吳○○肆萬參仟貳佰陸拾元，及均自民國九十二年五月十日起至清償日止，按週年利率百分之五計算之利息。

　　原告其餘之訴駁回。

　　訴訟費用由被告連帶負擔五分之四，餘由原告負擔。

　　本判決第一項於原告六○實業有限公司、蕭○○、吳○○各以新台幣貳佰零柒萬貳仟元、捌萬陸仟元、壹萬伍仟元供擔保後得假執行，但被告如分別以新台幣陸佰貳拾壹萬參仟參佰零肆元、貳拾伍萬陸仟陸佰柒拾貳元、肆萬參仟貳佰陸拾元供擔保後得免假執行。

　　原告其餘假執行之聲請駁回。

　　事實及理由

一、……。

二、原告主張：被告郭○元為鐵○○公司之負責人，明知其經營之化學噴漆分裝業務囤積大量易燃化學物品，有發生爆炸燃燒之危險，竟疏未嚴密控管，於九十一年十一月二十九日十六時四十二分許，其位於高雄市前鎮區新都路八號廠內存放之低燃點二甲醚灌充氣體外洩遇火產生爆炸引起火災，而燃燒至原告六○實業有限公司（下稱六○公司）……二樓營業處所（亦係蕭○○、吳○○夫妻與其女兒蕭乃文之居所），致六○公司辦公營業設備、貨物與蕭○○、吳○○個人用品全部付諸祝融，六○公司因此受有新台幣（下同）七百十八萬一千一百八十元之損失……。又郭○元既因執行職務而致原告受有損害，依民法第二十八條及公司法第二十三條之規定，鐵○○公司應與郭○元負連帶賠償之責，然因郭○元已……死亡，被告張○○為其配偶，郭○蕎、郭○銓及郭佩○為其子女，且均未拋棄或限定繼承，依法自應就郭○元上開債務負連帶清償之責，爰依侵權行為及繼承之法律關係，請求被告連帶給付上開款項。聲明求為命：（一）被告應連帶給付原告六○公司七百十八萬一千一百八十元、蕭○○四十萬五千零七十四元、吳○○九萬九千八百元，及均自起訴狀繕本最後送達被告翌日起至清償日止，按週年利率百分之五計算之利息。（二）願供擔保請准宣告假執行。

三、被告則以：郭○元就火災之發生並無可歸責之事由存在……。又縱郭○元有過失，然原告主張之辦公室、工廠、貨物及個人物品等物件均屬新品之價格，且實際是否有該物品存在，亦未舉證證明，而營業損失部分之請求，亦屬無據等語，資為抗辯。並聲明：（一）原告之訴及假執行之聲請均駁回。（二）如受不利益判決，願供擔保請准宣告免假執行。

四、……本件之爭點在於：（一）被告就火災之發生是否需負損害賠償之責？
　　（二）原告可請求賠償之金額為何？茲分述之。

五、被告就火災之發生是否需負損害賠償之責？

（一）按……民法第一百八十四條第一項前段及第一百九十一條之三前段分別定
　　有明文。

（二）經查，依高雄市政府消防局火災調查報告摘書之記載，關於本件起火之原
　　因為：……「結論：經現場勘查結果及現場工作員工張楓莉等所見陳述，
　　綜合研判起火原因，以二甲醚灌充氣體洩漏後遇火引起火災之可能性較
　　大。」……。

（三）……堪認本件火災係因二醚迷灌充氣體洩漏後遇火引起火災所致甚明。又
　　二甲醚……屬於易燃易爆危險氣體……，且依鐵○○公司之變更登記事項
　　卡所營事業欄之記載，鐵○○公司係以從事清潔劑、亮光劑及清香劑等商
　　品之加工製造、油漆（漆粉）加工買賣及染、顏料之批發為業，再依火災
　　調查報告，其廠內平時又有堆存二甲醚等易燃物品，顯見依其營業活動之
　　性質及所使用之方法，有生損害於他人之危險，本負有防止發生爆炸引起
　　火災之義務，而郭○元既身為鐵○○公司之負責人，直接負責公司業務之
　　執行與安全控管，且製造化學噴漆已有數十年之經驗，就其廠內所存放之
　　二甲醚有易燃之特性知悉甚詳，本應負注意之義務，進而亦應注意避免使
　　用後易產生高溫之物品（如高溫封膜包裝機及非防爆型電風扇等）接近二
　　甲醚，以免造成爆炸引起火災，是本件起火點之二甲醚灌充氣體洩漏，無
　　論係因配送管線維護或填充存有疏失而導致二甲醚外洩，接觸高溫封膜包
　　裝機、非防爆型電風扇、或郭○元欲關閉二甲醚洩漏源時手持工具板手所
　　引起摩擦產生之火花所致，郭○元均應負注意之責，其疏未注意，以致發
　　生火災，而延燒至原告之營業地點及居住處所，造成毀損，自屬因過失而
　　不法侵害他人權利，應負侵權行為損害賠償之責。

（四）綜上，火災既肇因郭○元執行職務所致，依民法第二十八條及公司法第二
　　十三條之規定，鐵○○公司自應與郭○元負連帶賠償之責。又郭○元
　　已……死亡，被告張○○為其配偶，郭○蒨、郭○銓及郭佩○為其子女，
　　且均未拋棄或限定繼承，依民法第一千一百四十八條及第一千一百五十三
　　條之規定，應就郭元○上開債務負連帶清償之責。從而，原告依侵權行為
　　之規定，請求被告連帶賠償其損害，為有理由。

六、原告可請求賠償之金額為何？

（一）原告六○公司之辦公室、工廠、貨物及蕭○○、吳○○個人物品損失部分

（即起訴狀附表編號ABCE部分）：

1.按……民法第一百九十六條、第二百十三條、第二百十五條亦有規定。本件火災所造成之損害，回復原狀顯有重大困難，原告請求金錢賠償自無不合。再按事實於法院已顯著或爲其職務上所已知者，無庸舉證，民事訴訟法第二百七十八條第一項定有明文。

2.經查，原告六○公司係從事國際貿易、包裝材料批發及文具批發業務，有公司變更登記事項卡可證，依通常情形，經營此類業務者，其廠房除須有如附件（一）所示之「B：工廠損失」所含五十二項（即編號B1－52。註：各細項之編號係依起訴狀附件之號碼編列，以下均同）及「C：貨物損失」所含三十七項（即編號C1－37）等設備及貨物外，舉凡六○公司所主張之如附件（一）「A：辦公室損失」所含一百零四項（即編號A1－104）之辦公室週邊設備，亦係應有常備之物，爲營業所不可或缺，就此而言，六○公司此部分請求，尚非無據。

3.再者，經本院至火災廢墟現場勘驗結果，在六○公司營業之二樓前半部，遺有……核與原告六○公司主張有上開「A辦公室」、「B工廠」、「C貨物」所示物品損失，及原告蕭○○、吳○○有「E蕭○○、吳○○之個人物品」所示物品損失等情大致相符，……益證原告主張在火災發生前，在屋內確有上開辦公營業設備、貨品及部分個人物品等情，堪可採信。

4.承上，六○公司因火災受有上開「A辦公室損失（共一百零四項）」、「B工廠損失（共五十二項）」及「C貨物損失（共三十七項）」等項目損害之事實既經認定……依行政院頒定之固定資產耐用年數表作爲計算折舊之基準……，本院參酌該表之分類及耐用年數，依後附件（一）所示計算折舊後之殘值爲：A辦公室部分六十七萬三千三百十三元、B工廠部分九十六萬七千四百九十三元、C貨物部分四百二十六萬三千六百九十八元，合計五百九十萬四千五百零四元。是六○公司於此部分之請求爲有理由，應予准許。

5.另原告蕭○○及吳○○個人財務損失（詳附件（二）所示E部分共計五十七項）：

6.原告蕭○○及吳○○部分主張上開高雄市前鎮區新展街十二號二樓，除係六○公司之設置地點外，同時亦爲其夫妻與幼女蕭乃文（九十年十二月六日生生）之住所，其室內裝潢、家具及個人物品全部付之一炬，致蕭○○有四十萬五千零七十四元及吳○○受有九萬九千八百元之損害

（詳附件（二）E項所示），應由被告連帶賠償等語。

7.按物被他人毀損而無修復，被害人亦得依民法第一百九十六條之規定，以該物受損前之價值，扣除其受損後之價值，其間所減少之價額，作為其請求賠償之數額。又……民事訴訟法第二百二十二條第二項亦有明定。查蕭○○、吳○○一家三口既居住在上開房屋，衡情其屋內必有裝潢、家具及個人日常用品，今該物品既遭火燒毀，其因此受有財物損失亦可認定，是其本於侵權行為之規定，請求被告對其負賠償責任，自屬有據。又蕭○○、吳○○遭逢祝融，事出突然，無從事先逐項保留各物件取得之單據憑證，且部分憑證資料因置放屋內，於火災之時亦遭焚毀，已無法提出供本院進行比對，是倘要求其提出相關單據以證明其受侵害之項目及價值為何，顯有重大困難，核與民事訴訟法第二百二十二條第二項「已證明受有損害而不能證明其數額」之情形相符。

8.經依本院赴現場逐項勘驗結果，寢室內之裝潢及置放屋內之全部物品，於火災發生後均已燃燒怠盡，而依現場所遺之燃燒殘留物件，亦有……然因蕭○○、吳○○上開請求並無法提出相關單據以判定其新品購入時間及單價，本院自無從依固定資產耐用年數表逐一核估其折舊額，爰以上開物品重購新品價額十分之三計算其折舊額，較為合理……。

（二）原告六○公司之營業損失部分（即起訴狀附表D所示五十萬九千七百八十二元部分）：

1.按……民法第二百十六條第一、二項定有明文。準此，凡依外部客觀情事觀之，足認其已有取得利益之可能，因責任原因事實之發生，致不能取得者，即為所失之利益，應由債務人賠償，不以確實可取得之利益為限；然倘僅屬偶然發生之事實，或其未得之利益，乃有賴於市場經濟及社會繁榮等其他條件所促成，而無客觀之具體可能性致利益未增加者，即非事故發生時可得預期之利益，自無依此標準請求賠償之餘地。

2.查六○公司係以國際貿易、包裝材料批發、文具批發及代工商品之印刷、包裝為業，於本件事故發生之際，已接獲委託代工印刷、包裝之訂單數紙，茲因本件事故肇使廠內機具全毀，業務無法正常運作，被迫與客戶解除合約，無以獲取原可得之利潤，因此喪失營業損失，自屬所失利益。經查，……故六○公司上開……請求合計三十萬三千八百元……，為有理由。

3.至於六○公司另主張其公司之營業向來穩定，其中國外印刷單部門平均每月訂單約為八萬元，成本負擔約55%，平均獲益三萬六千元；國內印

刷單部門每月訂單約二十萬元，成本負擔約70%，平均獲益六萬元；國內包裝單部門每月訂單約四十萬元，成本負擔約68%，平均獲益十五萬二千元。……本件火災發生時，正逢全球經濟不景氣之時期，六〇公司欲獲得上開利益，仍有賴於市場經濟穩定成長及社會繁榮等其他條件配合才可達成，是在無其他具體證據下，僅憑向來營收數據，逕主張往後之預期利益，尚屬無據，六〇公司自無依此標準請求賠償之餘地。

（三）依前所述，原告得請求被告賠償之金額為：（一）六〇公司六百二十一萬三千三百零四元（①辦公室損失六十七萬三千三百十三元＋②工廠損失九十六萬七千四百九十三元＋③貨物損失四百二十六萬三千六百九十八元＋④營業損失三十萬三千八百元＝六百二十一萬三千三百零四元）；（二）蕭〇〇個人財務損失二十五萬六千六百七十二元；（三）吳〇〇個人財務損失四萬三千二百六十元。

七、綜上所述，被告就火災之發生應負損害賠償責任既經認定，則原告本於侵權行為之規定，請求被告連帶賠償原告六〇公司六百二十一萬三千三百零四元、蕭〇〇二十五萬六千六百七十二元及吳〇〇四萬三千二百六十元，及均自起訴狀繕本最後送達被告翌日即九十二年五月十日起至清償日止，按週年利率百分之五計算之遲延利息，為有理由，應予准許。逾此為無理由，應予駁回。……。

中　華　民　國　九十三　年　六　月　十一　日
臺灣高雄地方法院民事第〇庭　法　官

（十六）臺灣澎湖地方法院民事判決九十二年度訴字第一三號

【主要爭點】

擔任導遊，卻未提供安全設備且亦未善盡到安全照顧義務，是否構成民法第一百九十一條之三所定之危險工作或活動。

【事實摘要】

訴外人周王〇〇為原告周〇隆之配偶，並為原告周〇玲、周〇宇、周〇安之母親，周王〇〇與周〇隆於民國九十一年八月二十五日，參加所屬福泰社區發展協會舉辦之旅遊活動，該項旅遊委由台北順祥通運有限公司（下稱順祥公

司）辦理，順祥公司又轉由被告和○通運有限公司（下稱和○公司）承攬，和○公司並指派導遊即被告陳○○帶隊服務。周王○○參加踏浪旅遊行程時，因陳○○未善盡導遊職責，未事先告知該行程之危險性及應行注意事項，亦未提供安全救生設備，或使周王○○行走安全之路線，導致周王○○失足陷落海溝當中，同行之人搶救不及，送醫後延至次日下午死亡。爰依民法第二百二十七條之一、第一百九十一條之三、第一百八十四條第一項前段、第一百八十八條及第一百九十一條之三之規定，請求被告連帶負損害賠償責任。

【解析】

一、民法第一百九十一條之三所定之危險工作或活動，除須具有「高度」、「不合理」、「特殊」及「異常」等特徵外，更應具有能獲利、加害人對該危險得予掌控及避免、危險可藉由保險分散及由被害人舉證顯屬不公平等要件。依社會上一般人日常生活之經驗判斷，導遊帶團員外出從事踏浪活動，需事先規劃安全的行程及提供安全設備，否則往往會造成旅客之生命、身體、財產之重大損害，而業者可藉此獲利並得以投保分散風險，應認屬於民法第一百九十一條之三所定之危險活動。

二、如被害人依第一百九十一條之三請求，其損害賠償之範圍與一般侵權責任相同。

【裁判內容】

　　臺灣澎湖地方法院民事判決九十二年度訴字第一三號

　　　　原　　　　告　周○玲

　　　　　　　　　　　周○宇

　　　　　　　　　　　周○安

　　　　兼

　　　　訴訟代理人　周○隆

　　　　複 代 理 人　郭振茂律師

　　　　被　　　　告　陳○○

　　　　　　　　　　　和○通運有限公司

　　　　法定代理人　蘇○○

　　右當事人間請求損害賠償事件，本院判決如下：

　　　　主　　　　文

　　被告陳○○應各給付原告周○隆新台幣玖拾肆萬捌仟捌佰捌拾貳元、原告周玫玲新台幣參拾伍萬元、原告周○宇新台幣參拾伍萬元、原告周○安新台幣參拾伍萬元，及各自民國九十二年三月六日起至清償日止，按週年利率百分之五計算之利息。

　　原告其餘之訴駁回。

　　訴訟費用由被告陳○○負擔十分之七，其餘由原告負擔。

　　本判決原告勝訴部分，於原告周○隆以新台幣參拾萬元、原告周玫玲以新台幣壹拾萬元、原告周○宇以新台幣壹拾萬元、原告周○安以新台幣壹拾萬元，分別為被告陳○○供擔保後，各得假執行。

　　原告其餘假執行之聲請駁回。

　　　　事　　　實

甲、原告方面：

壹、聲明：

一、被告應連帶給付原告周○隆新台幣（下同）一百三十五萬五千五百四十五元、原告周玫玲一百萬元、原告周○宇一百萬元、原告周○安一百萬元，及各自起訴狀繕本送達翌日起至清償日止，按週年利率百分之五計算之利息。

二、願供擔保請准宣告假執行。

貳、陳述：

一、訴外人周王○○為原告周○隆之配偶，並為原告周○玲、周○宇、周○安之母親，周王○○與周○隆於民國九十一年八月二十五日，參加所屬福泰社區發展協會舉辦之「澎湖菊島風情三日遊」旅遊活動，該項旅遊委由台北順祥通運有限公司（下稱順祥公司）辦理，順祥公司又轉由被告和○通運有限公司（下稱和○公司）承攬澎湖地區旅遊事宜，和○公司並指派導遊即被告陳○○帶隊服務。

二、周王○○於九十一年八月二十五日下午，參加由澎湖離島之澎湖縣白沙鄉大倉村踏浪至澎湖本島之澎湖縣白沙鄉城前村之旅遊行程時……，因陳○○並未善盡導遊職責，不曾事先告知該行程之危險性及應行注意事項，也未提供安全救生設備，又未使周王○○行走安全之路線，……導致周王○○失足陷落海溝當中，同行之人搶救不及，送醫後延至次日下午死亡。

三、就周王○○之死亡，原告依據下列法律規定向被告求償，並請求法院擇一為有利之判決：

（一）本件旅遊係由周王○○所屬福泰社區發展協會委託順祥公司轉交和○公司承辦，基於順祥公司與和○公司間之利○第三人契約，周王○○對於

和○公司有直接請求給付之權利，故和○公司使用人陳○○違反安全照顧義務而有過失時，就周王○○人格權所受侵害，原告自得依據民法第二百二十七條之一債務不履行之法律規定，向被告和○公司求償。

（二）依消費者保護法第七條、第八條之規定，和○公司並未提供安全上無危險之服務，原告亦得向被告和○公司求償。

（三）根據民法第一百九十一條之三、第一百八十四條第一項前段、第一百八十八條等侵權行為法律規定，因被告二人為經營一定事業或從事其他工作或活動之人，就所提供服務本身之危險所造成周王○○死亡之結果，原告亦得請求被告二人連帶賠償。

四、原告求償之數額如下：……。

乙、被告陳○○方面：

壹、聲明：原告之訴駁回。

貳、陳述：

一、……被告陳○○並非和○公司員工，也非由和○公司指派擔任前開旅行團之導遊，故本件踏浪行程與和○公司無關，和○公司只負責車輛派遣而已。

二、被告陳○○有維護團員安全之義務，因此於踏浪前，已經將相關安全須知明白告訴團員，且在最前方帶隊，並要求團員依循同一路線行進，再由孫坤沐壓隊，故被告陳○○已盡保護照顧團員安全之義務。至於被害人周王○○之所以落水，是因為自行偏離被告陳○○帶領之路線所致，尚非被告陳○○之責任。

三、原告求償之金額是否相當，由法院自行判斷。……。

丙、被告和○公司方面：

壹、聲明：原告之訴駁回。

貳、陳述：

一、訴外人周王○○參加之旅行團，係由順祥公司承辦，相關住宿、交通、餐飲費用也都由順祥公司及其員工孫坤沐直接處理，並非由被告和○公司負責，和○公司僅僅單純受訴外人陳志吉委託，提供該旅行團在澎湖地區之車輛運輸服務而已。因此，有關被害人周王○○踏浪所生意外，與和○公司無關。

二、被告陳○○並非和○公司員工，和○公司也未指定陳○○擔任前開旅行團之導遊。

三、有關原告求償之金額適當與否，由法院自行判斷。……。

理　　由

壹、兩造不爭執之事實：……。

貳、兩造爭執要旨：

一、被告和○公司除在澎湖地區運送前開旅遊團外，是否亦辦理該團在澎湖地區包括踏浪之各項旅遊活動？或指示被告陳○○擔任該團在澎湖地區之導遊？

二、被告陳○○擔任導遊帶領踏浪過程中，有無善盡保護照顧團員即訴外人周王○○安全之義務，避免周王○○跌落海溝死亡之結果發生？

三、原告就訴外人周王○○之死亡，可得請求之損害賠償金額若干？

四、訴外人周王○○就自己之死亡，是否與有過失？

參、本院判斷：

一、……經查：訴外人周王○○參加之旅遊團，為台北縣泰山鄉福泰社區發展協會委由順祥公司承辦一節……，而順祥公司有無再轉由被告和○公司承辦澎湖地區各項旅遊行程一事，卷內則無任何……資料可資佐證，已難認定被告和○公司負責該團旅遊行程。且依被告和○公司所述訴外人陳志吉委託出車一節循線追查……，也無證據證明陳志吉受僱和○公司，自難據以認定和○公司受託承辦該團在澎湖地區之行程。再者，被告陳○○擔任該團在澎湖地區之導遊，固然屬實，但經原告聲請調閱被告陳○○相關所得、勞健保資料，也全無證據證明被告陳○○為和○公司之員工，故原告主張被告和○公司指派陳○○擔任導遊云云，亦無可採。此外，參酌原告自承順祥公司已派員工孫坤沐擔任領隊，隨團安排各項班機、住宿、餐飲等接待事宜……，則順祥公司實無另行委派和○公司統包澎湖地區各項旅遊活動之必要，故被告和○公司辯稱僅是單純出車載運該團，並未負責踏浪行程等語，非無可採。……從而，被告和○公司既未負責周王○○之踏浪行程，原告不論依據契約關係或侵權行為法律關係，就周王○○踏浪溺水死亡之結果，即均不得向被告和○公司求償，原告此部份之訴，應予駁回。

二、……然查：……周王○○進行之踏浪活動存有溺水之危險。身為專業導遊之被告陳○○，自承曾要求團員依其所走路線前進等語，顯已充分認識此項危險，自應盡力防範溺水事件之發生，而應提供救生設備並確保團員在安全範圍內行進。但……被告陳○○並未確實督促團員按照正確路徑行進並縮短隊伍距離，也未提供安全裝備，以致事發前導遊無法維護團員安全，事發後復無從即時救助。因此，被告陳○○就訴外人周王○○踏浪過程，並未善盡安全照顧義務，已堪認定。

三、按……民法第一百八十四條第一項前段、第一百九十一條之三、第一百九十二條第一項、第一百九十四條分別定有明文。本件被告陳○○為從事導遊業務之人，就旅遊活動當中所生之危險，並未善盡對團員即訴外人周

王○○之安全照顧義務，導致周王○○溺水死亡，身爲周王○○配偶及子女之原告四人，自得依據上述侵權行爲法律規定，就所支出之殯葬費用及非財產上損害，訴請被告陳○○賠償。茲就原告可得求償之數額審酌如下：

（一）原告周○隆支出之殯葬費部分：……殯葬費之支出，尚屬合理範圍，得如數向被告陳○○求償。

（二）原告周○隆之非財產上損害部分：……原告周○隆向被告求償一百萬元之非財產上損害賠償，尚稱公允。

（三）原告周玫玲、周○宇、周○安之非財產上損害部分：……酌定原告周玫玲、周○宇、周○安得請求之非財產上損害賠償，應各以五十萬元爲適當。

四、按……民法第二百十七條第一項定有明文。……本件踏浪溺水事故之發生，被告陳○○並未提供安全設備又未確實督促團員循序前進，顯爲事發主要原因，訴外人周王○○就自身安全有所輕忽，則爲事發次要原因，應按照上述法律規定，減少被告陳○○賠償數額百分之三十。從而，依上所述，原告周○隆、周玫玲、周○宇、周○安本各得向被告陳○○求償一百三十五萬五千五百四十五元、五十萬元、五十萬元、五十萬元，經核減後，各爲九十四萬八千八百八十二元、三十五萬元、三十五萬元、三十五萬元（元以下四捨五入），原告之訴，於此金額範圍內，及自起訴狀繕本送達翌日即九十二年三月六日起至清償日止，按週年利率百分之五計算之遲延利息部分，爲有理由，應予准許，超過此部份之請求，即無理由，應予駁回。……。

中　華　民　國　九十二　年　八　月　七　日
臺灣澎湖地方法院民事庭　法　官

（十七）臺灣士林地方法院九十二年訴字第五○號民事判決

【主要爭點】

營造公司之從業人員駕駛吊車吊掛鋼筋之吊運過程，是否屬於民法第一百九十一條之三所定之危險工作或活動。

【事實摘要】

原告主張被告何○○係被告張○○即○○起重工程行之受僱人，明知原告非合格之吊掛手，卻於民國九十一年一月三日上午八時許，原告駕駛拖車載運鋼筋至被告○○營造股份有限公司承攬之建築工地時，指示原告吊掛鋼筋，而○○營造股份有限公司之現場監工人員在場監督鋼筋吊掛作業，亦違反保護他人之法律，疏未阻止及於起吊前檢視原告勾掛鋼筋之方式是否正確，適被告○○鋼鐵廠股份有限公司生產兩端有彎勾以供綑綁鋼筋用之鋼條，於吊掛時斷裂，致鋼筋掉落，砸傷原告，被告何○○、張○○、○○營造股份有限公司、○○鋼鐵廠股份有限公司之過失行為，均為造成原告損害之共同原因，爰依民法第一百八十四條第一項、第二項、第一百八十五條、第一百八十八條、第一百九十一條之一及第一百九十一條之三等規定，請求被告負連帶損害賠償責任。

【解析】

本判決認為以吊車勾掛鋼筋之吊運作業，應由領有執照之合格吊掛手執行勾掛鋼筋，且被告○○營造公司所提之基本事項檢討評估表關於鋼筋進場吊運評估內容第三點亦明載：「吊運作業中應嚴禁人員進入吊舉物下方及吊鏈、鋼索等內側角」，營造安全衛生設施標準第一百十五條第一項第七款復明定：「禁止使用鋼筋作為拉索支持物、工作架或起重支持架等」，此均係保護他人之法律，其目的在防範危險之發生，足見利用吊車勾掛鋼筋之吊運作業係屬高度危險之工作，事業主並得因此獲利及以投保責任險分散風險，自屬民法第一百九十一條之三所定之「危險」工作。又本件被害人同時有同法第一百八十四條第一項前段（一般侵權）、第二項（違反保護他人法律之侵權責任）及第一百九十一條之三（危險責任）之權利，此係請求權之競合，被害人得擇一請求。如被害人依第一百九十一條之三請求，其損害賠償之範圍與一般侵權責任相同，除醫療費用、勞動能力喪失或減損等外，包括非財產上損害之精神慰撫金，亦得請求。

【裁判內容】

臺灣士林地方法院民事判決九十二年訴字第五○號

原　　　告	李○○	
訴訟代理人	陳素貞	
	黃金洙律師	
被　　　告	○○營造股份有限公司	

　　　　法定代理人　　黃○○
　　　　訴訟代理人　　張勘
　　　　　　　　　　　賴玉山律師
　　　　被　　　告　　張○○即○○起重工程行
　　　　兼右一人訴
　　　　訟 代 理 人　何昆紘
　　　　被　　　告　　○○鋼鐵廠股份有限公司
　　　　法定代理人　　洪孫○○　住同右
　　　　訴訟代理人　　張有國
　　　右當事人間請求損害賠償事件，本院於民國九十二年八月二十六日言詞辯論終結判決如下：
　　　　主　　　文
　　　被告何昆○、○○營造股份有限公司應連帶給付原告新台幣玖拾伍萬壹仟伍佰零玖元，及被告何昆○自民國九十二年一月十七日起，被告○○營造股份有限公司自民國九十二年一月十五日起，均至清償日止，按年息百分之五計算之利息。
　　　被告張○○即○○起重工程行就前項給付應與被告何昆○負連帶清償責任。
　　　原告其餘之訴駁回。
　　　訴訟費用由被告何昆○、○○營造股份有限公司、張○○即○○起重工程行連帶負擔九分之一，餘由原告負擔。
　　　本判決第一項、第二項於原告以新台幣參拾壹萬柒仟元供擔保後，得假執行。但被告○○營造股份有限公司如於執行標的物拍定、變賣前，以新台幣玖拾伍萬壹仟伍佰零玖元為原告預供擔保，得免為假執行。
　　　原告其餘假執行之聲請駁回。
　　　　事　　　實
甲、原告方面：
一、聲明：
（一）被告何昆○、○○營造股份有限公司（下稱○○營造公司）、○○鋼鐵廠股份有限公司（下稱○○鋼鐵廠）應連帶給付原告新台幣（下同）八百五十五萬元五千九百六十四元，及各自起訴狀繕本送達之翌日起至清償日止，按年息百分之五計算之利息。
（二）被告張○○即○○起重工程行就前項給付應與被告何昆○負連帶清償責

任。

（三）原告願供擔保請准為假執行之宣告。

二、陳述：

（一）原告於民國九十一年一月三日上午八時許駕駛拖車載運鋼筋至被告○○營造公司在台北市天母西路、振興街口之建築工地。被告何昆○於駕駛吊車吊掛鋼筋時，本應注意由領有執照之合格吊掛手勾掛鋼筋，竟指示原告勾掛鋼筋。又未於起吊前，檢查原告勾掛鋼筋之方式是否正確？鋼筋是否過重？復未待原告離開吊車迴轉半徑，即逕行吊高鋼筋，致原告遭突然掉落之鋼筋砸傷，使原告受有……傷害。依民法第一百八十四條、第一百九十一條之三之規定，被告何昆○對原告之損害應負賠償責任。而被告張○○即○○起重工程行係被告何昆○之僱用人，依民法第一百八十八條之規定，應與被告何昆○連帶負損害賠償責任。又被告○○營造公司依建築法第十五條、第六十三條、建築技術規則建築設計施工編第一百五十條之規定，負有派遣專業技師在場指揮監督鋼筋吊掛作業，以防範危險發生之義務，詎其現場監工人員竟未阻止原告下場勾掛鋼筋，亦未於起吊前檢視原告勾掛鋼筋之方式是否正確？其監督鋼筋吊掛作業自有疏失，違反保護他人之法律，依民法第一百八十四條第二項之規定，對原告之損害亦應負賠償責任。又本件係因被告○○鋼鐵廠生產之供綑綁鋼筋用之兩端有彎勾之鋼條於吊掛時斷裂，導致鋼筋掉落，則依民法第一百八十四條第一項、第一百九十一條之一之規定，被告○○鋼鐵廠對原告之損害亦應負賠償責任。又被告何昆○、○○營造公司、○○鋼鐵廠之過失行為，均為造成原告損害之共同原因，均應依民法第一百八十五條之規定連帶負損害賠償責任。又原告係依被告何昆○之指示義務協助勾掛鋼筋，不得執此認定原告就損害之發生與有過失。

（六）原告所受損害如下：

　　1.醫療費用十六萬三千零十八元：……。

　　2.勞動能力減損五百九十五萬二千九百四十六元：……。

　　3.增加生活上之需要一百四十四萬元：……。

　　4.精神慰撫金一百萬元：……。

乙、被告方面：

壹、被告○○營造公司方面：

一、聲明：駁回原告之訴及假執行之聲請。並願供擔保，請准宣告免為假執行。

二、陳述：

（一）被告○○營造公司承攬鈺寶建設股份有限公司之台北市天母西路一二八新建工程，並將鋼筋綁紮工程分包予訴外人維聯工程有限公司（下稱維聯公司），約定訴外人維聯公司應負責鋼筋綁紮工程之安全責任。原告於九十一年一月三日上午八時三十分許駕駛拖車載運被告○○營造公司向被告○○鋼鐵廠採購之建築用鋼筋至工地，由訴外人維聯公司僱用之被告○○起重工程行之司機被告何昆○駕駛吊車將鋼筋自拖車吊至工地。被告○○起重工程行本應僱用吊掛手勾掛鋼筋，卻未僱用，原告乃自告奮勇充當吊掛手。又原告於勾掛鋼筋時未戴安全帽，亦未確實檢視吊勾與吊索之接點，且於完成勾掛後未立即避開，致被告何昆○將鋼筋吊起昇高後，鋼筋突然脫鉤掉落砸傷原告。

（二）建築法第十五條、第六十三條之規定僅係行政管理規定，尚難謂為保護他人之法律。又……本件事故之發生應歸責於原告本人，被告○○營造公司並無過失，亦無違反法律規定。

（三）原告請求勞動能力減損之損害額五百九十五萬二千九百四十六元過高，且與請求增加生活上之需要一百四十四萬元重覆。另原告請求一百萬元慰撫金亦屬過高。……。

貳、被告張○○即○○起重工程行、何昆紘方面：

一、聲明：駁回原告之訴。

二、陳述：

（一）蔡輝仁（即訴外人維聯公司之負責人）於九十一年一月二日以口頭向被告○○起重工程行承租吊車，被告○○起重工程行之司機被告何昆○與助手於翌日上午六時許抵達工地開始作業，於八時吊完第一台拖車上之鋼筋，開始著手吊掛原告駕駛之第二台拖車上之鋼筋，被告何昆○在吊車上，助手於工地地下室等候拖車上之鋼筋吊下，原告自動將鋼筋掛上吊勾後指揮被告何昆○將鋼筋吊起，被告何昆○確認指示後始將鋼筋吊起，惟鋼筋吊高約三公尺時，綑綁鋼筋之兩端有彎勾之鋼條因不明原因斷裂，鋼筋掉落而砸中原告。

（二）被告○○起重工程行之吊車性能及安全均無問題。鋼筋係由原告自動掛上吊勾，且係原告指揮被告何昆○將鋼筋吊起，並非被告何昆○任意起吊。又吊車作業若需二名吊掛手，訴外人維聯公司應事先通知被告○○起重工程行，若未通知則應由工地或包商現場指定一名吊掛手。又吊掛鋼筋要使用鋼索或兩端有彎勾之鋼條，應由吊掛手視情形決定。

（三）原告已另僱用拖車司機為其經營貨車業務，自無受有二年內不能工作之損

害。……。

參、被告○○鋼鐵廠方面：

一、聲明：駁回原告之訴及假執行之聲請。並願供擔保，請准宣告免為假執行。

二、陳述：

（一）被告○○鋼鐵廠製造之鋼筋……品質並無問題。被告○○營造公司指示訴外人維聯公司將向被告○○鋼鐵廠採購之鋼筋製成鋼箍，為利捆紮及包裝，另製作一根兩端有彎勾之鋼條，將多塊鋼箍條串綁紮，避免運送途中散落。按營造安全衛生設施標準第一百十五條第一項第七款明文規定：……上開兩端有彎勾之鋼條僅為便利綁紮包裝，不能作為承重、承載之用，於起重機吊掛作業時，應利用鋼索於鋼箍底部均衡吊掛。

（二）按勞工安全衛生設施規則第八十八條規定：……所謂雇主係指可以支配、管理該工作場所之負責人或吊車行之負責人。被告○○鋼鐵廠並無派遣或提供吊掛手之義務，亦無此工程慣例。……。

　　　　理　　由

甲、程序方面：……。

乙、實體方面：

一、原告主張：……。

被告○○營造公司辯稱：……。

被告張○○即○○起重工程行、何昆紘則辯稱：……。

被告○○鋼鐵廠則以：……。

二、……。

三、按侵權行為所發生之損害賠償請求權，以有故意或過失不法侵害他人之權利為其成立要件，此觀民法第一百八十四條之規定自明。……。又……民法第一百九十一條之三前段定有明文。查原告主張應由領有執照之合格吊掛手執行勾掛鋼筋……堪信為真。又營造安全衛生設施標準第一百十五條第一項第七款明文規定：……。被告○○鋼鐵廠抗辯：兩端有彎勾之鋼條，係為便利綁紮包裝，不能作為承重、承載之用，於起重機吊掛作業時，應利用鋼索於鋼箍底部均衡吊掛等情，自屬可信。又吊車起吊時，吊掛手應離開吊車旋轉半徑……另被告○○營造公司提出之基本事項檢討評估表關於鋼筋進場吊運評估內容第三點亦明載：……本件原告既非領有執照之合格吊掛手，自不得從事勾掛鋼筋之行為。雖原告自承：無人指示伊勾掛鋼筋，因現場沒有吊掛手，所以自己勾……。惟被告何昆○以吊運鋼筋為業，其使用之工具或方法，有生損害於他人之危險性，依其專業知識應知須由合格之吊掛手執行勾

　　掛鋼筋，亦不應直接利用兩端有彎勾之鋼條吊掛鋼筋。詎被告何昆○竟未帶同足夠之合格吊掛手至工地，亦未向被告○○營造公司請求支援合格之吊掛手，復未檢視原告勾掛鋼筋之方法是否正確，即任由原告自行利用兩端有彎勾之鋼條吊掛鋼筋，更未命令原告離開吊車之旋轉半徑，即起吊鋼筋，其執行吊運業務怠於業務上應盡之注意，顯有過失，且其過失行為與原告之受傷間有相當因果關係，應依民法第一百八十四條第一項前段、第一百九十一條之三前段之規定，對原告之損害負賠償責任。又受僱人因執行職務，不法侵害他人之權利者，由僱用人與行為人連帶負損害賠償責任，民法第一百八十八條第一項前段定有明文。被告張○○即○○起重工程行係被告何昆○之僱用人，自應與被告何昆○連帶負損害賠償責任。

四、按……民法第一百八十四條第二項前段定有明文。而所謂保護他人之法律，係指違反預防損害發生之法律而言。建築法第六十三條規定：……，顯係預防損害發生之法律，非僅係行政管理規定，其屬保護他人之法律甚明。被告○○營造公司承攬台北市天母西路一二八號之新建工程，即應有維護施工人員之安全、防範危險發生之適當設備或措施，並不因其將鋼筋綁紮工程分包予訴外人維聯公司，而解免其安全責任。……被告○○營造公司之現場監工人員明知應由合格之吊掛手勾掛鋼筋，不應由司機在板車上直接勾掛鋼筋，竟為吊運方便，縱容拖車司機在板車上勾掛鋼筋，自已違反前開建築法有關保護他人之規定，依民法第一百八十四條第二項規定，亦應負賠償責任。

五、……營造安全衛生設施標準第一百十五條第一項第七款既明文禁止使用鋼筋從事吊掛，原告未依正常方式使用鋼筋，自不能歸咎被告○○鋼鐵廠生產之鋼筋品質不佳。被告○○鋼鐵廠並無何過失，亦無因其商品之通常使用或消費致人損害可言。

六、按民事上之共同侵權行為……依民法第一百八十五條第一項前段之規定，各過失行為人對於被害人應負全部損害之連帶賠償責任（最高法院六十七年台上字第一七三七號判例可資參照）。被告何昆○與被告○○營造公司之過失行為，均為其所生損害共同原因，自應依民法第一百八十五條第一項前段之規定連帶負損害賠償責任。至被告○○鋼鐵廠既非侵權行為人，自不負連帶損害賠償責任。

七、爰就原告各項請求之金額否准許，分述如下：

（一）醫療費用十六萬三千零十八元：……均應准許。

（二）勞動能力減損五百九十五萬二千九百四十六元及增加生活上之需要一百四十四萬元：

……原告目前病況已有明顯改善，惟仍有左髖關節部份游離碎骨併疼痛，對日常生活無太大影響，但卻無法從事持久之負重工作……於二年內無法擔任拖車駕駛乙節，應屬可採。……原告一年之勞動能力損害額應爲七十二萬元，故其得請求賠償之勞動能力損害總額爲一百四十四萬元……。

（三）精神慰撫金一百萬元：

　　……應予核減爲三十萬元……民法第二百十七條第一項定有明文……本院審酌兩造之過失情節，認原告與被告等之過失比例爲一比一，本件原告所受損害總額爲一百九十萬零三千零十八元，依此比例計算，被告應負擔之金額應爲九十五萬一千五百零九元。

八、綜上所述，原告請求被告何昆○、○○營造公司連帶給付九十五萬一千五百零九元，及被告何昆○自九十二年一月十七日（即起訴狀繕本送達翌日）起，被告○○營造公司自九十二年一月十五日（即起訴狀繕本送達翌日）起，均至清償日止，按年息百分之五計算之利息，以及請求被告張○○即○○起重工程行就上開給付與被告何昆○負連帶清償責任，爲有理由，應予准許。逾此部分之請求，爲無理由，應予駁回。……。

中　華　民　國　九十二　年　九　月　九　日

臺灣士林地方法院民事第○庭　法　官

（十八）臺灣板橋地方法院九十五年度訴字第一○一六號民事判決

【主要爭點】

　　中華職棒大聯盟從事棒球活動，舉辦職棒總冠軍賽時，出售門票，供人觀賞，竟未於球場內設置護網，以維護安全，致觀眾遭棒球擊中右眼而受傷，是否屬於民法第一百九十一條之三所定之危險活動。

【事實摘要】

　　原告於民國九十三年十一月十日購票進入被告台北縣立○○體育場觀賞，由被告○○○○棒球大聯盟主辦，被告○一棒球隊股份有限公司與被告○農職業棒事業股份有限公司比賽之職棒總冠軍賽，球場內雖貼有「球賽期間，請小心飛球，注意安全」等警語，惟並未設置護網，以維護安全，致球賽尚未開始，原告

即遭雙方練習之棒球擊中右眼，經送醫救治，視力矯正仍僅餘零點零貳，爰依民法第一百八十四條及第一百九十一條之三之規定，請求被告連帶負損害賠償責任。

【解析】

　　本判決認職棒大聯盟為從事職棒活動及相關安全維護之人，而職棒比賽所使用之棒球為硬式棒球，硬度甚高，於比賽前練球或正式球賽中，由投手快速投出之棒球經打擊者使力揮擊至內野看台之界外球，所在多有，且球速甚快，亦有擊中觀眾，造成觀眾受傷之情事發生，此為眾所周知之事實，是職棒大聯盟所從事之該項活動，其使用之工具有生損害於他人之危險。換言之職棒大聯盟從事上開活動，其使用之工具有生損害於他人之危險，應有民法第一百九十一之三之適用。至○一棒球公司及○農職棒公司，僅係參與比賽之隊伍，而非從事職棒活動及相關安全維護之人，自無民法第一百九十一之三之適用。

【裁判內容】

　　臺灣板橋地方法院民事判決九十五年度訴字第一○一六號

原　　　告　黃○○

訴訟代理人　粘○○

被　　　告　○○○○棒球大聯盟

法定代理人　趙○○

被　　　告　○一棒球隊股份有限公司

法定代理人　林蒼生

被　　　告　○農職棒事業股份有限公司

法定代理人　楊○○

上　列　三　人

共　　　同

訴訟代理人　黃虹霞律師

被　　　告　臺北縣立○○體育場

法定代理人　王永成　佳同上

　　上列當事人間請求侵權行為損害賠償事件，經本院於民國九十六年三月二十八日言詞辯論終結，判決如下：

主　　　文

　　被告○○○○棒球大聯盟應給付原告新臺幣貳佰陸拾貳萬零捌佰貳拾貳元，及自民國九十五年六月二十九日起至清償日止，按週年利率百分之五計算之利息。

　　原告其餘之訴駁回。

　　訴訟費用由被告○○○○棒球大聯盟負擔二分之一，餘由原告負擔。

　　本判決第一項於原告以新臺幣捌拾柒萬參仟陸佰元為被告○○○○棒球大聯盟預供擔保後，得假執行。但被告○○○○棒球大聯盟如於執行標的物拍定、變賣或物之交付前，以新臺幣貳佰陸拾貳萬零捌佰貳拾貳元為原告預供擔保，或將請求標的物提存，得免為假執行。

　　原告其餘假執行之聲請駁回。

　　事實及理由

一、原告主張：

（一）原告於民國九十三年十一月十日，購票進入被告台北縣立○○體育場（以下稱被告○○體育場），觀賞由被告○○○○棒球大聯盟（以下稱被告○○○○大聯盟）主辦，而由被告○一棒球隊股份有限公司（以下稱被告○一棒球公司）與被告○農職業棒事業股份有限公司（以下稱被告○農職棒公司）比賽之職棒總冠軍賽。詎球賽尚未開始之際，原告即遭雙方練習之棒球擊中右眼……無法恢復視力……視力矯正後最好只有零點零貳……被告應負賠償責任。

（二）……被告○○○○大聯盟出售門票，為商業行為，應負保護球迷之安全責任，有觀眾安全，人身受傷，即推定被告有過失，數人共同侵權，不能知其中孰為加害人，應連帶負損害賠償責任，民法第一百八十四條、第一百八十五條規定甚明。

（三）被告○○○○大聯盟出售門票，是一種商業行為，○○體育場防護措施不足……未盡相當之注意，依民法第一百九十一條之三規定，被告○○○○大聯盟應負賠償責任。

（四）原告是在球賽未開始前，球員練球時即被擊傷。……。

（五）無論球場是否符合國際標準，飛球飛進觀眾席，對球迷造成人身重大傷害……其防護措施顯無效，無法阻止觀眾不受傷害。加害之球員必有故意或過失……。

（六）未設置護網，或護網不夠高，甚至防護安全太差，球場及大聯盟均不能卸責……。

（八）請求項目，分述如下：

　　　1.醫療費用：……。

　　　2.勞動力大量喪失、未來工作受嚴重障礙之損失賠償：……。

　　　3.未來恢復視力之醫療費用：……。

　　　4.精神慰撫金：……。

二、被告○○○○大聯盟、○一棒球公司、○農職棒公司抗辯稱：

（一）被告並無侵權行為，原告之請求顯無理由：

　　　1.原告曾對訴外人洪瑞河、李文彬、范寶生、王永成提出過失重傷害之告訴，經……不起訴處分書在案。

　　　2.原告之右眼僅係視力減衰，並未喪失。……。

　　　3.系爭本案發生事故之○○體育場係台北縣政府所有，為合法取得使用執照之棒球比賽合法場地……，且係符合國際棒球標準比賽球場設施……，本件比賽入場券亦以紅色字體明載警語「球賽其間，請小心飛球，注意安全」……，被告已對其客觀上防止危險結果發生盡其注意義務。

　　　4.……本件傷害事故之發生，衡諸社會相當性原則，不過為偶然之事實而已，被告並無應注意而不注意之過失犯行。

（二）系爭球場之設施符合國際棒球比賽球場設施標準，本件事故之發生實係原告未注意飛球飛來所致，比賽之兩隊人員均無過失……。

（三）……原告並未舉證證明其右眼視力確有減衰及與本件受傷間之因果關係。原告請求高達一百萬元之精神損失慰撫金，應不合理。原告將來工作不當然因右眼視力減衰而受影響……原告主張每月減少八千元之勞動力損失，實乏依據。又係一次請求，應扣除中間利息。又所謂未來恢復視力之醫療費用，是否確定發生非無疑……。原告對於主張請求之因果關係及金額未盡舉證之責，且顯無依據及請求過高。

（四）……被告○○○○大聯盟除了在入場券上以醒目字體提醒觀眾注意飛球，於球場廣播時，不斷提醒觀眾注意飛球，○○棒球場亦豎立多個標語提醒觀眾注意飛球外，另為盡保護球迷責任，並向明台產物保險公司投保責任險，以保障球迷安全。

（五）本件棒球比賽係正常比賽，被告借用合格之○○棒球場作為比賽場地，被告並已在入場券上加註警語，在球場豎立警告標語及廣播方式提醒觀眾注意飛球，被告已盡應盡並能盡之注意，以避免損害，被告應無過失。至於原告所指○○球場防護措施不足部分，經查：

  1.依民法第一百九十一條規定，充其量係應否由工作物所有人負損害賠償責任問題，與非工作物所有人之被告無關。

  2.○○球場係合格之國際棒球比賽球場，領有建築執照，並無防護措施不足之問題。

  3.三壘觀眾席前不必然需有防護網，加裝防護網亦可能衍生球員受傷等問題……。

（六）原告自承係於其中一隊練球時遭飛球擊中，但卻同時對比賽兩隊請求連帶賠償，已屬無理由。況飛球上看台乃正常比賽過程可預見，並容許之符合社會相當性之行為，不生不法問題，故應無不法侵權行為可言……。

（七）……飛球上看台，只要觀眾依警語注意飛球，通常不致發生損害，本件原告之所以受傷，據悉係因原告第一次進場看球，未留意警語，在其中一球隊練球時轉頭專心注意看相反方向，未注意有飛球所致，故原告顯然與有過失。

（八）……並聲明求判決駁回原告之訴及假執行之聲請，如受不利之判決，願供擔保請准宣告免為假執行。

三、被告臺北縣立○○體育場則抗辯稱：

（一）按……民法第一百八十四條定有明文。職棒聯盟依法定程序申請使用，並依函文遵守本場管理要點第十三條第二款之規定負責處理安全維護、傷患急救等事宜……。

（二）本場歷經國際賽會（二○○一年世界盃棒球賽）與歷年職業棒球賽會使用，符合中華民國棒球規則規範之場地，除依法請領使用執照後使用，且由行政院消費者保護委員會聯合檢查場地合格……。本件係爭活動性質損害賠償，設施設置或保管尚無欠缺，本場警語「小心飛球，注意安全」，以期消除或降低風險。

（三）……本場場地建築及消防安全管理查核，均符合規定，以期提供安全、舒適棒球場地。

（四）……本場歷年尚無因設施未完善發生理賠情事。又原告質疑本場二樓座椅增設工程於九十四年底完工使用之安全部分，經九十五年職權七十場次比賽，尚無所言情事。並聲明求判決駁回原告之訴及假執行之聲請，如受不利之判決，願供擔保請准宣告免為假執行。

四、本院之判斷：

（一）……。

（二）……本件所應審酌者厥為被告應否負損害賠償責任，其次，若被告應負損

　　害賠償責任，則原告上述各項請求是否有理由，及原告是否與有過失。

（三）按……民法第一百九十一條之三規定甚明，再依民法債編施行法第三十六條第二項前段規定：……故對於經營一定事業或從事其他工作或活動之人，其工作或活動之性質或其使用之工具或法方有損害於他人之危險者，對他人所造成之損害，自八十九年五月五日起即有民法第一百九十一條之三條文之適用。本件原告於九十三年十一月十日，在被告台北縣○○體育場，觀賞由被告○一棒球公司與被告○農職棒公司比賽之「○○○○十五年總冠軍賽」，係由被告○○○○大聯盟主辦，台北縣○○球場為被告○○○○大聯盟為比賽目的而向台北縣政府租用，入場券由被告○○○○大聯盟發行，此為被告○○○○大聯盟所自認……。其間，被告○○○○大聯盟於九十三年十一月一日，以（九三）中職棒聯陳字第○三號函被告台北縣○○體育場稱：「球賽期間，有關球場事務之管理、清潔之維護、安全秩序及周邊交通之維護，本聯盟自當盡力維護辦理。」……。被告台北縣○○體育場於九十三年十一月七日，以北縣體字第○九三○○一七九六號函覆稱：「請貴聯盟遵守本場管理要點，球賽中及球賽後，有關環境清潔、公物維護、人員安全與停車規劃皆由貴聯盟自行負責處理。」……被告○○○○大聯盟為從事該次職棒活動及相關安全維護之人，應可認定。而職棒比賽所使用之棒球為硬式棒球，硬度甚高，於比賽前練球或正式球賽中，由投手快速投出之棒球經打擊者使力揮擊至內野看台之界外球，所在多有，且球速甚快，亦有擊中觀眾，造成觀眾受傷之情事發生，此為眾所周知之事實，是被告○○○○大聯盟所從事之該項活動，其使用之工具有生損害於他人之危險。換言之被告○○○○大聯盟從事上開活動，其使用之工具有生損害於他人之危險，應有民法第一百九十一之三之適用。

（四）依上開增訂條文之立法理由：「為使被害人獲得周密之保護，請求賠償時，被害人只須證明加害人之工作或活動之性質或其使用之工具或方法，有生損害於他人之危險性，而在其工作或活動中受損害即可，不須證明其間有因果關係。但加害人能證明損害非由於其工作或活動或其使用之工具或方法所致，或於防止損害之發生已盡相當之注意者，不在此限。」，故有關從事具有危險性活動之侵權行為，請求損害賠償之舉證責任，在八十九年五月五日前，原則上應由受害人就損害之發生、可歸責之原因事實、及兩者間有因果關係負舉證責任；惟在八十九年五月五日之後，被害人只須證明加害人之工作或活動之性質或其使用之工具或方法，有生損害

給他人之危險性，且在其工作或活動中受損害即可，不須證明加害人有可歸責之故意或過失及其間之因果關係。本件原告係於九十三年十一月十日，在被告台北縣○○體育場，觀賞由被告○○○○大聯盟從事之職棒比賽活動，因遭棒球擊中右眼而受傷造成損害……除非被告○○○○大聯盟能舉證證明其有民法第一百九十一條之三但書之情形外，否則，依同條前段規定，被告○○○○大聯盟對原告造成之損害應負賠償責任。而同條但書係規定：……此部分係有利於被告○○○○大聯盟之事實，依民事訴訟法第二百七十七條前段規定，應由其就此部分事實負舉證責任。……惟查……被告○○○○大聯盟未能舉證證明其有民法第一百九十一條之三但書之情形，難謂其於防止損害之發生已盡相當之注意，被告○○○○大聯盟對原告之損害，自應負賠償責任。

（五）被告○○○○大聯盟為從事系爭職棒活動及相關安全維護之人，被告○一棒球公司、○農職棒公司，僅係參與比賽之隊伍……既非從事系爭職棒活動及相關安全維護之人，自無民法第一百九十一之三之適用。原告復未能舉證證明被告○一棒球公司、○農職棒公司有應負損害賠償之情事，原告請求被告○一棒球公司、○農職棒公司負損害賠償責任，自屬無據。

（六）……被告台北縣○○體育場僅單純出租場地，並非從事系爭職棒活動之人，並無民法第一百九十一之三之適用。……原告請求被告台北縣○○體育場負損害賠償責任，亦屬無據。

（七）原告請求被告○○○○大聯盟賠償之項目，是否有理由，分述如下：

1.醫療費用部分：

　(1)按……民法第一百九十三條第一項定有明文。又該條項所謂增加生活上之需要，係指被害人被害以前並無此需要，因為受侵害始有支付此費用之需要者而言。

　(2)……均屬所需治療上必要之費用，增加生活上之需要之必要費用……，原告自得請求被告○○○○大聯盟賠償。

2.原告減少勞動能力部分：

　……原告減少勞動能力之損害為一百五十八萬三千九百七十四元，自得訴請被告○○○○大聯盟賠償其所受之損害。

3.精神慰撫藉金部分：

　……本院經審酌原告……；被告中華職棒大聯盟……等一切情狀，認原告於請求被告○○○○大聯盟賠償一百萬元精神慰金，尚屬公允。

4.未來恢復視力之醫療費用：

　　　　……缺乏依據不應准許。

　　　綜上所述，原告得請求被告○○○○大聯盟賠償之數額共爲二百六十二萬零八百二十二元……。

（八）……不能因被告○○○○大聯盟於防止損害之發生未盡相當之注意，反而課以被害人特別注意義務。綜上，尚難謂被害人即原告與有過失。

（九）從而，原告請求被告○○○○大聯盟給付原告二百六十二萬零八百二十二元，及自起訴狀繕本送達翌日即九十五年六月二十九日起至清償日止，按週年利率百分之五計算之利息，爲有理由，應予准許。原告逾此部分之請求，爲無理由，應予駁回。……。

五、結論：本件原告之訴，爲一部有理由，一部無理由……，判決如主文。

中　華　民　國　九十六　年　四　月　十八　日

　　民事第○庭　法　官

二、被害人無法證明危險與損害結果間是否具有因果關係之合理蓋然性

（一）臺灣雲林地方法院九十四年度訴字第六○七號民事判決──第二審臺灣高等法院臺南分院九十六年度上字第一二○號民事判決【見參、一、（十一）】

【主要爭點】

一、營造公司施作隔離水道工程時，未設置鋼板牆，致其所挖掘之部分，遇雨泥沙崩塌，造成進出水路泥沙淤積，他人養殖之水產物死亡，是否屬於民法第一百九十一條之三所定之危險工作或活動。

二、上開工程施作之危險與他人水產物死亡之損害是否具有因果關係之合理蓋然性。

【事實摘要】

　　原告主張其向訴外人承租土地養殖魚蝦、蛤蜊，被告○廣營造有限公司於民國九十三年間施作訴外人之雲林離島式基礎工業區麥寮區隔離水道工程時，原應設置鋼板牆卻未設置，致其挖掘部分遇雨泥沙崩塌，造成進出水路泥沙淤積，原

告養殖之魚蝦、蛤蜊大量死亡，爰依民法第一百八十四條第一項及第一百九十一條之三之規定，請求被告賠償損害。

【解析】

一、民法第一百九十一條之三所定之「危險」工作或活動，除需具有「高度」、「不合理」、「特殊」及「異常」等特徵外，更應具有能獲利、加害人對該危險得予掌控及避免、危險可藉由保險分散及由被害人舉證顯屬不公平等要件。本判決認為被告從事麥寮隔離水道進水池、排水道及護坡工作之行為，乃屬從事危險事業者製造危險來源，並因危險事業而獲取利益，即有本條之適用。且按工程施作所使用之工具，往往一有疏失，即會造成重大傷亡及財產上之損失，故應認具有高度之危險性。

二、又本判決認原告需證明被告在系爭土地附近從事麥寮隔離水道進水池、排水道及護坡之工作性質或其使用之工具或方法，有生損害於原告之危險性，而在其工作中受損害，即可推定危險與損害之發生有因果關係，乃因本於此種危險即有相當程度發生損害之可能性。易言之，對於危險存在之舉證，以具有因果關係之合理蓋然性即足，且此因果關係之推定必須無悖於論理法則或經驗法則。於本件情形，原告必須能舉證證明被告從事麥寮隔離水道進水池、排水道及護坡之工作，致系爭土地之進出水路泥沙淤積，而有引起原告養殖之魚蝦、蛤蜊大量死亡之危險，始可依蓋然性理論推斷與本件損害之發生有因果關係。本件原告無法證明養殖業者之給排水道無法暢通係被告施作之工程所致，且原告亦無法舉證證明被告在系爭土地附近從事系爭工程之工作性質或其使用之工具或方法，有生損害於原告之危險性，而在其工作中受損害之情為真實，則原告不能證明被告施作工程之危險與其損害具有因果關係之合理蓋然性，從而被告仍不負民法第一百九十一條之三之責任。

【裁判內容】

臺灣雲林地方法院九十四年度訴字第六〇七號民事判決

　　原　　　告　林朝〇
　　　　　　　　林俊〇
　　　　　　　　林明〇
　　　　　　　　林浚〇
　　　　　　　　林後〇

　　　　共　・　同
　　　　訴訟代理人　陳中堅律師
　　　　被　　　告　○廣營造有限公司
　　　　法定代理人　蔡○
　　　　訴訟代理人　林金陽律師
　　上列當事人間請求損害賠償事件，本院於民國96年4月23日言詞辯論終結，
判決如下：
　　　　主　　　文
　　原告之訴及假執行之聲請均駁回。
　　訴訟費用由原告負擔。
　　事實及理由
一、原告主張：原告向訴外人財政部國有財產局台灣中區辦事處雲林分處承租坐
　　落雲林縣麥寮鄉許厝寮段後安寮小段1677號土地（下稱系爭1677號土地）養
　　殖魚蝦、蛤蜊，詎被告於民國93年間施作訴外人台塑石化股份有限公司定作
　　之雲林離島式基礎工業區麥寮區隔離水道工程（下稱系爭工程），原應設置
　　鋼板牆卻未設置，致被告挖掘部分遇雨泥沙崩塌，造成系爭1677號土地之進
　　出水路泥沙淤積，並進而致原告養殖之魚蝦、蛤蜊大量死亡，原告至少受有
　　魚蝦苗、蛤蜊苗、飼料、魚漿、電費、薪資、雜項支出共計新台幣（下同）
　　3,022,208元之損害，僅請求如訴之聲明所示之一部損害，爰依民法第184條
　　第1項、第191條之3規定提起本訴等語。並聲明：被告應給付原告3,000,000
　　元，及自起訴狀繕本送達之翌日起至清償日止，按週年利率5%計算之利
　　息。願供擔保，請准宣告假執行。
二、被告則以：被告否認原告所指施作系爭工程不當，致系爭1677號土地之進出
　　水路泥沙淤積，造成原告養殖之魚蝦、蛤蜊大量死亡之情，蓋養殖魚蝦、蛤
　　蜊常因氣溫變化、水質酸鹼度控制不當，造成大量暴斃死亡，乃眾所周知之
　　事……原告是否受有……損害亦有疑矣，原告亦應負舉證責任等語，資為抗
　　辯。並聲明：①原告之訴駁回。②如受不利判決，願供擔保，請准免為假執
　　行。
三、兩造不爭執之事實：……。
四、本件兩造所爭執處，應在於：
　（一）被告於93年間施作系爭工程，是否致系爭1677號土地引水水路淤積，造成
　　　　原告所放殖之養殖物死亡之情？
　（二）苟認原告所放殖之養殖物死亡之情，係被告施作系爭工程所致，則原告主

張其等受有蛤苗、蝦苗、魚苗、飼料、魚漿、薪資、雜項費用之損害，是
否有據？

（三）苟認原告主張其等受有蛤苗、蝦苗、魚苗、飼料、魚漿、薪資、雜項費用
之損害有據，則原告可得請求被告賠償之數額為何？

五、茲分段論述如下：

（一）按……民法第191條之3定有明文。其立法理由謂：「為使被害人獲得周密
之保護，請求賠償時，被害人只須證明加害人之工作或活動之性質或其使
用之工具或方法，有生損害於他人之危險性，而在其工作或活動中受損害
即可，不須證明其間有因果關係。但加害人能證明損害非由於其工作或活
動或其使用之工具或方法所致，或於防止損害之發生已盡相當之注意者，
則免負賠償責任，以期平允。」蓋於一般類型之侵權行為中，就加害人主
觀要件及加害人行為與損害發生之因果關係，須由主張權利受侵害之人負
舉證責任。惟舉證之所在，敗訴之所在，若侵害人與受侵害人間就採取風
險防免、保全證據措施之地位存有顯著之不對等，則前述一般性的舉證責
任歸屬原則，對居於弱勢之受侵害人顯有不公，是以上開法文特揭櫫舉證
責任轉換之衡平原則，即從事具有造成他人損害危險性工作之人，與一般
侵權行為之法則相反，原則上推定加害人之主觀不法及加害人行為與損
害結果間之因果關係，加害人如欲免責，須就自身已盡相當注意或行為與損
害間欠缺因果關係等有利事實負舉證責任。

（二）有關被告於92年12月16日承攬訴外人台塑石化股份有限公司定作之系爭工
程，被告依彼等訂定工程承攬書工程範圍欄約定，施作護坡工程、進水
池、引水箱涵、排水道、排洪道、出口箱涵、翼牆、整地……等工作……
是被告因從事麥寮隔離水道進水池、排水道及護坡工作之行為，乃屬從事
危險事業者製造危險來源，並因危險事業而獲取利益，而有民法第191條
之3之適用，揆之上開說明，原告僅需證明被告在系爭1677號土地附近從
事麥寮隔離水道進水池、排水道及護坡之工作性質或其使用之工具或方
法，有生損害於原告之危險性，而在其工作中受損害，即可推定與損害之
發生有因果關係，乃依本於此項危險即有相當程度發生損害之可能性。惟
對於危險存在之舉證，以具有因果關係之蓋然性即足，惟此因果關係之推
定仍須無悖於論理性法則或經驗法則，於本件情形，必須原告能舉證證明
被告從事麥寮隔離水道進水池、排水道及護坡之工作，致系爭1677號土地
之進出水路泥沙淤積，而有引起原告養殖之魚蝦、蛤蜊大量死亡之危險，
始可依蓋然性理論推斷與本件損害之發生有因果關係。

（三）……查：

　　1.……原告尙難以業主台塑石化股份有限公司發函被告應改善其施工區域之漁塭養殖業者給排水道之暢通，被告遂爲維持水道暢通之擧，或與養殖業者達成協議一事，即得遽而主張該養殖業者之給排水道無法暢通即係被告所致。

　　2.……原告養殖用地即系爭1677號土地之進出水路泥沙淤積究否係被告施作系爭工程所致，即有疑矣，原告自難逕持該和解協議書遽而爲有利於己之主張，是原告仍應就其主張有利於己之上開事實先負擧證責任。

　　3.本院於95年8月3日至系爭1677號土地勘驗……足認原告主張系爭1677號土地之進出水路泥沙淤積係被告施作系爭工程所致之情，要難憑採，尙不足採信。

　　4.此外，原告迄今仍無法擧證證明被告在系爭1677號土地附近從事系爭工程之工作性質或其使用之工具或方法，有生損害於原告之危險性，而在其工作中受損害之情爲眞實，則揆之首開說明，尙難認原告主張被告有其所指之不法侵權行爲爲眞，則原告主張被告應負不法侵權行爲之責任，顯無可採，不應准許。

六、從而，原告依民法第184條第1項、第191條之3規定請求被告應給付原告3,000,000元，及自起訴狀繕本送達之翌日即95年1月5日起至淸償日止，按週年利率5%計算之利息，爲無理由，應予駁回。而其假執行宣告之聲請亦失所附麗，應倂予駁回。……。

中　華　民　國　九十六　年　五　月　七　日

民事第○庭　法　官

三、裁判認被害人未提出證據證明損害

（一）最高法院九十七年度台聲字第六七三號民事裁定——第一審：臺灣基隆地方法院九十五年度訴字第七二號民事判決【見肆、六】；第二審：臺灣高等法院九十五年度上字第九九一號民事判決【見壹、一、（九）】；第三審：最高法院九十七年度台上字第五八三號民事裁定【見壹、一、（十）】

【主要爭點】

　　營造公司動用大型機械（怪手）施作工程，是否屬於民法第一百九十一條之三所定之危險工作或活動。

【事實摘要】

　　聲請人主張系爭房屋原為其女即三名案外人所共有，相對人○吉營造股份有限公司承攬另一相對人經濟部○○署所屬第九河川局之「基隆河整體治理計畫（前期計畫）碇內一七堵區段堤防工程」時，因經濟部○○署之定作指示錯誤，致該公司將系爭房屋中不應拆除之部分予以拆除，且該公司於九十三年七月二十七日動用大型機械（怪手）強力震動拆除房屋時，因施工不良導致未拆除部分受有牆壁龜裂及屋頂漏水等損害。又該公司施作堤防工程前本應先作好防護措施，卻漏未施作，造成河岸開挖基礎時邊坡滑動，除房屋內之生財器具裝載機一部及古早時特種磚一批滑落河中外，該屋亦傾斜受損，爰以其受讓案外人之該屋所有權及損害賠償請求權，依民法第一百八十四條、第一百八十九條、第一百八十五條及第一百九十一條之三等規定，請求相對人連帶負損害賠償責任。聲請人對最高法院院九十七年度台上字第五八三號確定裁定不服，聲請再審。

【解析】

　　本判決補充最高法院九十七年度台上字第五八三號民事裁定所為認定施作工程無民法第一百九十一條之三之適用，並進一步詳細說明營造公司所從事經營之事業，依其工作或活動之性質若使用不當之工具或方法致有生損害於他人之危險者，仍有民法第一百九十一條之三之適用。惟認本件再審聲請人即原告就其損失並未提出證據證明，且再審相對人就防止損害之發生已盡相當之注意，自無損害

賠償責任可言，而駁回再審聲請人之再審聲請。

【裁判內容】

聲　請　人　王○○

訴訟代理人　陳福寧律師

上列聲請人因與相對人○吉營造股份有限公司等間請求損害賠償事件，對於中華民國九十七年三月二十七日本院裁定（九十七年度台上字第五八三號），聲請再審，本院裁定如下：

主　　文

聲請駁回。

聲請訴訟費用由聲請人負擔。

理　　由

本件聲請人主張本院九十七年度台上字第五八三號確定裁定（下稱原確定裁定），有民事訴訟法第四百九十六條第一項第一款、第十三款規定之情事，對之聲請再審，所持理由，不外以：聲請人於前訴訟程序，對台灣高等法院九十五年度上字第九九一號判決（下稱原第二審判決）提起上訴，所具第三審上訴理由狀已臚陳該判決有多項……違背法令情形……且有判決理由矛盾之違法。又相對人○吉營造股份有限公司（下稱○吉營造公司），係以營造地上、地下工作物為主，其所施作之工程為基隆河整體治理計劃碇內－七堵區段堤防工程（下稱系爭工程），內容包括拆除戶之房屋結構體切割及土方開挖工程等，均有致他人房屋毀損、緊鄰挖方之土石崩塌之危險，民法第一百九十一條之三立法理由所示之工作或活動並非列舉，原第二審判決以○吉營造公司施作系爭工程與該條立法理由所例示者有間，亦無因危險事業或活動而獲取利益為其主要目的，而為聲請人不利之認定，其判決均有適用法規顯有錯誤情形。原確定裁定認聲請人上訴不合法，裁定予以駁回，適用法規顯有錯誤……云云，為其論據。惟按民事訴訟法第四百九十六條第一項第一款所謂適用法規顯有錯誤，係指確定判決所適用之法規，顯然不合於法律規定，或與司法院現尚有效及大法官會議之解釋，或本院現尚有效之判例顯然違反者而言。又取捨證據、認定事實屬於第二審法院之職權，若其認定並不違背法令，即不許任意指摘其認定不當，以為上訴理由（本院二十八年上字第一五一五號判例參照）。再者，提起第三審上訴，非以原判決違背法令為理由，不得為之。如係依民事訴訟法第四百六十九條所列各款情形為上訴理由時，按同法第四百六十七條、第四百七十條第二項規定，其上訴狀或理由

書應表明該判決有合於各該條款規定情形之具體內容，及係依何訴訟資料合於該違背法令之具體事實。如係依同法第四百六十八條規定，以原判決有不適用法規或適用法規不當爲上訴理由時，其上訴狀或理由書應表明該判決所違背之法令條項，或有關判例、解釋字號，或成文法以外之習慣或法理等及其具體內容，暨係依何訴訟資料合於該違背法令之具體事實，並具體敘述爲從事法之續造、確保裁判之一致性或其他所涉及之法律見解具有原則上重要性之理由，爲民事訴訟法第四百六十九條之一第二項所明定。上訴狀或理由書如未依上述方法表明，或其所表明者與上開法條規定不合時，即難認爲已合法表明上訴理由，其上訴自非合法。本件聲請人對於原第二審判決提起上訴，其上訴理由狀雖指稱該判決有違背法令情形，惟……原確定裁定以其上訴爲不合法，裁定予以駁回，於法並無不合，自無聲請人所指適用法規顯有錯誤情事。至○吉營造公司所從事經營之事業，依其工作或活動之性質若使用不當之工具或方法致有生損害於他人之危險者，固有民法第一百九十一條之三之適用。惟查本件聲請人對於其主張生財器具、古早磚滑落河中之損害及搬家費用、房屋修繕期間租賃費用等損失均未提出證據證明，而關於系爭房屋有無傾斜、龜裂、漏水等情事，亦未據聲請人於工程進行中適時反應，且依○○署提出之系爭工程預算書、結算書、監工日報表、會勘紀錄、變更設計預算書，足證○○署就系爭工程原已編列鄰房建物監測損壞鑑定及維修費、臨鄰房擋土設施費、臨鄰房擋土注漿費等項目，另追加預算增加施作臨時鋼板樁且不予拔除以維護房屋安全，復針對房屋拆除部分做成實際增加房屋結構體切割二十戶，計五三○公尺之變更設計，○吉營造公司於拆除前並就拆除部分與房屋結構體進行切割，確實完成臨時鋼板樁等適當之防護措施各情，爲原第二審判決確定之事實。準此可謂相對人於防止損害之發生已盡相當之注意，依該條但書規定自無損害賠償責任可言。……聲請人主張原確定裁定有民事訴訟法第四百九十六條第一項第一款及第十三款規定之再審事由，聲請再審，尚難認爲有理由。

　　據上論結，本件聲請爲無理由。依民事訴訟法第九十五條、第七十八條，裁定如主文。

中　華　民　國　九十七　年　七　月　三十一　日

最高法院民事第○庭審判長　法　官

　　　　　　　　　　　　　法　官

　　　　　　　　　　　　　法　官

　　　　　　　　　　　　　法　官

　　　　　　　　　　　　　法　官

肆、當事人主張民法第一百九十一條之三、然判決完全未就此條文予以論述，而以其他規定認定當事人間之權義關係（共6件）

一、臺灣士林地方法院民事判決九十一年度保險字第二五號 —— 第二審：臺灣高等法院九十二年度保險上字第五五號民事判決【見壹、一、（三）】

【主要爭點】

經營貨物運輸業者運送鼓風扇馬達，是否屬於民法第一百九十一條之三之危險工作。

【事實摘要】

原告主張其承保訴外人公司即被保險人所有鼓風扇馬達之海上貨物運輸險，陸上運送部分委託被告東○運輸倉儲股份有限公司由其履行輔助人即被告明○交通事業有限公司負責。該馬達於民國九十年十月八日自德國漢堡港啓航，同年十一月四日在高雄港卸貨，交由明○交通事業有限公司運送至東○運輸倉儲股份有限公司之汐止貨櫃場。因被告於運送前未盡貨物檢查義務，途經高速公路北上抵達東○運輸倉儲股份有限公司之汐止貨櫃場後，檢視倉庫，始發現平板貨櫃上綑綁馬達之繩索斷裂，其中一馬達於途中自貨櫃車上掉落路肩，造成嚴重受損，可歸責於被告，經原告依保險契約賠付中華汽車公司後，爰依保險法第五十三條、民法第六百三十四條、第六百三十五條、第二百二十四條、第一百九十一條之三及第一百八十五條等規定，請求被告連帶負損害賠償責任。

【解析】

本判決就原告依民法第一百九十一條之三請求部分，並未論述，而僅謂系爭鼓風扇馬達受損係因託運人（德國廠商）之過失行爲所致，並非運送人即被告明○公司之故意或過失而造成，被告明○公司自不負賠償責任。

【裁判內容】

臺灣士林地方法院民事判決九十一年度保險字第二五號

　　　　原　　　告　新○產物保險股份有限公司
　　　　法定代理人　陳○○
　　　　訴訟代理人　陳兆雄
　　　　　　　　　　陳祈嘉
　　　　被　　　告　明○交通事業有限公司
　　　　法定代理人　蔡○○
　　　　訴訟代理人　邢昌儀
　　　　被　　　告　東○運輸倉儲股份有限公司
　　　　法定代理人　歐聖鐘
　　　　訴訟代理人　黃冠壹

右當事人間請求損害賠償事件，本院判決如下：

　　　　主　　　文

原告之訴及其假執行之聲請均駁回。

訴訟費用由原告負擔。

　　　　事　　　實

一、聲明：

（一）被告應連帶給付原告新台幣（下同）二百二十三萬七千二百零三元，及至起訴狀繕本送達翌日起至清償日止，按週年利率百分之五計算之利息。

（二）原告願供擔保請准宣告假執行。

二、陳述：

（一）……。

（二）原告承保訴外人（被保險人）中華汽車工業股份有限公司（下稱中華汽車公司）所有鼓風扇馬達之海上貨物運輸險，民國九十年十月八日自德國漢堡港至台灣基隆港汐止貨櫃場，……由台灣高雄港卸貨，陸上運送由被告東○運輸倉儲股份有限公司（下稱東○公司）所屬被告明○交通事業有限公司（下稱明○公司）負責，經高雄港卸貨路上運送至目的地汐止東○貨櫃場。

（三）經被保險人即受貨人中華汽車公司於目的倉庫檢視時發現該保險標的物鼓風扇馬達嚴重毀損，原告依保險契約賠付被保險人二百二十三萬七千二百零三元後，依保險法第五十三條之規定取得代位求償權。

（四）……保險標的物鼓風扇馬達的確在高速公路258公里500公尺處有掉落之事
　　　實……。

（五）依GAB ROBINS（羅便士國際保險公證人）針對本案的公證報告，茲節錄
　　　該報告Shipment5第5批進貨……中文翻譯如下：在貨物抵達的路途中，鼓
　　　風扇馬達掉落在路上毀損……關於第5批進貨中有關鼓風扇馬達之損失，
　　　乃是基於卡車運送過程未適當牢固所致。……。

（六）按……民法第六百三十四條第一項前段、第六百三十五條定有明文。
　　　又……民法第一百九十一條之三亦有明文規定。

（七）……商船自進港後無論採取何種卸貨方式，應經過何種手續以釐清海上與
　　　陸上責任，被告東○公司、明○公司、不得諉為不知經營此種業務性質所
　　　應負擔之責任……。

（八）依被告明○公司所提傑信公證有限公司（下稱傑信公證公司）針對本案所
　　　提出之公證報告，亦不否認系爭鼓風扇馬達於90年11月3日提領後，行經
　　　國道高速公路北上258公里500公尺處發生鼓風扇掉落，惟何以記載係原廠
　　　捆紮不牢固所發生？被告東○公司、明○公司於鈞院審理時均附和此說
　　　法，針對此點渠等即應負舉證之責。按……民法第六百三十四條第一項前
　　　段、第五百三十五條，第二百二十四條定有明文。又……民法一百八十五
　　　條亦有明文，被告東○公司與實際運送人被告明○公司，即應負共同侵權
　　　連帶負賠償責任。

（十）綜上所述，基於保險法第五十三條（保險人之當然代位），民法第
　　　六百三十四條第一項前段（運送人之責任）、第六百三十五條（運送物易
　　　有瑕疵之運送人責任）第二百二十四條（履行輔助人與使用人責任）；民
　　　法第一百九十一條之三（一般危險責任），訴請被告等求償……。

乙、被告東○公司方面：

一、聲明：

（一）原告之訴駁回。

（二）若受不利之判決，被告願供擔保請准免於假執行。

二、陳述：

（一）本案……為德國工廠直接包裝，送至德國漢堡港裝船，當船到達目的地，
　　　不為任何裝卸、拆裝之作業，再由中華汽車公司另為車輛運送工廠。被告
　　　與Hyundi Merchant Marine Co., Ltd.所委託台灣Hyundi Ocean Pioneer Shipping
　　　Agency Co., Ltd.雖然簽訂台灣地區貨櫃運送契約，由東○再委託明○公司
　　　運送，但與中華汽車公司間並無訂定任何契約也無直接接觸運送，被告並

非實際運送人。

（二）原告以被告為運送人，依民法第六百三十四條前段及第六百三十五條之規定，主張……及依民法第一百九十一條之三之規定，主張……二法律關係，請求被告東○公司負連帶賠償責任一事，亦非恰當：按民法第六百三十四條前段及第六百三十五條之規定，負賠償責任者應為訂有運送契約之運送人對於託運人所負之責任。本案被告東○公司並未與原告之被保險人中華汽車公司訂立運送契約，被告亦未簽發提單……。故被告並非運送契約之當事人亦非實際執行運送行為，並不適用民法第六百三十四前段及第六百三十五條之規定。(2)次依民法第一百九十一條之三之規定，係指侵權行為之損害賠償。本案被告並非實際從事運送行為之人，故無該條所定之工作或活動等生損害於他人之行為且原告之被保險人中華汽車公司亦未因被告東○公司之工作或活動而受損害，故被告並非侵權行為損害賠償之義務人，亦無民法第一百九十一條之三之適用。

（三）……究其所以掉落乃是綑綁繩索與鐵器邊緣沒有加上隔離物所致，而此繩索之包裝者，依照德國FRANK公司所發的提單運送條件來看，係為FCL（FULL CONTAINER LOAD），故應為原廠公司所包裝並非運送人所包裝，而此包裝並非被告所能任意改變的及易見之瑕疵，如此綑綁貨物的繩索因磨擦而斷裂導致貨物掉落，應是德國工廠託運人之過失……原告以此向運送人求償並非正當。

（四）再按協會貨物保險A條款不保事項4.3規定保險標的物之不良或不當包裝所引起之損害或費用，係為原告不承保的範圍，原告未能詳查，應該是中華汽車公司與原告有著密切關係，竟然予以賠付後又代位向被告求償，實非正當。……。

丙、被告明○公司方面：

一、聲明：

原告之訴駁回。

二、陳述：

（一）本公司此次受東○公司之委託承運中華汽車公司進口轉運櫃（CY），行駛於國道高速公路戰備跑道二五八公里處，無任何違反道路安全規則及無擦撞之狀況下，數件貨品中之鼓風扇馬達自貨櫃內翻落路面，導致貨物損傷。依本公司委託之傑信公證公司勘驗損失後，確認係為包裝不當所引起，而包裝方式係由託運人德國廠商FRACK M.VIET GMBH公司所為，理當由其負責理賠。

（二）本公司車輛之車頭與板台銜接完好，板台與貨櫃銜良好，且安全插銷銜接無誤，貨櫃自櫃內翻落路面，根據羅便士國際保險公證人所提之中文譯乃是基於卡車運送過程未適當牢固所致，顯有不當。

（三）本案之發生主要原因在於鼓風扇馬達與支架間之銲接不牢靠而導致繩子斷裂，實為包裝不固所致，且繩子又被防水膠布所包覆，實非包皮易見之瑕疵……本公司……絕無任何故意或過失及侵權行為。……。

　　　理　　由

一、原告主張：……。被告東○公司則以：……。被告明○公司則以：……。

二、……。

三、……足證本件貨物係貨櫃運送，櫃內鼓風扇馬達之毀損在於鼓風扇馬達與支架間之銲接不牢靠而導致繩子斷裂而發生，因貨物裝櫃封櫃係由託運人德國廠商FRACK M.VIET GMBH公司所為，鼓風扇馬達之毀損應係由德國廠商負責賠償。是被告所辯鼓風扇馬達之毀損係託運人德國廠商之過失所致，應以採信。

四、按關於運送人之責任，只須運送物有喪失、毀損或遲到情事，經託運人或受貨人證明屬實，而運送人未能證明運送物之喪失、毀損或遲到係因不可抗力，或因運送物之性質，或因託運人或受貨人之過失所致者，則不問其喪失、毀損或遲到之原因是否為可歸責於運送人之事由，運送人均應負法律上或契約之責任，最高法院四十九年度台上字第七一三號判例著有明文。查鼓風扇馬達之毀損既係因託運人（德國廠商）過失行為所致，非運送人被告明○公司之故意或過失所致，被告明○公司自不負賠償責任。

五、又按民法第二百二十四條係規定債務人之代理人或使用人，關於債之履行有故意或過失時，債務人應與自己之故意或過失負同一責任。並非規定債務人之代理人或使用人不法侵害他人之權利時，債務人亦應負同一責任。被告明○公司對運送鼓風扇馬達之毀損既無故意或過失，原告請求被告東○公司與被告明○公司同負侵權行為之損害賠償責任，即有未合。況被告明○公司為獨立營業之公司，並非被告明○公司之代理人或使用人，自無適用民法二百二十四條規定之餘地。

六、原告既不能證明其被保險人中華汽車公司對被告有鼓風扇馬達毀損之損失賠償請求權，從而原告依據保險法第五十三條第一項規定之保險人代位權，請求被告連帶給付二百二十三萬七千二百零三元，及至起訴狀繕本送達翌日起至清償日止，按週年利率百分之五計算之遲延利息，即非有據，應予駁回。原告之訴既經駁回，其假執行之聲請已失所依據，應併予駁回。……。

中　華　民　國　九十二　年　七　月　二十三　日
臺灣士林地方法院民事第○庭　法　官

二、臺灣桃園地方法院九十一年度重訴字第三五七號民事判決

【主要爭點】

運輸公司之司機使用曳引車掛載巨型槽體，載運、卸載化學原料，是否屬於民法第一百九十一條之三所定之危險工作或活動。

【事實摘要】

原告主張被告李○○受僱於被告華○運輸股份有限公司，使用曳引車掛載巨型槽體，載運化學原料丙烯氫卸貨時，疏未注意浮標位置之移動，以控管流量，致丙烯氫溢出，發生火災，原告廠房受損，爰依民法第一百八十四條第一項前段、第一百八十八條、第一百九十一條之三侵權責任及第六百三十四條前段運送人責任，請求被告負損害賠償責任。

【解析】

民法第一百九十一條之三所定之危險工作或活動，除須具有「高度」、「不合理」、「特殊」及「異常」等特徵外，更應具有能獲利、加害人對該危險得予掌控及避免、危險可藉由保險分散及由被害人舉證顯屬不公平等要件。運輸公司使用曳引車掛載巨型槽體，載運化學原料丙烯氫，一旦疏忽外洩，即會造成環境重大污染，對人身產生重大傷害，應認係屬高度危險之工作，業者並可藉此獲利及以投保來分散危險，故載運、卸載化學原料應屬民法第一百九十一條之三所定之危險工作或活動。惟法院就此未加論斷，僅依民法第一百八十四條規定調查結果，認定應由原告公司員工注意防止儲存槽滿槽溢流所可能發生之危險，而非由擔任載運之司機擔負防止危險發生之注意義務。本件如依民法第一百九十一條之三舉證責任轉換之規定，加以論斷分析，是否可得相同結果，值得進一步探究。

【裁判內容】

臺灣桃園地方法院九十一年度重訴字第三五七號民事判決

原　　告　○巨工業股份有限公司

法定代理人　蘇○○

訴訟代理人　黃元龍律師

被　　告　華○運輸股份有限公司

法定代理人　蔣○○

訴訟代理人　薛欽峰律師

被　　告　李○○

右當事人間請求損害賠償事件，本院判決如下：

　　主　　文

原告之訴及假執行之聲請均駁回。

訴訟費用由原告負擔。

　　事　　實

甲、原告方面：

一、聲明：（一）被告應連帶給付原告新台幣（下同）一千零六十九萬
二千八百十三元正及自民國（下同）九十一年十二月二十六日起至清償日止
按年息百分之五計付之利息；（二）訴訟費用由被告連帶負擔；（三）原告
願提供金融機構可轉讓定期存單為擔保，請准予宣告假執行。

二、陳屬略稱：

（一）被告等為運送人，於運送交付運送物之過程應負無過失之責任，自更應盡
善良管理人責任：

　　1.按……民法第六百三十四條前段定有明文，且……是謂運送人之無過失
責任，運送人既負有無過失責任，則在運送之執行，自更應負善良管理
人之責任，亦即運送人如在運送交付之過程中有過失即應負責，同時如
因此項過失，而造成損害時，並構成侵權行為之賠償責任。

　　2.……運送人之運送義務係自受領運送物起算，至交付完竣，始告完成，
既非自始起運，亦非運送到達目的地即告免責……運送人在運送貨物及
交付之過程中均有責任，負有注意義務，須直至交付完畢時，始能解免
責任，應甚明顯。

（二）被告李○○在運送交付之過程欠缺善良管理人之注意義務係有過失：

　　1.被告李○○當日係初次使用掛載於曳引車之巨型槽體，不會操作……。

　　2.另查，當日原告僅叫十一公噸，被告華○運輸股份有限公司（下稱華○
公司）卻為多收利潤，而多載九公噸擬運至第三者，總計有二十公噸，
已超過李○○已往之經驗……對如何操控槽體及配合馬達之運轉，並注

意於卸放至十一公噸時，及時為停止卸放之操控，完全無經驗，如此輕
忽，而造成火災能謂無過失乎！

3.又查本件丙烯氫輸入槽內，均係由運送之司機察看浮標全程位置之移動
俾控管流量，司機包括李○○均知其作用及功能之重要性……原告係受
貨人，觀察浮標僅係在被告通知交付卸料完畢，檢查被告輸入之量是否
足夠之問題，是行使權利，並非注意安全之義務應甚明顯。

4.李○○不諳槽體性能，未能有效管控，更故意未在卸料現場顧守，導致
丙烯氫溢出而發生火災：

(1)按李○○因掛載新槽體，未能有效操控，而撞及原告廠房門牆，與廠
區人員爭執賭氣，於輸送管裝好，開啓卸料口後，即故意逕自外出抽
煙，置之不理，放任化學原料之流放，以致儲存槽滿溢仍未發覺，並
致大量外溢，流及地面仍渾然不知，始引燃火災……李○○當時確係
在倉庫外面，而未在現場看守，聽到黃慶輝叫喊，其始擬進入倉庫，
卻為時已晚，連滅火器均未能及時使用，應已明顯。

(2)故本件李○○未在卸放現場注意顧守，為造成該次火災之最主要原
因，蓋倘其未故意逕自離開卸料之現場，而注意輸送之過程，即不會
發生滿溢之情形，且如有滿溢時，亦會有時間迅即關掉其槽體之開
關……。被告李○○因過失引起火災，侵害原告至為明顯。

5.……卸料進行時，係被告之司機應負注意義務，故其辯稱對於卸料之器
具配備等功能作用，此些屬含於卸料交付過程內之事宜，不負注意義務
即屬無稽。而何況被告及其司機均係運送人，卸料交付時其流量啓閉均
是由其處理，當日所載之量又比已往多，究竟量何時會達到十一公噸，
自以其應為清楚及注意之事，故運送交付之過程，本即應由其負注意義
務，此亦均屬運送人之責任，豈能再空言轉由原告注意。

（三）被告華○公司亦欠缺運送時，應為必要之注意及處置：

1.……被告公司初次使用該槽體，所用司機又無載運超過十一公噸丙烯
氫之經驗，此種情形顯足以妨礙運送或危害運送物之安全，依民法
六百四十一條之規定，為運送人之被告公司即應為必要之注意及處置，
例如加派有經驗之人員隨車指導，或更換為有經驗之司機，或更換為李
○○原慣於使用之槽體……。

2.……被告公司事實上依一般之運送概念，其既屬運送人，對運送時之各
種情況本有注意缺失，而為防止之義務，此屬善良管理人責任之本質，
而其均未為之，致引發火災，難道猶亦能謂無過失乎！

（四）被告公司答辯稱不負損害賠償責任，主要理由為原告訂有工作守則，所以卸料時有注意浮標之義務，且原告人員於發生火災後未關馬達云云，實則原告係受貨人，且無過失，說明如：

　　1.原告並無查看浮標，注意卸料安全之義務：

　　　(1)本件原告並未與被告約定卸料交付之安全注意義務由原告負責，……而被告既為運送人，本有負運送及交付運送物之注意義務，故交付時是否滿溢，及交付所發生之事故安危自亦係由被告所負責……在交付過程中，觀察浮標，注意滿溢等危險，即屬被告之義務……。

　　　(2)至證人黃慶輝雖稱其有注意浮標，然此係工廠管理人員口頭要其於被告交料卸入儲存槽後，檢查量是否足夠之問題，係受貨人權利之行使，而非要負注意安全之表示……。

　　2.原告訂有工作守則，係僅就原告廠內各項作業為規定，對於被告運送交付卸料，並未規定由原告人員負責，工作守則與被告交付卸料之注意義務無關……。

　　3.至被告辯稱事發時，原告人員未關馬達，然該些馬達係被告借用原告之設備達其交付丙烯氫之目的，有時被告人員亦會去開啟，而縱由原告人員開關，亦係因配合被告司機卸放停收之動作所為……原告人員開關馬達僅係配合被告司機之卸放或停止動作，並非主動為之，則當日李○○並未在現場守顧卸料，以致丙烯氫溢出引燃大火，已甚危險，如何能再要求原告人員逕自關馬達……。

（五）另關於當日丙烯氫卸料之時間，預計約三十五至四十分鐘，何以三十分即滿了之疑點：

　　1.按本件黃慶輝當時係依已往被告司機告訴他的經驗，如抽取十一公噸之原料約需三十五至四十分鐘，並告訴李○○，此係依已往卸料之習慣，用意係在提供一客觀之標準，提醒被告司機應輸入足夠之時間，俾不至於不夠量，並無免除司機注意義務，或要其離開現場之意思，反倒是在提醒司機該段時間係卸放之作業，更應在現場注意卸放之安全……。

　　2.……原告就儲存槽之餘量，及告以輸入之時間均無誤，並馬達等設備均未有更動之下，何以仍會溢出，由被告等確有甚多之疏失以觀，原因已在於被告，而被告係運送人有將貨料輸入儲存槽之義務，自應由被告負責。

（六）另原告人員曾見及李○○在外面抽煙，何以未喚其回到卸料處，謹說明如下：

1. 就客觀之環境而言：當時李○○撞壞門牆，曾與原告人員爭吵過，原告人員正忙於處理門牆……局面已呈現某種程度之緊張，要原告人員喚李○○回卸料現場，主、客觀上均有困難。且查李○○係卸料人員，在卸料過程中，有其職責及專業上之尊嚴……自無須他人催促使喚，……實難以期待原告人員為之。……原告人員既有事先預示，且在卸料現場守顧本即屬其義務及責任，原告人員自無再有喚其回卸料現場之義務，亦應明顯。

(七) 另查本件火災後，原告曾對富邦產物保險股份有限公司請求理賠，僅獲該公司給付理賠金五十七萬九千一百四十一元……然按……與因侵權行為所生之損害賠償請求權，並非出於同一原因。後者之損害賠償請求權，殊不因受領前者之保險給付而喪失。兩者除有保險法第五十三條關於代位行使之關係外，並不生損益相抵問題……。準此原告依侵權行為請求被告賠償，並不因獲有理賠而受有影響，亦不發生損害賠償金應扣除該理賠額之問題應為明顯。

(八) 末按……民法第一百八十四條第一項前段、第一百八十八條定有明文。本件原告廠房失火損失重鉅，實係因被告華○公司及司機李○○之過失行為造成已如前述，被告等應負損害賠償責任已為明顯；又被告華○公司係李○○之僱用人，則依上開法條華○公司自應與被告李○○連帶負損害賠償責任。……。

乙、被告方面：

壹、被告華○公司方面：

一、聲明：求為判決如主文所示。

二、陳述略稱：

(一) ……原告公司所有之槽體是否滿槽及抽取幫浦為何需由被告負責注意？亦即就該等設備之設置及管理應由何人負擔注意義務？原告等迄今均未對此加以證明：

1. 原告等應證明依其何種規範或約定，竟應由非該等設備之設置人或管理人之不熟悉第三人負責觀看槽體浮標是否滿槽或操作取抽之幫浦馬達？……。

2. ……原告公司卸料人員謹依該等規定而注意槽體浮標，並於滿槽時適時關閉抽取幫浦馬達，則卸料程序即會停止，根本不須被告司機啟閉所駕槽車之開關。因該槽車根本與僅與原告公司之輸送管路相接，本身毫無自動取抽之功能。況且如未依原告公司卸料人員之指示擅自關閉，而該

幫浦馬達依原告公司之安全衛生工作守則又係禁止其他人員操作碰觸，被告司機李○○擅自關閉而發生空轉，豈不更加危險？

3.依業界習慣，卸料程序確實均係由受料單位自行負責……僅任運輸工作之被告公司不僅在灌裝時不得操作託運人之設備，在卸料時亦應由卸料人自行負責操作其所屬設備，而被告確僅負責「卸料後」之「收拾工作」……原告又何可任意狡稱未負注意義務？

（二）是查更重要者為本案李○○並無涉過失公共危險罪責，亦早經鈞院九十年易字第七九二號刑事判決無罪「確定在案」。……。

（三）……該等設備均為原告所有，僅為駕駛運送之司機實不可能擅自操作。故至原告員工黃慶輝接手卸料之時，被告即已完成所有之運送交付義務。而該儲存槽是否滿槽，亦必係由原告公司人員判斷，自應由其對本身所有之儲存槽是否滿槽負注意義務。……原告員工所證稱原告亦知其負有注意義務，故要求黃員須注意浮標等情，確已可證是否滿槽必須由原告負注意義務，並非運送司機可以判斷。

（四）……因各受料廠商之儲存槽設備均不相同，況原告所設置之儲存槽尚有二公尺圍牆阻擋、設置失當，並無法單由外表正常判斷，又嚴格限制非原告操作人員根本不得進入，則單純送料之司機如何苛責其等均應能對非屬本身之設備之操作均可熟知，進而自行判斷在何種情況下為滿槽？此實違一般社會經驗。

（五）甚者，本件致生火災之原因有二，即原告員工操作加壓幫浦馬達抽取槽車之丙稀氰，並未注意伊所有之儲存槽已滿槽，致而溢流，第二亦係因原告未使用防爆型馬達，未有安全環境，此亦經桃園縣消防局火災原因報告書所載明……該報告結論為1.由輸送管洩漏遇火源（加壓泵浦之馬達）引火。2.丙烯氰槽體滿槽溢出遇火源（加壓泵浦之馬達）引火。……該等抽取之加壓幫浦馬達、輸送管及儲存槽既均為原告所有，自應由其加以專業訓練員工以操作判斷，豈係任可由非該公司之被告人員操作。……原告卻違反此項義務，自屬可予歸責。況且又係因原告所有之加壓幫浦馬達沒符合安全規範之防爆型馬達？更應由原告對本次損害事件負責。

（六）……依上揭原告公司安全衛生工作守則以觀，該公司之各種設備操作均應由該作業人員親自操作，縱其他員工亦不得任意為之，況非該公司員工之被告根本禁止碰觸，何況能予操作。又所有設備包括反應槽之狀況注意觀察，壓力容器之容量、液位之注意均為原告公司員工所應注意操作……更明確可證本案槽體液位浮標高低並本非被告所可注意，是其無注意義務亦

彰彰可明，反見原告等有重大之疏失。

（七）又本件自被告送達丙稀氰至原告公司，自原告公司導正車位後，即由原告接手操作卸料，是在此之際，已完成交付之行爲。……。本件僅係因原告員工以其設備自槽車抽取過量之丙稀氰致滿槽溢出，故均無礙被告已完成運送義務。……自應由其對此重大過失所造成之被告損害負起賠償責任。……。

（八）原告主張應由被告公司司機負注意義務，然其自始迄今均無法明確舉證依何規定或雙方約定得以如此主張……。

（九）……李○○早於八十八年十月二十五日領有運送該物品之專業執照，而且任職被告公司時亦曾多次駕駛同型槽車，均無問題，而其他受料廠商，亦如此正常操作，亦符合被告公司之安全訓練……被告公司及人員實無任何過失之存在。……。

（十）末查，本件原告既亦係以侵權行爲法主張被告等應連帶賠償槽車等損害，因本件被告早已完成運送義務，僅因原告等重大過失而生侵權行爲致被告受到損害。然原告等卻一再誤引民法第六百六十四條有關「運送物」之損害部分，自認有所謂通常事變責任之適用，已有未合。……本件所造成被告損害如前詳陳，確係因原告過失所致，則被告自無賠償之義務。且……因原告未善盡善良管理人之注意義務已有重大過失，另外其儲存槽及非設置防爆型馬達等設備之危險環境，已有違勞工安全等保護他人之法令規定，故依民法第一百八十四條第二項之規定，與民法第一百九十一條之三規定……應對被告所生運送槽車等損害負損害賠償責任。……。

貳、被告李○○方面：

一、聲明：求爲判決如主文所示。

二、陳述略稱：

（一）被告所受的訓練是不能隨便去動對方廠方的機器，被告是幫忙接槽口之卸料口，對方說可以卸料，被告就打開卸料出口，然後在槽車旁邊注意槽車不要有洩料的情況，洩完了是對方叫被告關，被告再關卸料出口。

（二）本件槽車載有二十噸的料，原告公司需十一噸，另外九噸是要給另外的客戶，然而本件照原告人員所告知洩載的時間，足以斷定卸料上不到十一噸就出事了；出事當時被告的想法是一個人救火不夠，但出來卻找不到人幫忙救火，因爲找人所以並未拿滅火器。

（三）關於槽體內之浮標，必須要拿椅子墊高才能看到，原告公司的人可以進去看；出事時證人黃慶輝跑到原告公司內發口罩，逃到馬路上，反而是被告

在關出口閥……。

（四）……撞牆柱的事與本件根本沒有關係；又應該是先關馬達才能拔管，馬達才不會空轉。關於保險公司理賠原告之事，被告並不清楚，本件刑事案件已認定被告並無責任。……。

　　　　理　　　由

一、原告主張意旨、被告答辯意旨與兩造爭執重點：

（一）原告主張意旨略以：……。

（二）被告華○公司答辯意旨則以：……。被告李○○答辯意旨略以：……。

（三）……而爭執重點在於：1.對於系爭火災之發生，被告應負重大過失責任、過失責任或通常事變責任？2.對於系爭火災，應歸責於原告人員、被告李○○或二者均應負責？被告華○公司是否應負連帶責任？3.原告所獲得保險理賠對於本件有何影響？爰就上揭爭點說明如后。

二、系爭火災之發生，應可歸責於原告公司人員未盡觀察浮標等注意義務，而被告李○○並無過失，被告華○公司亦毋庸連帶負責：

（一）本件原告質疑被告李○○就火災之發生具有過失……。

（二）惟查，被告李○○駕車至原告公司卸載丙烯氰時……應以刑事判決所認定之事實為可信，即卸料十一公噸予原告公司須三十五至四十分鐘，而當日僅卸料二十餘分鐘即發生事故，卸料尚不及十一公噸，故被告李○○當日載料雖有二十公噸，與事故之發生應不相干，更無不太會操作之問題。

（三）再者，原告公司之儲存槽係設在廠區內，儲存槽外是二公尺高之圍牆，該儲存槽若係滿槽時，槽體浮標即會降到底，故無法自圍牆外直接觀察浮標是否降到底而判斷是否滿槽，而被告李○○應不負趴在圍牆上觀看浮標之義務：

　1.……該公司儲存槽之浮標滿槽時浮標又會降到槽底，而卸料司機又無權進入儲存槽區觀看浮標，是載運化學原料之司機，原則上僅能聽從原告公司員工所為之指示，決定卸料時間之長短，實無於車邊觀察儲存槽是否滿槽之可能；……尚難期待一般司機均需跳上高牆加以觀察浮標高度……是本件應由原告公司員工注意防止儲存槽滿槽溢流所可能發生之危險，而非由擔任司機之被告李○○擔負防止上開危險發生之注意義務。

（四）……依上揭原告公司安全衛生工作守則以觀，該公司之各種設備操作均應由該作業人員親自操作，縱其他員工亦不得任意為之，況非該公司員工之被告李○○根本禁止碰觸，何況能予操作。又所有設備包括反應槽之狀況

注意觀察，壓力容器之容量、液位之注意均為原告公司員工所應注意操作……，原告顯有重大疏失。

（五）……原告公司員工本身在受料時即有依其安全衛生工作守則操作其所有設備之注意義務，且該公司從未對運送司機即被告等有任何訓練……顯然本件證人黃慶輝未注意浮標在先，就幫浦馬達亦未負起注意義務將之關閉，且因該馬達又非防爆型之合乎衛生安全法令物品，方係本件火災之真正起因。

（六）綜上小結，系爭火災之發生，應可歸責於原告公司人員未盡觀察浮標等注意義務，而被告李○○並無過失，被告華○公司亦毋庸連帶負責。

三、系爭火災既因可歸責原告之事由而發生，被告即毋庸負責；而保險理賠問題，更因此而與本件無關：

（一）本件原告主張……運送人之無過失責任，故被告對本件應連帶負賠償責任云云。

（二）惟查，誠如被告華○公司所答辯稱，縱依原告所引用之最高法院四十九年台上字第七一三號判例，其中亦明白述明若能證明損害係因「受貨人之過失而致者」，運送人根本無庸負責，而本件所造成被告損害如前詳陳，確係因原告過失所致，則被告自無賠償之義務。原告所主張通常事變責任尚且不能成立，則原告依民法第一百八十四條第一項前段、第一百八十八條之規定，主張被告李○○具有過失，被告華○公司應負連帶責任，其主張均非可採。

（三）又被告既因無可歸責事由而無須負損害賠償責任，保險理賠問題顯已因此而與本件無關，故無論述之必要。

四、綜上所述，原告本於侵權行為之法律關係，依民法第一百八十四條第一項前段、第一百八十八條之規定，提出本件損害賠償之訴，其請求為無理由，自不應准許，而應予駁回，又原告之訴既經駁回，其假執行之聲請失所附麗，應併予駁回。……。

中　華　民　國　九十二　年　五　月　十四　日

臺灣桃園地方法院民事第○庭　法　官

三、最高法院九十六年度台上字第一二二二號民事判決──第一審：臺灣雲林地方法院九十三年度公更字第一號民事判決【參、一、（五）】；第二審：臺灣高等法院臺南分院九十五年度公上字第一號民事判決【參、一、（六）】

【主要爭點】

　　工程公司從事離島式基礎工業新興區開發工作時，在海域抽砂，引起漂砂污染海域，致他人在海域內養殖之牡蠣苗遭泥砂覆蓋，無法著床，受有蚵條之損害，其行為是否屬於民法第一百九十一條之三所定之危險工作或活動。

【事實摘要】

　　被上訴人主張上訴人榮民工程股份有限公司台南科技工業區施工處於民國八十九年十月間，在雲林離島新興工業區附近海域進行抽砂工程，引起漂砂污染海域，造成其在鄰近海域養殖共約八百多公頃之牡蠣苗遭泥砂覆蓋，無法著床，受有蚵條（含竹頭、長竹、鐵線）之損害，爰依民法第一百八十四條及第一百九十一條之三規定，請求損害賠償。

【解析】

一、本判決未就第二審所認上訴人在海域從事抽沙工程，引起漂沙污染海域，係屬民法第一百九十一條之三所定危險事業，加以指摘，僅以其按蚵條之成本計算被上訴人所受之損害，顯非適當，發回續查，足見民法第一百九十一條之三另一值得深入研究之課題係公害事件所帶來之損害，往往不及取證，甚至證據因該危險之發生而滅失殆盡，欲期待被害人舉證損害之金額，實係強人所難。

二、按民事訴訟法第二百二十二條第二項規定：「當事人已證明受有損害而不能證明其數額或證明顯有重大困難者，法院應審酌一切情況，依所得心證定其數額」，本件被害人已證明抽沙工程導致其蚵苗受有嚴重影響，然證明損害之金額實屬顯有困難，自得依上開規定，由法院調查審酌一切情況，依所得心證定其數額。

【裁判內容】

最高法院九十六年度台上字第一二二二號民事判決

上　訴　人　榮民工程股份有限公司台南科技工業區施工處

法定代理人　林宜楷

訴訟代理人　郭宏義律師

被 上 訴 人　○烏燕

　　　　　　○約輝

　　　　　　○富義

　　　　　　○新德

　　　　　　○磨

　　　　　　○阿美

　　　　　　○吟

　　　　　　○居明

　　　　　　○罔飼

　　　　　　○國賢

　　　　　　○玉霞

　　　　　　○珠敏

　　　　　　○信義

　　　　　　○讚吟

　　　　　　○金順

　　　　　　○水河

　　　　　　○清山

　　　　　　○賢

　　　　　　○振興

　　　　　　○紡

　　　　　　○敏郎

　　　　　　○正雄

　　　　　　○詠娟

　　　　　　○正義

　　　　　　○中村

　　　　　　○進宗

　　　　　　○路

○朝宗

○文龍

○情

○跳昌

○翠楓

○金山

○海發

○黎雲

○堯杉

○差

○水發

○榮凱

○珍

○敏郎

○全家

○永濱

○○樹蘭

○秋月

○老居

○豆

○世強

○谷春

○進雄

○麗華

○紅蟳

○羅

○含笑

○烏皙

○志融

○海龍

○水

○淑珍

○海趒

○素春
○雲龍
○麗吟
○欽
○進郎
○金城
○吉松
○心琪
○金皇
○阿和
○嬌蓮
○秋來
○器
○金圳
○聰明
○傳
○後廷
○子良
○脫
○吳㨗
○清山
○耍
○昆山
○水波
○金葉
○團
○次郎
○嬌娥
○賢昌
○○秋蘭
○平助
○同
○阿緞

○文正
○垂仁
○素雲
○明昌
○甲乙
○香
○福利
○秀月
○育民
○西良
○福祈
○發
○東德
○天湖
○淑娥
○昭文
○明達
○秀枝
○平生
○英俊
○秋菊
○金全
○冬密
○文靜
○矮前
○登財
○世和
○進權
○光鴻
○清森
○旭書
○明輝
○尚

○隆春

○源泉

○尚

○崑雲

○美雲

○篇

○岳良

○瓊如

○樹莊

○振興

○喜

○清雲

○桂○

○阿望

○武雄

○茂松

○山竹

○珠

○耀璉

○秀英

○連添

○健翔

○楊寶雲

○秀雲

○心

○玉金

○清量

○樹傳

○惠英

○文基

○秋

○彩

○強

　　　　　　　○欉
　　　　　　　○鳥肉
　　　　　　　○老旺
　　　　　　　○○玉梅
　　　　　　　○媽德
　　　　　　　○佑城
　　　　　　　○進雄
　　　　　　　○文井
　　　　　　　○栽
　　　　　　　○水獅
　　　　　　　○雪梅
　　　　　　　○名宏
　　　　　　　○志成
　　　　　　　○珍
　　　　　　　○菊
　　　　　　　○瑞來
　　　　　　　○嚏
　　　　　　　○梅吉
　　　　　　　○鴛
　　　　　　　○續
　　　　　　　○秀暖
　　　　　　　○宗諺
　　　　　　　○素蓮
　　　　　　　○進財
　　　　　　　○冷利

　　上列當事人間請求損害賠償事件，上訴人對於中華民國九十五年十二月二十六日台灣高等法院台南分院第二審判決（九十五年度公上字第一號），提起上訴，本院判決如下：
　　　　主　　文
　　原判決關於駁回上訴人之上訴及該訴訟費用部分廢棄，發回台灣高等法院台南分院。
　　　　理　　由
　　本件原審維持第一審所為上訴人敗訴部分之判決，駁回其上訴（對第一審

共同被告○明華第二審上訴部分，則另以裁定駁回；被上訴人其餘之請求，則已經受敗訴判決確定），無非以：……查上訴人於八十九年間，在雲林縣台西鄉外海離島新興工業區（下稱新興工業區）海域進行抽砂工程（下稱系爭抽砂工程），被上訴人則在新興工業區附近海域養殖共約八百多公頃之牡蠣苗等情，為兩造所不爭。茲被上訴人主張：因上訴人進行系爭抽砂工程，引起漂砂污染海域，致其等所放殖蚵條之蚵殼遭泥砂覆蓋，造成牡蠣苗無法著床受有損害，上訴人應賠償損害云云，上訴人則否認之，兩造情詞各執。是本件所應審究者，乃上訴人進行系爭抽砂工程，是否引起漂砂污染海域，致被上訴人放殖蚵條之蚵殼遭泥砂覆蓋，造成牡蠣苗無法著床，被上訴人主張受有蚵條含竹頭、長竹、鐵線之損害，是否有據？按……民法第一百九十一條之三定有明文。訴外人經濟部工業局委託上訴人開發雲林離島式基礎工業區之新興區，由上訴人辦理土地取得、工程規劃、設計、監造、施工、管理等工作，並於完成土地開發及辦理租售業務，並受領代辦費……上訴人因從事工業區開發行為，即屬從事危險事業者製造危險來源，並因危險事業而獲取利益，而有民法第一百九十一條之三規定之適用。被上訴人主張：系爭抽砂工程引起漂砂污染海域，造成其等在鄰近海域養殖共約八十多公頃之牡蠣苗遭泥砂覆蓋，無法著床等情，業據提出漂砂對台西牡蠣苗生產區牡蠣苗附著之影響報告書（下稱系爭報告書）為其證據方法，觀諸該報告書內載：……其結論為：……新興工業區海域附近之牡蠣苗附著不佳，非牡蠣族群內在因子所致，而係系爭抽砂工程產生漂砂肇致無疑。另據行政院農業委員會漁業署（下稱漁業署）函覆，針對影響台西沿海牡蠣苗附苗原因，經公開評審評定由國立嘉義大學辦理環境因子對養殖池文蛤成長與野生牡蠣附苗影響之研究計畫……為本件事實認定之有力依據。該研究結果認定……可見工程進行期間，附苗區內牡蠣與藤壺之附苗皆受到濁泥嚴重影響。附苗器被覆蓋一直是牡蠣附苗失敗之主要原因。足認被上訴人就上訴人系爭抽砂工程工作性質，或其使用之工具或方法，有生損害於其等之危險性，且在其工作中受損害等構成要件，已盡舉證責任。……要無上訴人所指懸浮固體濃度愈高，牡蠣苗著床率即越高之情。……如遇上訴人施工期，該海域之懸浮固體值即略高於未開發前之懸浮固體值，反之兩者之懸浮固體值則相近。而新興工業區海域附近附苗區之懸浮固體值增高，既係因系爭抽砂工程所致，不能截取報告書部分內容為其免費抗辯之有力證明。上訴人未就系爭抽砂工程已盡相當注意，或其行為與被上訴人放殖蚵條之蚵殼遭泥砂覆蓋間，欠缺因果關係等有利於己之免責事實負舉證責任，則被上訴人主張：系爭抽砂工程引起漂砂污染海域致其等所放殖蚵條之蚵殼遭泥砂覆蓋，造成牡蠣苗無法著床云云，自可信採。……上訴人雖受委託工業區開發工作，然其應依環

境保護法等相關保護他人之法令施作，自應負系爭抽砂工程造成損害之賠償責任。縱被上訴人占有系爭海域，圍築蚵架養殖牡蠣，係屬竊佔行為，然此乃其是否應受竊佔刑責相繩，非謂其涉竊佔犯行，即謂其放殖蚵條之所有權，無庸受相關法令之保護。……堪認被上訴人放殖之蚵條，因上訴人抽砂工程，引起漂砂污染海域，而喪失牡蠣採苗之功能，是被上訴人主張受有蚵條之損害，自屬有據。被上訴人雖未能舉證證明所受損害之數額若干，然若強令其負舉證責任，亦難認屬公平。為此依據民事訴訟法第二百二十二條第二項規定意旨，酌定其損害之金額。被上訴人主張受有如附表訴之聲明欄所示金額之損害，固據提出蚵苗買賣證明書、錄影帶、航照圖等證據，惟……無法證明被上訴人所受蚵條損害之數額為何，亦難執此為有利於被上訴人之證明。……新興工業區附近海域之蚵苗養殖業者，因於八十九年間所放殖之蚵條大量發生遭泥砂覆蓋，致牡蠣苗無從附著成長情事，……而收入銳減，並進而影響生計，蚵苗養殖業者遂向漁業署等相關單位陳情，上訴人始與上開海域之蚵苗養殖業者協議，決定由上訴人委託訴外人財團法人台灣漁業及海洋技術顧問社，鑑定上開海域之蚵條遭泥砂覆蓋之原因為何，並查估該區域之蚵苗養殖業者所養殖蚵條之條數，及遭泥砂覆蓋率等為何之報告，惟該顧問社嗣並未為上開查估之舉……上訴人捨此協議不為履行，事後抗辯被上訴人應舉證證明蚵條損害條數，及遭泥砂覆蓋率云云，致因窘於智識、財力、專業性等不足之蚵苗養殖業者，前因信賴上訴人會依協議履行查估作業，而未保存損害蚵條等相關物證，致無法憑以計算損害數額，上訴人辯稱被上訴人應舉證證明蚵條損害條數，及遭泥砂覆蓋率等情節，實強人所難並失誠信。被上訴人主張受損害之蚵條數未逾常情，上訴人復未能舉反證推翻，堪認被上訴人此部分之主張為可採。參諸上訴人提出之報告書內載有：……，再對照被上訴人提出蚵苗單位成本概估表所載項目單價，可知以垂下式養殖蚵苗方法所放殖之蚵條每條價額為三元，被上訴人主張其等受有如原判決附表所示上訴人應給付之金額欄所示之損害金額，即屬有據。被上訴人本於侵權行為損害賠償之法律關係，請求上訴人如數賠償並法定遲延利息，為有理由等詞，為其判斷之基礎。

　　按……民事訴訟法第一百六十八條定有明文。又按……同法第二百五十四條第一項、第二項亦有明文。是如當事人死亡，其繼承人未承受其訴訟前，將為訴訟標的之法律關係移轉於第三人，因訴訟程序當然停止，自無由為聲請承當訴訟或聲請法院裁定許承當訴訟之行為；該第三人既非繼承人，更無可由其聲明承受訴訟而為訴訟當事人。第一審共同原告○榮太、○國山、○克岳、○老對、○劉五人，既依序於九十四年九月十九日、九十四年九月二十六日、九十五年一月二十二日、九十五年三月九日、九十五年九月五日死亡……，原審未察，竟以其

等各該共同繼承人，已依序分別具狀聲明轉讓債權予○宗諺、○冷利、○秀暖、○素蓮、○進財承受訴訟為由，准其聲明承受訴訟，列之為當事人進行訴訟程序並為判決，於法即屬有違。其次，本件被上訴人請求上訴人賠償之損害，乃係因上訴人進行系爭抽砂工程，引起漂砂污染海域，致其等所放殖蚵條之蚵殼遭泥砂覆蓋，造成牡蠣苗無法著床所受之損害。亦即被上訴人放殖蚵條，原係使牡蠣苗附著成長，而取得附著成長牡蠣苗之蚵條獲得利益，因上訴人抽砂引起漂砂，致牡蠣苗減少附著成長，則被上訴人之損害，係系爭抽砂工程引起漂砂造成牡蠣減少附苗，使被上訴人減少取得牡蠣苗所受之損失，放殖蚵條不過係被上訴人取得牡蠣苗之應支出成本，一經放殖，無論是否取得牡蠣苗，自無可回收，而被上訴人亦係提出蚵苗買賣證明書為其證據方法。復依嘉義大學之研究結果，系爭抽砂工程進行期間，附苗區內牡蠣與藤壺之附苗皆受到濁泥嚴重影響，附苗器被覆蓋一直是牡蠣附苗失敗之主要原因。顯見系爭抽砂工程之濁泥，會隨水流飄向新興工業區海域附近附苗區，並因而致該區牡蠣苗附著不佳之情事，為原審確定之事實；而牡蠣生理功能受濁泥影響有顯著改變，由野外調查及實驗室之研究得知，牡蠣大量死亡之原因，係因濁泥下其食物大量減少，且開殼率及攝食量減低，致長期饑餓而死亡，亦為原審所認定。果係如此，則原審以蚵條之成本計算被上訴人所受之損害，顯非適當。上訴論旨，指摘原判決對其不利部分為不當，聲明廢棄，非無理由。

　　據上論結，本件上訴為有理由。依民事訴訟法第四百七十七條第一項、第四百七十八條第二項，判決如主文。

中　華　民　國　九十六　年　五　月　三十一　日
　　最高法院民事第○庭審判長　法　官
　　　　　　　　　　　　　　　法　官
　　　　　　　　　　　　　　　法　官
　　　　　　　　　　　　　　　法　官
　　　　　　　　　　　　　　　法　官

四、最高法院九十六年度台上字第一○六號民事判決 ── 第一審：臺灣苗栗地方法院九十三年度訴字第四九號民事判決【見參、一、（七）】；第二審：臺灣高等法院臺中分院九十四年度上字第九三號民事判決【見參、一、（八）】、臺灣高等法院臺中分院九十六年度上更一字第一二號民事判決【見參、一、（九）】；第三審：最高法院九十七年度台上字第一八四一號民事判決【見肆、五】

【主要爭點】

　　工程公司從事架設輸電線更新工程時，因掉落高壓輸電線，而碰觸鐵路局所有之電線設備，造成鐵路局之火車停駛，受有損害，是否屬於民法第一百九十一條之三所定之危險工作或活動。

【事實摘要】

　　上訴人交通部台○○○管理局主張自強號列車於民國九十年一月十一日上午十時二十分左右，駛於苗栗縣通霄及苑裡站區間時，列車駕駛人發現鐵道上有工程人員揮手示意停車，同時查覺上訴人所有之電線設備即三角架及主吊線斷落垂下有礙行車，遂立即緊急煞車並報警處理。而此疑似被上訴人台灣○力股份有限公司委託另一被上訴人○立工程有限公司，由其僱用之現場負責人即另一被上訴人朱○○架設高壓輸電線掉落並碰觸上訴人所有之上開電線設備所致，因而造成上訴人受有損害，爰依民法第一百八十四條第一項、第二項、第一百八十五條、第一百九十一條之三及第一百八十八條之規定，請求被上訴人連帶負損害賠償責任。

【解析】

　　本判決就第二審認定本件有民法第一百九十一條之三之適用，並未指摘，而僅就上訴人即原告之請求權有無罹於時效，發回第二審再詳為調查。

【裁判內容】

　　最高法院九十六年度台上字第一○六號民事判決

　　　　上　訴　人　交通部台○○○管理局

法定代理人　何煖軒

訴訟代理人　羅秉成律師、魏順華律師

被 上 訴 人　朱○○（即朱○○）

　　　　　　　○立工程有限公司

上 列 一 人

法定代理人　王芊文

共同訴訟代理人　江錫麒律師

被 上 訴 人　台灣○力股份有限公司

法定代理人　陳貴明

訴訟代理人　彭火炎律師、張玉琳律師

　　上列當事人間請求損害賠償事件，上訴人對於中華民國九十四年四月二十七日台灣高等法院台中分院第二審判決（九十四年度上字第九三號），提起上訴，本院判決如下：

　　　　主　　　文

原判決廢棄，發回台灣高等法院台中分院。

　　　　理　　　由

　　……上訴人主張：伊所有苗栗縣通霄及苑裡站區間三角架及主吊線之電線設備（下稱台鐵電線設備）於民國九十年一月十一日上午十時二十分許，遭被上訴人台○公司所有之高壓輸電線掉落碰觸，造成主吊線短路產生火花而燒斷，致第一○○六次自強號列車緊急煞停，海線列車行駛中斷（下稱系爭事故）。……於九十年十二月二日……伊始知台○公司委託施工之承攬人即被上訴人○立工程有限公司（下稱○立公司）所僱用現場負責人即被上訴人朱○○回收台○舊輸電線疏未注意防護為肇事主因，朱○○因此遭判處公共危險罪刑確定。是承攬人○立公司及其僱用之朱○○，既於施工中，疏於注意，致定作人台○公司之工作物輸電線掉落碰觸台鐵電線設備，列車因此停駛，使伊受有派員搶修工料及營業損失等損害共新台幣（下同）二百九十一萬九千三百三十二元。台○公司、○立公司及朱○○即構成共同侵權行為，應對伊負連帶賠償責任。爰依民法第一百八十四條第一、二項、第一百八十五條、第一百九十一條之三、第一百八十八條規定，求為命被上訴人如數連帶給付……。

　　被上訴人○立公司及朱○○辯稱：上訴人之台鐵電線設備短路跳電，係不明異物碰撞所造成，與○立公司承攬台○公司工程之施工無關。縱認伊等應負侵權行為損害賠償責任，惟台○公司已於九十年四月四日發函上訴人，提及○立公司為其承包商，應由承包商負責，足見上訴人於九十年四月四日即明知賠償義務人

及所受之損害，乃遲至九十二年八月二十八日始提起本件訴訟，顯罹於二年消滅時效期間，伊等仍得拒絕給付，毋庸負賠償責任等語。

被上訴人台○公司則以：上訴人未舉證證明伊就電纜線之設置或保管有何欠缺，及如何與台鐵電線設備接觸致生系爭事故，請求伊賠償，已屬無據。況系爭事故發生後，上訴人曾於九十年一月十六日及同年二月二十一日發函伊請求損害賠償，已知悉伊為賠償義務人，其遲至九十二年八月二十八日始提起本件訴訟，顯罹於二年消滅時效期間，伊得拒絕給付。其再對伊求償，亦屬無理等語，資為抗辯。

原審維持第一審所為上訴人敗訴之判決，駁回其上訴，係以：……朱○○既擔任○立公司所承包台○公司通霄及苑裡段輸電線架設更新工程之工地現場負責人，即應注意施工安全，竟於回收輸電線時，未隨時注意防護網內輸電線是否全部回收完畢，有無殘留之情形，以避免危險之發生，致台○公司之輸電線碰觸台鐵電線設備，而發生系爭事故，自應就其過失負侵權行為損害賠償責任。○立公司為朱○○之僱用人，就朱○○於執行職務時過失不法侵害上訴人權利之行為，亦應與朱○○連帶負損害賠償責任。造成系爭事故之輸電線乃台○公司之工作物，依民法第一百九十一條第一項之規定，台○公司未舉證證明其保管工作物並無欠缺，或對於防止上開損害之發生，已盡相當之注意，即應依工作物所有人之侵權行為法律關係，併對上訴人負損害賠償責任。上訴人對被上訴人三人之請求，本非無據；惟……上訴人至遲於九十年四月九日，即實際知悉損害及賠償義務人。則上訴人對被上訴人三人之侵權行為損害賠償請求權時效，自該日起算，至九十二年四月九日已告屆滿。上訴人就系爭事故之損害，固曾於九十一年七月五日對台○公司及○立公司二人提起損害賠償訴訟（台灣苗栗地方法院《下稱苗栗地院》九十一年度訴字第三二○號侵權行為損害賠償事件《下稱前案》），經苗栗地院於九十二年八月六日通知視為撤回起訴後，旋於六個月內，提起本件訴訟，但前案視為撤回通知當時，上訴人之損害賠償請求權業已屆滿二年消滅時效期間。其於時效完成後，縱在前案撤回六個月內，提起本件訴訟，仍不生時效中斷之效力。是上訴人對於被上訴人三人之侵權行為損害賠償請求權，既已罹於請求權消滅時效，被上訴人為時效抗辯，自屬有理。上訴人之請求，即屬無據，無從准許等詞，為其判斷之基礎。

查上訴人於系爭事故所受之損害，被上訴人三人原應依侵權行為法律關係，對上訴人負連帶損害賠償責任。因上訴人至遲於九十年四月九日即實際知悉損害及賠償義務人，其侵權行為損害賠償請求權之二年時效期間自該日起算，至九十二年四月九日已屆滿。其於九十二年八月二十八日提起本件訴訟，顯罹於請

求權消滅時效，固爲原審所認定之事實。惟依張顯陽於警局訊問中所陳述，……似見張顯陽當日僅知悉事故現場之台○工程外包商爲○立公司、其工地現場負責人爲朱○○，並主張台○公司及○立公司應負賠償責任而已，尚無朱○○應就系爭事故負侵權行爲責任之認知。而上訴人嗣於九十年一、二月間先後對台○公司之求償函文及台○公司同年四月間覆函內容，均未提及朱○○其人，又爲原審所確認；參以鐵路警察局第二警務段於九十年十二月二日函示上訴人系爭事故查處情形，始說明將朱○○依公共危險罪嫌移送偵查等情……，則上訴人主張其係於九十年十二月二日收受上開函文，始知朱○○應負侵權行爲責任，其對朱○○提起本件訴訟時，尚未逾二年消滅時效期間，是否非全然無據？非無進一步探求之餘地。原審未詳查細究，徒以張顯陽於事發當日即知悉朱○○爲○立公司工地負責人，遽認其已認識朱○○侵權行爲之事實，自嫌疏率。次按時效因撤回起訴而視爲不中斷者，請求權人於提出起訴狀於法院並經送達之時，暨請求權人於訴訟程序進行中之各次書面或言詞請求，均應視爲請求權人已對義務人爲履行之請求，同生時效中斷之效力。本件上訴人於九十一年七月五日提起前案訴訟後，於該訴訟程序進行中，是否曾以言詞或書面繼續對被上訴人台○公司或○立公司爲請求？其各次請求時間爲何？若係在二年消滅時效期間內爲之者，截至其提起本件訴訟之日爲止，究生民法第一百二十九條第一款所規定消滅時效因「請求」而中斷之效力？或屬民法第一百三十條「於請求後六個月內不起訴，視爲不中斷」規定之情形？在在均關涉上訴人請求權已否罹於時效而消滅之判斷。原審疏未爲任何調查審認，逕憑苗栗地院通知撤回起訴之日期（非法定視爲撤回起訴日期）已逾二年時效期間，即謂本件無時效中斷情形，而爲不利於上訴人之認定，未免速斷，難昭折服。又上訴人究竟何時知悉（同時知悉或先後知悉）被上訴人三人就系爭事故有侵權行爲賠償責任？關係其請求權消滅時效起算始日及被上訴人三人時效抗辯是否均有理之判斷，自應就被上訴人三人之情形予以分論。乃原審率以上訴人至遲於九十年四月九日已知悉，胥自該日起算消滅時效期間，亦屬可議。上訴論旨，指摘原判決不當，聲明廢棄，非無理由。

　　據上論結，本件上訴爲有理由。依民事訴訟法第四百七十七條第一項、第四百七十八條第二項，判決如主文。

中　華　民　國　九十六　年　一　月　十八　日
最高法院民事第○庭審判長　法　官
　　　　　　　　　　　　　法　官
　　　　　　　　　　　　　法　官
　　　　　　　　　　　　　法　官

五、最高法院九十七年度台上字第一八四一號民事判決

【主要爭點】

　　工程公司從事架設輸電線更新工程時，因掉落高壓輸電線，而碰觸鐵路局所有之電線設備，造成鐵路局之火車停駛，受有損害，是否屬於民法第一百九十一條之三所定之危險工作或活動。

【事實摘要】

　　上訴人交通部台○○○管理局主張自強號列車於民國九十年一月十一日上午十時二十分左右，駛於苗栗縣通霄及苑裡站區間時，列車駕駛人發現鐵道上有工程人員揮手示意停車，同時查覺上訴人交通部台○○○管理局所有之電線設備即三角架及主吊線斷落垂下有礙行車，遂立即緊急煞車並報警處理。而此疑似被上訴人台灣○力股份有限公司委託另一上訴人○立工程有限公司，由其僱用之現場負責人即另一上訴人朱○○架設高壓輸電線掉落並碰觸上訴人交通部台○○○管理局所有之上開電線設備所致，因而造成上訴人交通部台○○○管理局受有損害，爰依民法第一百八十四條第一項、第二項、第一百八十五條、第一百九十一條之三及第一百八十八條之規定，請求被上訴人台灣○力股份有限公司、上訴人○立工程有限公司及朱○○連帶負損害賠償責任。

【解析】

　　本判決就第二審認定本件有民法第一百九十一條之三之適用，並未指摘，而以原告之請求權有無罹於時效、被上訴人台灣○力股份有限公司舊輸電線之設置或管理有無欠缺、該舊輸電線設備與上訴人○立工程有限公司所架設防護網對於系爭事故發生有何關連、上訴人交通部台○○○管理局之主吊線掉落之原因究係緣於被上訴人台灣○力股份有限公司之舊輸電線設置或管理之欠缺抑或出於上訴人○立工程有限公司及朱○○施作系爭工程時未注意防護網內之舊輸電線是否全部回收完畢及有無殘留所致及被上訴人台灣○力股份有限公司應否依民法第一百九十一條第一項前段規定負工作物所有人賠償責任等項，均有待釐清，而發回第二審再詳為調查。

【裁判內容】

最高法院九十七年度台上字第一八四一號民事判決

　　　上　訴　人　交通部台○○○管理局
　　　法定代理人　范植谷
　　　訴訟代理人　羅秉成律師
　　　　　　　　　魏順華律師
　　　上　訴　人　朱○○（原名朱○○）
　　　　　　　　　○立工程有限公司
　　　上 列 一 人
　　　法定代理人　王芊文
　　　共　　　同
　　　訴訟代理人　江錫麒律師
　　　被 上 訴 人　台灣○力股份有限公司
　　　法定代理人　陳貴明
　　　訴訟代理人　彭火炎律師
　　　　　　　　　張玉琳律師

上列當事人間請求損害賠償事件，上訴人對於中華民國九十六年八月二十二日台灣高等法院台中分院第二審更審判決（九十六年度上更（一）字第一二號），各自提起上訴，本院判決如下：

　　　主　　　文

原判決除假執行部分外廢棄，發回台灣高等法院台中分院。

　　　理　　　由

本件上訴人交通部台○○○管理局（下稱○○局）主張：對造上訴人○立工程有限公司（下稱○立公司）承包共同被告即被上訴人台灣○力股份有限公司（下稱台○公司）位於苗栗縣通霄及苑裡鐵路車站間之舊輸電線回收工程（下稱系爭工程），對造上訴人朱○○為○立公司所僱用施作系爭工程之現場負責人，民國九十年一月十一日上午十時二十分許於回收舊輸電線時，疏未注意防護，致苗栗縣通霄及苑裡站區間鐵路電線設備之三角架及主吊線（下稱系爭電線設備），遭台○公司所有高壓輸電線掉落碰觸，主吊線因短路而燒斷，致第一○○六次自強號列車緊急煞停，海線列車行駛中斷，伊受有派員搶修工料及營業損失等損害共新台幣（下同）二百九十一萬九千三百三十二元。○立公司及朱○○，應連帶負損害賠償責任。又台○公司為工作物即輸電線所有

人，依民法第一百九十一條規定，亦應負損害賠償責任，並與○立公司及朱○○連帶賠償等情。爰求為命○立公司、朱○○、台○公司連帶給付二百九十一萬九千三百三十二元並加計法定遲延利息之判決。……

　　上訴人○立公司及朱○○則以：系爭主吊電線設備短路，係不明異物碰撞所造成，與伊所承攬系爭工程之施工無關。又縱認伊應負侵權行為損害賠償責任，惟對造上訴人○○局於九十年四月四日即已知悉伊為賠償義務人及所遭受之損害，遲至九十二年八月二十八日始提起本件訴訟，其請求權已罹於二年時效期間，伊得拒絕給付；被上訴人台○公司則以：○○局並未舉證證明伊就輸電線之設置或保管有何欠缺，及如何與系爭主吊電線設備接觸致生事故。何況系爭事故發生後，○○局曾於九十年一月十六日及同年二月二十一日發函請求伊賠償損害，知悉伊為賠償義務人，遲至九十二年八月二十八日始提起本件訴訟，其請求權已罹於二年時效期間，伊得拒絕給付各等語，資為抗辯。

　　原審廢棄第一審判決關於駁回○○局請求○立公司及朱○○連帶給付二百九十一萬九千三百三十二元本息部分，改判命朱○○及○立公司如數連帶給付，並維持第一審判決關於駁回○○局請求台○公司給付部分，駁回○○局其餘上訴，無非以：（一）關於請求朱○○及○立公司連帶給付部分：朱○○係擔任……工地現場負責人，應注意施工安全，竟於回收輸電線時，未隨時注意防護網內輸電線是否全部回收完畢，有無殘留之情形，以避免危險之發生……顯有疏失……朱○○因過失致損害○○局權利之侵權行為明確。該主吊線上方僅有○立公司施工，而其熔斷處，復經工研院檢測出與台○輸電線材質相符之鋁質；且案發前經檢查並無異狀，……該主吊線於案發當時尚無自行斷裂之可能。朱○○並因公共危險罪……判決有罪確定，自應就其過失負侵權行為損害賠償責任。又○立公司為經營一定事業或從事其他活動之人，其工作或活動之性質或其使用之工具或方法有生損害於他人之危險者，依民法第一百九十一條之三規定，對他人之損害應負賠償責任。且○立公司為朱○○之僱用人……依民法第一百八十八條第一項前段規定，應與朱○○連帶負損害賠償責任。而○○局新竹電力段副段長張顯陽於事故發生當日……尚無朱○○應就系爭事故負侵權行為責任之認知。又……則○○局主張其係於九十年十二月二日收受上開函文，始知朱○○為肇事者及肇事原因……故○○局於九十二年八月二十八日對朱○○提起本件訴訟，其請求權尚未逾二年消滅時效期間。另……堪認○○局於九十年四月九日知悉○立公司為侵權行為及賠償義務人，其損害賠償請求權時效期間，應自該日起算。○○局於九十一年七月五日對○立公司起訴，於九十二年八月六日撤回起訴，惟於六個月內即九十二年八月二十八日又提起本件訴訟，○○局於前案所為書面或言

詞請求，均應生時效中斷之效力。是○○局對○立公司之侵權行為損害賠償請求權，並未罹二年時效期間而消滅。○立公司及朱○○所為時效抗辯，不足採取。

（二）關於請求台○公司連帶給付部分：……按……民法第一百八十九條前段定有明文。台○公司係將其輸電線更新工程發包予○立公司施作，本件損害則係因○立公司執行承攬事項所致，依上開規定，自非得責由定作人台○公司負損害賠償責任。況○立公司所架設之搭架，於施工完竣後，即卸下取走，台○公司並無對任何工作物設置或保管有欠缺；且台○公司已一再提醒○立公司應預防感電、墜落危險，並訂明每一件交辦工程開工時，其安全衛生管理員必須在現場召集工作人說明工作性質方法、潛在危險及防範對策等，對於防止損害已盡相當之注意，○○局未舉證證明台○公司於定作或指示上有何過失，遂依民法第一百九十一條第一項前段規定，請求台○公司負損害賠償責任，自不足採。從而，○○局訴請○立公司、朱○○連帶給付二百九十一萬九千三百三十二元本息部分，應予准許；訴請台○公司為連帶給付部分，則不應准許等詞，為其判斷之基礎。

惟按鑑定人之鑑定意見可採與否，法院應踐行調查證據之程序而後定其取捨……。又民事法院……應就其斟酌調查該刑事判決認定事實之結果所得心證之理由，記明於判決。查○立公司辯稱：台○公司更換之舊輸電線，……其線身有相當之硬挺度，不可能從安全網之網格內軟下竄出，而與其下方鐵路輸電設備之主吊線接觸，造成跳電短路；……主吊線發生短路之原因，係因其他異物接觸所致等語。而朱○○雖被以公共危險罪判處徒刑確定，但對於刑事判決認定之事實尚有爭執。原審就工研院鑑定報告，未踐行調查鑑定人之意見是否可採，並將刑事判決認定事實結果所得之心證理由，記明於判決，復未就○立公司上開質疑予以釐清，並敘明其抗辯不足採取之意見，僅以鑑定報告及刑事判決為依據，即認定朱○○、○立公司就系爭事故所造成○○局之損害，應連帶負賠償責任，按之首開說明，難謂無判決不備理由之違法。次查○○局係主張……台○公司為舊輸電線之工作物所有人，就輸電線設備設置或保管有欠缺，台○公司依民法第一百九十一條規定，亦應負損害賠償責任，並與○立公司及朱○○連帶賠償等情，而工研院鑑定結果認定朱○○於回收舊輸電線時，疏未注意其設置之防護網內之輸電線是否全部回收完畢及有無殘留，致施作中因台○公司之輸電線碰觸○○局之鐵路主吊線而引起短路。則台○公司舊輸電線之設置或管理有無欠缺？該舊輸電線設備與○立公司所架設防護網對於系爭事故發生有何關連？○○局之主吊線掉落之原因，究係緣於台○公司之舊輸電線設置或管理之欠缺？抑出於○立公司及朱○○施作系爭工程時，未注意防護網內之舊輸電線是否全部回收完畢及

有無殘留所致？台○公司應否依民法第一百九十一條第一項前段之規定負工作物所有人賠償責任？均有待釐清。原審……有判決不備理由之違法。再原審一方面認○○局於九十年一月十一日事故發生當日，即已知悉事故現場有○立公司工地現場負責人朱○○施工中，一方面又認九十年十二月二日鐵路警察局依工研院鑑定結果函知○○局將朱○○移送法辦時，方知朱○○為肇事者及肇事原因，判決理由前後不無矛盾。又原審認○○局於九十年一月十一日事故發生當日即知○立公司工地負責人朱○○於現場施工，並表明對○立公司提出告訴及求償，則○○局於該日既已知○立公司為賠償義務人，其對○立公司之損害賠償請求權時效期間自該日起算，乃原審又認對○立公司之損害賠償請求權時效期間自九十年四月四日起算，並有可議。○○局及○立公司、朱○○之上訴論旨，各自指摘原判決於其不利部分為不當，求予廢棄，均非無理由。據上論結，本件○○局及○立公司、朱○○之上訴均有理由。依民事訴訟法第四百七十七條第一項、第四百七十八條第二項，判決如主文。

中　華　民　國　九十七　年　九　月　四　日
　　最高法院民事第○庭審判長　法　官
　　　　　　　　　　　　　　　法　官
　　　　　　　　　　　　　　　法　官
　　　　　　　　　　　　　　　法　官
　　　　　　　　　　　　　　　法　官

六、臺灣基隆地方法院九十五年度訴字第七二號民事判決——第二審：臺灣高等法院九十五年度上字九九一號民事判決【見壹、一、（九）】；第三審：最高法院九十七年度台上字第五八三號民事裁定【見壹、一、（十）】；再審裁判：最高法院九十七年度台聲字第六七三號民事裁定【見參、三、（一）】

【主要爭點】

一、營造公司動用大型機械（怪手）施作工程，是否屬於民法第一百九十一條之三所定之危險工作或活動。

二、被告營造公司施作工程是否有疏失及其疏失與原告所受損害間是否具有因果關係。

【事實摘要】

　　原告主張系爭房屋原為其女即三名訴外人所共有，被告○吉營造股份有限公司承攬另一被告經濟部○○署所屬第九河川局之「基隆河整體治理計畫（前期計畫）碇內一七堵區段堤防工程」時，因經濟部○○署之定作指示錯誤，致該公司將系爭房屋中不應拆除之部分予以拆除，且該公司於九十三年七月二十七日動用大型機械（怪手）強力震動拆除房屋時，因施工不良導致未拆除部分受有牆壁龜裂及屋頂漏水等損害。又該公司施作堤防工程前本應先作好防護措施，卻漏未施作，造成河岸開挖基礎時邊坡滑動，除房屋內之生財器具裝載機一部及古早時特種磚一批滑落河中外，該屋亦傾斜受損，爰以其受讓訴外人之該屋所有權及損害賠償請求權，依民法第一百八十四條、第一百八十九條、第一百八十五條及第一百九十一條之三等規定，請求被告連帶負損害賠償責任。

【解析】

一、本件原告主張被告○吉營造股份有限公司施作工程，使用大型機械（怪手）強力震動拆除其所有房屋，因施工不良，導致該屋牆壁龜裂、屋頂漏水、房屋傾斜，然其未引據民法第一百九十一條之三，僅依民法第一百八十四條、第一百八十五條及第一百八十九條等規定請求賠償，故法院未就是否構成民法第一百九十一三條加以論斷。又本件法院依民法第一百八十四條規定調查結果，認定原告無法證明被告之工程施作與其損害間具有因果關係，因認其請求為無理由，然如依民法第一百九十一條之三但書舉證責任轉換之規定，加以論斷分析，是否可得相同結果，值得深思。

二、本件原告上訴第二審後，追加民法第一百九十一條之三之請求權，第二審認為工程施作並非從事危險事業或活動者製造危險之來源，亦非因危險事業或活動而獲取利益為主要目的，自非得適用該條之規定。惟工程施作所使用之工具例如挖土機、怪手等，依社會上一般日常生活之經驗判斷，若一有疏失即會造成重大傷亡與財產上損失，故尚非不得認係屬高度危險，且業者可藉此獲利，並得以責任保險來分散風險，似非得全然認無民法第一百九十一條之三的適用。

【裁判內容】

　　臺灣基隆地方法院九十五年度訴字第七二號民事判決

　　　原　　　告　王○○

　　　　訴訟代理人　劉永雄
　　　　　　　　　　陳家慶律師
　　　　被　　　告　○吉營造股份有限公司
　　　　法定代理人　黃○○
　　　　訴訟代理人　何朝棟律師
　　　　被　　　告　經濟部○○署
　　　　法定代理人　陳○○
　　　　訴訟代理人　陳隆政
　　　　複 代 理 人　黃春鴻
　　　　　　　　　　張雙華律師
　　上列當事人間損害賠償事件，本院於95年9月27日言詞辯論終結，判決如下：
　　　　主　　　文
　　原告之訴及其假執行之聲請均駁回。
　　訴訟費用由原告負擔。
　　　　事實及理由
壹、程序方面：……。
貳、實體方面：
一、原告起訴主張：
（一）緣坐落……房屋（簡稱系爭房屋）於損害發生當時原爲訴外人王慧燕、王慧靜及王佩絹（即原告之女）所共有，惟3人嗣已將系爭房屋所有權及損害賠償請求權全部讓與原告。原告雖曾依國家賠償法第10條第1項之規定以書面向被告經濟部○○署請求損害賠償，然經被告拒絕……自可另爲請求，合先敘明。
（二）系爭房屋坐落基隆市七堵區工建段1之19地號土地（簡稱1之19地號土地），由訴外人王慧燕……向國有財產局承租、面積195平方公尺。嗣被告○吉營造有限公司（簡稱○吉公司）承攬被告經濟部○○署所屬第九河川局「基隆河整體治理計畫（前期計畫）碇內—七堵區段堤防工程」，因經濟部○○署之指示錯誤，致○吉公司將原告所有系爭房屋一部不應拆除而拆除，且○吉公司動用大型機械（怪手）強力震動拆除該部分房屋時，因施工不良導致系爭房屋未拆除部分受有牆壁龜裂、屋頂漏水等損害；又○吉公司施作堤防工程前本應先做好防護措施，卻漏未施作，導致河岸開挖基礎時邊坡滑動，除原告系爭房屋內之生財器具裝載機一部及古早

時特種磚一批滑落河中外，系爭房屋亦因而傾斜、漏水……原告共受有2,232,660元之損害。

（三）原告受有上開損害，乃被告○吉公司違法將系爭房屋不應拆除部分拆除，且施工前未施作防護措施所致，自屬侵害原告之財產權；被告經濟部○○署於系爭堤防工程之定作或指示有過失，致使被告○吉公司將系爭房屋不應拆之部分拆除，被告經濟部○○署與被告○吉公司上開行為均屬侵害原告財產權之侵權行為，爰依據民法第184條、第189條及第185條規定，請求被告經濟部○○署與被告○吉公司負擔共同侵權行為人之連帶損害賠償責任。

（四）對被告答辯之陳述：

1.……原告所承租（現已申購完畢）之上開土地並未侵入水道治理計畫線……即系爭房屋不在水道治理計劃線內，未列入施工前鑑定之標的物，被告僅得就原告非法侵入水道治理計畫線之外伸陽台、欄杆等部分建物為拆除。然被告經濟部○○署竟指示被告○吉公司拆除原告合法承租、非位於水道治理計畫線之房屋，使原告系爭房屋現僅剩160多平方公尺。

2.……原告承租1之19地號土地時，該土地早已逕為分割，被告稱未越界拆除之說詞顯屬詭辯。被告經濟部○○署確有擅自變更水道治理計劃線，將1之19地號土地中28平方公尺之部分劃入，使原本毋庸拆除之系爭房屋遭拆除。

3.退萬步言，縱被告等未越界拆除原告建物，被告經濟部○○署亦於指示或定作被告○吉營造施作工程有過失，應負損害賠償之責。

（五）按……定作人於交付承攬人施工時，應注意其承攬人之能力，並應注意工程之進行安全，以免加害於鄰地，以保護他人，維持社會公共利益，故若定作人怠於此注意，即為定作或指示有過失。

（六）查本件被告○吉公司既未於施工前做好防護措施，亦未完成鄰房現況報告，更因施工不良導致原告系爭房屋損害，且查被告經濟部○○署並未注意上開被告○吉公司應施作或注意之項目，進而加害原告所有之系爭房屋……被告經濟部○○署怠於此工程進行之注意，即為定作或指示有過失，故被告經濟部○○署應對原告負連帶損害賠償責任。

（七）……台北市土木技師公會乃係第三人中立之專業鑑定機構，其鑑定報告當然具備證據能力……被告豈可因鑑定報告結果不利於己而否認鑑定報告之證據能力？……又上開臺灣省土木技師公會建地報告書所提列之鑑定修復

費用及補償費用，少列入上開系爭房屋地下1、2樓之部分，費用當然與台北市土木技師工會有所差異。

（八）……依兩造之鑑定報告均顯示系爭房屋靠道路之基礎下陷向省道台五線，非被告所稱房屋向西側基隆河傾斜……。

（九）……○吉公司本應於河岸工程施工前為鄰房現況之鑑定，○吉公司漏為系爭房屋之鄰房現況鑑定，顯係○吉公司之過失，豈可將其自己之過失歸責於原告而命原告承擔此責任？……。

（十）爰提起本件訴訟請求：被告應連帶給付原告2,232,660元（增加機具部分之5萬元，尚未繳費）及自起訴狀繕本送達翌日起至清償日止按年息百分之五計算之利息；訴訟費用由被告負擔；原告願供擔保請准宣告假執行。

二、被告○吉公司及經濟部○○署均聲明請求駁回原告之訴，如受不利判決，願供擔保請准宣告免為假執行，並以下列情詞置辯：

（一）被告○吉公司部分：

1.緣被告承造經濟部○○署第九河川局「基隆河整體治理計畫（前期計畫）碇內－七堵區段堤防工程」，自始至終皆依據最適工法，完善防護措施……被告早於拆除系爭房屋越界部分之半年前即已做好H型鋼筋之防護措施，拆除及施工時亦時時監測，並利用經緯儀避免房屋傾斜。……。

2.……原告於被告施工前以系爭房屋未占用河川地非拆除標的為由拒絕房屋現況鑑定，於本件訴訟又未證明系爭房屋之損害與被告之施工有因果關係，其訴自屬無據。

3.再查，台灣省土木技師公會……鑑定結果及分析……即被告施工確做好防護措施，未導致邊坡滑動……被告施工並未造成原告所稱之損害等語……。

（二）被告經濟部○○署部分：

1.查原告確曾對被告提出國家賠償之聲請，惟均遭拒絕，有國家賠償聲請書、拒絕賠償理由書足稽，原告稱從未聲請國家賠償，顯非事實。

2.被告並未擅自變更河道治理計畫線……。

3.原告所有系爭房屋確有部分位於河川區內，依法應予拆除。……其中工建段1之41地號土地，如原告所言係於88年6月14日自同段1之19地號土地分割而來，而工建段1之41地號土地之使用分區為「河川區」，屬於被告轄下之第九河川局施工範圍。原告曾對此提出異議……經實測確認系爭房屋後段確實占用屬於河川區1之41地號土地……系爭房屋增建部

分占用該地號土地而需拆除之面積為「住宅15平方公尺、陽台6.75平方公尺」，在拆除前並經基隆市安樂地政事務所鑑界，確認界樁點，方由被告○吉公司為拆除行為，絕無原告所稱有越界拆除之情事存在。

4.被告對於○吉公司之選任及指示並無過失：

(1)被告對於系爭「基隆河整體治理計畫（前期計畫）碇內七堵區段堤防工程」之承攬，自始即要求參與投標者應具有：……○吉公司具備上述資格，是被告將系爭工程交由○吉公司承攬並無任何過失。

(2)系爭房屋後段所占用1之41地號土地既為施工範圍，被告交由承攬人即被告○吉公司將之拆除，自無指示錯誤。況系爭房屋原所有權人即原告之女原表明願自動拆遷，惟因遲遲未予履行，致不得不於民國93年7月27日予以強制拆除。拆除是日，被告○吉公司係依基隆市安樂地政事務所前所定之界標為拆除房屋之依據，何來被告指示錯誤可言？

(3)被告要求○吉公司應於施作前為房屋現況鑑定，並於施作前打入鋼板樁、H型鋼保護原告房屋，是被告絕無指示過失可言。……。

(4)又查，1之19地號土地之面積為690平方公尺，依原告所呈其女王慧靜等人於88年8月1日起至90年12月31日止……承租之範圍固為195平方公尺，但此不表示該建物增建部分坐落工建段1之19地號土地之面積即為195平方公尺。……原告既無法舉證證明系爭房屋坐落1之19地號土地之面積為195平方公尺，何能以系爭房屋增建部份目前實測坐落1之19地號土地面積未達195平方公尺，即謂○吉公司因被告之指示有誤而有越界拆除行為？

(5)原告援引之最高法院72年度台上字第2225號、74年度台上字第1458號判決均係針對民法第794條……規定，就定作人過失責任之認定所為之闡釋，與本件係拆除占用河川用地之違建顯不相同。是上開二判決於本案自無適用餘地。

(6)原告不能證明系爭房屋之損害乃○吉公司施工所致，原告另提出「台灣省土木技師公會基隆地方法院暨檢察署辦公大樓新建工程工地疑似發生地層滑動鑑定報告書」所鑑定之標的物坐落基隆市東信路與崇法街口，與本件位於七堵區河岸旁之系爭房屋毫無相關，原告為之比附援引，誠屬無稽，自無足採。況系爭房屋於堤岸工程施作前既未曾鑑定，焉知現所測量之房屋傾斜、下陷非房屋原狀？……原告尚請求鑑定費、搬家費、租金、特種磚、裝載機等費用，均未提出相關單據證

　　　　明之，自難採信等語。……。

三、兩造不爭執事項：……。

四、兩造之爭點：

（一）被告經濟部○○署有無擅自變更水道治理計畫線？系爭房屋有無占用上開1之41地號土地？被告○吉公司拆除系爭房屋有無違法？

（二）原告有無在被告○吉公司施工前拒絕房屋現況鑑定？被告○吉公司於施工前有無施作防護措施？

（三）原告所受房屋傾斜、漏水、生財器具及古早磚滑落河中之損害，是否因被告○吉公司之施工不當所致？

（四）被告經濟部○○署之定作或指示有無過失？

五、得心證之理由：茲就兩造爭點逐一論述如下：

（一）被告經濟部○○署有無擅自變更水道治理計畫線？系爭房屋有無占用上開1之41地號土地？被告○吉營造拆除系爭房屋有無違法？

　　　　……經查，系爭基隆河治理計畫及水道治理計畫線係在78年12月26日由台灣省政府……公告在案，……早在92年間即向被告經濟部○○署下屬之第九河川局提出疑義，並由第九河川局於92年9月16日會同安樂地政事務所辦理土地實地鑑界，當日原告亦會同指界，經地政單位實測確認河川治理計畫用地線位於地籍圖之位置，並無錯誤……原告主張被告經濟部○○署擅自變動水道治理計畫線乙節，即與事實不符，自非可採。……依實地測量結果，原告實際使用土地之範圍既已侵入水道治理計畫線，占用1之41地號土地，則被告經濟部○○署自可依規定拆除原告系爭房屋占用1之41地號土地部分。……經濟部○○署為實施河道整治計畫，令承攬「基隆河整體治理計畫（前期計畫）碇內－七堵區段堤防工程」之被告○吉公司依前已實施測量之水道治理計畫線拆除系爭房屋占用1之41地號之部分，則被告○吉公司自無何違法可言。

（二）原告有無在被告○吉公司施工前拒絕房屋現況鑑定？被告○吉公司於施工前有無施作防護措施？

　　　　……經查，台灣省土木技師公會95年7月24日（函文記載94年7月24日，應屬錯誤）（95）省土技字第4007號函略稱：「被告○吉營造就該堤防工程申請之鄰房現況鑑定中並未包括系爭房屋，系爭房屋未列入鑑定範疇，無須施作鑑定，故無所謂拒絕鑑定之情事」，可知台灣省土木技師公會係針對被告○吉公司申請之標的為鑑定，對於未經申請之標的本無鑑定之必要。……次查，……被告○吉公司確實有施作H型鋼筋、擋土設施等

防護措施，原告稱○吉公司未施作防護措施云云，要與事實不符，自非可採。

（三）原告所受房屋傾斜、漏水、生財器具及古早磚滑落河中之損害，是否因被告○吉公司之施工不當所致？

1.按……民法第184條第1項定有明文。是侵權行為所發生之損害賠償請求權，以有故意或過失不法侵害他人權利為其成立要件，若其行為並無故意或過失，即無賠償可言。又損害賠償之債，以有侵害之發生及有責任原因之事實，並二者之間有相當之因果關係為成立要件。故原告所主張損害賠償之債，如不合於此項成立要件者，即難謂有損害賠償請求權存在；又民事訴訟如係由原告主張權利者，應先由原告負舉證之責，……故侵權行為損害賠償之訴訟，原告須先就上述要件為相當之證明，始能謂其請求權存在。

2.原告……提出台北市土木技師公會（案號：9400226）鑑定報告為證……惟查，以上鑑定報告第7頁第3點所指……，均係有關地下水文變更之判斷……鑑定人如何能單憑肉眼觀察系爭房屋外觀及附件四之圖表，即能得出地下水文變更之結論？再者，該件鑑定人沈福元乃土木技師，並非水利技師，其有無作出地下水文判斷之專業？均有疑問。是上開鑑定報告尚難作為認定系爭房屋所受損害乃被告○吉公司施工所致之證明。

3.其次，依兩造所提之鑑定報告，雖均認為系爭房屋有傾斜、牆壁龜裂等損害，惟參被告所提台灣省土木技師公會94-0911號損害及安全鑑定報告書第10項（四）損害或瑕疵損害新增原因探討：……可知，系爭房屋後方之增建部分出現開裂現象，已難歸責於被告○吉公司之施工所致；且系爭房屋主建物之傾斜、牆壁龜裂，亦係主因於其基礎自始即不同高程，且勁度不同，方會導致不均勻沉陷而傾斜，此現象於施工前即已存在，並非因施工所致；……。

4.……上開鑑定報告雖認為系爭房屋在被告施工後有造成增加傾斜現象，然增加量無施工前資料可比對，無法得知，故其認定不能作為被告責任之證明……；次觀該鑑定報告雖載裂縫有新增，然……亦不得以此認定系爭房屋之裂縫為被告行為所致。……是兩造所提台北市土木技師公會及台灣省土木技師公會之鑑定結果，均不足做為原告主張事實為有利認定之證明，難認原告已盡其舉證之責。綜上，本院尚難憑原告所提上開證據，認定原告所受房屋傾斜、漏水、生財器具及古早磚滑落河中之損

害與被告○吉公司之施工行為間，具有相當因果關係存在。

（四）被告經濟部○○署之定作或指示有無過失？

　　1.按……民法第189條定有明文。又，承攬人為承攬事項，加害於第三人者，定作人除於定作或指示有過失外，不負賠償之義務，最高法院18年上字第2010號亦著有判例可資參照。

　　2.經查，系爭基隆河治理計畫及水道治理計畫線係……公告在案……經濟部○○署依78年即公告且未變動之基隆河治理計畫公開招標，並與符合投標資格之被告○吉公司成立承攬契約……，堪認經濟部○○署對於承攬人○吉公司之選任當已盡責。

　　3.次查，系爭房屋確實占用1之41地號土地……被告經濟部○○署於工程預算中亦列入鄰房建物監測損壞鑑定費、維修費，要求被告○吉公司於施工前進行鄰房現況鑑定，其與原告之聯繫及向被告○吉公司之指示顯均已盡責。是原告未提出被告經濟部○○署定作或指示有過失之證據，其空言指摘，自無足取。

　　4.……原告未能證明系爭房屋之損害與○吉公司之施工間有相當因果關係，已如前述，則原告依民法第794條規定主張推定定作人經濟部○○署之定作或指示有過失，即屬無據。

六、綜上所述，原告既未能證明其所受系爭房屋傾斜、漏水、生財器具及古早磚滑落河中之損害與被告○吉營造所為施工行為間具有相當因果關係，則原告依侵權行為之法律關係請求被告連帶賠償所受之損害，即無理由，應予駁回。……。

中　華　民　國　九十五　年　十　月　十二　日

民事庭　法　官

伍、醫療行為是否有民法第一百九十一條之三之適用（共19件）

一、判決認醫療行為屬於民法第一百九十一條之三所定之危險工作（肯定說）（共6件）

（一）臺灣士林地方法院九十一年度重訴字第五八○號民事判決——第二審：臺灣高等法院九十三年度重上字第二五六號民事判決【見伍、一、（二）】

【主要爭點】

醫療行為是否屬於民法第一百九十一條之三所定之危險工作。

【事實摘要】

原告周家○主張其於民國九十年三月二十二日因車禍致左下腿骨折，經送至被告台北市立○○醫院住院，由該院醫師即另一被告鄭○○施以手術，該醫師明知並得預見其有發生「腔室症候群」及受截肢之危險，竟未預見並有所作為，且未告知，致其延誤治療，喪失即時另行選擇有能力之醫護人員及場所轉診之機會，終遭截肢之重大傷害。因原告周家○（七十二年三月十八日生）為未成年人，其父母即另原告周賓○、朱○○承認與被告台北市立○○醫院間之醫療契約，而該醫院之使用人即被告鄭○○履行醫療給付義務時有過失，構成侵權行為及不完全給付中之加害給付，爰依民法第一百八十四條第一項、第二項、第一百八十八條第一項、第一百九十五條第一項第三項、第二百二十四條、第二百二十七條及第二百二十七條之一等規定，請求被告二人連帶負損害賠償責任。

【解析】

一、九十三年四月二十八日修正公布之醫療法第八十二條第二項規定醫療機構及其醫事人員因執行業務致生損害於病人，以故意或過失為限，負損害賠償責任。尋繹其立法理由可知，採無過失責任之消費者保護法已確定無法

適用於醫療行爲（按實務上於上開條文修正前有判決認爲醫療行爲有消費者保護法之適用）。又依民法第一百九十一條之三但書規定觀之，本條係採推定過失責任，而推定過失責任仍屬過失責任，從而醫療行爲是否有民法第一百九十一條之三的適用，即有進一步深入探究之餘地。多數學說及實務見解咸認醫療行爲不屬於現代科技之危險行爲，雖醫療侵入行爲皆具有一定之危險性，但此非因現代科技之發展有以致之。再者醫師對醫療行爲之危險，並無法加以管控，亦不因醫療行爲而獲利，從而非屬民法第一百九十一條之三之「危險活動或工作」。

二、本判決認爲：「醫療行爲係對病患施以救治解除目前或未來可預見或不可預見之危險，於其過程中使用的工具或方法雖有生損害於他人之危險。但此種危險之複雜性，非全然得爲施以救治者所控制，是民法第一百九十一條之三對於醫療行爲之適用，仍應依個案逐一判定。原告對於其所謂『腔室症候群』的危險，並未主張係由被告所製造，且其亦自承『腔室症候群』是一種併發症，被告對該危險似乎亦無法爲全面之控制，此一情形與民法第一百九十一條之三規定之情狀有異，原告主張被告應依該規定就其免責事由負舉證責任，尚不足採。」上開認爲醫療行爲應依個案逐一判定是否有民法第一百九十一條之三適用之見解，與多數學說及實務認爲醫療行爲完全排除於該條適用之見解不同，未來實務見解如何發展，有待觀察。

【裁判內容】

臺灣士林地方法院九十一年度重訴字第五八○號民事判決

原　　　告	周家○
	周賓○
	朱○○

右三人共同

訴訟代理人　李聖隆律師

被　　　告　鄭○○

被　　　告　台北市立○○醫院

法定代理人　胡煒○

右二人共同

訴訟代理人　林亦書律師

當事人間請求損害賠償事件，本院於九十三年二月二十五日言詞辯論終

結，茲判決如下：

　　　　主　　文

原告之訴及假執行之聲請均駁回。

訴訟費用由原告負擔。

　　　　事　　實

甲、原告方面：

一、聲明：

（一）被告應連帶給付原告周家○新台幣（以下同）五百八十萬元；原告周賓○
　　　六十萬元；原告朱○○六十萬元，合計七百萬元，並均自訴狀繕本送達之
　　　翌日起至清償日止，依年息百分之五計算之利息。

（二）原告等願供擔保，請准宣告假執行。

（三）訴訟費用由被告等共同負擔。

二、陳述：

（一）侵權行為部分

　　　1.原告周家○依民法第一百八十四條第一項規定，主張被告鄭○○有「怠
　　　　於善良管理人之注意」（19上二七四六判例），於「依一般觀念，認為
　　　　有相當知識經驗及誠意之人應盡之注意」（42台上八六五判例），為有
　　　　過失致生原告周家○身體健康之損害。

　　　2.原告周賓○及朱○○援引民法第一百九十五條第一、三項規定，主張被
　　　　告鄭○○醫師因不法侵害他人基於父母關係之身分法益而情節重大，準
　　　　用直接被害人雖非財產上之損害亦得請求賠償相當金額之規定，請求精
　　　　神慰撫金的賠償。……。

　　　3.原告等另外引用民法第一百八十八條第一項……主張受僱人即被告鄭○
　　　　○醫師於執行醫療職務時因過失侵害原告周家○身體健康權利，僱用人
　　　　即台北市立○○醫院（下稱○○醫院）應與受僱人即被告鄭○○醫師負
　　　　連帶賠償責任。

（二）債務不履行部分

　　　1.原告周家○依民法第二百二十四條、第二百二十七條及第二百二十七條
　　　　之一等規定，合併主張被告鄭○○醫師是以被告○○醫院之使用人身分
　　　　履行被告○○醫院與原告周家○之間所成立的通說上屬於類似委任的醫
　　　　療契約之醫療給付義務時有過失，即有不完全給付中的加害給付致生原
　　　　告身體傷害結果，被告鄭○○醫師應與負連帶擔保責任的共同被告○○
　　　　醫院負起賠償責任……。

2.原告周賓○、朱○○共同承認原告周家○（七十二年三月十八日生）行
　為時之九十年三月二十二日尚未成年，而與被告○○醫院間所成立之醫
　療契約。

3.損害賠償請求權讓與。
　原告周家○被害以後成年獨立生活前的醫療復健費用等增加生活上需要
　之支出，依民法第一千零八十九條規定應由原告周賓○及朱○○共同負
　擔。……。

4.被告之過失，及其過失與原告周家○身體傷害結果間的因果關係。
　(1)原告周家○於九十年三月二十二日下午約五時許因車禍致左下腿骨骨
　　折送到被告○○醫院住院由被告鄭○○醫師手術後，原告周家○開刀
　　部位卻發生膿腫發臭，疼痛血栓、肌肉壞死等情形，……於同年月
　　二十九日上午……轉診至林口長庚醫院。長庚醫院於原告在二十九日
　　當天的住院許可記錄清楚地載明「病人在九十年三月二十七日已經發
　　生左下小腿的腔室症候群」……。
　(2)本件原告周家○在轉診到長庚醫院前……與「腔室症候群」癥候相
　　符，且因「腔室症候群」是一般外傷骨折病人容易產生的併發症，被
　　告係骨科專科醫師不能諉為不知或不能預見……應採取危險的具體
　　防免措施。惟被告……延誤治療黃金時間導致不得不截肢的重大傷
　　害。……堪認被告鄭○○醫師危險防範義務的違反，及其應作為而不
　　作為導致原告左下肢必須截除的重傷結果間具有相當因果關係。

（三）請求損害賠償之項目及其金額。
　1.原告周家○請求慰撫金一百五十萬元部分：……。
　2.原告周賓○及朱○○各請求慰撫金五十萬元部分：……。
　3.原告周家○勞動能力減少請求損害賠償之部分：……。
　4.原告周賓○及朱○○受讓請求第一套義肢的費用二十萬元部分：……。
　5.原告周家○請求第二套至第九套義肢的費用共一百六十萬元部
　　分：……。
　6.原告周家○請求八套義肢費用一次給付的金額應為……三十八萬六千零
　　二十二元。減縮為三十八萬六千元。

（四）被告主張伊無過失，應負舉證責任：
　1.關於民法第一百八十四條第一項侵權行為部分
　　……醫療場域……原告既不能干預，亦無從參與。……要求原告舉證被
　　告有過失，幾乎不可能。

原告不能隨時要求被告影印病歷全文……原告在起訴前都要不到，也看不到。……法院又非常仰賴鑑定。此時，如另要求被害人必須負被告醫師有過失之舉證責任，等於宣告原告敗訴。

2.關於民法第一百九十一條之三部分

被告既然主張原告之傷害非由被告之工作或活動或其使用之工具或方法所致，或於防止原告傷害之發生已盡相當之注意。依民法第一百九十一條之三但書規定，亦應由被告負舉證責任。

3.關係民法第二百二十七條債務不履行部分

……本件原告周家○與被告台北市立○○醫院間成立有償醫療契約為雙方所不爭。職是，此一部分，亦應由被告負舉證責任。……。

乙、被告方面：

一、聲明：

（一）原告之訴駁回。

（二）訴訟費用由原告負擔。

（三）如受不利之判決，被告願供擔保，請准宣告免為假執行。

二、陳述：

（一）本件醫療糾紛尚無侵害原告周賓○、朱○○基於父母子女關係所生身分之法益，原告不得請求賠償精神慰撫金：……本件兩造間雖存有原告所主張之醫療糾紛，惟毫無損及原告三人之身分法益之虞，原告不得逕為援引請求。

（二）原告周賓○、朱○○二人受讓請求第一套義肢的費用二十萬元……，似嫌無據，不應准許。

（三）被告為原告周家○進行醫療上所必要之二次手術，術前術後皆經被告詳為解說評估，並經原告簽署手術同意書後始為之，被告所為尚無違反醫療法第四十六條第一項及第五十八條之規定，核無原告所指得依民法第一百八十四條第二項得推定過失之情事：

被告為原告周家○所為在醫療上所必需之手術，非但事前皆經病患家屬即原告周賓○簽立手術同意書附於病歷資料卷內切結同意外；被告甚而於術前術後，皆迭次與原告等人充分解釋病情、不良預後以及截肢之可能性。甚而於第二次手術當日，為使病患家屬充分瞭解患肢血管栓塞損傷情形，被告尚令家屬即原告進入手術室內以充分解釋患肢之情況。……。

（四）原告周家○送醫時所受左側脛、腓骨粉碎性骨折，合併左小腿皮膚軟組織

血管輾挫性剝離傷等嚴重傷害，悉遭車禍之高速撞擊，再遭另車重力輾過所致……實堪認定原告於來院急診時所受左脛、腓骨粉碎性骨折、合併左小腿皮膚軟組織及血管輾挫性剝離傷等嚴重傷害，確爲來院前因車禍所肇致，被告之醫療行爲並無過失。

（五）長庚醫院手術紀錄及病歷摘要……與腔室症候群無涉，其終局之診斷實與被告初始之診斷相同：……。

　　　理　　由

壹、程序方面：……。

貳、實體方面：

一、原告主張：原告周家○於九十年三月二十二日下午約五時許，因車禍致左下腿骨骨折，送到被告○○醫院住院，由受僱醫師被告鄭○○進行手術，被告鄭○○明知及預見原告周家○有發生「腔室症候群」的危險，竟……延誤治療，亦未告知原告有截肢之危險性，令原告喪失即時另行選擇有能力之醫護人員及場所轉診，導致原告周家○截肢的重大傷害。原告周賓○、朱○○分別係原告之父與母，因此受有精神上痛苦，爰依民法第一百八十四條第一項、第二項、第一百八十八條第一項、第一百九十五條第一項、第三項、第二百二十四條、第二百二十七條、第二百二十七條之一之規定，請求判決如訴之聲明。被告則以本件醫療過程中，被告未有任何過失行爲或可歸責事由，原告周賓○、朱○○不得請求非財上之損害等語抗辯。

二、按……民法第五百四十四條定有明文。而醫師或醫院提供特殊之醫療技能、知識、技術與病患訂立契約，爲之診治疾病，係屬醫療契約……我國學說及實務見解通常均認爲係屬委任契約或近似於委任契約之非典型契約，故民法債編關於委任契約一節之規定，在與醫療行爲性質不相抵觸之情形下，亦當有所適用；又病患前往醫療機構就診，若該醫療機構非醫師個人所開設，則成立醫療契約之當事人應爲病患與醫療機構……，醫師係屬醫療機構關於醫療契約之履行輔助人，於醫師對病患應負債務不履行責任時，依民法第二百二十四條之規定，醫療機構亦應就其醫師之故意或過失負同一責任。另……同法第一百八十八條第一項亦有明文。……原告周家○與被告醫院間，應成立性質上類似於委任關係之醫療契約；被告鄭○○醫師受僱於被告醫院，屬被告醫院債之履行輔助人……本件所應審究者，爲被告○○醫院僱用之被告鄭○○醫師，在對原告周家○爲醫療過程中，是否有過失之行爲或可歸責事由，應由被告醫院就被告醫師之過失行爲負連帶賠償責任或負債務不履行之損害賠償責任？

（一）按民事訴訟法第二百七十七條規定：……又一般不完全給付之可歸責事由，通常應由債務人就不可歸責於己之事由，負舉證責任，次按臨床醫學存在眾多不確定因素……醫師不可能就所有可預見之損害均採取預防、迴避措施，亦不能苛求醫師必須於每一個案排除可能病因後始施以治療。基此醫療行為在本質上通常所伴隨高度之危險性、裁量性及複雜性，是判斷醫師於醫療行為過程中是否有故意或過失，是否已盡診療及迴避損害之注意義務，應以其診療行為是否符合醫療當時之醫學常規及臨床醫學實務所認定之水準，並依當時醫療常規，能否合理期待醫師對該可預見之損害採取預防、迴避措施，醫師就具體個案之裁量性、病患之特異體質等為因素而為綜合之判斷；而醫療契約不完全給付之可歸責事由是否存在，究應由醫師或病患負舉證責任，論者主張不一，惟病患至少應就醫師在醫療過程中有何過失之具體事實負主張責任……原告應就被告鄭○○於診斷時違反當時醫療常規，且給予之處方、施予手術等醫療行為有所不當，且該不當之行為與原告事後截肢間有因果關係，或依醫療常理，被告鄭○○應於何時施行相關檢查，卻過失未檢查及診斷出病因，且此期間之延誤與原告周家○事後截肢間有因果關係，負舉證責任。

（二）再查，各該待證事實概以原告周家○之病歷為認定依據，被告未掌握其他原告無法查知之資訊，且可期待命被告提出醫學文獻，或聲請法院囑託有醫療專業知識之人或機關，檢視原告周家○之病歷加以鑑定得知，或由專家參與審理，就醫療過程中，應為及不應為之各事項，經由訊問、辯論之方法釐清，故本院認為無適用民事訴訟法第二百七十七條但書規定，減輕原告舉證責任之理。

（三）又查……民法第一百九十一條之三著有明文。所謂「從事其他工作或活動之人」，其事業或工作或活動之種類並無限制，苟其工作或活動之性質、或其使用之工具或方法有生損害於他人之危險者，即有本條規定之適用。可見本條規定的重點在於從事工作或活動者，其從事之活動或工作，無論是工作或活動本身，抑或其使用之工具或方法，有生損害於他人之「危險」，即應對他人所受損害，負賠償責任，是為危險責任。立法理由為①從事危險事業或活動者所經營的事業或活動的性質，或其使用的工具或方法有生損害於他人之危險。這種危險是從事危險事業或活動時伴隨產生的危險。②該從事危險事業或活動伴隨產生的危險，在某種程度上是從事該危險事業或活動的人在專業上得控制的危險，自應由其負防止危險發生的防止責任。因未盡相當注意，能防止而不防止致生損害，應負賠償

責任。③從事危險事業或活動者因從事危險事業或活動而獲取利益，依公平正義原則，亦應負起危險所生損害的賠償責任。上開規定所規範之一定事業，係指該事業之平常運作即有生損害於他人之危險，即使依規定運作亦將為一般人視為日常生活之危險來源之情形，如工廠排放廢水廢氣、裝瓦斯廠裝填瓦斯、爆竹廠造爆竹等均屬之，被害人依據上開規定請求賠償時，只須證明加害人之工作或活動之性質或其使用之工具或方法，有生損害於他人之危險，則被被害人因此危險所受之損害，即推定與該危險間有因果關係，將舉證責任轉換，要求經營事業或從事其他工作或活動之人，就損害非由於其工作或活動或其使用之工具或方法所致，或於防止損害之發生已盡相當之注意，負舉證責任。揆其立法目的乃在加重對製造危險且得控制危險，並因此而獲利者之責任，而醫療行為係對病患施以救治解除目前或未來可預見或不可預見之危險，於其過程中使用的工具或方法雖有生損害於他人之危險。但此種危險之複雜性，非全然得為施以救治者所控制，是民法第一百九十一條之三對於醫療行為之適用，仍應依個案逐一判定。……原告對於其所謂「腔室症候群」的危險，並未主張係由被告鄭○○所製造，且其亦自承「腔室症候群」是一種併發症，被告鄭○○對該危險似乎亦無法為全面之控制，此一情形與民法第一百九十一條之三規定之情狀有異，原告主張被告應依該規定就其免責事由負舉證責任，尚不足採。……。

三、……言詞辯論時，兩造協議簡化「（一）被告鄭○○是否應預見腔室症候群之發生，而無預見。（二）被告鄭○○是否於原告周家○已發生腔室症候群時，只做清創處理，而未做減壓及鬆綁之處置。（三）原告周家○截肢之原因是否即為腔室症候群所引起。（四）被告鄭○○是否有告知原告周家○及其家屬周家○有截肢危險之義務，以致於妨害原告之醫療自主權之行使。」之爭點為主張及辯論……：

（一）被告鄭○○是否應預見腔室症候群之發生，而無預見？

　　……本院查：……足見被告鄭○○主觀心態上業已表明對於「腔室症候群」有預見，只是對於原告周家○之個案，認為非「腔室症候群」。……原告自難以其事後否認原告周家○之病症為「腔室症候群」，即認被告鄭○○對於「腔室症候群」無預見。（原告對於被告鄭○○是否應預見腔窒症候群之發生而無預見之爭執，係認被告鄭○○對「腔室症候群」之發生，應注意且能注意，竟不注意，未於適時處置，以致發生「腔室症候群」，責難其對「腔室症候群」之發生無所認識，

核其眞意似指『無認識之過失』，對於被告鄭○○有無預見「腔室症候群」，應無爭執之必要。）

（二）被告鄭○○是否於原告周家○已發生腔室症候群時，只做清創處理，而未做減壓及鬆綁之處置？……經查：……被告已為減壓及清創之處理，應可認定。……當時原告周家○並無「劇烈疼痛」之反應，否則原告周賓○何以未予注意，對於「劇烈疼痛」患部上之繃帶有無鬆開竟未注意。益徵原告此一主張，不足採信。

（三）原告周家○截肢之原因是否即為腔室症候群所引起？

……惟本院函詢長○醫院：……足認原告周家○因車禍受有嚴重外傷及血管損傷等，此均有可能係腔室症候群之原因，亦難遽認原告周家○在長○病上所載之腔室症候群，即係起因於被告之行為。……參以原告周家○於被告醫院之病歷，於九十年三月二十七日前均未有類似腔室症候群之記載，堪認被告鄭○○上述為證明原告周家○未有腔室症候群而予開刀之抗辯，要非全然無據。……縱認原告周家○確係患有腔室症候群，被告鄭○○亦已為必要之處置，要難遽認被告鄭○○有何過失。另原告周家○另一截肢原因係動脈栓塞，已如前述，則原告亦難僅以腔室症候群為原告周家○截肢之唯一原因，即認被告應負賠償責任。

（四）被告鄭○○是否有告知原告周家○及其家屬周家○有截肢危險之義務，以致於妨害原告之醫療自主權之行使？

……原告周賓○除否認當天告知截肢事外，對於被告鄭○○之陳述並無意見，是被告鄭○○有向原告告知病情、治療方針及預後情形甚明。至於截肢部分，原告不否認被告鄭○○事後確有告知，僅爭執被告鄭○○未於最初其認為有截肢危險時，告訴原告。但截肢一事依現有醫療常規應於何時告知？被告鄭○○告知截肢事之時間有何不當？原告則未有任何證據證明，尚難認被告鄭○○有何違反醫療法規定告知之義務。又原告所謂醫療自主權……未能提出任何事證證明，均難採信。

四、原告既未能證明被告鄭○○於本件醫療過程中有何過失行為，則其請求被告連帶賠償原告周家○五百八十萬元；原告周賓○六十萬元；原告朱○○六十萬元，總計七百萬元，並均自訴狀繕本送達之翌日起至清償日止，依年息百分之五計算之利息，即屬無據，應予駁回。其假執行之聲請，因訴之駁回而失所附麗，應併予駁回。……。

中　華　民　國　九十三　年　三　月　十七　日
臺灣士林地方法院民事第○庭　法　官

（二）臺灣高等法院九十三年度重上字第二五六號民事判決 —— 第一審臺灣士林地方法院九十一年度重訴字第五八〇號民事判決【見伍、一、（一）】

【主要爭點】

醫療行為是否屬於民法第一百九十一條之三所定之危險工作。

【事實摘要】

上訴人周家〇主張其於民國九十年三月二十二日因車禍致左下腿骨折，經送至被上訴人台北市立〇〇醫院住院，由該院醫師即另一被上訴人鄭〇〇施以手術，該醫師明知並得預見其有發生「腔室症候群」而受截肢之危險，竟未預見並有所作為，且未告知，致其延誤治療，喪失即時另行選擇有能力之醫護人員及場所轉診之機會，終遭截肢之重大傷害。因上訴人周家〇（七十二年三月十八日生）為未成年人，其父母即另上訴人周賓〇、朱〇〇承認與被上訴人台北市立〇〇醫院間之醫療契約，而該醫院之使用人即被上訴人鄭〇〇履行醫療給付義務時有過失，構成侵權行為及不完全給付中之加害給付，爰依民法第一百八十四條第一項、第二項、第一百八十八條第一項、第一百九十五條第一項第三項、第二百二十四條、第二百二十七條及第二百二十七條之一等規定，請求被上訴人二人負連帶損害賠償責任。

【解析】

本判決肯認第一審判決所認民法第一百九十一條之三所定一般危險責任之侵權規定，對於醫療行為仍應依個案逐一判定，而非完全排除該條之適用。

【裁判內容】

臺灣高等法院九十三年度重上字第二五六號民事判決

　　上　訴　人　周家〇
　　　　　　　　周賓〇
　　　　　　　　朱〇〇
　　共　　　同
　　訴訟代理人　李聖隆律師

被　上　訴　人　台北市立○○醫院（即台北市立○○醫院○○院區）

法定代理人　張○

被　上　訴　人　鄭○○

共　　　　同

訴訟代理人　林亦書律師

　　上列當事人間請求損害賠償事件，上訴人對於中華民國93年3月17日臺灣士林地方法院91年度重訴字第580號判決提起上訴，經本院於94年11月9日言詞辯論終結，判決如下：

主　　文

上訴駁回。

第二審訴訟費用由上訴人負擔。

事　　實

甲、上訴人方面：

壹、聲明：

（一）原判決廢棄。

（二）被上訴人應連帶給付上訴人周家○新台幣（下同）580萬元；上訴人周賓○60萬；上訴人朱○○60萬元，並均自訴狀繕本送達被上訴人之翌日起至清償日止，依年息5%計算之利息。

（三）願供擔保，請准宣告假執行。

貳、陳述：除與原判決記載相同部分，茲予引用外，補稱略以：

（一）上訴人主張被上訴人鄭○○有過失之證據：

　　1.醫師為病患實施診療時之注意義務有二，一為醫師被期待本其醫學知識應有之醫學判斷（包括疾病治療及併發症防免），二是本於現有之醫療設施、服務、設備做應做之治療及危險防免措施，如違反即構成過失，此觀醫師法第12條之1.醫療法第46條第1項、第58條規定自明。

　　2.……被上訴人鄭○○如自認醫療設施不足，無力防免腔室症候群，應依醫療法第50條第1項規定建議病患儘速轉診，惟其卻未為之；且被上訴人鄭○○坦承「並未告訴家屬可能截肢」，亦有違醫療法第46條之知情同意及第58條保護病人權益之告知義務，致上訴人無法依醫療自主權自行轉診。足見被上訴人鄭○○之遲誤行為與上訴人周家○截肢有相當因果關係。

　　3.90年3月27日被上訴人鄭○○為周家○作手術前之同意書明確記載因「左小腿腔室症候群皮膚壞死」而實施「肌膜切開清創」，足見周家○

　　　　於手術前即已併發腔室症候群，被上訴人鄭○○確有遲誤處置。

（二）上訴人就本件損害原因之醫療場域、病歷掌握確有舉證責任之不公平情
　　　形，自得主張依民事訴訟法第277條但書減輕舉證責任，始符合公平原
　　　則，……是本件應由被上訴人就其無故意、過失之事實負舉證責任。

（三）本件腔室症候群固非被上訴人鄭○○所製造，惟係周家○可能發生之併發
　　　症，該併發症之防免自屬於醫療活動性質上所應使用之方法之一，其應作
　　　為（防免）而不作為（遲誤防免）與損害之發生同具原因力，確實該當於
　　　民法第191條之3規定之範圍。……。

（五）……醫審會鑑定意見表示「此例非單純性腔室症候群所引起的一連串變
　　　化，造成左下肢截肢的結果」，惟其意係指此例應該是腔室症候群所致，
　　　僅腔室症候群並非唯一原因（即「非單純性」）而已。是周家○左下肢截
　　　肢與被上訴人鄭○○應注意能注意，竟不注意腔室症候群之可能發生、已
　　　經存在與具體防免之間自有因果關係。……。

乙、被上訴人方面：

壹、聲明：上訴駁回。

貳、陳述：除與原判決記載相同者，茲引用之外，補稱：

（一）……上訴人指摘原審違反優勢證據法則，顯有誤解。

（二）上訴人周家○左小腿截肢原因……與腔室症候群無涉。而90年3月27日手
　　　術……術後診斷再次排除患肢為腔室症候群之懷疑。

（三）被上訴人鄭○○於90年3月23日第一次手術行骨折復位術時，即將患肢之
　　　側腔室筋膜切開以利骨折復位，並裝置引流管，將患肢之組織液、血液導
　　　出，以減少組織壓力，足證鄭○○已就一般骨折可能發生腔室症候群之症
　　　狀早有注意，並防免其發生。

（四）……於90年3月27日第二次手術之同意書載有「腔室症候群」字樣，經術
　　　後診斷已排除，並載為前脛骨動脈、腓骨動脈栓塞等，並不生自認事實之
　　　效力。

（五）……被上訴人鄭○○已克盡診療上各項告知義務，並無疏未告知須截肢之
　　　過失，自無違反相關醫療法規及侵害上訴人之醫療自主權。況周家○左小
　　　腿截肢係肇因於其到院前所受左脛、腓骨粉碎性骨折、合併左小腿皮膚軟
　　　組織及血管輾挫性剝離傷，導致脛腓骨動脈栓塞，與被上訴人告知須截肢
　　　情形，尚無相當因果關係。……。

　　　　理　　由

一、……。

二、上訴人於原審起訴主張：上訴人周家○（72年3月18日出生，發生車禍時尚未成年）於90年3月22日下午約5時許，因車禍致左下腿骨骨折，送到○○醫院住院，由受僱醫師被上訴人鄭○○進行手術，手術後周家○開刀部位發生膿腫發臭、疼痛血栓、肌肉壞死等情形，經向醫師反應未獲積極、妥善、有效之治療，被上訴人鄭○○明知及預見周家○有發生腔室症候群之危險，竟未預見而有所作為，致延誤治療，亦未告知有截肢之危險性，令上訴人喪失即時另行選擇有能力之醫護人員及場所轉診，導致周家○截肢的重大傷害。上訴人周賓○、朱○○係周家○之父母，因此受有精神上痛苦，○○醫院係鄭○○之僱用人，依法應與鄭○○負連帶賠償之責，爰依據侵權行為損害賠償請求權（依據民法第184條第1項、第191條之3、第188條第1項、第195條第1、3項；第184條第2項）及債務不履行損害賠償請求權（依據民法第224條、第227條、第227條之1），請求判決命○○醫院及鄭○○連帶賠償上訴人周家○580萬元（精神慰撫金150萬元，減少勞動能力損失391萬4千元，義肢費用38萬6千元），周賓○、朱○○各60萬元（精神慰撫金各50萬元，受讓義肢費用債權各10萬元）及法定遲延利息之損害等語。

三、被上訴人則以：周家○因車禍受有左側脛骨、腓骨粉碎性骨折，合併左小腿皮膚軟組織、血管輾挫性剝離傷，導致脛、腓骨動脈栓塞，被上訴人鄭○○之診斷及醫療處置並無過失，周家○截肢之原因係因車禍所生「皮膚軟組織血管輾挫性剝離傷」，非腔室症候群，3月23日手術後即有告知周家○之父周賓○病情嚴重，沒講截肢，只說病患預後不良，因為當時血液還有循環，3月26日作血管攝影，發現動脈內膜栓塞嚴重，即已告訴周家○之母朱○○有截肢可能，3月27日因皮膚大片壞死，手術清創，並作一個排除腔室症候群之處理，但依MESS（碾碎性肢體嚴重程度評估）評估，周家○肢體受傷之嚴重程度已達截肢之地步，是家屬不願意截肢才辦理轉院，並未侵害其醫療自主權，本件醫療過程中，未有任何過失行為或可歸責事由，自難令被上訴人負損害賠償之責等語，資為抗辯。

四、兩造不爭執之事實：……。

五、兩造爭執之要點：

甲、被上訴人鄭○○處理周家○左小腿骨折之醫療過程是否有疏失之處？與周家○之左腿截肢有無因果關係？

（一）就被上訴人鄭○○之過失責任，上訴人得否主張援用優勢證據而謂其已盡舉證證明之責？上訴人是否可依民事訴訟法第277條但書規定主張舉證責任轉換，由鄭○○負舉證證明其並無過失？

（二）周家○截肢之原因是否即為腔窒症候群所引起？

（三）被上訴人鄭○○是否應預見腔室症候群之發生，而無預見？

（四）被上訴人鄭○○所作之處置過程是否適當足夠？有無延誤？

（五）被上訴人鄭○○是否有告知周家○及其家屬有截肢危險之義務，有無妨害病人之醫療自主權之行使？

乙、被上訴人鄭○○之行為是否成構民法第184條第2項之侵權行為？

丙、被上訴人鄭○○之醫療行為是否構成民法第191之3之侵權行為？

丁、被上訴人○○醫院及鄭○○，對於周家○發生截肢之結果，是否應構成民法第227條之債務不履行責任？

六、法院之判斷：

甲、被上訴人鄭○○處理周家○左小腿骨折之醫療過程是否有疏失之處？與周家○之左腿截肢有無因果關係？

（一）就被上訴人鄭○○之過失責任，上訴人得否主張援用優勢證據而謂其已盡舉證證明之責？上訴人得否依民事訴訟法第277條但書規定主張應由鄭○○負舉證證明其並無過失？

　　……按民事訴訟法第277條規定……就被上訴人鄭○○於本件醫療過程中有無克遵其所應遵守之規定，其行為是否與截肢結果有因果關係，即成為被上訴人主張免責之事由。……上訴人並非醫學專家，其所提出之書證僅屬其片面之主張，無客觀之公信力，而單純僅憑病歷資料之記載，對於周家○發生截肢原因，是否係因被上訴人鄭○○之醫療處置有所延誤所致，兩者有無因果關係，鄭○○是否有克遵其應遵守之規定，未經立場公正之鑑定機關鑑定，其證明力尚屬不足，依民事訴訟法第288條規定，法院不能依當事人聲明之證據，而得心證，為發現真實認為必要時，得依職權調查證據，故本院將本件醫療過程……送請醫審會鑑定，……但就舉證責任之分配而言，主張民法第184條第1項之侵權行為損害賠償請求權者，以有損害之發生及有責任原因之事實，並二者之間，有相當因果關係為成立要件，故上訴人主張損害賠償之債，仍應就上開事項負有舉證證明之責。……。

（二）上訴人周家○截肢之原因是否為腔室症候群？

　　……腔室症候群發生之原因有很多，○○醫院尚無法確知其原因。……據醫審會之鑑定意見（一）表示……鄭醫師診斷為左下肢皮膚軟組織血管輾挫性剝離傷所致，與○○醫院診斷之因腔室症候群併動脈栓塞，造成左下肢缺血性壞死，並不衝突。……堪認周家○之截肢係因左下肢壓

挫傷嚴重缺血壞死，合併感染，並非單一腔室症候群所引起，則上訴人主張周家○截肢係因腔室症候群所致，即非屬正確而不可採。

（三）被上訴人鄭○○是否應預見周家○患部會有腔室症候群之發生，而無預見？

……經查……被上訴人鄭○○在第一次行骨折復位手術時已認定周家○左小腿有「皮膚軟組織血管輾挫性剝離傷」，並將病情及預後情況告知家屬。……兩造對於上訴人周家○病證之診斷，雖有「腔室症候群」及「皮膚軟組織、血管輾挫性剝離傷」之不同，但被上訴人鄭○○供承：……足見被上訴人鄭○○主觀心態上業已表明對於「腔室症候群」有預見，只是對於上訴人周家○之個案，認為非「腔室症候群」。徵諸首揭說明，自難因其事後否認周家○之病症為「腔室症候群」，而認被上訴人鄭○○對於「腔室症候群」無預見（上訴人對於被上訴人鄭○○是否應預見腔窒症候群之發生而無預見之爭執，係認被上訴人鄭○○對「腔室症候群」之發生，應注意且能注意，竟不注意，未於適時處置，以致發生「腔室症候群」，責難其對「腔室症候群」之發生無所認識，核其真意似指『無認識之過失』，對於被上訴人鄭○○有無預見「腔室症候群」，應無爭執之必要。）

（四）被上訴人鄭○○所作之處置過程是否適當足夠？有無延誤？

……經查……被上訴人鄭○○對於周家○之傷勢有做即時減壓及鬆綁之處理，應堪認定。……次依據醫審會之鑑定意見（二）亦認為……被上訴人鄭○○在處理周家○之左小腿骨折之傷勢後，確有使用避免發生腔室症候群之預防措施……自難認其處置有何不當之處。

（五）至於被上訴人鄭○○對於周家○於術後發生膿腫惡臭、疼痛血栓、肌肉壞死之情形，採用血管攝影，並於發現血管有嚴重栓塞後，於翌日立即進行清創手術，就其處置方式而言，依據鑑定意見書（四）稱「於病患術後發生膿腫惡臭、疼痛及肌肉壞死之情況，應以手術清創為主，靜脈注射抗生術治療為輔，以便控制感染，預防敗血症，至於嚴重之感染，須截肢始能控制感染」，難認有欠妥當之處。……被上訴人鄭○○並無延誤病情之處。按周家○在行第一次手術後，依臨床症狀，尚未出現腔室症候群之徵狀……採取減壓及密切觀察其循環狀況之措施，應屬正確，嗣後至3月26日……發現血管栓塞嚴重時立即向家屬告知有截肢必要，3月27日手術後情況未改善，再度告知家屬需截肢，在時間上至為緊密，據此尚難認其處置有何延誤之處。

（六）被上訴人鄭○○是否有告知周家○及其家屬有截肢危險之義務，有無妨害病人之醫療自主權之行使？

……依據醫審會之鑑定意見，醫師係於3月26日發現病人左腿瘀斑擴大、足背變白、動脈搏變弱，除安排血管攝影外，已向家屬告知有截肢可能性，3月27日手術後情況未改善，再度告知家屬截肢可能性，並未有隱瞞或延誤告知之事實，自難認被上訴人鄭○○有何違反醫療法規定之告知義務。至上訴人主張所謂「醫療自主權」……並未能提出任何事證證明，則此部分其主張自難採信。

（七）綜上所述，被上訴人鄭○○處理周家○左小腿骨折之醫療過程尚難認有何過失責任，亦難認與截肢有因果關係，則上訴人主張鄭○○應負侵權行為責任，○○醫院應依民法第188條第1項之規定負僱用人之連帶責任，均屬無據。

乙、被上訴人鄭○○之行為是否構成民法第184條第2項後段之侵權行為？

……經查被上訴人鄭○○為周家○所為二次手術，在事前皆經家屬即上訴人周賓○簽立手術同意書切結同意……上訴人周賓○當時因心急如焚，未仔細傾聽，據此自難認醫師有違反上開法律之規定。至於第二次手術前，……亦與上訴人朱○○說明，而手術同意書上亦載明……，此次係上訴人要求不要截肢，更足以證明醫師已盡告知及說明義務。……本件醫師既已將其預後不良之情形告知，亦難認係違反前開法律規定之告知義務。……上訴人主張被上訴人鄭○○違反前開醫療法之規定，推定有過失云云，殊非可採。

丙、被上訴人鄭○○之醫療行為是否構成民法第191條之3之侵權行為？

查……民法第191條之3著有明文。所謂「從事其他工作或活動之人」，其事業或工作或活動之種類並無限制，苟其工作或活動之性質、或其使用之工具或方法有生損害於他人之危險者，即有本條規定之適用。可見本條規定的重點在於從事工作或活動者，其從事之活動或工作，無論是工作或活動本身，抑或其使用之工具或方法，有生損害於他人之「危險」，即應對他人所受損害，負賠償責任，是為危險責任。立法理由為①從事危險事業或活動者所經營的事業或活動的性質，或其使用的工具或方法有生損害於他人之危險。這種危險是從事危險事業或活動時伴隨產生的危險。②該從事危險事業或活動伴隨產生的危險，在某種程度上是從事該危險事業或活動的人在專業上得控制的危險，自應由其負防止危險發生的防止責任。因未盡相當注意，能防止而不防止致生損害，應負賠償責任。③從事危險事業或活動者因從事危險事業或活動而獲取利益，依公平正義原則，亦應負起危險所生損害的賠償責任。上開規定所規範之一定事業，係指該事業之平

常運作即有生損害於他人之危險，即使依規定運作亦將為一般人視為日常生活之危險來源之情形，如工廠排放廢水廢氣、裝瓦斯廠裝填瓦斯、爆竹廠造爆竹等均屬之，被害人依據上開規定請求賠償時，只須證明加害人之工作或活動之性質或其使用之工具或方法，有生損害於他人之危險，則被害人因此危險所受之損害，即推定與該危險間有因果關係，將舉證責任轉換，要求經營事業或從事其他工作或活動之人，就損害非由於其工作或活動或其使用之工具或方法所致，或於防止損害之發生已盡相當之注意，負舉證責任。揆其立法目的乃在加重對製造危險且得控制危險，並因此而獲利者之責任，而醫療行為係對病患施以救治解除目前或未來可預見或不可預見之危險，於其過程中使用的工具或方法雖有生損害於他人之危險。但此種危險之複雜性，非全然得為施以救治者所控制，是民法第191條之3之侵權行為之規定，對於醫療行為仍應依個案逐一判定。……依上訴人之主張……核其情形顯然與民法第191條之3規定之構成要件不符，此部分上訴人之主張，殊非可採。

丁、被上訴人○○醫院及鄭○○，對於周家○發生截肢之結果，是否應構成民法第227條加害給付之債務不履行責任？

　　……醫師或醫院提供特殊之醫療技能、知識、技術與病患訂立契約，為之診斷治療疾病，係屬醫療契約……我國學說及實務見解通常均認為係屬委任契約或近似於委任契約之非典型契約，則有關於民法債編總則有關債務不履行之規定部分，自有其適用。……周家○遭截肢係因車禍受到嚴重傷害之結果，其左下肢外傷導致皮膚軟組織血管輾挫性剝離傷，產生皮膚、肌肉壞死及動脈栓塞，致缺血性壞死併感染引發敗血症而造成截肢……應屬非可歸責於債務人之事由所致，自難令被上訴人○○醫院及鄭○○負債務不履行之責，故上訴人主張被上訴人應負債務不履行之損害賠償責任，亦屬無據。

七、綜上，上訴人之主張為不足採，被上訴人抗辯尚屬可信，上訴人請求被上訴人連帶賠償上訴人周家○580萬元；上訴人周賓○60萬元；上訴人朱○○60萬元，總計700萬元，並均自起訴狀繕本送達之翌日起至清償日止，依年息5%計算之利息，即屬無據，不應准許。其假執行之聲請，亦失所附麗，應併予駁回。原審所為上訴人敗訴之判決，並無不合，上訴意旨指摘原判決不當，求予廢棄改判，為無理由。……。

中　華　民　國　九十四　年　十一　月　二十三　日
民事第○庭審判長　法　官
　　　　　　　　　法　官
　　　　　　　　　法　官

（三）臺灣士林地方法院九十一年度訴字第一一○一號民事判決-查無二、三審資料

【主要爭點】

醫療行為是否有民法第一百九十一條之三的適用。

【事實摘要】

原告林岳○（民國八十七年四月一日生）主張其因右腳踝擦傷合併撕裂傷，於九十年九月二十日至被告○○大學○○醫學院○○總醫院急診外科實施傷口縫合手術，嗣轉由同院整形外科醫師即另一被告周○○為其施行皮膚移植手術，該醫師本應注意人類皮膚厚度因性別、部位及年齡而有不同，對三歲半至四歲兒童實施頭皮分層皮膚移植手術時，刮取頭皮之限制為千分之七英吋，且診治病人，應向病人或其家屬告知病情、治療方針、處置、用藥、癒後情形及可能之不良反應，客觀上並無不能注意之情事，詎於同年十月八日為其實施傷口清創及全層皮膚移植手術時，取皮厚度竟達千分之二十英吋，致其右側足跟瘢痕攣縮，無法正常穿鞋，乃於九十一年一月二十一日再度實施瘢痕整形及全層植皮手術（面積為六公分乘六公分），惟取皮厚度更高達千分之二十五英吋，同年二月四日出院時，非但未開給任何藥物，亦未告知其父母即另二原告林國○及韓○○應如何照顧及應於何時回診，同年二月七日其自行回診時，竟將取皮區覆蓋之生物敷料強行撕掉，且未為手部清潔之行為即將藥物塗抹在傷口上，因而造成右側顳部取皮區感染合併傷口癒合不良，同年三月二十九日始再實施傷口清創及局部皮瓣覆蓋手術縫合，終致頭部取皮區無法長出毛髮，右腳踝患部植皮區卻長出毛髮，爰依民法第一百八十四條第一項、第一百九十一條之三、第一百八十八條侵權行為及第二百二十七條及第二百二十七條之一債務不履行等規定，請求被告連帶負損害賠償責任。

【解析】

一、本判決認醫療行為有民法第一百九十一條之三之適用，且被害人請求損害賠償之範圍與一般侵權行為相同，包括醫療費用及非財產損害之精神慰撫金，均得請求。

二、本判決認定被告周○○為原告林岳○實施頭皮移植手術時，刮取千分之

二十五英吋之頭皮皮膚，係屬取皮過厚，且被告周○○無法舉證證明其對原告林岳○頭皮取皮區禿髮及右腳踝長出毛髮已盡相當之注意義務，亦未能證明原告林岳○之上開後遺症並非取皮過厚所致，被告周○○自應負民法第一百九十一條之三所定一般危險責任。

【裁判內容】

臺灣士林地方法院九十一年度訴字第一一○一號民事判決

原　　　告　林岳○（民國八十七年四月一日生）

兼法定代理人　林國○

　　　　　　　韓○○

共　　　同

訴訟代理人　李聖隆律師

被　　　告　○○大學○○醫學院○○總醫院

法定代理人　陳○○

被　　　告　周○○

共　　　同

訴訟代理人　吳旭洲律師

複 代 理 人　魏聖秦

右當事人間因侵權行為損害賠償等事件，本院於民國九十三年一月十九日言詞辯論終結，判決如下：

主　　　文

被告應連帶給付原告林岳○、林國○及韓○○依序各新臺幣柒拾伍萬元、新臺幣參萬零陸佰拾伍元及新臺幣參萬零陸佰拾伍元，及均自民國九十一年九月十九日起至清償日止，按週年利率百分之五計算之利息。

原告其餘之訴駁回。

訴訟費用由被告連帶負擔五分之一、原告林岳○負擔五分之一，餘由原告林國○、韓○○負擔。

本判決原告勝訴部分，於原告林岳○、林國○及韓○○分別各以新臺幣貳拾伍萬元、新臺幣壹萬元及新臺幣壹萬元為被告供擔保後，得假執行；但被告於執行標的物拍定、變賣或物之交付前，各以新臺幣柒拾伍萬元、新臺幣參萬零陸佰拾伍元及新臺幣參萬零陸佰拾伍元，分別為原告林岳○、林國○及韓○○供擔保後，得免為假執行。

原告其餘假執行之聲請駁回。

　　　事　　　　　實

甲、原告方面

一、聲明：

(一) 被告應連帶給付原告林岳○、林國○及韓○○依序各新臺幣（下同）一百五十萬元、一百零六萬一千三百四十八元、一百零六萬一千三百四十八元，並均自起訴狀繕本送達翌日起至清償日止，按週年利率百分之五計算之利息。

(二) 原告願供擔保，請准宣告假執行。

二、陳述：

(一) 事實經過：

　　緣原告林岳○因右腳踝擦傷合併撕裂傷，於民國九十年九月二十日至被告○○大學○○醫學院○○總醫院（下稱「○○總醫院」）就診，由被告○○總醫院……被告周○○主治，被告周○○為整形外科醫師，本應注意人類皮膚厚度因性別、部位及年齡而有所不同，對三歲半至四歲兒童實施頭皮分層皮膚移植手術，刮取頭皮之限制為千分之七英吋，且醫師診治病人時，應向病人或其家屬告知其病情、治療方針、處置、用藥、癒後情形及可能之不良反應，且客觀上並無不能注意之情事，詎被告周○○先於九十年十月八日為原告林岳○實施傷口清創及全層皮膚移植手術時，對原告林岳○頭皮之取皮厚度竟為千分之二十英吋，使原告林岳○右側足跟瘢痕攣縮，導致無法正常穿鞋，被告周○○復於九十一年一月二十一日再為原告林岳○實施瘢痕整形及全層植皮手術（面積為六公分乘六公分），對原告林岳○頭皮之取皮厚度竟仍高達千分之二十五英吋；嗣原告林岳○於同年二月四日出院時，被告周○○並未開給原告林岳○任何藥物，亦未告知其父母即原告林國○、韓○○應如何照顧原告林岳○及應於何時偕同原告林岳○回診，原告林國○、韓○○則自行於同年二月七日偕同原告林岳○回診，被告周○○於當日為原告林岳○看診時，竟將原告林岳○取皮區所覆蓋之生物敷料強行撕掉，且未為手部清潔之行為即將藥物塗抹在原告林岳○之傷口上，使原告林岳○右側顳部取皮區感染合併傷口癒合不良，被告周○○再於同年三月二十九日為原告林岳○實施傷口清創及局部皮瓣覆蓋手術縫合，終致原告林岳○頭部取皮區無法長出毛髮，而右腳踝患部植皮區卻長出毛髮，爰依民法第一百八十四條第一項、第一百九十一條之三、第一百八十

條、第一百九十三條第一項、第一百九十五條第一項及第二百二十七
條、第二百二十七條之一規定，訴請被告連帶賠償原告林岳○、林國○
及韓○○精神慰撫金、看護費用、醫療費用及交通費（詳後述）。

（二）賠償明細：

　　1.醫療費用及交通費：

　　　……原告林國○、韓○○依損害賠償請求權讓與之法理而取得原告林岳
　　　○對被告之一百八十一萬一千二百五十元醫療費用之連帶賠償請求權，
　　　原告林國○、韓○○各得請求被告連帶賠償九十萬五千六百二十五元。

　　2.看護費用：

　　　……原告林國○、韓○○取得原告林岳○對被告之連帶損害賠償請求
　　　權，原告林國○、韓○○各請求被告連帶賠償十五萬五千七百二十三
　　　元。

　　3.精神慰撫金：

　　　……原告林岳○得請求被告連帶賠償精神慰撫金一百五十萬元。……。

乙、被告方面

一、聲明：

（一）原告之訴駁回。

（二）如受不利判決，被告願供擔保，請准宣告免為假執行。

二、陳述：

（一）……手術結果顯示原告林岳○之傷口業已癒合，至於傷口處瘢痕攣縮乃屬
　　　正常現象。

（二）被告周○○於九十一年一月二十一日為原告林岳○實施瘢痕整形及全層植
　　　皮手術後，原告林岳○於同年二月四日出院，被告周○○於原告林岳○出
　　　院時有開給止癢藥及口服抗生素，且原告林岳○於同年二月七日頭部取皮
　　　區已長出毛髮，生物敷料面積已縮小……被告周○○之取皮手術並未影響
　　　毛囊……被告周○○並無過失，原告林岳○頭皮取皮處無法長出毛髮與被
　　　告周○○之取皮手術並無因果關係。

（三）又被告周○○於原告林岳○九十一年一月二十一日接受瘢痕整形及全層植
　　　皮手術前，曾清楚告知……植皮處頭皮之毛囊可能再生，但此後遺症得透
　　　過顯微電灼法破壞毛囊……。

（四）……被告並未於同年二月七日為原告林岳○看診時強行撕去其頭皮取皮處
　　　之生物敷料，導致傷口出血之情形。

（五）……原告林國○、韓○○疏於照顧原告林岳○，使原告林岳○頭皮取皮區

遭念珠菌感染，導致原來取皮區傷口處所長出之毛髮已經脫落。……。

　　理　　由

一、本件原告起訴主張：……。

二、被告則以：……。

三、……。

四、按……民法第一百九十一條之三定有明文；而前揭規定之立法目的，係爲使被害人獲得周密之保護，請求賠償時，被害人只須證明加害人之工作或活動之性質或其使用之工具或方法，有生損害於他人之危險性，而在其工作或活動中受損害即可，不須證明其間有因果關係。但加害人能證明損害非由於其工作或活動或其使用之工具或方法所致，或於防止損害之發生已盡相當之注意者，則免負賠償責任，以期平允（民法第一百九十一條之三立法理由參照）。……原告須對被告周○○取原告林岳○頭皮千分之二十五英吋，係取皮過厚之事實，負舉證之責，而被告則須對於原告林岳○頭皮取皮區無法長出毛髮，而右腳踝卻長出毛髮非由於被告周○○之取皮手術所致及被告周○○於防止原告林岳○頭皮取皮區無法長出毛髮，右腳踝卻長出毛髮之發生已盡相當注意義務之事實，負舉證之責。經查：

（一）被告周○○對原告林岳○頭皮取皮千分之二十五英吋，是否取皮過厚部分：

　　　……從而，爲兒童實施頭皮移植手術時，刮取之頭皮皮膚厚度之上限應爲千分之八英吋至千分之十五英吋或千分之十英吋至千分之十六英吋，……原告林岳○於接受被告周○○實施頭皮移植手術時……取皮厚度更應絕對避免達到千分之二十三英吋，被告周○○施術時竟刮取原告林岳○千分之二十五英吋之頭皮皮膚，非但使可能導致原告林岳○取皮區禿髮及植皮區長出毛髮等後遺症之危險性，大爲提高，客觀上亦已發生原告林岳○頭部取皮區之毛囊球遭一併取下移植於腳後跟，並導致原告林岳○右腳踝植皮區長出毛髮之後遺症，可見被告周○○於九十一年一月二十一日爲原告林岳○實施頭皮移植手術時，刮取千分之二十五英吋之頭皮皮膚，顯係取皮過厚之行爲。

（二）原告林岳○頭皮取皮區無法長出毛髮，而右腳踝卻長出毛髮是否非由於被告周○○之取皮手術所致之部分：

　　　1.由原告林岳○右腳踝植皮區長出毛髮之客觀事實，顯示原告林岳○之頭皮植皮區之毛囊球確因被告周○○取皮過厚之行爲，遭一併取下並移植於右腳踝植皮區上……是原告林岳○頭部取皮區術後能否再長出頭髮，

已非無疑……。

2.……被告對原告林岳○頭皮取皮區術後禿髮之事實，係純粹由於遭念珠菌感染此單一原因所導致，而非由於被告周○○實施頭皮皮膚移植手術時取皮過厚所導致一節，則無法進一步提出證據以實其說。……。

3.綜上，被告辯稱原告林岳○頭皮取皮區禿髮及右腳踝長出毛髮，並非因被告周○○被告周○○實施頭皮皮膚移植手術時取皮過厚所導致之事實，既陷於真偽不明，自應將此事實真偽不明之不利益歸由應負舉證責任之被告負擔。

(三) 被告周○○於防止原告林岳○頭皮取皮區無法長出毛髮及右腳踝長出毛髮之發生，是否已盡相當注意之部分：

1.……被告周○○為整形外科主治醫師，係從事醫療業務之人，另被告○○總醫院為教學級醫院，醫療設備完善、資訊充足，是被告周○○於九十一年一月二十一日在被告○○總醫院，為原告林岳○實施頭皮移植手術時，自應注意上開取皮厚度之限制，且客觀上並無不能注意之情事，竟仍疏未注意……顯有過失存在，是被告周○○於防止原告林岳○頭部取皮區無法長出毛髮及右腳踝長出毛髮之發生，應未盡相當之注意義務。

2.……被告周○○如有正確告知原告頭部取皮區可能禿髮之後遺症，衡情原告應不致於會甘冒如此大之風險選擇或同意被告周○○選擇以頭皮作為植皮之取皮區，是益見被告周○○未於術前善盡充分告知資訊之義務。

(四) 綜上所述，被告周○○……刮取原告林岳○千分之二十五英吋之頭皮皮膚，非但使可能導致原告林岳○取皮區禿髮及植皮區長出毛髮等後遺症之危險性，大為提高，客觀上亦已發生……後遺症，可見被告周○○於九十一年一月二十一日為原告林岳○實施頭皮移植手術時，刮取千分之二十五英吋之頭皮皮膚，顯係取皮過厚之行為，況被告亦無法舉證證明被告周○○對原告林岳○頭皮取皮區禿髮及右腳踝長出毛髮之發生已盡相當之注意義務，以及原告林岳○之上開後遺症並非因被告周○○取皮過厚所致，……原告林岳○自得依民法第一百九十一條之三規定，請求被告周○○賠償其因發生上開後遺症所受之損害。

五、又按……民法第一百八十八條第一項定有明文；……被告周○○係客觀上為被告○○總醫院所使用為之服勞務而受被告○○總醫院監督之人，諸上揭規定及判例意旨，被告周○○應屬民法第一百八十八條第一項所規定被告○○

總醫院之受僱人，故原告林岳○自得依上揭規定，請求被告○○總醫院與被告周○○連帶賠償其損害。

六、……民事訴訟法第二百七十七條定有明文……經查：

（一）原告林國○於本院九十二年三月三日言詞辯論時自認原告林岳○於九十一年二月四日出院，被告周○○於同年二月二日有開給原告林岳○退燒藥、抗生素及止癢藥之事實……顯見原告主張原告林岳○於九十一年二月四日出院時，被告周○○未開給原告林岳○任何藥物之事實，不足採信。

（二）又……顯見原告林國○於原告林岳○九十一年二月四日出院時已受有協助原告林岳○更衣、如廁、沐浴、用藥指導及需回門診追蹤檢查之告知，是原告主張原告林岳○於九十一年二月四日出院時，被告周○○未告知原告林國○、韓○○應如何照顧原告林岳○及應於何時偕同原告林岳○回診之事實，亦不足採信。

七、茲審酌原告得請求之各項金額如下：

（一）醫療費用、看護費用及交通費部分：

　　按……民法第一百九十三條第一項定有明文。

　　1.醫療費用部分：……原告林國○、韓麗琴於請求被告連帶賠償將來之醫療費用六萬元之範圍內，洵屬有據。綜上，原告林國○、韓○○得請求被告連帶賠償已支出及將來之之醫療費用共六萬一千二百三十元，且因上開金錢賠償之給付為可分之債，是原告林國○、韓○○各得請求被告連帶賠償三萬零六百十五元。

　　2.看護費用部分：……原告林岳○年僅五歲，其父母即原告林國○、韓○○本即各自於日間工作，而無法親自照顧原告林岳○，如欲聘僱專人看顧，本來即為原告林國○、韓○○必須支出之費用……自不得請求被告連帶賠償看護費用三十一萬一千四百四十六元。

　　3.交通費部分：……原告林岳○接受頭皮取皮區禿髮之治療，仍可搭乘一般大眾運輸交通工具，並無搭乘計程車之必要，……不得請求被告連帶賠償一萬一千二百二十元計程車車資。

（二）精神慰撫金部分：

　　按民法第一百九十五條第一項前段規定：……原告林岳○於請求被告連帶賠償精神慰撫金七十五萬元之範圍內，應屬相當，逾此範圍之請求，即非正當。

八、綜上所述，原告林岳○基於民法第一百九十一條之三及第一百八十八條第一項之規定，得請求被告連帶賠償上開醫療費用及精神慰撫金，而原告林國

○、韓○○則依民法第一條之法理，由原告林岳○處受讓取得對被告之連帶賠償上開醫療費用之請求權，從而，原告林岳○、林國○及韓○○於依序請求被告連帶賠償七十五萬元、三萬零六百十五元、三萬零六百十五元及均自起訴狀繕本送達翌日即九十一年九月十九日起至清償日止，按週年利率百分之五計付法定遲延利息之範圍內，為有理由，應予准許，逾此範圍之請求，則無理由，應予駁回。

九、原告依民法第一百九十一條之三及第一百八十八條第一項之規定或併依民法第一條之法理，訴請被告連帶賠償其所受之損害及遲延利息，既經部分准許，則其另依民法第一百八十四條第一項、第二百二十七條及第二百二十七條之一等規定，而為同一經濟目的之請求，即毋庸再予審酌，附此敘明。……。

中　華　民　國　九十三　年　二　月　十三　日
臺灣士林地方法院民事第○庭　法　官

（四）臺灣臺中地方法院九十二年度醫字第一二號民事判決——第二審：臺灣高等法院臺中分院九十四年度醫上字第七號民事判決【見伍、一、（五）】

【主要爭點】

一、醫療行為是否屬於民法第一百九十一條之三所定之危險工作。
二、被告之醫療行為與被害人之死亡是否具有因果關係。

【事實整理】

原告分別係被害人之母、妻及子女，被害人於民國九十年八月一日晚間因感覺腹部突然劇痛，赴被告○綜合醫院急診，經送加護病房，已呈休克現象，血壓降底、血紅素不及常人之一半，該院之住院醫生、主治醫生即另二名被告余○○及何○○卻未予輸血及作其他積極處理，致被害人因休克而死亡，應有過失，被告○綜合醫院應負僱用人之責任。而醫療行為所從事之工作及活動均有生損害於他人之危險性，且醫療契約為類似委任之無名契約，被告余○○及何○○未盡善良管理人注意義務履行債務，屬不完全給付之加害給付，爰依民法第一百八十五條第一項、第一百八十四條第一項、第一百八十八條第一項、第一百九十一條之

三及第二百二十七條等規定，請求被告負連帶損害賠償責任。

【解析】

一、九十三年四月二十八日修正公布之醫療法第八十二條第二項規定醫療機構及其醫事人員因執行業務致生損害於病人，以故意或過失為限，負損害賠償責任。尋繹其立法理由可知，採無過失責任之消費者保護法已確定無法適用於醫療行為（按實務上於上開條文修正前有判決認為醫療行為有消費者保護法之適用）。惟本判決認本件事實發生於醫療法九十三年四月二十八日修正公布前，依法律不溯及既往原則，自不受上開醫療法修正之影響，而仍有消費者保護法之適用。又因醫療服務所生之法律關係，本應受消費者保護法之規範，且消費者保護法為民法之特別法，應優先於民法而適用。

二、又由民法第一百九十一條之三但書規定觀之，本條係採推定過失責任，而推定過失責任之歸責原因來看仍屬過失責任，則於醫療法修正後，醫療行為是否有民法第一百九十一條之三推定過失之適用，即值得進一步深入探究。多數學說及實務見解咸認醫療行為不屬於現代科技之危險行為，雖醫療侵入行為皆具有一定之危險性，但此非因現代科技之發展有以致之。再者醫師對醫療行為之危險，並無法加以管控，亦不因醫療行為而獲利，從而非屬民法第一百九十一條之三所定之危險活動或工作。本判決有不同之看法，認為醫療行為本身即具有高度的危險性與不確定性，故醫療行為人所從事之醫療行為，其工作之性質或所使用之醫療器材、方法對於人之身體通常會造成一定之危險，其因此所造成之損害，自應先優先適用本條之規定。本件參照國立臺灣大學醫院附設醫院第一次之鑑定意見認為被告於醫療過程恐難推託其未按時為病患注射抗生素之嫌疑，其於本件醫療過程自有欠缺合理可期待之安全性及醫療之專業水準，而有過失。然依照本件醫療急救過程，即使認為醫療過程有未按時投予抗生素之疏失，若排除此項疏失因素，參照兩造合意之鑑定單位所為之專業經驗判斷，在通常經驗之觀察下，仍無法排除病患死亡之結果，此疏失對於病患事後發生之死亡結果，難認有相當因果關係，不構成民法第一百八十四條第一項前段之侵權責任，自無成立民法第一百八十五條、第一百八十八條及第一百九十一條之三之責任可言。

【裁判內容】

臺灣臺中地方法院九十二年度醫字第一二號民事判決

原　　　　告　王凱○
兼法定代理人　徐○○
原　　　　告　王陳○
右　三　人
訴訟代理人　吳光陸　律師
被　　　　告　何○○
　　　　　　　余○○
法定代理人　童○○
右　三　人
訴訟代理人　蔡正熙

　　右當事人間請求損害賠償事件，經本院於民國九十四年六月十日言詞辯論終結，判決如下：

　　　　　　主　　文

原告之訴及假執行之聲請均駁回。

訴訟費用由原告負擔。

　　　　　事實及理由

壹、程序方面：……。

貳、實體方面：

一、原告主張：王世民身體尙屬健朗，於民國九十年八月一日晚上因腹部突然感到劇痛，到被告○綜合醫院急診，經送加護病房，詎該院之住院醫生即被告余○○、主治醫生即被告何○○均未積極處置，王世民已呈休克現象，仍未處理，以致無法挽回，而於二日凌晨五時三十分心跳停止，七點三十分宣布死亡，王世民入加護病房不久，除腹部疼痛，已呈休克現象，血壓降底、血紅素不及常人之一半，然……未積極處理，以致王世民因休克而死亡，被告余○○、何○○既爲醫生，對上開休克現象本有義務應予救治，竟未處理，應有過失，依民法第一百八十五條第一項、第一百八十四條第一項之規定規定應負賠償責任，被告○綜合醫院對於被告余○○、何○○之過失，亦應依照民法第一百八十八條第一項之規定負連帶賠償責任，況醫療行爲所從事之工作及活動均有生損害他人之危險，被告對於損害非由其工作或活動或使用之工具或方法所致，及防止損害之發生已盡相當之注意，應負舉證責任，而醫療契約爲類似委任之無名契約，被告未依善良管理人注意義務履行債務，致王世民死亡，屬不完全給付之加害給付，應依民法第二百二十七條之規定負損害賠償責任……醫療行爲有消費者保護法

規定之適用，被告除應就其無過失乙節，負舉證責任，且縱使被告得舉證其無過失，法院亦僅得減輕其舉證責任，是被告應負賠償責任。又原告王凱○等三人係王世民之子女、徐○○爲其妻，王陳○爲其母，王世民於法律上對渠等，均負有法定扶養義務之人，且渠等亦因此造成精神上受有損害，自應依民法第一百九十二條、第一百九十四條負賠償責任，另原告徐○○又爲支出喪葬費用之人，亦得向被告請求此部分支出費用，茲因原告徐○○共支出喪葬費：三十萬元、原告王凱○、王瑩○、王培○、徐○○、王陳○扶養費所得請求之扶養費分別爲二十四萬三千四百三十六元、二十九萬一千六百八十六元、四十八萬四千五百三十一元、一百五十八萬三千五百二十九元、六十六萬三千八百九十五元，及分別遭受喪父、喪夫、喪子之痛，不言可諭，各請求一百萬元之精神慰撫金等語。並聲明請求：（一）被告應連帶給付原告王凱○一百二十四萬三千四百三十六元、原告王瑩○○一百二十九萬一千六百八十六元、原告王培○一百四十八萬四千五百三十一元、原告徐○○二百八十八萬三千五百二十九元、原告王陳○一百六十六萬三千八百九十五元，及均各自起訴狀繕本送達翌日起至清償日止按年利百分之五計算之利息；（二）願供擔保，請准宣告假執行。

二、被告則以：……王世民因嚴重酒精肝硬化又感染海洋創傷弧菌，細菌已穿越腸壁進入血液循環，進入休克狀態，此時施打任何抗生素已無法挽回生命，無法證明被告醫療處置或給藥有何相當因果關係，尚難認爲被告有何不完全給付之情形，況且原告在目前之科技水平之下，已善盡應盡責任，被告何○○從頭至尾亦未參與病人之醫療過程，更無須負任何責任等語。並聲明：（一）原告之訴及假執行之聲請均駁回；（二）如受不利判決，願供擔保請准免爲假執行之宣告。

三、兩造不爭執之事實：……。

四、法院得心證之理由：

　　兩造爭執所在，應在被告○綜合醫院與原告間之醫療契約間，是否仍有消費者保護法之適用？若有，其所施用之醫療服務是否符合當時科技及專業可合理期待之安全性？被告○綜合醫院所僱請之住院醫生即被告余○○、主治醫生即被告何○○於執行醫療職務，是否已盡到善良管理人之注意義務，而有過失？及王世民之死亡與渠等之醫療行爲間有無因果關係？

（一）按消費者保護法對於何謂消費行爲？並無直接明文規定……又消費者保護法第七條第一項所謂之服務……本質上對於消費者之身體及生命具有衛生或安全上危險之醫療服務，自有本法之適用。……醫療服務行爲既與生

命、身體、健康息息相關，爲達上開立法之目的，醫療行爲應受消費者保護法之規範。……被告○綜合醫院既係從事醫療服務而爲營業，是就其與病患間因醫療服務所生之法律關係，自應受消費者保護法之規範。又消費者保護法既爲民法之特別法，自然應優先於民法之適用，先此敘明。

（二）又按現行醫療法第八十二條固定規定：……惟該條文乃中華民國九十三年四月二十八日……修正……公布；而依該法第一百二十三條之規定係自公布日施行，……依法律不溯及既往原則，本件自不受上開醫療法修正之影響，是睽諸上開說明，本件自仍有消費者保護法之適用。

（三）次查，本件經送法務部法醫研究所、行政院衛生署醫事審議委員會、國立臺灣大學附設醫院鑑定，其結果：1.法務部法醫研究所認爲：……死者有肝硬化（不甚高度），但有心衰竭現象，諒爲病人因患肝硬化併發代謝性衰竭之結果引起之心肌病變相繼有心肺衰竭情形，因此心肺不支迅速死亡。死者未見有胃潰瘍，亦未見「因肝硬化所引起之食道靜脈瘤及其出血等」死亡前之出血疑爲休克引起之壓力性潰瘍（stressuler）等語，2.行院院衛生署醫事審議委員會則認爲：……病人就醫時、已呈休克狀態，短短數小時之內即死亡，過程快的有些離奇，但若確知是創傷弧菌感染，則結果也不算令人意外，整體來說，這個案例醫療過程並無疏失等語，3.國立臺灣大學醫學院附設醫院則認爲：「……王先生在急診就醫後，很快地轉進加護病房，接受更嚴密的監視，這些醫療過程，並無可議之處。但是要判斷本件有無疏失……請醫院提供第一劑抗生素投藥的時間爲宜」等語。

（四）復查……本件參照國立臺灣大學醫院附設醫院第一次之鑑定意見，認爲被告方面於醫療過程，恐難推託其未按時爲病患王世民注射抗生素之嫌疑，其於本件醫療過程自有欠缺合理可期待之安全性，及醫療之專業水準，堪予認定其有過失。

（五）……依照本件醫療急救過程，即使認爲醫療過程有未按時投予抗生素之疏失之事實作爲觀察基礎，若排除此項疏失因素，參照兩造所合意之鑑定單位所爲之專業經驗判斷，在通常經驗之觀察下，亦無法排除病患王世民死亡之結果，是此項疏失對於王世民事後發生之死亡結果，自難認爲有相當因果關係，是以此推之，尚難認爲被告對於王世民之死亡結果，應負損害賠償責任。

（六）繼按……民法第一百九十一條之三定有明文，醫療行爲本身即具有高度的危險性與不確定性，故醫療行爲人所從事之醫療行爲，其工作之性質或所使用之醫療器材、方法對於人之身體通常會造成一定之危險，其因此所造

成之損害，自應先優先適用上開規定，惟查，如前所述，本件被告〇綜合醫院所僱請之住院醫生即被告余〇〇於執行醫療職務過程，雖可認為在醫療過程有欠缺醫療專業標準之疏失，客觀上違反善良管理人注意義務，然以王世民所遭遇的病情急遽變化，即使於四點以前，準時投予第一劑抗生素（unasyn）其對於最後所產生之死亡結果，並法無造成決定性之效果，反而益見造成王世民死亡之結果，乃因其本身身體所遭遇之急遽變化所致，應非被告余〇〇、何〇〇於執行醫療行為所致，是尚難認渠等應負侵權行為之損害賠償責任。

（七）綜上所述，原告主張被告所提供之醫療服務欠缺合理可期待之醫療專業水準及未盡善良管理人注意義務致王世民死亡，依照債務不履行、消費者保護法之規定請求損害賠償責任，及主張被告余〇〇、何〇〇於執行醫療職務亦有共同過失行為致王世民死亡，被告〇綜合醫院為其雇主，應依照民法第一百八十八條第一項之規定負連帶賠償責任，請求被告連帶給付原告王凱〇一百二十四萬三千四百三十六元、原告王瑩〇〇一百二十九萬一千六百八十六元、原告王培〇一百四十八萬四千五百三十一元、原告徐〇〇二百八十八萬三千五百二十九元、原告王陳〇一百六十六萬三千八百九十五元，及均各自起訴狀繕本送達翌日起至清償日止按年利百分之五計算之利息，均屬無據，應予駁回。其假執行亦失所依附，應併予駁回。……。

中　華　民　國　九　十　四　年　七　月　八　日
臺灣臺中地方法院民事第〇庭　法　官

（五）臺灣高等法院臺中分院九十四年度醫上字第七號民事判決——第一審：臺灣臺中地方法院九十二年度醫字第一二號民事判決【見伍、一、（四）】

【主要爭點】

一、醫療行為是否屬於民法第一百九十一條之三所定之危險工作。
二、醫療行為之危險與被害人之死亡是否具有因果關係。

【事實摘要】

上訴人分別係被害人之母、妻及子女，被害人於民國九十年八月一日晚間因感覺腹部突然劇痛，赴被上訴人○綜合醫院急診，經送加護病房，已呈休克現象，血壓降底、血紅素不及常人之一半，該院之住院醫生、主治醫生即另被上訴人余○○及何○○卻未予輸血及作其他積極處理，致被害人因休克而死亡，應有過失，被上訴人○綜合醫院應負僱用人之責任，而醫療行為所從事之工作及活動均有生損害他人之危險性，且醫療契約為類似委任之無名契約，余○○及何○○未盡善良管理人注意義務履行債務，屬不完全給付之加害給付，爰依民法第一百八十五條第一項、第一百八十四條第一項、第一百八十八條第一項、第一百九十一條之三、第二百二十四條及第二百二十七條等規定，請求被上訴人負連帶損害賠償責任。

【解析】

一、本判決認九十三年四月二十八日修正公布之醫療法第八十二條第二項固明文規定醫療機構及其醫事人員因執行業務致生損害於病人，以故意或過失為限，負損害賠償責任，惟該條修正前採無過失責任之消費者保護法本即不適用於醫療行為，此見解適與第一審判決所認醫療法修正前醫療行為有消費者保護法適用相左。

二、又本判決認適用民法第一百九十一條之三但書之結果，本件醫療行為並無疏失，且上訴人亦未能證明其損害係被上訴人所致，故不構成民法第一百八十四條第一項前段之侵權責任，亦無成立民法第一百八十五條、第一百八十八條及第一百九十一條之三所定責任可言。惟多數學說及實務見解咸認醫療行為不屬於現代科技危險行為，醫療侵入行為雖皆具有一定之危險性，但此非因現代科技之發展有以致之。再者醫師對醫療行為之危險，無法管控，且不因醫療行為而獲利，自非屬民法第一百九十一條之三所定之危險活動或工作。

三、由民法第一百九十一條之三但書規定可知，原告如能證明被告之行為已構成危險，且其在危險中受有損害，即推定被告有過失及危險與損害具有相當因果關係。

【裁判內容】

臺灣高等法院臺中分院九十四年度醫上字第七號民事判決

　　　　上　訴　人　王凱○
　　　　　　　　　　王培○
　　　　　　　　　　王瑩○（更名為王家○）
　　　兼 上 一 人
　　　法定代理人　徐○○
　　　　　　　　　王陳○
　　　前列五人共同
　　　訴訟代理人　柯開運律師
　　　　　　　　　王世宗
　　　被 上 訴 人　何○○
　　　　　　　　　余○○
　　　上 一 人
　　　訴訟代理人　黃清濱律師
　　　複 代 理 人　　陳國樟律師
　　　訴訟代理人　劉清彬律師
　　　複 代 理 人　　楊佳勳律師
　　　被 上 訴 人　　○綜合醫院
　　　法定代理人　童○○
　　　上列三人共同
　　　訴訟代理人　蔡正熙

　　上列當事人間損害賠償事件，上訴人對於中華民國94年7月8日臺灣臺中地方法院92年度醫字第12號第一審判決提起上訴，本院於中華民國96年1月3日言詞辯論終結，判決如下：
　　　　主　　文
　　上訴駁回。
　　第二審訴訟費用由上訴人負擔。
　　事實及理由
甲、程序方面：……。
乙、實體方面：
壹、聲明部分：
一、上訴人方面：（一）原判決廢棄。（二）上廢棄部分，被上訴人應連帶給付
　　上訴人王凱○新台幣（下同）一百二十四萬三千四百三十六元、上訴人王瑩
　　○○（93年8月11日更名為王家育，見原審卷（一）第233頁戶籍謄本，下稱

王瑩○○）一百二十九萬一千六百八十六元、上訴人王培○一百四十八萬
四千五百三十一元、上訴人徐○○二百八十八萬三千五百二十九元、上訴人
王陳○一百六十六萬三千八百九十五元，及均各自起訴狀繕本送達翌日起至
清償日止按年利百分之五計算之利息。（二）願供擔保，請准宣告假執行。

二、被上訴人方面：（一）上訴駁回。（二）如受不利益之判決，被上訴人願供
　　擔保請准宣告免假執行。

貳、陳述及理由部分：

一、上訴人主張：

（一）王世民身體尚屬健朗，於民國九十年八月一日晚上因腹部突然感到劇
　　　痛，到被上訴人○綜合醫院急診，經送加護病房，詎該院之住院醫生即
　　　被上訴人余○○、主治醫生即被上訴人何○○均未積極處置，王世民已
　　　呈休克現象，仍未處理，以致無法挽回，而於二日凌晨五時三十分心跳
　　　停止，七點三十分宣布死亡，王世民入加護病房不久，除腹部疼痛，已
　　　呈休克現象，血壓降底、血紅素不及常人之一半，然……並未予輸血、
　　　對血壓降低及休克現象未積極處理，以致王世民因休克而死亡，被上訴
　　　人余○○、何○○既為醫生，對上開休克現象本有義務應予救治，竟未
　　　處理，應有過失，依民法第一百八十五條第一項、第一百八十四條第一
　　　項之規定規定應負賠償責任，被上訴人○綜合醫院……亦應依照民法第
　　　一百八十八條第一項之規定負連帶賠償責任，況醫療行為所從事之工作
　　　及活動均有生損害他人之危險，被上訴人對於損害非由其工作或活動或
　　　使用之工具或方法所致，及防止損害之發生已盡相當之注意，應負舉證
　　　責任，而醫療契約為類似委任之無名契約，被上訴人……屬不完全給付
　　　之加害給付，應依民法第二百二十七條之規定負損害賠償責任……況醫
　　　療行為有消費者保護法規定之適用，被上訴人除應就其無過失乙節，負
　　　舉證責任……又上訴人王凱○等三人係王世民之子女、徐○○為其妻，
　　　王陳○為其母，王世民於法律上對渠等，均負有法定扶養義務之人，
　　　且渠等亦因此造成精神上受有損害，自應依民法第一百九十二條、第
　　　一百九十四條負賠償責任，另上訴人徐○○又為支出喪葬費用之人，亦得
　　　向被告請求此部分支出費用，茲因上訴人徐○○共支出喪葬費：三十萬
　　　元、上訴人王凱○、王瑩○○、王培○、徐○○、王陳○扶養費所得請求
　　　之扶養費分別為二十四萬三千四百三十六元、二十九萬一千六百八十六
　　　元、四十八萬四千五百三十一元、一百五十八萬三千五百二十九元、
　　　六十六萬三千八百九十五元，及分別遭受喪父、喪夫、喪子之痛，

不言可諭，各請求一百萬元之精神慰撫金等語。爰求爲命：（一）被上訴人應連帶給付上訴人王凱○一百二十四萬三千四百三十六元、上訴人王瑩○○一百二十九萬一千六百八十六元、上訴人王培○一百四十八萬四千五百三十一元、上訴人徐○○二百八十八萬三千五百二十九元、上訴人王陳○一百六十六萬三千八百九十五元，及均各自起訴狀繕本送達翌日起至清償日止按年利百分之五計算之利息；願供擔保，請准宣告假執行之判決。

（二）在本院補充陳述：

1.行政院衛生署醫事審議委員會（下稱醫審會）及國立台灣大學醫學院附設醫院（下稱台大醫院）之鑑定，不公、不正……。

2.被上訴人何○○爲主治醫師，當日值班卻不在院區值勤，擅離職守逕自返回台中市住宅……將嚴重病人留給無經驗的資淺醫師余○○……。

3.……被上訴人卻拖延至4：00才爲王世民看診，顯然延誤急救醫治。……並未針對休克做及時、應有的矯正治療，任由休克持續惡化，終而死亡，被上訴人顯有醫療疏失……。

4.被上訴人嚴重延誤抗告素的使用造成王世民死亡的結果：……。

5.被上訴人故意湮滅證據影響鑑定結果：……。

6.……原審認被上訴人余○○、何○○無醫療過失，與被上訴人○綜合醫院無須賠償上訴人之損害，顯屬違誤。

二、被上訴人則以：

（一）……王世民因嚴重酒精肝硬化又感染海洋創傷弧菌，細菌已穿越腸壁進入血液循環，進入休克狀態，此時施打任何抗生素已無法挽回生命，無法證明被上訴人醫療處置或給藥有何相當因果關係，尚難認爲被上訴人有何不完全給付之情形，況且上訴人在目前之科技水平之下，已善盡應盡責任，被上訴人何○○從頭至尾亦未參與病人之醫療過程，更無須負任何責任等語，資爲抗辯。

（二）被上訴人○綜合醫院、何○○、余○○在本院補充陳述：

1.……被上訴人是於4時正寫下病程記錄，被上訴人於寫病歷記錄前一定會先口頭囑咐護理人員拿抗告素注射……且王世民5時30分即心臟停止立即CPR（心肺復甦術），斷不可能在CPR急救時才給予第一劑抗生素施打。……上訴人所指稱被上訴人5時40分才給予第一劑抗告素是無理由的，且更是忽略被上訴人對挽救王世民生命所做的努力。

2.……台大醫院亦只是認爲應查明第一劑抗告素給予之時間，自不能認被

上訴人對王世民休克之處置有何缺失。

 3.……依台大醫院第二次鑑定報告所述：「王世民到院後已出現敗血性休克的徵象，……即便在4點之前接受抗告素治療仍可能因敗血性休克致死」……。

 4.……在目前之醫療科技水準，海洋弧菌感染是病患死後第3日之微生物培養結果，敗血性休克是死後法醫解剖之診斷……故患者在入院是否已感染海洋創傷弧菌乃是不可預測的，在「當時科技水準下」醫師無過失且做合適之治療，上訴人之請求無理由。

（三）被上訴人余鴻章在本院補充陳述：

 1.……被上訴人余○○整體醫療過程中並無過失，亦無可歸責之事由，且上訴人家屬王世民死亡之結果，與被上訴人之醫療行為間亦無因果關係，是上訴人所指被上訴人應負侵權行為損害賠償責任及債務不履行之損害賠償責任，均無可取。……據上論結，醫療行為應排除消費者保護法之適用，被上訴人整體醫療處置並無故意或過失之情形，且上訴人家屬王世民死亡之結果，與被上訴人余○○之醫療行為間並無因果關係，是上訴人之請求顯屬無據。

三、兩造對下列事實不予爭執，堪信為真，並得採為判決基礎：……。

四、……本件爭點為：（一）本件醫療過程中，被上訴人何○○、余○○有無過失？被上訴人應否連帶負侵權行為損害賠償責任？（二）被上訴人之醫療給付有無可歸責事由致不完全給付（即被上訴人是否為債務不履行）？（三）本件醫療行為是否有消費者保護法第七條規定之適用？被上訴人提供之醫療給付是否已達專業水準可合理期待之安全給付？經查：

（一）本件醫療過程中，被上訴人何○○、余○○有無過失？被上訴人應否連帶負侵權行為損害賠償責任：

 1.按……民法第一百八十八條第一、二項分別定有明文。又……民法第一百八十八條第一項亦有明文。再上開第一百八十八條第一項規定之僱用人責任，性質上係代受僱人負責，具有從屬性，須以受僱人成立侵權行為負有損害賠償責任為要件（最高法院八十九年度台上字第一二六八號判決參照）；又「損害賠償之債，以有損害之發生及有責任原因之事實及此二者之間，有相當因果關係為成立要件，如不合於此項成立要件，即難謂有損害賠償請求權存在。再「所謂相當因果關係，係指無此行為，雖必不發生此損害；有此行為，通常即足發生此種損害，是為有因果關係。有此行為，通常亦不生此種損害者，即無因果關係」（最高

法院八十六年度台上字第二二四號判決參照），合先敘明。

2.經查，本件經臺灣臺中地方法院檢察署（下稱臺中地檢署）於偵辦該署九十年度相字第一一六七號案件時囑託法務部法醫研究所、醫審會、台大醫院鑑定、本院囑託醫審會、原審囑託台大醫院為補充鑑定結果，其鑑定意見分別為：……綜上所述，被上訴人余○○對王世民之醫療處置並無不當或過失，既如前述，則被上訴人何○○於本件發生時是否在院區值班或參與處置並不影響本件結果之發生，參以前開醫審會第二次鑑定意見，自難認王世民之死亡結果係被上訴人余○○、何○○行為所致，是上訴人主張被上訴人余○○、何○○有侵害上訴人權利之行為，而應就上訴人之損害負賠償責任，即屬無據。被上訴人余○○、何○○既無須對上訴人負損害賠償責任，依前開法條規定及說明，其僱用人○綜合醫院即無需依民法第188條規定負僱用人之連帶賠償責任。是上訴人主張被上訴人應依前開法條規定賠償，自無可採。

3.末按上訴人主張被上訴人為民法第一九一條之三規定之經營一定事業之人，其醫療行為本質上具有生損害於他人之危險，本件被上訴人之醫療行為對上訴人造成損害，自應對上訴人負損害賠償責任，如被上訴人欲主張推翻該條規定之無過失及因果關係，自應舉證證明之等語。惟按民法第一九一條之三定有明文。再本條立法理由略以：「為使被害人獲得周密之保護，請求賠償時，被害人只須證明加害人之工作或活動之性質或其使用之工具或方法，生損害於他人之危險性，而在其工作上或活動中受損害即可，不須證明其間有因果關係。但加害人能證明損害非由其於工作或活動或其使用之工具或方法所致，或於防止損害之發生已盡相當之注意者，則免負賠償責任，以期公允，爰增訂本條。」，依上說明，如被上訴人證明上訴人之損害非由其所致，即無須負損害賠償責任。經查，被上訴人○綜合醫院僱用之醫師被上訴人余○○、何○○對王世民所為之上開醫療行為並無疏失之處，已如前述，堪認被上訴人○綜合醫院及被上訴人余○○、何○○提供之服務，已確保前開醫療服務，符合當時科技或專業水準可合理期待之安全性。此外，上訴人亦未能證明其損害係被上訴人所致，依前開法條規定及說明，上訴人主張被上訴人應負損害賠償責任，即屬無據。

（二）被上訴人之醫療給付有無可歸責事由致不完全給付責任：……經查，被上訴人余○○、何○○……並無何疏失……是王世民之死亡結果，自不可歸責於被上訴人余○○、何○○……足認被上訴人余○○、何○○之醫療

即○綜合醫院之給付並無不完全，亦無可歸責之事由，上訴人依民法第
二二七條、第二二七條之一規定，請求被上訴人連帶負損害賠償責任，即
無理由，不應准許。

（三）醫療行為是否有消費者保護法第七條規定之適用？被上訴人提供之醫療
　　　給付是否已達專業水準可合理期待之安全給付？……若將無過失責任
　　　適用於醫療行為，醫師為降低危險，或將傾向選擇治療副作用較少之醫
　　　療方式，捨棄較有利於治癒病患卻危險性較高之醫療方式，此一情形自
　　　不能達成消費者保護法之立法目的甚明。況參以現行醫療法第八十二第
　　　二項：……已明確將醫療行為所造成之損害賠償責任限於因故意或過失為
　　　限，是醫療行為自無消費者保護法規定無過失責任之適用。本件時間為
　　　九十年八月一、二日，雖早於上開醫療法修正之前，惟參以前開說明及醫
　　　療法修正立法理由，仍堪認本件醫療行為並無適用消費者保護法規定餘
　　　地……。是上訴人依消費者保護法之規定，請求被上訴人連帶負損害賠償
　　　責任，並無理由。

五、綜上所述，上訴人主張被上訴人應連帶賠償其所受損害，並無理由。從而，
　　上訴人依侵權行為、不完全給付、及消費者保護法第7條規定之法律關係，
　　請求被上訴人連帶賠償其所受損害，核屬無據，不應准許。原審因而為上訴
　　人敗訴判決，並駁回其假執行之聲請，核無不合。上訴人上訴論旨指摘原判
　　決不當，求予廢棄改判，為無理由，應予駁回。……。

中　華　民　國　九十六　年　一　月　十二　日
民事第○庭審判長　法　官
　　　　　　　　　法　官
　　　　　　　　　法　官

（六）臺灣高等法院臺中分院九十四年度醫上易字第一號民事判決──第一審：臺灣臺中地方法院九十二年度醫字第一三號民事判決【見伍、二、（八）】

【主要爭點】

一、醫療行為是否屬於民法第一百九十一條之三所定之危險工作。
二、醫療行為所產生之危險與上訴人之損害是否具有因果關係之合理蓋然性。

【事實摘要】

　　上訴人因口腔張合發生困難，於民國九十年十二月間，至被上訴人○綜合醫院求診，經另一被上訴人林○○醫師診治後，告知需將其右腿內側之皮膚移植至口腔內進行「口內植皮」之手術治療，此將不致影響外表或留下疤痕，然手術後，上訴人之口腔張合問題仍未痊癒，而下顎門牙共四顆遭拔除，顏面亦嚴重變形、說話口齒不清、右腿內側皮膚嚴重變形紅腫，爰依民法第一百八十四條第一項、第二項、第一百八十八條、第一百九十一條之三及第二百二十七條等規定，請求被上訴人連帶負損害賠償責任。

【解析】

一、多數學說及實務見解咸認醫療行為不屬於現代科技危險行為，雖醫療侵入行為皆具有一定之危險性，但此非因現代科技之發展有以致之。再者醫師對醫療行為之危險，無法管控，且不因醫療行為而獲利，自非屬民法第一百九十一條之三所定之危險活動或工作。本判決認醫療行為有本條之適用，僅因上訴人未能證明其損害係被上訴人所致，其依上開條文請求損害賠償，自屬無據，惟依該條但書規定因果關係舉證責任倒置結果，應先由被上訴人負舉證責任，上訴人僅須證明其受有損害及該損害係在被上訴人工作中所產生之合理蓋然性即可，而不須證明其間之因果關係。

二、本判決持與第一審相左之見解，認九十三年四月二十八日修正之現行醫療法第八十二第二項規定：「醫療機構及其醫事人員因執行業務致生損害於病人，以故意或過失為限，負損害賠償責任。」已明確將醫療行為所造成之損害賠償責任限於因故意或過失為限，是醫療行為自無消費者保護法所定無過失責任之適用。本件手術時間為九十年十二月二十八日，雖早於上開醫療法修正之前，惟參照修正醫療法之立法理由，亦堪認本件醫療行為並無適用消費者保護法規定餘地。

【裁判內容】

　　臺灣高等法院臺中分院九十四年度醫上易字第一號民事判決
　　　　上　訴　人　鄭○○
　　　　訴訟代理人　張績寶律師
　　　　複代理人　黃琪雅律師
　　　　　　　　　江文玉律師

　　被 上 訴 人　○綜合醫院

　　法定代理人　童○○

　　被 上 訴 人　林○○

　　前列二人共同

　　訴訟代理人　蔡正熙

　　上列當事人間損害賠償事件，上訴人對於中華民國94年5月26日臺灣臺中地方法院92年度醫字第13號第一審判決提起上訴，本院於民國95年1月4日言詞辯論終結，判決如下：

　　　　主　　　文

　上訴駁回。

　上訴人假執行之聲請駁回。

　第二審訴訟費用由上訴人負擔。

　事實及理由

壹、聲明部分：

一、上訴人方面：一原判決關於駁回下開第二項之訴部分廢棄。（二）上開廢棄部分，被上訴人應連帶給付上訴人新台幣（下同）60萬元，及自起訴狀繕本送達翌日起至清償日止按年息百分之五計算之利息。（三）上訴人願供擔保，請准宣告假執行。

二、被上訴人方面：（一）駁回上訴。（二）如受不利判決，願供擔保請准宣告免假執行。

貳、陳述及理由部分：

一、上訴人主張：

（一）上訴人因口腔張合發生困難，遂於民國（下同）90年12月間，至被上訴人○綜合醫院（下稱○綜合醫院）求診，經該院醫師即被上訴人林○○（下稱林○○）診治後，告知上訴人需進行「口內植皮」手術治療，……上訴人乃於90年12月28日至該院接受林○○施行前開手術。於手術進行前，林○○除向上訴人說明該手術需以右腿內側之皮膚移植至口腔外，別無其他說明或檢查。於手術後，上訴人始驚覺下顎門牙均遭拔除，而口腔張合之問題亦未能痊癒，且上訴人亦因而顏面嚴重變形、說話口齒不清、右腿內側皮膚嚴重變形紅腫。嗣經原告向台中縣醫事審議委員會申請協調，○綜合醫院始向上訴人訛稱盼上訴人回該醫院接受檢查，並將給予免費整形治療與下顎裝假牙云云，上訴人遂予同意。孰料，上訴人再度前往該醫院就診時，訴外人即該院醫師吳肇權、吳火霖、李宗武竟告知上訴人無法於下

顎裝假牙，惟本件經行政院醫事審議委員會鑑定結果，其對於「治療費用」之意見爲「依個案狀況，所須費用不同，非本委員會鑑定範圍」，由此可知，原協議內容關於「外科整形」、「裝置假牙」一節，應非無法治療，故被上訴人等人拒絕履行協議內容，顯已該當給付遲延，應依民法第231條、第227條之1規定連帶賠償上訴人所受之損害……。上訴人於前開醫事審議委員會協調會議中所爲之同意，係出於被上訴人之欺罔行爲所爲，爰依民法第92條之規定以起訴狀繕本爲撤銷前開意思表示之通知。若認被上訴人並無詐欺行爲，然前開協調會中，兩造協議之內容既無法實現，屬自始客觀給付不能，依民法第246條第1項前段之規定應屬無效，上訴人自不受拘束，另行提起損害賠償訴訟。

（二）被上訴人林○○部分：按醫療法第46條……屬民法第184條第2項之保護他人之法律。本件林○○爲上訴人進行上開手術前，並未依醫療法第46條之規定，明確告知上訴人手術原因及手術成功率或可能發生之併發症及危險，亦未告知將拔除上訴人之下顎門牙，其有故意或過失而不法侵害上訴人之權利（未獲上訴人同意及拔除下顎牙齒），亦有違反保護他人之法律（未依醫療法說明手術原因，手術成功率或可能發生之併發症及危險），自應依民法第184條第1項及第2項規定，對上訴人負損害賠償責任。另上訴人爲「蟹足腫」體質之患者……林○○於前開手術前竟未詢問上訴人，反保證不致留下傷疤，致手術後，造成上訴人右大腿內側產生大面積之蟹足腫疤痕，林○○就上自有重大過失，應依民法第184條第1項規定對上訴人負損害賠償責任。

（三）被上訴人○綜合醫院部分：1.林○○爲被上訴人○綜合醫院之受僱人，被上訴人依民法第184條之規定，應對上訴人負連帶損害賠償責任。2.再○綜合醫院與上訴人間之醫療契約，爲有償之委任契約，依民法第535條規定，受任人有負善良管理人之注意義務，若醫院在履行給付時，有可歸責於己之事由，未履行契約應盡義務致病患受損害，病患得依民法第227條債務不履行規定，向醫院請求損害賠償。在○綜合醫院與上訴人之醫療契約關係上，林○○爲○綜合醫院履行醫療給付之使用人，林○○未依民法第535條之規定盡善良管理人之注意履行醫療契約所生之過失，即爲○綜合醫院履行醫療契約之過失，○綜合醫院自應負債務不履行之損害賠償責任。3.再按……民法第191條之3定有明文。本件○綜合醫院爲經營一定事業之人，且醫療行爲中之手術及開刀，具有高度危險性，屬前開法條規定之「有生損害於他人之危險者」者，自有該法條之適用。且依該法條

立法理由……，上訴人無庸舉證證明行為與結果間有因果關係。準此，上訴人因被上訴人施行上開手術後，造成面容扭曲、口齒不清、門牙拔除、及大腿傷疤腫大之結果，依前開法條規定，被上訴人自應對上訴人負損害賠償責任。再醫療行為屬一定之事業，如為本件手術之林○○抗辯其對醫療行為生損害病人之危險不能預見，或已盡危院防免注意義務且危險發生後已盡相當注意採取必要措施以減低損害者，依民法第191條之3規定，應由被上訴人負舉證責任。另因醫療糾紛事件之被害人經常因不能舉證證明醫院或醫師有過失而無從獲得應有之救濟，致生「顯失公平」情形，依民事訴訟法第277條但書規定，應由醫療行為人即被上訴人負無過失之舉證責任。……○綜合醫院亦應依消費者保護法第7條第3項規定對上訴人負無過失賠償責任。……以符合消保法立法目的及公平正義。……爰依侵權行為、債務不履行、消費者保護法之法律關係，求為命被上訴人連帶給付新台幣（下同）250萬元……，及自起訴狀繕本送達日起至清償日止按年息百分之五計算利息之判決……。

二、被上訴人則以：

（一）……林○○在上訴人門診及進行手術前，均詳細說明須移植右大腿內側皮膚至口腔及手術內容、絕對必要之術後練習配合、術後臉頰會有些微凹陷，及為減少拔牙之痛苦要在手術中併予拔牙，並經上訴人及其家屬同意始為上訴人進行手術……被上訴人並無過失，……被上訴人在手術前已詢問上訴人，上訴人並未提供其有特殊體質之訊息予被上訴人，如何能歸責於被上訴人。本件被上訴人在當時之科技水準下該做的程序都做了，並已提供合理可期安全性之醫療措施且合乎醫療原則，上訴人要求被上訴人賠償，並無理由，被上訴人無庸負損害賠償責任。再依行政院衛生署醫事審議委員會鑑定報告記載，被上訴人已善盡注意義務，上訴人未依醫師指示配合術後之張口練習及回院門診，故其術後嘴巴又收縮及蟹足腫與被上訴人之醫療行為並無因果關係。本件林○○並無可歸責之事由，○綜合醫院自無須依民法第224條負僱用人連帶賠償責任，亦無庸依民法第227條規定負損害賠償責任。另民法第191條之3是關於公害糾紛之規定，本件並無適用該條規定之餘地。

（二）本件因上訴人已無法藉手術回復原狀，故在台中縣醫事審議委員會調解委員建議下，兩造協議同意上訴人再回○綜合醫院檢查……事後經檢查已屬不能回復原狀……上開協議屬於無效情形，被上訴人並無詐欺上訴人。

（三）……被上訴人係在目前科技水平下做該做之程序，並提供合理可期待安全

性之醫療措施，本件自無消費者保護法無過失責任之適用等語，資為抗辯。

三、兩造就下列事實不爭執……。

四、……經查：

（一）按……民事訴訟法第277條定有明文。再按「當事人主張其意思表示係因被詐欺或脅迫而為之者，應就其被詐欺或被脅迫之事實，負舉證之責任」（最高法院21年度上字第2012號判例參照）。經查，上訴人主張其在前開台中縣醫事審議委員會協調會議中所為之同意，係出於被上訴人之詐欺行為所致，惟為被上訴人否認，上訴人則迄未舉證證明，是其前開抗辯，自不可取。……兩造……協議之內容既無法實現，顯係以不能之給付為前開協議之標的，屬自始客觀給付不能，依民法第246條第1項前段之規定，前開協議應屬無效，上訴人主張被上訴人拒絕履行，應依民法第231條、第227條之1規定負連帶賠償責任，自屬無據。再前開協議既屬無效，兩造自不受該協議拘束，是上訴人再提起本件訴訟，並無不合法，先予敘明。

（二）上訴人主張林○○應依民法第184條第1、2項規定對上訴人負損害賠償責任？及○綜合醫院應依民法第188條之規定，對上訴人負連帶損害賠償責任部分：

1.按……民法第188條第1.2項分別定有明文。……上開第188條規定之僱用人責任，性質上係代受僱人負責，具有從屬性，須以受僱人成立侵權行為負有損害賠償責任為要件（最高法院89年度台上字第1268號判決參照）；又「損害賠償之債，以有損害之發生及有責任原因之事實及此二者之間，有相當因果關係為成立要件，如不合於此項成立要件，即難謂有損害賠償請求權存在。所謂相當因果關係，係指：無此行為，雖必不發生此損害；有此行為，通常即足發生此種損害，是為有因果關係。有此行為，通常亦不生此種損害者，即無因果關係」（最高法院86年度台上字第224號判決參照）。

2.經查……林○○為上訴人進行上開手術係屬必要，且其手術並無疏失。……如上訴人及其家屬在手術前對於將一併拔除下顎牙齒不知情，豈會在收到拔除之牙齒四顆當場或於嗣後之門診中均未加以抗議且繼續接受林○○之門診治療之理……是其說明或有未盡詳實之處，惟亦與上訴人在術後發生之顏面改變、下顎牙齒拔除、右大腿內側紅腫等結果無關，難謂林○○之行為與上訴人上開改變間有相當因果關係，是本件林○○對於上訴人因手術後之顏面改變、下顎牙齒拔除、右大腿紅腫等結

果，並無故意或過失，復無因果關係存在，自無需對上訴人負侵權行為
之損害賠償責任。林○○既無須對上訴人負損害賠償責任，依前開法條
規定及說明，其僱用人○綜合醫院即無需依民法第188條規定負僱用人
之連帶賠償責任。是上訴人主張林○○及○綜合醫院應依前開法條規定
賠償，自無可採。

（三）上訴人主張○綜合醫院應依民法第227條規定，對上訴人負債務不履行之
損害賠償責任部分：

……○綜合醫院之僱用人林○○對上訴人所為之上開治療均符合常規，
適當合理，病歷亦記載詳實完整，並無醫療疏失之處，業如前述，足認
林○○之醫療即○綜合醫院之給付並無不完全，亦無可歸責之事由，上
訴人依民法第227條規定請求損害賠償，即無理由，不應准許。

（四）上訴人主張○綜合醫院應依民法第191條之3規定對上訴人負損害賠償責任
部分：

按……民法第191條之3定有明文。再本條立法理由略以：「為使被害人獲
得周密之保護，請求賠償時，被害人只須證明加害人之工作或活動之性
質或其使用之工具或方法，生損害於他人之危險性，而在其工作上或活
動中受損害即可，不須證明其間有因果關係。但加害人能證明損害非由
其於工作或活動或其使用之工具或方法所致，或於防止損害之發生已盡
相當之注意者，則免負賠償責任，以期公允，爰增訂本條。」，依上說
明，如○綜合醫院能證明上訴人之損害非由其所致，即無須負損害賠償
責任。經查，○綜合醫院僱用之醫師林○○對上訴人所為之上開治療均
符合常規，適當合理病歷記載亦詳實完整，並無醫療疏失之處，已如前
述，堪認○綜合醫院及林○○提供之服務，已確保前開醫療服務，符合
當時科技或專業水準可合理期待之安全性。此外，上訴人亦未能證明其
損害係被上訴人所致，依前開法條規定及說明，上訴人依民法第191條之3
規定請求損害賠償，自屬無據。

（五）上訴人主張○綜合醫院應依應依消費者保護法第7條規定，對上訴人負損
害賠償責任部分：

若將無過失責任適用於醫療行為，醫師為降低危險，或將傾向選擇治療
副作用較少之醫療方式，捨棄較有利於治癒病患卻危險性較高之醫療方
式，此一情形自不能達成消費者保護法之立法目的甚明。況參以現行醫
療法第82條第2項：……，已明確將醫療行為所造成之損害賠償責任限於
因故意或過失為限，是醫療行為自無消費者保護法規定無過失責任之適

用。本件手術時間為90年12月28日，雖早於上開醫療法修正之前，惟……
仍堪認本件醫療行為並無適用消費者保護法規定餘地，是上訴人依消費
者保護法之規定，請求被上訴人賠償，同無理由。

五、綜上所述，上訴人主張被上訴人應連帶賠償其所受損害，並無理由，從而，
上訴人依民法第231條、第227條之1、第184條第1、2項、第188條、第227
條、第191條之3規定、及消費者保護法第7條規定之法律關係，請求被上訴
人連帶賠償其所受損害，核屬無據，不應准許。……。

中　華　民　國　九十五　年　一　月　十八　日

民事第○庭審判長　法　官
　　　　　　　　　法　官
　　　　　　　　　法　官

二、判決認為醫療行為非屬民法第一百九十一條之三之危險工作（否定說）（共8件）

（一）臺灣高等法院九十四年度醫上字第三號民事判決—第一審：臺灣臺北地方法院九十二年度醫字第七號民事判決【見伍、三、（五）】；第三審：最高法院九十五年度台上字第二一七八號民事判決【見伍、二、（二）】

【主要爭點】

醫療行為是否屬於民法第一百九十一條之三所定之危險工作或活動。

【事實摘要】

上訴人主張其母於妊娠期間至被上訴人財團法人○○紀念醫院門診產檢，
經該院之婦產科醫師即被上訴人○○萍告以胎兒一切正常，嗣上訴人之母於民國
九十一年七月三十日清晨即將分娩，乃前往被上訴人財團法人○○紀念醫院，
值班護士檢查發現羊水已破，被上訴人○○萍遂以可能感染為由，要求上訴人
之父簽署接受分娩手術同意書，旋以真空吸引器協助產下上訴人，其時上訴人之
頭部即受有高危險性創傷，經送往新生兒加護病房觀察後，復被以病危為由轉送
被上訴人分院進行緊急救治處置，嗣再轉往台大醫院，始診斷出罹患腦性麻痺，

須接受門診長期追蹤復健治療，此乃因被上訴人○○萍實施分娩手術時未詳實說明另有其他選擇，致上訴人父母決定採自然方式生產，而任由其以真空吸引器吸出上訴人，導致上訴人身體終生殘疾，爰依民法第一百八十四條第一項前段、第一百八十四條第二項、第一百八十八條第一項及第一百九十一條之三等規定，請求被上訴人連帶負損害賠償責任。

【解析】

　　本件判決認為醫療行為並非從事危險事業或活動者製造危險之來源，且非因危險事業或活動而獲取利益為主要目的，亦與民法第一百九十一條之三立法理由例示之工廠排放廢水或廢氣、桶裝瓦斯場填裝瓦斯、爆竹場製造爆竹、舉行賽車活動、使用炸藥開礦、開山或燃放焰火等性質有間，因認醫療行為並無該條之適用。此見解與多數學說及實務之見解相同。

【裁判內容】

　　臺灣高等法院九十四年度醫上字第三號民事判決
　　　　上　訴　人　○○展
　　　　法定代理人　○○村
　　　　　　　　　　○○惠
　　　　訴訟代理人　李聖隆律師
　　　　被上訴人　　○○萍
　　　　訴訟代理人　梁穗昌律師
　　　　被上訴人　　財團法人○○紀念醫院
　　　　法定代理人　王○○
　　　　訴訟代理人　黃奕時
　　當事人間請求損害賠償事件，上訴人對於中華民國94年2月25日台灣台北地方法院92年度醫字第7號第一審判決提起上訴，本院於94年10月18日言詞辯論終結，判決如下：
　　　　　　主　　文
　　上訴及追加之訴並假執行之聲請（追加之訴部分）均駁回。
　　第二審訴訟費用（含追加之訴部分）由上訴人負擔。
　　事實及理由
一、程序部分：……。

二、上訴人主張略以：依民法第191條之3但書、第184條第2項及消保法第7條之
　　1規定，被上訴人應就其無過失負舉證責任。且本件屬醫療糾紛案件，依民
　　事訴訟法第277條但書規定應轉換由被上訴人就其具有不可歸責之情形負舉
　　證責任。又本件係發生於醫療法第82條規定公布前，故無該條之適用。……
　　按上訴人之母親○○惠因懷有上訴人於91年7月30日至被上訴人○○醫院由
　　其受僱人即被上訴人○○萍醫師協助生產，因羊水已破，被上訴人遂要求上
　　訴人之父○○村簽署「接受分娩手術同意書」及「麻醉同意書」，於簽定時
　　渠等均處於焦慮不安狀態，實無法就內容仔細觀看。……○○萍未確認○
　　○惠是否破水超過24小時，復未就真空吸引的原因、成功率、可能的併發症
　　及危險等事項善盡告知義務，亦未告知另有其他選擇，即決定以真空吸引
　　方式協助○○惠生產，其行為顯有過失，致上訴人出生時即有頭部血腫等
　　情，嗣經家屬轉往台大醫院就診，已因永久性腦部病變致罹患腦性麻痺……
　　被上訴人○○醫院對於僱用人執行職務未善盡監督責任。上訴人因此受有減
　　少勞動能力損害611萬7,203元……、增加生活負擔42萬4,084元，並請求慰撫
　　金500萬元。爰請求被上訴人連帶給付等語……。並上訴聲明：（一）先位
　　聲明：(1)原判決廢棄。(2)被上訴人應連帶給付上訴人1,142萬4,084元，其中
　　127萬5,636元自起訴狀繕本送達翌日起，其餘1,014萬8,448元自追加狀繕本送
　　達翌日起，均至清償日止，按週年利率5%計算之利息。(3)被上訴人另應連
　　帶給付上訴人11萬7,203元，及自追加起訴狀繕本送達翌日起至清償日止，
　　按週年利率5%計算之利息。(4)願供擔保，請准宣告假執行。（二）備位聲
　　明：(1)被上訴人○○醫院應給付上訴人1,154萬1,287元，其中127萬5,636元
　　自起訴狀繕本送達翌日起，其餘1,026萬5,651元自追加狀繕本送達翌日起，
　　均至清償日止，按週年利率5%計算之遲延利息。(2)願供擔保，請准宣告假
　　執行。

三、被上訴人○○萍則以：……於91年7月30日○○惠因產前陣痛前來，子宮頸
　　已開啟4公分，且有破水現象，惟胎兒心跳正常且母體生命徵象正常，乃決
　　定依正常程序住院待產，待產中並無胎兒心率減慢及窘迫現象發生，並無剖
　　腹生產之適應症。又於○○惠分娩前已詳細對伊及○○村說明分娩時可能發
　　生之併發症及危險，且渠等簽署分娩手術同意書及麻醉術同意書時並非處於
　　緊急狀況……，已盡告知義務。按生產時上訴人通過產道骨盆有胎頭鑄型而
　　產生頭皮水腫之情形，屬通常現象，無法於生產前確知，復因○○惠業已
　　疲累衰竭，其始以真空吸引器協助生產，惟僅使用低於正常壓力，且只拉1
　　次，時間不逾1分鐘，實無致上訴人受傷之可能。且上訴人出生時頭部僅呈

現頭皮腫脹現象，並無血腫，出生時之血紅素值（HGB）亦為正常，足證生產過程未有出血傷害，況通常血腫或水腫於數星期或數月後即會消失，且上訴人之意識清楚，活動力正常，並無腦病變之情形，上訴人主張真空吸引與其腦部麻痺有因果關係，並不足採。……○○萍當時採用真空吸引方式助產乃屬正確行為。且真空吸引為產房之常規，○○萍採用真空吸引方法並未違反醫療常規，亦已遵從醫療技術使用該器具。……嗣於新生兒加護病房始產生低血溶性休克，並進而發生缺氧性腦病變，惟此均與生產過程無關。……○○萍於生產過程中確已盡其注意義務，所實施之醫療行為亦符合專業技術規範，並無過失。又醫療契約係存在於○○惠與○○醫院間，故上訴人主張對○○萍有消保法之適用，應有誤會。又醫療行為並非製造危險來源並因此獲利之行為，況醫療法第82條特別規定已排除民法第191條之3的適用，故上訴人本此請求亦無理由。又上訴人就其是否確已產生永久障礙並未舉證證明之。且所謂每人每年所得40萬2,296元非僅包括勞動能力所得，上訴人復未說明3萬5,886元醫療費用之計算內容，亦未提出病歷證明診治目的。且上訴人本無自理能力，其請求每月1萬5,840元之看護費，並不實在。又車資2萬多元非屬必要費用，不得請求等語，資為抗辯。並答辯聲明：（一）上訴及追加之訴並假執行之聲請駁回。（二）第二審訴訟費用由上訴人負擔。如受不利判決，請准供擔保免為假執行。

四、被上訴人○○醫院則以：……被上訴人等確已盡告知義務。又○○惠生產時，○○萍係考量伊子宮頸全開、破水、力竭且胎兒頭部外露並有水腫等情況，始決定使用真空吸引器，其使用時間短暫，壓力值亦正常，並無違背技術要求，○○萍實無過失。……其就○○萍之選任及監督管理並無疏失，上訴人依民法第188條第1項規定請求○○醫院連帶負損害賠償責任，並無理由。又上訴人請求由被上訴人就其無故意過失負舉證責任云云，惟其已取得病歷及就診資料影本，並無不能知悉之情，亦無舉證上之困難，並不符舉證責任轉換之要件。再者，醫療行為非屬民法第191條之3所欲規範者，無該規定之適用。且醫療行為並非消保法中之「服務」，故本件亦無消保法之適用。……縱認本件有消保法之適用……本件醫療服務之提供已符合當時科技或專業水準，並無安全或衛生上之危險，故亦不須負消保法上之無過失責任等語，資為抗辯。並答辯聲明：（一）上訴及追加之訴並假執行聲請均駁回。（二）第一、二審訴訟費用由上訴人負擔。（三）如為不利被上訴人之判決，請准供擔保免為假執行。

五、兩造不爭執之事實：……。

六、本件兩造爭點爲：

　　被上訴人是否已盡告知義務？被上訴人採用眞空吸引器助產及操作過程是否有不當？對於上訴人之腦性痲痺症狀形成有無因果關係？醫療行爲有無消費者保護法之適用？醫療行爲有無民法第191條之3之適用？茲就兩造爭點分述如下：

七、被上訴人已盡告知義務：

（一）……在產檢時被上訴人已讓產婦與家屬瞭解懷孕與生產相關情事。

（二）……產婦到院待產時，醫院交付產婦或其家屬手術同意書，經充分告知嗣後可能狀況，並要求家屬閱覽後簽署，授權醫師得視分娩過程而決定採行何種手術以協助生產，當認爲已盡告知義務。……上訴人之父○○村既已簽署手術同意書，並經醫院派醫師詳爲說明，自已知悉手術療程可能發生之狀況，並授權醫師得視情況採行最佳方式助產，就此部分而言，當認醫師已盡告知義務。

（三）……上訴人之母在歷經第2產程施力40分鐘後，已無力氣自行施力，被上訴人○○萍在告知……後決定使用眞空吸引器協助生產……該種手術即爲適當手術……上訴人所謂被上訴人未盡告知義務尚有其他選擇云云，顯無所據，主張並非可採。

八、被上訴人採用眞空吸引器方式助產及操作過程並無不當，眞空吸引器操作過程對於上訴人腦性痲痺症狀之產生無因果關係：

（一）……上訴人之母於8時30分，子宮口已經開啓4公分，此狀態至11時21分上訴人頭部外露時間近3小時，而上訴人母親已呈身心俱疲狀態，若仍期待以自然方式生產恐非易事，且卡在陰道口亦將增加上訴人遭受感染及窒息之危險。是以，被上訴人○○萍決定以眞空吸引方式協助生產，以降低上訴人可能發生之危險，屬合理舉措。

（三）……被上訴人○○萍於使用眞空吸引器時時間短暫，壓力值在常規設定正常範圍內，並無違背技術成規，胎兒亦在短時間之內產出……手術療程並無錯誤之處，上訴人指稱○○萍行爲造成伊腦性痲痺病症云云，顯非有據。

（四）……可見帽狀腱膜下出血、顱外出血及顱內出血，係胎兒此種凝血機轉異常所致，故上訴人腦水腫及腦出血現象台大醫院認爲乃因發生缺血性休克所致，則被上訴人辯稱非生產過程造成爲可採。

（五）本件經行政院衛生署醫事審議委員會鑑定亦認爲：……接生過程無醫療疏失……足見被上訴人○○萍確無疏失。

九、醫療行爲無消費者保護法之適用……：

（一）就「文義解釋」論之：……本院認不宜僅以文義解釋判斷醫療行為有無消費者保護法之適用，而應分別各個法律行為之性質，而為合目的性之解釋。

（二）就「立法解釋」論之：……醫師只能本於專業知識，就病患之病情綜合考量，選擇最適宜之醫療方式進行醫療，若將無過失責任適用於醫療行為，醫師為降低危險，將選擇性的對某些病患以各種手段不予治療，或傾向選擇治療副作用較少之醫療方式，捨棄較有利於治癒病患卻危險性較高之醫療方式，此種選擇治療對象及方式傾向之出現，即為「防禦性醫療」中最重要的類型，對以保護消費者權益為最高指導原則之消費者保護法而言，顯然有所違背，其不能達成消費者保護法第1條第1項之立法目的甚明。

（三）就「目的解釋」論之：……應以目的性限縮解釋之方式，將醫院及醫師所提供之醫療服務排除於消費者保護法適用之範圍之列。從而，上訴人以被上訴人醫療行為有違消費者保護法而訴請賠償云云，顯有未洽。

十、醫療行為無民法第191條之3之適用：按民法第191條之3之立法理由：「近代企業發達……且鑑於：(1)從事危險事業或活動者製造危險來源(2)僅從事危險事業或活動者能於某種程度控制危險(3)從事危險事業或活動者，因危險事業或活動而獲取利益，就此危險所生之損害負賠償之責，係符合公平正義之要求。──（例如：工廠排放廢水或廢氣、桶裝瓦斯場填裝瓦斯、爆竹場製造爆竹、舉行賽車活動、使用炸藥開礦、開山或燃放焰火。）」等語。查醫療行為並非從事危險事業或活動者製造危險來源，亦非因危險事業或活動而獲取利益為主要目的，亦與民法第191條之3之立法理由所例示之工廠排放廢水或廢氣、桶裝瓦斯場填裝瓦斯、爆竹場製造爆竹、舉行賽車活動、使用炸藥開礦、開山或燃放焰火等性質有間，可知醫療行為並無民法第191條之3之適用。

十一、綜上所述，上訴人主張為不足採，被上訴人抗辯尚屬可信。被上訴人○○萍乃具有專業執照之技術人員，被上訴人○○醫院於聘任○○萍時無任何不當之處，被上訴人○○萍所為之分娩手術行為無任何過失，與上訴人之傷害並無因果關係，被上訴人○○醫院於監督管理上並無任何失當之處，被上訴人無違背保護他人之法律，醫療行為並無消費者保護法之適用，且醫療行為亦無民法第191條之3之適用。是上訴人訴請被上訴人賠償，均核屬無據，不應准許，其假執行之聲請亦失所附麗，應併予駁回。原審為上訴人敗訴之判決及駁回其假執行之聲請，並無不合。上訴意旨指摘原判決不當，求予廢棄改判，為無理由，應予駁回。上訴人追加之訴亦無理由，

其此部分假執行聲請失所附麗，應併予駁回。……。

中　華　民　國　　九十四　　年　　十一　　月　　一　　日
民事第○庭審判長　法　官
　　　　　　　　　　法　官
　　　　　　　　　　法　官

（二）最高法院九十五年度台上字第二一七八號民事判決－第一審：臺灣臺北地方法院九十二年度醫字第七號民事判決【見伍、三、（五）】；第二審：臺灣高等法院九十四年度醫上字第三號民事判決【見伍、二、（一）】

【主要爭點】

醫療行為是否屬於民法第一百九十一條之三所定之危險工作或活動。

【事實摘要】

上訴人主張其母於妊娠期間至被上訴人財團法人○○紀念醫院門診產檢，經該院之婦產科醫師即被上訴人○○萍告以胎兒一切正常，嗣上訴人之母於民國九十一年七月三十日清晨即將分娩，乃前往被上訴人財團法人○○紀念醫院，值班護士檢查發現羊水已破，被上訴人○○萍遂以可能感染為由，要求上訴人之父簽署接受分娩手術同意書，旋以真空吸引器協助產下上訴人，其時上訴人之頭部即受有高危險性創傷，經送往新生兒加護病房觀察後，復被以病危為由轉送被上訴人分院進行緊急救治處置，嗣再轉往台大醫院，始診斷出罹患腦性麻痺，須接受門診長期追蹤復健治療，此乃因被上訴人○○萍實施分娩手術時未詳實說明另有其他選擇，致上訴人父母決定採自然方式生產，而任由其以真空吸引器吸出上訴人，導致上訴人身體終生殘疾，爰依民法第一百八十四條第一項前段、第一百八十四條第二項、第一百八十八條第一項及第一百九十一條之三等規定，請求被上訴人連帶負損害賠償責任。

【解析】

本判決肯認第二審之見解，認為醫療行為無民法第一百九十一條之三的適用。

【裁判內容】

最高法院九十五年度台上字第二一七八號民事判決

上　訴　人　○○展
法定代理人　○○村
　　　　　　○○惠
訴訟代理人　李聖隆律師
被上訴人　○○萍
訴訟代理人　梁穗昌律師
被上訴人　財團法人○○紀念醫院
法定代理人　王○○

上列當事人間請求損害賠償事件，上訴人對於中華民國九十四年十一月一日台灣高等法院第二審判決（九十四年度醫上字第三號），提起上訴，本院判決如下：

主　　文

上訴駁回。

第三審訴訟費用由上訴人負擔。

理　　由

本件上訴人主張：伊母親○○惠懷有伊，於民國九十一年七月三十日至被上訴人財團法人○○紀念醫院基隆分院（下稱○○醫院），由該院受僱之婦產科主治醫師即被上訴人○○萍醫師協助生產，……○○萍竟未確認○○惠是否破水超過二十四小時，且未就真空吸引之原因、成功率、可能的併發症及危險等事項善盡告知義務，亦未告知另有其他選擇，即決定以真空吸引方式協助○○惠生產，其行為顯有過失，致伊出生時即有頭部血腫，嗣轉往台大醫院就診，已因永久性腦部病變致罹患腦性麻痺。伊因而受有減少勞動能力損失新台幣（下同）六百五十五萬二千四百七十八元、增加生活上之需要四十二萬四千零八十四元及非財產上之損害五百萬元。是○○醫院對於僱用人○○萍執行職務未善盡監督責任，伊自得請求被上訴人連帶賠償責任等情，爰依消費者保護法（下稱消保法）第七條第一項、第二項、民法第一百八十四條第一項前段、同條第二項前段、第一百九十一條之三、第一百八十八條第一項前段規定，求為命被上訴人連帶給付一千一百四十二萬四千零八十四元及其法定遲延利息之判決……。

被上訴人則以：○○惠於生產過程中，○○萍確已盡醫師告知義務，其所實施之醫療行為，未違反醫療常規，並無過失。又醫療行為非屬民法第一百九十一

條之三所欲規範者,自無該條規定之適用,亦非消保法所稱「服務」,即無消保法之適用。被上訴人○○醫院另以:○○萍為伊醫院基隆分院婦產科主任,接生頗有經驗,伊就○○萍之選任及監督管理並無疏失,上訴人依民法第一百八十八條第一項前段規定,請求伊負連帶損害賠償責任,亦無理由各等語,資為抗辯。

原審依審理結果,以:……在產檢時,被上訴人已讓○○惠及其家屬瞭解懷孕與生產相關情事。又於生產時,由上訴人之父○○村簽署分娩手術同意書及麻醉術同意書……自已知悉手術療程可能發生之狀況,並授權醫師得視情況採行最佳方式助產,當認醫師已盡告知義務。再者,○○惠至醫院時雖羊水已破,因經檢查一切正常乃決定採用自然生產,於十時三十分子宮頸已開,十一時十五分上訴人頭部已經外露,○○惠在歷經第二產程施力四十分鐘後,已無力氣自行施力,○○萍醫師告知後,決定使用真空吸引器協助生產,而不採行其他方式……不論施行何種方式,倘其目的已達,且其施行某項手術之行為亦未違反技術規範……上訴人謂被上訴人未盡告知義務,尚有其他選擇云云,即非可採。又依歷次產檢……皆無發現異樣,……由上開資料可知,○○惠於八時三十分子宮口已經開啓四公分,至十一時二十一分上訴人頭部外露時,此狀態已近三小時,其身心已呈俱疲狀態,若仍期待以自然方式生產恐非易事,且卡在陰道口亦將增加上訴人遭受感染及窒息之危險。是以○○萍決定以真空吸引方式協助生產,以降低上訴人可能發生之危險,屬合理舉措。……○○萍於使用真空吸引器時間短暫,壓力值在常規設定正常範圍內,並無違背技術成規,胎兒亦在短時間之內產出……,斯時手術療程並無錯誤之處。……嗣後轉至台大醫院小兒科醫療亦認為上訴人之情況係因缺血性休克(hypovolemicshock)所致,有紀錄及台大醫院出院病例摘要可稽。……則○○萍確無疏失。……若將無過失責任適用於醫療行為,醫師為降低危險,將選擇性的對某些病患以各種手段不予治療,或傾向選擇治療副作用較少之醫療方式,捨棄較有利於治癒病患卻危險性較高之醫療方式,此種選擇治療對象及方式傾向之出現,即為「防禦性醫療」中最重要的類型,對以保護消費者權益為最高指導原則之消保法而言,顯然有所違背,即不能達成消保法第一條第一項之立法目的甚明。……應以目的性限縮解釋之方式,將醫師所提供之醫療行為排除於消保法之適用。上訴人以被上訴人之醫療行為有違消保法而請求賠償,尚有未洽。末查,醫療行為並非從事危險事業或活動者製造危險來源,亦非因危險事業或活動而獲取利益為主要目的,亦與民法第一百九十一條之三之立法理由所例示之工廠排放廢水或廢氣、桶裝瓦斯場填裝瓦斯、爆竹場製造爆竹、舉行賽車活動、使用炸藥開礦、開山或燃放焰火等性質有間,是醫療行為並無民法第一百九十一條之三之適用。綜上所述,○○萍乃具有專業執照之技術

人員，○○醫院聘任○○萍時無任何不當之處。○○萍所為之行為無任何過失，與上訴人之傷害間，並無相當因果關係，○○醫院於監督管理上並無任何失當之處，被上訴人亦無違背保護他人之法律，且醫療行為並無消費者保護法之適用，亦無民法第一百九十一條之三之適用。從而，上訴人依民法侵權行為法律關係及消保法第七條第一項、第二項規定，先位聲明，請求被上訴人連帶賠償其損害，暨依消保法第五十一條規定，備位聲明，請求被上訴人○○醫院給付懲罰性賠償金，均屬無據，不應准許。並說明兩造其餘攻擊防禦方法及舉證，不另逐一論述之意見。爰維持第一審所為上訴人敗訴之判決，駁回其上訴及追加之訴，經核於法並無違誤。上訴論旨，猶執陳詞，並以原審採證、認事與適用法律之職權行使，及其他與判決基礎無涉之理由，指摘原判決不當，求予廢棄，非有理由。

　　據上論結，本件上訴為無理由。依民事訴訟法第四百八十一條、第四百四十九條第一項、第七十八條，判決如主文。

中　　華　　民　　國　　九十五　　年　　九　　月　　二十八　　日

　　最高法院民事第○庭審判長　法　官

　　　　　　　　　　　　　　　法　官

　　　　　　　　　　　　　　　法　官

　　　　　　　　　　　　　　　法　官

　　　　　　　　　　　　　　　法　官

（三）最高法院九十六年度台上字第四五○號民事判決──第一審：臺灣臺北地方法院九十三年度醫字第二號民事判決【見伍、三（一）】；第二審：臺灣高等法院九十五年度醫上字第三號民事判決【見伍、三、（二）】

【主要爭點】

　　醫療行為是否屬於民法第一百九十一條之三所定之危險工作或活動。

【事實摘要】

　　上訴人主張其於民國九十二年一月六日夜間，因酒後倒臥路旁，經救護車送至被上訴人台北市立○○醫院急診室，其配偶到達醫院時，其意識猶屬清醒，並由急診室值班醫師為醫療行為，另一醫護人員則探視記載其生理徵象。迨翌日

上午,其呼吸型態改變,由另一醫師進行診察,同日上午實施頭部電腦斷層,發現其兩側大腦額葉、頂葉、腦室內及蜘蛛膜下腔均已大量出血,進入手術室進行引流手術後,更四肢癱瘓意識昏迷,呈植物人狀態,此係因被上訴人之使用人醫師未盡善良管理人之注意義務,怠於對上訴人進行檢查醫療所致,該醫師應依民法第二百二十七條、第五百四十四條及消費者保護法第七條負債務不履行損害賠償責任。又因上訴人與被上訴人成立醫療契約,而該醫師係被上訴人之履行輔助人,依民法第二百二十四條之規定,被上訴人應就其醫師履行契約之故意或過失負同一責任。另該醫師係被上訴人之受僱人,被上訴人應依民法第一百八十四條、第一百八十八條及第一百九十一條之三等規定,負侵權行為損害賠償責任。

【解析】

　　本判決認為醫療行為並非從事製造危險來源之危險事業或活動者,亦非以從事危險事業或活動而獲取利益為主要目的,核與民法第一百九十一條之三之立法理由所例示之工廠排放廢水或廢氣、桶裝瓦斯廠裝填瓦斯、爆竹廠製造爆竹、舉行賽車活動、使用炸藥開礦、開山或燃放焰火等性質有間,並無民法第一百九十一條之三之適用。

【裁判內容】

　　最高法院九十六年度台上字第四五○號民事判決

　　　　上　訴　人　○○財
　　　　特別代理人　○○寶貝
　　　　訴訟代理人　詹順貴律師
　　　　　　　　　　洪韶瑩律師
　　　　　　　　　　黃鈺樺律師
　　　　被上訴人　台北市立○○醫院(原台北市立○○醫院)
　　　　法定代理人　孫瑞昇
　　　　訴訟代理人　李宜光律師
　　上列當事人間請求損害賠償事件,上訴人對於中華民國九十五年八月十六日台灣高等法院第二審判決(九十五年度醫上字第三號),提起上訴,本院判決如下:

　　　　主　　　文
　　上訴駁回。

第三審訴訟費用由上訴人負擔。

　　　理　　由

　　本件上訴人主張：伊於民國九十二年一月六日晚上七時許，因酒後倒臥路旁，經台北市政府消防局（下稱北市消防局）救護車於同晚八時十二分送至被上訴人○○院區（下稱被上訴人）急診室，伊配偶○○寶貝隨即於同晚八時三十分到達，並為伊辦理掛號手續，當時伊意識猶屬清醒並直喊不舒服，○○寶貝乃告知當時急診室值班醫師李○○，惟李○○僅表示讓伊睡覺即可，並未對伊為任何診療行為。伊狀似睡著，但經○○寶貝屢叫不醒，多次要求嗣後之值班醫師辛○○進行檢查，均未獲進一步之診療，……而於早上七時對伊進行頭部電腦斷層檢查，竟發現兩側大腦額葉、頂葉、腦室內及蜘蛛膜下腔均已大量出血。惟被上訴人拖延至同日早上七時五十分插管，更以加護病房無床位為由要求轉院，經一再懇求，於同日上午九時十分，伊始被推入手術室進行引流手術，惟已無力挽回，四肢癱瘓意識昏迷，呈植物人狀態。李○○、辛○○係被上訴人之醫師，為被上訴人之使用人，未盡善良管理人之注意義務，怠於對伊進行檢查，致成為植物人之損害結果，應依民法第二百二十七條、第五百四十四條、消費者保護法（下稱消保法）第七條負債務不履行及依民法第一百八十四條負侵害行為之損害賠償責任。而伊與被上訴人成立醫療契約，被上訴人亦應就李○○、辛○○履行契約之故意或過失負同一責任，另依民法第一百八十八條第一項及第一百九十一條之三規定負損害賠償責任等情。爰求為命被上訴人給付七百三十八萬七千七百二十四元（（一）醫療費用：六千七百二十九元，（二）喪失勞動能力損害：四百十九萬一千零七十五元，（三）增加生活上需要：一百十八萬九千九百二十元，（四）精神慰撫金：二百萬元）及自起訴狀繕本送達翌日起算週年利率百分之五之利息之判決。

　　被上訴人則以：上訴人因長期酗酒，除有多次酒後醉倒送至伊醫院診療記錄外，更因此罹患肝硬化及凝血機能不良症狀。九十二年一月六日夜間，上訴人酒後醉倒臥睡在路旁，經救護車送至伊急診室診治，初到時由一名家屬陪同，表示其喝醉酒，已通知其太太接回，暫不想掛號，……經伊護理人員邱玉菁建議應留院觀察，並無任何推諉行為，顯已善盡注意義務，並無延誤醫療情形。伊值班醫師李○○及護理人員隨即對上訴人進行理學檢查，發現上訴人除酒醉外，頭部及身上並無任何外傷或其他異狀，經診視後認應先讓上訴人臥床進行留置觀察，並由其配偶○○寶貝隨侍在側照顧，……李○○分別於同日晚間十時及臨交班前之晚間十一時五十五分（交班時間為晚間十二時）診視上訴人且於病歷上作記錄，嗣接班之辛○○醫師亦於翌日凌晨零時二十分、三時、六時診視上訴人，且於病

歷上作記錄，伊護士亦隨時檢測記載上訴人血壓、心跳、體溫、瞳孔大小及昏迷指數等生理徵象均屬正常，其後凌晨二時三十分、三時、三時三十分、五時，相關醫護人員均一再探視記錄上訴人生理徵象並無異狀，直到早上六時三十分，上訴人呼吸聲突然變大，且昏迷指數突然發生變化，值班之辛○○立即對上訴人進行診視，並作頭部電腦斷層檢查，發現上訴人顱內突然大量出血，經緊急會診神經外科醫師進行頭部開刀治療，伊相關醫護人員確已盡應負之注意義務，而無任何延誤之疏失。自不能以上訴人因平日患有肝硬化及凝血功能不良之宿疾，致因天氣變化及酒醉而突發類似出血性腦中風之顱內兩側大腦深部大面積出血症狀，率而推論係因伊醫師延誤醫療所致。且上訴人送醫時，頭部既無任何外傷，伊醫師又未對其進行任何手術，上訴人頭部受傷致顱內出血，係其自己之行為所致，則上訴人嗣後發生顱內出血即與伊之醫療行為無任何因果關係，自不得任意請求損害賠償。伊之醫師李○○、辛○○在診斷上並無任何疏失，自無庸依民法第二百二十四條、第二百二十七條、第五百四十四條、第一百八十四條、消保法第七條之規定，負債務不履行及侵權行為損害賠償之責，伊亦無須負連帶損害賠償之責等語，資為抗辯。

　　原審斟酌全辯論意旨及調查證據之結果，以：……上訴人送院當時「在急診處病床上大聲說話，並罵醫生，意識清楚」……當時被上訴人護理人員邱玉菁即建議應留院觀察，並無任何推諉行為，顯已善盡注意義務，並無延誤醫療情形。被上訴人值班醫師李○○及護理人員隨即對上訴人進行理學檢查，發現上訴人除酒醉外，頭部及身上並無任何外傷或其他異狀，經診視後認應先讓上訴人臥床觀察，並由其配偶○○寶貝在旁照顧……李○○並於同日晚間十時及臨交班前之十一時五十五分診視上訴人且於病歷上作記錄，嗣後接班之辛○○亦於翌日凌晨零時二十分、三時、六時診視上訴人，且於病歷上作記錄，其護士亦隨時檢測記載上訴人血壓、心跳、體溫、瞳孔大小及昏迷指數等生理徵象均屬正常，其後凌晨二時三十分、三時、三時三十分、五時，相關醫護人員均一再探視記錄上訴人生理徵象並無異狀，直到早上六時三十分，因上訴人呼吸聲突然變大，且昏迷指數突然發生變化，值班之辛○○立即對上訴人進行診視，並作頭部電腦斷層檢查，發現上訴人顱內突然大量出血，乃緊急會診神經外科醫師進行頭部開刀治療。足認被上訴人及相關醫護人員對於上訴人之病情已盡應負之注意義務，而無任何疏失。況經囑託……台大醫院二次鑑定結果，……足認上訴人確係因突然之腦內動脈瘤、血管病變破裂出血，或係因身體病變有凝血功能異常而造成顱內出血，且於出血前並無症兆可供醫師判斷……台大醫院鑑定函所稱，上訴人似於凌晨六時四十分前病情已惡化……其發生時間應係在凌晨六時范雲蘭依據辛○○醫

囑為上訴人繼續施打點滴，至六時四十分發現上訴人呼吸聲音改變之間。而被上訴人醫護人員在發現上訴人症狀改變，亦立即為上訴人施作電腦斷層檢查、藥物治療及引流手術，期間並無任何延誤，亦足證被上訴人之醫師並任何無延誤醫療或醫療疏失行為。……當時被上訴人並無「加護病床」可供使用，確屬事實。……在整個醫療過程中，被上訴人之醫護人員毫無延誤的次第告知上訴人家屬手術可行性及其結果預後之可能性……並無任何延誤醫療之行為。且因醫療上各類加護病房之照護對象不同，而有不同之配備及特殊訓練之醫護團隊，不同之加護病房間不能亦無法為併用或共用，上訴人復未能舉證被上訴人之醫護人員有何延誤醫療或醫療疏失行為，則其主張被上訴人尚有空病床可供進行手術之用，惟未立即手術，顯有疏失云云，並無足取。復查上訴人有長期酗酒習慣，除有多次酒後醉倒送醫至被上訴人醫院診療之記錄外，因此患有肝硬化及凝血機能不良的情形。……上訴人送醫時，頭部既無任何外傷，而當時被上訴人之醫師又未對其進行任何手術，則上訴人嗣後所發生之顱內出血即與被上訴人之醫療行為無任何因果關係。上訴人對於其頭部受有外傷及頭部兩側大腦額葉、頂葉、腦室內及蜘蛛膜下腔大量出血，與被上訴人之醫師醫療行為有何因果關係等情，復未能舉證以實其說，則其空言主張，自屬無據。是依卷內資料尚不足以認定被上訴人之醫療人員李○○、辛○○有何遲延醫療疏失情形，自難令負債務不履行或侵權行為之損害賠償責任。又……醫師為降低危險行為量，過度採取防禦性醫療措施，實不能達成消保法第一條第一項之立法目的，自應以目的性限縮解釋之方式，將醫療行為排除於消保法適用之範圍之列。況醫療法第八十二條第二項既明定醫療機構及其醫事人員因執行業務致生損害於病人，以故意或過失為限，負損害賠償責任，就醫事行為之損害賠償責任，非採無過失責任，與消保法規範之無過失責任體系相悖，足證醫療行為應排除在消保法之適用。從而，上訴人依前開規定，請求被上訴人負損害賠償責任，即屬無據，應予駁回……因而維持第一審所為上訴人敗訴之判決，駁回其上訴。

按事實之真偽，應由事實審法院斟酌辯論意旨及調查證據之結果，依自由心證判斷之，苟其判斷並不違背法令，即不許當事人空言指摘。本件原審……認定被上訴人……確無加護病床（ICU），則其判斷並不違背法令。次按，損害賠償之債，以有損害之發生及有責任原因之事實，並二者之間，有相當因果關係為成立要件……。本件被上訴人醫護人員發現上訴人呼吸聲音改變，於查詢調用加護病床前，既先為上訴人施作電腦斷層檢查及持續進行手術前之準備工作，而無延誤，上訴人復未能舉證證明其成為植物人之結果，係因被上訴人醫院加護病房管理之缺失或有何醫療疏失所導致。況醫療行為並非從事製造危險來源之危險事

業或活動者,亦非以從事危險事業或活動而獲取利益爲主要目的,亦與民法第一百九十一條之三之立法理由所例示之工廠排放廢水或廢氣、桶裝瓦斯廠裝塡瓦斯、爆竹廠製造爆竹、舉行賽車活動、使用炸藥開礦、開山或燃放焰火等性質有間,並無民法第一百九十一條之三之適用。原審因以上述理由,爲不利於上訴人之論斷,經核於法洵無違誤。上訴論旨,……指摘原判決不當,求予廢棄,不能認爲有理由。據上論結,本件上訴爲無理由。依民事訴訟法第四百八十一條、第四百四十九條第一項、第七十八條,判決如主文。

中　　華　　民　　國　　九十六　　年　　三　　月　　八　　日

　　最高法院民事第○庭審判長　法　官
　　　　　　　　　　　　　　　法　官
　　　　　　　　　　　　　　　法　官
　　　　　　　　　　　　　　　法　官
　　　　　　　　　　　　　　　法　官

（四）臺灣高等法院九十六年度醫上字第一○號民事判決──第一審:臺灣臺北地方法院九十五年度醫字第二號【伍、三(三)】;第三審:最高法院九十七年度台上字第一三九一號【伍、三、(四)】

【主要爭點】

　　醫療行爲是否屬於民法第一百九十一條之三所定之危險工作或活動。

【事實摘要】

　　上訴人主張被害人即其母於民國九十四年六月八日因敗血症、肺炎症狀,在被上訴人財團法人○○綜合醫院施行氣管切開術後,因被上訴人醫護人員未將呼吸器與氣管套管正確連接,又疏未將之雙手束縛,致同年月十日下午五時許,呼吸器氣管內管滑脫呼吸道,雖滑脫後有警報聲作響,但在場另一被上訴人護士徐○文未及時處理,另被上訴人張○○爲加護病房之護理長,怠於監督,致被害人出現低血壓、心跳下降及低血氧,並發生心室纖維顫動等病危現象,經被上訴人徐○育醫師施行心臟電擊急救後,仍出現呼吸衰竭、敗血症等現象,且依當日晚上八時之神經學檢查所示,被害人之昏迷指數只有五分(正常爲十五

分），診斷爲大腦病變受損，終於同年月十六日因組織缺氧、腦部功能受損而呼吸衰竭及抵抗力下降致敗血性休克死亡，爰依民法第一百八十四條第一項前段、第一百八十五條第一項、第一百八十八條第一項前段、第一百九十一條之三、第二百二十四條、第二百二十七條及第二百二十七條之一規定，請求被上訴人連帶負損害賠償責任。

【解析】

本判決採取多數學說與實務之見解，認爲醫療行爲並無民法第一百九十一條之三之適用。

【裁判內容】

臺灣高等法院九十六年度醫上字第一〇號民事判決

上　訴　人　賈蘊〇

　　　　　　賈曉〇

共　　　同

訴訟代理人　呂清雄律師

被上訴人　財團法人〇〇綜合醫院

法定代理人　黃〇〇

被上訴人　徐〇文

　　　　　　徐〇育

　　　　　　張〇〇

上四人共同

訴訟代理人　張家琦律師

林鳳秋律師

上　一　人

複代理人　　詹素芬律師

　　　　　　凌赫律師

上列當事人間請求侵權行爲損害賠償事件，上訴人對於中華民國96年3月23日臺灣臺北地方法院95年度醫字第2號第一審判決提起上訴，本院於97年2月12日言詞辯論終結，判決如下：

主　　文

上訴駁回。

第二審訴訟費用由上訴人負擔。

事實及理由

一、本件上訴人主張：

（一）上訴人之母即訴外人張立新於民國94年4月28日因咳嗽、多痰等症狀至被上訴人財團法人○○綜合醫院（下稱○○醫院）住院，經胸部X光檢查後醫師診斷其患有肺炎。張立新於2週後即94年5月24日出現敗血症、肺炎症狀，遂再次至○○醫院急診。經○○醫院於94年6月8日施行氣管切開術後，病情轉趨穩定。惟因○○醫院醫護人員未將呼吸器與氣管套管正確連接，又疏未將張立新之雙手束縛，導致94年6月10日下午5時許，張立新之呼吸器氣管內管滑脫呼吸道……被上訴人徐○文為值班護士並未在場及時處理，被上訴人張○○為加護病房之護理長，被上訴人徐○育為主治醫師，皆負監督徐○文避免犯上述過失之責，卻怠於監督，客觀上均為造成被害人損害之共同原因，以致張立新出現低血壓、心跳下降及低血氧現象，並於該日下午6時30分發生心室纖維顫動等病危現象。經被上訴人徐○育醫師施行心臟電擊急救後，張立新仍出現呼吸衰竭、敗血症等現象……大腦病變受損。張立新嗣於94年6月16日因組織缺氧、導致腦部功能受損致呼吸衰竭，及抵抗力下降致敗血性休克而不幸死亡。因此張立新之死亡，與94年6月10日呼吸器氣管內管滑脫呼吸道事件之間，有相當因果關係。○○醫院為其餘被上訴人之僱用人，應負連帶賠償責任。

（二）上訴人為張立新之子女，為此各支出殯葬費新台幣（下同）12萬2,100元、醫療費20萬元，並受有精神上損害賠償各為300萬元等情，爰依民法第184條第1項前段、第185條第1項、第188條第1項前段、第191條之3.第224條、第227條、第227條之1之規定，求為命被上訴人應連帶給付上訴人二人各332萬2,100元，及自94年12月7日起至清償日止，按年息百分之5計算利息之判決（原審為上訴人敗訴之判決，上訴人聲明不服，提起本件上訴）。並上訴聲明：（一）原判決廢棄。（二）被上訴人應連帶給付上訴人二人各332萬2,100元，及自起訴狀繕本送達之翌日起至清償日止，按年息百分之5計算之利息。（三）願供擔保，請准宣告假執行。

二、被上訴人則以：

（一）於94年6月10日下午5時30分，被上訴人徐○文……確定張立新狀況穩定其並告知將前去支援後，遂於當日下午6時離開。嗣張立新於當日下午6時4分發生自拔內管事件……臨床照顧其他病患之護士即訴外人羅玉玲立即趨前處理，其後現場之護理人員、值班醫師、耳鼻喉科醫師立即進行

急救……並於當日下午6時10分前完成動作……而被上訴人徐○育接獲通知後立即於當日下午6時40分左右趕抵內科加護病房繼續後續之處置，而病人意識亦於翌晨5時許，有明顯恢復，可見系爭醫療過程無任何延遲之處。

（二）……張立新之死因係其原罹有之敗血症過於嚴重，縱一再施與抗生素加以治療，亦無法挽回，與氣管內管滑脫事件並無因果關係，故被上訴人之醫療處置及急救措施均無任何不當等語，資為抗辯。並答辯聲明：（一）上訴駁回。（二）如受不利判決，願預供擔保請准宣告免為假執行。

三、兩造不爭執事項：……。

四、……茲就各爭點及本院判斷，分述如下：

（一）按醫院設置加護病房之原因，在於特別照顧有必要加護照顧之病患，因此配置專責醫護人員，提供24小時之持續照護，依病患的病況給予立即且適當處置。而張立新既於94年5月24日入住○○醫院內科加護病房，則○○醫院即有義務加護照顧，且應就病房內護士人數之調度，隨時做適當處理。……。

（二）上訴人雖主張病患張立新自94年6月8日氣切後至94年6月10日「氣管內管滑脫」期間，其呼吸性酸血症、敗血症之症狀確持續好轉，且張立新於94年6月10日下午6時左右發生自拔「氣管內管滑脫」前之當日下午5時及6時皆未呈現敗血症症狀。又所謂「病情有無好轉」，應以病患本身之生理狀況為判斷標準，而非以醫療機構所為之處置方法為判斷標準。而張立新之病情變化卻因系爭氣管內管滑脫事件之發生而有天壤之別，更證明「氣管內管滑脫」與病患病情惡化有關聯性云云。惟查：

1.……於系爭氣管內管滑脫前，張立新已陸續呈現敗血症之症狀。

2.……益證本件病患張立新……於94年6月10日下午發生呼吸器脫落之前，即已呈現敗血症之症狀。……。

3.……故系爭呼吸器滑脫事件，實與本件病患死因無涉，即與病患張立新之死亡間並無因果關係存在。

4.……張立新之呼吸器於94年6月10日下午脫落後，○○醫院之醫護人員隨即加以急救……繼續維持生命徵象，嗣於六日後即94年6月16日死亡……足見呼吸器雖曾發生脫落，並影響張立新之身體狀況，且經○○醫院之醫護人員急救後，張立新已能繼續維持生命徵象，自難遽認系爭呼吸器之脫落與張立新之死亡結果間，有因果關係。縱呼吸器並未脫落，張立新年邁體衰……加上因有疾病，亦可能因自然惡化，而發生死

亡之結果。上訴人既不能證明系爭呼吸器之脫落與張立新之死亡結果間有因果關係。是被上訴人辯稱二者間並無因果關係，自屬可信。

（三）……張立新係因「敗血症」而死亡，而「呼吸性酸血症」既非感染情況加重敗血症惡化會有之現象，則不論病患呼吸性酸血症有何變化，均與病患敗血症之死因無關，即其間並無因果關係存在。

（四）……足見張立新之呼吸器安裝確實無問題，有問題者乃在於呼吸器因故脫落後，有無立即重新安裝。而……張立新之呼吸器脫落，與六日後張立新之死亡結果間，有無相當因果關係？……張立新自94年5月24日起至94年6月16日止均住加護病房，其生命已極度危險，顯與系爭呼吸器脫落致六日後張立新死亡間，並無相當因果關係。……。

（五）關於被上訴人徐○文護士有無義務將張立新之雙手束縛部分：
……醫院理應妥適調度加護病房之醫護人員配置，使病患獲得24小時之持續加護照顧，而非將病患之雙手束縛，以求節省醫護人立之成本。是上訴人主張被上訴人徐○文護士有義務將張立新之雙手束縛云云，自不足取。

五、綜上所述，○○醫院就醫療債務之履行，並無不完全給付情形，其醫療人員亦無侵權行爲，且醫療行爲爲救治人體疾病，性質上非屬民法第191條之3所指之危險事業，此爲法院實務之見解（最高法院95年度台上字第2178號判決要旨參照），被上訴人均不負賠償之責。從而上訴人請求被上訴人連帶給付上訴人二人各332萬2,100元，及自起訴狀繕本送達之翌日起至清償日止，按年息百分之5計算之利息，非屬正當，即屬不應准許。原審所爲上訴人敗訴之判決，並無不合。上訴論旨指摘原判決不當，求予廢棄改判，爲無理由，應駁回上訴。……。

中　華　民　國　九十七　年　三　月　四　日
醫事法庭審判長　法　官
　　　　　　　　法　官
　　　　　　　　法　官

（五）臺灣臺北地方法院九十一年度重訴字第二一五一號民事判決——第二審：臺灣高等法院九十三年上字第八一八號民事判決【見伍、二、（六）】；第三審：最高法院九十六年度台上字二三〇五民事判決【見伍、二、（七）】

【主要爭點】

醫療行為是否屬於民法第一百九十一條之三所定之危險工作或活動。

【事實摘要】

原告夫妻主張其與被告財團法人〇〇紀念醫院訂有生產醫療及照顧產婦與新生兒契約，並於民國九十年四月十四日下午二時十分經醫師實施剖腹產手術。原告之子甫出生時身體及健康狀況良好，不料出生十三小時二十分後竟有窒息及發紺現象，經使用超音波檢查發現顱內左右兩側腦內異常反應及顱壓升高，造成腦水腫，依被告陳〇〇即該院醫師在診斷紀錄之記載，不排除發生「明顯危害生命的事件」（ALTE），嗣發現被告陳〇〇於嬰兒出生後不到十一小時，即指示被告柳〇〇即該院值班護士對嬰兒施打抗生素。又依護理紀錄記載翌日清晨三時三十分，嬰兒體溫紀錄正常，突於同日清晨四時全身發紺，可見被告柳〇〇於餵奶時嗆到，或因未發覺而導致窒息，或因讓嬰兒趴睡，致鼻子阻塞窒息。隔年六月二十六日上午九時許，原告至醫院探視時，發覺嬰兒左大腿骨折，醫師告知發現前嬰兒係在中重度病房室由被告崔〇〇即該院值班護士照顧，足見該醫師及護士均有過失，終致嬰兒因腦性麻痺於九十二年二月二十八日心肺衰竭死亡。原告二人為嬰兒之父母，依法繼承該嬰兒對被告等之賠償請求權，爰依民法第一百八十四條第一項、第一百八十五條第一項、第一百九十一條之三、民法第一百八十八條第一項、民法第二百二十四條、第二百二十七條、第二百二十七條之一及消費者保護法第七條第一項、第三項等規定，請求被告連帶負損害賠償責任。

【解析】

本判決認為醫療行為具危險性存在，但此危險是在增進人類身體健康所必要，為可容許性危險，因此關於民法第一百九十一條之三所稱「從事其他工作或活動之人」之解釋，自不能包括醫療行為人在內。

【裁判內容】

臺灣臺北地方法院九十一年度重訴字第二一五一號民事判決

原　　　告　謝○○

　　　　　　呂○○

訴訟代理人　李聖隆律師

被　　　告　財團法人○○紀念醫院

法定代理人　謝○堂

訴訟代理人　林秀峰

　　　　　　黃奕時

被　　　告　陳○○

　　　　　　柳○○

　　　　　　崔○○

右當事人間損害賠償事件，本院於民國九十三年七月六日言詞辯論終結，判決如下：

主　　　文

原告之訴及假執行之聲請均駁回。

訴訟費用由原告負擔。

事　　　實

甲、原告方面：

壹、聲明：

一、被告等應連帶給付原告謝○○新台幣（下同）五百萬元、原告呂○○五百萬元，並均自起訴狀繕本送達翌日即民國九十一年九月十二日起至清償日止，按年息百分之五計算之遲延利息。

二、願供擔保請准宣告假執行。

貳、陳述：

一、原告二人為夫婦關係，二人與被告財團法人○○紀念醫院（下稱○○醫院）訂有醫療契約，約定由○○醫院醫生及護士為原告呂○○負責接生及照顧甫出世之嬰兒。惟被告○○醫院等對原告呂○○出生之子未盡醫療契約上之照顧注意義務，致甫生之子死亡。為此原告合併依（一）民法第一百八十四條第一項、第一百八十五條第一項及第一百八十八條第一項的一般侵權行為連帶損害賠償請求權。（二）民法第一百八十五條第一項、第一百九十一條之三及民法第一百八十八條第一項的特殊侵權行為連帶損害賠償請求權。

（三）民法第二百二十四條、第二百二十七條及第二百二十七條之一的債務不履行連帶損害賠償請求權。（四）消費者保護法第七條第一項及第三項連帶損害賠償規定，請求被告等連帶賠償如訴之聲明所示之金額。茲將原告請求之原因事實說明如次：

（一）被告陳○○醫師及柳○○護士部分：

　　1.原告呂○○於九十年四月十四日下午二時十分由該院醫師郭東明醫師實施剖腹手術接生子謝承佑出世……謝承佑身體狀況正常及健康情形非常良好。

　　2.嬰兒謝承佑經○○醫院婦產科醫師接生並完成出生健康指數評估後立刻送往嬰兒室，該室新生兒科主治醫師謝武勳及蔣博智非常清楚在病歷記錄上記載「新生兒出生後情況良好並立刻送嬰兒室」「可是，在四月十五日清晨約四時左右，發現嬰兒有窒息及發紺，雖經供氧通氣，病人膚色回轉為淡色，但是胸部呼吸及脈博皆微弱，因此被送到小兒加護病房做進一步處置。」……。

　　3.……在清晨三時三十分謝承佑仍屬正常的原告，突然半小時後清晨四時發生全身發紺的不治腦部傷害。……除被告柳○○因伊餵奶嗆奶未被發覺窒息，或讓謝承佑趴睡鼻子阻塞窒息的可能性非常高。(2)被告陳○○醫師為何醫囑為出生時健康評估是滿分的原告在出生後不到十一小時的十五日清晨一時五十五分時命打生素？如果謝承佑確實需要接受抗生治療欲仍然造成全身發紺的不治腦部傷害，婦產科接生醫師及嬰兒室醫師有關謝承佑出生健康評估為滿分的記載豈非「明知不實之事項而登載於業務上作成之文書（病歷）」……。

（二）被告崔○○護士部分：

　　……被告○○醫院小兒科醫師張博堯於九十一年七月十五日曾向原告呂○○說明依謝承佑腿部腫脹情形判斷，應該是在原告呂○○發現前一、二小時發生的事故。此一時段就是被告崔○○值班時間……上該時段值班護士均有過失，依民法第一百八十五條第一項規定均應負連帶賠償責任。

二、原告主張被告應負債務不履行「連帶」損害賠償責任理由如下：

（一）民法學上通說認為「債務不履行」也是一種「侵權行為」。……。

（二）民法修正增訂第二百二十七條之一，……因同時具有侵權行為性質……，應解為債務人之使用人或代理人應與債務人本人「連帶」負損害賠償責任。……。

（三）……民法第二百二十四條所稱使用人應已包括民法第一百八十八條的僱用人與僱人的概念在內……。

（四）……醫療服務之行為，核其性質，自提供醫療服務者觀之，固與商品無關，且無營利性，惟其與消費者之安全或衛生有莫大關係，而自接受醫療服務者觀之……為以消費為目的而接受服務之消費者甚明。……。

三、原告請求之金額、項目及依據：

（一）原告謝○○及呂○○係謝承佑之父與母，謝承佑夭折，受有損害，依民法第一百九十五條第一項前段及第二百二十七條之一規定，及最高法院五十一年台上字第二二三號判例意旨，各請求精神慰撫金四百五十萬元，此外依民法第一百九十二條第二項及第二百二十七條之一規定。

（二）原告謝○○及呂○○各請求受扶養利益的損失五十萬元。

（三）以上合計原告謝○○及呂○○分別請求被告等連帶給付五百萬元。

四、對被告抗辯及鑑定意見之陳述：

（一）……「顱內左右兩側腦內異常反應及顱內壓升高造成腦水腫」，此一嚴重傷害結果與被告陳○○的不當醫療之間有相當因果關係。……被告柳○○的看護疏失造成救治上延誤，亦應負擔責任。九十一年六月二十七日被告護士崔○○值班間發生小病人謝承佑右腿部骨折結果，被告崔○○應有照護疏誤……謝承佑死亡與被告之醫療及護理上過失自有相當因果關係。……。

（三）衛生署鑑定報告徒託空言……。

乙、被告方面：

壹、聲明：原告之訴及假執行聲請均駁回，如受不利判決，願供擔保聲請准免為假執行。

貳、陳述：

一、被告○○醫院答辯部分

原告追加消費者保護法第七條第一項及第三項連帶損害賠償請求權實屬無據。……。

（一）衛生署為全國衛生主管機關……其客觀及公正性無庸置疑，原告以鑑定結果不利而質疑其公正性認不足採。

（二）……被告醫院所屬之醫生及護士等之醫療行為均係依正常程序所為，並無疏失不當之處，除原告能證明被告有故意過失及其故意過失與原告之損害結果間有相當因果關係外，被告等自不負任何侵權行為或債務不履行之損害賠償責任。

二、被告陳○○醫師答辯部分

（一）所謂「嬰兒猝死症」係指一個狀況良好的嬰兒突然死亡……亦可能發生在住院中「正常的」新生兒。

（二）……因原告呂○○於生產時破水超過二十四小時，產下之嬰兒爲高感染危險群，故被告陳○○醫師……給予抗生素注射治療。……並無疏失不當之處，……尚無因此發生後遺症之報告。

三、被告柳○○答辯部份

（一）……謝承佑係平躺仰睡。另針對起訴狀中質疑謝承佑可能有因嗆奶未被發覺而產生窒息乙事，實與事實不符。……。

（二）……護理人員於完成每一位新生兒餵奶後，抱另一位新生兒餵奶前，皆需先巡視全部之寶寶一次。故於凌晨零時十五分至三時許之餵奶期間，護理人員實際上已持續多次巡視每一位寶寶。……探視當時並無異常發現。

四、被告崔○○答辯部份

（一）原告起訴狀記載原告呂○○「於翌日（二十七日）下午約三時左右再到被告醫院探視原告時，值班護士即被告崔苕萍竟告知原告呂○○說謝承佑不知何故哭鬧不停，經媽媽（呂○○）抱起後哭得更厲害，媽媽於是將謝承佑放下床時不經意發現其左大腿腫起」等語亦與事實不符。茲說明如后：

　　1.被告崔○○爲九十一年六月二十七日自班負責照護原告謝承佑之護士……並無發現異狀。……。

　　2.……謝承佑於九十一年六月二十七日十四時三十分前，尚未發生骨折。至十四時三十分由原告呂○○接手照顧謝承佑後始發生腿部異常，其間緣由，被告等則不得而知。

　　3.……謝承佑爲一僵直性全身腦性麻痺併長期肺支氣管炎患者，自出生至今業已臥床一年多，且有使用抗癲癇藥物治療，故評估其骨質已有某種程度之疏鬆，可能亦爲此次骨折造成原因之一。

（二）退萬步言，本件縱令被告崔○○對謝承佑有應負責任之處，亦只限於謝承佑左大腿骨折部份，……。

　　　　理　　　由

甲、程序部分：……。

乙、實體部分：

一、本件原告起訴主張：……。

二、被告陳○○以：……。

　　被告柳○○以：……。

被告崔○○則以：⋯⋯。

三、⋯⋯。

四、⋯⋯兩造所爭執事項為：被告陳○○等人對謝承佑履行醫療及照護行為有無過失行為存在。

（一）關於被告陳○○醫師、柳○○部分

　　1.⋯⋯以新生兒之健康指數評估分數，與後來之超音波檢查結果之差異性為推斷基礎，其間謝承佑自身先天存在之缺陷因素是否存在，原告未提出排除此項因素存在之說明及證據提出。

　　2.⋯⋯本件謝承佑之病症可能原因為何？ALTE是否為一合理解釋？是否可能發生於健康新生兒身上？經函行政院衛生署醫事審議委員會（下稱醫審會）鑑定以：⋯⋯是對謝承佑究因何故於出生後不到十四小時突然窒息發紺，造成此之情形多端，無法找出真正之原因。既無法確定病因，自難推斷醫護人員處理過程欠缺注意義務。

　　3.⋯⋯注射抗生素之醫囑⋯⋯經請醫審會鑑定結果⋯⋯難認被告陳○○之醫囑欠缺善良管理人之注意義務。

　　4.⋯⋯本院以謝承佑於出生時是否因嗆奶而產生窒息致生ALTE？請醫審會鑑定，結果為⋯⋯無證據顯示謝承佑因嗆奶而產生窒息死亡⋯⋯，是亦可排除因餵奶嗆奶致生窒息現象。⋯⋯。

（二）關於崔○○部分

　　1.⋯⋯。

　　2.本院以：「依據上述情形，參考當日所照X光綜合評估，上述骨折是否可能發生於九十年六月二十七日十四時三十分以後？謝承佑持續在○○醫院照護，醫生使用何項藥物？其左腿骨折是否因長期施用該等藥物而有骨質疏鬆所致？」為問題請醫審會鑑定，鑑定結果為：⋯⋯謝承佑長期服用藥物及臥床一年二月餘，少有一般嬰兒之活動，呈現骨質疏鬆症狀非不可能，在搬動中而斷裂為病理性骨折，並非無因。惟難以此認定即係被告崔○○所肇致。

　　3.⋯⋯謝承佑因骨質疏鬆，身體脆弱致骨頭易於斷裂，係因長期臥床及服用藥物所致，骨質疏鬆是為治療行為之副作用，此副作用何時產生，並不明確，與之接觸醫護人員或家屬，不可避免將因力量之使用致脆弱骨頭斷裂，惟無法以此即認被告崔○○係疏於注意。

五、⋯⋯謝承佑受有腦性麻痺病症與使用抗生素間有無因果關係，並無醫學文獻支持之佐證，是故本院採鑑定報告為據，認被告陳○○之醫囑符合醫學常

規。

六、……原告認其對謝承佑採取趴睡方式照護,並不足採。又對謝承佑餵奶而致嗆奶,依鑑定意見在急救過程中與插管前之抽無發現異常奶塊,肺部檢查亦無異常發現等情,至是否流入支氣管留存,並無證據證明。原告此部分主張,並不足採。

七、……本件鑑定書內容已就相關病歷及謝童其他器官互為驗證而不認伊之傷害與醫師與護士之治療行為有關,而鑑定所需之原始病歷資料,均完整送達醫審會,在程序上應無瑕疵,於證據評價上即有相當之證明程度存在。原告否認鑑定書意見,尚不足採。

八、原告主張被告等為從事一定工作活動,其工作或活動之性質或其使用之工具或方法有生損害於他人之危險,依民法第一百九十一條之三,對原告之子謝承佑負損害賠償責任等情。按民法第一百九十一條之三……規定,為八十九年五月五日公布增加施行。依其立法理由「近代企業發達,科技進步,人類工作或活動之方式及其使用欠工具與方法日新月異,伴隨繁榮而產生危險性之機會大增。如有損害發生,而須由被害人明經營一定事業或從事其他工作或活動之人有過失,被害人將難獲得賠償機會,實為社會不公平現象,且鑑於(一)從事危險事業或活動者製造危險來源;(二)僅從事危險事或活動者能於某種程控制危險;(三)從事危險事業或活動者因危險事業或活動而獲取利益,就此危險所生之損害負賠償之責,合公平正義之要求。為使被害人獲得周密之保護,凡經營一定事業或從事其他工作或活動之人,對於因其工作或活動之性質或其使用之工具或方法有生損害於他人之危險(例如工廠排放廢水或廢氣、筒裝瓦斯廠裝填互斯、竹廠製造爆竹、舉行賽車活動、使用炸藥開礦、開山或燃放焰火),對於他人之損害,應負損害賠償責任。請求賠償時,被害人只須證明加害人之工作或活動之性質或其用之工具或方法有生損害於他人之危險性,而布其工作或活動中受損害即可,不須證明其間有因果關係,但加害人能證明損害非由於其工作或活動或其使用之工具或方法所致,或於防止損害之發生已盡相當之注意者,則免負賠償責任,以期平允,爰增訂本條規定(義大利民法第二千零五十條參照)」,本條係關於危險來源者採推定過失責任之規定。即對持有或經營某特定危險物品、設施或活動之人,如因其持有之特定危險來源物品、設施或活動造成他人危險,原則須負損害賠償責任,與危險責任情形相當,即將不幸事故所造成損害為合理分配,不問行為人歸責因素,亦不問危險行為有無違法性,且對因果關係舉證責任減輕,惟另設定舉證免責規定。是故本條將民法侵權行為歸責事

由，由採過失責任之原則，**轉變過失責任與危險責任並重之保護方式**。既有如此轉變，參酌立法理由所示，本條所稱之「危險」自不能無範圍限制。該危險之定義應係指特別危險、異常危險或高度危險或不合理之危險始符之。否則任何人類行為具有危險之活動，均加諸危險責任概念，令負損害賠償責任，行為人動輒得咎，將阻礙社會活動發展。醫療行為具危險性存在，但此項危險是在增人類身體健康所必要，為可容許性危險。因此關於「本條所稱從事其他工作或活動之人」之解釋，自不能包括醫療行為人在內。本件原告二人依繼承關係，援引本條規定請求被告等賠償損害，並非有據。

九、原告依消費者保護法規定請求部分：

　　……本院則基於下列理由，認醫療行為並非消費者保護法所指之服務，是不應以消費者保護法論斷醫療行為之責任：

（一）就「文義解釋」論之：

　　……主張醫療行為適用於消費者保護法之論者……闡述該法第二條第一項第一款之「消費」此一不確定法律概念之文義外延，並稱此一外延足以包括醫療行為……此種解釋方式，足以架空民法體系之適用範圍，顯將對傳統民法體系造成嚴重之衝擊，此一結果諒非立法者之本意。……。

（二）就「立法解釋」論之：

　　……遍尋該法及其施行細則之規定，均無明確定義。此種定義消費性「商品」，卻未定義消費性「服務」之立法方式……自更無從僅以文義解釋判斷醫療行為有無消費者保護法之適用。

（三）就「目的解釋」論之：

　　按「為保護消費者權益，促進國民消費生活安全，提昇國民消費生活品質，特制定本法。」消費者保護法第一條第一項，就該法之立法目的有所明定，是於目的解釋時，即應以此明定之立法目的為其解釋之範圍。就此以經濟分析之方式，解釋醫療行為如適用消費者保護法，反不能達成前揭立法目的……。

（四）醫療行為是否適用消費者保護法之疑問，以文義解釋無法得出明確答案，立法者未有確切說明，依目的解釋方法，本院認將醫療行為適用於消費者保護法，反而違背該法明定之立法目的，是縱由文義解釋之最可能外延包括醫療行為在內，亦應用目的性限縮方式加以排除，準此，醫療行為即無消費者保護法之適用。

十、綜上所述……原告二人基於繼承關係，依民法第一百八十四條第一項、第

一百八十五條第一項及民法第一百八十八條第一項一般侵權行為連帶損害賠償請求權、民法第一百八十五條第一項、一百九十一條之三及民法第一百八十八條第一項特殊侵權行為損害賠償請求權、民法第一二百二十四條、第二百二十七條及第二百二十七條之一的債務不履行損賠請求權，與追加請求之消費者保護法第七條第一項及第三項連帶損害賠償請求權，請求被告等連帶給付原告二人各精神慰撫金四百五十萬元及受扶養利益損失五十萬元，合計各五百萬元及自起訴狀繕本送達最後收受之被告翌日即九十一年八月十五日起至清償日止，按年息百分之五計算之利息，為無理由，不應准許。原告之訴既經駁回，其假執行之聲請失所依據，爰併予駁回。……。

中　華　民　國　九十三　年　七　月　三十　日
民事第○庭　法　官

（六）臺灣高等法院九十三年度上字第八一八號民事判決 —— 第一審：臺灣臺北地方法院九十一年度重訴字第二一二五號民事判決【見伍、二、（五）】；第三審：最高法院九十六年度台上字第二三○五號民事裁定【見伍、二、（七）】

【主要爭點】

醫療行為是否屬於民法第一百九十一條之三所定之危險工作或活動。

【事實摘要】

上訴人夫妻主張其與被上訴人財團法人○○紀念醫院訂有生產醫療及照顧產婦與新生兒契約，於民國九十年四月十四日下午二時十分經醫師實施剖腹產手術。上訴人之子甫出生時身體及健康狀況良好，不料出生十三小時二十分後竟有窒息及發紺現象，經使用超音波檢查發現顱內左右兩側腦內異常反應及顱壓升高造成腦水腫，依被上訴人陳○○在診斷紀錄之記載，不排除發生「明顯危害生命的事件」（ALTE），嗣發現被上訴人陳○○於嬰兒出生後不到十一小時，即指示被上訴人柳○○對嬰兒施打抗生素。又依護理紀錄四月十五日清晨三時三十分，嬰兒體溫紀錄正常，突於同日清晨四時全身發紺，可見被上訴人柳○○餵奶時嗆奶，因未發覺導致窒息，或因讓嬰兒趴睡而鼻子阻塞窒息。旋嬰兒於被上訴人醫院繼續治療，不意九十一年六月二十六日上午九時許，上訴人至醫院探

視時，發覺嬰兒左大腿骨折，醫師告知發現前嬰兒係在中重度病房室由被告崔
○○照顧，足見被上訴人陳○○、柳○○及崔○○均有過失，終致嬰兒因腦性
麻痺於九十二年二月二十八日心肺衰竭死亡。上訴人二人為嬰兒之父母，依法
繼承該嬰兒對被上訴人等之賠償請求權，爰依民法第一百八十四條第一項、第
一百八十五條第一項、第一百九十一條之三、民法第一百八十八條第一項、民法
第二百二十四條、第二百二十七條、第二百二十七條之一及消費者保護法第七條
第一項、第三項等規定，請求被上訴人連帶負損害賠償責任。

【解析】

　　本判決認為醫療過程中之危險，肇因於疾病惡化未為醫療所造成之風險，醫
療目的乃在避免疾病本身之危險，並未積極增加原來所無之危險，依一般社會通
念，醫療行為非危險工作或活動，是民法第一百九十一條之三之並不適用於醫療
行為。

【裁判內容】

　　臺灣高等法院九十三年度上字第八一八號民事判決

上　訴　人	謝○○	
	呂佳榮	
共　　　同		
訴訟代理人	張家琦律師、林鳳秋律師	
上列一人		
複代理人	詹素芬律師	
被上訴人	財團法人○○紀念醫院	
法定代理人	謝○堂	
被上訴人	陳○○	
	柳○○	
	崔○○	
上開四人共同		
訴訟代理人	林秀峰、黃奕時	

　　上列當事人間請求損害賠償事件，上訴人對於中華民國93年7月30日臺灣臺
北地方法院91年度重訴字第2151號第一審判決提起上訴，經本院於95年7月25日
言詞辯論終結，判決如下：

主　　文

上訴駁回。

第二審訴訟費用由上訴人負擔。

事實及理由

一、本件上訴人聲明求爲判決：（一）原判決廢棄。（二）減縮聲明請求被上訴人應連帶給付上訴人謝○○、呂○○各新臺幣（下同）150萬元及自民國（下同）91年11月19日起至清償日止，按年息5%計算之利息。（三）願供擔保請准宣告假執行。被上訴人聲明求爲判決：（一）上訴駁回。（二）如受不利判決，願預供擔保請准宣告免爲假執行。

二、上訴人起訴主張：上訴人爲夫妻，共同代理尚未出生之胎兒，與被上訴人財團法人○○紀念醫院（下稱○○醫院）間訂立分娩接生及產後療護之醫療契約，嗣上訴人呂○○經由被上訴人○○醫院所屬醫師實施剖腹產手術，於90年4月14日14時10分產下一子謝承佑；……詎於同年4月15日凌晨約4時許，竟出現窒息及發紺現象……超音波檢查結果，發現係「顱內左右兩側腦內異常反應及顱內壓升高造成腦水腫」所致，並於診斷紀錄記載不排除發生「明顯危害生命的事件」……，謝承佑並因而成爲嬰兒腦性麻痺之重度殘障。惟查，被上訴人○○醫院所屬醫師即被上訴人陳○○於90年4月15日凌晨1時55分，指示該院所屬護士即被上訴人柳○○爲健康狀況良好之謝承佑施打抗生素，顯無必要，惟其既懷疑新生兒有感染之可能，卻未將謝承佑移至新生兒中重度病房，並立即給予靜脈輸液及氧氣之補充供應，且在同日凌晨4時許，謝承佑被送至加護病房前，未到場給予急救，自係導致謝承佑「缺氧缺血性腦病變」之原因；……被上訴人柳○○……將近2小時未探視謝承佑，又未爲謝承佑量測血壓及安置監視器，顯有疏失，而謝承佑之發紺及窒息現象，疑係因被上訴人柳○○餵奶時嗆奶、或使之趴睡阻塞呼吸道所致，又柳○○於90年4月14日凌晨4時許，未爲謝承佑實施新生兒心肺復甦術等正確並有效之急救，亦有過失；又謝承佑其後在○○醫院繼續接受治療，然上訴人呂○○於91年6月27日15時許，至○○醫院探視謝承佑時，發現謝承佑之左大腿腫起，經檢查證實有骨折現象，經小兒科醫師說明係在發現前1、2小時所發生，顯係因值班護士即被上訴人崔○○照顧疏失所致；被上訴人陳○○、柳○○、崔○○爲被上訴人○○醫院之受僱人，彼等於醫療及照顧謝承佑時，既有上述疏失，應對謝承佑及其父母即上訴人負連帶賠償責任，並應與被上訴人○○醫院負連帶賠償責任，嗣謝承佑於92年2月28日……死亡，上訴人依法繼承謝承佑對被上訴人請求賠償之權利等情，爰依

民法第184條第1項前段、第191條之3.第194條、第195條第1項前段、第185條第1項、第188條第1項、第224條、第227條、第227條之1及消費者保護法第7條第1項、第3項之規定，求為命被上訴人連帶給付上訴人謝○○、呂○○各150萬元（含慰藉金135萬元及受扶養利益損失15萬元）及法定遲延利息之判決……經原審判決駁回上訴人之訴，上訴人聲明不服，提起上訴並減縮聲明如上〕。

被上訴人則以：謝承佑之病症在醫學上稱為ALTE，係指嬰兒出生後出現生命徵象不穩、發紺、四肢冰冷等情形，經救治後挽回生命，其有可能發生於正常之新生兒……上訴人呂○○於生產時破水超過24小時，產下嬰兒屬高危險群……應給予預防性之抗生素治療，是被上訴人陳○○於診視後……給予抗生素注射治療，並無疏失或不當……；又護理人員於90年4月15日凌晨4時，發現謝承佑有發紺情形……急送加護病房，被上訴人陳○○接獲通知後，立即趕往嬰兒室並加入急救行列……並無疏失或延誤；又○○醫院嬰兒室以讓新生兒平躺（即仰睡）為原則……謝承佑之病歷並無趴睡紀錄，足證係平躺仰睡；再謝承佑於急救過程插管前之抽吸時，並未發現有奶塊，且X光檢查結果亦未發現肺部異常，足證謝承佑並無嗆奶情形……因探視謝承佑時無異常發現，故未記載於病歷；又91年6月27日係由被上訴人崔○○輪班負責照護謝承佑……均未發現異狀……上訴人呂○○於是日14時30分，至○○醫院探視時，始發現謝承佑有骨折現象，其發生原因並不清楚，惟謝承佑為僵直性全身腦性麻痺併長期肺支氣管炎患者，自出生時起已臥床1年多，並使用抗癲癇藥物治療，因而導致骨質疏鬆，可能為造成其骨折之原因，並非被上訴人崔○○有何照顧疏失等語，資為抗辯。

三、……。

四、……查：

（一）關於被上訴人陳○○部分：

　　1.產婦破水18小時以上所產下之新生兒，屬新生兒感染之高危險群，依兒科教科書之記載，應抽血做細菌培養，並給予預防性之抗生素治療……與前揭兒科教科書及美國疾病管制局之建議，並無不合。

　　2.復經原審囑託行政院衛生署醫事審議委員會鑑定結果認為：……足見謝承佑係發生ALTE，因而導致「缺氧缺血性腦病變」，與被上訴人陳○○指示注射抗生素之醫療行為間，並無關聯。上訴人執此主張被上訴人陳○○醫療處置不當云云，自不足取。

　　3.……謝承佑於其後確未發現有細菌感染或敗血症之現象，則被上訴人陳

○○未依敗血症之治療方式，將之置於新生兒中重度病房，並給予靜脈輸液及氧氣之補充供應，尚難認其醫療處置有何失當之情形。……。

4.……上訴人主張被上訴人陳○○未到場給予急救云云，並非事實，其進而執此主張被上訴人陳○○未善盡醫療注意義務云云，即不足取。

（二）關於被上訴人柳○○部分；

1.……被上訴人○○醫院對於該院之新生兒，係採仰睡為原則，僅於新生兒有嚴重吐嗆奶、或因家屬要求之情況，始例外使新生兒趴睡（即俯臥），並會記載於嬰兒室護理記錄單，……足見被上訴人柳○○並未使謝承佑趴睡或俯臥。上訴人空言臆測謝承佑係因趴睡始出現發紺、窒息現象云云，自不足取。

2.……本院囑託行政院衛生署醫事審議委員會補充鑑定結果，據復：……無證據顯示病童係因嗆奶而產生窒息」……足見上訴人主張謝承佑係因嗆奶而出現發紺、窒息現象云云，亦非可取。

3.謝承佑於90年4月14日14時40分入住嬰兒室後，護理人員先後於同日14時40分、17時、21時及翌（15）日凌晨3時30分，為謝承佑量測體溫共4次……是上訴人主張被上訴人柳○○未注意觀察謝承佑之狀態云云，殊不足取。……。

4.……被上訴人柳○○已在第一時間為謝佑進行急救……經本院囑託行政院衛生署醫事審議委員會補充鑑定結果認為：……被上訴人柳○○確有為謝承佑實施心肺復甦術等正確之急救措施，殊不得以急救後仍無法避免發生「缺氧缺血性腦病變」，遽指被上訴人柳○○係有疏失或未善盡醫療義務之情事。……。

（三）關於被上訴人崔○○部分：

1.……謝承佑因係罹患「缺氧缺血性腦病變」而長期臥床，且又長期服用抗癲癇藥物，極有可能導致骨質疏鬆……，尚難認係照顧不當所致。……復經原審囑託行政院衛生署醫事審議委員會鑑定結果亦認為：……益見謝承佑係因自身骨頭不正常而致病理性骨折，尚非因被上訴人崔○○施以不正常之外力所致。

2.……被上訴人崔○○縱有違反護理記錄記載之規定，其與謝承佑左大腿骨折之結果間，亦無因果關係存在……。

（四）復按民法第191條之3雖規定危險事業、活動之侵權行為責任，並就故意、過失之舉證責任予以倒置，惟觀諸該條文立法理由所列舉之危險活動，例如工廠排放廢水或廢氣、筒裝瓦斯廠裝填瓦斯、爆竹廠製造爆竹、使用炸

藥開礦開山或燃放焰火等，均與醫療行為之性質迥異，蓋醫療過程中之危險，肇因於疾病惡化未為醫療所造成之風險，醫療目的乃在避免疾病本身之危險，並未積極增加原來所無之危險，依一般社會通念，醫療行為非危險工作或活動，是民法第191條之3之規定並不適用於醫療行為……；況本件被上訴人均無過失，已如前述，是上訴人亦無從依民法第191條之3之規定，請求被上訴人賠償之餘地。

（五）綜合上開各項情節以觀，已足證明被上訴人○○醫院所僱用之醫師即被上訴人陳○○、及所僱用之護士即被上訴人柳○○、崔○○，於療護上訴人之子謝承佑之過程中，並無任何疏失或可歸責之事由，是上訴人本於侵權行為及不完全給付之法則，請求被上訴人連帶負損害賠償責任，即屬無據。

五、末按醫療行為非屬消費者保護法適用之對象，故無同法第7條第3項有關企業經營者無過失賠償責任規定之適用……是上訴人主張被上訴人依消費者保護法第7條第3項之規定，應負無過失賠償責任，並據以請求被上訴人連帶負損害賠償責任，亦非有據。

六、綜上所述，上訴人本於民法第184條第1項前段、第191條之3、第194條、第195條第1項前段、第185條第1項、第188條第1項、第224條、第227條、第227條之1及消費者保護法第7條第1項、第3項之規定，在本院減縮請求被上訴人應連帶給付上訴人謝○○、呂○○各150萬元（含慰藉金135萬元及受扶養利益損失15萬元）及自91年11月19日起至清償日止，按年息5%計算之利息，自屬不應准許。從而原審所為上訴人敗訴之判決，並無不合。上訴論旨仍執前詞指摘原判決不當，求予廢棄改判，為無理由，應予駁回。……。

中　華　民　國　九十五　年　八　月　八　日

民事第○庭審判長　法　官
　　　　　　　　　法　官
　　　　　　　　　法　官

（七）最高法院九十六年度台上字第二三〇五號民事裁定─第一審：臺灣臺北地方法院九十一年度重訴字第二一二五號民事判決【見伍、二、（五）】；第二審：臺灣高等法院九十三年度上字第八一八號民事判決【見伍、二、（六）】

【主要爭點】

醫療行為是否屬於民法第一百九十一條之三之危險工作或活動。

【事實摘要】

上訴人夫妻主張其與被上訴人財團法人〇〇紀念醫院訂有生產醫療及照顧產婦與新生兒契約，於民國九十年四月十四日下午二時十分經醫師實施剖腹產手術。上訴人之子甫出生時身體及健康狀況良好，不料出生十三小時二十分後竟有窒息及發紺現象，經使用超音波檢查發現顱內左右兩側腦內異常反應及顱壓升高造成腦水腫，依被上訴人陳〇〇在診斷紀錄之記載，不排除發生「明顯危害生命的事件」（ALTE），嗣發現被上訴人陳〇〇於嬰兒出生後不到十一小時，即指示被上訴人柳〇〇對嬰兒施打抗生素。又依護理紀錄四月十五日清晨三時三十分，嬰兒體溫紀錄正常，突於同日清晨四時全身發紺，可見被上訴人柳〇〇餵奶時嗆奶，因未發覺導致窒息，或因讓嬰兒趴睡而鼻子阻塞窒息。旋嬰兒於被上訴人醫院繼續治療，不意九十一年六月二十六日上午九時許，上訴人至醫院探視時，發覺嬰兒左大腿骨折，醫師告知發現前嬰兒係在中重度病房室由被告崔〇〇照顧，足見被上訴人陳〇〇、柳〇〇及崔〇〇均有過失，終致嬰兒因腦性麻痺於九十二年二月二十八日心肺衰竭死亡。上訴人二人為嬰兒之父母，依法繼承該嬰兒對被上訴人等之賠償請求權，爰依民法第一百八十四條第一項、第一百八十五條第一項、第一百九十一條之三、民法第一百八十八條第一項、民法第二百二十四條、第二百二十七條、第二百二十七條之一及消費者保護法第七條第一項、第三項等規定，請求被上訴人連帶負損害賠償責任。

【解析】

本判決肯認第二審所為醫療行為無民法第一百九十一條之三適用之認定，而裁定駁回上訴人之上訴。

【裁判內容】

最高法院九十六年度台上字第二三○五號民事裁定

　　上　訴　人　謝○○

　　　　　　　　呂○○

　　共　　　　同

　　訴訟代理人　張家琦律師

　　被 上 訴 人　財團法人○○紀念醫院

　　法定代理人　謝○堂

　　被 上 訴 人　陳○○

　　　　　　　　柳○○

　　　　　　　　崔○○

　　上列當事人間請求損害賠償事件，上訴人對於中華民國九十五年八月八日台灣高等法院第二審判決（九十三年度上字第八一八號），提起上訴，本院裁定如下：

　　　　主　　　文

上訴駁回。

第三審訴訟費用由上訴人負擔。

　　　　理　　　由

　　按上訴第三審法院，非以原判決違背法令為理由，不得為之，民事訴訟法第四百六十七條定有明文。……上訴狀或理由書如未依上述方法表明，或其所表明者，與上開法條規定不合時，即難認為已合法表明上訴理由，其上訴自非合法。本件上訴人對於原判決提起上訴，雖以該判決違背法令為由，惟核其上訴理由狀所載內容，係就原審取捨證據、認定事實及解釋契約之職權行使所論斷：本件上訴人雖主張：伊子謝承佑於民國九十年四月十四日，在被上訴人財團法人○○紀念醫院（下稱○○醫院）出生後，接受該院之醫療照顧，卻於翌日（十五）日出現窒息及發紺現象，因而受有嬰兒腦性麻痺之重度殘障，嗣又於九十一年六月二十七日，受有左大腿骨折之傷害，而於九十二年二月二十八日死亡，全係因○○醫院所屬醫師即被上訴人陳○○及所屬護士即被上訴人柳○○、崔○○實施療護行為不當所致云云。惟按損害賠償之債，以有損害之發生及有責任原因之事實，並二者之間，有相當因果關係為成立要件。經查，關於陳○○部分：……陳○○因而指示為謝承佑抽血做細菌培養，並……為其注射ampicillin 90mg/次……並無不合。又謝承佑係發生「明顯危害生命的事件」（ALTE＝apparent life-threatening event），因而導致「缺氧缺血性腦病變」，與陳○○指示注射抗生素之醫療行為間並無關聯……，尚難認其醫療處置有何失當之情形。……由於其生命徵象穩定，且無異常狀況，可將其置於嬰兒室中之「病嬰床」照顧，並無移置於新生兒中重度病房之必要，上訴人執此主張陳○○醫療處置不當，並不足取。謝承佑於九十年四月十五日凌晨四時許，在嬰兒室內出現全身發紺（cyanosis）之狀況，護理人員柳○○除立即給予氧氣等急救措施……轉至加護病房，……又陳○○經通知後，立即趕往嬰兒室……上訴人主張陳○○未到場給予謝承佑急救，並非事實，其進而執此主張陳○○未善盡醫療注意義務，亦不足取。關於柳○○部分：○○醫院對於該院之新生兒，係採仰睡為原則……謝承佑之嬰兒室護理記錄單上並未記載趴睡或俯臥……當時在嬰兒室內確係仰睡……柳○○並未使謝承佑趴睡或俯臥。上訴人空言臆測謝承佑係因趴睡始出現發紺、窒息現象，並不足取。謝承佑……入住嬰兒室後，護理人員先後……為謝承佑量測體溫共四次，上訴人主張柳○○未注意觀察謝承佑之狀態，亦不足取。又謝承佑自入住嬰兒室後，在……突然出現發紺狀況之前，一直係處於穩定狀態，自無為其量測血壓及安置監視器之必要，上訴人執此主張柳○○有疏失或未盡注意義務，亦非可採。再者，謝承佑於九十年四月十五日凌晨四時許，在嬰兒室內出現全身發紺之狀況，護理人員柳○○立即給予……急救措施……殊不得以急救後仍無法避免發生「缺氧缺血性腦病變」，遂指柳○○係有疏失或未善盡醫療義務之情事。關於崔○○部分：……謝承佑因係罹患「缺氧缺血性腦病變」而長期臥床，且又長期服用抗癲癇藥物，極有可能導致骨質疏鬆……尚難認係照顧不當所致；且第一審囑託行政院衛生署醫事審議委員會鑑定結果亦認為：「謝承佑之骨折應屬於病理性骨折……。謝承佑因長期臥床，極易產生骨質疏鬆，而抗癲癇藥物經使用數年後，亦可能導致某種程度之骨質疏鬆」……上訴人主張謝承佑上開骨折係發生於呂○○探視之九十一年六月二十七日十四時三十分以前，由於當時負責照顧謝承佑之護士崔○○照顧不當所致，亦難逕予採信。綜上所述，○○醫院所僱用之醫師陳○○及所僱用之護士柳○○、崔○○，於療護上訴人之子謝承佑之過程中，並無任何疏失或可歸責之事由，從而，上訴人依民法第一百八十四條第一項前段、第一百九十一條之三、第一百九十四條、第一百九十五條第一項前段、第一百八十五條第一項、第一百八十八條第一項、第二百二十四條、第二百二十七條、第二百二十七條之一及消費者保護法第七條第一項、第三項之規定，請求被上訴人連帶給付謝○○、呂○○各新台幣（下同）一百五十萬元（含慰藉金一百三十五萬元及受扶養利益損失十五萬元）及自九十一年十一月十九日起至清償日止，按年息百分之五計算利息，不應准許等詞，指摘其為不當，並就

與判決結果無關之理由及原審命爲辯論及已論斷者，泛言違法，……難認其已合法表明上訴理由。依首揭說明，應認其上訴爲不合法。末按訴訟實施者於能力、法定代理權或爲訴訟所必要之允許有欠缺之人所爲之訴訟行爲，經取得能力之本人、取得法定代理權或允許權之人、法定代理人或有允許權人之承認，溯及於行爲時發生效力，民事訴訟法第四十八條定有明文。查本件○○醫院之法定代理人（即院長），於上訴人九十一年八月五日提起本件訴訟時，即爲謝○堂……，惟因上訴人於起訴狀上，將○○醫院之法定代理人記載爲○○醫院林口分院院長陳昱瑞，因而○○醫院曾於九十一年十月八日以陳昱瑞爲法定代理人，委任林秀峰、黃奕時爲訴訟代理人於第一審時到場爲訴訟行爲，又於九十二年七月二十三日以法定代理人變更爲陳敏夫爲由，由陳敏夫聲明承受訴訟，並再委任林秀峰、黃奕時爲訴訟代理人，然陳昱瑞、陳敏夫均僅○○醫院林口分院之負責醫師……其法定代理權雖有欠缺，惟○○醫院之法定代理人謝○堂，已於九十二年十二月十日具狀向台灣台北地方法院陳報承受訴訟，並承認○○醫院由陳昱瑞（應包含陳敏夫部分）爲法定代理人並委任黃奕時、林秀峰爲訴訟代理人之一切訴訟行爲等語……，○○醫院在第一審法定代理權之欠缺，應即因而補正，不生當事人於訴訟未經合法代理之問題。……。

　　據上論結，本件上訴爲不合法。依民事訴訟法第四百八十一條、第四百四十四條第一項、第九十五條、第七十八條，裁定如主文。

中　華　民　國　九十六　年　十　月　十八　日
　　最高法院民事第○庭審判長　法　官
　　　　　　　　　　　　　　　法　官
　　　　　　　　　　　　　　　法　官
　　　　　　　　　　　　　　　法　官
　　　　　　　　　　　　　　　法　官

（八）臺灣臺中地方法院九十二年度醫字第一三號民事判決——第二審：臺灣高等法院臺中分院九十四年度醫上易字第一號民事判決【見伍、一、（六）】

【主要爭點】

一、醫療行爲是否屬於民法第一百九十一條之三所定之危險工作。

二、醫療行為所產生之危險與原告之損害是否具有因果關係之合理蓋然性。

【事實摘要】

原告因口腔張合發生困難，於民國九十年十二月間，至被告○綜合醫院求診，經另一被告林○○診治後，告知需將其右腿內側之皮膚移植至口腔內進行「口內植皮」之手術治療，此將不致影響外表或留下疤痕，然手術後，原告之口腔張合問題仍未痊癒，而下顎門牙共四顆遭拔除，顏面亦嚴重變形、說話口齒不清、右腿內側皮膚嚴重變形紅腫，爰依民法第一百八十四條第一項、第二項、第一百八十八條、第一百九十一條之三、第二百二十四條及第二百二十七條等規定，請求被告連帶負損害賠償責任。

【解析】

多數學說及實務見解咸認醫療行為非屬於現代科技危險行為，雖醫療侵入行為皆具有一定之危險性，但此非因現代科技之發展有以致之。再者醫師對醫療行為之危險，無法管控，亦不因醫療行為而獲利，自非屬民法第一百九十一條之三所定之危險活動或工作。本判決認為：「由被告所提供服務之說明、可期待之合理使用或接受、提供之時期等情事觀之，原告確有手術治療之必要性，被告所採取之手術亦為目前國內外最常用之治療術式，堪認被告提供之服務已確保前開醫療服務符合當時科技或專業水準可合理期待之安全性；而原告亦無法證明被告之醫療性質或其使用之工具或方法，有生損害於他人之危險性，原告依民法第一百九十一條之三、消費者保護法第七條之規定，請求被告負損害賠償責任，自屬無據」，因而駁回原告之請求，而非逕行認定醫療行為本身即非屬第一百九十一條之三所定之危險工作或活動。是依本判決所認原告如能證明被告之醫療服務有生損害他人之危險性，而被害人在其工作或活動中受損害，即有本條之適用，且醫療服務如不符當時科技或專業水準可合理期待之安全性，亦有消費者保護法第七條第一項、第三項無過失責任之適用。

【裁判內容】

臺灣臺中地方法院九十二年度醫字第一三號民事判決

原　　　　告　鄭○○

訴訟代理人　張績寶律師

被　　　　告　○綜合醫院

　　　　法定代理人　童○○
　　　　被　　　告　林○○
　　　　共　　　同
　　　　訴訟代理人　蔡正熙
　　右當事人間請求損害賠償事件，本院於民國九十四年五月五日言詞辯論終結，判決如下：
　　　　主　　文
　　原告之訴駁回。
　　訴訟費用由原告負擔。
　　事實及理由
壹、原告主張：
一、原告因口腔張合發生困難，遂於民國（下同）九十年十二月間，至被告○綜合醫院求診，經該院醫師即被告林○○診治後，告知原告需進行「口內植皮」手術治療……被告林○○除向原告說明該手術需以右腿內側之皮膚移植至口腔外，別無其他說明或檢查。於手術後，原告始驚覺下顎門牙均遭拔除，而口腔張合之問題亦未能痊癒，且原告亦因而顏面嚴重變形、說話口齒不清、右腿內側皮膚嚴重變形紅腫。
二、嗣經原告向台中縣醫事審議委員會申請協調，被告○綜合醫院始向原告訛稱盼原告回該醫院接受檢查，並將給予免費整形治療與下顎裝假牙云云，原告遂予同意。孰料，原告再度前往該醫院就診時……竟告知原告無法於下顎裝假牙，原告始知受騙。原告於前開醫事審議委員會協調會議中所為之同意，係出於被告之欺罔行為所為，爰……撤銷前開意思表示之通知。若認被告並無詐欺行為……應屬無效，原告自不受拘束，另行提起損害賠償訴訟。
三、按醫療法第四十六條之規定，屬民法第一百八十四條第二項之保護他人之法律。而被告林○○於為系爭手術前，並未依前開醫療法之規定，明確告知原告手術原因及手術成功率或可能發生之併發症及危險，亦未告知將拔除原告之下顎門牙，故被告林○○有故意或過失而不法侵害原告之權利，並違反保護他人之法律，自應依民法第一百八十四條第一、二項規定對原告負損害賠償責任。且原告為「蟹足腫」體質之患者……被告林○○於手術前未詢問原告，反保證不致留下傷疤；然於手術後，卻造成原告右大腿內側產生大面積之蟹足腫疤痕，被告林○○應依民法第一百八十四條第一項規定對原告負損害賠償責任。而被告林○○為被告○綜合醫院之受僱人，被告依民法第一百八十八條之規定，應對原告負連帶損害賠償責任。

四、且被告○綜合醫院與原告之醫療契約，係屬有償之委任契約，被告林○○為被告○綜合醫院履行醫療給付之使用人，被告林○○未依民法第五百三十五條之規定盡善良管理人之注意履行系爭醫療契約所生之過失，依民法第二百二十四條之規定，即為被告○綜合醫院之過失，被告○綜合醫院亦應依民法第二百二十七條之規定負債務不履行之損害賠償責任。且被告○綜合醫院為經營一定事業之人，而醫療行為屬民法第一百九十一條之三之「有生損害於他人之危險者」，原告既因被告施行前開手術，造成面容扭曲、口齒不清、門牙拔除及大腿傷疤腫大，被告○綜合醫院自應依前開民法第一百九十一條之三之規定對原告負損害賠償責任。

五、……被告○綜合醫院亦應依消費者保護法第七條第三項之規定對原告負無過失賠償責任。

六、原告因此事故而受有損害，其中（一）支出醫療費用新台幣（下同）五十萬元。（二）精神慰藉金二百萬元。……。

七、對被告抗辯之陳述：……原告臉部之凹陷、牙齒脫漏及腿部蟹足腫疤痕，均係肇因於被告林○○所施行之手術，自有相當因果關係。

八、爰依民法第一百八十四條、第一百八十八條、第二百二十七條、第一百九十一條之三、第一百九十五條第一項、第二百二十七條之一與消費者保護法第七條規定之法律關係，請求被告賠償前開金額及其法定利息等語。並聲明：（一）被告應給付原告二百五十萬元，及自起訴狀繕本送達翌日即九十二年十月十四日起至清償日止，按週年利率百分之五計算之利息。（二）訴訟費用由被告負擔。

貳、被告則以：

一、原告係長期嚼食檳榔致造成嚴重之口腔纖維化……原告門診及手術前，被告林○○均詳細說明手術之內容及絕對必要之術後練習配合，確徵得原告及家屬之同意。……原告於術後之重要黃金時期無法配合術後治療，甚或可能繼續嚼食檳榔，而再度造成張口困難與左臉凹陷。至手術後臉頰會有些微凹陷，被告已於手術前告知。

二、被告施行手術並無過失……被告已善盡注意義務，原告未依醫師指示配合術後之張口練習及回院門診，故其術後嘴巴又收縮，與被告之處置並無因果關係。

三、被告並無詐欺行為，系爭協議內容確為給付不能。

四、被告並無可歸責之事由，自無須依民法第二百二十七條之規定負損害賠償責任。

五、原告並無證據足資證明其所受損害與被告施行前開手術有相當因果關係，其
　　請求被告賠償自無理由。況民法第一百九十一條之三是適用於公害糾紛，本
　　件並無該法條之適用。

六、……本件自無消費者保護法無過失責任之適用等語，資為抗辯。並聲明：
　　（一）原告之訴駁回。（二）訴訟費用由原告負擔。（三）如受不利之判
　　決，請准供擔保免為假執行。

參、兩造不爭之事實……。

肆、得心證之理由

一、……。

二、……原告主張其於前開醫事審議委員會協調會議中所為之同意，係出於被告
　　之欺罔行為所為，但迄未舉證證明其受前開詐欺之事實，從而其前開抗辯，
　　自不可取。次按民法第二百四十六條第一項前段規定，以不能之給付為契約
　　之標的者，其契約為無效……兩造於前開台中縣醫事審議委員會協調會中協
　　議之內容既無法實現，顯係以不能之給付為前開協議之標的，屬自始客觀給
　　付不能，依民法第二百四十六條第一項前段之規定，前開協議應屬無效，合
　　先敘明。

三、茲可先審究者，乃被告林○○是否故意或過失而不法侵害原告之權利，並違
　　反保護他人之法律，而應依民法第一百八十四條第一、二項規定對原告負損
　　害賠償責任？及其與被告○綜合醫院是否應依民法第一百八十八條之規定，
　　對原告負連帶損害賠償責任？

　（一）按民法第一百八十八條規定之僱用人責任，性質上係代受僱人負責，具有
　　　　從屬性，須以受僱人成立侵權行為負有損害賠償責任為要件……。又損害
　　　　賠償之債，以有損害之發生及有責任原因之事實，並兩者之間，有相當因
　　　　果關係為成立要件。……

　（二）……被告林○○之治療符合常規，適當合理，病歷亦記載詳實完整並無醫
　　　　療疏失之處，亦有行政院衛生署醫事審議委員會第○九三○一五九號鑑定
　　　　書在卷可證，則被告林○○並無過失，及原告所受前開損害與被告林○○
　　　　是否曾為前開告知間並無相當因果關係，均可認定。從而，被告林○○自
　　　　無需對原告負侵權行為之損害賠償責任，依前開說明，被告○綜合醫院亦
　　　　無需負民法第一百八十八條規定之僱用人責任。

四、次可審究者，乃被告○綜合醫院是否應依民法第二百二十七條之規定，對原
　　告負債務不履行之損害賠償責任？
　　　　……被告林○○之治療符合常規，適當合理，病歷亦記載詳實完整並無醫療

疏失之處，業如前述；則被告○綜合醫院與其受僱人被告林○○均無可歸責之事由，自無需負民法第二百二十七條規定之損害賠償責任。

五、另可審究者，為被告○綜合醫院是否應依民法第一百九十一條之三之規定或應依消費者保護法第七條之規定，對原告負損害賠償責任？

（一）按……民法第一百九十一條之三固定有明文。次按……消費者保護法第七條第一項、第三項著有明文。然依民法第一百九十一條之三之規定請求損害賠償時，被害人須證明加害人之工作或活動之性質或其使用之工具或方法，有生損害於他人之危險性，而在其工作或活動中受損害即可……。而消費者保護法第七條第一項所定服務符合當時科技或專業水準可合理期待之安全性，應就服務之標示說明、服務可期待之合理使用或接受、服務流通進入市場或提供之時期等情事認定之，消費者保護法施行細則第五條亦有規定。

（二）查依前開行政院衛生署醫事審議委員會鑑定書所載……綜上所述，林○○醫師之治療符合常規，適當合理病歷記載亦詳實完整，並無醫療疏失之處，此有前開鑑定書可憑。則依被告所提供服務之說明、可期待之合理使用或接受、提供之時期等情事觀之，原告既確有手術治療之必要性，被告所採取之手術亦為目前國內外最常用之治療術式，堪認被告提供服務時，已確保前開醫療服務，符合當時科技或專業水準可合理期待之安全性；而原告亦無法證明被告之醫療性質或其使用之工具或方法，有生損害於他人之危險性，依前開說明，原告依前開民法第一百九十一條之三、消費者保護法第七條之規定，請求被告負損害賠償責任，自屬無據。

六、此外，原告未能提出積極確實之證據證明其得依民法第一百八十四條第一、二項、第一百八十八條、第二百二十七條、第一百九十一條之三之規定及消費者保護法第七條規定之法律關係請求被告賠償，則原告之請求，自無理由，不應准許。……。

中　　華　　民　　國　　九十四　　年　　五　　月　　二十六　　日

臺灣臺中地方法院民事第○庭　法　官

三、判決未論述醫療行為是否屬民法第一百九十一條之三所定之危險工作（共5件）

（一）臺灣臺北地方法院九十三年度醫字第二號民事判決──第二審：臺灣高等法院九十五年度醫上字第三號民事判決【見伍、三、（二）】；第三審：最高法院九十六年度台上字第四五○號民事判決【見伍、二、（三）】

【主要爭點】

被告之醫療行為是否疏失而侵害原告之權利。

【事實摘要】

原告主張其於民國九十二年一月六日夜間，因酒後倒臥路旁，經救護車送至被告台北市立○○醫院急診室，其配偶到達醫院時，其意識猶屬清醒，並由急診室值班醫師為醫療行為，另一醫護人員則探視記載其生理徵象。迨翌日上午，其呼吸型態改變，由另一醫師進行診察，同日上午實施頭部電腦斷層，發現其兩側大腦額葉、頂葉、腦室內及蜘蛛膜下腔均已大量出血，進入手術室進行引流手術後，更四肢癱瘓意識昏迷，呈植物人狀態，此係因被告之使用人醫師未盡善良管理人之注意義務，怠於對原告進行檢查醫療所致，該醫師應依民法第二百二十七條、第五百四十四條及消費者保護法第七條負債務不履行損害賠償責任。又因原告與被告成立醫療契約，而該醫師係被告之履行輔助人，依民法第二百二十四條之規定，被告應就其醫師履行契約之故意或過失負同一責任。另該醫師係被告之受僱人，被告應依民法第一百八十四條及第一百八十八條之規定，負侵權行為損害賠償責任。

【解析】

一、本件判決並未論述醫療行為是否得適用民法第一百九十一條之三，依多數學說及實務之見解，認為醫療行為不屬於現代科技危險行為，醫療侵入行為雖皆具有一定之危險性，但此非因現代科技之發展有以致之。再者醫師對醫療行為之危險，無法控管，且不因醫療行為而獲利，自非屬民法第一百九十一條之三所定之危險活動或工作。

二、第三審法院於此案件中明白表示醫療行為並非從事製造危險來源之危險事業或活動者，亦非以從事危險事業或活動而獲取利益為主要目的，核與民法第一百九十一條之三之立法理由所例示之工廠排放廢水或廢氣、桶裝瓦斯廠裝填瓦斯、爆竹廠製造爆竹、舉行賽車活動、使用炸藥開礦、開山或燃放焰火等性質有間，並無民法第一百九十一條之三之適用。

【裁判內容】

臺灣臺北地方法院九十三年度醫字第二號民事判決

原　　　告　　○○財
特別代理人　　○○寶貝
訴訟代理人　　詹順貴律師
複 代 理 人　　洪韶瑩律師
被　　　告　　台北市立○○醫院
法定代理人　　璩○○
訴訟代理人　　李宜光律師

上列當事人間損害賠償事件，本院於中華民國94年10月17日言詞辯論終結，判決如下：

主　　文

原告之訴及假執行之聲請均駁回。

訴訟費用由原告負擔。

事實及理由

甲、程序方面：……。

乙、實體方面：

一、原告起訴主張：原告○○財於民國92年1月6日晚上7時許，因酒後倒臥路旁，經台北市政府消防局救護車於8時12分將其送至被告醫院急診室，其配偶○○寶貝……到院時，原告意識猶屬清醒並且直喊人不舒服……惟訴外人李○○並未對原告進行任何醫療行為……期間○○寶貝因原告屢叫不醒，多次要求嗣後之值班醫師辛○○為原告進行檢查，均未獲得其對原告為進一步的醫療行為……於1月7日早上7時對原告進行頭部電腦斷層，竟發現其兩側大腦額葉、頂葉、腦室內及蜘蛛膜下腔均已大量出血。惟被告拖延至1月7日早上7時50分插管，此時被告更以加護病房無床位為由，要求○○寶貝將原告轉院，經○○寶貝一再懇求，於9時10分，原告始被推入手術室，雖經進

行引流手術，卻已無力挽回，原告已四肢癱瘓意識昏迷，呈植物人狀態。故原告係因訴外人李○○、辛○○係被告之醫師，屬於被告之使用人，卻未盡善良管理人之注意義務，怠於對原告進行檢查行為，致原告成為植物人之損害結果，訴外人李○○、辛○○應依民法第227條、第544條、消費者保護法第7條負擔債務不履行損害賠償責任及依民法第184條，負擔侵害行為損害賠償責任。另原告與被告成立醫療契約，而訴外人李○○、辛○○係被告之履行輔助人，依民法第224條規定，被告應就訴外人李○○、辛○○履行契約之故意或過失負同一責任。另亦應依據民法第227條、消費者保護法第7條負擔債務不履行損害賠償責任。又訴外人李○○、辛○○係屬被告之受僱人，被告自應依據民法第188條第1項規定，負擔連帶賠償責任。關於原告所受損害如下：……綜上所述，原告得請求之金額為7,387,724元。並聲明：（一）被告應給付原告7,387,724元及自起訴狀繕本送達之翌日起至清償日止，按週年利率5%計算之利息；（二）願供擔保，請准宣告假行。

二、被告則以：原告因長期酗酒，除有多次酒後醉倒送至被告醫院診療記錄外，更因此患有肝硬化及凝血機能不良的症狀……原告當時「在急診處病床上大聲說話，並罵醫生，意識清楚」，……被告醫院護理人員即證人邱玉菁建議原告應留院觀察……不僅無任何推諉行為，反而積極要求原告應留院接受醫療照顧，顯已善盡注意義務，並無延誤醫療情形。嗣後，被告醫院值班醫師李○○及護理人員隨即對原告進行理學檢查，發現原告除酒醉外，頭部及身上並無任何外傷或其他異狀……直到凌晨6時30分原告呼吸聲突然變大，且昏迷指數突然發生變化，值班之辛○○醫師亦立即對原告進行診視……緊急會診神經外科醫師對原告頭部進行開刀治療，故被告醫院及相關醫護人員對於原告之病情確已盡應負之注意義務，而無任何疏失……自不能以原告因平日患有肝硬化及凝血功能不良之宿疾，以致因天氣變化及酒醉而突然發生類似出血性腦中風之顱內兩側大腦深部大面積出血症狀，率而推論此係因被告醫院醫師延誤醫療所致。……原告嗣後所發生之顱內出血即與被告之醫療行為無任何因果關係……係因自己之行為所致，顯與被告之醫療行為間並無任何因果關係，原告自不得任意對被告為損害賠償請求。訴外人李○○、辛○○在診斷上並無任何疏失，自無庸依民法第224條、第227條、第544條、第184條、消費者保護法第7條之規定，負擔債務不履行及侵權行為損害賠償之責。而被告亦無依據民法第224條、第227條、第188條、消費者保護法第7條之規定，負擔連帶賠償之責等語置辯。並聲明：（一）如主文第1項所示；（二）如受不利判決，願供擔保請准宣告免為假執行。

三、本件兩造不爭執事項：……。

四、兩造之爭點及論述：

　　……本件之爭點厥為：訴外人李○○、辛○○是否有原告所稱之醫療上疏失而應負擔損害賠償之責。現析述如后：

（一）本件並無適用消費者保護法第7條之無過失責任：

　　……醫療行為適用消費者保護法無過失責任制度，反而不能達成消費者保護法第1條所明定之立法目的。是應以目的性限縮解釋之方式，將醫療行為排除於消費者保護法適用之範圍之列。……次按，醫療業務之施行，應善盡醫療上必要之注意。醫療機構及其醫事人員因執行業務致生損害於病人，以故意或過失為限，負損害賠償責任。醫療法第82條第2項定有明文。由醫療法既明訂醫事行為之損害賠償責任，非採取無過失責任，亦與消費者保護法規範之無過失責任體系相悖，亦足證醫療行為應排除在消費者保護法之適用。……。

（二）訴外人李○○、辛○○並無遲延醫療行為之疏失，而應負擔損害賠償責任：

1.……被告醫院之相關醫護人員在原告留置觀察期間，均持續對原告血壓、昏迷指數、瞳孔變化等生理徵象變化時時加以偵測紀錄，因此原告昏迷指數在清晨6時至6時40分之間突然發生變化，被告醫院相關醫護人員亦立即發現並對其作電腦斷層檢查及開刀治療，而無任何延誤病情之情形，從而自不能以原告因平日患有肝硬化及凝血功能不良之宿疾，以致因天氣變化及酒醉而突然發生類似出血性腦中風之顱內兩側大腦深部大面積出血症狀，率而推論此係因被告醫院醫師延誤醫療所致。

2.本件經國立臺灣大學醫學院附設醫院醫院（以下簡稱臺大醫院）2次鑑定結果認為：

　　……原告確係因突然之腦內動脈瘤、血管病變破裂出血，或係因身體病變有凝血功能異常而造成顱內出血，且於出血前並無症兆可供醫師判斷，否則原告如早已顱內出血，其在顱內出血時之數分鐘內，即會有……明顯症狀，則辛○○醫師豈會在淩晨6時診視原告，並下醫囑再給予原告施打1袋點滴，而護理人員在給予原告更換點滴時，原告生理狀況並無任何異狀，且其配偶○○寶貝女士亦無察覺任何異常而告知護理人員……原告似於淩晨6時40分前病情已惡化乙節，顯係指在證人范雲蘭於6點40分發現原告呼吸型態改變，呼吸聲音變得很大時，在此之前原告顱內應已突然出血，且其發生時間應係在淩晨6時證人范雲蘭依

據辛○○醫師醫囑爲原告繼續施打點滴,至6時40分發現原告呼吸聲音改變之間。而被告醫院醫護人員在發現原告症狀改變,亦立即爲原告施作電腦斷層檢查、藥物治療及引流手術,期間並無任何延誤,足證被告醫院醫師之醫療行爲,並無任何過失。……又按原告送醫時,頭部既無任何外傷,且當時被告醫院醫師又未對其進行任何手術,則原告嗣後所發生之顱內出血即與被告之醫療行爲無任何因果關係。……依據卷內資料尚不足以判定訴外人李○○、辛○○有遲延醫療疏失可言,故自難認訴外人李○○、辛○○應負擔債務不履行或侵權行爲之損害賠償責任。又訴外人李○○、辛○○既無庸負擔損害賠償責任,則被告自無從依據民法第224條、第188條與訴外人李○○、辛○○負擔連帶賠償之責。綜上,原告主張被告應賠償其因成爲植物人所受之財產上、非財產上之損害,即屬無據,應予駁回。……。

中　華　民　國　九十四　年　十一　月　三　日
民事第○庭　法　官

(二) 臺灣高等法院九十五年度醫上字第三號民事判決──第一審:臺灣臺北地方法院九十三年度醫字第二號民事判決【見伍、三、(一)】,第三審:最高法院九十六年度台上字第四五○號【見伍、二、(三)】

【主要爭點】

被上訴人之醫療行爲是否疏失而侵害上訴人權利。

【事實摘要】

上訴人於民國九十二年一月六日夜間,因酒後倒臥路旁,經救護車送至被上訴人台北市立○○醫院急診室,其配偶到達醫院時,其意識猶屬清醒,由急診室值班醫師爲醫療行爲,並由醫護人員探視記載其生理徵象。迨翌日上午,其呼吸型態改變,由另一醫師進行診視,同日上午進行頭部電腦斷層,發現其兩側大腦額葉、頂葉、腦室內及蜘蛛膜下腔均已大量出血,進入手術室進行引流手術後,更四肢癱瘓意識昏迷,呈植物人狀態,此純係因被上訴人之使用人醫師未盡善良管理人之注意義務,怠於對上訴人進行檢查行爲之結果,該醫師應依民法第

二百二十七條、第五百四十四條及消費者保護法第七條負債務不履行損害賠償責任。又因上訴人與被上訴人成立醫療契約，而該醫師係被上訴人之履行輔助人，依民法第二百二十四條之規定，被上訴人應就其醫師履行契約之故意或過失負同一責任。另該醫師係被上訴人之受僱人，被上訴人自應依民法第一百八十四條及第一百八十八條負侵權行為損害賠償責任。

【解析】

一、本判決並未論述醫療行為得否適用民法第一百九十一條之三，即以醫療行為並無延誤或疏失，及上訴人對於其頭部受有外傷及頭部兩側大腦額葉、頂葉、腦室內及蜘蛛膜下腔大量出血，與醫療行為有因果關係，未能舉證，而否准其請求。

二、多數學說及實務見解咸認醫療行為不屬於現代科技危險行為，醫療侵入行為雖皆具有一定之危險性，但此非因現代科技之發展有以致之。再者醫師對醫療行為之危險，無法管控，且不因醫療行為而獲利，非屬民法第一百九十一條之三之「危險活動或工作」。

三、由民法第一百九十一條之三但書規定可知，原告如能證明被告之行為已構成危險，且其在危險中受有損害，即推定被告有過失及危險與損害具有相當因果關係。

四、第三審法院於此案件中明白表示醫療行為並非從事製造危險來源之危險事業或活動者，亦非以從事危險事業或活動而獲取利益為主要目的，核與民法第一百九十一條之三之立法理由所例示之工廠排放廢水或廢氣、桶裝瓦斯廠裝填瓦斯、爆竹廠製造爆竹、舉行賽車活動、使用炸藥開礦、開山或燃放焰火等性質有間，並無民法第一百九十一條之三之適用。

【裁判內容】

臺灣高等法院九十五年度醫上字第三號民事判決

　　　　上　訴　人　○○財
　　　　特別代理人　　○○寶貝
　　　　訴訟代理人　詹順貴律師
　　　　訴訟代理人　洪韶瑩律師
　　　　複　代　理　人　黃鈺律師
　　　　被　上　訴　人　台北市立○○醫院（原台北市立○○醫院）

　　　　法定代理人　　孫瑞昇
　　　　訴訟代理人　　李宜光律師
　　　　複 代 理 人　　王藹芸律師
　　上列當事人間請求損害賠償等事件，上訴人對於民國94年11月3日臺灣臺北地方法院93年度醫字第2號第一審判決提起上訴，本院於95年7月28日言詞辯論終結，判決如下：
　　　　主　　　文
　　上訴駁回。
　　第二審訴訟費用由上訴人負擔。
　　事實及理由
甲、程序方面：……。
乙、實體方面：
一、上訴人主張：上訴人○○財於92年1月6日晚上7時許，因酒後倒臥路旁，經台北市政府消防局救護車於8時12分將其送至被上訴人○○院區急診室，其配偶○○寶貝……到院時，上訴人意識猶屬清醒並且直喊人不舒服……惟訴外人李○○並未對上訴人進行任何醫療行為……於1月7日早上7時對上訴人進行頭部電腦斷層，竟發現其兩側大腦額葉、頂葉、腦室內及蜘蛛膜下腔均已大量出血。惟被上訴人拖延至1月7日早上7時50分插管，此時被上訴人更以加護病房無床位為由，要求○○寶貝將上訴人轉院，經○○寶貝一再懇求，於9時10分，上訴人始被推入手術室，雖經進行引流手術，卻已無力挽回，上訴人已四肢癱瘓意識昏迷，呈植物人狀態。故上訴人係因訴外人李○○、辛○○係被上訴人之醫師，屬於被上訴人之使用人，卻未盡善良管理人之注意義務，怠於對上訴人進行檢查行為，致上訴人成為植物人之損害結果，訴外人李○○、辛○○應依民法第227條、第544條、消費者保護法第7條負擔債務不履行損害賠償責任及依民法第184條，負擔侵害行為損害賠償責任。另上訴人與被上訴人成立醫療契約，而訴外人李○○、辛○○係被上訴人之履行輔助人，依民法第224條規定，被上訴人應就訴外人李○○、辛○○履行契約之故意或過失負同一責任。另亦應依據民法第227條、消費者保護法第7條負擔債務不履行損害賠償責任。又訴外人李○○、辛○○係屬被上訴人之受僱人，被上訴人自應依據民法第188條第1項規定，負擔連帶賠償責任。關於上訴人所受損害如下：……爰請求被上訴人給付7,387,724元及自起訴狀繕本送達之翌日起至清償日止，按週年利率5%計算之利息願供擔保，請准宣告假行。原審為上訴人敗訴之判決，為此上訴聲明：原判決廢棄

被上訴人給付7,387,724元及自起訴狀繕本送達之翌日起至清償日止，按週年利率5%計算之利息（三）願供擔保，請准宣告假行。

二、被上訴人則以：上訴人因長期酗酒，除有多次酒後醉倒送至被上訴人醫院診療記錄外，更因此患有肝硬化及凝血機能不良的症狀。……上訴人當時「在急診處病床上大聲說話，並罵醫生，意識清楚」……被上訴人○○院區護理人員即證人邱玉菁建議上訴人應留院觀察……足證被上訴人對於上訴人留院觀察乙節，不僅無任何推諉行為，反而積極要求上訴人應留院接受醫療照顧，顯已善盡注意義務，並無延誤醫療情形。嗣後……進行理學檢查，發現上訴人除酒醉外，頭部及身上並無任何外傷或其他異狀，……直到凌晨6時30分上訴人呼吸聲突然變大，且昏迷指數突然發生變化，值班之辛○○醫師亦立即對上訴人進行診視……緊急會診神經外科醫師對上訴人頭部進行開刀治療……而無任何疏失……自不能以上訴人因平日患有肝硬化及凝血功能不良之宿疾，以致因天氣變化及酒醉而突然發生類似出血性腦中風之顱內兩側大腦深部大面積出血症狀，率而推論此係因被上訴人○○院區醫師延誤醫療所致。上訴人送醫時，頭部既無任何外傷，且當時被上訴人○○院區醫師又未對其進行任何手術，則上訴人嗣後所發生之顱內出血即與被上訴人之醫療行為無任何因果關係。……上訴人頭部受傷致顱內出血，亦係因自己之行為所致，顯與被上訴人之醫療行為間並無任何因果關係，上訴人自不得任意對被上訴人為損害賠償請求。訴外人李○○、辛○○在診斷上並無任何疏失，自無庸依民法第224條、第227條、第544條、第184條、消費者保護法第7條之規定，負擔債務不履行及侵權行為損害賠償之責。而被上訴人亦無依據民法第224條、第227條、第188條、消費者保護法第7條之規定，負擔連帶賠償之責。原審判決駁回上訴人之請求，並無違誤，為此答辯聲明：（一）上訴駁回（二）如受不利判決，願供擔保請准宣告免為假執行。

三、兩造不爭執之點：……。

四、兩造爭執之點：本件經本院於95年3月14日與兩造整理並協議簡化之爭點為（見本院同上筆錄）：

（一）本件有無消費者保護法第7條無過失責任之適用？

（二）被上訴人○○院區醫護人員是否自92年1月6日晚間8時40分以後即未對上訴人○○財為任何診視及醫療行為？

（三）被上訴人○○院區醫護人員有無延誤醫療或醫療疏失行為，而應負擔損害賠償責任？

（四）上訴人頭部兩側大腦額葉、頂葉、腦室內及蜘蛛膜下腔大量出血，與被上

　　　　訴人○○院區醫師醫療行為有無任何因果關係？

五、關於本件有無消費者保護法第7條無過失責任之適用：

　　　　……醫療行為適用消費者保護法無過失責任制度，反而不能達成消費者保護法第1條所明定之立法目的。是應以目的性限縮解釋之方式，將醫療行為排除於消費者保護法適用之範圍之列。……次按，醫療業務之施行，應善盡醫療上必要之注意。醫療機構及其醫事人員因執行業務致生損害於病人，以故意或過失為限，負損害賠償責任。醫療法第82條第2項定有明文。由醫療法既明訂醫事行為之損害賠償責任，非採取無過失責任，亦與消費者保護法規範之無過失責任體系相悖，亦足證醫療行為應排除在消費者保護法之適用。……故被上訴人就其醫療行為應有故意或過失而致損害上訴人時，方應負擔損害賠償責任。

六、關於被上訴人○○院區醫護人員是否自92年1月6日晚間8時40分以後即未對上訴人○○財為任何診視及醫療行為？

　　　　……被上訴人○○院區及相關醫護人員對於上訴人之病情應已盡應負之注意義務，而無任何疏失。從而上訴人起訴主張李○○醫師對上訴人除於入院時診療外，嗣後即未再診視上訴人乙節，即非事實。……X光照射並無法發現頭顱內部有無出血，……上訴人初送至急診室時，即由李○○醫師對其進行檢查，並未發現上訴人頭部有任何撞擊或受傷情形。……上訴人昏迷指數在清晨6時至6時40分之間突然發生變化，被上訴人○○院區相關醫護人員亦立即發現並對其作電腦斷層檢查及開刀治療，而無任何延誤病情之情形，從而自不能以上訴人因平日患有肝硬化及凝血功能不良之宿疾，以致因天氣變化及酒醉而突然發生類似出血性腦中風之顱內兩側大腦深部大面積出血症狀，率而推論此係因被上訴人醫院醫師延誤醫療所致。

七、關於被上訴人○○院區醫護人員有無延誤醫療或醫療疏失行為，而應負擔損害賠償責任？

（一）上訴人入院當時在急診處病床上大聲說話，並罵醫生，意識清楚，身上除有濃厚酒味外，並有言語大聲及情緒激動行為，家屬本不願將上訴人留院觀察，惟當時被上訴人○○院區護理人員即證人邱玉菁建議上訴人應留院觀察，因而才將上訴人留下，足證被上訴人對於上訴人留院觀察乙節，不僅無任何推諉行為，反而積極要求上訴人應留院接受醫療照顧，顯已善盡注意義務，已如上述，

（二）況本件於原審經送國立臺灣大學醫學院附設醫院醫院（以下簡稱臺大醫院）2次鑑定結果認定如下：

　　　　……綜上開鑑定資料足認上訴人確係因突然之腦內動脈瘤、血管病變破

裂出血，或係因身體病變有凝血功能異常而造成顱內出血，且於出血前並無症兆可供醫師判斷，否則上訴人如早已顱內出血，其在顱內出血時之數分鐘內，即會有……明顯症狀，則辛○○醫師豈會在凌晨6時診視上訴人，並下醫囑再給予上訴人施打1袋點滴，而護理人員在給予上訴人更換點滴時，上訴人生理狀況並無任何異狀，且其配偶○○寶貝女士亦無察覺任何異常而告知護理人員……可知當時上訴人之昏迷指數仍屬正常。……被上訴人○○院區醫護人員在發現上訴人症狀改變，亦立即為上訴人施作電腦斷層檢查、藥物治療及引流手術，期間並無任何延誤，足證被上訴人○○院區醫師之醫療行為，並任何無延誤醫療或醫療疏失行為，自不應負擔損害賠償責任。……

足證當時被上訴人醫院並無「加護病床（ICU）」可供使用，確屬事實……此外，上訴人復未能舉證被上訴人○○院區醫護人員有何延誤醫療或醫療疏失行為，其上開主張亦無足取。

八、關於上訴人頭部兩側大腦額葉、頂葉、腦室內及蜘蛛膜下腔大量出血，與被上訴人○○院區醫師醫療行為有無任何因果關係？

　　……上訴人送醫時，頭部既無任何外傷，且當時被上訴人○○院區醫師又未對其進行任何手術，則上訴人嗣後所發生之顱內出血即與被上訴人之醫療行為無任何因果關係。……原審經送國立臺灣大學醫學院附設醫院醫院（以下簡稱臺大醫院）2次鑑定，均足認上訴人確係因突然之腦內動脈瘤、血管病變破裂出血，或係因身體病變有凝血功能異常而造成顱內出血，且於出血前並無症兆可供醫師判斷，亦如上述，此外，上訴人對於其頭部受有外傷及頭部兩側大腦額葉、頂葉、腦室內及蜘蛛膜下腔大量出血，與被上訴人○○院區醫師之醫療行為有因果關係等情，復未能舉證以實其說，其空言主張上訴人頭部兩側大腦額葉、頂葉、腦室內及蜘蛛膜下腔大量出血，與被上訴人○○院區醫師醫療行為有因果關係云云，自屬無據。……自難認訴外人李○○、辛○○應負擔債務不履行或侵權行為之損害賠償責任，則上訴人依據民法第224條、第227條、第184條、第188條、第195條、第544條規定，訴請被上訴人應負擔賠償之責，於法亦有未合。

九、綜上所述，本件並無消費者保護法第7條無過失責任之適用，且被上訴人○○院區之醫療人員並無任何遲延醫療疏失情形，從而上訴人主張依據民法第224條、第227條、第544條、第184條、第188條、第195條、消費者保護法第7條規定，請求被上訴人應賠償其因成為植物人所受之財產上、非財產上之損害計7,387,724元及自起訴狀繕本送達之翌日起至清償日止，按週年利率5%計算之利息，即屬無據，應予駁回，其假執行之聲請亦失所附麗，

應併予駁回。原審因而爲上訴人敗訴之判決,及駁回其假執行之聲請,核無不合。上訴意旨指摘原判決不當,求予廢棄改判,爲無理由,應予駁回。……。

中　華　民　國　　九十五　　年　　八　　月　　十六　　日
　　民事第○庭審判長　法　官
　　　　　　　　　　　法　官
　　　　　　　　　　　法　官

（三）臺灣臺北地方法院九十五年度醫字第二號民事判決 —— 第二審：臺灣高等法院九十六年度醫上字第一○號民事判決【伍、二（四）】；第三審：最高法院九十七年度台上字第一三九一號民事判決【伍、三、（四）】

【主要爭點】

一、被告之醫療行爲是否有疏失。
二、若被告之醫療行爲有疏失,則與原告之母之死亡結果是否有因果關係。

【事實摘要】

　　原告主張被害人即其母於民國九十四年六月八日因敗血症、肺炎症狀,在被告財團法人○○綜合醫院施行氣管切開術後,因醫護人員未將呼吸器與氣管套管正確連接,又疏未將之雙手束縛,致同年月十日下午五時許,呼吸器氣管內管滑脫呼吸道,雖滑脫後有警報聲作響,但另一被告徐○文在場並未及時處理,另被告張○○爲加護病房之護理長,怠於監督,致被害人出現低血壓、心跳下降及低血氧,並發生心室纖維顫動等病危現象。嗣經被告徐○育施行心臟電擊急救後,仍出現呼吸衰竭、敗血症等現象,且依當日晚上八時之神經學檢查所示,被害人之昏迷指數只有五分(正常爲十五分),診斷爲大腦病變受損,終於同年月十六日因組織缺氧、腦部功能受損而呼吸衰竭及抵抗力下降致敗血性休克死亡,爰依民法第一百八十四條第一項前段、第一百八十五條第一項、第一百八十八條第一項前段、第一百九十一條之三、第二百二十四條、第二百二十七條、第二百二十七條之一規定,請求被告連帶負損害賠償責任。

【解析】

一、本件判決並未論述醫療行為是否有民法第一百九十一條之三的適用，即逕以被告醫護人員雖違反加強照護義務而有過失，但其過失行為與被害人之死亡結果間，並無因果關係，而無庸負侵權行為責任。

二、多數學說及實務見解咸認醫療行為不屬於現代科技危險行為，醫療侵入行為雖皆具有一定之危險性，但此非因現代科技之發展有以致之。再者醫師對醫療行為之危險，無法管控，且不因醫療行為而獲利，非屬民法第一百九十一條之三所定之危險活動或工作。

三、由民法第一百九十一條之三但書規定可知，原告如能證明被告之行為已構成危險，且其在危險中受有損害，即推定被告有過失及危險與損害具有相當因果關係。

四、第二審法院於此案件中已明白表示醫療行為係為救治人體疾病，性質上非屬民法第一百九十一條之三所指之危險事業，而無該條之適用。

【裁判內容】

臺灣臺北地方法院九十五年度醫字第二號民事判決

原　　　　告	賈蘊○	
	賈曉○	
共　　　　同		
訴訟代理人	呂清雄律師	
被　　　　告	財團法人○○綜合醫院	
法定代理人	黃○○	
被　　　　告	徐○文	
被　　　　告	徐○育	
被　　　　告	張○○	
共　　　　同		
訴訟代理人	林鳳秋律師	
複代理人	詹素芬律師	
共　　　　同		
訴訟代理人	張家琦律師	
複代理人	王浩	

上列當事人間請求侵權行為損害賠償事件，本院於民國96年3月5日言詞辯論

終結，判決如下：

　　　　主　　文

原告之訴及假執行聲請均駁回。

訴訟費用由原告負擔。

　　事實及理由

一、原告主張：

（一）原告之母即訴外人張立新於民國94年4月28日……至被告醫院住院，……診斷其患有肺炎。張立新於2週後即5月24日出現敗血症、肺炎症狀，遂再次至被告醫院急診。經被告醫院於6月8日施行氣管切開術後，病情轉趨穩定。惟因被告醫護人員未將呼吸器與氣管套管正確連接，又疏未將張立新之雙手束縛，導致6月10日下午5時許，張立新之呼吸器氣管內管滑脫呼吸道，……被告徐○文護士並未在場及時處理，致張立新出現低血壓、心跳下降及低血氧現象，並於6時30分發生心室纖維顫動等病危現象。經被告徐○育醫師施行心臟電擊急救後，張立新仍出現呼吸衰竭、敗血症等現象……診斷為大腦病變受損。張立新嗣於94年6月16日因組織缺氧、導致腦部功能受損致呼吸衰竭，及抵抗立下降致致敗血性休克而不幸死亡。因此張立新之死亡，與6月10日呼吸器氣管內管滑脫呼吸道事件之間，有相當因果關係。

（二）原告為張立新之子女，為此各支出殯葬費新台幣（下同）12萬2100元、醫療費20萬元，並受有精神上損害賠償各為300萬元。為此依民法第184條第1項前段、第185條第1項、第188條第1項前段、第191條之3、第224條、第227條、第227條之1規定提起本訴，並聲明：(1)被告應連帶給付原告二人各332萬2100元，及自民國94年12月7日起至清償日止，按年息5%計算之利息。(2)願供擔保請准宣告假執行。

二、被告辯稱：

（一）94年6月10日下午5時30分，被告徐○文……在確定張立新狀況穩定其並告知將前去支援後，遂於下午6時離開。嗣張立新於下午6時4分發生自拔內管事件……訴外人羅玉玲立即趨前處理，……陸續並有多名醫生來視。而被告徐○育接獲通知後立即於6時40分左右趕抵內科加護病房繼續後續之處置，而病人意識亦於翌晨5時許，有明顯恢復，可見系爭醫療過程無任何延遲之處。

（二）又張立新於94年5月24日到院時即已出現呼吸性酸血症、敗血症之症狀，……持續使用第二線抗生素用藥治療，最後即因敗血症導致多重器官

衰竭而死亡，足見張立新之死因係其原罹有之敗血症過於嚴重……與氣管內管滑脫事件並無因果關係，故被告等之醫療處置及急救措施均無任何不當。並聲明：(1)原告之訴及假執行之聲請均駁回。(2)如受不利之判決，願供擔保請准宣告免為假執行。

三、兩造不爭執之事實：……。

四、本件爭點在於：被告就原告之母張立新使用呼吸器之照護，有無過失？張立新之呼吸器氣管內管滑脫呼吸道，與張立新死亡之間，有無因果關係？茲分述如後。

五、……經查：

（一）就被告之醫護人員並未及時發現張立新之呼吸器滑脫部分：

……張立新之呼吸器氣管內管滑脫呼吸道之實際時間，雖無確實證據加以證明，但依照上述說明，應係發生於17時52分起至18時08分間之某一時點；蓋因該段時間內既無被告醫護人員在場，自無從立即為張立新重新安裝呼吸器。……被告之醫護人員並無任何一人在場照護張立新，已如前述，從而據此足證被告醫院就張立新使用呼吸器之照護，確實違反加強照護之義務而有過失。……。

（二）就被告已正確安裝張立新之呼吸器部分：

……足證，被告就張立新之呼吸器與氣管套管已為正確連接，並持續幫助張立新呼吸；否則自94年5月24日起至94年6月8日止長達16日，若呼吸器未正確連接，即不可能正常運作，張立新之病況亦不可能好轉。……被告就張立新之呼吸器安裝確實並無問題，有問題者在於呼吸器因故脫落後，被告有無立即重新安裝。……。

（三）就被告徐○文護士並無義務將張立新之雙手束縛部分：

……為防止加護病房病患之呼吸器脫落，醫院理應妥適調度加護病房之醫護人員配置，使病患獲得24小時之持續加護照顧，而非將病患之雙手束縛，以求節省醫護人立之成本。是原告主張被告護士有義務將張立新之雙手束縛云云，並無理由。

六、……張立新之呼吸器脫落時間，距離其死亡時間既長達六日，足見呼吸器雖曾發生脫落，並影響張立新之身體狀況，但經被告之醫護人員急救後，張立新已能繼續維持生命徵象，因此不能證明呼吸器之脫落與其死亡結果間，有條件因果關係。易言之，縱使呼吸器並未脫落，張立新之病情亦可能因自然惡化，而發生死亡之結果。是以原告既不能證明二者之間有何條件因果關係，自亦無相當性可言。被告辯稱並無因果關係，應屬可信。固原告此部分

主張，並無理由。

七、綜上所述，張立新之呼吸器脫落後，被告醫院之醫護人員雖因未在場立即重
　　新安裝，違反加強照護義務而有過失；但呼吸器之脫落與張立新死亡之結果
　　間，既無因果關係，則被告所辯，應屬有據。從而原告主張被告徐○育醫
　　師、被告張○○護理長、被告徐○文護士應負共同侵權行為責任，而被告醫
　　院亦應負雇用人之連帶損害賠償責任及債務人之債務不履行損害賠償責任，
　　請求被告應連帶給付原告二人各332萬2,100元，及自94年12月7日起至清償
　　日止，按年息5%計算之利息云云，即無理由，不應准許。原告之訴既無理
　　由，則其假執行之聲請亦失所附麗，併予駁回。……。

中　華　民　國　九十六　年　三　月　二十三　日
民事第○庭　法　官

（四）最高法院九十七年度台上字第一三九一號民事判決——第一審：臺灣臺北地方法院九十五年度醫字第二號民事判決【伍、三、（三）】；第二審：臺灣高等法院九十六年度醫上字第一○號民事判決【伍、二（四）】

【主要爭點】

　　醫療行為是否屬民法第一百九十一條之三之危險工作或活動。

【事實摘要】

　　上訴人主張被害人即其母於民國九十四年六月八日因敗血症、肺炎症狀，
在被上訴人醫院施行氣管切開術後，因被上訴人醫護人員未將呼吸器與氣管套管
正確連接，又疏未將之雙手束縛，致同年月十日下午五時許，呼吸器氣管內管
滑脫呼吸道，雖滑脫後有警報聲作響，但另一被上訴人護士在場並未及時處理，
致被害人出現低血壓、心跳下降及低血氧，並發生心室纖維顫動等病危現象。
嗣經被上訴人醫師施行心臟電擊急救後，仍出現呼吸衰竭、敗血症等現象，且
依當日晚上八時之神經學檢查所示，被害人之昏迷指數只有五分（正常為十五
分），診斷為大腦病變受損，終於同年月十六日因組織缺氧、腦部功能受損而呼
吸衰竭及抵抗力下降致敗血性休克死亡，爰依民法第一百八十四條第一項前段、
第一百八十五條第一項、第一百八十八條第一項前段、第一百九十一條之三、第

二百二十四條、第二百二十七條、第二百二十七條之一規定，請求被上訴人醫院、醫師及護理人員連帶負損害賠償責任。

【解析】

　　本判決就第二審認定本件無民法第一百九十一條之三之適用，並未指摘，而僅就醫護人員未立即處理呼吸器脫落與被害人死亡結果間究竟有無因果關係仍屬不明，發回第二審再詳為調查。

【裁判內容】

　　最高法院九十七年度台上字第一三九一號民事判決
　　　　上　訴　人　賈蘊○
　　　　　　　　　　賈曉○
　　　　共　　同
　　　　訴訟代理人　呂清雄律師
　　　　被上訴人　　財團法人○○綜合醫院
　　　　法定代理人　黃○○
　　　　被上訴人　　徐○文
　　　　　　　　　　徐○育
　　　　　　　　　　張○○
　　　　共　　同
　　　　訴訟代理人　張家琦律師
　　　　　　　　　　林鳳秋律師
　　上列當事人間請求侵權行為損害賠償事件，上訴人對於中華民國九十七年三月四日台灣高等法院第二審判決（九十六年度醫上字第一○號），提起上訴，本院判決如下：
　　　　　　主　　文
　　原判決廢棄，發回台灣高等法院。
　　　　　　理　　由
　　本件上訴人主張：伊母親張立新於民國九十四年五月二十四日因出現敗血症、肺炎症狀，至被上訴人財團法人○○綜合醫院（下稱○○醫院）急診住院，經○○醫院於九十四年六月八日施行氣管切開術後，病情轉趨穩定。惟因○○醫院醫護人員未將呼吸器與氣管套管正確連接，又疏未將張立新之雙手束縛，導致

九十四年六月十日下午五時許，張立新之呼吸器氣管內管滑脫呼吸道，滑脫後有警報聲作響，被上訴人徐○文為值班護士，未在場及時處理，被上訴人張○○為加護病房之護理長，被上訴人徐○育為主治醫師，皆負監督徐○文避免犯上述過失之責，卻怠於監督，以致張立新出現低血壓、心跳下降及低血氧現象，並於該日下午六時三十分發生心室纖維顫動等病危現象。經徐○育醫師施行心臟電擊急救後，張立新仍出現呼吸衰竭、敗血症等現象，且依當日晚上八時之神經學檢查所示，載明病患的昏迷指數只有五分，診斷為大腦病變受損。張立新嗣於九十四年六月十六日……死亡……與九十四年六月十日呼吸器氣管內管滑脫呼吸道事件之間，有相當因果關係。○○醫院為其餘被上訴人之僱用人，對於伊所受支出殯葬費、醫療費及精神上之損害各為新台幣（下同）三百三十二萬二千一百元均應負連帶賠償責任等情，爰依民法第一百八十四條第一項前段、第一百八十五條第一項、第一百八十八條第一項前段、第一百九十一條之三、第二百二十四條、第二百二十七條、第二百二十七條之一之規定，求為命被上訴人連帶給付伊每人各三百三十二萬二千一百元，及加計自九十四年十二月七日起算法定遲延利息之判決。

　　被上訴人則以：張立新於九十四年六月十日下午六時四分發生自拔內管時，因徐○文正參與另一床急救，而由另一護士羅玉玲立即趨前處理，其後……立即進行急救……被上訴人徐○育於接獲通知後亦立即……趕抵內科加護病房繼續後續之處置，……伊之醫療過程無任何延遲或不當。且張立新之死因係其原罹有之敗血症過於嚴重，經一再施與抗生素治療，亦無法挽回，與氣管內管滑脫事件並無因果關係等語，資為抗辯。

　　原審維持第一審所為上訴人敗訴之判決，駁回其上訴，無非以：張立新於九十四年五月二十四日因肺炎、呼吸困難至○○醫院急診室求診……，病情已嚴重……使用第二線抗生素用藥治療；……張立新之呼吸器於九十四年六月十日下午六時四分滑脫呼吸道時，○○醫院之醫護人員並未在場立即重新安裝，顯違反加強照護義務而有過失。然……於呼吸氣脫落前，張立新已陸續呈現敗血症之症狀。……生命徵象極不穩定……尚難據此證明縱呼吸器未脫落，張立新即必然不會發生死亡之結果。此外張立新之呼吸器脫落後，○○醫院之醫護人員隨即加以急救……而繼續維持生命徵象，嗣於六日後即九十四年六月十六日死亡……足見呼吸器雖曾發生脫落，並影響張立新之身體狀況……自難遽認系爭呼吸器之脫落與張立新之死亡結果間，有因果關係。縱呼吸器並未脫落，張立新年邁體衰，加上因有疾病，亦可能因自然惡化，而發生死亡之結果。……被上訴人抗辯二者間並無因果關係，自屬可信。○○醫院就醫療債務之履行，並無不完全給付情

形，其醫療人員亦無侵權行為，且醫療行為為救治人體疾病，性質上非屬民法第一百九十一條之三所指之危險事業，被上訴人均不負賠償之責。上訴人請求被上訴人連帶給付其二人各三百三十二萬二千一百元，及加計自起訴狀繕本送達之翌日起算法定遲延利息，非屬正當，不應准許等詞，為其判斷之基礎。

　　查……張立新之呼吸器於同年六月十日下午六時四分滑脫呼吸道，當時醫護人員並未在場立即重新安裝，醫護人員顯違反照護義務而有過失，為原審所認定之事實。惟原審就張立新呼吸器脫落後醫護人員之處理情形，竟又認定張立新之呼吸器脫落後，醫護人員隨即加以急救，使張立新之血壓、呼吸、血中氧氣濃度均告復原云云，其理由前後顯有矛盾。又張立新既因呼吸困難而有使用呼吸器之必要，則張立新之呼吸器脫落時間之長短，對於張立新身體機能自會造成不同程度之影響，張立新呼吸器脫落後至醫護人員發現予以處理時，其時間究竟有多久？張立新之身體機能因而受有何影響？上訴人主張張立新因該呼吸器脫落醫護人員未立即處理，致使張立新出現低血壓、心跳下降、低血氧、心室纖維顫動、昏迷、大腦病變受損等現象是否真實？如張立新於呼吸器脫落後，確有發生上開現象，依醫學專業知識判斷，該現象是否亦為造成張立新死亡之原因？上開事項均與判斷醫護人員未立即處理呼吸器脫落與張立新之死亡結果間有無因果關係有關，原審未詳為調查審認，遽為上訴人敗訴之判決，未免速斷。上訴論旨，執以指摘原判決不當，求予廢棄，非無理由。據上論結，本件上訴為有理由。依民事訴訟法第四百七十七條第一項、第四百七十八條第二項，判決如主文。

中　華　民　國　九十七　年　六　月　二十七　日
　　最高法院民事第○庭審判長　法　官
　　　　　　　　　　　　　　　法　官
　　　　　　　　　　　　　　　法　官
　　　　　　　　　　　　　　　法　官
　　　　　　　　　　　　　　　法　官

（五）臺灣臺北地方法院九十二年度醫字第七號民事判決─第二審：臺灣高等法院九十四年度醫上字第三號民事判決【見伍、二、（一）】；第三審：最高法院九十五年度台上字第二一七八號民事判決【見伍、二、（二）】

【主要爭點】

醫療行為是否屬民法第一百九十一條之三所定之危險工作或活動。

【事實摘要】

原告主張其母於妊娠期間即至被告財團法人○○紀念醫院門診產檢，經被告○○萍即該院婦產科醫師告以胎兒一切正常，嗣原告之母於民國九十一年七月三十日清晨即將分娩，乃前往被告財團法人○○紀念醫院，值班護士檢查發現羊水已破，被告○○萍遂以可能感染為由，要求原告之父簽署接受分娩手術同意書，旋以真空吸引器協助產下原告，其時原告之頭部即受有高危險性創傷，經送往新生兒加護病房觀察後，復被以病危為由轉送被告財團法人○○紀念醫院分院進行緊急救治處置，嗣再轉往台大醫院，始診斷出罹患腦性麻痺，須接受門診長期追蹤復健治療，此乃因被告○○萍實施分娩手術時未詳實說明另有其他選擇，致原告父母決定採自然方式生產，而任由其以真空吸引器吸出原告，導致原告身體終生殘疾，爰依民法第一百八十四條第一項前段、第一百八十四條第二項、第一百八十八條第一項及第一百九十一條之三等規定，請求被告連帶負損害賠償責任。

【解析】

一、本判決並未論述醫療行為得否適用民法第一百九十一條之三，即以被告醫師為原告進行分娩手術時，業已盡告知義務，且其選擇採用真空吸引器協助生產之決定並無不當，而原告對於被告之行為如何可能造成腦性麻痺之結果，並未提出實證資料以供佐參，僅泛稱確有因果關係云云，顯無理由。

二、多數學說及實務見解咸認醫療行為不屬於現代科技危險行為，醫療侵入行為雖皆具有一定之危險性，但此非因現代科技之發展有以致之。再者醫師對醫療行為之危險，無法管控，且不因醫療行為而獲利，非屬民法第一百九十一條之三所定之危險活動或工作。

三、由民法第一百九十一條之三但書規定可知，原告如能證明被告之行為已構成
　　危險，且其在危險中受有損害，即推定被告有過失及危險與損害具有相當因
　　果關係。

四、第三審法院於此案件中明白表示醫療行為並非從事危險事業或活動者製造
　　危險之來源，且非因危險事業或活動而獲取利益為主要目的，亦與民法第
　　一百九十一條之三立法理由例示之工廠排放廢水或廢氣、桶裝瓦斯場填裝瓦
　　斯、爆竹場製造爆竹、舉行賽車活動、使用炸藥開礦、開山或燃放焰火等性
　　質有間，因認醫療行為並無該條之適用。

【裁判內容】

　　臺灣臺北地方法院民事判決九十二年度醫字第七號
　　　　原　　　　告　○○展
　　　　法定代理人　○○村
　　　　　　　　　　○○惠
　　　　訴訟代理人　李聖隆律師
　　　　被　　　　告　○○萍
　　　　訴訟代理人　梁穗昌律師
　　　　被　　　　告　財團法人○○紀念醫院
　　　　法定代理人　王○○
　　　　訴訟代理人　黃奕時
　　當事人間請求損害賠償事件，本院於民國九十四年二月三日言詞辯論終
結，判決如下：
　　　　主　　　　文
　　原告之訴及假執行之聲請均駁回。
　　訴訟費用由原告負擔。
　　　　事　　　　實
甲、原告方面
一、聲明：
（一）被告應連帶給付原告新臺幣（下同）一千一百四十二萬四千零八十四元，
　　　其中一百二十七萬五千六百三十六元自起訴狀繕本送達之翌日起，其餘
　　　一千零一十四萬八千四百四十八元自追加狀繕本送達之翌日起，均至清償
　　　日止，按週年利率百分之五計算之利息。

（二）原告願供擔保，請准宣告假執行。

二、陳述：

（一）原告之母○○惠妊娠期間，均由被告財團法人○○紀念醫院（下稱○○醫院）基隆分院之婦產科主治醫師即被告○○萍從事相關門診產檢，並被告知胎兒一切正常之訊息。嗣原告之母○○惠於民國（下同）九十一年七月三十日清晨有即將分娩之現象，遂前往被告○○醫院……經值班醫師告知原告之父○○村，原告可能有感染現象，故要求原告之父○○村簽立同意原告之母○○惠接受分娩手術同意書，被告○○萍則於該日約上午十一時二十一分以真空吸引器協助原告之母○○惠產下原告，惟當時原告之頭部即受有高危險性創傷，被送至新生兒加護病房觀察，……原告並於同年八月一日經家屬轉往國立台灣大學醫學院附設醫院（下稱台大醫院）就診，經該醫院診斷原告罹患腦性麻痺……被告○○萍竟未向○○惠解釋醫療行為可能產生之危險，於○○惠不知尚有其他之選擇情形下，以自然生產之方式生產，並以真空吸引器將原告吸出，被告○○萍之行為已違反消費者保護法第七條第二項規定之說明義務，依民法第一百八十四條第一項前段、第一百九十一條之三規定、應對原告負損害賠償責任；另被告○○萍並未採取適當之醫療行為，致原告頭皮血腫、顱內顱外均出血，而造成腦性麻痺之終生殘疾，被告○○醫院已違反消費者保護法第七條第一項、第二項規定，依民法第一百八十四條第一項前段、同條第二項前段、第一百八十八條第一項規定，亦應對原告負損害賠償責任。

（二）……鑑定意見所稱「陳醫師接生過程無醫療疏失」，並非指被告○○萍使用真空吸引器接生過程符合接生時之科技或專業水準，自不足作為被告有利之證據。……。

（三）至原告請求被告連帶損害賠償之項目、依據及金額如下：
　　原告增加生活上之需要共四十二萬四千零八十四元部分：其中包括支出醫療費用八萬八千六百零六元、復健器材費用九千六百五十元、看護費用二十萬五千九百二十元、車資三萬五千九百二十元及租金八萬四千五百元，原告爰依民法第一百九十三條規定，請求被告連帶賠償前開費用。
　　原告減少勞動能力損失六百五十五萬二千四百七十八元部分：原告腦性麻痺，機能為永久障礙，縱使經治療後獲得改善，亦不可能恢復正常，依勞工保險給付條例殘廢給付標準表所示，屬第七級殘廢，原告主張其每年減少動力之損害為二十七萬八千四百二十元，依霍夫曼計算法，計

算原告合理勞工期間爲自滿二十歲起至六十五歲止共計四十六年，減少勞動能力之損害爲六百五十五萬二千四百七十八元，原告爰依民法第一百九十三條第一項規定，請求被告連帶賠償前開費用。

慰撫金五百萬元部分：被告○○萍爲被告○○醫院基隆分院之婦產科醫生，月俸至少五十萬以上，被告○○醫院基隆分院每月向中央健康保險局申請健保給付至少十億元以上，兩者收入甚豐；而原告目前僅有三歲，除毫無謀生能力，尚須花費大額醫療費用，終生癱瘓於床，原告爰依民法第一百九十五條第一項規定，請求五百萬元之慰撫金。……。

乙、被告方面：

一、被告○○萍部分：

（一）聲明：

1.原告之訴關於請求被告○○萍給付部分及其假執行之聲請均駁回。

2.如受不利判決，被告○○萍願供擔保，請准宣告免爲假執行。

（二）陳述：

原告之母○○惠……共九次產檢皆無發現異樣，均顯示應可由陰道生產……於該日上午十一點十五分子宮頸已全開且胎頭已下降至陰道口，此時被告○○萍告知原告之母○○惠，原告於產道因通過骨盆有胎頭鑄型而產生胎兒頭皮水腫之情形，復以○○惠已疲累衰竭，遂於其完全清醒及同意下……以真空吸引不到一分鐘內產出原告，然因懷疑○○惠破水超過二十四小時，依例將原告送至新生兒加護病房內觀察……且原告當時頭部僅呈現頭皮腫脹現象，並無血腫，活動力亦正常，故非使用真空吸引後始發生胎頭鑄型頭皮水腫之情形……醫師及醫護人員並非民法第一百九十一條之三規定責任要件之主體，且醫療行爲並不適用於消費者保護法之規定，原告以被告之醫療行爲違反消費者保護法規定而認被告有過失，顯有未合。

另據系爭鑑定書之鑑定報告……足證被告○○萍接生原告時並無違反注意義務，亦無過失可言，至原告於新生兒觀察室或新生兒加護病房中發現有低血容性休克等情狀之醫護過程，則係由小兒科負責，與被告○○萍無關。又況，原告嗣後發現有先天之凝血機轉異常而帽狀腱膜下出血、顱外出血及顱內出血等，可能係原告此種凝血機轉異常所致，然凝血機轉之異常，並非於產前檢查或待產時即可發現，而原告發生腦水腫及腦出血之現象，依被告○○醫院小兒科及訴外人台大醫院小兒科醫師之診斷，均認係原告嗣後發生缺血性休克所致，非生產所造成。……被

告○○萍使用眞空吸引器接生，僅係爲協助產婦產出胎兒，與正常分娩相似，不會對胎兒產生任何傷害……是被告○○萍之生產過程並未對原告產生出血之傷害。

至原告如下所請求之各項費用，顯不實在……。

二、被告○○醫院部分：

（一）聲明：

1.原告之訴及其假執行之聲請均駁回。

2.如受不利判決，被告願供擔保，請准宣告免爲假執行。

（二）陳述：原告之母○○惠於生產原告時，並無剖腹生產之適應症，被告○○萍採自然生產並無不當，且原告於生產後發生腦部出血及腦血腫現象可能係因缺血性休克所致，乃生產自然變化而非人爲過失所致……縱認本件有消費者保護法之適用，然被告○○醫院所聘任醫師之資歷、技術及相關設備均符國際醫療科技水準，而被告○○萍之資歷完整，另被告○○醫院所引進之醫療儀器於案發當時，係屬較新穎、功能較完善之機種……被告○○醫院所提供之醫療服務確已符合當時之科技或專業水準，亦無安全或衛生之危險，且符合消費者保護法第五、六條規定之專業水準，被告○○醫院自不負消費者保護法之無過失賠償責任。……。

理　　由

一、本件原告起訴主張……；被告○○萍則以……；被告○○醫院則以……。

二、……本件兩造之爭點主要厥爲被告○○萍於原告之母生產過程中所提供之手術是否有不當之處？而其中兩造主要之爭議點，更可細分爲：（一）被告是否曾告知原告分娩方式之選擇性？（二）眞空吸引器操作過程是否確有不當？（三）以及，上揭二者對於原告之腦性麻痺症狀形成有無因果關係？茲就上開疑義分別析論如下？

（一）……原告母親生產當日……歷經約三小時之催產過程，已呈身心俱疲狀態，若仍期待原告之母以己力自然生產，恐非易事，且亦將增加原告遭受感染危險。是以，被告○○萍醫師決定以器械協助生產，以降低原告可能發生之危險，當屬合理舉措。……醫療院所於手術實施之前，須與有餘之際給予家屬書面同意書，並要求家屬閱覽後簽署，當認爲已盡告知義務，倘家屬確有不明之處，自應於簽署之前提問請求釋疑，非於事後再就此一書面文書質疑其效力。本件原告生母於生產時，即係由原告之父簽署分娩手術同意書及麻醉術同意書……當認醫師已盡告知義務。

（二）……本件原告之母於九十一年七月三十日到院分娩時，即有破水現象，其

胎兒頭部已經外露，且子宮頸亦已充分張開……被告○○萍醫師選擇使用真空吸引器，並無不當之處……其壓力值亦符合規範，且其使用時間非常短暫，亦無違背技術要求，就其決定使用真空吸引器協助生產一節而言，並無不當之處。……至於產鉗部分，其原理與真空吸引器相去不遠，其效果未必較優，原告所謂尚有其他選擇，顯無所據。

（三）本件被告○○萍醫師為原告進行分娩手術時，業已盡告知義務，且其選擇採用真空吸引器協助生產，決定並無不當……本件原告對於被告之行為如何可能造成腦性麻痺之結果，並未提出實證資料供本院佐參，其僅泛稱確有因果關係云云，顯無理由……。

三、本件被告○○萍醫師所為之分娩手術行為並無任何過失，已如前述，而被告○○醫院於聘任被告○○萍醫師時，亦無任何不當之處……○○醫院於聘任、監督管理上並無任何失當之處，原告訴請被告○○醫院負連帶賠償責任，亦屬無據，附此敘明。……。

中　華　民　國　九十四　年　二　月　二十五　日
民事第○庭　法　官

參考文獻

中文

一、專書

1. 王澤鑑,侵權行為法──一般侵權行為,三民,2005年。
2. 王澤鑑,侵權行為法──特殊侵權行為,三民,2006年。
3. 林誠二,民法債編總論(上),瑞興,2000年。
4. 邱聰智,新訂民法債編通則(上),瑞明,2003年新訂1版。
5. 邱聰智,醫療過失與侵權行為,民法研究(一),五南,2009年2版。
6. 孫森焱,民法債編總論上冊,三民,2008年修訂版。
7. 陳聰富,侵權歸責原則與損害賠償,元照,2008年。
8. 黃　立,民法債編總論,元照,2006年修正3版。
9. 法務部法律事務司編,法務部民法研究修正委員會議第810次會議記錄,民法研究修正實錄──債編部分(四),法務部印,2000年1月。
10. 法務部法律事務司編,法務部民法研究修正委員會議第811次會議紀錄,民法研究修正實錄──債編部分(四),法務部印,2000年1月。
11. 法務部法律事務司編,法務部民法研究修正委員會議第812次會議紀錄,民法研究修正實錄──債編部分(四),法務部印,2000年1月。
12. 鄭玉波著,陳榮隆修訂,民法債編總論,三民,2002年修訂2版。

二、期刊論文

1. 王千維,民事損害賠償責任法「違法性」問題初探,政大法學評論,第76期,2001年6月。
2. 立法院公報,第59卷第27期,1970年3月。
3. 立法院公報,第60卷第47期,1971年6月。
4. 立法院公報,第67卷第55期,1978年7月。
5. 立法院公報,第77卷第46期,1988年6月。
6. 立法院公報,第79卷第96期,1990年12月。
7. 立法院公報,第86卷第19期(上),1997年4月。
8. 立法院公報,第88卷第13期(上),1999年4月。

9. 立法院公報，第89卷第9期（四），2000年1月。

10. 立法院公報，第92卷第3期（一），2003年1月。

11. 邱聰智，一般危險責任與法律適用－以責任主體之爭論為中心，台灣本土法學雜誌，第60期，2004年7月。

12. 陳自強，民法侵權行為法體系之再構成（上）－民法第一九一條之三之體系地位，台灣本土法學雜誌，第16期，2000年11月。

13. 陳自強，民法侵權行為法體系之再構成（下）－民法第一九一條之三之體系地位，台灣本土法學雜誌，第17期，2000年12月。

14. 陳忠五，醫療事故與消費者保護法服務責任之適用問題（上）－最高法院九○年度台上字第七○九號（馬偕紀念醫院肩難產案）判決評釋，台灣本土法學雜誌，第36期，2002年7月。

15. 黃　立，消保法第七條與民法第一百九十一條之三對醫療行為適用之研析，政大法學評論，第75期，2003年9月。

16. 黃上峰，從德國危險責任論我國民法第一九一條之三之解釋適用，法學叢刊，第49卷第3期，2004年7月。

17. 楊佳元，一般危害責任理論－就一般危險責任理論，探討消費者保護法之商品製造人責任與民法修正草案第一九一條若干問題，法學叢刊，第41卷第3期，1996年7月。

18. 國民政府公報，第482號，1930年5月30日。

19. 蘇惠卿等，自危險責任之生成與發展論民法第一百九十一條之三－民法研討會第十九次學術研究會，法學叢刊，第46卷第1期，2001年1月。

三、其他資料

司法院法學檢索系統http://njirs.judicial.gov.tw/Index.htm/

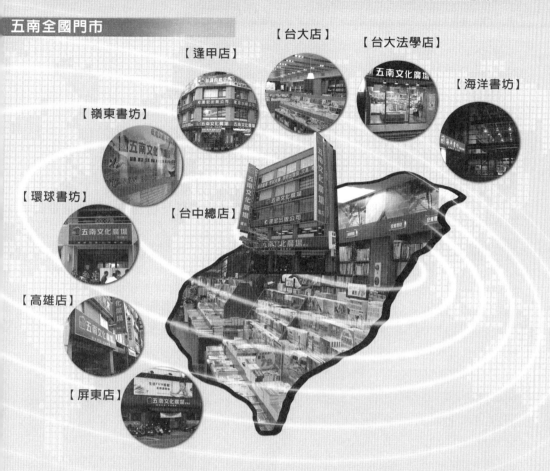

國家圖書館出版品預行編目資料

危險活動之侵權責任：民法一般危險責任及特
別法之特殊危險責任／阮富枝著. — 初版.
— 臺北市：五南，2011.04
　　面；　　公分.--
　　ISBN 978-957-11-6223-2（平裝）
1.侵權行為　2.民法　3.論述分析
584.338　　　　　　　　　　100002083

1S95

危險活動之侵權責任：
民法一般危險責任及特別法之特殊危險責任

作　　者 — 阮富枝（79.3）

發 行 人 — 楊榮川

總 編 輯 — 龐君豪

主　　編 — 劉靜芬　林振煌

責任編輯 — 李奇蓁　李俊逸

封面設計 — P.Design視覺企劃

出 版 者 — 五南圖書出版股份有限公司

地　　址：106台北市大安區和平東路二段339號4樓

電　　話：(02)2705-5066　　傳　　真：(02)2706-6100

網　　址：http://www.wunan.com.tw

電子郵件：wunan@wunan.com.tw

劃撥帳號：01068953

戶　　名：五南圖書出版股份有限公司

台中市駐區辦公室/台中市中區中山路6號

電　　話：(04)2223-0891　　傳　　真：(04)2223-3549

高雄市駐區辦公室/高雄市新興區中山一路290號

電　　話：(07)2358-702　　傳　　真：(07)2350-236

法律顧問　元貞聯合法律事務所　張澤平律師

出版日期　2011年4月初版一刷

定　　價　新臺幣700元